周素園文存

周素园 撰
毕节市档案馆 编

方志出版社
Publishing House of Local Records

图书在版编目（CIP）数据

周素园文存 / 周素园撰，毕节市档案馆编 .—北京 ： 方志出版社， 2022.12

ISBN 978-7-5144-5475-8

Ⅰ．①周… Ⅱ．①周… ②毕… Ⅲ．①社会科学－文集 Ⅳ．①C52

中国版本图书馆 CIP 数据核字（2022）第 254751 号

责任编辑：刘方圆
责任校对：刘玉霞
责任印制：梅中英
出 版 者：方志出版社
地　　址：北京市朝阳区潘家园东里 9 号（国家方志馆 4 层）
邮　　编：100021
网　　址：http://www.zgfzcb.cn
发　　行：方志出版社图书营销中心（010-67110500）
印　　刷：云南美嘉美印刷包装有限公司
开　　本：889 毫米 ×1194 毫米　1/16
印　　张：41
字　　数：646 千字
版　　次：2022 年 12 月第 1 版
印　　次：2022 年 12 月第 1 次印刷
定　　价：298.00 元

《周素园文存》编辑部

周素园晚年照　　　　　　　　（周晓茹　提供）

1950年1月，贵州省人民政府第一次全体委员会议委员合影（前排右六为周素园）

（周晓茹　提供）

1950年，周素园（右）与贵州省人民政府主席杨勇（中）、副主席陈曾固（左）合影

（周晓茹　提供）

1953年，贵州省人民政府副主席周素园（前排左）与河南省人民政府副主席贾心斋（前排右）合影　（周晓茹　提供）

中央人民政府任命通知書 府字第2181號

茲經中央人民政府委員會第八次會議通過任命周素園爲西南軍政委員會委員

特此通知

主席

一九五零年 日

中華人民共和國中央人民政府之印

1950年，中央人民政府任命周素园为西南军政委员会委员通知书

中央人民政府任命通知書 府字第2936號

茲經中央人民政府委員會第九次會議通過任命周素園爲貴州省人民政府副主席

特此通知

主席

一九五零年 日

中華人民共和國中央人民政府之印

1950年，中央人民政府任命周素园为贵州省人民政府副主席通知书

中央人民政府任命通知書 府字第5067號

茲經中央人民政府委員會第二十一次會議通過任命周素園爲西南行政委員會委員

特此通知

主席

一九五三年 月十四日

中華人民共和國中央人民政府之印

1953年，中央人民政府任命周素园为西南行政委员会委员通知书

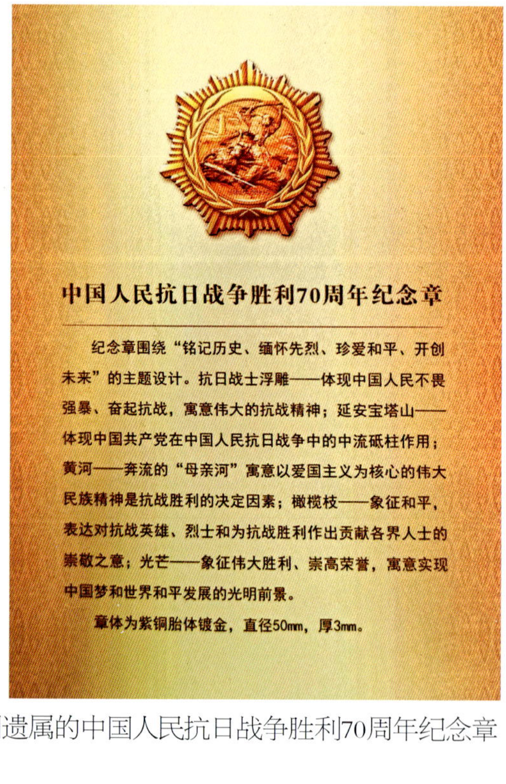

中共中央、国务院、中央军委颁发给周素园遗属的中国人民抗日战争胜利70周年纪念章

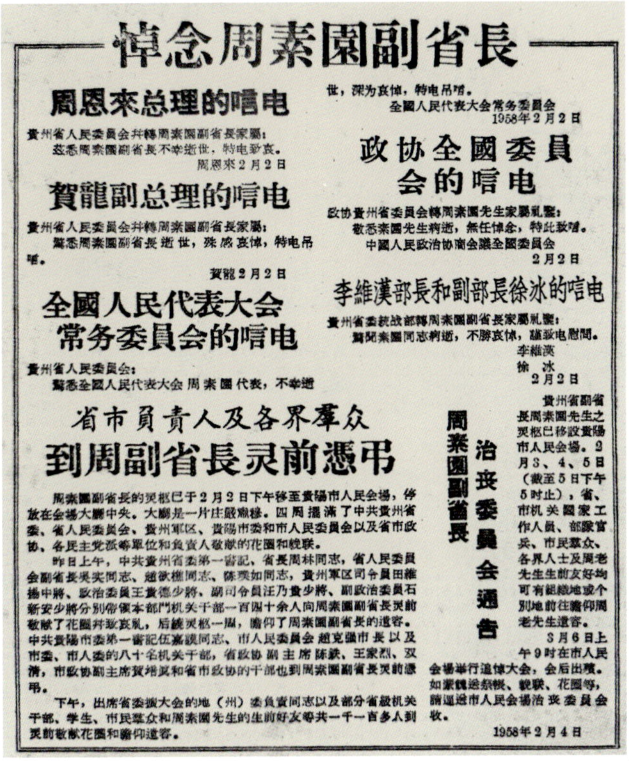

悼念周素園副省長

周恩來总理的唁电

貴州省人民委員会并轉周素園副省長家屬：
　　兹悉周素園副省長不幸逝世，特电致哀。
周恩來2月2日

賀龍副总理的唁电

貴州省人民委員会并轉周素園副省長家屬：
　　驚悉周素園副省長逝世，殊感哀悼，特电吊唁。
賀龍2月2日

全國人民代表大会常务委員会的唁电

貴州省人民委員会：
　　驚悉全國人民代表大会周素園代表，不幸逝世，深为哀悼，特电吊唁。
全國人民代表大会常务委員会
1958年2月2日

政协全國委員会的唁电

政协貴州省委員会轉周素園先生家屬礼鑒：
　　敬悉素園先生病逝，無任悼念，特此致唁。
中國人民政治协商会議全國委員会
2月2日

李維漢部長和副部長徐冰的唁电

貴州省委統战部轉周素園副省長家屬礼鑒：
　　驚聞素園同志病逝，不勝哀悼，謹致电慰問。
李維漢
徐冰
2月2日

省市負責人及各界羣众

到周副省長灵前憑弔

周素園副省長的灵柩已于2月2日下午移至貴陽市人民会場，停放在会場大廳中央。大廳是一片庄嚴肅穆。四周擺滿了中共貴州省委、省人民委員会、貴州軍区、貴陽市委和市人民委員会以及省市政协、各民主党派等單位和負責人敬献的花圈和輓联。

昨日上午，中共貴州省委第一書記、省長周林同志，省人民委員会副省長吳实同志、趙欲樵同志、陈璞如同志，貴州軍区司令員田維揚中將、政治委員王貴德少將、副司令員汪乃貴少將、副政治委員石新安少將分別帶領本部門机关干部一百四十余人向周素園副省長灵前敬献了花圈并致哀礼，后繞灵柩一周，瞻仰了周素園副省長的遺容。中共貴陽市委第一書記伍嘉謨同志、市人民委員会趙克强市長以及市委、市人委的八十名机关干部，省政协副主席陈鉄、王家烈、双清，市政协副主席賀培真和省市政协的干部也到周素園副省長灵前憑弔。

下午，出席省委擴大会的地（州）委負責同志以及部分省級机关干部、学生、市民羣众和周素園先生的生前好友等共一千一百多人到灵前敬献花圈和瞻仰遺容。

周素園副省長治丧委員会通告

貴州省副省長周素園先生之灵柩已移設貴陽市人民会場。2月3、4、5日（截至5日下午5时止），省、市机关國家工作人員、部隊官兵、市民羣众、各界人士及周老先生生前友好均可有組織地或个別地前往瞻仰周老先生遺容。

3月6日上午9时在市人民会場举行追悼大会，会后出殯。如蒙饋送祭幛、輓联、花圈等，請逕送市人民会場治丧委員会收。

1958年2月4日

1958年2月4日，《新黔日报》刊登悼念周素园副省长的唁电、通告、报道

周美一同志：

承惠贈

毛主席给周素园先生的信壹件

除编目珍藏提供研究及陈列外，并致以热烈的謝忱。

此致

敬礼

中国革命博物館

1976年4月26日

1976年，中国革命博物馆接受周素园后人周美一捐赠“毛主席给周素园先生的信”证书

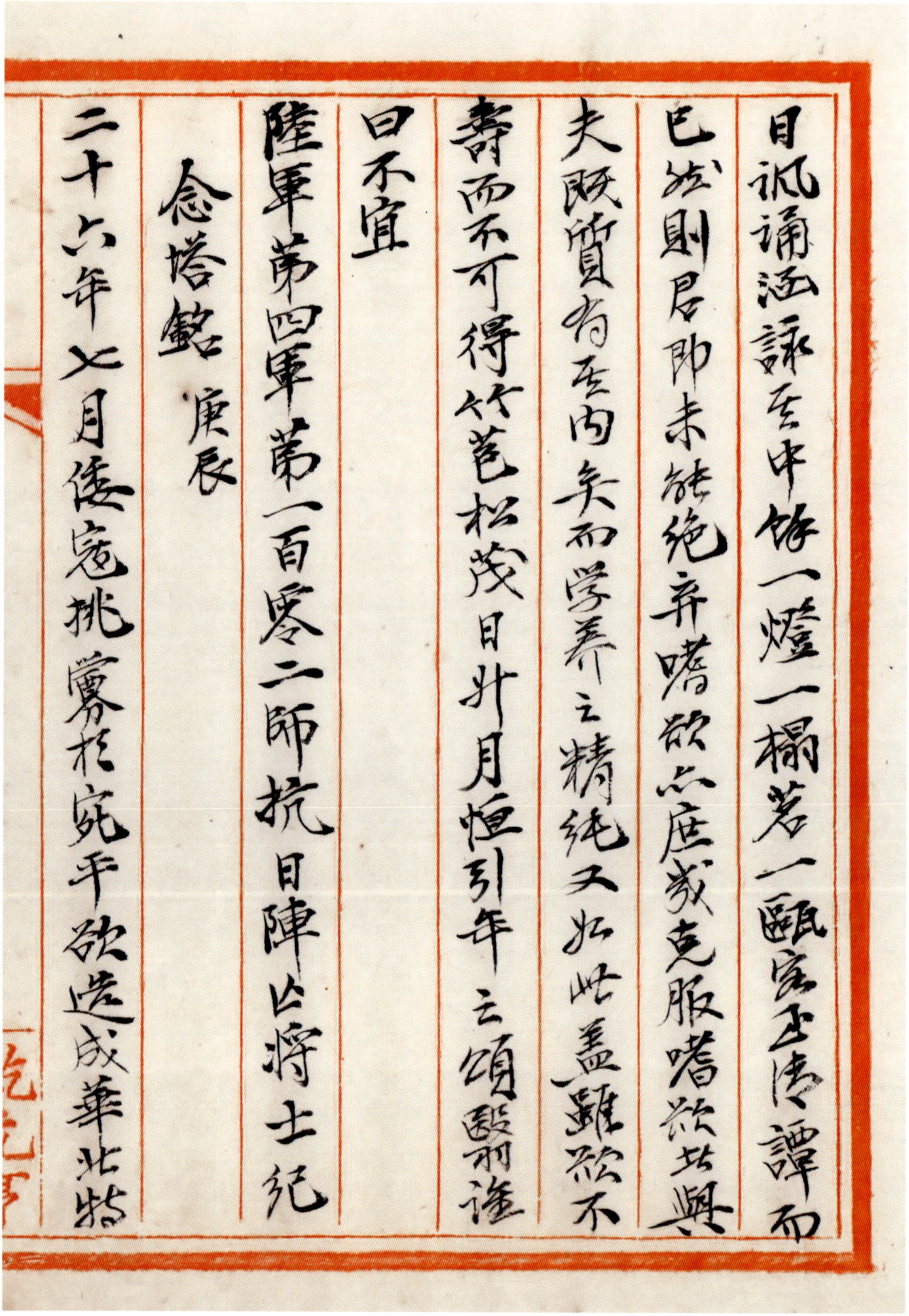
日祇誦經詠至中餘一燈一榻茗一甌宮玉清譚而
已然則君即未能絕棄嗜欲亦庶幾克服嗜欲於其與
夫既質有至內矣而學養之精純又如此蓋雖欲不
壽而不可得竹苞松茂日升月恒引年之頌翳謹
曰不宜
陸軍第四軍第一百零二師抗日陣亡將士紀
念塔銘 庚辰
二十六年七月倭寇挑釁於宛平欲造成華北特

陆军第四军第一百零二师抗日阵亡将士纪念塔铭（一）（《素园文存》手稿）

殊地位我持正義拒之竪寇以武力相陵我軍不得已起而應戰是為局部抗日之濫觴于時寇調發未集謬詐不擴大之態實則增兵運械昕宵絡繹既陷我平津八月十三日又進攻上海我國全面抗戰自此形成矣夫寇自明治以來處心以謀我翦琉球吞朝鮮隳我捍衛也攘台灣奪澎湖潰我藩籬也進侵占東北四省則履我門闥窺我堂奧中央以準備未充委曲求全姑息我患寇早有勝算寇乃益以我為易與猖狂驕恣宣言用兵中國

陆军第四军第一百零二师抗日阵亡将士纪念塔铭（二）（《素园文存》手稿）

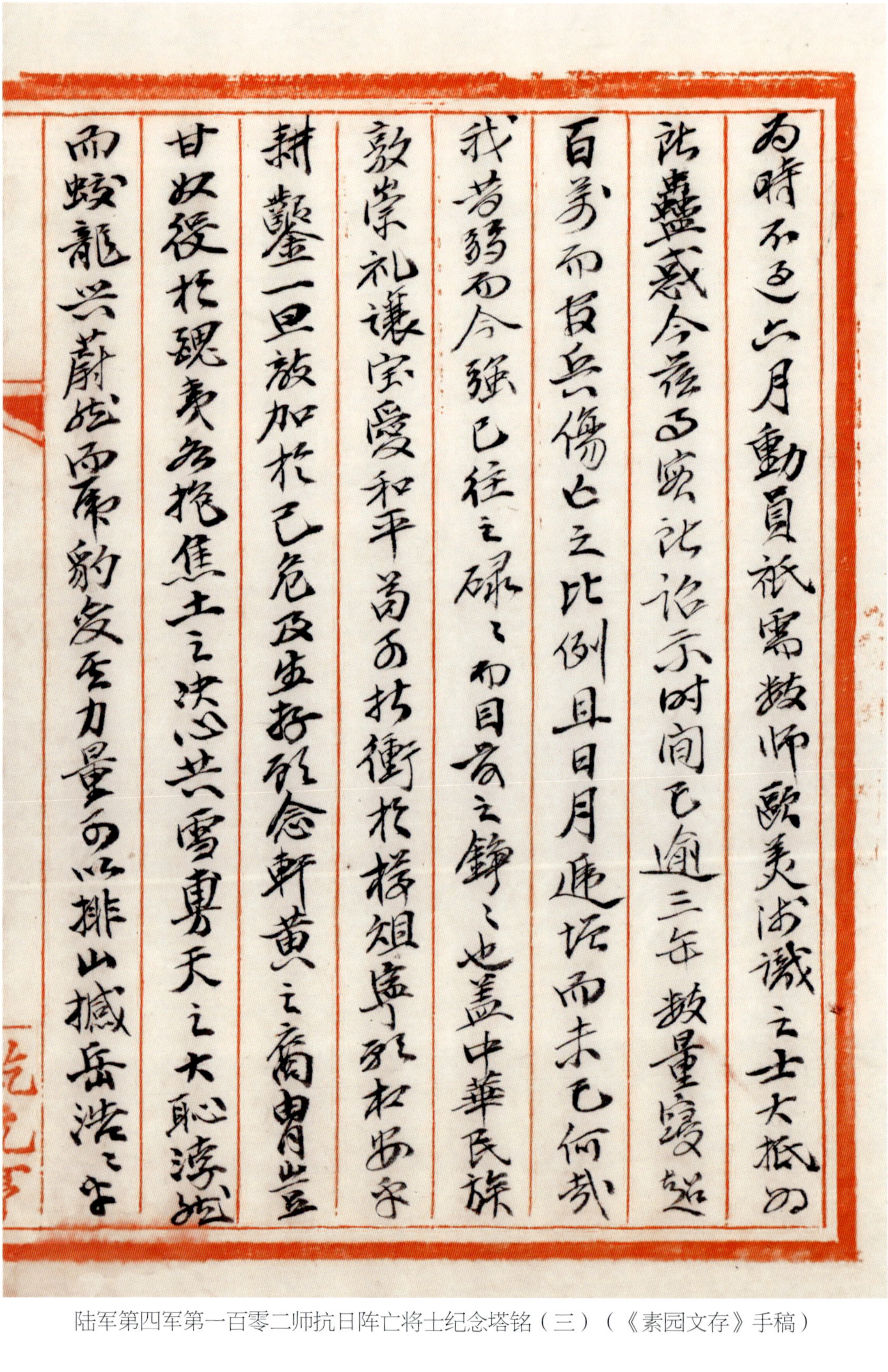

為時不過六月動員祇需數師歐美淺識之士大抵如
此蠢惑今茲乃寔此語示時間已逾三年數量寖趨
百萬而官兵傷亡之比例且日月遞增而未已何哉
我昔弱而今強已往之碌碌而目前之錚錚也蓋中華民族
敦崇禮讓寔愛和平苟不抗衡於橫殂虐殺松安寧
耕鑿一旦被加於已危及生存顧念軒黃之裔冑豈
甘奴役於醜夷名拋焦土之決心共雪專天之大恥湧然
而蛟龍興蔚然而虎豹變至力量而以排山撼岳浩浩之勢

陆军第四军第一百零二师抗日阵亡将士纪念塔铭（三）（《素园文存》手稿）

若江河之莫能御也以言乎大凡既如此析而论之各战斗
单位亦咸能同时同地发挥其特色或以冒险胜或以机
动称或以勇敢闻或以坚毅显而贵能良兵则见推樸
诚果毅第一百零二师也第二十五军之旧部今总裁
蒋公于入黔后改编者也曩日将领半归淘汰拔柏
君健儒于闲散之中立擢以为大将南北征戍不恒厥居
训练整顿壁垒森严沪战爆发由豫南调江阴担任
江防守备要塞旋即增援淞沪克敌于虹口复战于苏州

陆军第四军第一百零二师抗日阵亡将士纪念塔铭（四）（《素园文存》手稿）

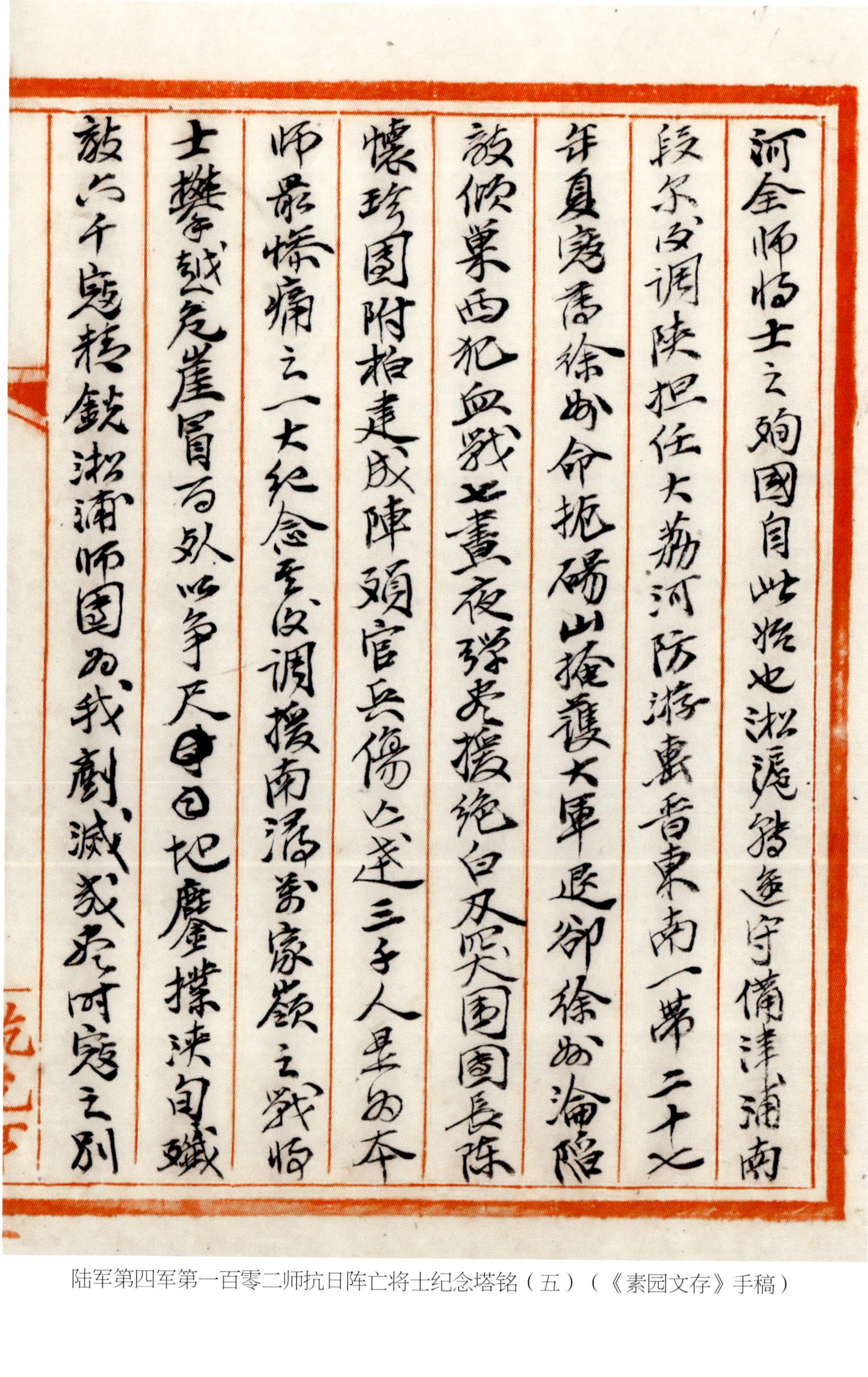
河全师将士之殉国自此始也淞滬戰遂守備津浦南
段尔后调陕担任大荔河防游擊晋東南一带二十七
年夏寇窥徐州命扼砀山掩護大軍退却徐州淪陷
敌倾巢西犯血戰七晝夜彈盡援绝白及突围團長陳
懷珍團附柏建成陣殞官兵傷亡逾三千人是為本
师最慘痛之一大纪念至后调援南潯萬家嶺之戰將
士攀越危崖冒石弩以争尺寸之地麋壘撲決自殲
敌六千寇精鋭淞滬师團為我剿滅蓋我於时寇之别

陆军第四军第一百零二师抗日阵亡将士纪念塔铭（五）（《素园文存》手稿）

股逆犯御安，凶燄滋熾，乃回師截擊於王丘嶺，遏其南
竄，大軍十餘萬得從容復轉新陣地，是役也，我因雖傷
亡逾千，而所獲戰果異常偉大，声譽騰於人口矣。南
昌告急，復自東鄉馳援，阻擊於西山，折而東循撫河、贛
江，反攻南昌，有向塘之捷。作戰彌月，傷亡復眾。八月
警備衡陽。長沙會戰，適奉命躡寇湘北，進逼岳
陽，与寇夾新牆而軍，今且年餘矣。以黔人生从山國來
自田間，言語僂陋，行動拘局，世之自命開明者方竊

陆军第四军第一百零二师抗日阵亡将士纪念塔铭（六）（《素园文存》手稿）

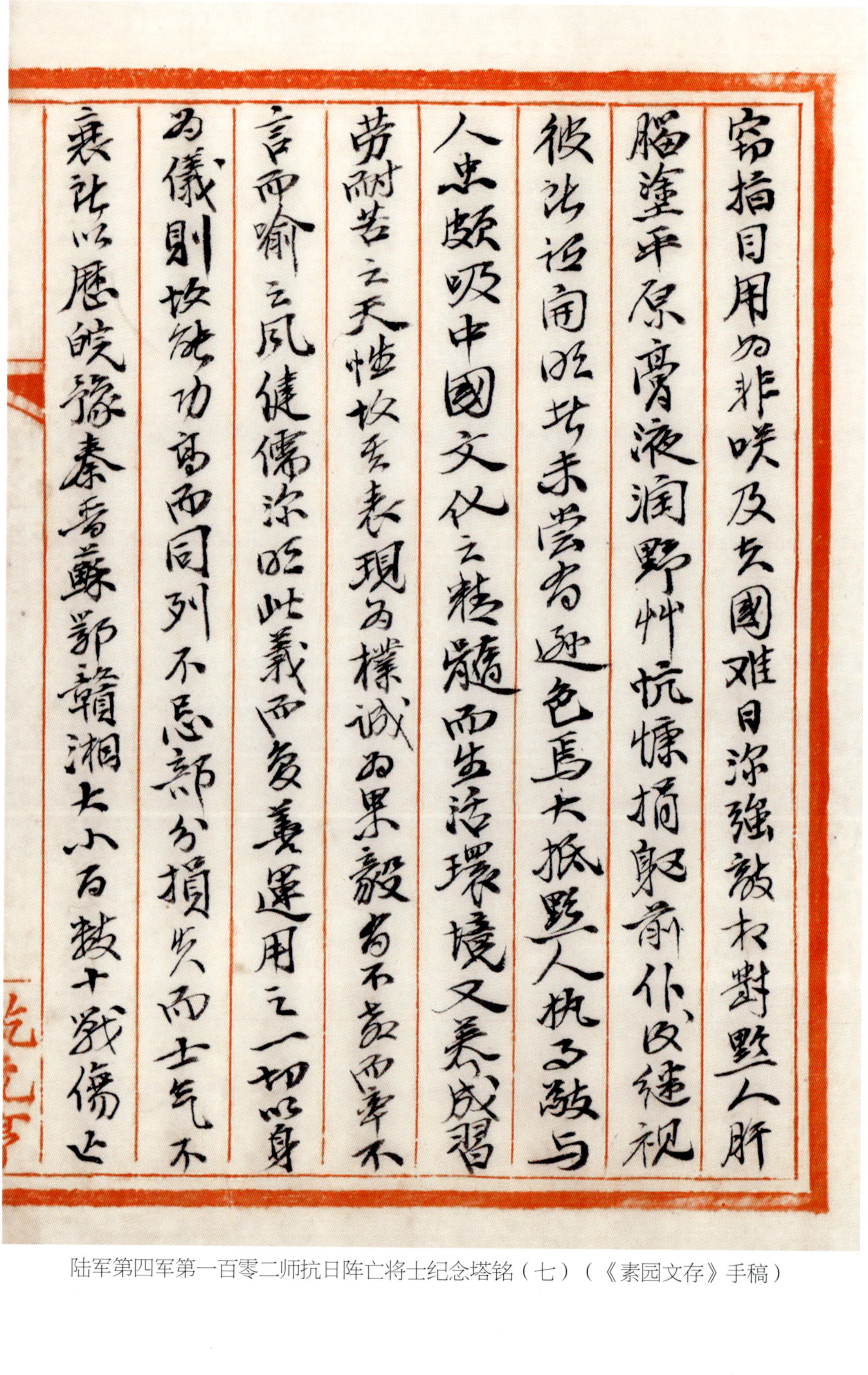
竊指日用而非唉及今國難日深強敵於對黠人肝
腦塗平原膏液潤野草抗慷捐軀前仆後繼視
彼説語自明吾未嘗有遜色焉大抵黠人執之敵與
人忠類吸中國文化之精髓而生活環境又養成習
勞耐苦之天性故吾表現為樸誠為果毅有不為而率不
言而喻之風健儒深明此義而受養運用之一切以身
為儀則故能功高而同列不忌部分損失而士氣不
衰計以歷皖豫秦晉蘇鄂贛湘大小百數十戰傷亡

陆军第四军第一百零二师抗日阵亡将士纪念塔铭（七）（《素园文存》手稿）

爲敵人所常標勁旅若及之新發於硎也頃者抗戰之
局已成反攻之勢未展健儒哀愍甚此激勵方來度
地於貴陽之南郊建本師抗日陣亡將士紀念塔鳩工
庀材刻期觀成以書抵余曰盍有銘也余雖耄奚敢
辭銘曰
黔於行省號窮邊蠻荒向出古固然爲人必奴摧強
權史冊先芒見新篇目可倒乎海可壞血肉拚與鋼
周旋丹心耿耿照千年垂名何須金石鐫

陆军第四军第一百零二师抗日阵亡将士纪念塔铭（八）（《素园文存》手稿）

序

周素园先生，是一个与我的生命有过多次交集但又感到遥远高绝的人。

说多次交集，是因为早在1958年我7岁那年，有一天偶见市中心万头攒动，挤进去，见一辆灵车徐徐驶过，很多成年人神色凝重，手持白色布带缓缓步行车前，人群里面有我的父亲。回家询问，父亲答：“送别一个令人敬重的老人。”后来知道，这老人就是周素园先生，而手持挽带走在车前的仪式叫“执绋”，就是《礼记·曲礼》说的“助葬必执绋”。后来，我到毕节联系文化教育等工作，参谒过周素园先生故居，与其女儿周平一、外孙孔庆凯也多有接触，领略到周老先生后人们的忠诚与真挚；再后来，在毕节学院开过周素园先生的纪念会并作过发言，还为他的塑像揭过幕；2005年，我调回贵阳到贵州省文史研究馆任馆长，该馆的首任馆长就是周素园先生。据说，当年的馆址还是周素园先生的故宅——贵阳市和平路虎门巷5号。为了纪念首任馆长，我们将毛主席当年写给周素园先生的书信用传统漆器工艺定制成两块立板，一块立于贵州省文史研究馆前——这是贵州文史馆的光荣历史；另一块赠与贵州省委统战部——这是中国共产党统一战线史上一个生动的范例。

说遥远高绝，是因为周素园先生的一生几乎就是一部曲折生动的贵州近代史，身跨两个世纪、历经三个时代、参与三场革命。今天的我们，已经不可能再走回那个国势衰微，积贫积弱，群狼环伺的时代，不可能再亲身经历周素园先生的情愫：胸怀拳拳爱国之心、耿耿报国之志，一次次点燃激情、熄灭，再点燃、再熄灭，眼看身边的战友一个个血染征途，满腔的热血一次次化为冰水……直至被中国共产党人唤起，追随其踵，最后走进了新中国。

好在文章尚存。早先，周素园先生曾自编《素园文存》5卷、《素园书牍》14卷，撰写《光明日记》23卷，等等，但多未面世。其中有些内容虽于1994年由中共贵州省委党史研究室主持以《周素园文集》名编辑出版，但时间久远，不易寻觅。于是毕节市档案馆的同志们重新收集整理其文稿，按照时代，择其要籍，详加注释，编纂成书。这本书比较完整地反映了周素园先生的所历所思。《为闵华甫上林赞虞抚军条陈》成于清末，是先生25岁在普安做幕僚时，应友人闵华甫之请，向刚从云南调往贵州任巡抚的林绍年写的建议案。文笔畅达、辞藻雅致，显示出高超的文字功底，其中提出资助游学、创设官报、设立警察、归并军队等真知灼见，得到当局积极响应。其32岁时在重庆写的《贵州血泪通告书》，记录了贵州辛亥革命成果尚未成熟，而云南军阀唐继尧“殄灭我军队，骚扰我闾阎，蹂躏我议会，耗费我公款，勒磕我富户，杀戮我志士，戕害我都督”，以及取消议员、估充代表、破毁实业、大兴土木、骚扰省垣、荼毒乡村、淫杀无辜、戏辱妇女、滥用私人、滥支薪俸、估抽铺捐、估用钞票、巧取外债等，记录了辛亥革命后贵州一段痛史。33岁时写的《稽勋表册底稿》，是周素园先生到北京后多次向总统府和国务院反映、控诉唐继尧颠覆革命之罪，是受临时稽勋局的委任，任临时稽勋局调查员时所写，像是为贵州省辛亥革命的有功人员树一丰碑。而《陆军第四军第一百零二师抗日阵亡将士纪念塔铭》被刻于丰碑之上，那是先生不仅为抗战中的贵州第一百零二师阵亡将士，更是为一切有血性的贵州抗战人在树碑立传：“夫以黔人，生从山国，来自田间，言语蹇陋，行动拘局。世之自命开明者，方窃窃指目，用为非笑。及夫国难日深，强敌相对，黔人肝脑涂平原，膏液润野草。慷慨捐躯，前仆后继，视彼所谓开明者，未尝有逊色焉……”今贵阳纪念塔地名犹存而实物湮灭，赖有周素园先生此文，使我们仍为当年黔人抗战的卓绝功勋而动容。如果说周素园先生前大半生的文字都含有一种悲壮之情，那么中华人民共和国成立以后的声调则显得明媚而多情。比如其《贵州省第一届各族各界人民代表会议开幕词》说：“我们的贵州，只要胜利完成了三大中心任务……那么，我们就会摆脱在数千年的封建剥削和残酷统治下所造成的贫穷、落后、愚昧、荒漠，逐渐走向富裕、康乐、繁荣与幸福了！我们贵州各族各界人民是勤劳、勇敢和智慧的，是赋予创造能力的……”上述讲话，距离今天已经整整70周年了。而今的贵州，已经摘下了贫困的帽子，走向全面建成小康之大道。

回想《读了〈农业发展纲要（草案）〉以后》结尾处，先生说：“我侥幸犹及见农业发展纲要的提前实现和超额完成，愿与天下人共浮一大白。”周素园先生如能知晓今日贵州的“富裕、康乐、繁荣与幸福”，当含笑于九天之上。让我们举起庆功之酒，酹周老先生在天之灵。

是为序。

顾久

2021年8月

凡 例

一、本书以马克思列宁主义、毛泽东思想、邓小平理论、“三个代表”重要思想、科学发展观、习近平新时代中国特色社会主义思想为指导，坚持辩证唯物主义和历史唯物主义的立场、观点和方法，收录周素园所著《素园文存》手稿中的文章、1994年贵州人民出版社出版的《周素园文集》中的部分文章以及通过贵州省档案馆查询到的部分文章，是一部地情资料书。所有文章按写作时间先后顺序编排。

二、由于历史的复杂性和作者思想认识的局限性，作者某些文章中叙事论人难免有片面、偏颇或失误之处，但涉及的人和事，历史已有定论，收录出版《周素园文存》仅作史料参考，因此编辑部本着尊重原作的原则未加以改动。包括其中的年月、地名、人名、称谓以及对人对事的叙述评价等，保持原貌，未予改动。但在非作者原著文字（如注释）中，则一律使用公元纪年、今地名和今人通用名，以便阅读。

三、书中注释随文章排列。

四、书中注释只限于生僻字、词的注释和对文中史实（事件、人物、时间、地点）的说明及勘正，不加评价。原则上只在首见处或对应事件处出注，不重注。对已广为人知的著名人物和重大史实，则不赘注。

五、文字性的校勘，一律随文夹排。错字以方括号［××］订正；繁体字、异体字、古体字、通假字以圆括号（××）注明；缺损字或模糊不清有待考正的字则以空方框□□代替。

六、部分文字重复或与文中意旨无关之处，由编者在不违背作者原意的原则下，适当予以删节，并以省略号标明。

七、本书一律按现行规定使用简体字排版。

八、原著中未加标点或所用标点不符现行规定的，由编者重新标点。

目　录

周素园自传……1
为闵华甫上林赞虞抚军条陈……5
为黄济舟与刘统之论筹办贵州矿务总公司事宜书……8
关于传教条约之研究……13
贵州血泪通告书……22
与云南省议会书……35
稽勋表册底稿……39
黔人冤愤团宣言书……145
《老子道德经》素园读本眉批……147
继室萧君哀词……156
先府君暨先妣事略……162
萍乡贺先生事状……165
为段建威讨曹锟檄……168
怨生赋……171
李春汉家传……173
勋三位陆军中将黔军总司令王公文华行状……175
与双止澄论时局书……183
致贵州当局函……185
与葛霞仙论县志书……189
祭王电轮文……191

符诗镕之父母七十双寿序 192
周会办母李太夫人诔 195
大定县志序 197
贵州民党痛史 200
毛群麟母周太夫人五十晋八寿序 296
蒋序堂画像赞 有序 299
邓仕兰像赞 301
祭瞿家硐旅魂文 302
海子街周氏支祠公产记 304
为张伯群讨龙云檄 306
杨欣如哀辞 309
陆军上将国民革命军第九路总指挥贵州省政府主席周公墓表 311
陆军上将周公碑 314
陆军上将周公专祠碑 316
桐梓周公专祠碑 319
族母王太夫人八十晋五寿序 321
国民革命军第二十五军军官政治训练团同学录序 324
李小谷墓表 326
文华图书馆募捐启 328
东阳府君遗爱恭纪 331
书于仲芳 333
大理分院推事余君墓表 336
毛军安悼亡集题后 338
刘孝子遗诗跋 340
王部长母刘太夫人诔（并序） 342
我们当前的出路 345
谈谈四个“民权” 349
洪宪叛国始末记 354
世界人类如何方能完成普遍裁军 372

书席正铭……376
国民革命军左翼总指挥袁公碑……380
吊袁鼎卿墓文……386
清故孝廉方正吴君墓表……388
清故同知衔候选知县王铭久先生墓表……390
节母吴太君碑……392
题册封外蒙影片……394
题善后会议开幕影片……396
陆军第四军第一百零二师抗日阵亡将士纪念塔铭……398
平少璜六十晋四寿序……401
清故奉政大夫四川候补直隶州知州周君墓志铭……404
周公雨生碑序……407
贵州陆军史述要……409
关于《毕节县志》征集计划书的签注意见……446
《毕节县志》例言……449
清故广西岑溪县平河司巡检王君墓表……453
余达父《且兰考》序……455
高志远母唐太夫人七十晋四寿序……457
果严剩墨序……459
瓮安冷瑞生墓表……461
黔北何氏谱序……463
题刘裕远所藏书画录……466
西黔文献委员会缘起……467
廖云鹏遗诗序……470
张荣臣寿序……472
代唐鄂生遗折……475
勋二位陆军上将西北筹边使徐先生行状……476
平少璜七十寿序……484
黄德明母周太夫人六十晋四寿序……487

刘太夫人哀词……489
《素园文存》自序……492
身世述略……495
李恭勤遗集序……515
陆军中将黔军总司令王公神道碑……517
毛总指挥遗像赞……522
《毕风》序……523
明故明威将军周公神道碑……524
题三教立身行道经后……526
刘泽清家传……527
刘维周墓志铭……530
清故四川试用同知赵君墓表……532
祭奠革命先烈的祭文……535
解放周年看时局……536
贵州省人民政府委员会首届会议闭幕词……540
为实施土地改革警告地主阶级……543
我所认识的一个环节……549
坚决镇压危害人民的反革命……553
庆祝国庆与巩固国防……556
开发及扩充贵州矿产建议……560
警告违法的资产阶级只有彻底坦白才是最后出路……562
怎样制止美国野兽的细菌战……567
对于宪法草案的感想……570
在省府委员会兵役法讨论会上的讲话……574
劳动原来是人类的本能……577
读了《农业发展纲要（草案）》以后……589
孙中山先生诞辰90周年纪念献词……593
共产党员的艰苦朴素作风……597
我对整风的看法和感想……601

贵州省第一届第一次人民代表大会开幕词 ……606
贵州省第一届第一次人民代表大会闭幕词 ……609
贵州省第一届第一次人民代表大会筹备工作的报告 ……612
贵州省第一届各族各界人民代表会议开幕词……614
贵州省人民政府委员会第二次全体会议开幕词……616
贵州省人民政府委员会第三次全体委员会议开幕词 ……618
贵州省人民政府委员会第十四次扩大会议开幕词 ……620
致中国新民主主义青年团贵州省第二届代表大会的贺信……622

后　记 ……623

周素园自传

丁酉（1957年）

我现名周素园，原名周培艺。生于一八七九年三月七日。贵州省毕节县[1]人。

在家中自学，没有进过任何学校，在前清是岁贡生。

十四岁开始独立生活。辛亥革命前在贵阳创办了贵州的第一种日报——《黔报》[2]。又协同张百麟[3]创办了贵州的第一个政党——自治学

---

[1] 毕节县：今贵州省毕节市七星关区。

[2] 《黔报》：创办于1906年，是目前发现的贵州最早的私营报纸。其主旨是响应清政府的“仿行宪政”，宣传君主立宪和新思潮。主办人为当时贵州农学会会长于德楷，主笔周素园。1909年贵州宪政预备会成立以后，《黔报》因依赖于该组织的负责人唐尔镛、任可澄等，遂成了该组织的喉舌。时周素园已脱离了《黔报》，成为自治社及其机关报《西南日报》的负责人之一。

[3] 张百麟（1879—1919），字石麒，祖籍湖南长沙，因父张翰以知县分发贵州，全家迁入贵阳。贵州辛亥革命领导者之一，自治学社的发起人。1912年2月被迫离开贵州，经平刚介绍晋见孙中山、黄兴。后组织“西南协会”“政治促进会”等团体，创办《俱报》，佐编《民权报》，鼓吹民主共和，反对唐继尧、刘显世柄权。讨袁的两次革命爆发，张百麟出任黄兴领导的江苏讨袁军秘书长。黎元洪任大总统期间，张百麟任北京高等警官学校副校长，内务部参事。护法军兴，孙中山委张为广州军政府司法部长，因病未行，在上海撰写《约法战争纪要》，书脱稿后10日，贫病交加，卒于法租界寓所。

社[1]，从事宣传和组织反对清代封建王朝的民主革命活动。

辛亥革命前加入了同盟会（其后改为中华革命党，即脱离关系）。参与了贵州辛亥革命的领导。贵州光复，担任了大汉贵州军政府的行政总理。

滇寇唐继尧[2]侵占贵州后，逃亡在外。曾任北京稽勋局调查员，参众两院秘书，西北边防军总司令部、西北筹边使公署秘书。一九二一年回贵州，任黔军总司令部秘书长。一九二二年转任定黔军总指挥部秘书长，同年八月转任贵州政务厅厅长，仍兼省府秘书长。一九二四年任川黔边防督办公署秘书长。一九二五年请假回籍。闭门读书，不再与闻政治。

一九三六年中国工农红军第二方面军长征至毕节。在二方面军领导下，组织贵州人民抗日军[3]，上级任命我担任司令员。

一九三六年三月一日，我随六军团一道，从毕节出发，走上了长征的道路。通过云南，写信给龙云、孙渡及旅长鲁道元等。拿护国首义的光荣传统来鼓动他们，争取他们同情抗日，和红军一致行动。龙云把原件摄影下来，呈报蒋介石下令通缉，并张贴布告，表示他对蒋的忠诚。

七月下旬，到达西康的下甘孜，由电台广播，揭发蒋介石降日卖国，呼吁各省起义抗日。

十月，在岷州成立了甘肃省人民革命委员会，上级任命我担任教育部长。

---

❶ 自治学社：清末贵州革命团体。1907年11月由张百麟召集“黔中名士”三十余人，在贵阳镜秋轩照相馆召开成立大会，推张鸿藻为社长，张百麟为实际领袖，周素园为领导人之一，以“合群救亡”为宗旨，推行“个人自治—地方自治—国家自治。”

❷ 唐继尧（1883—1927），字蓂赓，云南会泽人。曾留学日本，入同盟会。回国后在云南新军任职，参加云南起义。辛亥革命后，受蔡锷命以北伐假道贵州为名率滇军抵达贵阳，以武力颠覆贵州军政府，并对以自治学社为主力的革命势力进行屠杀。

❸ 贵州人民抗日军：指贵州抗日救国军，是中国工农红军长征途中建立的唯一的省级抗日武装。

十二月二日，到达保安[1]。西安事变过程中，遵照毛主席的指示，写信给何应钦、王伯群[2]、吴忠信、张学良、朱绍良[3]等。

一九三七年，合作谈判停顿时，又写信给张道藩、张继、冯自由、吴忠信、冯玉祥等。

抗日战争爆发后，毛主席、朱总司令委任我为八路军高级参议，赍着主席的亲笔信件，访问国民党的西南当局，要求释放政治犯，并宣传共产党团结抗日的主张，扩大政治影响。十一月到重庆，贺国光拒绝晤见，只用信函作不着边际的答复（这段工作是向汉口董老汇报的）。到成都，接洽颇为圆满，代理省主席邓汉祥[4]允汇法币四万元补助陕北公学经费。四川省动员委员会的张澜、胡景伊乐意把彭德怀同志论游击战的小册子大量翻印，送给群众阅读（这段工作系直接向主席报告，去昆明后奉指示和西安林老接头）。

一九三八年一月，龙云两次来电约我去昆明，在那里一共逗留了八十天，介绍了朱家璧等一些青年去延安学习。又把西安寄来的理论书籍留给郑一斋、徐嘉瑞、刘惠之等，鼓励他们举办座谈会，作初步研究。募集了创伤特效药“白仙丹”（有名的“云南白药”）二万盒，由

---

❶ 保安：今陕西省延安市志丹县。

❷ 王伯群（1885—1944），名又选，以字行。贵州兴义人。早年留学日本，辛亥革命时回国，任统一党干事。1915年与蔡锷等密谋反对袁世凯称帝。历任黔中道尹、广东护法军政府交通部长、大总统府参议、南北议和南方代表，1924年创办私立上海大夏大学。1925年弃南投北，任段祺瑞执政府临时参议院议员。1927年投靠蒋介石，曾任国民党中央执行委员及国民政府交通部长。1944年病逝于重庆。

❸ 朱绍良（1890—1963），字一民，江苏武进人。留学日本陆军士官学校时加入同盟会，1916年入黔军，官至总司令部参谋长。北伐战争时任第四军第十师参谋长。后投靠蒋介石，官至国民党军事委员会副参谋总长。1949年去台湾，任“总统府”军事顾问。1963年病逝于台北。

❹ 邓汉祥（1888—1979），字鸣阶，贵州盘县（今盘州市）人。曾在段祺瑞执政时任秘书长，后在四川军政府中任职。

航空邮寄西安，转运前方应急。此外，每日来寓访问的，不分性别、不论老幼、不计职业，平均总在二十人以上。恼了那延客的主人，动员了他的警探，跟踪追逐。最后，由云南省政府委员兼省党委、而且和我是老朋友的胡蕴山，当面提出警告，再不识相，他们就不客气了。这样，我只好离开昆明，回到贵州。贵阳早得了各处特工人员报告，对我布置了防御，党务负责人陈惕庐警告我说：“你最好是回原籍养病去。”就这样，我“奉命”返回毕节，在他们的严密监视下，艰苦地度过了十一年有零的岁月。

一九四九年十一月，解放大军从贵阳方面向西推进，国民党的负责人纷纷逃跑。我组织毕节县支前委员会，接管了真空的时间，维持了地方的秩序，为西进大军准备好粮秣。直到地区同志们到任。我又作为区支前主任委员，写信争取国民党师长刘鹤鸣、罗湘培等起义，专员廖兴序，县长吴庭芳、谢德光等亦相继投诚。

一九五〇年，西南区和省党政当局通知我至贵阳，先后出任西南军政委员会委员、贵州省人民政府副主席、人民政协全国委员会委员、第一届全国人民代表大会代表、贵州省副省长。

因我自觉缺点很显著，不配共产党员的光荣称号，没有申请入党。在延安的时候，毛主席在几次给我的信中说：“你虽然不是一个共产党员，但你却是正式红军，我们都认你是同志”，又说：“你是我们的一个十分亲切而又可敬的朋友与革命的同志”，“是一个奋斗的人”。这给予我莫大的荣誉和策勉。又记得离延安前毛主席来看我，他说：“周先生，你虽没有入党，总算红军的一员，交情如此，不可以不知道历史，行前你可否简单的写一点留给我。”次日，我送了自传去。主席复信说：“你以往的已足自豪了，今后更辉煌的将来应该是我执笔来补写。”我受了主席这种过分的鼓励，总想拿一点事实来答复，但是太惭愧了，即使有一点也是渺小得不足齿数的，这是抱憾终古的了。

（录于《周素园文集》，原载于《贵州文史丛刊》1980年12月第一期）

为闵华甫上林赞虞抚军条陈[1]

甲辰（1904年）

某闻大臣之公忠体国也，必将有不鄙夷其地与民之心。积贫而可使之富，积弱而可使之强。往在咸同[2]之际，东南尝糜烂矣。粤寇[3]俶扰，飙举风驰，武昌三陷，百物荡尽。胡文忠起而振之，治军察吏，雄镇上游，率收戡定之功。近岁联军之役[4]，直隶首当兵冲矣，腥膻错处，动辄得衅，贤才裹足，志士寒心。袁宫保[5]起而振之，嘘枯吹槁，纲维百度。凡诸新政，常为天下先。时事虽殊，所以淬其民而用之者，岂非一道哉。黔之为省，僻在偏隅，其形势轻重，诚不足以方鄂、燕[6]，而所遭之变，亦未若斯之甚也。顷自帅节量移，驺从西来，草茅之士，喁喁望治；趋走之员，延颈待命。某

---

[1] 本文为作者代闵华甫上贵州巡抚林绍年之条陈。闵华甫系闵世荣的字，浙江人。当时以州吏盼贵州试用，最后任广西泗域府知府。林绍年，字赞虞，福建闽县人。清同治十三年（1874年）进士，授翰林院编修。历任御史、云南布政使、云南巡抚兼署云贵总督等职。

[2] 咸同：指清朝咸丰、同治年间。

[3] 粤寇：清朝统治者对太平天国起义者的蔑称。

[4] 联军之役：八国联军侵华战争。

[5] 袁宫保：指袁世凯。清廷封袁世凯为太子少保，故称“宫保”。

[6] 鄂、燕：湖北、河北。

不肖，曾辱一日之知，久淹[1]兹土，颇悉情形，欲妄有所陈说，惧蹈出位之愆，徘徊趑趄[2]不敢自决。复思念江海所以成其大者，惟汇众流之归；圣哲所以成其智者，惟务迩言之察；况大人弘奖庶类，陶铸群伦。先民有言，请自隗始。使倾听下风者，谓谫陋[3]如某，驽下如某，大人犹采其刍荛，而假以颜色，则嘉谟辐辏[4]于左右，而股肱心膂之寄不可胜用矣！大抵更张百务，首重筹款。筹款莫若开矿山、造森林，其次则改革盐税，整顿厘金，立法非难，得人斯理。若夫事有不容稍缓，费有俯拾即是，不烦擘画，坐起弘规，厥有四端，谨为大人陈之：一曰游学宜资遣也。今日学务之宜研究，实业之宜讲求，无智愚贤不肖皆知之，然百闻不如一见，故各省资遣出洋者，联翩络绎不绝于道，而贵州独阒如。辛丑[5]之秋，尝议资遣，费绌中止。愚观府、厅、州、县，皆有所谓教习，皋比坐拥，时事不知，馆谷岁二三百金不等，徒以津贴陋儒，见好顽绅。今诚檄各属一律停请教习三年，而提款解省，由省招考，遴选志趣远大、身体充实者，资送出洋，其候补中有自奋壮游者，亦予资遣，或速成师范，或潜心专门，学成而归，各授职任。如此一转移间，可得无数实用人才矣。一曰官报宜创设也。耳目多见闻，草野亦有通才，风气久闭塞，闾阎常虞梗化。办学堂则訾为洋教，开矿业则沮以风水。外宾游历，惕息保护。教堂诡异，谬说相承。此皆暗于大局，无以瀹其智慧之过也。夫民报放言高论。容有急激之虑，官报则宗旨纯正，毫无流弊。印字机器，不过千金。按期出版，可以广售公益，书局当事，且乐助其成。四川官报，上宪亦代为派销，则何如自操其权，自主其事，需以岁月，人人洞悉大势，痛陵夷而思奋发。各种有益事业，不待鞭策，而一切民教之纠葛，更无烦过计矣。一曰警察宜举办也。盗贼公行，良民不得安其居；会匪充斥，孱民常恐罹其毒，故纳赂者无恙，抗颜者破家。社会表面虽尚宁

---

[1] 久淹：长久滞留。

[2] 趑趄：想前进又不敢前进。形容疑惧不决，犹豫观望。

[3] 谫陋：浅陋。

[4] 辐辏：形容人或物聚集像车辐集中于车毂一样。

[5] 辛丑：清光绪二十七年（1901年）。

谧，实隐含愁苦之象；猝有一旦之虞，其患何堪设想！是宜创行警察，用资保卫，然后贫者得安其业，富者肯出其财。先试办于省会，推之各府，推之各厅、州、县，推之各乡村市镇，大抵繁盛冲要者，厥数宜多；瘠苦僻陋者，厥数亦减。其费则裁汰原有绿营，移兵饷充之。不足，然后敛之于民，取足则止。夫稍出捐税而道不拾遗，夜不闭户，民亦孰不乐此。至于团练、保甲，悉宜罢去。团练可以为暂，不可以为常。保甲徒有其名，驯至无其实。今一切更始，则庶民之耳目一新矣。一曰练军宜归并也。黔省方制千里，犬牙相入者四省，常以镇远、兴义、古州[1]、威宁为重镇。然自建设行省以来，黔中有乱，从未闻以本省兵力自平之者。良由零星分防，仓卒调发，万不足以成劲旅。乃者变故纷乘，各省自救不暇，四邻之援何可常恃？目前广西告警[2]，沿边旰食脱令，豕突狼奔，谁复能相遏制？宜于开办警察后，举弹压匪徒、保卫地方，悉以责之，抽出兵力，聚于一处，一方有急，全神注之，然后战守稍有把握。无事则分班巡防，周历险要，勤课操练，讲求步伐。帅节时出不意简阅之，稍奖其劳者而罚其惰者。纵不必侈谈远略，亦可聊固吾圉矣。方今新政，条目经纬万端，然而地异宜方殊，俗行之必以其渐为之，必期可继朝廷之责备，士民之仰望。大人虽谦让未遑[3]，而时势有所不许。何则？风气者，相迫而来者也。即动乎彼，必发乎比，日中必彗，操刀必割。先时者捷足而登，后时者望洋而叹。大人扬历中外，综揽全局，推行次第，知己熟劳荩筹，托在宇下，窃乐观德化之成也。某株守黔省，忽忽八年，困踬泥涂，欲飞无翼。东望瀛岛，常思置身其间，增进智识，效竹头木屑之用，瞻大贤之清光，竭一得而请愿。大人以为有可采也而进之，则某之幸已，以为无可采也而诃之，亦某之幸已。敢再拜献书以闻，惟大人想其狂惑焉。

（录于《周素园文集》）

---

[1] 古州：今贵州省黔东南州榕江县。

[2] 广西告警：指广西天地会起义军起义，波及黔桂边区。

[3] 未遑：没有时间顾及；来不及。

为黄济舟[1]与刘统之论筹办贵州矿务总公司事宜书

乙巳（1905年）

某以不才，滥竽讲席，虎帐咫尺，企慕良殷。正拟裁笺致候，适奉遗普安[2]绅界书，忧宗周之将陨，亟合群以争存。微公大力，固不足以举此。夫列强之协力以经营中国也，亦既有年于兹矣。举凡海陆险要、天府奥区，大都布算而乘除之，悬衡而轻重之。瓜分之图，均势之论，喧阗腾播于人人之口。是故主权者，一法律上之名词也；国土者，一地理上之名词也。哀我同胞久已续波兰之覆车，循非洲之遗轨。及占领之未实施也，是吾一线之生机也。今之负乡望、为民表者，禹步而舜趋，塞聪而掩明，堤溃防决而营谋私利如故，栋折榱崩而粉饰太平如故。以普安言之，拥上腴、挟重资者，未尝无其人，一闻创办总公司，则舌挢而不下，口噤而不敢发声，嗟呼！嗟呼！邦之兴无他道焉，兴于一般人民胥有国家之意识、权利之思想也；邦之丧，亦无他道焉，丧于一般人民胥无国家之意识、权利之思想也。昔者，德人隳巴黎名都，索巨额偿金，俾斯麦以日耳曼民族智识程度逊

---

1. 黄济舟（1872—1958），原名德铣，贵州贵筑（今贵阳）市花溪区人。清举人，曾任贵州军政府实业部部长。

2. 普安：今贵州省黔西南州普安县。

于拉丁民族，终不敢攘而有之。若英县印度，法墟越南，则诚不虑此，何哉？彼最适于为奴也。方日俄战事初起，某亦尝攘臂[1]宣言，谓他日和平恢复，影响于我至巨。所可冀幸者，英、美素主门户开放[2]，以安坐吸我膏髓为利，或相持莫肯发难。吾人求救亡之术，惟有一德一心，组织团体，化除私见，共谋公益。以资望之浅，能力之薄弱，徒招非笑，一无所成。及来普安，满拟捐弃万事，专心于教育，尔日读公书，竟不知头脑何以激刺而不宁也，血脉何以偾张而不能自主也。浃旬[3]以来，对于绅耆[4]，则敝舌焦唇以相聒，对于长吏，则乘机因势以相导。此间司马方君亦力主假定之说，谓股分虽非期，年年能召集，得先出奏，可免外人觊觎。大抵兹事滥觞[5]于兴义，响应于普安，浸淫遍及于全省。有公之志，而无公之才，固不足驱役群力，有公之才，而无公之望，亦不足慑服人心。天未忍黔民沦胥涂炭，故使公髦老康强，将障逝水而东之，挥夕阳于已坠。如某之愚，何敢更有所论列。虽然，社会者，人与人相积而成者也；一人不尽其义务，即为对于社会而不有其责任。义务无常，责任无常，或则执行，或则讨论。言而可用，土壤成泰山之高，言不可用，谬见亦真理之母。故凡某之所欲陈说者，可分为二类：曰公司直接之关系，曰公司间接之关系。公司直接之关系有三：

一、利用官场。吾国为专制政体，人民习惯于服从，士绅百呼之而不应者，一皂隶督责之而有余。大抵开通之民，流血以购自由；塞野之民，非干涉几无以为生，此限于进化阶段，无可如何也。诚得良

---

[1] 攘臂：捋起衣袖，露出胳膊表示振奋。

[2] 门户开放：1899年9月，美国提出“门户开放”政策，目的是维护各国在华特权，缓和争夺中国的矛盾，并以机会均等、利益均沾为原则，使美国在与各国的争夺中，保持中国市场对美国商品的自由开放。

[3] 浃旬：一旬，十天。

[4] 绅耆：旧称地方上的绅士和年老有声望的人。

[5] 滥觞：江河发源的地方，水少只能浮起酒杯，比喻事物的起源、发端。

有司诱掖而提倡之，集款不劳，收效甚大。度今日官吏，自道、府以下，其不倾慕声威者鲜矣！公察某某可与言也，而以时局之阽危警告焉，义闻之传播激发焉；某某可以名致也，而以上峰属耳目，作有为之气焉。下民怀遗爱，动甘棠之思焉；某某可以利劝也，而以特别之益酬其劳勚焉；优先之股，尽其售买焉。彼官场虽有多数，约其途不入于彼，必出乎此，叩一本而百枝摇，叩一发而全身动。以此办事，何事不济？此公司成立之方法一也。

二、**联络正绅**。主动在官场，分任仍在绅耆。十室之长，必其智足以剖十室之是非曲直，然后众从而听命焉。尤智者，所长尤众焉。一州邑之大，岂无人才崛起其间。去其庸惰与其顽固，则十得四五之选也。考以乡评，验以实事，则十得二三之选也。昔者粤、捻之纵横，苗、回之恣睢，所在城堡团练杀贼，草莽英彦[1]多因以起。今日灭种之痛，大于内讧，召股之艰，未甚拒敌。然不闻奋袂直前、拔帜特立者，难与虑始。自古所叹，非豪杰之士，固莫敢为天下先。公创其基，人亦孰不乐观厥成？是在我公殚数日之见闻，劳幕府之笔札耳。此公司扩充之手段二也。

三、**赞助游学**。公司重要分子，莫如技师，现时不能不借才于外人。夫借才之效，则亦略可睹矣。以下驷而要重聘，以非类而怀异心。开平之矿、漠河之矿，号为成效卓著，然使外人自开之，而自理之，其获利当不止倍蓰。人常处其明，我常处其暗；人以客而握主之权，我以主而寄客之位，漫漫长夜，良可太息！近畿[2]且然，更何论贵州？以今日学务之紧要，师范之缺乏，抚军通饬[3]各属，尚不免观望，况矿学之难卒业，动需数年，筹费辄以千计，谁肯过而问焉？虽然，某有一策于此，凡学矿业获有学位者，除由公司预约延聘，优给薪资外，并许将已用之学费核实，发给股票，特别奖劝，人皆乐趋。此公

---

[1] 英彦：英俊之士，才智卓越的人。

[2] 近畿：邻近国都的地方；京城附近地区。

[3] 通饬：犹通令，把同一命令发往各地。

司持久之计划三也。

公司间接之关系：

一、号召志士。四民之中，士为称首，风气所及，必士先受其影响。十年来国际之侵略日剧，人民之知识日开，旧时埋首陈编之士，皆思乘时树立，一洒虚声之耻。其活动于一社会中者，或以沦其私塾，或以淑其侪类，始而弟子慕效之，继而里党推重之。此少数之志士，实挟有造成舆论之潜势力。然分居散处，终无团结之日，斯其效亦局而不弘。又其甚者，或道义自高而耻于相下，或意见各持而不免牴牾。惟公张天网以罗致之，剂五味而调和之，广其孤陋，化其偏私。彼士也，日困于庸耳俗目，混混焉而不见成功，一旦得大力者之助我也，其精神之奋兴可知矣。由是众志定而呼应灵，阻力减而蕲响壹，率百千万亿欲为不得为之众，而领而导之，沛然若引决河之东注。盖转移之微权，莫要于此。

二、筹设报馆。凡人之情，不闻则不知，不见则不明；不知则东西可以易位，不明则黑白可以变色。乡曲拘迂之士，昧于大势，虽痛哭流涕，日语以外人之束缚我，羁轭我，而其不信如故。无他，非所习而已。输送文明之利器，莫良于报馆。今日吾国报界之发达，为有史以来所未见，其进步实迅速，而可惊然以四万万之民众，仅持此寥寥百家之报馆，其阅报人数不过千人得一耳。此其故，或由道远不易购致，或由文烦不便省览。今诚订购机器，礼罗文人，择要记载，逐日发行，黔人之智慧已足牖，黔人之灵明而有余。知个人主义之不适于生存也，则公益事业，自然争先着鞭，盖鼓吹之妙用，莫切于此。

三、推广演说。报馆势力所及，仅中流以上之社会。欲使一般人民咸变迁其思想，非演说不为功。夫一般人民，脑筋简单，骤予刺激，不难转换其倾向。抑演说之推广也，视筹备报馆尤为易易，毋待募集资本，毋须精求人才，公只片言提倡，期月便可风行。勿论公司开设迟速，兹事似宜亟举。盖根本之改革，莫善于此。昔曾文正[1]以

[1] 曾文正：指曾国藩。

在籍侍郎奉旨筹办团练，卒开湘军规模，立扫荡粤、捻之基。人第见其功业之烜赫，而不知其历尽艰辛，受尽揶揄。故文正与友书曰：虹贯荆卿[1]之心，见者以为淫氛；碧化苌弘[2]之血，览者以为顽石。成就益大，困难益甚。惟坚忍不拔，乃能有济。规划宜远，必不能求合于众人之议论。责望无尽，必不能侥免于流俗之讥评。斯又我公精心毅力所独当其冲者也。某驽下，胸中所欲言者，尚十百于此。而言之不能达其意，非大君子之前，固不敢尽情倾吐，惟公不忘旧好，开示大计，岂惟某拜嘉惠，凡在下风，孰不钦承硕画。暑假有暇，拟晋谒[3]台阶；面叩方略。先此布臆，伏惟垂察不宣。

（录于《周素园文集》）

---

❶ 荆卿：指刺杀秦王之志士荆轲。

❷ 苌弘（约前565—前492），字叔，周朝时期蜀地资州人。中国古代著名学者、政治家、教育家、天文学家。周景王、周敬王的大臣刘文公所属大夫。刘氏与晋范氏世为婚姻，在晋卿内讧中，由于帮助了范氏，晋卿赵鞅为此声讨，苌弘被周人杀死。传说死后三年，其心化为红玉，其血化为碧玉，故有“苌弘化碧”“碧血丹心”之说，以喻忠诚正义。

❸ 晋谒：进见；拜谒；拜见；前往求见。

关于传教条约之研究[1]

（1907年）

立约之国有八。俄、英、法、美、德、瑞典、挪威、丹、荷、日斯巴尼亚（一作西班牙）、比、刚果、义、奥、日本、秘鲁、古巴、葡、韩、墨西哥共二十国。瑞、挪今合为一；韩新折入于日本，不得自理外交，故云然。而关于传教者十一。俄、英、法、美、德、丹、荷、日斯巴尼亚、比、义、葡。其瑞典、挪威、刚果、奥、日本、秘鲁、古巴、墨西哥七国则无之。语意皆极明了，无甚深微难知，而行政官束书高阁，漫不訾省。遇民教相争事，率抑民伸教，以苟安目前。蓄怨毒不平之气，积久必发。则教案之出，乃辱国体，损国权，滔天扬尘而不可收拾矣。语曰“星星之火，可以燎原”，不其然哉？比者，时局日益倾危，交涉迭见失败。我退则彼进，骎骎[2]焉轶乎常轨之外。机牙之肆应[3]，偶一不慎，即予人以口实。有地方之责者，宜如何悉心讨论，以求御侮而尽职。记者不敏，辄甄录咸丰八年[4]以来与各国立约关于传教之条款，都为一篇，加以研究。公余之暇，倘一浏览乎，或不无小补也。

---

[1] 文中所引条约文字，均系作者当时所得见的译文，未与条约正式文本相核对。文中夹注是原有的。

[2] 骎骎：指形容马跑得很快的样子，比喻事物进展得很快。

[3] 肆应：引申指善于应付各种事情。

[4] 咸丰八年：1858年。

咸丰八年中俄条约第八款：天主教原为行善，嗣后中国于安分传教之人，当一体矜恤保护，不可欺侮凌虐；亦不可于安分之人，禁其传习。若俄国人有由通商处所进内地传教者，领事官与内地沿边地方官，按照定额，查验执照。果系良民，即行画押放行，以便稽查。

记者按：曰"行善"，彼教公共之目的也。然善有善之界说，怙势揽权者，非善；偏听徇私者，亦非善。彼要我承认其目的，而其所施行之手段或与其目的相违反，我可以随事正告之，无所用其含糊也。曰"安分传教之人，当一体矜恤保护，不可欺辱凌虐"，则是传教之人亦自有其不安分者可知，则是传教而不安分之人，我即不能一体矜恤保护可知。且我为矜恤保护者，彼为被矜恤保护者，主体、客体厘然分明。至于"欺辱凌虐"，唯闹教风潮剧烈时，或一有之。若平日则决然无是也。曰"亦不可于安分之人，禁其传习"，即谓未犯法律之人，可以得宗教信仰之自由；若其人行为为法律所否认，是即不安分之证据，我固依据法律而禁止其传习。曰"按照定额，查验执照，果系良民，即行画押放行，以便稽查"，果系良民与否，漫无一定之标准。然与上文"安分传教之人"一语比照，则我当日订约大臣固已灼见流弊，防微杜渐之意远矣！

是年中英续约第八款：耶稣圣教暨天主教，原系为善之道，待人如己。自后凡有传授习学者，一体保护。其安分无过，中国官毫不得刻待禁阻。

记者按：英约大旨如俄约，而词意较简括，足见擅外交之能事。"待人如己"，固宗教揭橥[1]之帜志。然约章之所谓"己"，实以教士自身为标准。"己"果善，率人以为善，是吾社会所欢迎者也；"己"如不善，则变本加厉，自难享"一体保护"之权利。不得"刻待"，指传授者而言；不得"禁阻"，指习学者而言。而必以"安分无过"一语为归宿，则称物平施之道也。

是年中法条约第十三款：天主教原以劝人行善为本。凡奉教之人，皆

[1] 揭橥：揭示，显示。

全获保佑身家。其会同礼拜、诵经等事，概听其便。凡按第八款备有盖印执照，安然入内地传教之人，地方官务必厚待保护。凡中国人愿信崇天主教而循规蹈矩者，毫无查禁，皆免惩治。向来所有或写、或刻，奉禁天主教各明文，无论何处，概行宽免。

记者按：法兰西以旧宗护法自居。而承乾嘉以来，厉禁天主教之后，故致其反复叮咛之意。曰“凡奉教之人，皆全获保佑身家”，此义何待言。即非奉教之人，凡为中国国民，中国国家皆有保佑其身家之义务。曰“会同礼拜、诵经等事，概听其便”，此亦无待言。中国国民苟不逋租税、连狱讼，其动作行为皆得享无限之自由，国家并不过问。曰“愿信崇天主教而循规蹈矩者，毫无查禁，皆免惩治”，循规蹈矩之人，即安分无过之人，亦即未犯法律之人，本无所用其查禁，更何所用其惩治。反之，而逾规越矩，则主权在我，固不得以信崇彼教之故而异其操纵矣。

是年中美条约第二十九款：耶稣基督圣教，又名天主教，原为劝人行善，凡欲人施诸己者，亦如是施于人。嗣后所有安分传教、习教之人，当一体矜恤保护，不可欺侮凌虐。凡有遵照教规、安分传习者，他人毋得骚扰。

记者按：“己所不欲，勿施于人”，吾先圣之微言。从消极的一方面解释“恕”字。“凡欲人施诸己者，亦如是施于人”。彼宗教之大义，从积极的一方面解释“恕”字，诚如是。则种界平等、国界平等，大同太平之世，吾党所最希望也。至本条当注意处，尤在“遵照教规”一语。平民对于法律而有服从的义务；教民则法律之外，并有服从教规义务。法律只制裁其行为，教规且拘束其意志。教民虽未犯法律，若地方行政官能确指其不遵照教规之点，可以通告主教而纠正之，亦弭患无形之术也。

咸丰十年中法续约第六款:应如道光二十六年正月二十五日上谕，即颁示天下黎民，任各处军民人等，传习天主教，会合讲道，建堂礼拜，且将滥行查拿者，予以应得处分。又将前谋害奉天主教者之时，所充之天主堂、学堂、坟茔、田土、房廊等件，应赔还，交法国驻扎京师之钦差大臣，转交该处奉教之人。并任法国传教士在各省租买田地，建造自便。

记者按：此条语气，颇为严急。盖当圆明园灰烬后，为城下之盟，故一意怀柔之也。据侯官严复氏所言：“天主教之准仍旧传布，及发还地产一款，为法文原约所无，而独中文有之。吾国议约者不识西文，姑弗深考，孟浪画诺。迟之又久，彼教中人，得运动于法之政府，遂于修约时转译华文，羼入[1]新款。”（见丙午年外交报第五号。）此且不具论。苟其明载于约章，我即负有履行之义务。然无论如何严急，亦不过曰将滥行查拿者，予以应得处分。夫查拿而至于滥，是行政官活动于法律范围之外，以意为重轻，固中国国法所不许。予以应得处分，是使之对于国法而负责任，非使之对于教会而负责任也。曰“任法国传教士在各省租买田地，建造自便”。“租买田地”，只限于建造之用。其非建造之用者，仍不得自由租买甚明。

咸丰十一年中德条约第十款：凡在中国者，或崇奉或传习天主教暨耶稣圣教之人，皆全获保佑身家，其会同礼拜、诵经等事，概听其便。

记者按：德约同于法。法以传教之事，中更失败，故虑之也。审德与我开始交涉，而又有法为之先，随事可以援例要请，故其详略不同。

同治二年中丹条约第八款：丹国民人，传授耶稣圣教，果系安分无过，中国官员不得刻待阻难，均应保护相安。

记者按：丹约只言传教士，不涉教民。从一方面研究，则教民者，中国国民之一分子，本无加入国际条约之理。故本条所规定，持与以上之诸国条约相衡，尤为比较的得体。从一方面研究，中国国家并未尝以条约漏叙教民，遂于丹马［麦］传教士之信徒有歧视薄待之意。至于“保护相安”，尤当分别观之。保护是官吏之专责，相安须官吏教士之同意。官吏尽其职务矣，教士或多所挑剔；教士已极和平矣，或从而放弃其曲其直，乃属于临时发生之问题也。

是年中荷条约第八款：荷国所奉基督圣教即耶稣天主教，传教之士，若安分传教，在内地中国官一体保护。如中国习教民人犯中国律令之事，

---

[1] 羼入：掺入。

仍由地方官照例惩办；如无过犯，不得刻待禁阻。

记者按：荷约词意，绝无丝毫含混。盖缘事实上之经验，促我外交之进步也。“中国习教民人，犯中国律令之事，仍由地方官照例惩办。”凡与各国立约，无不含有此意，亦无不默许而公认者。徒以约章未经显揭，怯懦无识之地方官，震慑于保教之明文，乃至不能执行律令惩办过犯之教民。不平愈甚，反抗愈烈，横溃旁决，职此之由。今于条约继续期间加以说明，虽非改正之必要，抑亦补救之所有事也。

同治三年[1]中国日斯巴尼亚条约第六款：天主教原系为善之道，待人如己。自后凡有传授习学者，一体保护。其安分守法，中国官毫不得刻待禁阻。

记者按：参看中英续约第八条。

同治四年中比条约第十五款:天主教原以劝人行善为本，凡奉教之人，皆全获保佑身家。其会同礼拜诵经等事，概听其便。凡按第十款备有盖印执照，安然入内地传教之人，地方官务必厚待保护。凡中国人愿崇奉天主教而循规蹈矩者，毫无查禁，皆免惩治。向来所有或写或刻奉禁天主教各明文，无论何处，概行宽免。

记者按：参看中法条约第十三款。

同治五年中意条约第八款:义国民人传授天主圣教，果系安分无过，中国官员不得刻待阻难，均应保护相安。凡中国人愿信崇天主教而循规蹈矩者，毫无查禁惩治。

记者按：参看中丹条约第八款、中法条约第十三款。

同治七年中美续约第四款：原约第二十九款内载耶稣基督圣教暨天主教，有安分传教习教之人，当一体保护，不可欺侮等语。现在议定是美国人在中国，不得因美国人民异教，稍有欺侮凌虐。嗣后中国人在美国，亦不得因中国人民异教，稍有屈抑苛待，以昭公允。至两国人之坟墓，均当一体郑重保护，不得伤毁。

记者按：从表面上观之，此为双方同意正式的协约，而事实上不

[1] 同治三年：1864 年。

然。“美国人在中国，不得因美国人民异教，稍有欺侮凌虐。”至于不幸而有欺侮凌虐，则中国国家即应负损害赔偿之责任。此征诸历史上屡见不一见者也。“中国人在美国，亦不得因中国人民异教，稍有屈抑苛待。”考之近年之报章、私家之著述，则屈抑苛待情形，令人不忍卒读。而美国国家坦然行之而不疑。所谓“以昭公允”者，毋亦徒有其名耳！

光绪十三年中葡条约第五十二款：天主圣教愿以劝人行善为本，自后凡有传授习学者，一体全获保护。其安分无过者，大清国官不得苛待禁阻。

记者按：参看中英续约第八款。

光绪二十八年中英续议通商行船条约第十三款:中国之意，教事必须详细商酌，以免从前嫌衅滋事，将来复萌。倘中国与各国派员会查此事，尽力妥筹办法。英国允愿派员会同查议，尽力筹策，以期民教永远相安。

记者按：此义和团肇祸之翌年，中国国家长顾却虑，知保教之严，适以启仇教之渐，故预著活笔，而异日筹商补救地步。夫人当感情用事时，而务自裁抑，剖析真理，尊重法律。此等观念，或俟诸教育普及十年后，固非可责诸今日一般之人民也。且滋事之由，恒起于民，而嫌衅之由，则多起于教。惟英国国家亦知其然，故承诺倘中国与各国派员会查此事，尽力妥筹办法，英国允愿派员会同查议，尽力筹策，以期民教永远相安。此世界之公义，人道之极则也。特所谓尽力妥筹办法者，荏苒数年，迄无成说。谁秉国钧，亟宜及时图维矣。

光绪二十九年中美续议通商行船条约第十四款：耶稣、天主两等基督教宗旨，原为劝人行善。凡欲人施诸己者，亦必如是施于人。所有安分习教、传教人等，均不得因奉教致受欺侮凌虐。凡有遵照教规，无论华、美人民，安分守教、传教者，毋得因此稍被骚扰。华民自愿奉基督教，毫无限止。惟入教与未入教之华民，均系中国子民，自应一体遵守中国律例，敬重官长，和翕相处。凡入教者，于未入教以前，或入教后，如有犯法，不得因身已入教，遂免追究。凡华民应纳各项例定捐税，入教者亦不得免纳。惟抽捐为酬神赛会等举起见，而与基督教相违背者，不得向入教之民抽取。教士应不得干预中国官员治理华民之权。中国官员亦不得歧视入教、不入教者，须照律秉公办理，使两等人民相安度日。美国教会准在中国各处租赁及永租房屋地基，作为教会公户，以备传教之用。俟地方官查明地契，妥当盖印后，该教士方能自行建造合宜房屋，以行善事。

记者按：以本条规定之详细，而地方有司，犹复预事颟顸[1]，不知所措，真可谓全无心肝者矣！曰“入教与未入教之华民，均系中国子民，应一体遵守中国律例，敬重官长，和翕相处”，不过于原有缁流道家之外，多此两等名目。官吏之待遇之，一如其待遇缁流道家者可矣。曰“凡入教者，于未入教以前，或入教后，如有犯法，不得因身已入教，遂免追究”，入教之目的，有两类：一良民之求庇者；一莠民之利用者。由前之说，则原于我之失政；由后之说，则原于我之失刑。至谓诚心信仰，吾敢武断其千不得一也。然执因穷果，良民以求得庇荫之，故相安而无所于忤。莠民以扩张利用之，故相搏而无所不忤。浸假入教信徒，遂只见有莠民，不见有良民。是故明白事理之神甫、牧师，于犯法在前者，有坚拒弗受之事；于犯法在后者，有迫令脱籍之事。各省成案件，往往见之。我果欲达强制执行之目的，彼决不干预过问，亦决不容其干预过问也。至于酬神赛会耗财废时，为吾国莫大之敝俗。治化进行，当严申厉禁。不特教民不准抽取，即平民亦应不准抽取。曰“准在各处租赁及永租房屋地基，作为教会公产，以备传教之用”，范围甚明，无待诠释。倘有私买矿山等事，即属于违背条约之行为。曰“俟地方官查明地契，妥当盖印后，该教士方能自行建造合宜房屋，以行善事”，则是教会公产，备传教之用之房房地基，犹必经地方官之署诺，乃得租赁及永租。若以私人之资格，暧昧交易，在法当否认之。

闻诸法学家曰：国内法者，规定国以内关系之法也。国际公法者，规定国以外关系之法也。传教属于国内法之一部分，条约属于国际公法之一部分。以应规定于国内法之事，而羼入国际公法，聚九洲铁铸成大错，此即最初失败之原因也。条约成立之原则，以文字与文字相结合，

[1] 颟顸：糊涂而马虎。

实为权利义务确定之证书。故无论为同意订结的条约、为威逼订结的条约，皆只能于有文字处发生效力，决不能更于无文字处发生效力。而外人之要我往往出乎条约原文之外，一漫应之后，且相援为成例，倒持太阿而授人以柄，此又第二失败之原因也。

日往月来，彼长此消，人为纯粹的权利国，我为纯粹的义务国。不对等条约之结果，其势力已膨胀达于极点。迄于今即补苴罅漏[1]，抑亦未易言。然侯官严氏不云乎？凡物不必大也，就使其物为日用之常，耳目之近，苟求处置而得其方，不可不先为其知物。条约之为物，有性质，有作用，有种类，有解释。惟我主外交者，不为其知物，故谈判之倾，如隔重幕，有承诺其万难允者，有磋商其不必抗议者。我膺民社者，亦不为其知物，故事变之乘，如迷失道，有顽固而以为强项者，有柔媚而以为睦邻者。呜呼！患气之来，必种种原因之凑合，而岂一朝一夕之故哉？虽然，条约者，国家与国家交际两方主权相互之行动也，使我非完全无缺之主权，即此亏损之条约，且不能与外人缔结。今以外人责我之履行条约，证我主权之完全无缺，当为国际法学者所公认。及此主权完全无缺之时，自上至下，勤求知物。一方不可不存改正之希望，使前约归于合意之消求；一方不可不负履行之责任，使前约无更伸张其范围。迨至[2]智识发达，政治修明，民之入教也，将以为信仰，非以为权势，则畛域自化矣。若乃创巨痛深之余，犹存得过且过之念，或操之太急，或应之无方。西人宓克尝云：中国如一种沙石，而西教如水。水注入石，及冬而冻，春来齑粉[3]矣。仅自其本力言，其可畏已如此，况益以钢甲铁骑之盾其后，衮衮群公，尚念之哉！

附缔结各约之历史：

英、法、美联军北犯天津。俄罗斯使臣普提雅廷往来津沽间，自居

---

[1] 补苴罅漏：补好裂缝和漏洞。后泛指弥补事物的缺陷或漏洞。出自唐·韩愈《进学解》。

[2] 迨至：及至，等到。

[3] 齑粉：齑、粉均呈碎末状。比喻粉碎的东西，也指使东西粉碎。

调停，以添设通商口岸为请。钦差桂良花沙纳会同普使在天津订立和约十二款，是为咸丰八年之中俄条约。英吉利自鸦片战役后，已定五口通商条约，后因广东水师械其舟子解省，复构衅。英使额尔金来粤，纠法、美、俄三国，合从称兵，攻陷广州。时扬子江流域方扰于洪寇[1]，朝廷不遑南顾。英使久不得要领，复连［联］法、美二国兵北上，攻陷大沽炮台。上命桂良花纱纳赴天津，与额尔金议和，订立新约五十六款。是为咸丰八年之中英续约。

（录于《周素园文集》，原载于1905年11月13日《黔报》）

---

[1] 洪寇：当时对太平天国革命领袖洪秀全的蔑称。

贵州血泪通告书[1]

（1912年）

呜呼！我今日最苦最贫之贵州，一云南之附庸也。我贵州可悲可悯之人民，一贵族之奴隶也。溯自上年迫于川祸，自治党张百麟、黄泽霖[2]以清朝官吏身充要差，不爱其位禄，苦心孤诣，联合军界，于九月十三日之夜兵不血刃，继武汉之后而独立。张、黄不敢自有其功，邀集各界在咨议局会议，公认咨议局为立法院，以原有之议员为议员。举新军教练官、日本士官学校毕业生杨荩诚[3]及新军督队官赵德全为正副都督；复化除意见引宪

---

❶ 1912年3月3日，贵州宪政预备会及地庄团练头目勾结唐继尧所部滇军，颠覆贵州军政府，大肆捕杀贵州革命党人。次日，唐继尧被推举为都督，成立滇军与贵州立宪派及旧官绅的联合政权。贵州自治学社成员云流星散，纷纷逃往省外避难。该社骨干周培艺、黄德铣、王炳奎等人逃亡重庆，由周素园执笔，拟成《贵州血泪通告书》及《贵州绅学军商致各省电》，分发各省，将自治学社革命经过及宪政预备会与唐继尧等破坏贵州革命之情形一一叙述，声讨滇军及反革命派，呼吁伸张正义。

❷ 黄泽霖（1882—1912），字茀卿，号思明。事迹详见本书《稽勋表册底稿·黄泽霖》。

❸ 杨荩诚（1880—1922），字柏周（亦作柏舟），前期生平详见本书《稽勋表册底稿·杨荩诚》及《贵州陆军史述要》。袁世凯称帝时，拥护武装讨袁。1917年为黎元洪入川，游说西南归附，未如愿。旋与旅京四川同乡共谋发展川陕运输，积劳成疾，返秀山故里调养。1922年病逝。

政党任可澄[1]、何麟书[2]、黄禄贞、华之鸿[3]等出而共事。破坏之初，在在困难，一切设施虽未尽完善，然事事推重议会，以人民为前提。窃以为此后之贵州，可以脱专制之敝政，享共和之幸福矣。殊可澄等欲独攘政权，百端播弄，集合在省之三数豪族，设一酒食征逐之团体，自名曰耆老会。即以此会之名义，侵越立法院之言论，阻挠军政府之建设，时而煽乱军心，时而挑动社会，时而提倡公口，使我人民日居于惊惶恐惧之中；张、黄日居于左支右绌之地；犹以为未足，复提若辈在清朝时霸据之公款数千金，买通部卒，于上年腊月十五日，谋杀张、黄。张幸逃出，黄当被戕。是时正都督杨荩诚北伐未归，副都督赵可以势迫，若辈乘此机会使其党人

---

❶ 任可澄（1878—1946），原名文瑛，字志清，号匏叟。贵州普定县人。1902年中举，次年考取内阁中书。1904年返黔兴办学堂。1907年贵州宪政预备会成立，任会长，鼓吹立宪。贵州独立后，任枢密院副院长。贵州军政府被颠覆后，任唐继尧都督府参赞兼秘书长。后随唐入滇，官至云南巡按使。云南护国首义时，参与草拟独立通电。后主持贵州通志局，编修民国《贵州通志》。1920年底至1921年夏，任贵州临时省长。后久居北京。1937年曾任云贵检察使。1946年病逝于昆明。主编有《贵州通志》，著有《牂柯江考正》《且同亭笔记》《藏山堂诗文词稿》等。

❷ 何麟书（1889—1943），字季刚，贵州贵阳人。辛亥革命前为贵州宪政预备会成员。刘显世督黔时曾任政务厅长、省长公署顾问、黔中道尹等职。1920年在黔军发动的推翻刘显世的“民九事变”时逃亡昆明。

❸ 华之鸿（1871—1934），字延仪，祖籍江西临川，先辈于清康熙年间入居贵州遵义。其父华联辉时迁居贵阳，以经营盐业致富。1906年捐资兴办通省公立中学。贵州宪政预备会成立，他是发起人之一。1910年出巨资创办当时西南最大的私营出版企业交通书局。贵州军政府成立后，被推为官钱局总理。1934年病逝于贵阳。

周沆[1]、戴戡[2]（贵定修生，因图财产谋毙外甥，被讼逃出者）勾结滇军于外，郭重光[3]（江苏知县办清丈田亩事，赃款巨万，捐过道台班，迭被苏绅具控，曾载报章者）、刘显世[4]（兴义劣绅，父子弟兄借团虎霸，人皆切齿）接应滇军于内。遂于正月十四日引云南北伐司令官唐继尧入据贵州省城。在若辈借刀杀人，不过欲遂其贪权怙势之私；而滇军因利乘便，已遂

---

❶ 周沆（1874—1957），字季贞，贵州遵义人。辛亥革命前在云贵总督李经羲府中作幕僚，辛亥革命后在云南都督蔡锷手下任职，为贵州宪政预备会游说滇军入黔。唐继尧督滇后，任蒙自道尹。护国运动中，因谋刺蔡锷未遂潜逃香港。新中国成立后，周沆为遵义市政协特邀代表。1955年，被贵州省人民政府聘为贵州省文史研究馆馆员。1957年病逝。

❷ 戴戡（1879—1917），字循若，贵州贵定县人。清末留学日本，与梁启超关系密切。辛亥革命后，云南都督蔡锷派其至贵州经办盐务。戴与贵州立宪派和封建官绅谋夺贵州政权后，先后任都督府左参赞、民政长、巡按使等职。护国战争爆发前是梁启超、蔡锷在云、贵方面主要联络人，参与谋划云贵起义。云贵起义后，任护国第一军右翼支队司令。1917年，在与川军刘存厚部混战中兵败而亡。

❸ 郭重光（？—1920），字子华，贵州贵阳人，清末官至江苏芜湖道。任内因贪污被劾，以报丁忧回籍。辛亥革命前后，组织"耆老会"（封建官绅团体），反对革命。为贵州宪政派之奥援。刘显世督黔时，参与枢机。1920年11月"民九"事件中，被发动政变的黔军所杀。

❹ 刘显世（1870—1927），字如周，又作如舟，号经硕。贵州兴义人。1898年以廪生助其父刘官礼办团练，任县团防局局董。1902年任靖边正营管带。1911年秋奉巡抚沈瑜庆命率部晋省镇压革命。途中闻贵阳光复，遂表示拥护革命。旋被军政府任命为枢密院军事股股长兼西路巡防统领等职。次年配合唐继尧部滇军夺取贵州政权。1913年被袁世凯任命为贵州护军使。1915年曾拥护袁世凯称帝。护国战争起，于1916年1月27日被迫宣布贵州独立，参加护国讨袁。袁死后，任贵州督军兼省长。1920年11月，在贵州军阀内部倾轧的"民九事变"中被逐回兴义，后流亡云南。1923年春，配合袁祖铭"定黔"，在唐继尧扶持下一度复任贵州省长。1925年1月，被唐继尧所弃，引退回乡。

其入室毁子之计。慨自继尧窃据以来，殄灭我军队，骚扰我闾阎，蹂躏我议会，耗费我公款，勒磕我富户，杀戮我志士，戕害我都督，种种残毒，罄竹难书。近闻杨荩诚奉中央之命，提援鄂之师，回任都督，凡我黔民罔不相庆幸，如获再生。若辈恐杨回黔不利于己，更出其卑劣手段，捏名、捏电、捏事、捏函，蒙蔽我闭门家居及远游在外之父老昆弟[1]，冀陷首功诸人于不能表暴之地，以免奸谋败露。嗟呼！一十三府之财产，徒备滇人之取携；七百万人之生命，一任滇人之鱼肉。兹将滇军未到时之情形暨滇军既来后状况分别详述：凡我黔人，伏望激发义愤，其筹善策，以出同胞于水火而免亡省之讥，则某等幸甚，全黔幸甚，大局幸甚。

一、**反对革命**。自治党之宗旨主张共和，其作用在于革命。若辈恃其党人熊范舆[2]、刘显治[3]与依附保皇党之杨度有素，乃发起宪政预备会，以相抵制；复因该党人任可澄、文明钰、周起滨等办理中学，侵蚀万余金；唐尔镛[4]讹借堂弟宗岳财产不遂，唆其叔我圻[5]将宗岳枪毙，均经自治党机关报《西南日报》[6]揭载，与该党机关报《黔报》公报累月

---

1. 昆弟：同昆仲，指兄和弟。

2. 熊范舆（1878—1920），字铁崖，贵州省贵阳市人，清末留学日本。返国后曾在兴义为刘官礼襄办学务，旋受聘云贵总督李经羲幕中。辛亥革命后任中国银行贵州分行行长。为刘显世的“四大台柱”之一。1920年11月贵州事变“民九”中，被发动政变的黔军所杀。

3. 刘显治（1876—1921），字希陶，贵州兴义人。优贡生。官云南知府。刘官礼之次子。早年留学日本，归国后任云贵总督李经羲文案。后充国会议员，常奔走活动于京沪间。

4. 唐尔镛（？—1912），字慰慈，贵州贵阳人，举人。官内阁中书。祖唐炯有勋阀，尔镛凭借门荫，为贵州立宪派中坚。

5. 我圻：指唐我圻。

6. 《西南日报》：贵州自治学社机关报，由黄泽霖负责筹办，周培艺等任主笔。1909年6月正式发刊。其办报宗旨为“团结本身，联络西南，进而促进全国自治”，对扩大革命派影响和宣传地方自治及反清革命起过积极作用。

辩驳，积怨甚深。反正之前，该党迭次倾陷自治党人；反正之时，该党又为沈抚[1]献策，调兴义团营管带刘显世，驰拿革命诸人；派防营统领胡锦棠[2]，围拿陆军学生。殊刘未至而革命已成功，胡甫至而新军适往救。否则热血健儿，早为该党取赴清廷邀功矣。

二、**设会招摇**。民主国家以议会为最高机关。贵州反正之次日，经各界承认咨议局为立法院，苟非立法院议员，自不足以代表人民。该党所设之耆老会，本在省三数贵族酒食征逐之团体，公然以此会名义侵越立法院之言论，阻挠军政府之建设。政府以民主国家集会可以自由，未之过问，该会竟得寸进尺，刊关防、出告示，干涉政务上事矣。

三、**借团敛财**。耆老会本私人之团体，虽欲干涉一切，而言论机关属诸立法院，行政事件统于军政府。该会无所事事，乃借练团自卫之名，不经立法院之认可，不候军政府之裁决，擅招团兵七百余人驻扎省中，城门街棚锁钥启闭之权，争归执掌。每月苛派居民每户出银数百金，以至数金数钱不等，月可得八九千金。除团营官兵开支外，全供该会宴饮之需。其有缉匪捕盗诸事，均责诸防军，该会所招之团营唯郭、华、唐、于[3]数家得其保卫，其余各户不唯不能保护，且暗通匪类，坐地分赃。府前街李天赐家月出银一百金，去腊中旬被匪入室抢掳，该团营近扎咫尺，连报二次，仅来一视。诸如此类，难以枚举。

四、煽惑军心。贵州军队向分新军、巡防，反正时新军亦与有力，故各级官长唯新军升擢[4]为多。若辈得此间隙，摘取两军旧日嫌怨，以及两军薪饷不同之处，或唆两军互相冲突，或给两军自相矛盾。即如发饷领饷，必将各营共领总数先期具领，领获之后，按每名应领额数以次发给。若辈使人布散曰：某日闻已往领，何以迟至今日始发，是勒饷也。或任对

---

[1] 沈抚：指贵州巡抚沈瑜庆。

[2] 胡锦棠：清末任贵州巡防管带。辛亥革命后投靠郭重光所主持之耆老会武装，任保安统领。后参与滇军颠覆贵州军政府。唐继尧主黔时统兵戍镇远。

[3] 郭、华、唐、于：分别指郭重光、华之鸿、唐尔镛、于德楷。

[4] 擢：提拔，提升。

一营曰：闻共领银若干万，何以仅发若干千，是扣饷也。遇事生风，极力簸动，以致军官军士感情大伤。军纪不易整饬者，实若辈坑之厉也。

五、挑动社会。若辈行为种种荒谬，恐受军政府之谴责，乃集党人运动各界，今日立一会，明日设一社，此处聚一党，彼处集一团，不曰推倒政府，即曰干涉官厅，举所谓自强社、务本团、政党联合会、共和实进会、政治期成会、平权无私会等，五光十色，估占衙署，几蹈于无政府之景象。挑动之术诚工矣，其如大局何！

六、提倡公口。清代哥老会发源于郑成功，其初皆优秀人物，为日既久，面目渐矣，烧杀抢掳之事，半出于此辈之中。张、黄反正之初，亦常利用此辈，及事既定，或挑选入军，或资遣归里，正筹安插解散之未遑。殊该党郭重光以耆老会会长资格，在立法院登台演说：谓今日之贵州，非公口不足以立国；贵州之政府及社会，非公口不足以辅助而保全。此语既出，不两日而省内外公口已达百余处之多。郭复举黔汉公龙头温瑞廷招兵五百，以保商路，举某汉公龙头李某人招兵数百，以保盐路。如陈钟岳、陈廷棻、马汝骏等皆军学商界之表表者，亦洋洋得意；开斌汉公、懋华公，自充龙头，并袭取满官威仪，设大堂，摆公案，俨与政府对埒。黄泽霖身为巡防总统，军心既迭遭煽惑，流亡又被其簧鼓，恐有暴动，乃徇部下之请，集合所部军队，开设公口以示牢笼，始免于祸。及滇军既至，一切称之曰匪，痛剿之不遗余力。其与若辈为一气之钟岳、廷棻、汝骏等或任之为秘书，或委之为统领，或举之为参议。出尔反尔，若辈尚有人心乎？

七、鬻卖官爵。贵州军政府之组织，分为都督府、枢密院，正院长张百麟出省安抚，副院长任可澄独掌枢密。有清朝不合例知州曾树藩，以八百金贿通可澄，委署镇宁州[1]知事。其银由可澄族人任显清说合，肖继文经手。曾既接礼，乃带亲兵数十持枪赴任，沿途骚扰，乡民苦之。

八、买下杀上。枢密院长张百麟出省安抚，正都督杨荩诚北上援鄂，副都督赵德全忠厚可欺，若辈遂召遵义一带之多年积匪罗魁入城。窃发，为黄总统侦知，擒获正法。若辈又借办理盐务之名，委任各公口龙头招纳

---

[1] 镇宁州：今贵州省安顺市镇宁布依族苗族自治县。

流亡数千，驻扎盐路，亦经黄总统阻止。若辈恨之入骨，探知东路先锋分统谭德骥部下有奸淫情事，黄正查办。若辈乃在唐氏花园密议遣谭统幕友王小山，以四千金贿买该路督带李先春、唐灿章，遣该队长徐玉章、夏培初于上年腊月十五之晨带领多人，计入总统府，将黄枪毙，削脑割耳，挖目剖心，截肾戮肠，露尸七日，惨无人理；同时又分兵队往袭张百麟，幸张卫军得力，保护出城，仅将卫队管带彭尔堃击中数枪，即日废命。黄死张逃，若辈无所忌惮，遂直引滇军长驱入境，黔人生气于斯尽已。

此滇军未来之前之情形也。滇军既至以后，其状况更有不忍卒述者矣。

一、**惨杀军队**。滇军初至，即将附城要隘分兵驻扎。有以先发制人之说进者，赵都督曰："滇军假道，不久当去，若与开战，必伤生灵。彼果欲占贵州，我宁退让。"故各军均无准备。正月十三之夜，胡锦棠开城引滇军直入，滇军复用机关炮队暗袭南厂新军，并于观风台用大炮远击，内有三四百名缴枪投降，则禁之东门外地藏庵内，于螺蛳山脚挖数十大坑，将此项降兵，依次排列用刺刀乱刺，掀入坑内，以土掩之。至扎紫林庵、兴怀园、黔灵山等处防军，暨扎城中执法部宪兵队、民政部军官队、都督府卫队，亦于夜半分途暗击，并用黔军大炮轰击都督府执法部、民政部及黔灵山。自朝至暮，连放不绝。城内外附近民房衙署悉遭毁伤。是役也，击毙及坑杀之军队各三四百人，戏击种菜乡民十数人，误击路人数十人，合计死亡八九百人。唯新军受祸尤惨。盖黔军援川，感情甚善，滇军援川，感情独恶，相形见绌，必欲杀之而后快。第一营管带杨树青所部，军队三百余名，人勇械精，在川名誉尤佳。回黔缴枪，滇军诱入都督府内，于夜半全数坑杀。杨管带则暗杀于军警部中。虽两国正式开战，其杀戮未有如斯之惨者。

二、**蹂躏议会**。滇军之来，一般人民本不公认。立法院议员为人民代表，妒之殊甚。十四日午间，该军卫戍部长韩某，左提军刀，右执手炮，带领持枪兵队数十蜂拥入院，向谭议长借扎军队。谭答以俟通知众议员回院即行搬让。韩即拍案大骂，众军亦放枪相应。院中诸人纷纷走出。既出之后，不准复入。院中公私各物尽遭损失，约值五六千金。

及卫戍部迁扎他处，军医队又入扎其中。迨全行迁出之后，但遗散书破纸、断笼残箱。满目荒凉，令人酸鼻，物议沸腾，唐司令以一纸空文通告赔偿。众议员居困旅次，进退维谷。该司令复与引虎入室之任、郭、何、刘、戴、周[1]等密议，以计去之。其与若辈有关系者，如蔡锦则委办松坎厘务，田复宗则委办镇远厘务，饶夔乾则委署贞丰州[2]知州云。

三、取消议员。立法院原有议员在院日久，资望较深，对于本省情形极熟，滇军入黔，既不承认，蹂躏议会，又相诘责；且闻若辈有以私人名义串借外债，认销滇盐事，将声罪致讨。若辈惮之，乃买通一中学未经毕业、在乡迭被控告之学生颜治昌，猎取五百余人之名，诬控全体旧议员。旧议员不屑与争，全体辞退。查公呈中之五百余人，除现充若辈各机关之员书人役百余人外，其余或一人名号并用，或有人而无名。丧心病狂，竟至于此，黔真厄运哉！

四、骚扰省垣。该军纯用野蛮手段，知人心不服，乃借禁吸洋烟禁蓄军火之名，分派军队持枪挨户搜索。遇有烟具、枪弹立遭惩罚，其银钱货物任意掳取。苟一争执，旋被杀害。又于各街口排列荷枪军队，手执马刀、剪刀，凡过路人民不问其发之短长，但非光头即行剪割。有戮破额角头皮者，有削伤两颊后颈者。乐君嘉荃其发已削，某日乘舆过南京街口，该军遇之不由分说，将玻璃打坏，由轿窗拖出复剪，身亦受伤。至出进城门搜检尤严，不分男女均须遍身摸索，种种凌逼，乡民闻风不敢入城，柴米涨价，阖城大慌。

五、荼毒乡村。刘显世之弟显潜[3]，前充广西巡防营管带，反对革命，不容于粤。乃借护送沈抚回湘之便，私带兵队绕至黔垣。显世胁迫赵都督委之署安顺提督。绅民请愿，不遂，几酿变端，经黄总统力阻，

---

[1] 任、郭、何、刘、戴、周：分别指任可澄、郭重光、何麟书、刘显世、戴戡、周沆。

[2] 贞丰州：今贵州省黔西南州贞丰县。

[3] 刘显潜（1865—1938），贵州兴义人，刘显世的堂兄。依附刘官礼、刘显世之权势，先后任过广西边防统带、贵州安义镇总兵、贵州巡按使等职。唐继尧二次入黔时，曾委贵州省代省长职。袁祖铭主黔时，被迫下野还乡。

其祸始息。现显世又委之署安义镇台，显潜乃带兵数千沿途烧杀淫掳。贞丰谭某全家被杀，乡城绅民不服，当将附近居民数百户全数剿洗。城中绅士孟广炯、尹尚斌等均被逐远窜。现在兴义一带，人心大乱。又刘显世派出兵队于清镇、干沟、卫上地方，估磕各万余千金，并将某姓十六龄幼女轮奸毙命。该姓赴县控诉，衙中不敢收受。又滇军分赴毕节、大定[1]、桐梓、正安等处，肆行荼毒，动磕数万，并任意奸淫。其余得诸传闻者，尚更难卜难数。

六、杀戮志士。钟之黄原名昌祚，号山玉，贵阳开州[2]人也。被举为孝廉方正，由都回黔，取道云南，闻滇军诬贵州为“匪国”，有入黔之举，乃上书滇军政府曰：“贵州本无大匪，间有抢劫之事，黔力自能平之。若徇一部分党人之请，开衅邻邦，后患方长。”事几中止。及唐司令已据黔都督之位，钟君回黔，行次安顺，若辈忌之，乃用好发异议阻挠军计为词，使其党人谷宾寅（普定讼棍，前清各署被控有案者）及原戕黄总统之军队唐灿章等杀之于途。颈被十七八刀，其首始坠。其余有名望之士，如乐嘉藻[3]、彭述文辈，按名开具三十余人，欲一网打尽。幸唐意尚游移，始获暂全。然其他党人百计罗织，现犹未已。

七、戕杀都督。贵州反正之初，组织政府，约章暂定三月。期满之时，赵都督具书辞职，立法院留之，若辈亦尝赞成。及黄总统被戕，赵又力辞，若辈利其庸懦，复坚留之。滇军既动，赵恐伤害人民，不肯抵御，解散卫队，避居乡中。夫赵之退也，黔人德之；唐之来也，黔人仇之。若辈心不自安，事后数日，用周沆、戴戡之名作一致赵长函，遍贴街衢，大

---

[1] 大定：今贵州省毕节市大方县。

[2] 开州：今贵州省贵阳市开阳县。

[3] 乐彩澄：名嘉藻，贵州黄平人。光绪举人。曾参加“公车上书”。1902年与于德楷创办贵州师范学堂，提倡新学。清政府预备立宪，任贵州咨议局首届议长。因与贵州自治党人接近，受攻击辞职。旋又任贵州教育总会会长。捐资筹建省城图书馆。其后自治党人受迫害，遂逃离贵州。后在天津任商品陈列所所长，选茅台酒、玉屏箫笛出国参展获奖。并游历欧美、日本，回国后任农商部主事。

意谓：若辈已举唐司令为都督，劝赵早退，嘱于接信之次日答复，否则以兵力从事。其所以必出于此者，因若辈通告捏造有赵不听劝，勾结蓝、叶两军[1]，将欲焚劫省城之语，故用此函，以证其事。其实滇军动手乃十三夜半，若辈函尾则署十五，作伪之形了如指掌。后刘显世探知赵处，派军劫出于北郊外沙子哨毛栗堡［铺］地方，枪毙于道，闻者哀之。

八、淫杀无辜。唐司令既为都督，首先设一军警部，该部长梅某[2]，每搜求细故，杀人示威；所杀又无一定地址，今日大十字，明日抚牌坊，后日北门月城等处，沿街枉杀。有一穷民搜出烟具，用铁丝穿鼻，下悬烟枪，血流满衣。又某家搜出字牌，乃将其人手指穿通，以麻线系牌于上，亦牵示众。有一僧人与某妇女有私，该军磕索不遂，乃将僧帽戴于妇首，妇鞋挂于僧胸，牵游街市，僧当枭首，妇亦绞死。又乡民夫妇背小孩入城放痘，偶谈该军残酷，适为所闻，当用指挥刀将妇舌扯出割之，妇人倒地乱滚，其夫逃去，小孩在旁大哭。又某妇姑媳口角，该军不问理由，将姑媳嘴皮割去。某日军警部宴客，内有一肴众不知名，主人曰“此人肝也”，客闻欲呕。其中详情虽未能知，而凶残之形自在流出已。

九、戏辱妇女。该军摧残人民，已如前述，其对于妇女尤为横暴。某日某校十六七龄女生过街，该军拦之调戏，恐人干涉，竟将此女生发辫剪去。女生怒诘，该军复谓女生不应长装，更抽马刀将外衣割下。女生羞愤交集，垂泪而去。越日，一稍小女生，亦被该军将发剪去。又北路统领宋运枢，人虽不无错处，然罪不至死，滇军诱而杀之；并将其妇发入公娼。又叶标统、蓝部长等逃亡后，各家妇孺联袂回鄂，被该军半途劫回，银钱衣物抢掳罄尽，现亦拟将各妇发入公娼。其尤奇者，禁止人民上坟，违者男则罚充苦工，女则罚入公娼，煌煌告示，张贴通

---

[1] 蓝、叶两军：指支持自治学社的革命武装蓝鑫、叶占标所部。下文之蓝部长、叶标统即指蓝鑫与叶占标。

[2] 梅某：指唐继尧所委任的警务部部长梅若愚。

衢[1]。至都督府唐司令之滇军，军政部刘显世之乡军，每每跋［爬］上两署墙垣，窥探邻家妇女，有时或以墙上泥石遥掷为戏。然慑于积威，敢怒而不敢言。附近两署房屋，纷纷迁徙莫之敢居。

十、硬毁实业。贵州实业，前经清政府劝业道雅意经营，复由军政府实业部极力维持，陈列所、工艺局、试验场、牧畜厂等均已建设。唐司令入城以前，军政府为不足居，移驻实业部内，将工艺局、陈列所一概圈入其中，文件器具不候迁出，肆行毁弃。至陈列所物品，则择尤留用，架橱咸遭毁伤。搬取之人稍有违言，该军官即肆口乱骂，并动刀枪以助声威。

十一、大兴土木。若辈既据各政务机关，佥[2]谓：旧日规模过隘，不足以壮观瞻。于是提拨公款万余金，大事兴筑。整衙署，修公园，庀材鸠工，日不暇给；又遍撤各街栅栏以作都督府之屏蔽，都督府设于劝业道署，政务处设于提学司署，学务司设于学务公所。复将此三署修理毗连，侵占仓地、民房、街巷不少。若辈之不惮烦如是者，一则知民怨已深，恐有变动易于逃窜；一则互相联络秘谋宴会，外人难知。噫！黔人之血汗，供若辈之挥霍，虽妇人孺子，亦咸相太息。

十二、滥用私人。贵州前次反正所定政务人员，不分畛域，各党兼用，并取立法院之同意。若辈拥戴唐司令后，各项人员不问其智愚贤否，凡系前清政府及前军政府所用，苟非与若辈有关系者，悉数罢除。如乐嘉藻、周恭寿、王庆麟、万勖忠、蔡岳等，或素有声望，或办事有成绩，或学业有专门，皆置诸闲蔽之地。至其财政司长，则以毫无学识之华之鸿充之；学务司长则以专唱京调常不到署之少年纨绔何麟书充之；实业司长则以卑鄙秽浊、唯利是图之黄禄贞充之；民政司长则以素不知名之朱勋充之；防务局长则以识字无多、心地糊涂之高培焜充之；官钱局总协理，则以惯蚀公款之市侩文明钰等充之。其他之属官，更卑之无高论已。

---

[1] 通衢：四通八达的道路；大道。

[2] 佥：众人，大家；全，都；古同“签”。此处为全、都。

十三、滥支薪俸。反正之初，财政奇绌，唯军队及各事务官酌给薪俸，其他人员，均尽纯全义务。若辈据要津后，自部、司各长，以至科长科员，每月薪金多者百余金，或六八十金，少亦四五十金，或二三十金。故现充各机关人员薪资既优，气势亦盛，较清朝时之官气尤形腐败。

十四、勒磕富户。贵州款项极其支绌，若辈用费极其浮滥，乃将各富户开单传去，指数勒索，多则数万，少亦数千，苟不如命，非禁既杀。省城之丽某及石永茂、上尚达昌，安顺之徐某，桐梓之毛某、王某、邓某，盐号之天全类、宝兴隆，或被监禁，或被抢杀。种种惨状，闻者不寒而栗。

十五、估抽铺捐。贵州反正后，贸易照常。滇军于勒索富户之外，复大张告示，按铺抽捐。上者月收五六百文，中者月收三四百文，下者月收一二百文。有一轿铺某日警之向之收月捐钱六百文。铺主谓生意淡泊，请从末减。警士即作色而去。少顷，另来警士数人，将铺主抓入军警部内，该部长梅某即命斩首。铺主一再哀求，除照六百纳捐外，另罚洋银八十元，始行了事。贵州铺面多系小本营生，以谋升斗之需。该军苛捐不已，故各种铺号，多有不敢开张，市面极为萧条。

十六、估用钞票。前清银行纸币，贵州向不通行。该军至黔，即以滇军北伐司令官名义大张告示，勒令使用，违者以军法从事。夫军用钞票，本不得已之举。贵州反正后，事事撙节[1]，虽本省向用之官钱局钱票，并未加增。该军以过境客师，竟出示勒用，既拂民性，又越主权，野蛮之情，不可向迩。

十七、巧取外债。若辈党人熊范舆、刘显治等，惯以贵州名义，在外招摇。云南个旧锡厂向极发达，熊、刘等羡之，乃为其党人戴戡运动，获充该厂协理。熊、刘等复向四国银行借银十万余两，赴该厂之公司入股，即取公司之息，转付银行之息，希冀厂务发达，坐享红利。不意厂务亏折，所入股本既已无着，原借之银又须偿还。若辈乃建借债治

---

[1] 撙节：抑制、节制。

黔之策，由滇向四国银行借银二百万两，熊、刘等之私债十余万两，即由此二百万内扣除。夫以少数私人借款，而令全体人民负担，已属非是；且所借现银，由滇收用，而以滇省钞票运黔勒令行使。此种伎俩，施之敌国且不可，若辈于黔行之，真无心肝哉！

十八、估充代表。贵州因销滇盐事，前军政府电滇会商办法，殊熊范舆、刘显治等，以旅滇黔人私向滇盐政处订立合同，暗将全黔大利操诸三数私人之手。旅滇同乡开会集议，到者二三十人，多不谓然。若辈竟以手枪在场逼众承诺。二次开会，同乡多不敢往，到者仅十数人。周沆竟以宦滇满吏，自充贵州同乡代表，戴戡亦自称贵州委任代表，与熊范舆、刘显治等暗向滇政府订立行销滇盐之合同矣。盖不多销滇盐，滇者必不肯代借外债；滇不代借外债，则若辈所欠之私债，无从筹偿。噫！贵州之宪政党不过少数人耳，该党之败类仅熊、刘、任、何、郭、华、戴、周、谷、文、唐、于十数人耳。若该党之势力扩充，则贵州人之生命财产，岂足供其割卖哉？

以上各节皆阴历壬子[1]年二月以前事也。季春以来，荼毒之情，较前有过之无不及者。某等籍隶黔人，身受滇祸，不惮掬心捧血，泣告同胞。所述事实，但有遗漏，并无控诬，决不敢效若辈之卑劣，砌词耸听，皇天后土实式凭[2]之，谓予不信，有如皦日。

中华民国元年阳历5月17日（即阴历四月初一日）贵州全省军学商各界同叩

（录于《周素园文集》）

---

❶ 壬子：民国元年（1912年）。

❷ 式凭：依靠、依附。

与云南省议会书[1]

壬子（1912年）

毕节周培艺谨致书云南省议会议员诸君席次：培艺黔人也。黔之与滇，壤地相接，风俗习惯相同，对于他省，吾两省人之感情特厚，由来已久，非一朝一夕之故也。此次滇师袭黔，兄弟阋墙，遂至以兹事之是非要求全国之公评，培艺诚私心痛之。夫滇黔之事，莫若滇黔人之自了，其中层累曲折，吾两省人之知之自较他省人为审。故培艺不欲多所辩争，而独请愿于左右。溯上年鄂省倡义，湘省应之，滇省继之，黔省勉强奋发，而成功亦速。然黔省有两党，自治学社主张急进，毗于平民者也；宪政预备会由多数之贵族富绅结合，其始发生，特以对抗自治会，并未标揭何等主义。两党互争势力，极不相能。洎乎[2]反正，纯由自治社主动，方事机紧时，宪政会首领任可澄且屡献策官厅，劝令捕拿，始终为极端之反对。故反正后组织军政府，自治社虽推诚相与，倾心调和，而宪政会积愧之余，娼嫉[3]尤深。于时，宪政会健儿刘显世方拥重兵扼会垣[4]；郭重光则组织所谓耆老会，自称人民代表，企图取省议会而代之；戴戡、周沆、熊范舆、刘显治等，皆在滇效用，自诩与

---

[1] 本文系作者在贵州军政府被滇军颠覆后，向云南省议会陈述真相之函。

[2] 洎乎：等到，待及。

[3] 媢嫉：嫉妒。

[4] 会垣：省城；都市。

都督蔡锷有连。邮电交通，观衅而动。夫革故鼎新之初，百端待理之际，合群策群力以共谋，犹虞其丛脞。而宪政会人，畀[1]以权位不辞，课其责任则放弃，甚且暗中牵制，多方掣肘，利其失政，则号于众曰：是自治社之过也。自治社之为政党方在幼稚时期，人才不周于用，施政不能尽如人意，固勿庸为讳。宪政会苟设心破坏之，则何事不可藉口，就黔省一方面事实之真相盖如此。至吾所闻于滇者，蔡锷本新军协统，反正之后，凭藉原有地位，得推为都督。然滇故多才，军事上强健分子尤夥，于锷所为亦不尽同意。锷思导其争点于外省，以免妨碍其行动，令私人作兼黔并蜀、统一西南策，上之甄录处。甄录委员目笑存之，未厝意[2]也。锷搜索得之，叹赏为奇才。不数日，而援川议定。李鸿翔、谢汝翼等振旆东征矣。然唐继尧犹在，锷忧未歇，而宪政会适于是时饰词请兵，事机凑迫，宜锷之欣然同意。然当援川之日，川犹未脱满人羁绊，滇军堂堂正正，师出有名。若夫黔则光复已久，局势安定，虽甘冒不韪之名，究难操必胜之券，于是运用阴谋，巧为欺诈，借北伐名义，假道贵阳，仓猝进攻，深宵掩袭，占领我土地，奴役我人民。继尧得餍[3]其野心，锷亦解消矛盾而藉树立外援，比之援川，效果美满焉。据黔以来，杀降人、戮志士，残贼无辜，诛及偶语，蹂躏议会，禁止结社，遏绝言论，妨害交通，指黔为“匪国”，诸不附和者，皆诬为匪而逮捕之，斩刈之。凡背乎人道主义、反乎民国精神者，继尧无不悍然为之。始，吾闻继尧健勇少年，心地坦率，不意其荒谬至此。彼得宪政会之推戴，故甘心为之利用，而宪政会既拥傀儡，则目的已达。狼狈相依，多行不义，使吾两省人闻声相疑，动色相戒，结莫大之恶感，酿无穷之争端。推原祸始，殆不免为一二枭雄所操纵。诸君试平心察之，当不以鄙言为妄。至继尧布告海内，称代平黔乱。查黔反正后，惟分驻

---

[1] 畀：给予。

[2] 厝意：注意；关心。

[3] 餍：满足。多指私欲。

平越[1]防军因索饷哗溃，焚掠城厢，但亦旋就招抚。此外，乱事殊无所闻。而滇省亦有腾越、蒙自兵变[2]之不幸。推翻数千年专制，建立共和政府，比如何事业，小小驿骚，何地蔑有，未足为黔病也。又称据贵阳绅耆密派代表请兵，始行出师。然所谓绅耆，列名当时通电，盘踞今日要津，一一可覆闻而得：戴戡则都督府左参赞也，任可澄则右参赞也，周沆则政务部长也，刘显世则军务部长也，郭重光则参议部长也，华之鸿则财政司长也，诪张为幻，粉墨登场。诸君明达，无待不佞之赘陈。又滇军暨宪政会非难自治党，尤集矢公口一事。而公口之发展，实郭重光热心提倡之。重光挟重资、有口辩，贵阳开公口九十余，重光接济金钞助其成立，登台演说，颂其功德，且领衔上书，请拨地方税以养公口，为军政府驳斥，事实具在，国人共闻。及其请兵，乃以是为藉口，委罪他人，翻云覆雨，其手段实为可惊。然继尧既督黔，对于公口亦第循例解散，且其所吸引人物，如陈廷棻、陈钟岳、何麟书、胡锦棠，非斌汉公之正、副龙头，则安汉公之玉皇、帽顶、由斯以谈贵州公口，不过宪政会攫政权，唐继尧作都督之一种应时产品。政痞之不择手段，亦何怪其然。凡吾所言，大抵皆继尧所指为匪徒构煽者。但凡云构煽，谓本无事实而捏造之也；无事实而捏造，可以欺他省人，不可以欺吾两省人也。今吾所欲质疑于诸君者，则当滇军出发前后，贵州所谓乱象能一一指出乎？凡蔡锷所为，是否已得诸君之同意乎？不得议会之同意，都督专擅自恣，诸君是否有权可以弹劾而纠正之乎？劳师远戍，千里馈饷，兵应裁而名额日增，财已匮而负担日重，诸君代表人民，计其利

---

[1] 平越：今贵州省黔南州福泉市。

[2] 腾越、蒙自兵变：腾越（今云南省腾冲市）兵变指武昌起义后，同盟会员张文光于 10 月 27 日在滇西腾越起义，称滇西都督，率起义军直下永昌、永平等十余州县。10 月 30 日云南军政府成立后，以滇西都督府为云南军政府之对立物。蔡锷派李根源兼迤西国民军总司令，率兵驰赴滇西，依靠清朝遗老赵藩，以重兵压迫滇西都督府就范，被杀者上千数。蒙自兵变指 1911 年 12 月 3 日蒙自地方顽固势力勾结叛军发动兵变。云南都督府派军政部长罗佩金前往镇压，迅速平定叛乱。

害，可熟视无睹乎？以贪权夺位之劣性，冒救灾恤邻之高名，偏听一党残杀同胞，为人道计，诸君能一伸公论乎？南望滇云九顿首，而请逖听下风，不胜待命之至！

（录于《周素园文集》）

稽勋表册底稿[1]

（1913年）

甲等（3名）

张　铭　王国军　王国清

乙等（18名）

黄泽霖　钟昌祚　赵德全　谭冠英　简忠义　杨树青　周培桥　张德馨　甘浩义　杨瀚文　刘鹤龄　彭心德　李永蓁　张文基　谭钟灵　田有光　彭尔堃　许嘉绩

丙等（3名）

余　琛　孙　镜　周　湘

丁等（277名）

张百麟　杨荩诚　周培艺　平　刚　陈永锡　乐嘉藻　蔡　岳　谭西庚　朱　焯　谭　璟　贺国昌　朱兴汾　张泽钧　张泽锦　彭景祥　陈守廉　文崇高　周显谟　邹榥湖　艾树池　陈祥年　杨穗芳　李立鉴　谭德骥

---

[1] 本文系作者在贵州军政府被颠覆后，于1913年在北京任临时稽勋局调查员时，为贵州省在辛亥革命前后参加革命活动有功人员请功稽勋的报表底稿。据作者自注，其分类的原则是甲为开国前各处倡议者；乙为开国时各处倡议死难者；丙为开国时各处尽瘁身亡者；丁为开国时军事上建议策划或奔走运动成绩卓著者；戊为开国前后输资助公国民。其中，以丁类者最多。然此类中人在辛亥革命中的实绩、地位悬殊甚大，辛亥革命后的表现亦不尽相同。作者既同归于一类，编选时故照旧。

黎克荣	吴　冠	孔　鹏	刘鲁香	杨　植	黄理中	王肇西	黄　涛
杨应麟	龙昭灵	黄德铣	彭述文	余衡钟	张绍铭	陈元栋	杨昌铭
史　瀛	曹廷辅	邝龙俊	廖　谦	周凤文	王炳奎	黄祺元	赵华轩
宁建侯	桂景沄	冷用民	肖朗生	涂宝煌	肖懋林	张岳崧	冉仲岑
胡星五	关　森	胡书年	胡　刚	姜瑞熊	刘玉泰	陈树燊	韦国政
邹师采	黄如海	伍　英	范元卿	穆邦荣	范军谋	陈启顺	鄢元发
蓝　鑫	王善章	余鸿勋	闵兆祥	叶占标	肖洪斌	曾广裕	马登瀛
姚国英	邱洪胜	任正邦	胡寿显	安维新	李盛周	黎钰开	吉兆明
赵云龙	吴文彬	黄之杰	雷德云	熊朝铭	孙钟岳	熊树林	朱耀恒
王启发	王向辰	徐定钧	杨起鹏	方伯瑞	陈之元	韩冒欢	谢师荻
黄守仁	聂纪先	许可权	蒙养正	曾宪谟	柳　龘	张顺亲	刘　镇
张明德	张文林	朱正学	王元藩	管应笔	简　书	简忠精	向渭川
江白琴	宋德称	肖孟菊	安峻凤	谢万青	来时俊	宋干臣	邓孟弼
陈　埙	方　策	陈夒春	黄大经	陈铸城	谭茂芝	李幼三	刘　铎
薛国梁	孙定纲	许嘉谟	蒋忠信	王槐熙	熊范周	胡惠清	孙履端
卓利宾	饶夒乾	朱敬安	龙　章	陈德修	凯奏勋	袁仲华	陈鸿昌
温泽溥	林良夒	张得材	杨树芬	宋鼎铭	彭　英	曹宗湘	彭梦辰
王席珍	文昭明	贾世明	毛以义	胡宗瑗	李义和	黄廷桢	谢昭奎
张　逵	周炳麟	方　鋮	刘匡璜	胡为熙	李　俊	李德谦	冉崇杰
蒋俊臣	赵文鼎	周尔谟	孟　津	彭抚辰	黄士杰	石化麟	程一云
梅　咸	毛　颖	戴昌祥	王　倬	杨德培	田　滨	翁维翰	谢尚诚
苟　渊	赵金兰	胡　灿	方正文	蔡　益	王承槐	陈　骐	罗紫衔
蔡奎祥	龙恒山	彭尔堃	谭　珍	梁士荃	孟广仁	蒋正铣	鲁　瀛
吴裴成	潘德明	夏茂德	叶家龙	吴嘉瑞	傅良弼	张秀珊	侯百铭
王聘麟	张绍銮	李锡三	杨嗣绾	张荣堦	邹国玺	邹国玺	陈嘉言
吴子循	余顺亲	詹德宣	张文斋	张元熙	傅雨农	钟云楼	王星阶
郭光泽	万贤臣	邱铭佩	朱　培	何　煓	吴作棻	张定中	宁士谦
陈茂鼎	周培藻	罗廷璜	葛亮曾	杨樨林	黄占春	刘成南	戴嗣德
黄德鑫	匡　黄	陈　康	江德润	江志鸿	熊仕堃	赵龙骧	周庭英

凌钟棫　高真柏　陈　杰　程　毅　史樨彝　马启麟　戴正型　纪凤书
赵　璧　杨　鼎　周宗武　张鹏振　谢明熙　刘鸿熙　莫思谋　莫思讷
刘玉瑾　鲁廷钰　萧　规　龙长隆　邓作云

戊等（1名）

华之鸿

甲

张　铭[1]

姓名：张铭。（二）年岁：四十岁。（三）籍贯：贵州贵阳府。（四）会党：同盟会。（五）逃亡年月：丙午[2]年十一月。（六）逃亡原因：秘密组织机关，号召绿林，运动军队，刻期举事响应萍醴。[3]事泄，清吏通饬拿办。（七）逃亡状况：铭闻拿办消息，亡命至修文县属郢母地方，匿王国军家，授国军以方略，乞部勒同志，以短兵夜袭省城，夺武库枪械起事。侦者踵至，捕国军及其弟国清入狱。铭再奔遵义，匿魏维新家。旋入蜀，转徙至京师，又之滇。仍以鼓吹革命，见忌清吏，递解回籍，交地方官严加管束。（八）家庭状况：铭家世儒，素以笔耕自活。嗣以运动革命故，辍业不顾，至于断炊。绿林豪客感其诚，往往聚资供给之。铭逃亡后，二子益落拓。（九）略历：铭以老儒，好读书报，思想甚

---

❶　张铭（1854—1925），字愷普，贵州贵阳人。前期事迹见《稽勋表册底稿·张铭》。云南光复后，蔡锷邀为幕宾，因蔡杀腾越起义首功陈云龙（贵州思南人），愤而辞职。刘显世主政贵州时任其为永宁（今关岭）县长，亦挂冠而去。

❷　丙午：清光绪三十二年（1906年）。

❸　萍醴：丙午萍醴之役，史称“萍浏醴起义”。1906年，同盟会策动江西萍乡、湖南浏阳、醴陵地区会党和矿工武装起义。因1906年是农历丙午年，故又称“丙午萍浏之役”。起义军定名为“中华国民军华南革命先锋队”，宣传同盟会革命纲领，发布中华国民军起义檄文，起义声势浩大，屡败清军。清政府调集湘、鄂、赣等地清军数万人前往镇压，起义失败。

新，言论丰采，倾倒一时。贵州小学之最先成立者曰乐群，为彭述文、平刚[1]、蒲藏锋、胡肇安、傅文堃等所创办，宗旨激烈，专鼓吹革命。而铭任教其中，主张根本破坏之义尤力。同时有贵阳公立师范学堂，为于德楷、乐嘉藻等所创办。铭任国文、历史教师，每至华夷界别、种族废兴，辄就眼前指示，慷慨激昂，诸生多感化之。铭又以为学校收效在将来，而现在种种可乘之机会亦不宜轻易放过，欲谋实行，非联络多数同志不为功。乃倾身结纳绿林豪客，与其中魁杰时相往还，启发其志趣而管束其行动。又遣亲子投身军界，察士兵中笃实诚朴者，辄引至家，铭自与饮食宴乐，渐以最浅近之演说激动之。久之，此两种人皆畏爱铭如严师慈母。铭又得同志曰胡成九、赵均腾、文崇高、吴冠、黎克荣、朱培等。成九、均腾皆从黔抚岑春蓂[2]来，能侦察官厅举动。崇高，武备毕业生，通军事学。于是设机关于华严寺。分同志为特别会员、普通会员两种：特别会员学识能力皆完备，参预密谋，主动者也；普通会员则在被动之列。会中规约皆用脑记口述，以防泄漏。通款于日本东京同盟会，请示方略。时平刚在东京主贵州同盟分会事，复书催促急进。会萍乡醴陵起义，铭乃力谋响应，以占领省城为第一策，发难有日矣。事为当道所闻，札饬府县拿办。铭亡之修文，图再举。事再泄，遂离黔。在北方与蜀人敖盛周等组织川滇黔桂留保同乡会，号召西南同志，准备实力，共图大举。熊范舆者，铭受业弟子也，为保皇党健儿，方有宠于滇督[3]李经羲，雅重铭，欲载与如滇，而虑其宗旨扞格，以言餂铭。铭佯诺之。既至云南，复与军界中刘之

❶ 平刚：平少黄[璜]（1878—1951），名刚，早期事迹详见本书《稽勋表册底稿·平刚》。中华民国临时政府成立，首倡组织"女子参政同盟会"，护法运动时任大元帅府秘书。1923年返黔任赤水等县县长。后曾参与筹建国民党贵州省党部指导委员会，任贵州省参议会议长。解放后任贵州省人民政府委员，1951年病逝。

❷ 岑春蓂（1868—1944），广西西林人。字尧阶。1903年任湖北按察使，助张之洞行新政，1905年任贵州巡抚，1909年调任湖南巡抚。宣统二年因镇压长沙抢米风潮激起民变，被革职。

❸ 滇督：指云贵总督，因住所在云南，故又称滇督。

元、郭延龄、陈润德、刘晓岚、吴哕鸾、殷承瓛、李根源等有所密谋，又加盟于贵州自治学社，意在两省提携，同时发难。李经羲微有所闻，将严办之，范輿为之解，始以递解回籍了事。

王国军

（一）姓名：王国军。（二）年岁：（三）籍贯：贵州修文县。（四）会党：同盟会。（五）逃亡年月：丁未[1]年正月。（六）逃亡原因：国军散家财募军队，购器械，从张铭举义，事泄被捕入狱，后以重赂释。（七）逃亡状况：国军家颇饶裕，入狱后，官吏收受其贿赂，为改易供词，另以他会匪抵罪。国军变姓名亡去。（八）家庭状况：（九）略历：国军肄业陆军学校，因事被黜。从张铭游，醉心革命主义。铭活动费用，悉国军资给之。及谋响应萍醴，国军益出其所有，招集同志，躬为前驱，将以短兵夜袭省城，夺取库储军械。事泄被捕，倾家资营救，仅免。

王国清

（一）姓名：王国清。（二）年岁：（三）籍贯：贵州修文县。（四）会党：同盟会。（五）逃亡年月：丁未年正月。（六）逃亡原因：国清，国军同怀弟。亦拟从张铭起义，事泄被捕入狱，以重赂获释。（七）逃亡状况：赂官吏改易供词，另以他会匪抵罪，变姓名亡去。（八）家庭景况：（九）略历：国清从张铭游，醉心革命主义，常供给铭资用，毋使缺乏。萍醴之役，铭谋响应，国清益罄其所有，召集同志，躬为前驱。将以短兵夜袭省城，夺取库储军械，事泄被捕。倾家产营救，仅乃获免。

乙

黄泽霖

姓名：黄泽霖。（二）年岁：三十一岁。（三）籍贯：浙江会

[1] 丁未：清光绪三十三年（1907 年）。

稽县[1]。（四）会党：自治学社。（五）死难年月：民国元年二月。（六）死难原因：刘显世贿买泽霖部将唐灿章叛乱，刺杀泽霖。（七）死难地点：贵州省城矿业学堂。（八）家庭景况：泽霖妻烈诚，南北奔走，为夫鸣冤。有幼女二，甚贫苦。（九）略历：泽霖，字苐卿，以治刑名为州县上客。庚子[2]后，愤朝政日非，主张激烈。弃刑幕，与其友张百麟、张泽钧发起自治学社。派员四出鼓吹，倾家财购印字机，发行《西南日报》，纯粹为民党机关。又偕张百麟等组织公立法政学堂、律师专修科、法官养成所、光懿女学堂，一注重精神教育，学者化之，革命导线四伏矣。辛亥七月，川路风潮起，全国愤慨。自治党决议积极联络哥老会，以军法部勒之。主其事者曰陈守廉、李立鉴、谭德骥、黎克荣、吴冠、孔鹏，而泽霖总其成。有众二千人，分为四路，静待命令，相机发难。泽霖又因彭景祥、杨树青、艾树池等，接洽新军。新军官长目兵皆已赞成，唯未得标统袁义保同意。泽霖致书义保曰："与公同为汉族，并见虐待，含冤茹痛，二百余年。今清廷外逼于列强，内则以伪立宪欺诳吾民，而竣削之法、横暴之政，且日出而未已。幸湖北首义，湖南响应，土崩瓦解，其端已见。吾侪[3]素抱，会当发抒。事之成败，专决于公。公诚与吾侪联合，率部下健儿以驱清吏，譬犹疾风扫落叶，何忧不克？抚定全黔，然后建旆入川，出蜀人于水火。因其财富，整我戎行，会师武昌，饮马黄河，扫北虏之廷而犁其穴。此千载一时之嘉会也。"义保得书，欲径呈巡抚查办而未决。事机益迫，众知非急进变且不测。顾是时新军子弹缺乏，计无所出。泽霖与宁建侯、张泽锦谋，密购得之。不足，又设法私启南药局锁钥窃之，交杨树青、蓝鑫、陈启顺等分起运回。新军既得所借乎，遂于九月十三日夜间举事。十四日黎明，泽霖偕同志百余人开城纳新军，分道安民，秩序井然。众集议组织军政府，推泽霖长司法部。泽霖辞。陈守廉等所部皆编入巡防队，仍举

---

[1] 会稽县：今浙江省绍兴市。

[2] 庚子：清光绪二十六年（1900年）。

[3] 吾侪：古意为我辈，今意为我们、我辈等意思。

泽霖统之，并辖原有巡防及绿、练各营。于是泽霖握全省兵权之一大部分。杀身之祸，胚胎于此矣。贵州之光复也，川人连电乞师。众议援川，泽霖毅然请行。使叶占标为前锋，率三营先发，泽霖督师继进。已而泸州、重庆、成都先后反正，代理都督赵德全留泽霖同镇省城，乃不果行。泽霖以其间遣谭德骥抚定平越叛兵，又遣岑少光讨平修文土匪。部卒驻省者，或恃功不法，扰及平民，辄捕治不稍假借，而一时舆论，尤艳称其诛巨匪罗魁事。泽霖声望日隆，与德全逼处。刘显世尤嫉，密使人说德全守中立，而贿买泽霖部将唐灿章作乱，刺杀泽霖，分裂肢体，陈尸广庭。泽霖先已闻其谋，然自揣兵力足以制之，且以无故戒严为示弱，遂不设备。泽霖死，其部将皆反颜事仇。有问之，对曰："黄统领待人刻，不去彼，祸且及我。"盖指严办部卒及诛罗魁二事云。滇寇据黔后，刘显世通电全国，指泽霖为匪。其实泽霖因办匪甚力，以致部曲携二，显世得乘隙利用之。今其言乃若是。语曰或戒其子，慎毋为善。泽霖有知，当不瞑目于地下矣。

钟昌祚

（一）姓名：钟昌祚。（二）年岁：四十岁。（三）籍贯：贵州开州。（四）会党：自治学社。（五）死难年月：民国元年三月。（六）死难原因：滇寇据黔，唐继尧、刘显世残杀民党，昌祚遇害。（七）死难地点：贵州安顺府城东门外。（八）家庭境况：昌祚家本小康，因组织团体运动革命，耗散将罄。现有八旬祖母、六旬老母、寡妻、弱子四人，女二人，贫苦不能自存。（九）略历：昌祚，字山玉，州学廪生。少有特性，遇劳作，富厚人望望然去之，独私喜与平民偕，尤贫贱者，尤久而不厌。光绪中，天津严修督黔学，创经世学堂拔俊髦肄业其中。诸生获选者，辄骄视其侪，偶谓视人莫己若。昌祚与焉，既而喟然曰：置皆［阶］梯荣慕宠之士，非吾徒也。居久之，黔抚设武备学堂。时庠序中人，悉自诩清流，相戒弗与考。昌祚持节为众倡。尝语所亲曰：中国不出十年，必有大革命。而革命又非武力莫可。此正预备期间，此吾辈难得之机也。卒业，充靖边营哨官。靖边营者，刘官礼[1]所统驻兴义以防粤匪。官礼起群盗，挟兵权，恣豪暴于乡里。昌祚弗善其所为，数切谏。官礼恶之。一日，所部获粤匪，昌祚研讯其人，自承为政治革命。昌祚遽释之，曰：若固洪杨[2]后不得志之豪杰，吾不忍杀汝，但汝亦不得再犯吾地。官礼既询知之，将以纵匪揭禀。昌诈弃职去，游学日本，旋入北京任警官。丁未，回黔。适自治学社成立，昌力赞之，被举为社长。一时知名之士，如乐嘉藻、周培艺、陈永锡、彭述文、傅文堃、谭西庚、谭璟、孙镜、黄德铣辈咸加入之。该社并由平刚介绍于东京同盟会，认该社为贵州同志。社务日益发达。凡社务，张百麟任筹划，昌祚任执行。昌祚称百麟曰：党之得君，如人身之有脑。百麟亦称曰：君之于党务，犹慈母之爱子。此两人深相结，故党事日益扩张。至己酉[3]，各县均有分社，社员达十万余人。该社创办公立法政学堂，附律师专修科，有学生六七百人。昌祚任堂长，兼课修身。时为诸生演讲民族主义，使人辗转传播。并常著激烈言论，登载该社机关报，以资鼓吹。宪党政及官厅忌之，屡欲解散该社，而以革命罪名拿办重要分子。张百麟、周培艺、陈永锡等为先着。时昌祚任警务公所事，与警道贺国昌[4]为东京同学、北京同官旧好。凡该社遇有危险，皆昌祚先向国昌疏通，而悉赖其维持。故自治党之能确立于专制时代，卒得继湘鄂而早成大功，不可谓非昌祚数年来苦心经营之力也。昌祚办一贫民工厂，收集流氓三百余人，编为苦工队，限令每日工作之暇，轮习一小时体操，躬为演说平等自由主义。其言曰：天生尔等，本有衣食，乃被一般贪官污

---

❶ 刘官礼（1840—1910），字统之。贵州兴义人。同治年间办团练镇压起义，遂盘踞一方。1902年，广西会党入黔，巡抚假刘以兵权，成立靖边营，自任统领。由此发展成为黔西南一大地方豪绅武装势力。子刘显世，后任贵州省督军兼省长。

❷ 洪杨：太平天国领导人洪秀全和杨秀清的并称。

❸ 己酉：清宣统元年（1909年）。

❹ 贺莘生：名国昌，江西省萍乡县人。清光绪举人，清末任贵州巡警道，支持自治学社活动。后回江西曾任江西民政长。

吏剥去，致尔等为流氓。此极不平等不自由之事。今尔等但能吃苦耐劳，使身子强健，将来自有夺回平等自由之日。昌祚尝语周培艺、陈永锡等：诸君勿笑我为流氓头，他日与诸君图大事时，流氓便是劲旅。迨起义时，周培艺、陈永锡使人说苦工队曰："钟先生为汝辈言要夺回平等自由，此其时矣。"该头目等言无枪械，奈何？有一人奋袂而呼曰："不怕，不怕，君等记不得前年办国民捐时，钟先生尝说：省城不久恐有事变。届时，尔等当听我号令，各持短刀，去军械局取洋枪，到抚台衙门。今钟先生虽不在此，要是有事，我们仍要替钟先生去拼命。"盖贵州光复时，军队有限，不得不借各种团体以壮声势。苦工队亦助声势之有力者，然皆昌祚夙昔之所准备也。辛亥，昌祚举孝廉方正，将应廷试。友人函止其行。昌祚复书曰："清廷无道久矣。诚如君言，不早灭之，种将不保。粤事失败，同为寒心。吾辈平日主张仅平宁，一旦矛盾至此，所以然者。论地理、论财政，贵州殊为天下先。此行正欲联络海内同志，共图大举。吾党基础已固，相时而动，责任在诸君矣。"川路风潮起，昌祚密电张百麟迅筹起义。一面飞函劝武备同学之在防营者，各举兵赞助自治党。故光复时，防营鲜有抵抗者。一面躬赴沪宁，与民党接洽。共和改建，独立各省例出参议院议员五名。贵州都督赵德全首举昌诈。以故未就任。闻刘显世、任可澄、郭重光等藉口匪乱，私请滇军，假道北伐，将袭据贵阳。昌祚兼程驰赴昆明，上书云南都督蔡锷，明其不然。请电阻滇军，勿助党争以祸黔民。蔡锷佯诺之，而阴促唐继尧。昌祚行抵安顺。显世等阴谋已售，且拥继尧为都督矣。或劝昌祚勿晋省。昌祚笑曰："吾十年来奔走海内外，运动革命，曾不畏死，今乃怯乎？苟犹有法律公道者，吾何惧。"旦日，突来兵士数人，执昌祚出东门，详［佯］言曰：奉都督命索汝头。昌厉声曰："都督已被逐，又何来都督者，此盗耳！虽然，吾不死于清廷官吏之手，而毕命于蒙共和面具之盗手耶。吾见革命成功，即碎吾尸，吾目瞑矣。"遂遇害。昌祚为人刚直，不畏强御暴，不侮鳏寡。死难后，阖省哀之。

赵德全

（一）姓名：赵德全。（二）年岁：三十岁。（三）籍贯：湖北襄阳府[1]。（四）会党：（五）死难年月，民国元年四月。（六）死难原因：刘显世、任可澄、戴戡引滇寇袭黔。德全独身走匿乡间，为唐继尧、刘显世侦知，掩捕枪毙。（七）死难地点：贵州修文县毛栗铺。（八）家庭景况：寡妻幼子，流落黔中。原籍父母俱存，贫困不能自活。（九）略历：德全，字纯臣。弱冠从戎，隶鄂军步队，充排长。清光绪三十年，岑春蓂巡抚贵州，开办新军，调鄂军自随。德全遂入黔，荐升队官。为人慷慨慕义，得士卒心。标统袁义保好以权术驭众，谄事大吏唯恐不至。德全不直所为，尝语所亲曰："军人当有质直勇武气象，为国家排除障害，扬威海外；若便僻侧媚，适足为吾辈污点耳。"众皆叹其思想纯洁，意量宏远。辛亥八月，鄂军反正。德全与陈启顺、鄢元发、蓝鑫等群居偶语，每以不得躬与盛举为憾。会自治学社社员彭景祥直接与德全通款洽，谭璟、张泽锦亦因艾树池、杨树清［青］间接进说于德全。黄泽霖则以书譬晓袁义保，具道该社计划。义保方输诚于沈瑜庆[2]，不复纳民党忠告，且调新军老兵出防仁怀、长寨[3]等处，留省者仅一营两队。瑜庆又不时阅操，令子弹耗失。德全外示安祥，而每夜必与同志聚谋，着着进行。各级长官中，陈、鄢、蓝诸人外，又有叶占标，肖洪斌、闵兆祥、曾广裕、马登瀛、姚国英、胡寿显、任正邦、文崇高、李盛周、黎珏开、安维新、邱洪胜、赵云龙、吴文彬等分担责任，劝导目兵，陈种族大义。众皆感动，推德全为新军临时代表，与自治学社接洽，相机发难。顾营中子弹已罄，虽有枪械，与无利器同。咨议局会计员宁建侯挪用存款二百金，于已革哨官徐耀卿家购得子弹五箱。不足，又由黄泽霖设法私启南药局锁钥，窃出子弹六箱。杨树青、蓝鑫、陈启顺等分赴运回。白昼不便行动，或以深夜；手中不敢提携，

---

[1] 襄阳府：今湖北省襄阳市。

[2] 沈瑜庆（1858—1918），字志雨，号爱苍、涛园，福建侯官（今闽侯县）人。清光绪十一年（1885年）举人，贵州最后一位巡抚。辛亥革命时交出贵州政权，1918年卒，宣统帝谥为敬裕。

[3] 长寨：今贵州省黔南州长顺县。

或藏置腰际；至于城门严闭，女墙一跃，碎首折骨，皆弗所计。其艰苦若此，盖激于德全热诚，愿效死力也。部署既定，九月十三日午后九时，陆军学生发动。袁义保命德全率兵驻往弹压。德全驻兵中途，独身至校，激励学生毋仓皇，毋恇怯。是时，校中缺乏子弹与新军同。自治学社虽同时有所接济，而新军输送员得力，校中输送员则迟迟未至。学生迫于义愤，不肯稍待，赤手举事，几败垂成。德全出，道遇巡防统领胡锦棠率兵继至。德全力言无事，且曰："适有小冲突，已两解之矣。若辈即有异志，持空枪何能为？"锦棠信之，亦返。德全归营，下令整队。杨树青枪拟袁义保。义保遁。军无统帅，众属意德全。杨荩诚者，日本士官学校毕业生，本标教练官也，亦表同情于革命党。德全以荩诚学识资望出己上，乃推为都督而己下之，率师入城，奠定大局。及荩诚北伐，始以副都督代理都督事务。躬执谦抑，虚怀听取，遇大举措，必求议会之同意。对于立法院、耆老会，尝三次辞职。立法院、耆老会皆挽留不听去。当滇寇假道北伐时，人言啧啧，谓将图黔。幕府献策，请遣炮队扼守茅口河，出其不意掩击之。德全不可，曰："人方急国家之难，吾奈何信浮言，犯不韪？"及滇寇抵省，行动自由，衅端已兆，诸将皆请备战。德全曰："吾为都督，才不称位，贻人口实。今以拥护私人权势之故，震惊阖城父老，吾不忍为也。"严戒诸将毋得设备，独驰书就询立法院、耆老会取进止。耆老会代表郭重光犹以甘言羁縻之。元年三月二日午前十分，滇寇出不意，猛攻都督府。德全微服走，存款万余金，丝毫无取；文件图籍，悉饬主者加意保管。临难从容，处分得宜，有古学道君子之风焉。滇寇据黔后，唐继尧布告德全罪状，仅曰："不学无术。"德全亦疑寇所欲得者，都督耳；身既解职，决无人仇视。匿处穷乡，时从父老钓游，萧然物外，忘其曾管一省兵符也。久之，唐继尧、刘显世侦得踪迹，密令军队掩捕，枪毙于毛栗铺。残骸暴露，路人皆为陨涕云。

谭冠英

姓名：谭冠英。（二）年岁：四十三。（三）籍贯：贵州大定府。（四）会党：自治学社。（五）死难年月：辛亥年十月。（六）死难原因：光复时，冠英等组织民军在事，最为出力。嗣后官绅主张解散，冠英抗争，声色俱厉。官绅已预谋害之，突命巡缉队开枪轰击，洞胸裂腹，遂及于难。（七）死难地点：大定府中学堂。（八）家庭景况：有寡妻弱子，状甚清苦。（九）略历：冠英，字兴元，为郡学生员。中东战后，知国事日非，非改革无以救亡，慨然抱光复之志。旅行所至，辄以鼓吹革命书籍如《民报》[1]《黄帝魂》等，分赠知好。庚戌[2]春，与简书在郡组织东育公校，萃骤同仇，阴为革命机关。又组织自治研究所、农会、农事试验场、初等农业学校、野外简易识字学塾等，联络同志益多。辛亥秋，川路风潮起。简书等拟设乡兵模范营，冠英被推至省请领枪械。时陈永锡在省与张百麟谋划已定，乃促冠英星夜驰归，号召党徒，预备响应。九月十四日，省城光复。电至，冠英率徒党预伏城外，于十八日晨单骑入城，与简书等同树汉帜，清吏纳降，事遂定。劣绅王宝煽动巡防队反抗，势汹汹。冠英赴营演说，痛陈国难，慨慷激昂，声泪俱下。巡防感动，亦表同情。会新委府知事陈鸿爵至，私虑冠英等跋扈侵权，借口军政府照常办事令，迫令解散民军，取消军政分防处机关。冠英力争，遇害死之。

简忠义

（一）姓名：简忠义。（二）年岁：十五岁。（三）籍贯：贵州大定府。（四）会党：自治学社。（五）死难年月：辛亥年十月。（六）死难原因：忠义同产兄书，为大定革命之原动力。光复时组织民军，忠义投袂而起，手枪短剑，奔走旬月，备受艰险。及富绅解散民军，书力持不可。巡缉队轰击之。忠义夺敌械，奋身格斗。书得免，忠义死焉。（七）死难地点：大定府中学堂。（八）家庭景况：父母俱衰老，无

---

[1] 《民报》：中国同盟会的机关报。1905 年 11 月创刊于东京，初为月刊，后改不定期出版。前身为《二十世纪之支那》。由胡汉民、张继、陶成章、章炳麟、汪精卫等先后任主编。撰稿人均为当时的重要革命党人。宣传同盟会纲领，同改良派刊物《新民丛报》进行论战。后被日本政府封禁，前后共出 26 期。

[2] 庚戌：清宣统二年（1910 年）。

妻，有嗣子一人，状甚清苦。（九）略历：忠义生性激烈，强武有力，不类书生。肄业郡中高等小学校。其兄书为教师，授历史、修身、地理等科。每至种族兴废，疆域变迁，辄慷慨陈说，阖校感动，忠义所触尤深。其仲兄忠精，组织自治学社分社，联络同志，阴为预备。忠义奔走甚力。辛亥秋，投身民军中，偕兄书昼夜督巡，维持地方秩序，勤劳卓著。及中学堂会议，官绅合谋，将不利于书等。忠义先期请戒备，书不听。难作，忠义以死卫书。书得乘间逸。忠义身被十余剑，立毙，年仅十五岁。童稚殉国，闻者悲之。

杨树青

（一）姓名：杨树青。（二）年岁：二十岁。（三）籍贯：贵州贵阳府。（四）会党：自治学社。（五）死难年月：民国元年四月。（六）死难原因：滇寇据黔，刘显世柄政，大诛民党，树青遇害。（七）死难地点：贵州省城军警局。（八）家庭景况：有老母寡妻，甚为贫苦。（九）略历：树青幼孤贫。为人慷慨，勇于任事。闻自治学社宗旨，私心倾向之。投身陆军，充炮队正目。急人之急，又好代鸣不平，全标目兵多敬惮之。辛亥，川路风潮起，自治党密谋举义，乃授树青以方略，专从联络军界同志入手。树青又介绍姚国英、马登瀛入党，分道进行。时党员彭景祥，又由他方面接洽赵德全、陈启顺等。谭璟、杨应麟接洽艾树池。而党中首领张百麟且与袁义保为两次之会见，有所磋商。黄泽霖贻书义保，晓以利害。义保虽不为民党用，亦不敢决然反对，持两端而已。新军运动成熟，唯子弹缺乏。宁建侯、张泽锦密购得之，树青每于夜分结束腰际，缒[1]城输送回营。一夕，所藏过多，绳系中断。树青坠丛莽中，毒草刺遍，身尽肿。树青不以为苦，力驰还营，悉出所藏，分给诸军。时九月十三日夜半也。识树青者争起告曰："标统顷方索君，君盍暂避。"树青瞋目叱曰："此何时？吾谁避！"乃持枪至司令部门外，徘徊须臾，扬声作怨语曰："今夜风寒，久不易人，欲我立守通宵耶？"袁义保怒问："谁何？"应曰："我杨树青也！"义保曰："入

---

[1] 缒：用绳索拴住人或物从上往下放。

之！”树青入，举枪突按机轰击，不中。护兵争夺其枪。树青挥刺刀左右砍，当者辟易。护兵窜。义保亦窜。树青跃出，向空鸣枪者三，呼曰：“集合！速举大事！”全标集合，推杨荩诚为假都督，赵德全副之。十四日黎明入城，分道安民，大局已定。当是时，微树青发难，事且中变，或不免演杀人流血之惨剧。树青冒死，而所全活滋多。初，新军老兵见疑于沈瑜庆，调防仁怀、长寨等处，留省者皆新兵，程度低下，未易以大义动。树青从友人假得银块多枚，时出摩娑〔挲〕。众询所自来，以革命党酬报对。众涎之。树青乃与约：若听我指挥，有利益当同享。以故新兵附树青者尤伙云。光复后，树青任守军械局，超擢管带，随叶占标援川。弹压重庆暴动，树青与有力。资州因匪乱请兵，树青代讨平之。军律整肃，资人至今称颂。后奉调回黔，未及抵省，而滇寇已袭走赵德全、叶占标，占据贵阳。刘显世使人说树青：“君起义首功，且援川有名，相待决无恶意。”即日授军警局谍察科科长。树青以因第解兵柄，或无他虞，坦然入局到差。入后久不出，经兼旬[1]逾月犹复杳然。他日，树青护兵私语人曰：“管带于入局之夕被杀矣！肢体裂为数十段，埋置局后荒园中。”卒亦未宣布罪状。盖树青有功无罪，诚如刘显世所云云也。

周培桥

（一）姓名：周培桥。（二）年岁：二十六岁。（三）籍贯：贵州黎平府[2]。（四）会党：自治学社。（五）死难年月：辛亥年十月。（六）死难原因：迫胁府县反正，府县衔之，诬以罪名，被杀。（七）死难地点：永从县[3]高等小学堂。（八）家庭景况：有寡妻并子女各一。（九）略历：培桥，字伯良。黎平府学生员。少狂放不羁，博弈唆讼靡不为。已而读革命书报，痛异族专横，国势濒危，乃毅然改行，以排满为己任。晋省入陆军学堂，因体质不良被黜。入师范学堂，毕业归。与张焕云创办明强学堂，注重精神教育。清知府刘大琮嫉之。地方

[1] 兼旬：二十天。

[2] 黎平府：今贵州省黔东南州黎平县。

[3] 永从县：今贵州省黔东南州从江县。

宵小复从中构煽，谓校名隐寓“明强清亡”之意。大琮方搜索证据，伺察甚严。培桥乃借事与焕云争执，宣言出明强学堂。独身往来黎、古、靖［清］、洪[1]间，哥老之魁、绿林之豪，结纳殆遍，皆得其欢心，愿尽死力。又尝演说何腾蛟事，手抄满州檄告汉人等数百纸播散之。辛亥秋，武昌首义，贵阳响应。军政府通告书已至黎平，知府陈鸿年、开泰县[2]知县邓澍匿不发表。培桥与张德馨恐以危言，谓不遵军府令者，吾郡人且公逐若曹。府县不得已，始树汉帜，面阴衔培桥、德馨次骨。会瑶光、文斗、新化等寨乡兵应召来城，府县乃诬培桥勾引外匪，图占城池，掳掠财产，使梁宗材杀培桥于永从县高等小学堂。割首碎尸，备极残酷云。

张德馨

（一）姓名：张德馨。（二）年岁：三十三岁。（三）籍贯：贵州黎平府。（四）会党：自治学社。（五）死难年月：辛亥年十月。（六）死难原因：迫胁府县反正。府县衔之，逐以罪名，被杀。（七）死难地点：黎平府自治公所。（八）家庭景况：有寡妻，无子。（九）略历：德馨，字佩兰。生而不畏强御，嫉污吏如仇雠。[3]黎平府王德昌贪赃枉法，民怨沸腾。德馨一日被酒，诣[4]府堂挝鼓，且挝且骂。德昌出现，德馨面数其劣迹。德昌怒，罗织其罪，定徒刑三年。遇赦旋里。晋省入法政学堂。毕业后佐理自治学社党务，充《西南日报》主笔。阅《民报》《革命军》等书，痛恶清廷专制，一以革命为宗旨。复归里联络同志，筹划进行。会省城光复，军政府通告书至。德馨周培桥胁府县反正。府县迫于大势，不敢抗，然积愤张、周，欲借事除之。瑶光、文斗、新化各寨乡兵之来也，实应府县之召。府县竟诬德馨勾引外匪，图

---

[1] 黎、古、清、洪：分别指黎平县、古州镇（今属榕江县）、清平县（今属凯里市）、洪州吏目（今属黎平县）。

[2] 开泰县：今贵州省黔东南州黎平县。

[3] 仇雠：仇恨；仇怨；仇敌。

[4] 诣：前往，去到；晋谒；造访；所到达的境地。文中指前往，去到。

占城池，抢掠财产。被害于府城内自治公所。

甘浩义

（一）姓名：甘浩义。（二）年岁：［二十七岁］。（三）籍贯：贵州平越直隶州。（四）会党：自治学社。（五）死难原因：奉军政府命令，回籍赞助独立。清吏林雨嗾[1]巡防队哗变，戕浩义。（六）死难地点：平越州城内。（八）家庭景况：浩义父母均年八十，及家属二十余口，并及于难。（九）略历：浩义生性质直，深嫉官吏之专横暴虐者，欲图扩张民权，以是不见容于州吏。晋省肄业法政学堂。光复后，平越人士留省者举充代表，军政府加礼，派遣回籍，赞助独立。知州事林雨素不慊浩义所为，阴谋反抗。时中路巡防队驻该州境内，请领月饷不时至。雨遂嗾使哗变，焚掠甚惨。浩义一家受祸尤酷焉。

杨瀚文

（一）姓名：杨瀚文。（二）年岁：四十岁。（三）籍贯：贵州独山州。[2]（四）会党：自治学社。（五）死难年月：辛亥年九月。（六）死难原因：号召会党，图谋起事，以嫌疑被害。（七）死难地点：独山州城内。（八）家庭景况：有寡妻幼子，甚贫苦。（九）略历：瀚文初充《黔报》馆访员，又充《云南日报》馆访员，于自治学社党务，奔走甚力。光复前数日，奉本部命令回籍纠合会党，预备举事，瀚文一意进行。会省城已宣告独立，军政府公文至州。州文武官吏皆听命，合意反正，而疑瀚文所为为有意扰乱治安；怨家又从中构谄，遂遇害。

刘鹤龄

（一）姓名：刘鹤龄。（二）年岁：二十二岁。（三）籍贯：贵州贵筑县[3]（四）会党：自治学社。（五）死难年月：辛亥年九月。（六）死难原因：荷枪守城，为流弹所中。（七）死难地点：贵州省东城女墙。（八）家庭景况：有子女各一，老母寡妻均无以自活。（九）

[1] 嗾：唆使。

[2] 独山州：今贵州省黔南州独山县。

[3] 贵筑县：今贵州省贵阳市花溪区。

略历：当自治党运动革命时，鹤龄在事奔走，极为出力。光复之日，编入学生军，分任守城，即以是夜因公殉命。

彭心德

（一）姓名：彭心德。（二）年岁：四十岁。（三）籍贯：贵州安南县[1]。（四）会党：自治学社。（五）死难原因：刘显世引滇军袭黔、诛戮异己，心德死之。（六）死难年月：民国元年三月。（七）死难地点：安南县龙场。（八）家庭景况：老父年八旬，有寡妻、幼子二人。（九）略历：心德，自治学社党员。曾充游击营管带，弃官归里，办理团务。辛亥九月，省城光复电至，心德号召所部团兵，迫胁县令周绮反正。当八月中旬，自治党密谋倡义，联合新军。巡抚沈瑜庆已微有所闻，亟电兴义刘显世迅募五百人，兼程晋省，防范革党。显世雅重心德，函召心德，示之以电，且以募兵事委之。心德佯诺，而遣其弟堃驰告张百麟。谓：发难宜急，缓则生变。心德家居旬日，使人报显世：老亲病笃，方寸已乱，不克从公。显世不获已，乌合成行。抵安顺，省城已反正，进退维谷。幸张百麟推诚纳之，始得渐树势力，排斥异己。显世自知为心德所卖，衔之次骨。滇军据黔后，使其兄显潜围心德家，执而杀之，裂尸数段；又杀其子祥璠、犹子[2]三多。财产悉被没收。闻者冤之。

李永蓁

（一）姓名：李永蓁。（二）年岁：三十七岁。（三）籍贯：贵州镇宁州。（四）会党：同盟会员。（五）死难原因：刘显世引滇军袭黔，永蓁不备供张，遂被杀。（六）死难年月：民国元年三月。（七）死难地点：镇宁州城。（八）家庭景况：妻弱、子幼，不能自存。（九）略历：永蓁游学日本，愤清廷政治腐败，表同情于同盟会。归国后专力教育，鼓吹革命。及省城光复电至，遂联合各界，剪发响应。永蓁与地方官绅，协力一心，维持安宁秩序。滇军过境，以供张不备责永蓁。永蓁亦盛气相诋诃。唐继尧衔之，既僭称都督，遣人捕杀永蓁。

---

[1] 安南县：今贵州省黔西南州晴隆县。

[2] 犹子：侄子。

张文基

（一）姓名：张文基。（二）年岁：（三）籍贯：贵州铜仁府[1]（四）会党：（五）死难原因：滇军据黔，诛锄异己，文基死焉。（六）死难年月：民国元年六月。（七）死难地点：铜仁府城。（八）家庭景况：妻弱子幼，状极清苦。（九）略历：文基在铜仁，历办自治事业，颇负乡望。省城光复电至，联合各界，即日响应。反正后，文基与地方官绅协力维持秩序，劳绩卓著。滇军据黔，遣黄毓成、何麟书驻兵铜仁，抗拒北伐黔军，责饷于议会。文基不屈，遇害死之。

谭钟灵

（一）姓名：谭钟灵。（二）年岁：（三）籍贯：贵州铜仁府。（四）会党：（五）死难原因：滇军据黔，诛锄异己，钟灵死焉。（六）死难年月：民国元年六月。（七）死难地点：铜仁府城。（八）家庭景况：有寡妻幼子，不能自存。（九）略历：钟灵在铜仁历办自治事业，颇负乡望。省城光复电至，联合各界，即日响应。反正后，钟灵与地方官绅协力维持秩序，劳绩卓著。滇军据黔，遣黄毓成、何麟书驻兵铜仁，抗拒北伐黔军，责饷于议会。钟灵不屈，遇害死之。

田有光

（一）姓名：田有光。（二）年岁：二十五岁。（三）籍贯：贵州开州。（四）会党：自治社党员。（五）死难年月：民国元年二月。（六）死难原因：反对革命宪政党首领任可澄、刘显世等贿嗾东路防营兵变，杀黄泽霖，旋攻张泽钧私宅。适有光因公晤泽钧。泽钧匿厕室得免，有光中枪死。（七）死难地点：贵阳府城。（八）家庭景况：有老母、寡妻，极贫苦。（九）略历：有光毕业开州高等小学堂。尝从张百麟、张泽钧游，颇富革命思想。辛亥秋，自治党密谋起义，有光奉张百麟命令，联络会党，极为出力。

彭尔堃

（一）姓名：彭尔堃。（二）年岁：三十五岁。（三）籍贯：浙江

---

[1] 铜仁府：今铜仁市碧江区。清末至民国时期称铜仁府、铜仁县。

（四）会党：（五）死难年月：民国元年二月。（六）死难原因：东路巡防队兵变，围攻张百麟私宅，尔堃适因公晤百麟，遂遇害。（七）死难地点：贵阳府城田家巷。（八）略历：尔堃初从沈瑜庆来贵州，碌碌未有以自见。及瑜庆授巡抚，令管带卫队。自治党员谭璟以乡谊联络邹梶湖等，与语革命事。梶湖等首肯，而虑尔堃为梗，令璟作匿名书投之。尔堃得书默然。梶湖进与筹议，遂得其同意，共谋光复。军政府成立，尔堃从枢密院长张百麟率师巡视上游，弹压土匪，开导夷民，颇著勤劳。会东路巡防兵变，围攻百麟私宅，尔堃适在百麟所，邂逅遇害。

许嘉绩

（一）姓名：许嘉绩。（二）年岁：二十七岁。（三）籍贯：贵州开州。（四）会党：自治学社党员。（五）死难原因：刘显世引滇军袭黔，搜杀革命党人。嘉绩死之。（六）死难年月：民国元年三月。（七）死难地点：开州城外。（八）家庭景况：有老母寡妻弱子，状极贫苦。（九）略历：嘉绩，自治学社编辑部干事。辛亥秋间，本党密谋倡义，嘉绩随同赞画，主持进行方略。军政府成立，充行政总理监印，兼司文牍，勤劳颇著。出任修文县知事，抚绥安集，地方赖之。滇军据黔，去职家居。刘显世遣军队捕嘉绩兄嘉谟。嘉谟亡匿。嘉绩代为抗辩。军队怒而执之，以沸水浇其脑际，宛转呼号，惨不忍闻。扬言将执送省城，牵至场外枪毙。

丙

余　琛

（一）姓名：余琛。（二）年岁：三十岁。（三）籍贯：湖南清泉县[1]。（四）现任职守：（五）起义以前运动何种会党：（六）起义前后有何劳绩：琛以贵州候补知县，曾充光懿女子师范总理，故与自治党甚暱（昵）。后任抚署幕职司法科参事，关于鄂湘光复事，琛有所闻，

---

[1] 清泉县：今湖南省衡阳市衡南县。

必以告党人。又尝讽巡抚沈瑜庆反正。瑜庆不悟，琛作匿名书投之，痛陈利害，反复千余言。军政府成立，充司法部副长。旋病殁。

孙　镜

（一）姓名：孙镜。（二）年岁：三十岁。（三）籍贯：贵州安顺府。（四）会党：自治学社党员。（五）身亡年月及地点：民国二年二月死于四川重庆府城。（八）略历：镜，自治学社评议员。于党务奔走甚力，凡自治党经营事业，镜无不与闻。己酉冬，发起国民捐会，党议集有巨款，即购军械起事。镜手执大旗，随地演说，人民咸晓然于负担之日重，知清廷之不足恃。是役也，自治党之计划，虽终归失败，识者谓社会上受其影响不少云。辛亥秋，川路风潮起，同时贵州思州府[1]亦有暴动。镜在本党建议，力主乘机发难。众然之，方针遂定。武汉消息至，进行益急。镜时任洋务局翻译及审判厅医官，与贵阳府文瀛等亲善，又藉此侦官厅秘密。凡官厅对付本党方法，镜辄以报告本党，先事为之备。故始终措置裕如。军政府成立，镜任交通部部长，对于邮电、驿传、收发各事，管理皆极得法。保护教堂教士，尤为出力。在职三月，期满辞职。滇军据黔后，亡命至重庆。先是本党决定九月十四日黎明新军入城，镜虑教士疑惧，深夜赴教堂安慰，跌伤左足，久治不愈。到重庆益剧创，本年[2]二月在渝病故。

周　湘

（一）姓名：周湘。（二）年岁：二十五岁。（三）籍贯：贵州贵阳府。（四）死亡年月及地点：民国二年二月死于湖北。（五）略历：周湘，自治学社党员。辛亥秋间，本党密谋倡义。湘随廖谦、王炳奎等与陆军学生接洽，最为出力。十四日，新军入城。湘偕学生队周行廛市，维持社会秩序，备报劳瘁。军政府成立，充执法部科长。滇军据黔，亡走湖北。本年二月病殁。

[1] 思州府：今贵州省黔东南州岑巩县。

[2] 本年：指 1913 年。

丁

张百麟

（一）姓名：张百麟。（二）年岁：三十五岁。（三）籍贯：湖南长沙县。（四）现任职守：浙江都督府顾问。（五）起义以前运动何种会党：百麟少有才气，不拘细行，好从卖浆屠沽者游。稍长，折节读书，于法政译述之作，钻研尤力。乙丙之际，留东学生发行之杂志，鼓吹革命主义，百麟尽购阅之。喜曰："方略具矣！待人而行耳。"丁未冬，日法、日俄两协约发表，瓜分警告，震动全国。百麟乃号召徒党，禁揭帜志，命曰："自治学社。"同心缔造者，则有张泽钧、黄泽霖、钟振玉、周伯良，张德馨、刘镇、方策、刘荣勋、陈守廉、王元藩、黄守仁、韦可经、李泽民诸人；陆续加入者，则有张鸿藻、钟昌祚、彭述文、杨寿篯、谭西庚、周培艺、陈永锡、黄德铣、谭璟、孙镜、宁士谦诸人，皆黔中知名之士，借政党之形式，为革命之运动。以法政、师范、警察各学堂学生之传播，弥漫全省。迄于辛亥，党员数至十万。百麟通款于东京同盟会。平刚时为贵州同盟分会会长，于德坤[1]为评议部议员，与胡肇安等议决，共认自治党为同盟会同志，订约互通消息。平刚又介绍张铭于自治党。铭，黔中先觉者，革命实行家。身虽逮捕逃亡，而其徒留居贵州者尚众。至是以刚言，皆加入自治党，自治党基础益巩固矣。百麟又创《西南日报》，一以急进为宗旨。官吏及贵族有不法事，辄纠责不稍假借。己酉秋，清云贵总督李经羲道出贵阳，密语巡抚庞鸿书："黔有革命党张百麟、周培艺，宜急捕治，否则且煽乱。"鸿书以无据，不肯兴大狱，事乃寝。其冬，列强监督财政风说起。自治党大激昂，以咨议局名义，召集人民，开全体会议，设

---

[1] 于德坤（1874—1912），字业乾，贵州贵阳人。曾读贵州经世学堂，后留学日本，结识宋教仁等，办《二十世纪之支那》杂志，宣传推翻帝制。1911年任南京临时政府内务部参事、国民党总部干事，贵州支部特派员等，1912年回黔组党，行抵铜仁，被刘显世派人杀害。

国民捐会，票举蔡岳、周培艺、乐嘉荃为会长；分遣党员四出演说，密议集有巨款，即备军械，练乡团，联合各省，伺隙大举。反对者百计破坏，出死力阻挠。自治党之伟划，归于泡影。是时，自治党所经营之事业为：公立法政学校、律师专修科、法官养成所、自治研究所、乐群两等小学校、光懿女学校、淑慎女学校、明德女学校，合计毕业学生凡数千人。而法定机关如咨议局，如教育总会，如各属城乡议、董两会，自治党皆占优势。辛亥秋，川路潮起，自治党认为时机已至，集合强健分子，秘密计划，分头布置，而百麟为之主谋。当时情形颇为复杂，兹分别言之：（甲）军界。又为四部分：（一）新军贵州新军驻各省者、不足一标、自治党员之运动之，可分为五路：张百麟、黄泽霖直接与标统袁义保谈话者为一路；平刚授教练官杨荩诚、督队官文崇高以方略者为一路；陈永锡、彭景祥与队官赵德全、陈启顺等接洽者为一路；张泽锦与正目杨树青等周旋者为一路；谭璟与司务长艾树池沟通者为一路。凡五路并进，前二路仅引其端，收效纯在第三路也。（二）征兵营。贵州征兵不足一营，另驻武侯祠，不与新军相附丽。自治党员担任运动之者，为姜兆熊、胡刚[1]。（三）巡抚卫队。卫队百数十人，皆湘户，体魄雄健，技艺娴熟，所持枪械尤精利。自治党人担任运动之者为谭璟、周显谟。（四）巡防队。中路分统宋绍武部下为一路，自治党员关森、杨昌铭等运动之；帮统胡锦棠、管带和继圣[2]部下为一路，徐宝煌、肖朗生等运动之。关于新军及征兵营之运动，为积极的，望其互相提携，共成大业也；关于卫队及巡防队之运动，为消极的，望其明晰利害，毋为敌助也。（乙）学界。又分三部分：（一）陆军小学校。陆军学生，颇富思潮，激于义愤，已有动机。而自治党员陈康、江务滋、周凤文、

---

[1] 胡刚（1885—1966），号寿山，贵州贞丰人。前期生平见《稽勋表册底稿·胡刚》。曾参加护国、护法之役。北伐时任43军副军长。1928年后解甲赋闲。解放后为贵州省政协委员。

[2] 和继圣（1862—1942），字绍孔，云南丽江人。民国陆军中将，曾任贵州省清乡司令、代理省长。

廖谦、邝龙俊、王炳奎等联络之。（二）教育总会。自治党员陈永锡、彭述文分投［头］运动。（三）公立中学校。该校全权皆在反对党任可澄之手。而学生二百余人举何煓为代表，加盟于自治社。（丙）哥老会。自治党员陈守廉、李立鉴、谭德骥、黎克荣、吴冠、孔鹏等所号召二千人为一路，由黄泽霖发配之；刘鲁香号召五百人，别为一路。（丁）警界。省区长警二百数十人，新募巡查队百人，高等巡警学校、巡警教练所学生数十人，皆受周培艺之指挥。上列各方面，凡有故障危害及进取机宜，皆就商于百麟。百麟同时与陈永锡、黄德铣、余琛、孙镜、周培艺等侦察官厅之意向及其准备规划以筹对方法。故事事皆占先着，成功易于反手。（六）起义前后有何劳绩：百麟以流寓宦裔，无所凭借，五六年间，创造极有势力之大党，贵州全省府厅州县，几无不有自治学社分社，机关联络一气。起义以后，旬日之间，各属悉数反正。百麟以自治党首领，又被各界推为临时主任，自［其］劳瘁自不待言。先时，凡有会议。其［皆］莅其家。后渐为官厅所注目，秘密派人侦伺，乃错综其地点。或假咨议局等处，伪为会商要公者；或借桂景沄等住宅，伪为燕［宴］集宾客者。故事机得进行无滞。九月十三日，绅界要求独立。巡抚沈瑜庆仅允设自保会，公用人、行政之权于大众。和平派颇表示满意。急进派则大激昂，如大山之立待爆发矣。其实，瑜庆初无让步意，特以胡锦棠尚未成军，刘显世率兴义兵来亦未抵省，故为缓兵之谋；待调发既集，然后按册诛自治党人。是夜，陆军学生、新军发动于外，卫队亦不奉命，瑜庆始承认宣布独立，命劝业道至咨议局，问谁能担保治安者。百麟与议长谭西庚毅然承诺，事遂定。旗帜、示谕、教令皆已先期预备，命党员分头布署，鸣金告众。十四日，蓝鑫代表新军诣百麟，请为都督。百麟辞。由咨议局公举为枢密院院长。贵州军政府之组织合三部分而成：都督管军政，行政总理专民事，枢密院参赞军机、筹划政务，两方皆得与闻。百麟开诚布公，调和党见，临机应变，消弭内忧。各属甫经反正，人心惶骇，百麟乃率兵出巡上游。所至为官绅划分权限，平其争端，演说银行利益，维持纸币信用。郎岱厅[1]属扁担山夷人[2]，聚族而居，号十数万。光复后，军政府称“大汉”，夷人误会，有蠢动消息。百麟令党员深入其巢，召致酋长来，为解说事理，优其待遇，并给自治学社徽章数千枚遣之去，反侧以安。百麟事竣回省，致书立法院请辞职。议未决而黄泽霖难作。叛卒同时围攻百麟。百麟奔广西，转徙至上海。现仍旅居春申江云。（七）建议事项：百麟所主张，曰革命不流血，曰国民的革命，非英雄的革命。力排众难，坚持和平。故对于清吏、对于满人、对于政敌其待遇皆极优渥。[3]自谓以诚感人，人亦无有危害之者。故变起仓促，不及抵抗而奔。（八）划何要策：百麟最初之计划，专用社员部勒哥老会，分兵四路，求通军事学者为统将，立大本营于省城，居中调度。又令各属社员取同一方法，先后发难，俟省城调兵四出，根本空虚，乃出不意劫军械局起事。嗣以周培艺、陈永锡、平刚等皆主张联络军界为必要，始变方针，从各方面着手。百麟为人英锐敏捷，凡所决策，进行无迟回，结果亦往往如其所期。然狃于成功，视事太易，终以致败。汉阳失利，百麟巡视上游，以电抵立法、枢密两院，陈援鄂之关系，且曰：“无武昌，是无民国也。诸公能以三千旅资麟者，愿以颈血溅北军，遂报国初志。”会两院已议决请杨荩诚东下，乃促百麟还省。

杨荩诚

（一）姓名：杨荩诚。（二）年岁：三十三岁。（三）籍贯：四川秀山县。（四）现任职守：陆军少将加中将衔。（五）起义以前属何种会党：荩诚留学日本士官学校、毕业骑兵科。归国后旅居京师。清抚沈瑜庆调赴黔，委充陆军步队一标教练官，代理陆军学校总办。荩诚和易近人，人乐亲之。武汉起义，贵州自治党运动新军及陆军学生，密谋响应。荩诚亟表同情。又使文崇高、艾树池、郭光泽数辈四出联络，为

[1] 郎岱厅：今贵州省六盘水市六枝特区。

[2] 夷人：此处指布依族。

[3] 优渥：此处指优厚的待遇。

赵德全、廖谦等助力。新军官佐目兵，向之属望袁义保者，皆愿推戴荩诚。陆军学生尤全体欢迎。荩诚遂为贵州都督。（六）起义前后有何劳绩：九月十四日入城，荩诚亲率军队，更番弹压，商民乐业，市廛[1]不惊。各属甫经反正，人心惶骇，荩诚乃率兵出巡下游。铜仁、松桃土匪，闻风解散。已而汉阳失利，武昌戒严。省城立法、枢密两院议决，电请荩诚迅率所部东下援鄂，会筹北伐。行抵湖南。而南北和议已成。荩诚驻兵常德，躬谒孙大总统于南京，奉正式委任，饬回督黔。时黔省已为唐继尧袭据，假绅耆名，拒荩诚不纳。荩诚解兵柄，仍居京师。（七）建议事件：（八）划何要策：荩诚初与郭光泽、文崇高欲以伏兵劫标统袁义保、沈瑜庆，而挟陆军学生以盾其后，使光泽咨询于平刚，平刚虑非万全，其议遂寝。

周培艺

（一）姓名：周培艺。（二）年岁：三十四岁。（三）籍贯：贵州毕节县。（四）现任职守：参议院秘书员。（五）起义以前运动何种会党：培艺，邑学廪生。弱冠以文学知名，而极究心时务。清侍郎严修督学黔中，极赏识之，劝钻研经学。培艺谢曰："中东之役，丧师辱国，强邻环伺，惧陷瓜分。我辈尚不亟谋改良政治，以图救亡，宁再事咬文嚼字耶？"庚子，愤国变，将东渡考察政治。抵上海，因病沮。遂广购留东学生发行之《民报》及诸杂志读之，愈叹革命之不可已。顾黔处边远，交通不便，欲传播革命思想于多数人，非报纸不为功。乃函劝戚友集股，由沪购印字机回黔，创办《黔报》，自任撰述，冀以文字徐徐鼓吹。己酉春，论著益激烈，官吏有不法行为，辄力诋之。股东惧遭官厅干涉，收回印字机，而辞培艺。然培艺固早加入自治社，与张百麟、黄泽霖、张泽钧、陈永锡等发起《西南日报》。至是，所有文字暗送《西南日报》登载，而视《黔报》尤激烈。其秋，滇督李经羲过黔，密语巡抚庞鸿书："黔有革命党张百麟、周培艺等，宜亟捕活，以防煽乱。"庞曰："此间风气闭塞，哪有革命党？"培艺因任警务公所行政科长兼

[1] 市廛：市中店铺。

自治筹办处文牍科长，财政公所、学务公所议绅，于新政多所建议，巡抚实器重之。而与警道贺国昌尤善，因得借此地位刺探官厅对待民党消息，尽力以护持自治社。陈永锡[1]者，培艺同里同学也。永锡自粤归，晤培艺谈革命运动。培艺曰："兹事当从军、警、学三界下手，不宜用会党。我亦尝为钟君昌祚言之。君现组织教育总会，联络各堂重要人物，以散播革命种子于全省学界，此我们最赞成者也。警界吾能左右之。惟军界当约同志分担责任。总之，吾黔能先发难，直发难耳；否亦当早为准备，以待机会。"己酉十二月，监督财政风说起，培艺与张百麟、钟昌祚、陈永锡、张泽钧、黄泽霖、彭述文等密议，借办国民捐，集款购械，以谋起义。卒为宪政党任可澄等破坏。署臬司王玉麟且饬地方官借事捕陈永锡。同志多自危，而培艺气愈振，尝语同志曰："我辈革命死，不革命亦死，等死耳。要以革命死为最大幸事，何惧哉！"辛亥八月初，川路风潮益恶。培艺电促陈永锡归省与张百麟等共谋首义。百麟、永锡等有所计划，靡不商取培艺同意。武昌捷电至，自治党进行愈急。培艺专任运动警察一部，并说贺国昌添募巡查队百名，给以新式快枪，而使同志汪直中等为之长。故光复时，警察全队悉听培艺指挥焉。（六）起义前后有何劳绩：培艺即时与巡抚、司、道[2]接洽，当起义前，官厅如何防备革党，多由培艺侦察得实，密告同志，以促实行。九月十二日，培艺偕乐嘉藻、陈永锡、蔡岳、张百麟、朱焯、杨昌铭等冒死入巡抚署，劝告沈瑜庆从众意反正，不得要领。时瑜庆方与前臬司严隽熙密议，俟调发既集，按册诛自治党重要人。培艺名在其列。光复后，实行军民分治，众以培艺富于政治经验，推任行政总理。凡各部重要事件，多会商培艺而后执行。每日公文书百数十起，皆手自批答，靡片刻暇。培艺常驻枢密院办公。一日，都督府卫队受奸人嗾，谓枢密院措发犒赏金，以枪击枢密院员。弹子由培艺左颊飞过，逾墙而免。后滇

[1] 陈永锡：贵州大定（今大方县）人，贵州自治学社发起人之一。因毕节隶大定府，故谓同里。

[2] 司、道：分别指提法司、巡警道。

军袭据贵阳，遂杀革命功人，唯以培艺道德最高，欲用石阡府知事羁縻之。培艺称疾不出。欲杀之，乃出走。（七）建议事件：贵州光复后，新旧军麇集[1]省城，数且盈万，不免有骄横举动。培艺建言：“兵，尤［犹］水也，不流则腐。”力主张由张百麟、杨荩诚各带若干人，分巡上下游。以黄泽霖率三千人助川独立，即会滇、川两军顺流而下，厚武昌势力，更出荆襄至汴梁，截击北军；然后直捣幽燕。而先虚张声势，飞电成都、重庆、泸州各处，谓黔军万人援川，已分道出发，端方[2]、赵尔丰[3]等得电大恐。迨黔军前队抵重庆，四川遂已成功。

平　刚

（一）姓名：平刚。（二）年岁：三十五岁。（三）籍贯：贵州贵阳府。（四）现任职守：（五）起义以前运动何种会党：刚少好深沉之思，闭户潜修，于科第仕宦，时人所欣羡趋走者，泊如也。读黄梨洲[4]、王船山遗书，戚然抱种族之痛。而清政府不纲，屡遭外侮，国权丧失，沦为分割。于是，刚改革之思潮，如江水下峡，一泻千里，奔腾澎湃，不可遏抑矣。居恒落落寡交游，独与张铭、彭述文、蒲藏锋、胡肇安、付文堃数辈友善。之［此］数人者，志趣术业皆与刚为同调者也。因共创办乐群学校，鼓吹革命，张铭天性尤活泼，乐群之外，兼任教师范学校，一以诏乐群学生者诏之，更以暇日结纳绿林豪隽、卒伍健儿。适章炳麟《訄书》传至黔，刚遂首剪发。清吏大恶之，欲被以罪，而难其刑，乃迫之出亡。刚走日本，习法政。时内地革命志士，不容于

---

[1] 麇集：聚集，群集。

[2] 端方（1861—1911），全名托忒克·端方，字午桥，号陶斋，清末大臣。曾任湖北巡抚、湖广总督、江苏巡抚、两江总督、直隶总督等职。

[3] 赵尔丰（1845—1911），字季和，祖籍山东蓬莱，曾任清朝川滇边务大臣、驻藏大臣、四川总督等职。

[4] 黄梨洲（1610—1695），名宗羲，浙江余姚人，字太冲，一字德冰，号南雷，别号梨洲老人、梨洲山人等，学者称“梨洲先生”。明末清初经学家、史学家、思想家、地理学家、天文历算学家、教育家。

政府，或事败逃亡者，亦皆东渡，暂假休沐。其中魁杰，如宋教仁、张继、刘揆一、黄兴、田桐、白逾桓等，皆于风尘中，特与刚相契。乙巳[1]秋，孙文至东京，约各省革命党缔结同盟，以刚于［为］贵州分会会长，声气联络，同志达数十百万人，骎骎发展矣。丙午冬，张铭密函告东京，欲于黔中率会党举事，请示方略。分会先聚众议，刚主激进，于德坤力持缓进，谓贵州不可首先发难，地非其地，时非其时，人非其人，未可动也。刚再三争执，会员多赞成德坤说，刚拂衣径去。会议因之破裂，刚仍密复铭书，促其相机急进，撰以檄文等，遣人持赴黔，已而事败，铭被捕逃亡，其徒文崇高、吴冠、黎克荣、朱培、王国军、王国清等皆星散，贵州激烈派之革命，至是遂寂然声消。张百麟、黄泽霖、周培艺、钟昌祚、张泽钧、谭璟、刘镇、杨寿篯诸人有鉴于此也，乃一变绿林联合之步调，而为政治上之运动，相约树政党旗帜。戊申[2]春，贵州之自治学社成立，通款于东京，刚亦久悟急进之难于望成，于是与于德坤、胡肇安等议决，共认自治社为同盟会同志，而与之通消息，又为书抵张铭于北京，介绍自治社宗旨，铭遣其徒与自治社接洽。至是，贵州之革命党，皆加入自治社。自治社党务亦益扩张，隐然有左右社会之势力矣。庚戌秋，刚由日本归贵阳，主《西南日报》笔政，发挥政见，直抒胸臆，虽清吏亦赏其文字之渊雅，而忘其主张之激烈。其移人如此。辛亥秋，刚方卧疾家居，而川路风潮起，武汉举义。于是［时］新军教练官杨荩诚，同盟会会员也；督队官文崇高，张铭旧部也；自治党首领张百麟、陈永锡、彭述文等，同盟会之支子，而刚之挚友也；陆军学校教员郭光泽，亦曾游学日本，习闻刚宗旨也；陆军学生匡贵、程毅、乐群之毕业生，而刚之门人也；总务方面种种运动，皆就刚取决。病榻之侧，常喧然讨论国家大计、改革手续，刚以冷静之头脑，疏通其隔阂，而规划其程序，光复事业遂以告成。（六）起义前后有何劳绩：九月十四日，新军入城，刚扶病至咨议局，草拟军政府组织大

---

[1] 乙巳：清光绪三十一年（1905年）。

[2] 戊申：清光绪三十四年（1908年）。

纲，纷乱之中，渐有条理。公推刚任枢密院员，依据法意，决事如流，众服其开敏，兼负调和军事、民事责任，舌焦唇敝，足无停趾。一日，呕吐狼藉，医言宜得数小时休养，刚去而复返。周培艺曰："君惫矣！盍稍自珍惜。"刚曰："吾初不意及身亲见推翻专制，建设共和。今幸目的已达，吾视在院处分各事，较服药甘也。"培艺益悚然敬其为人。后经立法院公举为组织中央政府会议全权代表，以十月二十一日出发，旋改充参议院议员。

陈永锡

（一）姓名：陈永锡。（二）年岁：三十六岁。（三）籍贯：贵州大定府。（四）现任职守：（五）起义以前运动何种会党：永锡，少工举业。以办县事为人所讦，一旦弃去，独身走山陕两粤，考察山川阨塞、水陆形胜，以及人民智识之程度、社会经济之状况。足迹所至，遍交其贤豪魁杰，穷日夜讨论，相与上下往复，知清廷之不足恃，改革之无可免。己酉，自广东归贵阳，加入自治社为党员，以全力奔走，组织教育总会，以躬自运用之。其冬，列强监督财政风说起，自治党大激昂，设国民捐会，密议集有巨款，即购军械，练乡团，联合各省，伺隙大举。永锡手大旗，沿通衢行，俟多人聚集，即矗立演说，对于政府之横暴诛求，贿赂公行，敲肌［骨］吸髓，恣情挥霍，抨击无余地。其沉痛处，至谓非杀尽贪官污吏不可。听者相顾动容，而官厅多疾恶之。署提法司王玉麟、署劝业道查秉钧皆主拿办。巡警道贺国昌，力持不干涉主义，其事乃寝。辛亥秋，川路风潮起，党人认为时机已至，秘密计划，分头运动。永锡方以履勘插花地赴下游。闻湖北起义，遂兼程还省城。党议公推永锡乞援湖南，永锡以为事机迫，援师不济急，已愿留省任繁剧，乃别听龙昭灵赴湘。彭景祥者，永锡同乡里，与新军队官赵德全、陈启顺等友善，已着手运动之。九月八日，景祥、德全等会议于永锡寓宅。永锡所以督促之者甚至。各方面机会成熟，党员或主即动，或主缓动，相持未决。永锡诏新军宜以十四日黎明入城。从种种事实证明之，众无异议，即以其日军政府成立。（六）起义前后有何劳绩：永锡之归省也，闻反对党首领任可澄，将进充兵备处文案，于本党计划，为根本上之破坏。亟偕黄德铣走说当事，怵以危词，取消其委任。永锡游粤时，旧识沈抚瑜庆。比归省，谒瑜庆。瑜庆谓川事之坏，皆由官绅隔阂，君可常到署坐谈，藉疏通意见。永锡因得侦知官厅防备革党军事上之一切布置，而转告张百麟等速筹对付。一日，永锡谒巡警道贺国昌，言外间传闻江苏已反正，程德全[1]自立为都督。公在巡抚左右，曷效忠告。令仿程氏之所为。闻者咋舌，而国昌独服永锡之敢言。九月十二日，永锡偕乐嘉藻、蔡岳、张百麟、朱焯、周培艺、杨昌铭等，冒死入巡抚署，劝告沈瑜庆从众意反正，不得要领。时瑜庆方与前按察司严隽熙密议，俟调发既集，按册诛自治党人。永锡名在其列。十三日，官绅议设自保会，巡抚用人、行政之权公于大众，人心颇为所惑。永锡奔走各处，悉心破坏之。是夜十二时，各方面布置周密。永锡语张百麟曰：吾党既不欲自为都督，不如仍请巡抚立时宣布，留渠维持现状。当走嘱贺国昌往说瑜庆。瑜庆惧，手书承认贵州独立印据，劝业道王玉麟赍送咨议局。十四日黎明，新军入城，永锡先夜与张百麟约，自任打先锋。胡锦棠部下李某率一纵大队迎击于府巷口。两军正接触间，永锡汗喘驰至，呼曰："新军光复大汉，统领已表同情。速去若械，曷自寻死！"当是时，危机一发，微永锡，彼此交哄，巷战立见矣。军政府成立，推任民政部部长，接管警务公所、高等巡警学堂、巡警教练所、禁烟局、地方自治筹办处各机关，昕宵勤劬[2]，整齐而条理之。而是时办理最棘手者，尤莫如巡警。巡警平日多所干涉，与军人、哥老会，结恶感至深，至是报复寻仇，日必数见，巡警不能执行职务，日常被殴击。永锡建议于都督府，组织宪兵队，以约束之。又在立法院主张，无论军民，敢有携带刀枪横行街市者，军法从事。秩序始渐恢复。又设警士学堂，授巡警以法律上、军事上必要之教育，对于警务，将大有所整顿。会保安公口龙头蓝鞆谋乱，永锡拘禁之。鞆党遂嗾巡缉队暴动，欲甘心永锡。先是各界在立法院会议援鄂，鄂籍军官全体反对。卒经永锡反复陈说，决定派老兵千人，厚杨荩诚兵力，

---

[1] 程德全(1860—1930)，字纯如，号雪楼，重庆市云阳县人。清末曾任黑龙江将军、奉天巡抚、江苏巡抚。武昌起义后，在苏州宣布独立，自任江苏都督。

[2] 昕宵勤劬：早晚辛勤劳累。

推杨北伐；又虑老兵因天寒道远，不肯行，自誓辞职当兵以鼓励之，嗣为全省父老开会挽留而止。至此，遂只身走湘鄂，会杨军。适宣布共和，乃游江浙，考察实业、旋至京师。（七）建议事件：当军政府着手编制时，永锡以谓贵州财政支绌，不宜骤添多兵。会党助声势有功，可酌给赏赉，听其自营生计。若辈桀骜性成，万一坏法乱纪，神圣军人之名誉，且因之扫地。今只能就现有之兵，勤加训练，公推威望素著大员，率之出省，巡视上下游，弹压土匪。省城安宁秩序，另编学生军三千人以维持之。专用体操教员及陆军学生为官长，庶几壁垒一新，令行禁止。杨荩诚不能用。其后军界多事，流弊百出，卒如永锡言。

乐嘉藻

（一）姓名：乐嘉藻。（二）年岁：四十五岁。（三）籍贯：贵州黄平州。（四）现任职守：直隶商品陈列所课主任。（五）起义以前运动何种会党：　（六）起义前后有何劳绩：嘉藻以学识资望，为贵州和平改革派领袖。首与于德楷创办贵阳公立师范学堂，延张铭等为教师。是时，黔中盛倡破坏主义者，以铭为先河。嘉藻于铭所主张，虽有所商榷，然大旨未尝不同。其校生周培桥、刘潜、张友栋、周仲良，后皆投身革命事业，各有所表见。彭述文、平刚、胡肇安等，创设乐群学校，宗旨激烈，专鼓吹革命，推嘉藻为校长。嘉藻亦尽力维持，其平居议论，常右平民而黜贵族，于平民党[1]之势力如何始能发展，准备如何始谓完全，运精密之心思，成久远之计划。平民党奉而行之，若遵轨循辙，往往不爽尺寸。以故嘉藻虽持不党主义，而自贵族中人视之，俨然平民派黑幕中之党魁焉。辛亥秋，川路风潮起，人心震动，自治党利用此时机，方有所经营。及得武汉消息，进行益亟。巡抚沈瑜庆与前按察司严隽熙密议，俟调发既集，按册诛自治党人，嘉藻名首列。九月十二日，嘉藻偕蔡岳、陈永锡、张百麟、朱焯、周培艺、杨昌铭等，冒死入巡抚署，劝告沈瑜庆从众意反正，不得要领。十四日，新军入城。军政

[1] 平民党：清末民国初贵州人，曾将自治学社称为平民党。将宪政预备会称为贵族党。

府成立，被推为学务部部长。嘉藻辞。旋经立法院公举为组织中央政府会议全权代表，又因事不果行，卒任枢密院总务股事。凡本省对于外省及中央一切机要电文，皆由嘉藻撰拟。当是时，南北和议，相持未决，有建议定都广东，控制海洋，购输军火，源源不绝，以美洲八年战争激励国民者。嘉藻所主张也。提倡川滇黔三省组成联军，西出汉中，结合山陕，横断北军腰膂[1]而制其死命，亦藻所主张也。高掌远蹠，众皆叹服。在职三月，准都督赵德全照会，选充中央参议院议员，治装将行，会滇军袭据贵阳，嘉藻纳还照会，避祸远游。

蔡　岳

（一）姓名：蔡岳。（二）年岁：三十五岁。（三）籍贯：贵州贵阳府（四）现任职守：（五）起义以前运动何种会党：岳少有大志，不应科举。游日本习法政。察世界趋势，盖信改革之必要。其所主张，取政党之步调，从国内发展势力，启论［迪］民智。于自治学社之行动，甚为赞同；经济方面，颇得其助力。宪政预备会之初起，亦岳所提议，后见其宗旨腐败，乃谢不与通。己酉冬，自治党发起国民捐会，拟集巨款，购军械，图大举，岳被举为会长。瘖（喑）口焦音，日夜演讲，社会多欢迎之。国民捐会失败，复被举为教育总会国会请愿代表，遨游南北，沟通民党消息。辛亥秋，岳归黔，时自治党已从各方面联络运动，宪政党则蓄谋破坏，抵瑕伺衅，旦晚爆裂。岳乃大会两党领袖，苦语调停，令消释嫌隙，毋相妨碍。张百麟、任可澄觌面[2]结约。岳与乐嘉藻、周培艺、凌云、黄禄祥［祯］、杨昌铭等，皆署名负责，两党搏战中止。光复事业遂以告成。（六）起义前后有何劳绩：岳于九月十二日，偕乐嘉藻、陈永锡、张百麟、朱焯、周培艺、杨昌铭等，冒死入巡抚署，劝告沈瑜庆从众意反正。军政府成立，岳任财政部部长。接受藩库官钱局，现款不满二十万，岳乃议创贵州银行。其法额设股银一百万两，凡民持银五两，皆得购股票一张，虽至富豪，亦不许购至万股以

---

[1] 腰膂：腰背，比喻要冲之地。

[2] 觌面：见面；当面。

上。购股者未持现银，得以财产契约抵押，但同时应在银行借领同额之纸币，流通于市面，使人人宝贵纸币，知纸币通行，己身亦沾其利润。银行得无数之股东，暗中拥护，银行之地位自日臻于巩固；而纸币之发行，银行乃可以操其伸缩之权。其规划之精审，条理之详密，近日理财家，实罕其匹。岳又随时召集各界，亲为演说，令众人反复诘难，必利害了然而后已。纸币既有信用，购股者亦极拥［踊］跃。当是时，新军扩充至四标，原有巡防队二十营，新募巡防队亦十余营，以及绿营未裁之额兵，月需饷银十余万两，援川北伐，安抚上、下游，办装治行，耗财尤巨。卒能从容应付，不至丝毫派累民间者，岳之力也。在职四月，滇军据黔后去职。

谭西庚

（一）姓名：谭西庚。（二）年岁：六十岁。（三）籍贯：贵州石阡府。（四）现任职守：（五）起义以前运动何种会党：（六）起义前后有何劳绩：西庚，自治学社党员，咨议局议长。自其当选副议长时，干党务已多所尽力。及乐嘉藻辞职，西庚代为议长，益从事于党务之扩张。盖咨议局为民权之滥觞，自治党又素持平民政治主义者，特向少凭藉，主张不能实现。及得法定机关以为运动之地，势力益发展，骎骎乎有一日千里之象矣。辛亥秋，川路风潮起，赵尔丰淫虐屠杀，阻绝交通。西庚集常驻议员会议，披露川祸真相，由黔局通电全国，声清吏之罪，人心积愤。未几，而武汉遂首举义旗。是时，自治党亦方有所密谋，常以咨议局为会议地点。西庚及副议长朱焯，议员龙昭灵、杨应麟，办事处职员张泽锦、宁建侯、张绍铭等，皆主急进，分头部署，着手运动。资议局则借丁粮附加问题、铁路移款，召集临时会议，与官厅为激烈之宣战。一则使人民积怒当轴，盖晓然于革命之不可以已。用意至为深远，结果亦如其所期。至九月初旬，新军全体已表同情于自治党，陆军学生亦有联合，惟两处所存子弹，或被官厅收回，或以阅操耗尽。众无所为计。张泽锦与徐耀卿密议购买。既定约，西庚大出咨议局存款付价，己愿与宁建侯等共负责任。十三日，官绅议设自保会，借咨议局为会所。西庚不置可否，而促本党进行益力。逮夜，陆军学生、新军果已发动。巡抚沈瑜庆遣劝业道王玉麟诣局询意旨。玉麟犹大言将调防军尽歼暴乱者。张泽锦瞋目叱呼，胡刚、陈树燊等和之，声震屋瓦。玉麟惶恐失色。西庚曰：“张书记员代表今日一般民意。公速归报沈公，早决计。”玉麟去复来，赍瑜庆手书至，承认宣布共和。是时，非本党议员多徙避出局，即本党议员亦有托词他往者。西庚与朱焯、杨应麟、黄德铣、张百麟、杨昌铭等人数督饬党员，升汉字大旗于咨议局之巅；遣人四出，张贴示［谕］，鸣金告众。十四日，新军入城，军政府成立。西庚改立法院议长。执政者尊庚舆论，遇大事必就院取决。西庚等殚心立法事业，备极勤劳。军界内部或有风潮，或军界与政界相龃龉[1]，亦恒由立法院调和解释。滇军据黔，解散立法院，议员悉被放逐。西庚出亡，现居京师。

朱　焯

（一）姓名：朱焯。（二）年岁：四十六岁。（三）籍贯：贵州安平县[2]。（四）现任职守：　（五）起义以前运动何种会党：焯，自治学社党员，咨议局副议长。其在局中，号为敢言。凡本党所主张，必贯彻其目的。与反对党人奋斗，诘难蜂起，虽至恶声厉色无恤，以故反对党尤畏惮之。与谭西庚协力一心，扩张党务，自治社势力益发展。辛亥秋，川路风潮起，赵尔丰淫虐屠杀，阻绝交通。黔局披露川祸真相之议，焯主张最力。丁粮附加之质问案、铁路移款之质问案，亦自焯发之。人心激昂，痛恨官吏之无状。自治党密谋倡义，令党员部勒哥老会，分兵四路，求通军事学者为统将，立大本营于省城，居中调度，而预拟之都督则焯也。其后联合军界，进行日亟。惟子弹缺乏，不能克期举事。张泽锦与徐耀卿密议购买。既定约，焯赞成出咨议局存款付价，己愿与谭西庚、宁建侯共负责任。九月十二日，焯偕乐嘉藻、蔡岳、陈永锡、张百麟、周培艺、杨昌铭等冒死入巡抚署，劝告沈瑜庆从众意反正，不得要领。十三日，官绅倡设自保会，言论庞杂，焯独持冷静态

[1] 龃龉：指上下牙齿对不齐，比喻意见不合，互相抵触。

[2] 安平县：今贵州省安顺市平坝区。

度。逮夜，议员纷纷徙避他往。惟焯、西庚坐镇。劝业道王玉麟至局，一经胁迫，立促沈瑜庆承认共和。焯又偕西庚等督饬党员，部署一切。军政府成立，改立法院副议长兼枢密院总务股员。两院事务皆极繁剧，又须调和各方面意见。旰宵奔路，人服其耐劳。滇军据黔后去职。

谭　璟

（一）姓名：谭璟。（二）年岁：三十岁。（三）籍贯：湖南湘乡县。（四）现任职守：　（五）起义以前运动何种会党：璟初任自治学社编辑、交际两部干事，干党务奔走甚力。凡自治党经营事业，璟无不与闻。后遂充《西南日报》馆主任。辛亥秋，川路风潮起，清抚沈瑜庆议移四国借款修造黔渝铁路，璟攻之最力。时自治党已着手运动，璟益发为危论，冀鼓动人心，乘机爆发。杨穗芳者，报馆校对员，与新军司务长艾树池善，因介绍树池于璟。璟察树池可用，具以自治党计划告之，嘱树池阴为预备。树池言官长中如赵德全、叶占标、杨荩诚、文崇高等，均属同志。即兵士中亦有程度甚高者，唯标统袁义保，其心叵测。君当注意义保，联络事我自任之，订约而去。璟乃作匿名书，邮致义保，陈说利害，请其主动，久不得要领。会自治党员陈永锡、彭景祥、张泽锦、黄泽霖等由各方面接洽新军，日有进步。璟乃专意联络巡抚卫队。卫队多湖南人，庞鸿书由湘抚调任黔抚时所编练也，技艺娴熟，所持枪械尤精利。队官邹榥湖、排长陈祥年，籍隶湘乡，与璟同里，平日往还甚密，以故队中湘人，璟无不识者。榥湖性鲁莽，粗解文义。璟以《猛回头》《黄帝魂》等书与阅，并晓以顺逆利害。榥湖未决。迄滇省反正，电传总督卫队以抵抗革命军故，死亡殆尽，榥湖意颇动。璟益乘势恫喝之，又欣动以功名。榥湖乃允与祥年号召部曲，而令璟作函告其管带彭尔堃，俾得进言之路。璟如约。尔堃无异议。公立法政学生周显谟，亦湘人，时往来传达消息。九月十三日午后十时，闻卫队传令整队，璟恐事变，冒死入抚署，问榥湖意云何？榥湖曰："大帅言陆军学堂暴动，命戒备。其实我辈当谨守君令，决不至自相屠戮也。"璟曰："吾必取信物。"遂与显谟各出所携匕首，尽去卫队肩章，卫队亦听之。璟又亲视卫队将抚署野战炮机械一一折卸，乃出。于是，沈瑜庆爪牙尽失，不得不俯首听命矣。（六）起义前后有何劳绩：璟所居私宅，在白沙井，与张百麟毗连。同志秘密会议，多在其家；旗帜徽章、告示诸物，及所储军火，并藏璟处。家人危之，璟毅然不顾。事定后，璟被推为学务部部长，犹与同志奔走各方面，调停意见，消患未萌，划责任事，夜宿公署。在职三月，不遑宁家，维持学务现状，规划教育进行方针，勤劳懋著[1]。学界中人，翕然[2]称之。

贺国昌

（一）姓名：贺国昌。（二）年岁：五十岁。（三）籍贯：江西萍乡县（四）现任职守：江西都督府政治顾问官。（五）起义以前运动何种会党：国昌初为县令湖南，以官费留学日本，醉心共和主义。戊申春，以知府来贵州，遂充巡抚文案，试署巡警道。时张百麟等创自治学社，方为官厅批斥，不准立案。国昌至，立允之。对于报馆、学堂，皆极力赞助。提倡士气，缩减官权。己酉九月，云贵总督李经羲将之任，道出贵阳，密语巡抚庞鸿书[3]，黔有革命党周培艺、张百麟宜急捕治。鸿书持不可，国昌亦为辩护，其事乃寝。十一月，自治党发起国民捐会，党员陈永锡等演说激烈人心大动。署提法司王玉麟、署劝业道查秉钧，皆主拿办。国昌力持不干涉主义，巡抚卒听国昌。越明年庚午，提督徐印川，以事为《西南日报》所攻，怨自治党，伪造会匪飘［标］布，目为自治党革命确据，径呈陆军部。部仍咨行巡抚查办，亦赖国昌维持，得不兴大狱。当是时，贵州一般贵族富绅结合团体，命日宪政预备会，攀附保皇余孽，遇事倾陷民党。已而技不售，则集矢于国昌。其党人私语，皆曰：贺国昌，自治学社黑幕中党魁也。不去彼，吾侪势力万不能发展。未几，遂有贿买御史陈同善奏参之事。然国昌曾不因被

---

[1] 懋著：犹显著。

[2] 翕然：一致。

[3] 庞鸿书：字劬庵，号郦亭，江苏常熟人。清代刑部尚书庞钟璐的次子。清光绪六年（1880 年）中进士，改庶吉士，授翰林院编修。后迭署天津道按察使，升湖南按察使，晋布政使。清光绪三十三年（1907 年）任贵州巡抚。1911 年 5 月，因病免职，68 岁卒。

参，变易其节概。自治党员中如周培艺、钟昌祚、宁士谦、张泽锦等，皆在警界任事，并见亲信。张百麟、陈永锡、孙镜、朱焯、黄德铣等，亦时游其门，倾掬肝鬲，无有欺隐。故贵州反正之功，成于自治党；而自治党生存活动于专制政体之下，容扩张，使所抱宗旨，居然实现，则国昌平日调护之力。故国昌之功尤不可没也。（六）起义前后有何劳绩：当川路风潮起时，巡抚沈瑜庆拟添募军队，以资防范。国昌以财政支绌难之，议遂寝。及两湖警电狎至[1]，瑜庆益不信任新军，终日忧惧。国昌乘间以种族大义、党人势力，反复开陈。瑜庆虽执迷不悟，而其胆已丧。九月初旬，黔中盛传江苏反正，程德全自立为都督。一日国昌与瑜庆语及之，且曰：德全真人杰也。此间绅士陈永锡告我，亦希望大帅效德全。瑜庆不答，绕室疾走，终以其家世受满恩，不忍背叛。十三日夜间，陆军学校、新军皆已发动。瑜庆犹欲悬重赏陷防军，谋抵抗。国昌复以危词恐之，瑜庆乃手书承认宣布独立，钤用关防，送之咨议局。军政府成立，自治党员争挽留国昌，国昌辞。临别犹以贵州财政为虑，于练兵筹饷，惓惓不忘焉。

朱兴汾

（一）姓名：朱兴汾。（二）年岁：三十九岁。（三）籍贯：浙江海盐县。（四）现任职守：浙江都督府法律顾问官。（五）起义以前运动何种会党：（六）起义前后有何劳绩：兴汾以知府奉调来黔，筹办各级审判厅。自治党首领张百麟，亦供差筹办处。兴汾倚重百麟，事必与谋。百麟亦为之尽力。公立法政学堂者，自治党所创设，鼓吹革命者也。兴汾领该堂监督，故与党中强健分子，无不相洽者。党务进行或有障碍时，或反对者指索瘢垢相劫持时，兴汾维持调护，功不在贺国昌下。当湖南之光复也，党员张泽钧方以法官需次于湘，以一等急电告张百麟、谭璟，促黔省谋独立。电局总办潘某得之，大惊愕，将呈巡抚，以告兴汾。兴汾曰：党人势力极大，若必与犯难，恐家属无噍类矣。某乃止。党人虑事泄，谋益急。黄泽霖至为书譬晓新军标统袁义保。义保不为动，而请巡抚沈瑜庆查

---

[1] 狎至：接连而来。

办。兴汾与贺国昌力持之，得不究。军政府成立，兴汾任司法部部长。嗣以财政困难，各级审判厅进行中止，辞职返浙。

张泽钧

（一）姓名：张泽钧。（二）年岁：三十九岁。（三）籍贯：贵州贵阳府。（四）现任职守：湖北汉口地方审判厅民庭推事。（五）起义以前运动何种会党：泽钧肄业贵州法政学堂，与张百麟同志相亲善。丁未冬，日法、日俄两协约发表，瓜分警告，震动全国。泽钧乃偕百麟创办自治学社，艰难缔造，负积极责任。一切方略，百麟筹议，泽钧执行。尝只身匹马，尽历上游各郡县，所至遍谒其绅商学界，语以政乱国危，非结合团体，不能救亡。联络同志，执涂之人而强聒之，故所经之地，分社随以成立。党中经营事业，如报馆、学堂，泽钧无不力任其难。党势骎骎发达矣。己酉冬间，党议藉国民捐会筹款谋大举，事垂成而败。泽钧乃以西南代表名义，偕钟昌祚遨游北方，沟通民党消息，预备相机发难。（六）起义前后有何劳绩：辛亥秋间，泽钧归至京师，以法官需次湖南，与闻湘省光复事。以一等急电促黔本党谋独立。本党举龙昭灵赴湘，会商泽钧，中止援师之议，并督其速归。十月，泽钧至贵阳，任都督府顾问官，疏通阂隔，荐拔沈抚。赵德全甚倚重之。又佐黄泽霖整饬军纪，严办匪类。未几，东路防军变，戕泽霖，并围泽钧家，搜杀泽钧不得，枪毙其门人田某以去。财产悉被掠夺。黔人冤之。

张泽锦

（一）姓名：张泽锦。（三）年岁：三十五岁。（三）籍贯：贵州贵阳府。（四）现任职守：　（五）起义以前运动何种会党：泽锦，泽钧同怀弟也。当自治学社之初发生，即偕泽钧艰难缔造，分任劳怨，故为党史上重要人物。辛亥秋，川路风潮起，清吏大肆屠杀。泽锦义愤填膺，密与其友杨树青谋，将以咨议局开会日，刺杀巡抚沈瑜庆，而他党员以所号召哥老会响应举义。党议以各方面运动未成熟，骤行此策，太危险，禁毋躁。于是泽锦、树青专任接洽新军之责，联络同志姚国英、马登瀛等，分道进行。鄂湘光复，事机益顺手。泽锦天性豪迈，胸襟坦白，新军官佐一见，多乐与交亲。泽锦又介绍桂景沄于肖洪斌、艾树池等，酒食过从，乘间督促之，成功益速。（六）起义前后有何劳绩：当九月初间，新军全体已表同情于自治党，陆军学生亦有联合。唯风声传播，官吏防范甚严。两处所存子弹，或被收回，或以阅操耗尽，众无所为计。泽锦恐事败垂成，徬徨奔走，寝食皆废，密语其戚史瀛，将操白刃从事。瀛有友曰徐耀卿，曾充巡防哨官，因案系狱。其家藏有子弹，瀛乃与议购买。议定矣，又无所得资。时咨议局办事处有存款千金，泽锦谋于议长谭西庚等，共负责任，尽出以作子弹代价。交易既成，泽锦躬率杨穗芳、赵华轩等，往来搬运，迭被防军盘查，皆以巧饰得免。按新军、陆军学生人数平均分配，交蓝鑫、杨树青、廖谦等分起输送。十三日夜间，输送犹未竣事，而城门早闭，杨树青不得出。泽锦偕陈树桑缒出之，返至咨议局。时官绅相约，以十四日开自保会，推泽锦充庶务员。泽锦嗔目曰："今陆军学生、新军皆已持枪待发，巡抚欲秩序毋紊乱，径请宣布共和耳，何以自保为？"众纷纷散去。十二时，陆军学生、新军果皆已发动，巡抚沈瑜庆遣劝业道王玉麟诣咨议局询意旨。玉麟犹大言："官绅方协心谋自保，而暴徒敢倡乱，将调防军尽歼之！"泽锦呼曰："去专制而求自由，蹴异族而复仇雠。今日之事也，若满奴，末日已至，尚作威福耶？速扑杀此獠！"胡刚、陈树桑等和之，声震屋瓦。玉麟惶恐失色。谭西庚曰："张书记员热度高，状类发狂。虽然，此代表今日一般民意也。公爱和平者，速归报沈公，一言而决。"玉麟去复来，赍沈瑜庆手书至，承认宣布共和。泽锦又偕陈树桑驰奔大兴寺，通告该处驻扎防军，使助开城门纳新军。军政府成立，黄泽霖统领巡防绿练各营，泽锦任军需官。旋至镇远，经理北伐军兵站。故当泽霖被戕时，得免于难，然财产悉被掠夺，其家因革命毁矣。

彭景祥

（一）姓名：彭景祥。（二）年岁：二十岁。（三）籍贯：贵州大定府。（四）现任职守：（五）起义以前运动何种会党：景祥，自治学社党员。与陈永锡、张百麟、简书数辈友善，同抱革命宗旨。辛亥春间，新军队官赵德全、陈启顺、鄢元发、蓝鑫等，更番驻扎大定，督铲烟苗。景祥蓄意联络之，与约为昆弟。抵省后过从益密。德全等皆鄂人。武汉起义，陈永锡嘱景祥访德全等，纵论湖北关系，侦其意向。德全等颇以不与故乡盛举为憾。景祥知其可动，乃邀德全等莅陈永锡寓所，共谋响应。启顺虑标统袁义保为梗，德全则主张从运动下级军官入手，景祥亦告以民党计划及其声势。德全等知有外援，气益壮，亟归营，分头部署。景祥日周旋于民党与新军之间，传达消息。九月十一日，德全、启顺报告，官长目兵，均已跃跃欲试；袁义保亦有转圜意，期与张百麟面议。景祥乃介绍百麟、义保相见。义保提出条件：一财政，二军事，三报酬。百麟一一敷陈方略，订约而散。景祥念义保素谲诈，不可信，益催促进行。十二日午后，蓝鑫来告曰："营中稍有子弹，已被沈抚阅操耗尽，赤手安能举事，今且为奈何？"景祥乃引鑫诣张泽锦，得所购子弹，密运回营。夜中，德全、启顺复来言，子弹不敷分布。景祥又与黄泽霖谋，私启南药局，窃六箱予之。各方面运动成熟，由陈永锡决定，新军以十四日午前六时入城。而十三日午后七时，城门已严闭，景祥乃偕新军排长李盛周、安维新，司书生吉兆明等，潜伺暗陬，侦察动静。风雨露立，不移尺寸，其艰苦如此。（六）起义前后有何劳绩：十三日夜半，喧传巡抚沈瑜庆调巡防队攻围陆军学校，景祥亟偕李盛周等缒城求救于新军。至则其事已解。黎明，景祥遂率新军决死队，首先入次南门。事定后，景祥任民政部总务科科长，佐陈永锡整顿警务，维持公安，坚苦卓绝，一时无与为比。

陈守廉

（一）姓名：陈守廉。（二）年岁：三十二岁。（三）籍贯：贵州贵阳府。（四）现任职守：（五）起义以前运动何种会党：守廉与张百麟等发起自治学社，于党务奔走甚力，凡自治党所经营事业，无不力负责任。川路风潮起，受张百麟、黄泽霖命令，号召哥老会五百人，以兵法部勒之，听候指挥，共图光复。（六）起义前后有何劳绩：新军入城，守廉部下分守军械局，事定后编为新巡防南路先锋队，守廉为分统，从枢密院长张百麟巡视上游，弹压土匪，开导夷民，纪律严明，民间称诵。旋东路巡防队叛乱，围攻百麟私宅，守廉拥百麟出走，解散所部于广西泗城府。饥疲逃亡之余，守廉能以义使众，整肃不扰如平日。

人皆服其有将才云。

文崇高

（一）姓名：文崇高。（二）年岁：三十四岁。（三）籍贯：四川秀山县。（四）现任职守：陆军部科员、陆军上校加少将衔。（五）起义以前运动何种会党：初，贵阳张铭为贵州先觉者，崇高尝与铭游，饫闻绪论，亦笃信改革之必要。丙午萍醴之役，铭谋号召哥老，崛起西南。以崇高曾习武备，故军事编制悉委焉。事泄，铭出亡。崇高时充巡防队哨官，亦不安于位，请咨入北洋陆军速成学堂。复与北方革命党刘汝贤、王文山等接洽。毕业归黔，再充陆军步队一标二营督队官。武汉起义，与教练官杨荩诚有所计划。嗣知赵德全等已着手运动，益倾心联络，为之助力。（六）起义前后有何劳绩：新军入城，崇高升任参谋长，部署一切。都督杨荩诚深倚赖之。旋派充中央政府会议军事代表，偕平刚赴南京。

周显谟

（一）姓名：周显谟。（二）年岁：十八岁。（三）籍贯：湖南。（四）现任职守：（五）起义以前运动何种会党：显谟肄业公立法政学堂，习闻革命宗旨。年少英敏，见义勇为。巡抚卫队多湘产，与显谟同乡里，素相亲善。自治党员谭璟方运动卫队，队官邹棍湖等犹豫未有所决。一日，显谟径入其堂，登木几，演说革命之必要，众皆大惊，已又大服。洎接滇电，遂决议全体反正。九月十三日午后十时，传闻卫队仍听巡抚命令，显谟亟偕谭璟入抚署，出匕首，尽去卫队肩章，并监视卫队拆卸野战炮机械。巡抚失所恃，遂屈服。（六）起义前后有何劳绩：军政府成立，显谟任枢密院秘书，兼都督府副官，屡次调和军界暗潮，深资得力。

邹棍湖

（一）姓名：邹棍湖。（二）年岁：（三）籍贯：湖南湘乡县。（四）现任职守：（五）起义以前运动何种会党：棍湖充巡抚卫队队官，与自治党员谭璟、周显谟接洽，偕排长陈祥年密谋，运动本队目兵，力图光复。（六）起义前后有何劳绩：军政府成立，棍湖从枢密院长张百麟率兵巡视上游，弹压土匪，开导夷民，颇著勤劳。

艾树池

（一）姓名：艾树池。（二）年岁：二十六岁。（三）籍贯：贵州石阡府。（四）现任职守：（五）起义以前运动何种会党：树池充贵州陆军步兵一标二营司务长。有大志，素与自治学社社员谭璟、杨应麟、杨穗芳数辈友善。川鄂事起，树池拊髀[1]雀跃，具以所蕲目的告璟等。璟等亦坦怀相示，且举自治党进行方法，互相印证。树池因益与赵德全、叶占标、文崇高等相联络，运动各营目兵；力图光复。（六）起义前后有何劳绩：新军入城，树池被推为前卫司令，分兵守军械局、藩库及英、法各国教堂。军政府成立，超擢管带，率所部赴黎平、古州一带，防御洪匪。

陈祥年

（一）姓名：陈祥年。（二）年岁：（三）籍贯：湖南湘乡县。（四）现任职守：（五）起义以前运动何种会党：祥年充巡抚卫队二排排长，与自治党员谭璟、周显谟接洽，偕队官邹椳湖密谋，运动本队目兵，力图光复。（六）起义前后有何劳绩：军政府成立，祥年从枢密院长张百麟率师巡视上游，弹压土匪，开导夷民，颇著勤劳。

杨穗芳

（一）姓名：杨穗芳。（二）年岁：（三）籍贯：贵州。（四）现任职守：（五）起义以前运动何种会党：穗芳任《西南日报》校对员，介绍其友新军司务员艾树池于谭璟，密图光复。穗芳常往来营中，传达消息。（六）起义前后有何劳绩：张泽锦在徐耀卿处购获子弹，穗芳帮同搬运，迭被防军盘查，均巧饰得免。

李立鉴

（一）姓名：李立鉴。（二）年岁：（三）籍贯：贵州开州。（四）现任职守：（五）起义以前运动何种会党：立鉴，自治社党员。川路风潮起，受张百麟、黄泽霖命令，号召哥老会，以兵法部勒之，听

[1] 拊髀：以手拍股，表示激动、赞赏等心情。

候指挥，共图光复。事定后编所部为新巡防北路先锋队。

谭德骥

（一）姓名：谭德骥。（二）年岁：（三）籍贯：贵州平越州。（四）现任职守：（五）起义以前运动何种会党：德骥，自治学社党员。曾充清巡防营管带。川路风潮起，受张百麟、黄泽霖命令，号召散卒及哥老会，以兵法部勒之，听候指挥，共图光复。（六）起义前后有何劳绩：新军入城，德骥分守军械局，事定后编所部为新巡防东路先锋队，德骥为分统。平越兵变，德骥驰往抚定之，唯不戢部曲，沿途恣为淫掠，抵省闻黄泽霖将按治其罪，震恐不自安。刘显世遂嗾德骥队官唐灿章作乱，刺杀泽霖。德骥不能讨，且亟归诚显世，骥保全禄位焉。

黎克荣

（一）姓名：黎克荣。（二）年岁：（三）籍贯：贵州。（四）现任职守：（五）起义以前运动何种会党：克荣初从张铭游，醉心革命主义。丙午萍醴之役，铭谋响应，克荣号召哥老，与铭期会于修文。事泄，铭被捕逃亡；克荣亦深自韬匿。后审自治学社纲领纯洁，乃加入同盟。川路风潮起，受张百麟、黄泽霖命令，仍号召哥老会，以兵法部勒之，听候指挥，共图光复。事定后编所部为新巡防中路先锋队。

吴　冠

（一）姓名：吴冠。（二）年岁：（三）籍贯：贵州。（四）现任职守：（五）起义以前运动何种会党：冠初从张铭游，醉心革命主义。丙午萍醴之役，铭谋响应，冠号召哥考会，与铭期会于修文。事泄，铭被捕逃亡，冠亦深自韬匿。后审自治学社宗旨纯洁，乃加入同盟。川路风潮起，受张百麟、黄泽霖命令，仍号召哥老会，以兵法部勒之，听候指挥，力图光复。事定后编所部为新巡防中路先锋队。

孔　鹏

（一）姓名：孔鹏。（二）年岁：（三）籍贯：贵州贵阳府。（四）现任职守：（五）起义以前运动何种会党：鹏，自治学社党员。川路风潮起，受张百麟、黄泽霖命令，号召哥老会，以兵法部勒之，听候指挥，力图光复。事定后编所部为新巡防西路先锋队。

刘鲁香

（一）姓名：刘鲁香。（二）年岁：（三）籍贯：贵州盘州厅[1]。（四）现任职守：（五）起义以前运动何种会党：鲁香，自治学社党员。奉张百麟、黄泽霖命令，号召哥老会五百人，自署“铁血军”，声言有众数千，将以九月十五日入城。城中汹惧，绅界之和平派，亦恐扰乱秩序，主张从速反正。鲁香有间接促成之力焉。（六）起义前后有何劳绩：新军入城，编鲁香所部为第三标第三营，随杨荩诚北伐，鲁香派充兵站队长，沿途护送子弹枪械，未尝有失。

杨　植

（一）姓名：杨植。（二）年岁：三十岁。（三）籍贯：贵州贵阳府。（四）现任职守：（五）起义以前运动何种会党：植，自治学社党员，前武备学堂毕业生。与陆军学生多接近，周旋于民党与陆军学生之间，传达消息。（六）起义前后有何劳绩：自治党本部所拟条教、号令、告示、预由植等秘密缮写，故一经宣布独立，条理井然。

黄理中

（一）姓名：黄理中。（二）年岁：三十五岁。（三）籍贯：贵州清镇县。（四）现任职守：（五）起义以前运动何种会党：理中，自治学社党员。与陆军学生接近，周旋于民党与学生之间，传达消息。（六）起义前后有何劳绩：自治党本部所拟条教、号令、告示，预由理中等秘密缮写，故一经宣告独立，条理井然。

王肇西

（一）姓名：王肇西。（二）年岁：四十三岁。（三）籍贯：贵州安顺府。（四）现任职守：（五）起义以前运动何种会党：肇西充达德学校教员，结合达德、时敏两校学生，组织“务本团”，运动革命。

黄　涛

（一）姓名：黄涛。（二）年岁：二十二岁。（三）籍贯：湖南浏阳县。（四）现任职守：（五）起义以前运动何种会党：涛，自治学社

---

[1] 盘州厅：今贵州省盘州市。

党员，又偕杨昌铭发起宪友会，联络奔走，在事出力。（六）起义前后有何劳绩：涛初为贵州电报局学生，每泄政界要电于《西南日报》。总办假他事黜之。然涛故与诸同志友善，所有要电，仍得探悉无遗。自武汉起义后，取缔电报益严，各处公私往还电文必送内检，稍涉嫌疑，即压搁不发。而自治党消息，不因之梗阻，涛之力为多。军政府成立，涛充电报局局长。在职勤敏，事无废延。

杨应麟

（一）姓名：杨应麟。（二）年岁：三十九岁。（三）籍贯：贵州天柱县。（四）现任职守：　（五）起义以前运动何种会党：应麟，自治学社党员，曾在下游创办分社，鼓吹革命，嗣被选为咨议局议员。川路风潮起，本部大计划已定。应麟素善新军司务长艾树池，因联络树池，使运动新军。又往说巡防队管带和继圣，使勿反抗新军，共表同情。（六）起义前后有何劳绩：光复前数日，新军、陆军学生虽已表同情于自治党，而子弹缺乏，赤手无所为计。时咨议局办事处有存款千金，应麟与议长谭西庚、副议长朱焯、会计员宁建候等，共负责任，尽出以购买子弹。九月十三日午后十二时，陆军学生、新军已在城外发动，巡抚沈瑜庆遣劝业道王玉麟诣咨议局。玉麟犹大言：将调巡防队尽歼暴乱者。应麟以正义折［斥］之。玉麟归报瑜庆，始承认由咨议局宣布独立。应麟后以军政府委任，出守黎平府，所属永从、丙妹[1]皆陷于洪匪。应麟在职数月，次第收复。（七）建议事件：当川祸剧烈时，邮电阻绝，应麟主张由黔局代为布告天下，以伸公愤。又建议欲谋独立，必籍外援，商诸同志。公举陈永锡、龙昭灵赴湘鄂联络。永锡因本部事机正急，不果行。昭灵行抵镇远，而省城反正。

龙昭灵

（一）姓名：龙昭灵。（二）年岁：三十三岁。（三）籍贯：贵州天柱县。（四）现任职守：　（五）起义以前运动何种会党：昭灵，自治学社党员。曾在下游创办分社，鼓吹革命。嗣被选为咨议局议员。川路风潮起，

---

[1] 永从、丙妹：清代设永从县（今贵州省从江县），隶有丙妹县丞。

本部大计划已定，公举昭灵赴湖南，会商张泽钧，担任乞援事。昭灵投袂即行，不稍留滞。比抵镇运，省城已反正，昭灵乃归天柱，联合各界，即日响应省城。

黄德铣

（一）姓名：黄德铣。（二）年岁：三十九岁。（三）籍贯：贵州贵筑县。（四）现任职守：（五）起义以前运动何种会党：（六）起义前后有何劳绩：德铣，自治学社党员。充劝业公所工商科科长，侦察官厅消息，闻反对党首领任可澄将进充兵备处文案，于本党计划为根本之破坏。亟偕陈永锡走说当道，怵以危词，取消其委任。黄泽霖以书说新军标统袁义保，义保以示护劝业道文瀛，嘱呈巡抚查办。德铣极力阻止。事机急迫，劝业道王玉麟拟乘不备捕杀倡首诸人。德铣复游说以缓其谋。军政府成立，被推为实业部长。时各司道卫队无主鼓噪，德铣设法抚慰之，且资其力守护各局库。又捐局存款八千余百金、道库六万余千金。陈列所、试验场、牧畜场、工艺局等处物品、牲畜、器具、房屋亦二万余千金，均极力为保全。（七）建议事件：自治党本部原议以九月一日咨议局开会，清吏莅局，乘势劫之，胁其反正。时新军意向游移，巡防势极慓悍，轻于发难，危险殊甚。德铣力主迟日举事。而部署进行方法，务极周密。故反正之时，兵不血刃，良由运动成熟之效也。

彭述文

（一）姓名：彭述文。（二）年岁：四十二岁。（三）籍贯：贵州贵阳府。（四）现任职守：（五）起义以前运动何种会党：（六）起义前后有何劳绩：辛亥九月朔，述文自中央教育会归黔，闻湖北起义，走告平刚曰：时机至矣！时述文同志陈永锡已遣彭景祥与新军队官陈启顺、赵德全等有所谋划，因约初八日会于陈永锡室。述文议曰：各省如伯兄仲兄，贵州为季弟[1]。为贵州计，与其动，宁静。虽然，以贵州而能继两湖后起革命军，余省自争先，功可指日成。倘咸怀观望，两湖其何以支；两湖不支，则欲脱吾族奴隶之籍，尚有一日哉？众叹服，进行

[1] 季弟：最小的弟弟。

益亟。十三日，反对革命派首领郭重光、任可澄等与官厅联合，主张设自保会。巡抚用人行政之权公于大众，人心颇为所惑。述文奔走各处，悉力破坏之。又使余衡钟走告新军曰：“官厅藉自保为缓兵之计，而别以密电速刘显世入省，公等慎之，毋为人鱼肉也！”新军闻之，果大愤恚，决以十四日黎明入城。初，述文当庚子后，即在贵州提倡革命。科学会、乐群学堂皆其手创，以结合同志，陶铸后进者也。前后七八年，宗旨不稍变异。尝任官立高等小学堂教员、农林学堂教员，皆以激进被斥。提学司陈荣昌至，大索学生课本，将搜查证据，以入其罪，得解乃已。朋辈中与述文亲善者，曰张铭、平刚、胡肇安、陈永锡、漆运钧、彭景祥、简书，皆以奔走革命著称当世。而乐群学生如张先培、程毅、鲁士光、匡黄、吴积诚等，或以暗杀，或以战功，皆有所表见于民。观其师友之际，益可立述文之为人矣。军政府成立，述文任枢密院交通股事，调和军界之功为多。后以三月期满辞职。

余衡钟

（一）姓名：余衡钟。（二）年岁：（三）籍贯：贵州龙里县。（四）现任职守：（五）起义以前运动何种会党：（六）起义前后有何劳绩：衡钟任乐群学堂教员，关于自治党与新军之联合，颇与闻密议。九月十三日，官厅承认绅界之要求，拟设自保会，革命机势为之一挫。衡钟受彭述文方略，往激新军，促其举事。遂以十四日光复贵州省城。后随杨荩诚北伐。

张绍铭

（一）姓名：张绍铭。（二）年岁：四十一岁。（三）籍贯：贵州贵筑县。（四）现任职守：（五）起义以前运动何种会党：绍铭，自治学社党员。川路风潮起，本党计划已定，绍铭乃介绍其门人新军炮队正目杨树青入党，俾与张泽锦接洽。时绍铭与泽锦同为咨议局书记员，开会期间，事务蝟集，绍铭独任其劳，不以扰泽锦，俾得一意进行；又尝以暇日组织贵筑九区联合会，部勒各乡团丁，为自社党后援。（六）起义前后有何劳绩：起义时张泽锦购得子弹，分藏绍铭宅中。军政府成立，绍铭出任石阡府知事，平治盗匪，保持公安，郡人不见兵革，记其为军政时代焉。

陈元栋

（一）姓名：陈元栋。（二）年岁：四十一岁。（三）籍贯：贵州镇宁州。（四）现任职守：　（五）起义以前运动何种会党：元栋以辛亥秋间发起宪政实进会黔支部。一时入会者甚形踊跃，党务极为发达。元栋，自治党员，与自治党互相提携，一致进行。凡自治党有所运动，宪政实进会诸人皆从各方面助力，故成功益速焉。（六）起义前后有何劳绩：军政府成立，元栋任枢密院财政股事。时方议缓征丁粮厘税，以示宽大。元栋曰："令兵额骤增，财源日竭，而乃骛虚名，市小惠，一旦兵队哗变，人民感受之痛苦，比于输纳正供，奚啻百倍。"众服其知大体。于改革盐务，主张破坏引地，自由贸易，俾民间永无食贵之虞。在职三月，期满辞职。

杨昌铭

（一）姓名：杨昌铭。（二）年岁：四十一岁。（三）籍贯：贵州贵阳府。（四）现任职守：　（五）起义以前运动何种会党：昌铭以辛亥秋间发起宪友会黔支部。一时入会者甚形踊跃，党务极为发达。昌铭，自治党员，与自治党互相提携，一致进行。凡自治党有所运动，宪友会诸人，皆从各方面助力。故成功益速焉。（六）起义前后有何劳绩：昌铭居宅密迩张百麟，时相遇从，临时禁约，多所参预。九月十二日，昌铭借蔡岳、乐嘉藻、周培艺、陈永锡、张百麟、朱焯等冒死入巡抚署，劝告沈瑜庆从众意反正。十三日午后十二时，在咨议局偕谭西庚、张百麟等部署宣告独立一切手续。十四日黎明，军政府成立，昌铭任枢密院民政股事，出为铜仁府知事。

史　瀛

（一）姓名：史瀛。（二）年岁：二十八岁。（三）籍贯：贵州贵阳府。（四）现任职守：　（五）起义以前运动何种会党：　（六）起义前后有何劳绩：当起义前一周间，各界运动已成熟。自治学社、陆军学校、新军三部分有联合。风声传播，官吏防范甚严。陆军学校子弹，悉数收回；新军所储，亦以阅操耗尽。众无所为计。张泽锦者，瀛中表兄也，谋于瀛曰："今事机日急，革命死，不革命亦死。吾侪操白刃从事耳。"瀛知其友徐耀卿家藏有子弹，锐然自任。时耀卿方系狱，其妻念子弹禁物，固不承。瀛舌敝唇焦，百计游说，往返奔走，至于数日，始以重金购得子弹千五百粒，以五百枚接济陆军学校，以千枚接济新军。九月十三日夜间，清吏闻变，不测子弹所自来，又不知其确数，惶恐让步。光复事业，遂以告成。

曹廷辅

（一）姓名：曹廷辅。（二）年岁：（三）籍贯：（四）现任职守：（五）起义以前运动何种会党：廷辅充贵州陆军炮队排长，受赵德全命令，运动各营目兵，力图光复。

邝龙俊

（一）姓名：邝龙俊。（二）年岁： （三）籍贯：四川。（四）现任职守： （五）起义以前运动何种会党：龙俊充贵州陆军学校领员。该校学生之密谋光复也，龙俊力赞助之，又代表学生，与自治学社、新军接洽，通筹全局，为一致之行动。（六）起义前后有何劳绩：九月十四日黎明，龙俊率学生会合新军入次南门，以一部守卫藩库官钱局，以一部分任弹压，守城五六夜不倦。后升任陆军学校提调。滇军据黔后去职。

廖　谦

（一）姓名：廖谦。（二）年岁： （三）籍贯：四川成都府。（四）现任职守： （五）起义以前运动何种会党：谦，自治学社党员，任教陆军学校。该校学生之密谋光复也，谦力赞助之。又代表学生，与自治学社、新军接洽，通筹全局，为一致之行动。（六）起义前后有何劳绩：谦于联络奔走外，佐张百麟编制临时军政府条令，预定作战计划，又尝以其私宅作秘密会议之所。桓桓之士，时往来其家，颇为官厅所注目。军政府成立，谦任军政部长、陆军学校教务长。滇军据黔后去职。

周凤文

（一）姓名：周凤文。（二）年岁：三十二岁。（三）籍贯：贵州龙里县。（四）现任职守：（五）起义以前运动何种会党：凤文，自治学社党员。本省武备学堂、北洋陆军学堂毕业生。川路风潮起，奉本部命令，以同学关系，鼓吹军界中人，急谋发难。（六）起义前后有何劳绩：凤文于联络奔走外，佐张百麟编制临时军政府条令，预定作战计划。军政府成立，任都督府一等参谋官。关于省内调遣及援川军一切部署，深资其力。滇军据黔后去职。

王炳奎

（一）姓名：王炳奎。（二）年岁：二十八岁。（三）籍贯：（四）现任职守：（五）起义以前运动何种会党：炳奎，自治学社党员。本省武备学堂、北洋陆军速成学堂毕业生。川路风潮起，奉本部命令，以同学关系，鼓吹军界中人，急谋发难。（六）起义前后有何劳绩：炳奎于联络奔走外，佐张百麟编制临时军政府条令，预定作战计划，又尝以其私宅作秘密会议之所。军政府成立，炳奎任军政部副长，助廖谦办理一切。滇军据黔后去职。

黄祺元

（一）姓名：黄祺元。（二）年岁：二十五岁。（三）籍贯：贵州独山州。（四）现任职守：（五）起义以前运动何种会党：祺元初从张铭游，醉心革命主义。丙午萍醴之役，铭谋响应，祺元与供奔走。事泄，铭被捕逃亡，祺元亦遁北洋。毕业陆军速成学堂，归黔后加入自治党。川路风潮起，奉本部命令，鼓吹军界中人，急谋发难。（六）起义前后有何劳绩：祺元于联络奔走外，佐张百麟编制临时军政府条令，预定作战计划。军政府成立，任都督府参谋官，后改援川黔军统领总参谋，未成行。黄泽霖被戕后去职。

赵华轩

（一）姓名：赵华轩。（二）年岁：（三）籍贯：贵州。（四）现任职守：（五）起义以前运动何种会党：（六）起义前后有何劳绩：华轩，自治学社党员。奉本部命令，在事出力。张泽锦向徐耀卿家购获子弹，华轩帮同搬运，迭遇防军盘查，均以巧饰得免。

宁建侯

（一）姓名：宁建侯。（二）年岁：二十九岁。（三）籍贯：贵州毕节县。（四）现任职守：（五）起义以前运动何种会党：（六）起义前后有何劳绩：建侯肄业贵州法政学堂，与张百麟同发起自治学社，艰难缔造，凡党中经营事业，建侯无不与闻。川路风潮起，本部大计划已定，着手运动。两湖捷音继至，陆军学校、新军，皆与自治党一致进行。机会濒熟矣，独子弹缺乏，不敢轻举。张泽锦向已革哨官徐耀卿家密议购买，已有成说，而款无从出。建侯时任咨议局会计员，愿力负责任，出所有存款，供给活动。议长谭西庚、副议长朱焯、议员杨应麟等，皆同心主持。子弹既得，利益复为我有。公同决议，新军以九月十四日入城，光复大业，遂以告成。

桂景沄

（一）姓名：桂景沄。（二）年岁：二十三岁。（三）籍贯：贵州贵筑县。（四）现任职守：（五）起义以前运动何种会党：景沄肄业公立法政学堂，习闻革命宗旨。川路风潮起，自治党计划已定，各方面着手运动。景沄偕张泽锦、杨树青接洽新军官佐肖洪斌、艾树池等，与约为昆弟，酒食联欢，过从无虚日，伺隙则以义声耸劝之。洪斌等进行益亟。时党中经费缺乏，事机常虞阻滞。景沄多方筹划，助以数百金，党务遂得以发展，不旬日而成光复之功焉。（六）起义前后有何劳绩：景沄家临通衢，院宇深沉。九月以后，张百麟等居宅，皆为官厅所注目。党人秘密会议地点，暗移至景沄后院。景沄以前院宴集女宾，多置留声机等娱乐之具，以掩饰耳目，故人不知觉。本部所拟条教、号令、告示，多在其家缮写。十四日黎明，偕黄泽霖等开城纳新军。军政府成立，充枢密院秘书员。军界时有龃龉，景沄常任调和，杯酒释猜疑，武人多乐与交亲。

冷用民

（一）姓名：冷用民。（二）年岁：二十三岁。（三）籍贯：贵州贵筑县。（四）现任职守：（五）起义以前运动何种会党：用民肄业公立法政学堂，习闻革命宗旨。川路风潮起，自治党计划已定，各方面着手运动。桂景沄接洽新军，用民常左右之，在事奔走甚力。（六）起义前后有何劳绩：九月十四日黎明，用民偕黄泽霖等开城纳新军。军政府成立，充枢密院秘书员，稽核文牍，勤于职务。

肖朗生

（一）姓名：肖朗生。（二）年岁：二十九岁。（三）籍贯：贵州镇远府。（四）现任职守：（五）起义以前运动何种会党：朗生，自治学社党员。通苗族语言。辛亥九月、党人谋起义军，响应两湖。新军、陆军学校已表同情。时巡抚沈瑜庆亦疑新军，拔用胡锦棠为分统，和继圣为管带，饬募巡防队，防范革命党。继圣故苗族，以骁勇善战著称。其所部虽限十五日成军，而壁垒已焕然一新。民党畏之。张百麟使朗生往说继圣，以利害反复开导。继圣为之动容，遂持中立态度，不肯为沈瑜庆尽力。

涂宝煌

（一）姓名：涂宝煌。（二）年岁：（三）籍贯：贵州安顺府。（四）现任职守：（五）起义以前运动何种会党：宝煌，自治学社党员。又偕陈元栋发起宪政实进会。辛亥九月，党人谋起义军，响应两湖。新军、陆军学校皆表同情。时巡抚沈瑜庆亦疑新军，拔用胡锦棠为分统，饬募巡防队，防范革命党。锦棠久历戎行，数与粤西游勇搏战，号为慓悍。其所部虽限十五日成军，而壁垒已焕然一新。民党畏之，公议谁能往疏通锦棠者。宝煌前曾为锦棠幕客，因锐然自任。锦棠五十无子，宝煌以切身利害动之。锦棠默然，遂持中立态度，不肯为沈瑜庆尽力。（六）起义前后有何劳绩：军政府成立，宝煌任民政部副长，佐陈永锡办理巡警，督催禁烟及自治各事宜，后随张百麟巡视上游。

肖懋林

（一）姓名：肖懋林。（二）年岁：二十五岁。（三）籍贯：贵州贵阳府。（四）现任职守：（五）起义以前运动何种会党：懋林，自治学社党员。奉张百麟、黄泽霖命令，联络奔走，在事出力。（六）起义前后有何劳绩：自治党本部所拟条教、号令、告示，预由懋林等秘密缮写，故一经宣布独立，条理井然。

张岳崧

（一）姓名：张岳崧。（二）年岁：四十六岁。（三）籍贯：贵州贵阳府。（四）现任职守：（五）起义以前运动何种会党：岳崧，自治学社党员。奉张百麟、黄泽霖命令，联络奔走，在事出力。（六）起义前后有何劳绩：自治党本部所拟条教、号令、告示，预由岳崧等缮写。军政府成立，充枢密院秘书员，后出任平越州知事。平越遭兵变后，百物荡尽。岳崧召集流亡，抚恤难民，政声为一时冠。

冉仲岑

（一）姓名：冉仲岑。（二）年岁：二十一岁。（三）籍贯：贵州遵义府[1]。（四）现任职守：（五）起义以前运动何种会党：仲岑，自治学社党员。奉张百麟、黄泽霖命令，联络奔走，在事出力。（六）起义前后有何劳绩：自治党本部所拟条教、号令、告示，预由仲岑等秘密缮写，故一经宣布，条理井然。

胡星五

（一）姓名：胡星五。（二）年岁：二十岁。（三）籍贯：贵州定番州[2]。（四）现任职守：（五）起义以前运动何种会党：星五，自治学社党员。奉张百麟、黄泽霖命令，联络奔走，在事出力。（六）起义前后有何劳绩：自治党本部所拟条教、号令、告示，预由星五等缮写。军政府成立，充枢密院速记员，并侦察军界各方面举动，随时报告。

关　森

（一）姓名：关森。（二）年岁：四十五岁。（三）籍贯：贵州镇宁州。（四）现任职守：（五）起义以前运动何种会党：初，贵州之改编巡防军也，就地形上分为五路。中路统领，常以抚标参将兼之，而东、西、南、北四路之请领月饷，亦恒由中路转达。森充该署文案凡十余年，故与巡防将领，无不相习者。辛亥九月，自治党谋光复，与新军、陆军学校已有联合，虑防军为梗，森因力说统领宋绍武，以利害反复开陈，绍武允守中立，不为巡抚沈瑜庆尽力。（六）起义前后有何劳绩：军政府成立，黄泽霖任巡防绿练各营统领，森充参谋，赞划一切，颇有条理。除以官文书通告各路防军反正外，森又自为私函，晓以顺

[1] 遵义府：今遵义市红花岗区。清末、民国时期称遵义府、遵义县。

[2] 定番州：今贵州省黔南州惠水县。

逆，以故各路防军，无抗颜行者。虽慑于大势，森亦与有力焉。

胡书年

（一）姓名：胡书年。（二）年岁：三十一岁。（三）籍贯：浙江。（四）现任职守：（五）起义以前运动何种会党：书年，自治学社党员。奉张百麟、黄泽霖命令，联络奔走，在事出力。（六）起义前后有何劳绩：自治党本部所拟条教、号令、告示，预由书年等缮写。军政府成立。充枢密院秘书员，勤于职务，院中甚倚重之。

胡　刚

（一）姓名：胡刚。（二）年岁：二十五岁。（三）籍贯：贵州贞丰州。（四）现任职守：（五）起义以前运动何种会党：刚，自治学社党员。云南陆军讲武堂毕业生，素富革命思想。辛亥秋间，党人谋光复，军界各方面均已着手运动。新军之一部分曰征兵营，另驻武侯祠，多数由沈瑜庆调赴四川，存营者仅百数十名。刚与排长姜瑞熊，故同志相亲善，两人协力运动，阖营皆表同情。（六）起义前后有何劳绩：九月十三日夜间，陆军学生、新军已在城外发动。巡抚沈瑜庆遣劝业道王玉麟诣咨议局，玉麟犹大言，将调巡防队尽歼暴乱者。刚与张泽锦、陈树燊等奋呼：“速捕杀此獠！”谭西庚、杨应麟为解。玉麟丧胆，归报瑜庆，亟承认宣布共和。军政府成立，刚任队官，后擢管带，驰赴思南府[1]弹压土匪。

姜瑞熊

（一）姓名：姜瑞熊。（二）年岁：二十九岁。（三）籍贯：贵州贞丰州。（四）现任职守：（五）起义以前运动何种会党：瑞熊，自治学社党员。将弁学堂毕业生，充新军征兵营排长。辛亥秋间，党人谋光复，瑞熊与同志胡刚等，运动存营兵士百余名，悉数反正。（六）起义前后有何劳绩：军政府成立，瑞熊充参谋副长，佐文崇高部署一切。后率兵巡视南路，弹压土匪。

刘玉泰

（一）姓名：刘玉泰。（二）年岁：二十三岁。（三）籍贯：湖

[1] 思南府：今贵州省铜仁市思南县。

南。（四）现任职守：（五）起义以前运动何种会党：玉泰充新兵营司务长，帮同胡刚、姜瑞熊等，运动存营兵士，悉数反正。（六）起义前后有何劳绩：军政府成立，玉泰拔充队官，随胡刚赴思南府，弹压土匪。

陈树桬

（一）姓名：陈树桬。（二）年岁：二十八岁。（三）籍贯：贵州龙里县。（四）现任职守：（五）起义以前运动何种会党：树桬，自治学社党员。奉张百麟命令，联络资治学堂学生、司法警察及中路巡防营督带罗紫衔等，奔走甚力。（六）起义前后有何劳绩：九月十三日夜间，城门早闭，杨树青怀挟子弹不得出，树桬偕张泽锦等冒险缒送树青出城。十二时，返至咨议局。时陆军学生、新军已先后发动，巡抚沈瑜庆遣劝业道王玉麟诣局询意旨。玉麟犹大言：将调巡防队尽歼暴乱者。树桬与张泽锦、胡刚等奋呼："速扑杀此獠！"谭西庚、杨应麟为解之。玉麟丧胆，归报瑜庆，亟承认宣布共和。树桬又偕张泽锦驰赴大兴寺，通告该处驻扎防军，使助开城门。十四日新军入城，树桬指挥学生队，保护各行政公署。

韦国政

（一）姓名：韦国政。（二）年岁：二十三岁。（三）籍贯：贵州贵定县（四）现任职守：（五）起义以前运动何种会党：国政，公立法政学生，奉张百麟命令，偕刘鲁香号召哥老会，奔走出力。（六）起义前后有何劳绩：九月十三日夜间，国政偕张泽锦、陈树桬等，缒杨树青出城，输送子弹回营。追清吏承认共和后，同驰赴大兴寺，通告防军，助开城门，以纳新军。

邹师采

（一）姓名：邹师采。（二）年岁：二十二岁。（三）籍贯：江西。（四）现任职守：（五）起义以前运动何种会党：师采，公立法政学生。习闻革命宗旨。奉张百麟命令，联络高等巡警学堂、农林学堂学生，在事出力。（六）起义前后有何劳绩：自治党本部制备旗帜，由师采等输送新军、陆军学校。军政府成立，充枢密院秘书员，稽核文牍，勤于职务。

黄如海

（一）姓名：黄如海。（二）年岁：二十三岁。（三）籍贯：贵州铜仁府。（四）现任职守：　（五）起义以前运动何种会党：如海，公立法政学生。习闻革命宗旨。奉张百麟命令，联络体操专修科学生，在事出力。（六）起义前后有何劳绩：自治党本部制备旗帜，由如海等输送新军、陆军学校。军政府成立，充枢密院秘书员。稽核文牍，勤于职务。

伍　英

（一）姓名：伍英。（二）年岁：二十四岁。（三）籍贯：贵州安平县。（四）现任职守：　（五）起义以前运动何种会党：英，公立法政学生。习闻革命宗旨。奉张百麟命令，联络公立中学学生，在事出力。（六）起义前后有何劳绩：自治党本部制备旗帜，由英等输送新军、陆军学校。军政府成立，充民政部参议，佐陈永锡办理巡警，督催禁烟及自治各事宜。

范元卿

（一）姓名：范元卿。（二）年岁：三十五岁。（三）籍贯：贵州余庆县。（四）现任职守：　（五）起义以前运动何种会党：元卿，自治学社党员。奉张百麟命令，奔走运动，在事出力。（六）起义前后有何劳绩：自治党本部制备旗帜，由元卿等秘密输送新军暨陆军学校。

穆邦荣

（一）姓名：穆邦荣。（二）年岁：三十五岁。（三）籍贯：贵州清江厅[1]。（四）现任职守：　（五）起义以前运动何种会党：邦荣，同盟会会员。归自日本，即着手为单独之运动，久而应者寥寥，乃加入自治党，在下游创办分社，鼓吹革命。辛亥秋，因事晋省，时本部方有所谋利，留邦荣不遣，邦荣周旋于新军、哥老会之间，联络奔走，在事出力。（六）起义前后有何劳绩：

---

[1] 清江厅：今贵州省黔东南州剑河县。

范军谋

（一）姓名：范军谋。（二）年岁：十九岁。（三）籍贯：云南。（四）现任职守：（五）起义以前运动何种会党：奉张百麟命令，联合公立中学学生。（六））起义前后有何劳绩：九月十二日，军谋随同杨树青等，输送子弹于新军。

陈启顺

（一）姓名：陈启顺。（二）年岁：三十三岁。（三）籍贯：湖北黄陂县。（四）现任职守：（五）起义以前运动何种会党：启顺充贵州陆军步兵一标二营左队队官，与自治学社社员陈永锡、彭景祥接洽，偕赵德全等密谋，运动各营目兵，力图光复。（六）起义前后有何劳绩：起义前十余日，清抚沈瑜庆已疑新军，饬军械局毋发子弹，又不时阅操，令已发者亦消耗殆尽。九月十三日，事机益迫。启顺奔告景祥。景祥谋之黄泽霖，私启南药局，窃出子弹六箱，交启顺运回，发给新军，并接济陆军学校。启顺又使李盛周、黎钰开与巡抚卫队互通消息。十四日整队入城，奉命守南药局、军装库。旋擢二标管带，荐升参谋长副官。十月，充全权代表随员赴中央。闻黔事糜烂，遂还乡里。

鄢元发

（一）姓名：鄢元发。（二）年岁：（三）籍贯：湖北。（四）现任职守：（五）起义以前运动何种会党：元发充贵州陆军步兵一标后队队官，运动各营目兵，力图光复。（六）起义前后有何劳绩：新军入城，元发分任守护行政公署，旋擢管带，随杨荩诚北伐。

蓝　鑫

（一）姓名：蓝鑫。（二）年岁：（三）籍贯：湖北黄陂县。（四）现任职守：（五）起义以前运动何种会党：鑫为贵州陆军步队记名队官，与自治学社社员彭景祥接洽，偕赵德全等密谋，运动各营目兵，力图光复。（六）起义前后有何劳绩：新军缺乏子弹，鑫往返城中，得张泽锦所私购者，运送回营，发给各军，颇著勤劳。维光复后恃功骄蹇，跋扈自恣，胁制都督，独揽大权。时论恶之。

王善章

（一）姓名：王善章。（二）年岁： （三）籍贯： （四）现任职守： （五）起义以前运动何种会党：善章充贵州陆军步队一标二营左队排长，受赵德全命令，运动各营目兵，力图光复。

余鸿勋

（一）姓名：余鸿勋。（二）年岁： （三）籍贯：湖北。（四）现任职守： （五）起义以前运动何种会党：鸿勋充贵州陆军步队一标二营右队队官，受赵德全命令，运动各营目兵，力图光复。（六）起义前后有何劳绩：新军入城，鸿勋分任守护行政公署。

闵兆祥

（一）姓名：闵兆祥。（二）年岁： （三）籍贯：湖北。（四）现任职守： （五）起义以前运动何种会党：兆祥充贵州陆军炮队队官，受赵德全命令，运动各营目兵，力图光复。（六）起义前后有何劳绩：新军入城，兆祥分任守护行政公署。

叶占标

（一）姓名：叶占标。（二）年岁： （三）籍贯：湖北。（四）现任职守： （五）起义以前运动何种会党：占标充贵州陆军步队一标三营右队队官，偕赵德全等密谋，运动各营目兵，力图光复。（六）起义前后有何劳绩：新军入城，占标充执法官，纠察严密，昼夜督巡，秩序不紊，厥功甚伟。超擢第一标标统，率千人援川，扶助独立。师次重庆，纪律严明，备受欢迎。时蜀军政府甫成立，有谋为暴动者。占标应张培爵[1]、夏之时[2]之请，讨定之。又遣管带杨树青赴资州，代平土匪。一时黔军声誉，川东

---

❶ 张培爵（1876—1915），字列五，重庆市荣昌区人。1906 年加入同盟会。1911 年 11 月 22 日，与杨庶堪等宣布重庆独立，被推为蜀军政府都督。

❷ 夏之时（1887—1950），字亮工，四川合江人。1905 年加入同盟会。辛亥革命前任四川新军排长，武昌起义后，在龙泉驿发动起义。后因力量有限，撤出成都，转进重庆，张培爵组织各界迫知府纽传善等交印反正，迎夏之时军入城宣告独立，成立蜀军政府，夏之时被推为副都督。

南交颂不去口。民国元年二月晦，占标回黔，滇军已抵贵阳。占标预受德全戒，不设备。三月二日午前二时，滇军袭击之。占标不能抵抗，亡命归鄂。

肖洪斌

（一）姓名：肖洪斌。（二）年岁：（三）籍贯：湖北。（四）现任职守：（五）起义以前运动何种会党：洪斌充贵州陆军炮队排长，与自治学社党员张泽锦、桂景沄等接洽，受赵德全命令，运动各营目兵，力图光复。（六）起义前后有何劳绩：新军入城，洪斌任守城门。后超擢第二标标统，随杨荩诚北伐。

曾广裕

（一）姓名：曾广裕。（二）年岁：（三）籍贯：湖北黄陂县。（四）现任职守：（五）起义以前运动何种会党：广裕曾充新军排长，受自治学社首领张百麟方略，偕赵德全等密谋，运动各营目兵，力图光复。（六）起义前后有何劳绩：新军入城，广裕荐升管带，奉命出镇东路。时驻扎平越巡防队，哗变纵掠，广裕与之相持，得不至蔓延为患。军至镇远，派队四出，缉捕盗匪，地方以安。后随杨荩诚北伐。

马登瀛

（一）姓名：马登瀛。（二）年岁：（三）籍贯：贵州。（四）现任职守：（五）起义以前运动何种会党：登瀛充贵州陆军步队一标三营右队排长，与炮队正目杨树青深相结。树青介绍入自治学社，由社员张泽锦授以方略。联络赵德全等，运动各营目兵，力图光复。（六）起义前后有何劳绩：新军入城，登瀛任支队长，率兵守官钱局。后擢管带，随杨荩诚北伐。

姚国英

（一）姓名：姚国英。（二）年岁：（三）籍贯：贵州松桃厅[1]。（四）现任职守：（五）起义以前运动何种会党：国英充贵州陆军炮队排长，与本队正目杨树青深相结。树青介绍入自治学社，由社员张泽锦

---

[1] 松桃厅：今贵州省铜仁市松桃苗族自治县。

授以方略。联络赵德全等，运动各营目兵，力图光复。（六）起义前后有何劳绩：新军入城，国英分守火药局。后超擢管带，随叶占标援川。军至重庆，弹压乱党，消弭内讧，国英与有力焉。

邱洪胜

（一）姓名：邱洪胜。（二）年岁：（三）籍贯：湖北汉阳府[1]。（四）现任职守：（五）起义以前运动何种会党：洪胜充贵州陆军步队一标二营左队排长，受赵德全命令，运动各营目兵，力图光复。（六）起义前后有何劳绩：新军入城，洪胜率兵守护藩库。

任正邦

（一）姓名：任正邦。（二）年岁：（三）籍贯：贵州印江县。（四）现任职守：（五）起义以前运动何种会党：正邦充贵州陆军步队一标二营右队排长，受赵德全命令，运动各营目兵，力图光复。（六）起义前后有何劳绩：新军入城，正邦率兵守护火药局。旋擢管带，随叶占标援川。

胡寿显

（一）姓名：胡寿显。（二）年岁：（三）籍贯：浙江。（四）现任职守：（五）起义以前运动何种会党：寿显充贵州陆军步队一标二等书记官，随同赵德全等，运动各营目兵，力图光复。（六）起义前后有何劳绩：军政府成立，寿显充都督府参议。关于军事上一切文告，多出其手。

安维新

（一）姓名：安维新。（二）年岁：（三）籍贯：（四）现任职守：（五）起义以前运动何种会党：维新充贵州陆军步队一标二营前队排长。受赵德全命令，运动各营目兵，力图光复。（六）起义前后有何劳绩：维新往来城中，与彭景祥接洽，侦官厅消息，潜伏暗陬，彻夜不眠。十三日午后九时，喧传沈瑜庆已调巡防队围剿陆军学校。维新即偕景祥等缒城求援于新军。至则巡防队已听赵德全言旋师，而新军整队待发。十四日入城，分任守护行政官署。

---

[1] 汉阳府：今湖北省武汉市蔡甸区。

李盛周

（一）姓名：李盛周。（二）年岁：（三）籍贯：（四）现任职守：（五）起义以前运动何种会党：盛周充贵州陆军步队一标二营左队排长。受赵德全命令，运动各营目兵，力图光复。又受陈启顺命令，联络巡抚卫队，互通消息。（六）起义前后有何劳绩：新军预定十四日进城。十三日夜间，城门早闭。盛周与彭景祥等潜伺暗陬，侦察动静。及闻巡防队围攻陆军学校，又与景祥等缒城求救于新军。

黎钰开

（一）姓名：黎钰开。（二）年岁：（三）籍贯：（四）现任职守：（五）起义以前运动何种会党：钰开充贵州陆军步队一标二营右队排长。受赵德全命令，运动各营目兵，力图光复。又受陈启顺命令，联络巡抚卫队，互通消息。

吉兆明

（一）姓名：吉兆明。（二）年岁：（三）籍贯：（四）现任职守：（五）起义以前运动何种会党：兆明充新军司书生，随同运动各营目兵出力。（六）起义前后有何劳绩：新军预定九月十四日入城。十三日夜间，城门早闭，兆明与彭景祥等间伺暗陬，侦察动静。及闻巡防队围攻陆军学校，又与景祥等缒城求援于新军。

赵云龙

（一）姓名：赵云龙。（二）年岁：（三）籍贯：湖北。（四）现任职守：（五）起义以前运动何种会党：云龙充贵州陆军步队一标二营前队排长。受赵德全命令，运动各营目兵，立图光复。九月十三夜，随德全率兵赴陆军学校，道遇巡防队。云龙密遣心腹，与该军下级官长联络，劝以同谋举事。（六）起义前后有何劳绩：光复后，云龙擢升队官，率兵赴开州，平治土匪。

吴文彬

（一）姓名：吴文彬。（二）年岁：（三）籍贯：贵州铜仁府。（四）现任职守：（五）起义以前运动何种会党：文彬充贵州陆军步队一标二营右队排长，素与督队官文崇高善，习闻革命事。鄂军首义，受赵德全命令，运动各营目兵，力图光复。（六）起义前后有何劳绩：光复后，文彬擢升队官，率兵赴修文县，平治土匪。

黄之杰

（一）姓名：黄之杰。（二）年岁：（三）籍贯：贵州贞丰州。（四）现任职守：（五）起义以前运动何种会党：之杰充贵州陆军步队一标二营后队排长，随同赵德全等，运动各营目兵，力图光复。（六）起义前后有何劳绩：新军入城，之杰率命守护军械局。旋率兵至长寨平匪，以扰民被控伏法。

雷德云

（一）姓名：雷德云。（二）年岁：（三）籍贯：（四）现任职守：（五）起义以前运动何种会党：德云充贵州陆军步队一标二营前队排长，受赵德全命令，运动各营目兵，力图光复。

熊朝铭

（一）姓名：熊朝铭。（二）年岁：（三）籍贯：（四）现任职守：（五）起义以前运动何种会党：朝铭充贵州陆军步队一标三营左队排长，随同赵德全等，运动各营目兵，力图光复。

孙钟岳

（一）姓名：孙钟岳。（二）年岁：（三）籍贯：（四）现任职守：（五）起义以前运动何种会党：钟岳充贵州陆军步队一标三营前队排长，随同赵德全等，运动各营目兵，力图光复。

熊树林

（一）姓名：熊树林。（二）年岁：（三）籍贯：（四）现任职守：（五）起义以前运动何种会党：树林充贵州陆军步队一标二营前队排长，受赵德全命令，运动各营目兵，力图光复。

朱耀恒

（一）姓名：朱耀恒。（二）年岁：（三）籍贯：（四）现任职守：耀恒充贵州陆军步队一标二营后队排长，随同赵德全等，运动各营目兵，力图光复。

王启发

（一）姓名：王启发。（二）年岁：（三）籍贯：（四）现任职守：（五）起义以前运动何种会党：启发充贵州陆军炮队排长，随同赵德全等，运动各营目兵，力图光复。

王向辰

（一）姓名：王向辰。（二）年岁：（三）籍贯：（四）现任职守：（五）起义以前运动何种会党：向辰充贵州陆军步队一标二营后队排长，随同赵德全等，在营运动出力。

徐定钧

（一）姓名：徐定钧。（二）年岁：（三）籍贯：（四）现任职守：（五）起义以前运动何种会党：定钧充贵州陆军步队一标二营后队排长，随同赵德全等，在营运动出力。

杨起鹏

（一）姓名：杨起鹏。（二）年岁：（三）籍贯：（四）现任职守：（五）起义以前运动何种会党：起鹏充贵州陆军步队一标二营左队排长，随同赵德全等，在营运动出力。

方伯瑞

（一）姓名：方伯瑞。（二）年岁：（三）籍贯：（四）现任职守：（五）起义以前运动何种会党：伯瑞充贵州陆军步队一标二营右队排长，随同赵德全等，在营运动出力。

陈三元

（一）姓名：陈三元。（二）年岁：（三）籍贯：（四）现任职守：（五）起义以前运动何种会党：三元充贵州陆军步队一标三营左队排长，随同赵德全等，在营运动出力。

韩昌欢

（一）姓名：韩昌欢。（二）年岁：（三）籍贯：（四）现任职守：（五）起义以前运动何种会党：昌欢充贵州陆军步队一标三营右队排长，随同赵德全等，在营运动出力。

谢师荧

（一）姓名：谢师荧。（二）年岁：三十九岁。（三）籍贯：贵州遵义县。（四）现任职守：（五）起义以前运动何种会党：师荧，自治学社党员。奉张百麟命令，随同奔走，在事出力。（六）起义前后有何劳绩：占有藩库官钱局，保护财政机关，并无丝毫损失。军政府成立，充枢密院秘书员。

黄守仁

（一）姓名：黄守仁。（二）年岁：二十五岁。（三）籍贯：浙江。（四）现任职守：（五）起义以前运动何种会党：守仁，自治学社党员。奉张百麟命令，随同奔走，在事出力。（六）起义前后有何劳绩：占有藩库官钱局，保护财政机关，并无丝毫损失。

聂纪先

（一）姓名：聂纪先。（二）年岁：（三）籍贯：贵州。（四）现任职守：（五）起义以前运动何种会党：纪先，自治学社党员，奉张百麟命令，随同奔走，在事出力。（六）起义前后有何劳绩：占有藩库官钱局，保护财政机关，并无丝毫损失。

许可权

（一）姓名：许可权。（二）年岁：二十四岁。（三）籍贯：贵州兴义县。（四）现任职守：（五）起义以前运动何种会党：可权，自治学社党员。奉张百麟、黄泽霖命令，奔走联络，在事出力。（六）起义前后有何劳绩：自治党本部制备旗帜，由可权等输送新军暨陆军学校。军政府成立，充枢密院顾问官，后随张百麟巡视上游。

蒙养正

（一）姓名：蒙养正。（二）年岁：二十五岁。（三）籍贯：贵州兴义府[1]。（四）现任职守：（五）起义以前运动何种会党：（六）起义前后有何劳绩：养正，自治学社党员。川路风潮起，奉本部特派，前往上游安顺、兴义两府，通告各该分社，联合所在绿营防军，号召哥老会，静候本部命令，克期举义。养正沿途多设方略，鼓舞同志，众皆跃跃欲试。行抵兴义，而省城光复。养正与朱培等亟划本属响应事。时安义镇总兵祁以德、兴义知府方荃，方有所误会，与

[1] 兴义府：今贵州省黔西南州安龙县。

威宁镇总兵王锡吉等联盟，谋反抗。养正锐身为解释之。以德等亦接提督公文，相率反正。

曾宪谟

（一）姓名：曾宪谟。（二）年岁：四十五岁。（三）籍贯：贵州黎平府。（四）现任职守：（五）起义以前运动何种会党：（六）起义前后有何劳绩：宪谟，咨议局议员、自治学社评议部干事。辛亥秋间，本党密谋起义，宪谟随同筹画，主持进行方略。军政府成立，出任三江厘局委员。滇军据黔后，收系下狱，横被非刑。家人倾产行贿得释。

柳　灥

（一）姓名：柳灥。（二）年岁：三十五岁。（三）籍贯：贵州安顺府。（四）现任职守：（五）起义以前运动何种会党：（六）起义前后有何劳绩：灥，咨议局议员、自治学社评议部干事。辛亥秋间，本党密谋起义，灥随同筹画，主持进行方略。军政府成立，改立法院议员。时执政者尊重舆论，遇大事必就院取决。灥等殚心立法事业，备极勤劳。滇军据黔，解散立法院，议员皆被放逐，灥亦还乡里。

张顺亲

（一）姓名：张顺亲。（二）年岁：三十三岁。（三）籍贯：贵州兴义县。（四）现任职守：（五）起义以前运动何种会党：（六）起义前后有何劳绩：顺亲，咨议局议员、自治学社评议部干事。辛亥秋间，本党密谋倡义，顺亲随同筹画，主持进行方略。军政府成立，杨荩诚委充第四标第二营管带，率本部赴思南府弹压土匪。旋擢署府知事，兵队由胡刚接管。

刘　镇

（一）姓名：刘镇。（二）年岁：三十四岁。（三）籍贯：贵州安顺府。（四）现任职守：（五）起义以前运动何种会党：（六）起义前后有何劳绩：镇，自治学社编辑干事、代理咨议局书记长。辛亥秋间，本党密谋倡义，镇随同筹画，主持进行方略。军政府成立，任交通部副长，佐孙镜管理邮电、驿传、收发各事，措置皆极合宜。在职三月，期满辞职。

张明德

（一）姓名：张明德。（二）年岁：三十五岁。（三）籍贯：贵州黎平府。（四）现任职守：　（五）起义以前运动何种会党：　（六）起义前后有何劳绩：明德，自治学社编辑部干事。辛亥秋间，本党密谋倡义，明德随同筹画，主持进行方略。军政府成立，党员皆投身政界，明德独退然敛抑，不自表襮。仍充《西南日报》馆主任，监督政府，指导社会。滇军据黔，禁止《西南日报》发行。明德被选为临时省议会议员。

张文林

（一）姓名：张文林。（二）年岁：三十六岁。（三）籍贯：贵州都匀府。（四）现任职守：　（五）起义以前运动何种会党：　（六）起义前后有何劳绩：文林，自治学社党员。任教公立法政学堂。辛亥秋间，本党密谋倡义，文林随同筹画，主持进行方略。军政府成立，党人皆投身政界，文林独退然敛抑，不自表襮，仍充公立法政学堂校长，扩张教育范围，发扬共和精神。滇军据黔，公立法政学堂被解散，文林亦还乡里。

朱正学

（一）姓名：朱正学。（三）年岁：三十五。（三）籍贯：贵州毕节县。（四）现任职守：　（五）起义以前运动何种会党：　（六）起义前后有何劳绩：正学，自治学社党员，任教公立法政学堂。辛亥秋间，本党密谋倡义，正学随同筹画，在事出力。九月十四日，新军入城，商民惶恐闭市，正学率学生沿道开谕，演说光复要旨。商民释然，贸易如初。军政府成立，充司法部参事，佐朱兴汾筹办各级审判厅。嗣以财政困难，进行中止，正学解职还乡里。

王元藩

（一）姓名：王元藩。（二）年岁：五十岁。（三）籍贯：贵州安南县。（四）现任职守：　（五）起义以前运动何种会党：自张百麟创办自治学社时，元藩即预奔走之列。艰难缔造，谊共甘苦，为党务进行，不避劳怨。辛亥秋间，本党密谋倡义，元藩随同筹画，又担任运动学界，协谋光复。（六）起义前后有何劳绩：军政府成立，元藩出任龙里县知事，平治盗匪，抚绥商民，甚有威惠。龙里当下游孔道，杨荩诚巡视东路之师、北伐之师，姜兆熊巡视南路之师，络绎过境。元藩躬自应付，军用无缺，而民间不觉骚扰，人服其干略。

管应笔

（一）姓名：管应笔。（二）年岁：三十五岁。（三）籍贯：贵州威宁州[1]。（四）现任职守：（五）起义以前运动何种会党：应笔，自治学社党员。辛亥秋间，本党密谋倡义。奉张百麟命令，随同奔走，在事出力。（六）起义前后有何劳绩：军政府成立，应笔任印刷所管理员，监饬工役，承印工件，颇著勤劳。后随张百麟巡视上游，委充调查各属财政官。滇军据黔，解职还乡里。

简　书

（一）姓名：简书。（二）年岁：（三）籍贯：贵州大定府。（四）现任职守：（五）起义以前运动何种会党：简书于辛亥夏间，因川路风潮，与同志组织乡兵模范教练营，推谭冠英、简忠精至省请领枪械，兼刺探各省消息，授给自治学社本部。又会向渭川、江白琴、宋德称、肖孟南部勒城中哥老；安峻风、谢万青、来时俊、宋干臣、邓孟弼联络乡间义勇，有众千余。九月十四日，省城光复。清吏陈庆慈慑于书等声势，听书等宣告反正。编其众为民军，设军政分防处以统治之。（六）起义前后有何劳绩：书留学省城，与张铭、张百麟、彭述文、陈永锡等友善，醉心革命主义。先后在郡倡办自存学校、私立测绘学社、东育公校，皆以为革命机关。屡遭失败，其气不衰。起义前各方面部署，皆书所规划。发号施令，甚得众人信仰。军政分防处成立，书躬自督巡，昼夜不辍，纪律严肃，地方赖以安谧。

简忠精

（一）姓名：简忠精。（二）年岁：二十三岁。（三）籍贯：贵州

[1] 威宁州：今贵州省毕节市威宁彝族回族苗族自治县。

大定府。（四）现任职守：（五）起义以前运动何种会党：自治学社分社主任，有同志数十人，为大定革命党之中坚。（六）起义前后有何劳绩：忠精初与兄书留学省城，即醉心革命主义。凡书所经营，忠精无役不从。及书组织乡兵模范教练营，忠精被推至省领械，兼刺探各省消息，与自治学社本部接洽。省城光复后，忠精星夜驰归，部署擘画，深资得力。军政分防处成立，担任职务，保持公安，卓著勤劳。

向渭川

（一）姓名：向渭川。（二）年岁：三十岁。（三）籍贯：贵州大定府。（四）现任职守：（五）起义以前运动何种会党：受简书命令，运动哥老会。（六）起义前后有何劳绩：军政分防处成立，改编民军，督率所部维持地方秩序。

江白琴

（一）姓名：江白琴。（二）年岁：二十五岁。（三）籍贯：贵州大定府。（四）现任职守：（五）起义以前运动何种会党：受简书命令，运动哥老会。（六）起义前后有何劳绩：军政分防处成立，改编民军，督率所部维持地方秩序。

宋德称

（一）姓名：宋德称。（二）年岁：三十岁。（三）籍贯：贵州大定府。（四）现任职守：（五）起义以前运动何种会党：受简书命令，运动哥老会。（六）起义前后有何劳绩：军政分防处成立，改编民军，督率所部维持地方秩序。

肖孟南

（一）姓名：肖孟南。（二）年岁：三十岁。（三）籍贯：贵州大定府。（四）现任职守：（五）起义以前运动何种会党：受简书命令，运动哥老会。（六）起义前后有何劳绩：军政分防处成立，改编民军，督率所部维持地方秩序。

安峻风

（一）姓名：安峻风。（二）年岁：三十岁。（三）籍贯：贵州大定府。（四）现任职守：（五）起义以前运动何种会党：受简书命令，编制乡间义勇队。（六）起义前后有何劳绩：军政分防处成立，改编民军，督率所部维持地方秩序。

谢万青

（一）姓名：谢万青。（二）年岁：三十岁。（三）籍贯：贵州大定府。（四）现任职守：　（五）起义以前运动何种会党：受简书命令，改编乡间义勇队。（六）起义前后有何劳绩：军政分防处成立，改编民军，督率所部维持地方秩序。

来时俊

（一）姓名：来时俊。（二）年岁：二十八岁。（三）籍贯：贵州大定府。（四）现任职守：　（五）起义以前运动何种会党：受简书命令，改编乡间义勇队。（六）起义前后有何劳绩：军政分防处成立，改编民军，督率所部维持地方秩序。

宋干臣

（一）姓名：宋干臣。（二）年岁：三十岁。（三）籍贯：贵州大定府。（四）现任职守：　（五）起义以前运动何种会党：受简书命令，编制乡间义勇队。（六）起义前后有何劳绩：军政分防处成立，改编民军，督率所部维持地方秩序。

邓孟弼

（一）姓名：邓孟弼。（二）年岁：三十岁。（三）籍贯：贵州大定府。（四）现任职守：　（五）起义以前运动何种会党：受简书命令，编制乡间义勇队。（六）起义前后有何劳绩：军政分防处成立，改编民军，督率所部维持地方秩序。

陈　埙

（一）姓名：陈埙。（二）年岁：二十岁。（三）籍贯：贵州大定府。（四）现任职守：　（五）起义以前运动何种会党：运动高等小学校学生，全体响应。

方　策

（一）姓名：方策。（二）年岁：三十八岁。（三）籍贯：贵州安顺府。（四）现任职守：　（五）起义以前运动何种会党：策充安顺自治学社分社主任。九月十四日，省城光复电至，遂偕陈夔春谋响应。运动军界，得西路巡防第三营哨官黄大经、龙长隆、提督卫队督带陈铸城、讲武学堂教习谭茂芝、李幼三等同意。又使刘铎、薛国梁部勒绿林豪客、忘命健儿三百人，编为独立军，给以伙食，暂交刘、薛管带。召集地方全体会议，策演说响应之必要，慷慨淋漓，闻者感动。十七日，安顺合城反正。（六）起义前后有何劳绩：策偕陈夔春奔走官绅军学商各界，竭数日之力，促成反正。二人被推为地方代表，与提督、知府订立协约八条。三方连带负责，以保持安宁秩序为第一义。组织临时军政府，缉匪捕盗，境内晏然。府属郎岱、归化[1]两厅不靖，策亲赴该处安抚，亦旋就安谧。

陈夔春

（一）姓名：陈夔春。（二）年岁：（三）籍贯：贵州安顺府。（四）现任职守：（五）起义以前运动何种会党：夔春，自治学社社员，府学武生。素与军界通款洽。省城光复电至，遂偕方策运动军官黄大经、龙长隆、陈铸城，教习谭茂芝、李幼三等，一致赞同。又使刘铎、薛国梁号召哥老会三百人，编为独立军。清提督李宝书。知府瞿鸿锡见陈、方势力不可侮，亦表同情，宣告反正。（六）起义前后有何劳绩：当省电传至安顺时，合郡士绅多观望，持两端。夔春与方策冒死陈说，苦口解释，转移众意，刻日响应。安顺为省城西北门户，又提督驻在地，号为兵家形胜。省城光复后，惴惴焉虑安顺为肘腋患。得反正电，始高枕。陈、方之功亦伟矣。夔春后被推为地方代表，组织临时军政部［府］。缉捕盗贼，保持治安，舆论翕然称之。

黄大经

（一）姓名：黄大经。（二）年岁：（三）籍贯：（四）现任职守：（五）起义以前运动何种会党：大经充西路巡防第三营哨官，运动本营兵士，赞成方策、陈夔春响应省城。（六）起义前后有何劳绩：光复后督率所部，维持安宁秩序。

---

[1] 归化厅：今贵州省安顺市紫云苗族布依族自治县。

陈铸城

（一）姓名：陈铸城。（二）年岁：（三）籍贯：（四）现任职守：（五）起义以前运动何种会党：铸城充提督卫队督带官，运动本管兵士，赞成方策、陈夔春，响应省城。（六）起义前后有何劳绩：光复后，督率所部，维持安宁秩序。

谭茂芝

（一）姓名：谭茂芝。（二）年岁：（三）籍贯：（四）现任职守：（五）起义以前运动何种会党：茂芝充讲武学堂教官，运动堂中学生，赞成方策、陈夔春，响应省城。（六）起义前后有何劳绩：茂芝与李幼三运动成熟，开军界全体会，表示同意。茂芝演说激烈，首先断发，以为众倡、安顺即日反正。

李幼三

（一）姓名：李幼三。（二）年岁：（三）籍贯：（四）现任职守：（五）起义以前运动何种会党：幼三充讲武学堂教习，运动堂中学生，赞成方策、陈夔春，响应省城。（六）起义前后有何劳绩：幼三与谭茂芝运动成熟，开军界全体会，表示同意，安顺即日宣告反正。

刘　铎

（一）姓名：刘铎。（二）年岁：（三）籍贯：贵州安顺府。（四）现任职守：（五）起义以前运动何种会党：受方策、陈夔春命令，偕薛国梁部勒哥老会三百人，谋响应省城。（六）起义前后有何劳绩：光复后编所部为独立军，屡次缉匪有功，由都督编入巡防队。

薛国梁

（一）姓名：薛国梁。（二）年岁：（三）籍贯：贵州安顺府。（四）现任职守：（五）起义以前运动何种会党：受方策、陈夔春命令，偕刘铎部勒哥老会三百人，谋响应省城。（六）起义前后有何劳绩：光复后编所部为独立军，屡次缉匪有功，由都督编入巡防队。

孙定纲

（一）姓名：孙定纲。（二）年岁：二十五岁。（三）籍贯：浙江。（四）现任职守：（五）起义以前运动何种会党：定纲，自治学社党员，巡警学堂毕业生。辛亥秋间，本党密谋倡义。奉张百麟命令，接洽警界中人，在事出力。（六）起义前后有何劳绩：军政府成立，定纲任实业部副长，偕黄德铣招抚各司道卫队，及接收主管各局所一切事宜。

许嘉谟

（一）姓名：许嘉谟。（二）年岁：三十四岁。（三）籍贯：贵州开州。（四）现任职守：（五）起义以前运动何种会党：嘉谟在州创办自治学社分社，党务极为发达。辛亥秋间，奉本部命令，为倡义准备。省城光复，通告至州。何庆崧等聚集族党协谋反抗。嘉谟与蒋忠信一日夜召集乡团千人，以武力慑之。反对党始寂然声消。九月十八日，开州反正。

蒋忠信

（一）姓名：蒋忠信。（二）年岁：二十六岁。（三）籍贯：贵州开州。（四）现任职守：（五）起义以前运动何种会党：忠信，自治学社党员。辛亥秋间，奉本部命令，与许嘉谟准备倡义。驻扎开州防军，奉调晋省。忠信故与其哨长黄某善，侦知该军调省专为剿捕革党之用。忠信因以利害动之，嘱异日遇民党举事当严守中立。黄许诺，后果如约。省城光复，通告至州。何庆崧等谋反抗。忠信与许嘉谟飞函四出，一日夜集乡团千人，以武力慑服之。九月十八日，开州反正。

王槐熙

（一）姓名：王槐熙。（二）年岁：三十岁。（三）籍贯：贵州镇远府。（四）现任职守：（五）起义以前运动何种会党：槐熙，公立法政学堂学生。习闻革命宗旨，奉张百麟命令，联络高等巡警学堂、农林学堂学生，协谋倡义。（六）起义前后有何劳绩：新军入城后，槐熙等编为学生队驻扎次南门，维持秩序。军政府成立，出任台拱厅[1]知事，开导苗民，反侧自安。

熊范周

（一）姓名：熊范周。（二）年岁：二十八岁。（三）籍贯：贵州

[1] 台拱厅：今贵州省黔东南州台江县。

思州府。（四）现任职守：　（五）起义以前运动何种会党：范周，公立法政学生。习闻革命宗旨，奉张百麟命令，联络体操专修科学生，在事出力。（六）起义前后有何劳绩：九月十四日，新军入城。范周等编为学生队，日间巡查各处，夜驻威清门一带，维持安宁秩序。

胡惠清

（一）姓名：胡惠清。（二）年岁：三十二岁。（三）籍贯：贵州思州府。（四）现任职守：　（五）起义以前运动何种会党：惠清，公立法政学生。习闻革命宗旨，奉张百麟命令，联络体操专修科学生，在事出力。（六）起义前后有何劳绩：九月十四日，新军入城。惠清等编为学生队，日间巡查各处，夜驻威清门，维持安宁秩序。

孙履端

（一）姓名：孙履端。（二）年岁：二十八岁。（三）籍贯：贵州黄平州。（四）现任职守：　（五）起义以前运动何种会党：履端，公立法政学生。习闻革命宗旨。辛亥秋间，本党密谋倡义。履端奉特派赴安顺等处，联络防军。（六）起义前后有何劳绩：九月十四日，新军入城。履端等编为学生队，保教堂，守藩库，并向经过地段演说光复要旨。夜驻大南门一带，维持安宁秩序。军政府成立，随张百麟巡视上游。

卓利宾

（一）姓名：卓利宾。（二）年岁：二十六岁。（三）籍贯：贵州石阡府。（四）现任职守：（五）起义以前运动何种会党：利宾，公立法政学生。习闻革命宗旨。辛亥秋间，本党密谋倡义。利宾奉特派赴遵义等处联络防军。（六）起义前后有何劳绩：九月十四日，新军入城。利宾等编为学生队，保教堂，守藩库，并向经过地段演说光复要旨。夜驻大南门一带，维持安宁秩序。军政府成立，随张百麟巡视上游。

饶夔乾

（一）姓名：饶夔乾。（二）年岁：三十岁。（三）籍贯：贵州镇宁州。（四）现任职守：　（五）起义以前运动何种会党：夔乾，公立法政学生。习闻革命宗旨。辛亥秋间，本党密谋倡义。奉张百麟命令，联络公立中学堂学生，在事出力。（六）起义前后有何劳绩：组织敢死队，守护道库。

朱敬安

（一）姓名：朱敬安。（二）年岁：二十五岁。（三）籍贯：贵州安平县。（四）现任职守：　（五）起义以前运动何种会党：敬安，公立法政学生。习闻革命宗旨。辛亥秋间，本党密谋倡义。奉张百麟命令，联合公立中学堂学生，在事出力。（六）起义前后有何劳绩：组织敢死队，守护道库。

龙　章

（一）姓名：龙章。（二）年岁：二十七岁。（三）籍贯：贵州天柱县。（四）现任职守：　（五）起义以前运动何种会党：章，公立法政学生。习闻革命宗旨。辛亥秋间，本党密谋倡义。奉张百麟命令，联合公立中学堂学生，在事出力。（六）起义前后有何劳绩：组织敢死队，守护道库。

陈德修

（一）姓名：陈德修。（二）年岁：三十六岁。（三）籍贯：贵州黄平州。（四）现任职守：　（五）起义以前运动何种会党：德修，公立法政学堂学生。习闻革命宗旨。辛亥秋间，本党密谋倡义。奉张百麟命令，联合公立中学堂学生，在事出力。（六）起义前后有何劳绩：组织敢死队，守护道库。

凯奏勋

（一）姓名：凯奏勋。（二）年岁：三十八岁。（三）籍贯：贵州余庆县。（四）现任职守：　（五）起义以前运动何种会党：奏勋，公立法政学生。习闻革命宗旨。辛亥秋间，本党密谋倡义。奉张百麟命令，联合公立中学堂学生，在事出力。（六）起义前后有何劳绩：组织敢死队，守护道库。

袁仲华

（一）姓名：袁仲华。（二）年岁：二十九岁。（三）籍贯：贵州仁怀县。（四）现任职守：　（五）起义以前运动何种会党：仲华，公立法政学生。习闻革命宗旨。辛亥秋间，本党密谋倡义。奉张百麟命令，联合公立中学堂学生，在事出力。（六）起义前后有何劳绩：组织敢死队，守护道库。

陈鸿昌

（一）姓名：陈鸿昌。（三）年岁：二十七岁。（三）籍贯：广东。（四）现任职守：（五）起义以前运动何种会党：鸿昌，公立法政学生。习闻革命宗旨。辛亥秋间，本党密谋倡义，奉张百麟命令，联合公立中学堂学生，在事出力。（六）起义前后有何劳绩：组织敢死队，守护道库。

温泽溥

（一）姓名：温泽溥。（二）年岁：二十八岁。（三）籍贯：贵州镇宁州。（四）现任职守：（五）起义以前运动何种会党：泽溥，公立法政学生。习闻革命宗旨。辛亥秋间，本党密谋倡义。奉张百麟命令，联合公立中学堂学生，在事出力。（六）起义前后有何劳绩：组织敢死队，守护道库。

林良夔

（一）姓名：林良夔。（二）年岁：二十八岁。（三）籍贯：贵州定番州。（四）现任职守：（五）起义以前运动何种会党：良夔，公立法政学生。习闻革命宗旨。辛亥秋间，本党密谋倡义。奉张百麟命令，联合公立中学堂学生，在事出力。（六）起义前后有何劳绩：组织敢死队，守护道库。

张得材

（一）姓名：张得材。（二）年岁：三十一岁。（三）籍贯：贵州龙里县。（四）现任职守：（五）起义以前运动何种会党：得材，公立法政学生。习闻革命宗旨。辛亥秋间，本党密谋倡义。奉张百麟命令，联合公立中学堂学生，在事出力。（六）起义前后有何劳绩：组织敢死队，守护道库。

杨树芬

（一）姓名：杨树芬。（二）年岁：三十五岁。（三）籍贯：贵州思南府。（四）现任职守：（五）起义以前运动何种会党：树芬，公立法政学生。习闻革命宗旨。辛亥秋间，本党密谋倡义。奉张百麟命令，联合公立中学堂学生，在事出力。（六）起义前后有何劳绩：组织敢死队，守护道库。

宋鼎铭

（一）姓名：宋鼎铭。（二）年岁：二十九岁。（三）籍贯：贵州平越州。（四）现任职守：（五）起义以前运动何种会党：鼎铭，公立法政学生。习闻革命宗旨。辛亥秋间，本党密谋倡义。奉张百麟命令，联合公立中学堂学生，在事出力。（六）起义前后有何劳绩：组织敢死队，守护道库。

彭　英

（一）姓名：彭英。（二）年岁：三十岁。（三）籍贯：贵州毕节县。（四）现任职守：（五）起义以前运动何种会党：英，公立法政学生。习闻革命宗旨。辛亥秋间，本党密谋倡义。奉张百麟命令，联合公立中学堂学生，在事出力。（六）起义前后有何劳绩：组织敢死队，守护道库。

曹宗湘

（一）姓名：曹宗湘。（二）年岁：三十五岁。（三）籍贯：贵州安顺府。（四）现任职守：（五）起义以前运动何种会党：宗湘，公立法政学生。习闻革命宗旨。辛亥秋间，本党密谋倡义。奉张百麟命令，联合省城各区巡警，在事出力。（六）起义前后有何劳绩：九月十四日，新军入城。宗湘等编为学生队，分任保护教堂，驻扎大南门一带，维持安宁秩序。

彭梦辰

（一）姓名：彭梦辰。（二）年岁：二十五岁。（三）籍贯：云南。（四）现任职守：（五）起义以前运动何种会党：梦辰，公立法政学生。习闻革命宗旨。辛亥秋间，本党密谋倡义。奉张百麟命令，联合省城各区巡警，在事出力。（六）起义前后有何劳绩：九月十四日，新军入城。梦辰等编为学生队，分任守护教堂，驻扎大南门一带，维持安宁秩序。

王席珍

（一）姓名：王席珍。（二）年岁：三十二岁。（三）籍贯：贵州遵义府。（四）现任职守：　（五）起义以前运动何种会党：席珍，公立法政学生。习闻革命宗旨。辛亥秋间，本党密谋倡义。奉张百麟命令，联合省城各区巡警，在事出力。（六）起义前后有何劳绩：九月十四日，新军入城。席珍等编为学生队，分任守护教堂，驻扎大南门一带，维持安宁秩序。

文昭明

（一）姓名：文昭明。（二）年岁：二十九岁。（三）籍贯：贵州归化厅。（四）现任职守：　（五）起义以前运动何种会党：昭明，公立法政学生。习闻革命宗旨。辛亥秋间，本党密谋倡义。奉张百麟命令，联合省城各区巡警，在事出力。（六）起义前后有何劳绩：九月十四日，新军入城。昭明等编为学生队，分任守护教堂，驻扎大南门一带，维持安宁秩序。

贾世明

（一）姓名：贾世明。（二）年岁：二十三岁。（三）籍贯：贵州贵定县。（四）现任职守：　（五）起义以前运动何种会党：世明，公立法政学生。习闻革命宗旨。辛亥秋间，本党密谋倡义。奉张百麟命令，运动省城各区巡警，在事出力。（六）起义前后有何劳绩：九月十四日，新军入城。世明等编为学生队，分任保护教堂，驻扎大南门一带，维持安宁秩序。

毛以义

（一）姓名：毛以义。（二）年岁：二十八岁。（三）籍贯：贵州湄潭县。（四）现任职守：　（五）起义以前运动何种会党：以义，公立法政学生。习闻革命宗旨。辛亥秋间，本党密谋倡义。奉张百麟命令，联合省城各区巡警，在事出力。（六）起义前后有何劳绩：十月十四日，新军入城。以义等编为学生队，分任保护教堂，驻扎大南门一带，维持安宁秩序。

胡宗瑗

（一）姓名：胡宗瑗。（二）年岁：三十岁。（三）籍贯：贵州安顺府。（四）现任职守：　（五）起义以前运动何种会党：宗瑗，公立法政学生。习闻革命宗旨。辛亥秋间，本党密谋倡义。奉张百麟命令，联合省城各区巡警，在事出力。（六）起义前后有何劳绩：九月十四日，新军入城。宗瑗等编为学生队，分任保护教堂，驻扎大南门一带，维持安宁秩序。

李义和

（一）姓名：李义和。（二）年岁：三十六岁。（三）籍贯：贵州省瓮安县。（四）现任职守：　（五）起义以前运动何种会党：义和，公立法政学生。习闻革命宗旨。辛亥秋间，本党密谋倡义。奉张百麟命令，联合省城各区巡警，在事出力。（六）起义前后有何劳绩：九月十四日，新军入城。义和等编为学生队，分任保护教堂，驻扎大南门一带，维持安宁秩序。

黄廷桢

（一）姓名：黄廷桢。（二）年岁：三十九岁。（三）籍贯：贵州安顺府。（四）现任职守：　（五）起义以前运动何种会党：廷桢，公立法政学生。习闻革命宗旨。辛亥秋间，本党密谋倡义。奉张百麟命令，联合省城各区巡警，在事出力。（六）起义前后有何劳绩：九月十四日，新军入城。廷桢等编为学生队，分任保护教堂，驻扎老东门一带，维持安宁秩序。

谢昭奎

（一）姓名：谢昭奎。（二）年岁：三十七岁。（三）籍贯：贵州仁怀县。（四）现任职守：　（五）起义以前运动何种会党：昭奎，公立法政学生。习闻革命宗旨。辛亥秋间，本党密谋倡义。奉张百麟命令，联合省城各区巡警，在事出力。（六）起义前后有何劳绩：九月十四日，新军入城。昭奎等编为学生队，分任保护教堂，驻扎老东门一带，维持安宁秩序。

张　逵

（一）姓名：张逵。（二）年岁：二十三岁。（三）籍贯：贵州贵阳府。（四）现任职守：（五）起义以前运动何种会党：逵，公立法政学生。习闻革命宗旨。辛亥秋间，本党密谋倡义。奉张百麟命令，联合省城各区巡警，在事出力。（六）起义前后有何劳绩：九月十四日，新军入城。逵等编为学生队，分任保护教堂，驻扎老东门一带，维持安宁秩序。

周炳麟

（一）姓名：周炳麟。（二）年岁：二十八岁。（三）籍贯：贵州贵阳府。（四）现任职守：　（五）起义以前运动何种会党：炳麟，公立法政学生。习闻革命宗旨。辛亥秋间，本党密谋倡义。奉张百麟命令，联合省城各区巡警，在事出力。（六）起义前后有何劳绩：九月十四日，新军入城。炳麟等编为学生队，分任保护教堂，驻扎老东门一带，维持安宁秩序。

方　鋮

（一）姓名：方鋮。（二）年岁：二十八岁。（三）籍贯：贵州大定府。（四）现任职守：　（五）起义以前运动何种会党：鋮，公立法政学生。习闻革命宗旨。辛亥秋间，本党密谋倡义。奉张百麟命令，联合省城各区巡警，在事出力。（六）起义前后有何劳绩：九月十四日，新军入城。鋮等编为学生队，分任保护教堂，驻扎老东门一带，维持安宁秩序。

刘匡璜

（一）姓名：刘匡璜。（二）年岁：三十一岁。（三）籍贯：贵州余庆县。（四）现任职守：　（五）起义以前运动何种会党：匡璜公立法政学生。习闻革命宗旨。辛亥秋间，本党密谋倡义。奉张百麟命令，联合省城各区巡警，在事出力。（六）起义前后有何劳绩：九月十四日，新军入城。匡璜等编为学生队，分任保护教堂，驻扎老东门一带，维持安宁秩序。

胡为熙

（一）姓名：胡为熙。（二）年岁：三十二岁。（三）籍贯：贵州独山州。（四）现任职守：　（五）起义以前运动何种会党：为熙，公立法政学生。习闻革命宗旨。辛亥秋间，本党密谋倡义。奉张百麟命令，联合省城各区巡警，在事出力。（六）起义前后有何劳绩：九月十四日，新军入城。为熙等编为学生队，分任保护教堂，驻扎老东门一带，维持安宁秩序。

李　俊

（一）姓名：李俊。（二）年岁：二十五岁。（三）籍贯：福建。（四）现任职守：　（五）起义以前运动何种会党：俊，公立法政学生。习闻革命宗旨。辛亥秋间，本党密谋倡义。奉张百麟命令，联合省城各区巡警，在事出力。（六）起义前后有何劳绩：九月十四日，新军入城。俊等编为学生队，分任保护教堂，驻扎新东门一带，维持安宁秩序。

李德谦

（一）姓名：李德谦。（二）年岁：三十岁。（三）籍贯：贵州大定府。（四）现任职守：　（五）起义以前运动何种会党：德谦，公立法政学生。习闻革命宗旨。辛亥秋间，本党密谋倡义。奉张百麟命令，联合省城各区巡警，在事出力。（六）起义前后有何劳绩：九月十四日，新军入城。德谦等编为学生队，分任保护教堂，驻扎新东门一带，维持安宁秩序。

冉崇杰

（一）姓名：冉崇杰。（二）年岁：二十六岁。（三）籍贯：贵州思南府。（四）现任职守：　（五）起义以前运动何种会党：崇杰，公立法政学生。习闻革命宗旨。辛亥秋间，本党密谋倡义。奉张百麟命令，联合省城各区巡警，在事出力。（六）起义前后有何劳绩：九月十四日，新军入城。崇杰等编为学生队，分任保护教堂，驻扎新东门一带，维持安宁秩序。

蒋俊臣

（一）姓名：蒋俊臣。（二）年岁：三十二岁。（三）籍贯：贵州都江厅[1]。（四）现任职守：　（五）起义以前运动何种会党：俊臣，公

[1] 都江厅：今贵州省黔南州三都水族自治县。

立法政学生。习闻革命宗旨。辛亥秋间，本党密谋倡义。奉张百麟命令，联合省城各区巡警，在事出力。（六）起义前后何有劳绩：九月十四日，新军入城。俊臣等编为学生队，分任保护教堂，驻扎新东门一带，维持安宁秩序。

赵文鼎

（一）姓名：赵文鼎。（二）年岁：三十一岁。（三）籍贯：贵州安平县。（四）现任职守：（五）起义以前运动何种会党：文鼎，公立法政学生。习闻革命宗旨。辛亥秋间，本党密谋倡义。奉张百麟命令，联合省城各区巡警，在事出力。（六）起义前后有何劳绩：九月十四日，新军入城。文鼎等编为学生队，分任保护教堂，驻扎新东门一带，维持安宁秩序。

周尔谟

（一）姓名：周尔谟。（二）年岁：二十八岁。（三）籍贯：贵州毕节县。（四）现任职守：（五）起义以前运动何种会党：尔谟，公立法政学生。习闻革命宗旨。辛亥秋间，本党密谋倡义。奉张百麟命令，联合省城各区巡警，在事出力。（六）起义前后有何劳绩：九月十四日，新军入城，尔谟等编为学生队，分任保护教堂，驻扎新东门一带，维持安宁秩序。

孟　津

（一）姓名：孟津。（二）年岁：二十九岁。（三）籍贯：贵州赤水厅[1]。（四）现任职守：（五）起义以前运动何种会党：津，公立法政学生。习闻革命宗旨。辛亥秋间，本党密谋倡义。奉张百麟命令，联合省城各区巡警，在事出力。（六）起义前后有何劳绩：九月十四日，新军入城。津等编为学生队，分任保护教堂，驻扎新东门一带，维持安宁秩序。

彭抚辰

（一）姓名：彭抚辰。（二）年岁：二十六岁。（三）籍贯：云

---

[1] 赤水厅：今贵州省赤水市。

南。（四）现任职守：（五）起义以前运动何种会党：抚辰，公立法政学生。习闻革命宗旨。辛亥秋间，本党密谋倡义。奉张百麟命令，联合省城各区巡警，在事出力。（六）起义前后有何劳绩：九月十四日，新军入城。抚辰等编为学生队，分任保护教堂，驻扎新东门一带，维持安宁秩序。

黄士杰

（一）姓名：黄士杰。（二）年岁：二十八岁。（三）籍贯：贵州青溪县[1]。（四）现任职守：（五）起义以前运动何种会党：士杰，公立法政学生。习闻革命宗旨。辛亥秋间，本党密谋倡义。奉张百麟命令，联合省城各区巡警，在事出力。（六）起义前后有何劳绩：九月十四日，新军入城。士杰等编为学生队，分任保护教堂，驻扎新东门一带，维持安宁秩序。

石化麟

（一）姓名：石化麟。（二）年岁：三十六岁。（三）籍贯：贵州定番州人。（四）现任职守：（五）起义以前运动何种会党：化麟，公立法政学生。习闻革命宗旨。辛亥秋间，本党密谋倡义。奉张百麟命令，联合公立中学堂学生，在事出力。（六）起义前后有何劳绩：组织敢死队，守护道库。

程一云

（一）姓名：程一云。（二）年岁：三十四岁。（三）籍贯：贵州思州府。（四）现任职守：（五）起义以前运动何种会党：一云，公立法政学生。习闻革命宗旨。奉张百麟命令，联络体操专修科学生，在事出力。（六）起义前后有何劳绩：九月十四日，新军入城。一云等编为学生队，日间巡查各处，夜驻威清门一带，维持安宁秩序。

梅　咸

（一）姓名：梅咸。（二）年岁：二十九岁。（三）籍贯：贵州铜仁府。（四）现任职守：（五）起义以前运动何种会党：咸，公立法

[1] 青溪县：今贵州省黔东南州镇远县青溪镇。

政学生。习闻革命宗旨。奉张百麟命令，联络体操专修科学生，在事出力。（六）起义前后有何劳绩：九月十四日，新军入城。咸等编为学生队，日间巡查各处，夜驻威清门一带，维持安宁秩序。

毛　颖

（一）姓名：毛颖。（二）年岁：二十九岁。（三）籍贯：贵州松桃厅。（四）现任职守：　（五）起义以前运动何种会党：颖，公立法政学生。习闻革命宗旨。奉张百麟命令，联络体操专修科学生，在事出力。（六）起义前后有何劳绩：九月十四日，新军入城。颖等编为学生队，日间巡查各处，夜驻威清门一带，维持安宁秩序。

戴昌祥

（一）姓名：戴昌祥。（二）年岁：二十八岁。（三）籍贯：贵州松桃厅。（四）现任职守：　（五）起义以前运动何种会党：昌祥，公立法政学生。习闻革命宗旨。奉张百麟命令，联络体操专修科学生，在事出力。（六）起义前后有何劳绩：九月十四日，新军入城。昌祥等编为学生队，日间巡查各处，夜驻威清门一带，维持安宁秩序。

王　倬

（一）姓名：王倬。（二）年岁：二十八岁。（三）籍贯：贵州黄平州。（四）现任职守：　（五）起义以前运动何种会党：倬，公立法政学生。习闻革命宗旨。奉张百麟命令，联络体操专修科学生，在事出力。（六）起义前后有何劳绩：九月十四日，新军入城，倬等编为学生队，日间巡查各处，夜驻威清门一带，维持安宁秩序。

杨德培

（一）姓名：杨德培。（二）年岁：三十四岁。（三）籍贯：贵州镇远府。（四）现任职守：　（五）起义以前运动何种会党：德培，公立法政学生。习闻革命宗旨。奉张百麟命令，联络体操专修科学生，在事出力。（六）起义前后有何劳绩：九月十四，新军入城。德培等编为学生队，日间巡查各处，夜驻威清门一带，维持安宁秩序。

田　滨

（一）姓名：田滨。（二）年岁：三十四岁。（三）籍贯：贵州遵义府。（四）现任职守：　（五）起义以前运动何种会党：滨，公立法政学生。习闻革命宗旨。奉张百麟命令，联络高等巡警学堂、农林学堂学生，协谋倡议。（六）起义前后有何劳绩：新军入城，滨等编为学生队，驻扎次南门，维持秩序。后奉派赴平越、镇远一带，演说革命要旨。

翁维翰

（一）姓名：翁维翰。（二）年岁：二十九岁。（三）籍贯：贵州铜仁府。（四）现任职守：（五）起义以前运动何种会党：维翰，公立法政学生。习闻革命宗旨。奉张百麟命令，联络高等巡警学堂、农林学堂学生，协谋倡议。（六）起义前后有何劳绩：新军入城，维翰等编为学生队，驻扎次南门，维持秩序。后奉派赴平越、镇远一带，演说革命要旨。

谢尚诚

（一）姓名：谢尚诚。（二）年岁：二十七岁。（三）籍贯：贵州铜仁府。（四）现任职守：　（五）起义以前运动何种会党：尚诚，公立法政学生。习闻革命宗旨。奉张百麟命令，联络高等巡警学堂、农林学堂学生，协谋倡议。（六）起义前后有何劳绩：九月十四日，新军入城。尚诚等编为学生队，驻扎次南门，维持秩序。后奉派赴平越、镇远一带，演说革命要旨。

苟　渊

（一）姓名：苟渊。（二）年岁：二十八岁。（三）籍贯：贵州遵义府。（四）现任职守：　（五）起义以前运动何种会党：渊，公立法政学生。习闻革命宗旨。奉张百麟命令，联络高等巡警学堂、农林学堂学生，协谋倡议。（六）起义前后有何劳绩：九月十四日，新军入城。渊等编为学生队，驻扎次南门，维持秩序。后奉派赴平越、镇远一带，演说革命要旨。

赵金兰

（一）姓名：赵金兰。（二）年岁：二十九岁。（三）籍贯：贵州思南府。（四）现任职守：　（五）起义以前运动何种会党：金兰，公立法政学生。习闻革命宗旨。奉张百麟命令，联络高等巡警学堂、农林学堂学生，协谋倡议。（六）起义前后有何劳绩：新军入城，金兰等编为学生队，驻扎次南门，维持秩序。后奉派赴平越、镇远一带，演说革命要旨。

胡　灿

（一）姓名：胡灿。（二）年岁：三十二岁。（三）籍贯：贵州独山州。（四）现任职守：　（五）起义以前运动何种会党：灿，公立法政学生。习闻革命宗旨。奉张百麟命令，联络高等巡警学堂、农林学堂学生，协谋倡议。（六）起义前后有何劳绩：新军入城，灿等编为学生队，驻扎次南门，维持秩序。后奉派赴平越、镇远一带，演说革命要旨。

方正文

（一）姓名：方正文。（二）年岁：三十六岁。（三）籍贯：贵州遵义府。（四）现任职守：　（五）起义以前运动何种会党：正文，公立法政学生。习闻革命宗旨。奉张百麟命令，联络高等巡警学堂、农林学堂学生，协谋倡议。（六）起义前后有何劳绩：新军入城，正文等编为学生队，驻扎次南门，维持秩序。后奉派赴平越、镇远一带，演说革命要旨。

蔡　益

（一）姓名：蔡益。（二）年岁：二十八岁。（三）籍贯：贵州贵筑县。（四）现任职守：　（五）起义以前运动何种会党：益，公立法政学生。习闻革命要旨。奉张百麟命令，联络高等巡警学堂、农林学堂学生，协谋倡议。（六）起义前后有何劳绩：新军入城，益等编为学生队，驻扎次南门，维持秩序。后奉派赴平越、镇远一带，演说革命要旨。

王承槐

（一）姓名：王承槐。（二）年岁：三十四岁。（三）籍贯：贵州平越州。（四）现任职守：　（五）起义以前运动何种会党：承槐，公立法政学生。习闻革命宗旨。奉张百麟命令，联络高等巡警学堂、农林学堂学生，协谋倡议。（六）起义前后有何劳绩：新军入城，承槐等编为学生队，驻扎次南门，维持秩序。后奉派赴平越、镇远一带，演说革命要旨。

陈　骐

（一）姓名：陈骐。（二）年岁：三十二岁。（三）籍贯：贵州铜仁府。（四）现任职守：　（五）起义以前运动何种会党：骐，公立法政学生。习闻革命宗旨。奉张百麟命令，联络高等巡警学堂、农林学堂学生，协谋倡议。（六）起义前后有何劳绩：新军入城，骐等编为学生队，驻扎次南门，维持秩序。后奉派赴平越、镇远一带，演说革命要旨。

罗紫衔

（一）姓名：罗紫衔。（二）年岁：　（三）籍贯：贵州龙里县。（四）现任职守：　（五）起义以前运动何种会党：紫衔充中路巡防营督带，驻扎龙里。九月初旬，沈瑜庆调令赴省防范革命党人。紫衔纳自治党员陈树燊之说，表同情于革命，按兵不动，助成光复之功。

蔡奎祥（此稿系奎祥自拟）

（一）姓名：蔡奎祥。（二）年岁：三十六岁。（三）籍贯：贵州威宁州。（四）现任职守：　（五）起义以前运动何种会党：奎祥，自治学社党员。同张百麟等发起《西南日报》馆，并在威宁创办分社，鼓吹革命甚力。州牧韦瑛忌之，以“私开会妨害治安，实为革命首恶”，密禀督抚，褫革[1]廪生，拟办永远监禁。业经批准，后为代理提学司贺国昌转圜，事得寝。继充威宁劝业员、自治研究所所长、议事会议长，无日不以改革学说鼓动人心。辛亥秋，川路风潮起，奎祥欲先期举事。旋奉本部命令，为实行之准备。奎祥联合各界，部署一切。及省城光复电至，遂相率剪发悬旗，即日反正。（六）起义前后有何劳绩：威宁距省穹远，风气闭塞，苗回杂居，善疑易动。反正之初，有谋乘机煽乱者，设宣统牌位，勾结土匪多人，期九月二十一日破城劫狱。奎祥侦知，日夜严备。请于总兵王锡吉，得快枪五十支，发给团兵，奎祥督率梭巡。

[1] 褫革：除名革职。

匪党知不敌，各鸟兽散。张百麟巡视上游，奎祥奉电驰往，充行营一等参谋。每条议时政，百麟未尝不称善。百麟至中途旋省，事无人代，以奎祥安抚上游，派所部新巡防三队随往。奎祥军令严明，恩威并用。经过地方，绅民竞相挽留。如盘州、贞丰、普安、水城各境，盗贼蜂起，商旅裹足。奎祥至，莫不闻风远扬。将至威宁，奎祥闻讣，丁父艰，仍挥泪治兵民事如平日，就近奔丧至家，遣兵队分巡各乡。事竣，将往毕节各郡，适黄泽霖难起，张百麟出奔。恶耗至，奎祥电省辞职力争。奉赵德全复电：张、黄已由立法院妥议办法，仍令奎祥就前职。及得滇军据黔、德全已死确信，始知复电之伪。嗣屡复电省请唐继尧逆取顺守，绳刘显世等以法，遂触其怒，以兵围杀奎祥不得，抄没其家。奎祥变貌易服，由滇绕道入京师。

龙恒山

（一）姓名：龙恒山。（二）年岁：五十一岁。（三）籍贯：贵州黔西州。（四）现任职守：　（五）起义以前运动何种会党：恒山，自治学社党员。历办乡团数十年，甚得地方信仰。咄嗟之间，可以立集万人。九月中旬，省城光复电至。恒山与官绅协议，亟谋响应。（六）起义前后有何劳绩：各属光复之初，地方现象多不安静。恒山以全力震慑，故黔西始终宁谧。

彭　堃

（一）姓名：彭堃。（二）年岁：三十六岁。（三）籍贯：贵州安南县。（四）现任职守：　（五）起义以前运动何种会党：（六）起义前后有何劳绩：堃初充新军中营左哨哨长。驻防江边，与华侨黄叶清善。闻叶清鼓吹革命，心向往之。后以经商出入两粤，接洽革党益夥。及归黔，加入自治党，在安南创办分社，得同志三百余人。辛亥秋，本党谋倡义。巡抚沈瑜庆密电兴义刘显世募兵入卫。堃兄心德故缓其谋，而令堃兼程赴省，促张百麟等急进。军政府成立，堃充各营总稽查，复从张百麟巡视上游，充行营执事官，募集饷需，深资得力。滇军据黔后，刘显世怨堃兄弟之泄其谋，以兵围堃家，杀心德并及其子弟二人，又悬赏捕堃。堃亡走京师。

谭　珍

（一）姓名：谭珍。（二）年岁：三十九岁。（三）籍贯：贵州贞丰州。（四）现任职守：　（五）起义以前运动何种会党：珍，自治学社党员。在贞丰与梁士荃、孟广仁等创办分社，鼓吹革命。辛亥秋间，奉本部命令，为实行之预备。及省城光复电至，遂联合各界，剪发响应。

梁士荃

（一）姓名：梁士荃。（二）年岁：三十九岁。（三）籍贯：贵州贞丰州。（四）现任职守：　（五）起义以前运动何种会党：士荃，自治学社党员。在贞丰与谭珍、孟广仁等创办分社，鼓吹革命。辛亥秋间，奉本部命令，为实行之预备。及省城光复电至，遂联合各界，剪发响应。

孟广仁

（一）姓名：孟广仁。（二）年岁：　（三）籍贯：贵州贞丰州。（四）现任职守：　（五）起义以前运动何种会党：广仁，自治学社党员。在贞丰与谭珍、梁士荃等创办分社，鼓吹革命，辛亥秋间，奉本部之命令，为实行之预备。及省城光复电至，遂联合各界，剪发响应。

蒋正铣

（一）姓名：蒋正铣。（二）年岁：三十一岁。（三）籍贯：贵州兴义县。（四）现任职守：　（五）起义以前运动何种会党：正铣，自治学社党员。又偕杨昌铭等发起宪友会，联络奔走，在事出力。

鲁　瀛

（一）姓名：鲁瀛。（二）年岁：三十一岁。（三）籍贯：贵州遵义县。（四）现任职守：　（五）起义以前运动何种会党：瀛，咨议局议员。在遵义历办乡团，捕盗缉匪，声威远出防营上。省城光复电至，瀛遂联合各界，即日响应。

吴裴成

（一）姓名：吴裴成。（二）年岁：　（三）籍贯：贵州贞丰州。（四）现任职守：　（五）起义以前运动何种会党：裴成，自治学社党员，于党务工作奔走甚力。辛亥秋间，奉本部命令，为实行之预备。及省城光复电至，遂偕谭珍、梁士荃、孟广仁等，联合各界，剪发响应。

潘德明

（一）姓名：潘德明。（二）年岁：四十四岁。（三）籍贯：贵州镇远县。（四）现任职守：（五）起义以前运动何种会党：德明，自治学社党员，在镇远创办分社，鼓吹革命。辛亥秋间，奉本部命令，为实行之预备。及省城光复电至，遂联合各界，剪发响应。

夏茂德

（一）姓名：夏茂德。（二）年岁：三十一岁。（三）籍贯：贵州石阡府。（四）现任职守：（五）起义以前运动何种会党：茂德，自治学社党员，在石阡创办分社，鼓吹革命。辛亥秋间，奉本部命令，为实行之预备。及省城光复电至，遂联合各界，驱逐知府满人毓年，剪发响应。

叶家龙

（一）姓名：叶家龙。（二）年岁：（三）籍贯：贵州都匀府。（四）现任职守：（五）起义以前运动何种会党：家龙，自治学社党员，在都匀创办分社，鼓吹革命。辛亥秋间，奉本部命令，为实行之预备。及省城光复电至，遂联合各界，即日响应。

吴嘉瑞

（一）姓名：吴嘉瑞。（二）年岁：五十九岁。（三）籍贯：湖南长沙县。（四）现任职守：（五）起义以前运动何种会党：（六）起义前后有何劳绩：嘉瑞初以知府来黔，盛倡新学。黔人之士有新知识者，多游于吴氏之门。乙巳、丙午间，嘉瑞护学生出洋，益纵谈革命，谓中国病入腠里，非伪言立宪，涂饰耳目，便可转弱为强也。寮友皆虑其以言语贾祸，而嘉瑞夷然。己酉夏，自治学社创办法政学堂。提学司陈骧素仇视自治党，又以公立法政，全国无先例可援，驳斥不准。自治党推嘉瑞为该校监督，力争之，卒得电部立案。其后校中英隽，奔走革命，冒死犯难，一时无以为比。当省城光复时，嘉瑞已前擢贵东兵备道，驻古州。古州者，下游门户也。总兵公署在焉，东南防军、绿营，皆归其调遣。军政府通告书至，嘉瑞大会文武，慷慨陈说。总兵谢某，亦夙重嘉瑞，谕告所部，相率反正。即日组织军政分府，推嘉瑞为副都督，以便宜传檄附近州县，使各守秩序，无相惊扰。军饷大计，仍咨商省城，保行政之统一。在职三月，解职还乡。

傅良弼

（一）姓名：傅良弼。（二）年岁：　（三）籍贯：贵州贞丰州。（四）现任职守：贵州黎平府知事。（五）起义以前运动何种会党：（六）起义前后有何劳绩：良弼，自治学社党员。当省城光复时，良弼适在古州，佐吴嘉瑞办理一切。组织军政分府，绥缉防营、绿营，维持地方秩序，嘉瑞皆深资其力。

张秀珊

（一）姓名：张秀珊。（二）年岁：　（三）籍贯：贵州永宁州[1]。（四）现任职守：　（五）起义以前运动何种会党：秀珊，自治学社党员，习闻革命宗旨。辛亥秋间，奉本部命令，为实行之预备。及贵阳光复电至，遂联合州城各界，即日反正。

侯百铭

（一）姓名：侯百铭。（二）年岁：　（三）籍贯：贵州清镇县。（四）现任职守：　（五）起义以前运动何种会党：百铭，自治学社党员，习闻革命宗旨。辛亥秋间，奉本部命令，为实行之预备。及贵阳光复电至，遂偕张绍銮、王聘麟等，联合县城各界，即日响应。

王聘麟

（一）姓名：王聘麟。（二）年岁：　（三）籍贯：贵州清镇县。（四）现任职守：　（五）起义前运动何种会党：聘麟，自治学社党员，习闻革命宗旨。辛亥秋间，奉本部命令，为实行之预备。及贵阳光复电至，遂偕张绍銮、侯百铭等，联合县城各界，即日响应。

张绍銮

（一）姓名：张绍銮。（二）年岁：四十六岁。（三）籍贯：贵州清镇县。（四）现任职守：　（五）起义以前运动何种会党：绍銮，前咨议局议员。在清镇历办学务及自治事业，颇负乡望。省城光复电至，偕

[1] 永宁州：今贵州省安顺市关岭布依族苗族自治县。

同侯百铭、王聘麟等，联合县城各界，即日响应。

李锡三

（一）姓名：李锡三。（二）年岁：　（三）籍贯：贵州威宁州。（四）现任职守：　（五）起义以前运动何种会党：锡三，自治学社党员，习闻革命宗旨。辛亥秋间，奉本部命令，为实行之预备。及省城光复电至，遂偕蔡奎祥联合州城各界，剪发响应。

杨嗣绾

（一）姓名：杨嗣绾。（二）年岁：（三）籍贯：贵州新城县[1]。（四）现任职守：　（五）起义以前运动何种会党：嗣绾，自治学社党员。贵阳光复电至，与邹国玺、熊子香、张荣堦等联合县城各界，即日响应。

张荣堦

（一）姓名：张荣堦。（二）年岁：（三）籍贯：贵州新城县。（四）现任职守：（五）起义以前运动何种会党：荣堦，自治学社党员。贵阳光复电至，与杨嗣绾、邹国玺、熊子香等联合县城各界，即日响应。

邹国玺

（一）姓名：邹国玺。（二）年岁：（三）籍贯：贵州新城县。（四）现任职守：（五）起义以前运动何种会党：国玺，自治学社党员。贵阳光复电至，与杨嗣绾、张荣堦、熊子香等联合县城各界，即日响应。

熊子香

（一）姓名：熊子香。（二）年岁：　（三）籍贯：贵州新城县。（四）现任职守：（五）起义以前运动何种会党：子香，自治学社党员。贵阳光复电至，与杨嗣绾、张荣堦、邹国玺等联合县城各界，即日响应。

陈嘉言

（一）姓名：陈嘉言。（二）年岁：三十一岁。（三）籍贯：贵州

---

[1] 新城县：今贵州省黔西南州兴仁市。

修文县。（四）现任职守：（五）起义以前运动何种会党：嘉言在修文历办学务及自治事务，颇负乡望。贵阳光复电至，联合县城各界，即日响应。

吴子循

（一）姓名：吴子循。（二）年岁：二十六岁。（三）籍贯：贵州贞丰州。（四）现任职守：（五）起义以前运动何种会党：子循，自治学社党员、优级师范选科毕业生。辛亥秋间，在省预闻密谋。奉张百麟命令，联合公立中学堂学生，协谋倡义。

余顺亲

（一）姓名：余顺亲。（二）年岁：三十二岁。（三）籍贯：贵州铜仁县。（四）现任职守：（五）起义以前运动何种会党：顺亲，自治学社党员，习闻革命宗旨。辛亥秋间，奉本部命令，为实行之预备。及省城光复电至，遂联合各界，即日响应。

詹德宣

（一）姓名：詹德宣。（二）年岁：（三）籍贯：贵州贞丰州。（四）现任职守：（五）起义以前运动何种会党：德宣，自治学社党员。辛亥秋间，在省预闻密谋。奉张百麟命令，联络奔走，在事出力。

张文斋

（一）姓名：张文斋。（二）年岁：（三）籍贯：贵州平越州。（四）现任职守：（五）起义以前运动何种会党：文斋，自治学社党员。辛亥秋间，在省预闻密谋。奉张百麟命令，联络奔走，在事出力。

张元熙

（一）姓名：张元熙。（二）年岁：（三）籍贯：贵州安平县。（四）现任职守：（五）起义以前运动何种会党：元熙，自治学社党员，辛亥秋间，在省预闻密谋。奉张百麟命令，联络奔走，在事出力。

傅雨农

（一）姓名：傅雨农。（二）年岁：（三）籍贯：贵州清镇县。（四）现任职守：（五）起义以前运动何种会党：雨农，自治学社党员。辛亥秋间，在省预闻密谋。奉张百麟命令，联络奔走，在事出力。

钟云楼

（一）姓名：钟云楼。（二）年岁：（三）籍贯：贵州兴义府。（四）现任职守：（五）起义以前运动何种会党：云楼，自治学社党员。辛亥秋间，奉本部命令，为实行之预备。及省城光复电至，联合府城各界，即日响应。

王星阶

（一）姓名：王星阶。（二）年岁：三十七岁。（三）籍贯：贵州镇远县。（四）现任职守：（五）起义以前运动何种会党：（六）起义前后有何劳绩：星阶，咨议局议员、自治学社评议部干事。辛亥秋间，本党密谋起义，星阶随同筹画，主持进行方略。军政府成立，改立法院议员。执政者尊重舆论遇大事必就院取决。星阶等亦殚心立法事业，备极勤劳。滇军据黔，解散立法院，议员皆被放逐，星阶亦还乡里。

郭光泽

（一）姓名：郭光泽。（二）年岁：三十二岁。（三）籍贯：贵州兴义县。（四）现任职守：（五）起义以前运动何种会党：光泽，日本东斌学堂毕业生。归黔后任教陆军学校。该校学生之密谋光复也，光泽力赞助之。且因杨荩诚以通于新军，因平刚以通于自治党，联络周旋，交换其意见，故成功益速。（六）起义前后有何劳绩：军政府成立，光泽任都督府卫队督带，后调任第三标第三营管带，随杨荩诚北伐。

万贤臣

（一）姓名：万贤臣。（二）年岁：（三）籍贯：贵州镇远县。（四）现任职守：众议院议员。（五）起义以前运动何种会党：贤臣在镇远，历办学务，颇负乡望。贵阳光复电至，联合县城各界，即日响应。

邱铭佩

（一）姓名：邱铭佩。（二）年岁：四十七岁。（三）籍贯：贵州青溪县。（四）现任职守：（五）起义以前运动何种会党：铭佩，咨议局议员。在青溪历办学务及自治事业，颇负众望。贵阳光复后，联合县城各界，即日响应。

朱　培

（一）姓名：朱培。（二）年岁：二十八岁。（三）籍贯：贵州兴义府。（四）现任职守：（五）起义以前运动何种会党：培初从张铭游，醉心革命主义。丙午萍醴之役，铭谋响应，培奉命奔走。事泄，随铭逃亡。未几后返黔。辛亥秋间，鄂军发难。培与公立中学学堂学生何煓等，联络各校学生，协谋倡义。培又只身接洽陆军学生及自治党，各方面取一致之行动。光复事业，遂以告成。（六）起义前后有何劳绩：九月十四日，新军入城[1]。培皆率同志，占领文昌宫火药局。库存军械，悉数运入军政府。后复由十三府联合会举充代表，回籍赞助光复事业。兴义反正，仍晋省。充组织中央政府会议全权代表参赞，偕平刚等赴南京。

何　煓

（一）姓名：何煓。（二）年岁：二十八岁。（三）籍贯：贵州遵义府。（四）现任职守：贵州省议会副议长。（五）起义以前运动何种会党：煓，公立中学堂学生。其同学凡二百余人。辛亥秋间，鄂军发难。省城自治党及军、学、警各方面皆有秘密运动。煓亦号召同学，阴谋倡议。又躬赴张百麟宅觌面协商。该堂监督任可澄，宪政党领袖，破坏革命之谋主也，屡向学生演说，排斥急进之非。煓等不为动。事机成熟，乃群起劫任可澄。可澄不得已，始听蔡岳调停，与张百麟握手。光复事业，遂以告成。

吴作棻

（一）姓名：吴作棻。（二）年岁：三十二岁。（三）籍贯：贵州遵义府。（四）现任职守：参议院议员。（五）起义以前运动何种会党：作棻初从张铭游，醉心革命主义，后入宪政预备会为会员。宗旨背驰，特为谋生计，非其志也。充《贵州公报》馆编辑人。川路风潮起，武汉首难。自治党及军、学、警各方面皆有秘密运动。作棻急组织一政学崇实会，联络同志，阴谋倡义。宪政党首领任可澄屡设策破坏革命党，嗣见党员及机关报皆有二心，遂夺气，反对力减杀，自治党乃得一

---

[1] 城：指贵阳城。

意进行焉。

张定中

（一）姓名：张定中。（二）年岁：三十一岁。（三）籍贯：贵州思南府。（四）现任职守：（五）起义以前运动何种会党：定中，宪政预备会会员，宗旨与该党党魁任可澄异趣。辛亥秋间，武汉首难。自治党及军、学、警各方面皆有秘密运动。定中函促任可澄急起直追，可澄不能用。定中则联合同志阴为预备。其后可澄迫于大势，卒被革命主义征服，自治党得一意进行。定中等之堕其樊篱，与有力焉。

宁士谦

（一）姓名：宁士谦。（二）年岁：三十七岁。（三）籍贯：贵州毕节县。（四）现任职守：（五）起义以前运动何种会党：士谦，日本警察学校毕业生、同盟会会员。在东时，尝邮致《民报》多份回国，分赠知交，灌输革命思想。又与书其友周培艺往复辩论，主张急进，归国后充自治党评论部干事，于党务奔走甚力。凡自治党经营事业，士谦无不与闻。辛亥秋，川路风潮起，本部大计划已定，公推士谦为上游特派员，前赴大定一带，秘密运动，相机进行。抵毕节而武汉捷音至，士谦急偕周培藻、罗廷璜等组织团体联合会，荟萃邑中优秀人物，协谋倡义。又遣人游说防军及绿营，皆得同意。九月十四日，省城光复。十五日，毕节首先响应。时距省城百里内之清镇、修文、龙里各县，俱未得民军真相，远者更相观望。省城接毕节电，亟宣示各属。各属始争先反正，如恐不及矣。（六）起义前后有何劳绩：毕节居贵州北鄙，界连川滇。反正后谣诼繁兴。士谦与周培藻等筹商，招募团练，保卫地方。后复被推至省，请领枪械，军政府留充模范监狱典狱官。在职三月，滇军据黔，弃职还乡里。

陈茂鼎

（一）姓名：陈茂鼎。（二）年岁：　（三）籍贯：贵州大定府。（四）现任职守：（五）起义以前运动何种会党：茂鼎，自治学社党员，在省与闻密谋，奉张百麟命令，联络奔走，在事出力。

周培藻

（一）姓名：周培藻。（二）年岁：三十九岁。（三）籍贯：贵州毕节县。（四）现任职守：（五）起义以前运动何种会党：培藻在毕节历办自治事业，提倡民权，与地方官吏多所龃龉。地方官吏屡欲排斥陷害之，卒不可得。辛亥秋，川路风潮起，巡抚沈瑜庆应川督赵尔丰之请，抽调驻毕防军赴援。已而边防吃紧，仍饬管带保子琛增募足额。时瑜庆已有戒心，预戒子琛，非有确实保证，毋令应募。培藻见事机可乘，乃以平日搜集健儿百余人，用自治团体名义，悉数介绍入伍。未几，武汉捷音至，宁士谦亦适自省城来，报告各方面进行情况。遂相与组织团体联合会，号召同志，协谋倡义。毕节军界主力在巡防，培藻既可以左右防军，绿营多老弱，唯唯听命。又遣人与哥老会约：毋得乘机暴动，事定之后，当遴选材武，编为团练，保卫地方。哥老会亦表同情。九月十四日，省城光复。十五日，由自治公所召集全体人民，开特别大会。培藻与宁士谦相继演说，众欢呼共和万岁。即日电告省城，首先响应。（六）起义前后有何劳绩：毕节光复后，四川犹未反正。闻清吏有调兵由永宁进攻之说。川滇边界土匪，亦时虞蠢动。培藻等乃实行团练，募足三百人，推刘成南、黄占春管带教练之。饷需则由葛亮曾、杨樨林担任筹集，合力维持，地方赖以宁谧。

罗廷璜

（一）姓名：罗廷璜。（二）年岁：三十五岁。（三）籍贯：贵州毕节县。（四）现任职守：（五）起义以前运动何种会党：廷璜在毕节历办自治事业，提倡民权，与知县那森、金壮春、彭心汉皆极不相能。森等亦多方媒蘖[1]倾陷之，讫不可得。辛亥秋，武汉光复电至，宁士谦亦适自省城来，主张运动各界，密谋倡义。遂相与组织一团体联合会。而廷璜等数人为中坚。遣使游说军人及会党，俾皆听约束。部署既定，省城反正，毕节首先响应。（六）起义前后有何劳绩：毕节反正后，廷

[1] 媒蘖：比喻借端诬罔构陷，酿成其罪。

璜仍主持联合会事务，募练团丁，维持秩序，地方赖以宁谧。

葛亮曾

（一）姓名：葛亮曾。（二）年岁：四十一岁。（三）籍贯：贵州毕节县。（四）现任职守：（五）起义以前运动何种会党：亮曾偕宁士谦、周培藻、罗廷璜等组织团体联合会，为之中坚。光复事业即以该会为主动力。（六）起义前后有何劳绩：毕节光复后，招募团练保卫地方，而饷需无着，亮曾为商界领袖，首倡义捐，源源接济，城乡赖以宁谧。

杨樨林

（一）姓名：杨樨林。（二）年岁：二十八岁。（三）籍贯：贵州毕节县。（四）现任职守：（五）起义以前运动何种会党：樨林亦团体联合会强健分子。光复事业即以该会为主动力。（六）起义前后有何劳绩：毕节光复后，招募团练，保卫地方，而饷需无着。樨林家世豪富，首倡义捐，源源接济，城乡赖以宁谧。

黄占春

（一）姓名：黄占春。（二）年岁：四十三岁。（三）籍贯：贵州毕节县。（四）现任职守：（五）起义以前运动何种会党：占春为哥老会渠魁[1]，雄视一方，其势力足以扰乱和平。然颇能受善，知畏清议。闻宁生谦、周培藻等演说光复要旨，即首先赞成，愿奉约束，率部众听驱策。（六）起义前后有何劳绩：毕节光复后，招募团练，保卫地方。占春为帮带[2]，与刘成南昼夜督巡，维持秩序，城乡赖以宁谧。

刘成南

（一）姓名：刘成南。（二）年岁：五十五岁。（三）籍贯：贵州节毕县。（四）现任职守：（五）起义以前运动何种会党：（六）起义前后有何劳绩：毕节光复后，招募团练，保卫地方，推成南为管带。与黄占春昼夜督巡，维持秩序，地方赖以宁谧。

---

❶ 渠魁：首领，头领，大头目。

❷ 帮带：清武官名，管带的副将。

戴嗣德

（一）姓名：戴嗣德。（二）年岁：二十二岁。（三）籍贯：贵州贵阳府。（四）现任职守：（五）起义以前运动何种会党：嗣德，陆军学校学生。辛亥九月。闻武汉光复，与同学阴谋倡义。嗣德被举为交际员。与自治党接洽取一致之行动。时校生尚有一部分怀疑观望。十三日薄暮，嗣德集合诸生，演说革命之必要，急进之万不可缓。学长毛凤岗亟告变。总办将置嗣德于暗室。队长阮德炳则为调停之说曰："诸生宜速缴械，自白其无他。"众大愤怒，争持空枪举事。先是，校中原有子弹，已为清吏收回。自治党接济之子弹，则交付廖谦，尚未输送入校也。幸新军为同志，并代设词阻防军，校中得免危险。嗣德等公推邝龙俊为司令。十四日黎明，会合新军入城。（六）起义前后有何劳绩：嗣德入城，奉令巡视街衢，守城五六夜不倦。新军编制完竣，始换防回校。

黄德鑫

（一）姓名：黄德鑫。（二）年岁：二十二岁。（三）籍贯：贵州贵筑县。（四）现任职守：　（五）起义以前运动何种会党：德鑫，陆军学校学生。辛亥九月，闻武汉光复，与同学阴谋倡义。多数学生皆热心运动，尚有一部分怀疑观望。十三日薄暮，德鑫与戴嗣德集合诸生，演说革命之必要，急进之万不可缓。学长毛凤岗亟告变。总办将置德鑫于暗室。队长阮德炳则为调停之说，曰。"诸生宜速缴械，自白其无他。"众大愤怒，争建旗举事，推邝龙俊为司令，十四日黎明，会合新军入城。（六）起义前后有何劳绩：德鑫入城，奉令巡视街衢，守城五六夜不倦。新军编制完竣，始换防回校。

匡　黄

（一）姓名：匡黄。（二）年岁：二十五岁。（三）籍贯：贵州贵阳府。（四）现任职守：（五）起义以前运动何种会党：黄，陆军学校教员。该校学生之密谋光复也，黄力赞助之。又代表学生，与新军教练官杨荩诚接洽，取一致之行动。

陈　康

（一）姓名：陈康。（二）年岁：三十岁。（三）籍贯：贵州安平县。（四）现任职守：（五）起义以前运动何种会党：康，自治学社党员，曾肄业陆军小学。当八月中旬，川路风潮益剧，自治党人亟谋起义。康担任运动陆军学生，最为出力。（六）起义前后有何劳绩：光复后，康任都督府三等参谋，于编置军队多所赞画。

江德润

（一）姓名：江德润。（二）年岁：二十五岁。（三）籍贯：贵州修文县。（四）现任职守：（五）起义以前运动何种会党：德润，自治党员。毕业陆军小学最优等，因病由湖北陆军中学假归，旋任陆军小学助教。川路风潮起，自治党密谋起义。德润担任运动陆军学生，最为出力。（六）起义前后有何劳绩：军队入城后，德润分率陆军学生巡视街衢，守城五六夜不懈。新军编制完竣，始归里。

江志鸿

（一）姓名：江志鸿。（二）年岁：五十八岁。（三）籍贯：贵州遵义县。（四）现任职守：（五）起义以前运动何种会党：志鸿在遵义历办乡团。贵阳光复电至，与鲁瀛等联合各界，即日响应。（六）起义前后有何劳绩：志鸿督操团丁，保卫乡里，盗匪为之敛迹。滇军据黔后，以支队游击北路，过遵义，执志鸿勒索。志鸿逐逃亡至渝，旋走上海。

熊仕堃

（一）姓名：熊仕堃。（二）年岁：二十一岁。（三）籍贯：贵州贵阳府。（四）现任职守：（五）起义以前运动何种会党：仕堃，陆军学校学生。辛亥九月，闻武汉光复，与同学阴谋倡义。仕堃被举为交际员，联络哥老会，以资援应。嗣知哥老会已为自治党所吸收，因与自治党接洽，取一致之行动。十三日午后八时，学长毛凤岗告变。总办姜思治饬令学生缴械。仕堃等反抗之，推学长邝龙俊为司令，仓卒举事。思治以电话告急。巡抚沈瑜庆令防军、新军会歼之。赵德全率新军先至。德全，革命党同志也，因按兵不动，且为解于防军统领胡锦棠，各以无事归报。德全既还营，即率同志发难。十四日黎明，仕堃等亦随同整队入城。（六）起义前后有何劳绩：仕堃入城后，奉命守护藩库。新军编制完竣，始换防回校。

赵龙骧

（一）姓名：赵龙骧。（二）年岁：十九岁。（三）籍贯，贵州贵阳府。（四）现任职守：（五）起义以前运动何种会党：龙骧，陆军学校学生。辛亥九月，闻武汉光复，与同学阴谋倡义。龙骧被举为交际员，联络哥老会，以支应援。嗣知哥老会已为自治党所吸收，因与自治党接洽，取一致之行动。十三日午后八时，龙骧等建旗举事，推邝龙骏为司令。十四日黎明，会合新军入城。（六）起义前后有何劳绩：龙骧入城，奉命令守护官钱局。新军编制完竣，始换防回校。

周庭英

（一）姓名：周庭英。（二）年岁：二十岁。（三）籍贯：贵州贵阳府。（四）现任职守：（五）起义以前运动何种会党：庭英，陆军学校学生。辛亥九月，闻武汉光复，与同学阴谋倡义。十三日午后八时，庭英等建旗举事，推邝龙俊为司令。十四且黎明，会合新军入城。（六）起义前后有何劳绩，庭英入城，奉命守护官钱局，新军编制完竣，始换防回校。

凌钟槭

（一）姓名：凌钟槭。（二）年岁：二十岁。（三）籍贯：贵州贵阳府。（四）现任职守：（五）起义以前运动何种会党：钟槭，陆军学校学生。辛亥九月，闻武汉光复，与同学阴谋倡义。十三日午后八时，钟槭等建旗举事，推邝龙俊为司令。十四日黎明，会合新军入城。（六）起义前后有何劳绩：钟槭入城，奉令守护官钱局，新军编制完竣，始换防回校。

高真柏

（一）姓名：高真柏。（二）年岁：二十岁。（三）籍贯：贵州贵阳府。（四）现任职守：（五）起义以前运动何种会党：真柏，陆军学校学生。辛亥九月，闻武汉光复，与同学阴谋倡义。真柏被举为交际员，联络哥老会，以资援应。嗣知，哥老会已为自治党所吸收，因与自治党接洽，取一致之行动。十三日午后八时，真柏等建旗举事，推邝龙俊为司令。十四日黎明，会合新军入城。（六）起义前后有何劳绩：真柏入城，奉命守藩库。新军编制完竣，始换防回校。

陈　杰

（一）姓名：陈杰。（二）年岁：二十一岁。（三）籍贯：贵州赤水厅。（四）现任职守：（五）起义以前运动何种会党：杰，陆军学校学生。辛亥九月，闻武汉光复，与同学阴谋倡义。杰被举为交际员，联络哥老会，以资援应。嗣知哥老会已为自治党所吸收，因与自治党接洽，取一致之行动。十三日午后八时，杰等建旗举事，推邝龙俊为司令。十四日黎明，会合新军入城。（六）起义前后有何劳绩：杰入城后，奉命守护藩库。新军编制完竣，始换防回校。

程　毅

（一）姓名：程毅。（二）年岁：二十一岁。（三）籍贯：贵州贵阳府。（四）现任职守：（五）起义以前运动何种会党：毅，陆军学校学生。辛亥九月，闻武汉光复，与同学阴谋倡义。毅被举为交际员，联络哥老会，以资援应。嗣知哥老会已为自治党所吸收，因与自治党接洽，取一致之行动。十三日午后八时，毅等建旗举事，推邝龙俊为司令。十四日黎明，会合新军入城。（六）起义前后有何劳绩：毅入城后，奉令守护藩库。新军编制完竣，始换防回校。

史　彝

（一）姓名：史彝。（二）年岁：二十一岁。（三）籍贯：贵州贵筑县。（四）现任职守：（五）起义以前运动何种会党：彝，陆军学校学生。辛亥九月，闻武汉光复，与同学阴谋倡义。彝被举为交际员，联络哥老会，以资援应。嗣闻哥老会已为自治党所吸收，因与自治党接洽，取一致之行动。十三日午后八时，彝等建旗举事，推邝龙俊为司令。十四日黎明，会合新军入城。（六）起义前后有何劳绩：彝入城后，奉令巡视街衢，守城五六夜不倦。新军编制完竣，始换防回校。

马启麟

（一）姓名：马启麟。（二）年岁：二十岁。（三）籍贯：贵州玉屏县。（四）现任职守：　（五）起义以前运动何种会党：启麟，陆军学校学生。辛亥九月，闻武汉光复，与同学阴谋倡义。十三日午后八时，启麟等建旗举事，推邝龙俊为司令。十四日黎明，会合新军入城。（六）起义前后有何劳绩：启麟入城，奉命巡视街衢，守城五六夜不倦。新军编制完竣，始换防回校。

戴正型

（一）姓名：戴正型。（二）年岁：二十三岁。（三）籍贯：贵州印江县。（四）现任职守：（五）起义以前运动何种会党：正型，陆军学校学生。辛亥九月，闻武汉光复，与同学阴谋倡义。十三日午后八时，正型等建旗举事，推邝龙俊为司令。十四日黎明，会合新军入城。（六）起义前后有何劳绩：正型入城，奉令巡视街衢，守城五六夜不倦。新军编制完竣，始换防回校。

纪凤书

（一）姓名：纪凤书。（二）年岁：十九岁。（三）籍贯：贵州婺川县[1]。（四）现任职守：　（五）起义以前运动何种会党：凤书，陆军学校学生。辛亥九月，闻武汉光复，与同学阴谋倡义。十三日午后八时，凤书等建旗举事，推邝龙俊为司令。十四日黎明，会合新军入城。（六）起义前后有何劳绩：凤书入城，奉令巡视街衢，守城五六夜不倦。新军编制完竣，始换防回校。

赵　璧

（一）姓名：赵璧。（二）年岁：二十岁。（三）籍贯：贵州松桃厅。（四）现任职守：（五）起义以前运动何种会党：璧，陆军学校学生。辛亥九月，闻武汉光复，与同学阴谋倡义。十三日午后八时，璧等建旗举事，推邝龙俊为司令。十四日黎明，会合新军入城。（六）起义前后有何劳绩：璧入城后，奉命巡视街衢，守城五六夜不倦。新军编制完竣，始换防回校。

杨　鼎

（一）姓名：杨鼎。（二）年岁：二十二岁。（三）籍贯：贵州镇宁州。（四）现任职守：（五）起义以前运动何种会党：鼎，陆军学校

[1] 婺川县：今贵州省遵义市务川仡佬族苗族自治县。

学生。辛亥九月，闻武汉光复，与同学阴谋倡义。十三日午后八时，鼎等建旗举事，推邝龙俊为司令。十四日黎明，会合新军入城。（六）起义前后有何劳绩：鼎入城后，奉命巡视街衢，守城五六夜不倦。新军编制完竣，始换防回校。

周宗武

（一）姓名：周宗武。（二）年岁：二十三岁。（三）籍贯：贵州镇远府。（四）现任职守：（五）起义以前运动何种会党：宗武，陆军学校学生。辛亥九月，闻武汉光复，与同学阴谋倡义。十三日午后八时，宗武等建旗举事，推邝龙俊为司令。十四日黎明，会合新军入城。（六）起义前后有何劳绩：宗武入城，奉命巡视街衢，守城五六夜不倦。新军编制完竣，始换防回校。

张鹏振

（一）姓名：张鹏振。（二）年岁：二十四岁。（三）籍贯：贵州镇远府。（四）现任职守：　（五）起义以前运动何种会党：鹏振，陆军学校学生。辛亥九月，闻武汉光复，与同学阴谋倡义。十三日午后八时，鹏振等建旗举事，推邝龙俊为司令。十四日黎明，会合新军入城。（六）起义前后有何劳绩：鹏振入城，奉令巡视街衢，守城五六夜不倦。新军编制完竣，始换防回校。

谢明熙

（一）姓名：谢明熙。（二）年岁：二十岁。（三）籍贯：贵州兴义府。（四）现任职守：　（五）起义以前运动何种会党：明熙，陆军学校学生。辛亥九月，闻武汉光复，与同学阴谋倡义。十三日午后八时，明熙等建旗举事，推邝龙俊为司令。十四日黎明，会合新军入城。（六）起义前后有何劳绩：明熙入城，奉令巡视街衢，守城五六夜不倦。新军编制完竣，始换防回校。

刘鸿熙

（一）姓名：刘鸿熙。（二）年岁：二十三岁。（三）籍贯：贵州玉屏县。（四）现任职守：　（五）起义以前运动何种会党：鸿熙，陆军学校学生。辛亥九月，闻武汉光复，与同学阴谋倡义。十三日午后八时，鸿熙等建旗举事，推邝龙俊为司令。十四日黎明，会合新军入城。（六）起义前后有何劳绩：鸿熙入城，奉令巡视街衢，守城五六夜不倦。新军编制完竣，始换防回校。

莫思谋

（一）姓名：莫思谋。（二）年岁：二十三岁。（三）籍贯：贵州独山州。（四）现任职守：　（五）起义以前运动何种会党：思谋，陆军学校学生。辛亥九月，闻武汉光复，与同学阴谋倡义。十三日午后八时，思谋等建旗举事，推邝龙俊为司令。十四日黎明，会合新军入城。（六）起义前后有何劳绩：思谋入城，奉令巡视街衢，守城五六夜不倦。新军编制完竣，始换防回校。

莫思讷

（一）姓名：莫思讷。（二）年岁：二十一岁。（三）籍贯：贵州独山州。（四）现任职守：　（五）起义以前运动何种会党：思讷，陆军学校学生。辛亥九月，闻武汉光复，与同学阴谋倡义。十三日午后八时，思讷等建旗起事，推邝龙俊为司令。十四日黎明，会合新军入城。（六）起义前后有何劳：思讷入城，奉令巡视街衢，守城五六夜不倦。新军编制完竣，始换防回校。

刘玉瑾

（一）姓名：刘玉瑾。（二）年岁：二十一岁。（三）籍贯：贵州玉屏县。（四）现任职守：（五）起义以前运动何种会党：玉瑾，陆军学校学生。辛亥九月，闻武汉光复，与同学阴谋倡义。十三日午后八时，玉瑾等建旗举事，推邝龙俊为司令。十四日黎明，会合新军入城。（六）起义前后有何劳绩：玉瑾入城，奉令巡视街衢，守城五六夜不倦。新军编制完竣，始换防返校。

鲁廷钰

（一）姓名：鲁廷钰。（二）年岁：二十三岁。（三）籍贯：贵州贵定县。（四）现任职守：　（五）起义以前运动何种会党：廷钰，陆军学校学生。辛亥九月，闻武汉光复，与同学阴谋倡义。十三日午后八时廷钰等建旗起事，推邝龙俊为司令。十四日黎明，会合新军入城。

（六）起义前后有何劳绩：廷钰入城，奉令巡视街衢，守城五六夜不倦。新军编制完竣，始换防返校。

萧　规

（一）姓名：萧规。（二）年岁：二十三岁。（三）籍贯：贵州贵阳府。（四）现任职守：（五）起义以前运动何种会党：规，陆军学校学生。辛亥九月，闻武汉光复，与同学阴谋倡义。规被举为交际员，接洽自治党，取一致之行动。十三日午后八时，规等建旗举事，推邝龙俊为司令。十四日黎明，会合新军入城。（六）起义前后有何劳绩：规入城后，奉令巡视街衢，守城五六夜不倦。新军编制完竣，始换防回校。

龙长隆

（一）姓名：龙长隆。（二）年岁：（三）籍贯：（四）现任职守：（五）起义前运动何种会党：长隆充西路巡防第三营哨官，运动本营兵士，赞成方策、陈夔春，响应省城。（六）起义前后有何劳绩：光复后督率所部，维持安宁秩序。

邓作云

（一）姓名：邓作云。（二）年岁：三十一岁。（三）籍贯：贵州安顺府（四）现任职守：（五）起义以前运动何种会党：作云，公立法政学生。习闻革命宗旨。辛亥秋间，本党密谋倡义。奉张百麟命令，联合省城各区巡警，在事出力。（六）起义前后有何劳绩：九月十四日，新军入城，作云等编为学生队，分任保护教堂。驻扎新东门一带，维持安宁秩序。

戊

华之鸿（开国前后输资助公国民表册）

（一）姓名：华之鸿。（二）年岁：四十一岁。（三）籍贯：贵州贵阳府。（四）职业：贵州财政厅。（五）捐输数目：五万两。（六）报捐年月：辛亥年九月。（七）报捐处所：贵州省城官钱局。（八）收捐证据：（九）经手人衔名：前贵州行政总理周培艺、财政部部长蔡岳。（九）经手人图记：（十）调查人姓名：章记。

附：

稽勋局开国纪念章铭

甲等

筚路蓝缕，缔造艰难，维桢维干，国以永安。

乙等

予曰有疏附，予曰有先后，予曰有奔奏，予曰有御侮。

丙等

铜山崩，洛钟应，帝政倒，国是定，嘉乃绩，视此证。

（录于《周素园文集》）

黔人冤愤团宣言书[1]

癸丑（1913年）

曩者[2]清廷无道，恣为残虐。国民积愤，诉于武力。鄂州倡义，南北景从。风发云涌，气吞幽燕。清廷震慑，俯首乞和。溯厥由来，夫岂不以一夫独裁，寡人专制，淫威亡等，纵欲亡极。国民之生命财产，惴惴焉不能自保，故相率忍痛须臾，奋起革命。牺牲现在，希望将来。呜呼！世界所谓自由，所谓平等，皆以断头流血为代价。此吾人经过之惨史，一回思而犹有余悸者也。时至今日，全国皆享共和之福，吾黔独被荼毒之祸。民贼刘显世，凶横贪狠，辅以郭重光、任可澄、戴戡、周沆、何麟书等，机诈黠猾，私请滇军潜师夜袭，利用唐继尧为傀儡，暴戾恣睢，杀人如草。我同胞无罪夷灭者，何止万数。年余以来，湘、鄂、川、桂之境，扶老携幼，流离无归，死者不得收骸骨，生者不得比犬马。种种情形，不特黔人

---

[1] 本文选录自《素园书牍》卷三。黔人冤愤团之组织，发起人是孙世法、方策、汪洋等数十人，赞成人是平刚、周培艺、傅文堃等，简书、方策、许嘉谟为常务干事，负责该团日常事务。该团成立于1913年5月，会址设北京樱桃斜街贵州会馆。成立时，汪洋等联名向京师警察厅呈报备案。警厅即以“该团宣言书，皆系指摘个人之词，以集合私人团体攻讦”为由，强令其解散。8月13日，唐继尧又密电袁世凯和内务部，对冤愤团首要“应严拿惩办，以遏乱萌”。9月16日，袁世凯下令缉拿冤愤团主要成员。警厅逮捕了孙世法。方策等人逃出北京。冤愤团的斗争失败。

[2] 曩者：以前，以往。

切齿腐心，愿与偕亡；即湘、鄂、川、桂亦且裂眦攘袂[1]，代鸣不平。显世等既揽大权，又搜括民财，辇金四出，广为运动。参议院议员、各行政会议代表，皆指派其私人。蒙蔽政府，颠倒是非。政府亦甘受愚弄，麻木不仁。其对吾侪表示，则曰："若等虽蒙不幸，究系少数，不能以此牵动大局也。"又曰："政府为维持现状计，扶强抑弱，乃当然之办法也。"呜呼！竖尽千古，横尽万国，乃有此不负责任之政府！乃有此顽钝无耻之政府！吾乃今于中华民国见之！我同胞含冤茹苦，蹉跎蹉跎，裘葛[2]累易。今幸正式国会已届成立，严重监督，政治亦容有刷新之望。同人等死亡之余，誓当沥诚呼吁，冀伸冤愤。用特发起本团于北京。遵文明之轨辙[3]，求正当之解决。湖南、湖北、四川、广西各省会，各商埠均设有通信处。凡我同患难诸君，务乞星夜北来，共策进行。倘因旅费短绌，抑或别有障碍，亦希按照后开册式，详细填明，胪列[4]证据。或径寄本团，或交通信处转达。本团当代为汇呈大总统、国务院核办。事关切肤，想不吝教益。

册式

一、姓名

二、年岁

三、籍贯

四、被害事实

五、被害年月

六、被害证人

（录于《周素园文集》）

---

❶ 裂眦攘袂：因发怒而眼睛睁得极大，捋起胳膊，卷衣袖。形容极其愤怒的神态。

❷ 裘葛：裘，冬衣；葛，夏衣。泛指四时衣服，这里指寒暑时序变迁。

❸ 轨辙：车轮碾过的痕迹，比喻已有人走过的道路或已有先例的事情；这里是比喻规范的途径。

❹ 胪列：罗列，列举。

《老子道德经》素园读本眉批

（1915年）

上篇一章原文：道，可道，非常道；名，可名，非常名。

眉批：道者，万物之所然也，万理之所稽也。理者，成物之文也。道者，万物之所以成也。故曰：道，理之者也。物有理不可以相薄。物有理不可以相薄，故理之为物之制，万物各异理。万物各异理而道尽。稽万物之理，故不得不化。不得不化，故无常操。无常操，是以死生气禀焉，万智斟酌焉，万事废兴焉。天得之以高，地得之以藏，维斗得之以成其威，日月得之以恒其光，五常得之以滞其位，列星得之以端其行，四时得之以御其变化，轩辕得之以耘四方，赤松[1]得之以天地统，圣人得之以成文章。道与尧舜俱智，与接舆[2]俱狂，与桀纣[3]俱灭，与汤武俱昌。以为近乎，游于四极；以为远乎，常在吾侧；以为暗乎，其光昭昭；以为明乎，其物冥冥。而功成天地，和化雷霆，宇内之物恃之以成。凡道之情，不制不形，柔弱随时，与理相应。万物得之以死，得之以生；万物得之以败，得之以成。道譬之若水，溺者多饮之即死，渴者

---

[1] 赤松：上古仙人。

[2] 接舆：陆通，字接舆，春秋时楚国著名隐士。平时“躬耕以食”，因对当时的社会不满，剪去头发，佯狂不仕，所以被人们称为楚狂接舆。

[3] 桀纣：泛指暴君。

适饮之即生。譬之若剑戟，恶人以行忿[1]，则祸生；圣人以诛暴，则福成。故得之以死，得之以生，得之以败，得之以成。

人希见生象也，而得死象之骨，案其图以想其生也。故诸人之所以意想者皆谓之象也。今道虽不可得阅见，圣人执其见功以发现其形，故曰无状之状，无物之象。凡理者，方圆短长、粗靡坚脆之分也。故理定而后可得道也。故定理有存亡，有死生，有盛衰。其物之一存一亡，乍死乍生，初盛而后衰者，不可谓常。唯其与天地之剖判也俱生，至天地之消散也，不死不衰者谓常者。而常者无攸易，无定理。无定理非在于常所，是以不可道也。圣人观其玄虚，用其周行，强字之曰道。然而可论，故曰：道之可道，非常道也。

下篇三十八章原文："上德不德，是以有德……"

眉批：德者，内也。得者，外也。"上德不德"，有其神不淫于外也。神不淫于外则身全，身全之谓德。德者，得身也。凡德者，以无为集，以无欲成，以不思安，以不用固。为之，欲之，则德无舍。德无舍则不全，用之、思之，则不固。不固则无功，无功则生有德，德则无德，不德则在有德，故曰："上德不德，是以有德。"

所以贵无为无思为虚者，谓其意无所制也。其无术者，故以无为无思为虚也。其故以无为无思为虚者，其意常不忘虚，是制于为虚也。虚者，谓其意无所制也。今制于为虚，是不虚也。不以无为为有常。不以无为为有常则虚，虚则德盛，德盛之谓上德。故曰"上德无为而无不为"也。

仁者，谓其中心欣然爱人也。其喜人之有福而恶人之有祸也。于心之所不能已也，非求其报也，故曰"上仁为之而无以为"也。

义者，君臣上下之事，父子贵贱之差也，知交朋友之接也，亲疏内外之分也。臣事君宜，下怀上宜，子事父宜，贱敬贵宜，知交友朋之相助也宜，亲者内而疏者外宜。义者，谓重宜也。宜而为之，故曰"上义为之而有以为"也。

---

[1] 忿：同"愤"。

礼者，所以情貌也，群义之文章也，君臣父子之交也，贵贱贤不肖之所以别也。中心怀而不谕，故疾趋卑拜而明之。实心爱而不知，故好有繁薄以信之。礼者，外节之所以谕内也，故曰礼以情貌也。凡人之为外物动也，不知其为身之礼也。众人之为礼也，以尊他人也。故时劝时衰。君子之为礼，以为其身。为其身，故神之为上礼。上礼神而众人贰，故不能相应。不能相应，故曰“上礼为之而莫之应。”众人虽贰圣人，复恭敬于手足之礼也不衰，故曰攘臂而扔之。

道有积，而德有功。德者道之功。功有实而实有光，光有泽而泽有事。义者仁之事也。事有礼而礼有文，礼者义之文也。故曰“失道而后失德，失德而后失仁，失仁而后失义，失义而后失礼。”礼为情貌者也，文为质饰者也。其君子取情而去貌，好质而恶饰。其恃貌而论情者，其情恶也。须饰而论质者，其质衰也。何以论之？和氏之璧，不饰以五彩，隋侯之珠[1]，不饰以银黄。其质至美，物不足以饰之。其物之待饰而后乃者，其质不美也。是以父子之间，其礼朴而不明，故曰礼薄也。凡物不并盛，阴阳是也。理相夺予，威德是也。实厚者貌薄，父子之礼是也。由是观之，礼繁者实心衰也。然则，为礼者，事通人之朴心者也。众人之为礼也，人应则轻欢，不应则责怨。今为礼者，事通人之朴心，而资之以相责之分，能无争乎？有争则乱，故曰：失礼者，忠信之薄也，而乱之首乎。先物行，先礼动，之谓前识。前识者，无缘而忘意度也。何以论之？詹何[2]坐，弟子侍。有牛鸣于门外，弟子曰：是黑牛也而白题。詹何曰：然。是黑牛也，白在其角。使人视之，果黑牛而以布裹其角。以詹子之术婴众人之心，华焉殆矣。故曰“道之华”也。尝试释詹子之察，而使五尺之愚童子视之，亦知其黑牛而以布裹其角也。故以詹子之察，苦心伤神，而后与五尺之愚童子同功，是以曰：“愚之首”也。故曰：前识者，道之华也，而愚之首也。

所谓大丈夫者，谓其智之大也。所谓处其厚不处其薄者，以情实而

---

[1] 隋侯之珠：比喻珍贵的物品。

[2] 詹何：战国时哲学家，楚国术士。

去礼貌也。所谓处其实不处其华者，必缘理不径绝也。所谓去彼取此者，去貌径绝，而取缘理情实也。故曰“去彼取此”。

下篇四十六章原文：“天下有道，则走马以粪……”

眉批：有道之君，外无怨仇于邻敌，而内有德泽于人民。夫无怨仇于邻敌者，遇诸侯也，外有礼义；内有德泽于人民者，其治人事也务本，遇诸侯有礼义。

下篇五十章原文：“出生入死。生之徒十有三，死之徒十有三，人之生、动之死地亦十有三……”

眉批：人始于生，而卒于死。始之谓出，卒之谓入，故曰“出生入死”。人之身三百六十节，四肢九窍，其大其也。四肢九窍十有三者。十有三者之动静尽属于生焉。属之谓徒也。故曰“生之徒也十有三”者。至其死也，十有三具者皆还而属之于死。死之徒亦十有三，故曰“生之徒十有三，死之徒十有三。”凡民之生，生而生者固动，动尽则损也。损而不止则生尽，生尽之谓死。则十有三具者皆为死之地也。故曰：民之生，生而动，动皆之死地之十有三。是以圣人爱精神而贵处静。此甚大于兕虎[1]之害。其兕虎有域，动静有时。避其域，省其时，则免其兕虎之害矣。民独知兕虎之有爪角也，而莫知万物之尽有爪角也，不免于万物之害。何以论之？时雨降集，旷野闲静，而以昏晨犯山川，则风露之爪角害之。事上不忠，轻犯禁令，则刑法之爪角害之。处乡不节，憎爱无度，则争斗之爪角害之。嗜欲无限，动静不节，则痤疽之爪角害之。好用其私智而弃道理，则网罗之爪角害之。兕虎有域，万害有原。避其域，塞其原，则免于诸害矣。凡兵革者，所以备害也。重生者，虽入军，无忿争之心。无忿争之心，则无所用救害之备。此非独谓野处之军也。圣人之游世也，无害人之心。无害人之心，则必无人害。无人害，则不备人。故曰“陆行不遇兕虎”，入山不恃备以救害。故用兕无所投其角，虎无所错其爪，兵无所容其刃。不设备而必无害，天地之道理也。体天地之道，故曰无死地焉。动无死地，而谓之善摄

[1] 兕虎：兕与虎，泛指猛兽。

生矣。

下篇五十三章原文："使我介然有知，行于大道，唯施是畏。大道甚夷，而民好径……"

眉批：书之所谓"大道"也者，端道也。所谓貌施也者，邪道也。所谓"径"大也者，佳丽也。佳丽也者，邪道之分也。狱讼繁则田荒，田荒则府仓虚，府仓虚则国贫，国贫则民俗淫侈，民俗淫侈，则衣食之业绝；衣食之业绝，则民不得无饰巧诈，饰巧诈则知采文，知采文之谓"服文采"。狱讼繁，仓廪虚，而以淫侈为俗，则国之伤也。若以利剑刺之，故曰"带利剑"诸夫饰智，故以至于伤国者，其家私必富；家私必富，故曰资货有余。国有若是者，则愚民不得无术而效之，效之则小盗生。由是观之，大奸作则小盗随；大奸唱则小盗和。竽也者，五声之长者也。故竽先而钟瑟皆随，竽唱则诸乐皆和。今大奸作则俗之民唱；俗之民唱，则小盗必和。故服文采，带利剑，厌饮食，而贷资有余者，是之谓盗竽矣！

人无愚智，莫不有趋合。恬淡平安，莫不知祸福之所由来。得于好恶，怵于淫物，而后变乱。所以然者，引于外物，乱于玩好也。恬淡有趋舍之义，平安知祸福之计。而今也玩好变之，外物引之。引之而往，故曰"拔"。至圣人则不然。一建一坐趋舍，虽见所好之物不能引。不能引，之谓"不拔"。一于无情，虽有可欲之类，神不为动。神不为动，之谓"不脱"。为人子孙者，体此道以守宗庙。宗庙不灭，之谓祭祀不绝。身以积精为德，家以资财为德，乡国[1]天下皆以民为德。今治身而外物不能乱其精神，故曰："修之身其德乃真。"真者，慎之固也。治家无用之物不能动其计，则资有余。故曰"修之家其德有余"。治乡者行此节，则家之有余者益众。故曰"修之乡其德乃长"。治邦者行此节，则乡之有德者益众。故曰"修之邦其德乃丰"。莅天下者行此节，则民之生莫不受泽。故曰"修之天下其德乃普"，修身者以此别君子小人，治乡、治邦、莅天下者，各以此科适观息耗，则万不失一。故

[1] 乡国：故国；家乡。

曰“以身观身，以家观家，以乡观乡，以邦观邦，以天下观天下，吾奚以知天下然哉，以此。”

下篇五十八，五十九章原文：“祸兮福之所倚，福兮祸之所伏……”

眉批：人有祸则心畏恐，心畏恐则行端直，行端直则思虑熟，思虑熟则得事理，得事理则尽天年，得事理则必成功。尽天年则全寿，必成功则富与贵。全寿富贵之谓福，而福本于有祸。故曰：“祸兮福之所倚”，以成其功也。

人有福则富贵至，富贵至则衣食美，衣食美则骄心生，骄心生则以邪辟而动弃理。行邪辟则身死夭，动弃理则无成功。夫内有死夭之难，而外无成功之名者，大祸也。而祸本生于福，故曰“福兮祸之所伏。”

夫缘道理以从事者无不能成。无不能成者，大能成天子之势尊，而小易得卿相将军之赏禄。夫弃道理而妄举动者，虽上有天子诸侯之至尊，而下有倚赖陶朱、卜祝之富，犹失其民人而亡其财资也。众人之轻弃道理而妄举动者，不知其祸福之深大而道阔远若是也。故谕人曰：“孰知其极。”人莫不欲富贵全寿，而未能免于贫贱死夭之祸也。心欲富贵全寿，而今贫贱死夭，是不能至于其所欲至也。凡失其所欲之路而妄行者之谓迷。迷则不能至于其所欲至矣。今众人之不能至于其所欲至，故曰迷。众人之所不能至于其所欲至也，自天地之剖判以至于今。故曰“人之迷也，其日故以久”矣！

所谓“方”者，内外相应也，言行相称也。所谓“廉”者，必生死之命也，轻恬资财也。所谓“直”者，义必公正，立心不偏党也。所谓“光”者，官爵尊贵，衣裘壮丽也。今有道之士，虽中外信顺，不以诽谤穷堕；虽异端不党，不以去邪罪私；虽势尊衣美，不以夸贱欺贫，其故何也？使失路者而肯听习问知，即不咸迷也。今众人之所以欲成功而反而败者，生于不知道理而不肯问知而听能。众人不肯问知听能，而圣人强以其祸败适之，则怨。众人多而圣人寡，寡之不胜众，数也。今举动而与天下为仇，非全身长生之道也，是以行轨节而举之也。故曰：“方而不割，廉而不秽，直而不肆，光而不耀。”

下篇五十九章原文：“治人事天，莫若啬。夫唯啬，是谓早服……”

眉批：聪明睿智，天也。动静思虑，人也。人也者，察于天，明以视；寄于天，聪以听；托于天，智以思虑。故视强则目不明，听甚则耳不聪，思虑过度则知识乱。目不明则不能决黑白之分，耳不聪则不能别清浊之声，知识乱则不能审得失之地。目不能决黑白之色，则谓之盲。耳不能别清浊之声，则谓之聋。心不能审得失之地，则谓之狂。盲则不能避昼日之险，聋则不能知雷霆之害，狂则不能免人间法令之祸。书之所谓“治人”也，适动静之节，省思虑之费也。所谓事“天”者，不极聪明之力，不尽智识之任。苟极尽，则费神多，费神多则盲、聋、悖狂之祸至。是以啬之。“啬”之者，爱其精神，啬其智识也。故曰：“治大事天莫如啬。”

众人之用神也躁。躁则多费，多费之谓侈。圣人之用神也静。静则少费，少费之谓术也。生于道理，其能啬也，是从于道而服于理者也。众人离于患，陷于祸，尤未知退，而不服从道理。圣人虽未见祸患之形，虚无服从于道理，以称“蚤服”[1]。故曰：“夫谓啬，是以蚤服。”

知治人者其思虑静，知事天者其孔窍虚。思虑静故德不去，孔窍虚则和气日入。故曰：“重积德。”夫能令故德不去，新和气日至者，蚤服者也。故曰：“蚤服是谓重积德。”积德而后神静，神静而后和多，和多而后计得，计得而后能御万物，能御万物则战易胜敌，战易胜敌而论必盖世。论必盖世，故曰：“无不克”。无不克本于重积德，故曰“重积德而无不克”，战易胜敌则兼有天下，论必盖世则民众进。兼天下而退从民人，其术远则众人莫见其端末。莫见其端末是以“莫知其极”。故曰“无不克则莫知其极”。凡有国而后亡之，有身面后殃之，不可谓能有其国，能保其身。夫能有其国，必能安其社稷；能保其身，必能终其天年，而后可谓“能有其国”，能保其身矣。夫“能有其国，保其身者，必且体道。体道则其智深，其智深则其令远，其令远众人莫能见其所极，唯夫能令人不见其事极。不见事极者，为保其身，有其

[1] 蚤服：蚤，通“早”，意思是早已服从。

国。故曰“莫知其极”，“莫知其极”则“可以有国”。

所谓“有国之母”，母者道也。道也者，生于所以有国之术。所以有国之术故谓之“有国之母”。夫道以与母，周族也。其建生也长，持禄也久，故曰有国之母可以长久。树木有蔓根，有真根。根者，书之所谓“柢”也。“柢”也者，木之所以建生也，蔓根者，木之所以持生也。今建于理者，其持禄也久，故曰深其根，体其道者，其生日长，故曰固其柢。柢固则生长，根深则视久。故曰“深其根，固其柢，长生久视之道”也。

下篇六十章原文：“治大国若烹小鲜……”

眉批：工人数变业则失其功作者，数摇徙则亡其功。一人之作日亡半日，十日则亡五人之功矣。万人之作日亡半日，十日则亡五万人之功矣。然则，数变业者，其人弥众其亏弥大矣。凡法令更则利害易，利害易则民务变。务变之谓变业。故以理观之，事人众而数摇之，则少成功。藏大器而数徙之，则多败伤。烹小鲜而数扰之则贼甚泽。治大国而数变法则民苦之。是以有道之君，贵静不重变法。故曰“治大国者若烹小鲜”，人处疾则贵医，有祸则畏鬼。圣人在上则民少欲，民少欲则血气治而举动理，举动理则少祸害。夫内无痤疽瘅痔之害，而外无刑罚法诛之祸者，其轻恬鬼也甚。故曰“以道莅天下其鬼不神”。治世之民，不与鬼神相害也。故曰“非其鬼不神”也，其神不伤也，鬼不祟也。疾人之谓鬼伤人，人逐除之之谓人伤鬼也。民犯法令之谓民伤上，上刑戮民之谓上伤民。民不犯法，则上亦不行刑。上不行刑之谓上不伤人。故曰“圣人亦不伤民。”上不与民相害，而人不与鬼相伤，故曰：“两不相伤。”民不敢犯法，则上内不用刑罚，而外不事利其产业。上内不用刑罚，而外不事利其产业，则民蕃息[1]。民蕃息而积蓄盛。民蕃息而积蓄盛之谓有德。凡所谓祟此者，魂魄去而精神乱，精神乱则无德。鬼不祟人则魂魄不去，魂魄不去而精神不乱，精神不乱之谓有德。上盛积蓄而鬼不乱其精神，则德尽在于民矣。故曰“两不相伤”则“德交归

---

[1] 蕃息：滋生；繁衍。

焉”。有其德，上下交盛而俱归于民也。

下篇六十七章原文：“我有三宝，持而保之。一曰慈，二曰俭，三曰不敢为天下先。慈，故能勇；俭，故能广；不敢为天下先，故能成器长。”

眉批：爱子者慈于子，重生者慈于身，贵功者慈于事。慈母之于弱子也，务至其福，则事除其祸。事除其祸则思虑熟，思虑熟则得事理，得事理则必成功，必成功则其行之也不疑，不疑之谓勇。圣人之于万事也，常如慈母之为弱子虑也，故见必行之道。见必行之道明，其从事亦不疑，不疑之谓勇。不疑生于慈，故曰慈故能勇。周公曰：冬日之闭冻也不固，则春夏之长草木也不茂。天地不能常侈常费，而况于人乎？故万物必有盛衰，万事必有弛张，国家必有文武，官治必有赏罚，是以智士俭用其财，则家富；圣人爱宝其神，则精盛；人君重战其卒，则民众。民众则国广。是以举之曰“俭故能广”。

凡物之有形者，易裁也，易割也。何以论之？有形则有短长，有短长则有小大，有小大则有方圆，有方圆则有坚脆，有坚脆则有轻重，有轻重则有白黑。短长、大小、方圆、坚脆、轻重、白黑之谓理。理定而物易割也。故议于大庭而后言，则立权议之士知之矣。故欲成方圆而随其规矩，则万事之功形矣。而万物莫不有规矩，议言之士计会规矩也。圣人尽随于万物之规矩，故曰“不敢为天下先”。“不敢为天下先”，则事无不事，功无不功，而议必盖世，如无处大官，其可得乎？处大官之谓为“成事长”，是以故曰“不敢为天下先，故能成事长”。

慈于子者不敢绝衣食，慈于身者不敢离法度，慈于方圆者不敢舍规距。故临兵而慈于士吏，则战胜敌。慈于器械则城坚固。故曰“慈于战则胜，以守则固”，其能自全也。而尽随于万物之理者，必且有天生。天生也者，生心也。故天下之道尽之生也。若以慈术之也，事必万全，而举无不当，则谓之宝矣。故曰：“吾有三宝，持而保之。”

（录于《周素园文集》，源自《素园读本——老子》）

继室萧君哀词[1]

丙辰（1916年）

粤暴秦之将亡，奋三户于张楚。扇豪俊而风从，起黔南之义旅。贵州以辛亥九月十四日[2]光复，距湖北独立仅二十五日。闵书生之柄政，致患害于推诚。眤白胜而卵翼，眷侯景之豺声。虺毒[3]吹于肘腋，狐媚掩其狰狞。贵州光复以自治学社张百麟为首功。自治学社夙持急进主义，与官僚派之宪政预备会任可澄等积不相能。百麟以大敌当前，成功后力主调和，引可澄共分政权，又假其党刘显世以兵柄，置之肘腋，祸机始伏。显世在清季任巡防营管带，驻兴义县，革命酝酿中，巡抚沈瑜庆疑陆军不稳，电令显世另募徒手五百人，兼程来省，藉资防范。比至而军政府已成立，显世进退失据。李绅淮安说百麟，显世世袭酋长，凶残性成，不如以反对共和罪状诛之。百麟已前许调和，遂弗听，亟给显世军械，荐升标统，又兼任枢密员。显世矫为忠诚，赞言今日地位，始愿所万料不到，拥护政府，惟力是视。

方重申以盟誓，俄相见以戎兵。十二月上旬，外间喧传将有兵变。十三日，余与刘显世、任可澄、张百麟、蔡岳五人会于贵州银行。显世引杯酹地，指天为誓，力白无异心，众信之，不设备。十五日难作，刺黄泽霖，

---

[1] 1916年继室萧氏在汉口，因难产施行剖腹手术后大出血去世，周素园作《继室萧君哀辞》以悼。此文现存两个版本，今从石印本。文中夹排字系作者自注。文末的批语是原稿中的附录。

[2] 此处为阴历，阳历为11月4日。

[3] 虺毒：蛇虺之毒。比喻人祸。多指阴谋、毒计。

逐张百麟。泽霖、百麟与党时兼统新巡防营。石称儿而作伥，诞送质而纳土，利黠寇之外援，构逆萌乎内主。显世等谋颠覆军政府而力不足，遂阴召外兵，命戴戡乞师于蔡锷，愿举贵州为附庸，又命郭重光伪造民意，谓贵州匪势猖獗，地方不靖，欢迎滇军来黔平乱。锷纳其降，遂定秘计，通电全国，以唐继尧领军北伐假道贵阳。军府嘉蔡、唐赴国难，方皇皇[1]然为办供张，备粮秣，不意彼包藏祸心，深宵掩袭也。

哀吾生之蠢蠢，谓求仁而得仁，树洪基于百日，府众怨以子身。军府草创，文书山积，衮衮诸公，各有所营，无复过而问者。全省政务行止恒决于余。余亦念人生几何，此正报国之良时，竭智尽忠，五官并用，当食吐哺数起，夜寝不逾两钟。大局虽日在惊涛骇浪中，差幸行政系统尚能保持，社会秩序毫未紊乱。余去黔后，两目非加老光镜不能观书，遇事稍作思考，头脑即感昏眩。盖一生精力，完全牺牲于兹役矣。当军府之初立也，同人公意，一则表示个人不恋权位，一则希望中央迅有处置，故临时政府限期三月，订有约章，共资遵守。又曾以军府名义，通饬所属，临时期间，不轻更动人员，责令安心职守。而任可澄胞叔、某姊夫黄某、妻兄洪某，皆汲汲钻干，冀一试其搜括手腕，余坚拒弗应，遂为众矢之的。翳智小而谋大，乃陨坠于沉渊。正炉火之踞著，值寝疾之缠绵。占困石而拊膺[2]，理绝弦而揾泪。杳寂寞兮璚闺，高翱翔兮云辔。元配萧夫人以壬子二月病殁。临艰难而撒手，触景物而摧心。悼诸孤兮靡恃，苦二毛兮见侵。怙凶德之参会。威抗节以淫刑。窘党人于亡命，泣名士于新亭。滇寇既糜碎军府，由刘显世、任可澄、郭重光、戴戡推唐继尧为都督。继尧亦悉报显世等以高位重权。群寇协谋，以非常手段消灭异己。自治学社社长钟昌祚，甫自上海归，行次安顺见杀。舆论沸腾，斥其不法。余与同志藉民意掩护，遂得暂保首领。已而前都督杨荩诚奉大总统正式任命，率北伐黔军凯旋。寇党汹惧，决议悉捕在内诸领袖下狱论死。刘

[1] 皇皇：指大之意；指美盛；同“煌煌”，指明显；同“遑遑”，指匆忙；指心不安。文中指匆忙。

[2] 拊膺：捶胸。表示哀痛或悲愤。

显世副官吴积诚泄其事，余微服从间道逸出。先后亡命者，军府枢密员乐嘉藻、李泽民、彭述文、民政司长陈永锡、学务司长谭璟、实业司长黄德铣、交通司长孙镜、立法院长谭西庚、副议长朱焯、安顺知府方策等，善类为之一空。念河山兮破碎，况身世兮飘零，希此家之再造，幸彼美之垂青。懿声子之继孟，艳湘妃之嫔虞，介良媒以陈请，企故里而踟蹰。君忼慷于一诺，坚金石而弗渝。收劫余之灰烬。藐时俗之菀枯。元配殁后十余日，余即被迫亡命。委弃三女一子。长方毁齿，幼者犹在襁褓，每一念至，心焉摧割，于是乞婚于君，且要以不俟亲迎，即为余抚育子女。议未决，会幼子夭殇，君乃毅然为诸女将护。余方在难，亲戚多冷眼，或从而讥非，君不顾也。余流转于蓟北，排阊阖而上呼，卓滔天以横逆，纣稔恶于独夫。余以元年冬杪入都，任稽勋局调查员，转参议院秘书，皆时所指目为革命党巢窟者也。临时总统袁世凯阴怀叛国之心，所为多纵恣不法。余初意欲从法律上解决黔事，迭与诸同志先后控诉于总统府、国务院，迄不得直。交通总长朱启钤[1]且倡言曰：总统以抑弱扶强为政策，诸君空尔聒，毋惑乎如水投石也。

纵鹰犬于平原，恣爪牙以屠戮。赣宁战役[2]告终，世凯尽出张勋、冯国璋、李纯[3]、王占元[4]为东南各省都督，希意承旨大屠民党。其西南诸督

---

❶ 朱启钤（1872—1962），贵州开州（今开阳）人，举人出身。徐世昌义子，清末历任道员、警察总厅厅丞等职。辛亥革命后连任陆征祥，赵秉钧、段祺瑞内阁的交通总长，历任熊希龄、徐世昌内阁的内务长、代理国务总理。1915 年支持袁世凯复辟帝制，任大典筹备处处长。

❷ 赣宁战役：又称“二次革命”或癸丑之役。是指 1913 年以孙中山为代表武装讨伐袁世凯的革命事件。

❸ 李纯（1875—1920），字秀山，天津人。曾督理江西军务。先支持袁世凯称帝被袁授为昌武将军。后又附和冯国璋，列名五省将军密电，请袁取消帝制。

❹ 王占元：字子春，今河北馆陶县人。任职北洋军，曾镇压武昌起义和拥袁称帝。袁死后，任湖北督军兼民政长，隶直系。1926 年任孙传芳部总监，并联络张作霖、张宗昌军企图抗拒北伐军。北洋军倒台后无业入天津租界。

龙济光[1]、陆荣廷[2]、汤芗铭[3]、唐继尧，皆争自结于世凯，亦以虐杀党人为献媚之具。于是内外同志，棘地荆天，逃死无所矣。谢子房[4]之报韩，踵少陵而如蜀。黔人冤愤团本余所组织，专控诉唐、刘诸不法事。继尧衔次骨，密呈世凯，指为革命机关。世凯遂发明令通缉。干事简书、方策、蔡奎祥、许嘉谟，乃至供奔走之团员孙孝逸由津来京，亦于东站被捕。余环境万险，适川边代表严高轩敦请作西康之游，调尹昌衡[5]诚意相召，虚左以待。余亦以民党硕果，昌衡仅存，且川边僻远，世凯鞭长莫及，妄依尹徐图展布，遂行。莅泸江而徘徊，僦舍馆以迟君。余乘木船西上，峡中见轮，舟疾驶而东，高竖川边都督大旗。询知船人云，昌衡入京师。余曰：嘻！此所谓自速覆亡者也。无几何，昌衡果下狱。余解装泸州，卜居附郭之小市，遣人挈三女来川。昨维舟于近岸，迨御轮之吉晨。惭婚仪之草草，识雅量之温温。鼓琴瑟兮好合，欢鱼水兮忘言。甘变名以伏匿，猥越境而见收。行望门以投止，且忍死而句留。余闻警而奔进，君在难而从容。愧丈夫之七尺，傲女子以三从。余定居未匝月[6]，刘部踪迹来泸，

---

❶ 龙济光（1868—1925），字子诚，亦作紫宸。彝族。云南蒙自人，办团练起家。镇压革命党人而任广西提督。1913年被袁世凯任命为广东镇抚使，率部与护国军对抗。旋又倒向段祺瑞，被段任命为两广巡阅使，后北去依段，被任为将军府将军。

❷ 陆荣廷（1859—1928），字干卿。广西武鸣县人，绿林出身。清末受招抚官至广西提督。民国成立后任广西都督，次年兼广西民政长，成为旧桂系军阀集团的鼻祖。

❸ 汤芗铭（1883—1975），字铸新，湖北蕲水（今浠水）人。曾加入同盟会。武昌起义后，被黎元洪任命为第二舰队司令。二次革命时，因镇压湖南革命党人而被袁世凯擢升湖南军务督理兼巡按使。后被驱逐离乡，寓居北京依附直系。抗日战争时期充任北平伪维持会会长。后充“国大代表”。解放后居北京。1975年病故。

❹ 子房：西汉张良，字子房。

❺ 尹昌衡（1886—1953），字硕权，四川人。辛亥革命时任四川都督府军政部长，后被推为四川都督。1953年于重庆病故。

❻ 匝月：满一个月。

仓皇遁之重庆，复转合川，投止友人张泽钧[1]所。无几何，戴戡又电内务部暨四川首长，讦泽钧为乱党。重庆镇守使周骏派兵来合逮捕，余急走汉口，善后一以委君，不复相顾。君处分悉有条理，余家复完。遵鄂渚而税驾，远矰缴[2]而自藏，慨燕巢兮何乐，叹龙战兮未央。余戚王季和[3]经商汉口相留小住。蛰居租界，故乡书问一切断绝。欧战方酣，帝制将起，友人在上海、东京者，累书招请参加革命，以兴趣索然，悉置不答。余丛尤而损嗣，君后顾而徬徨。忽指腹而含笑，曰履迹以呈祥。结冥想于福始，讵隐种乎祸胎。儿未入于褪褓，母已委于蒿莱。君既有身，望生男綦切。临产胎不下，入医院，剖腹生一女，而君竟不起。期人寿兮百年，君独遘此六极。愿偕老而食贫。倘积劳兮思息，幂慧心以宿草，腐秀骨于荒丘。招幽魂兮惝恍，托好梦兮绸缪。君殁时年甫二十有六，厝汉阳四川义地。余获罪而逢怒，匪我生之不辰。天夺君以相厄，浸暮齿于酸辛。感衰病之侵寻，惧死丧之无日。徒惆怅兮乡关，聊逍遥兮箸述。冀清河之可俟，庶巨憝[4]之伏诛。归遗蜕于万里，寄慈爱于孤雏。溯巫峡而听猿，陟雪山而系马。川黔分界处有雪山关，险峻逼仄，归途必由之路。路修远以多艰，灵仿佛而来下。苟余怀之未遂，与朝露而争先。本无情于青史，犹相及于黄泉。年少气盛，慨然有千秋之志。比遭患难，顿增阅历，知古来立功成名，皆从丧心灭理做起。余既窥破造化之秘，尤不乐久与污浊为缘，但祈早死，毋点清白。超溷浊兮优游，折芳馨兮怡悦。陋夷跖之纷纭，北乔松而等列。重曰已矣。恸不极兮言长，忧不深兮词费。掷斑管而累唏，奚愁肠之足慰。

---

[1] 张泽钧：曾与张百麟于贵阳成立自治学社，兴办《黔报》，后离开贵州，在四川合川县任职。作者流亡合川曾一度投靠。

[2] 矰缴：古代用来射鸟的拴着丝绳的短箭。

[3] 王季和：名德先，贵州毕节人，作者挚友王子俊胞弟，时在汉口经商。作者离黔亡命困处，赖季和资给。

[4] 巨憝：元凶，大恶人。

余达父[1]云：气味朴茂，神似晋宋人文字，潘安仁、鲍明远集中得意之作也。

乐彩澄云：情文并茂，想见近日伏案之勤。

贺奉生先生云：渊雅淳洁，吐纳骚选。曩读君报馆文字，痛快淋漓，无不尽之词，今乃一变其面目，贤者固不可测耶！

平少黄［璜］云：沉吟哀感，动人心魄。余、乐二君之称誉，允无过情。

徐又铮[2]上将云：妥贴。惟注凡点以下皆宜删节。文字以含蓄为主，恐人疑为藉词攻讦。

王书衡先生云：作者忧患躬经，复失良匹，故以辞遣悲，语至痛愤。黄门悼亡之篇，兰成哀时之赋，合为一手，古未尝有也。吾友陈石遗于道如夫人殁后，作萧闲堂诗三百韵，以致其思，兰陵芳淑，可并传矣。又云又铮本桐城古文家，笃守宗派义法，故其持论云尔，若汉魏人文字则不拘拘于此。

（录于《素园文存》手稿第一册）

---

❶ 余达父（1870—1934），名若瑔，字达父，彝族。贵州毕节县（今七星关区）人。曾受业于前清进士葛子惠门下，后留学日本。回国后，考中政法科举人。贵州光复后，当选贵州立法院副院长。滇军入黔后，流亡北京，任法政学校教员和律师。与平刚、周素园交往甚密。1922年任贵州大理分院刑庭庭长。后弃官入滇，或旅游、或乡居。但终以兵匪频仍，不容于权势，难于安居，病逝于贵阳。余若瑔为彝族知识分子，“早学经韵，穷研子史”，著述颇多。有《遂雅堂诗集》等传世。

❷ 徐又铮（1880—1925），名树铮。江苏萧县（今属安徽）人。日本士官学校毕业。清末官至第一军总参谋长。民国时，任陆军部军学处处长等职。段祺瑞组阁时，任国务院秘书长。

先府君暨先妣事略

己未（1919年）

府君姓周氏，讳煦，字和生。贵州毕节县人。曾祖讳履衢，拔贡生，直隶开州[1]知州。祖讳邦彦，浙江东阳县县丞。考讳起京，封奉直大夫。妣顾氏，旌表节孝，封太宜人。

周氏自明初迁黔，隆万[2]后，始以科第显，入清而益盛。积善不怠，乡里称曰高门。府君生周岁，而奉直公捐馆舍，顾太宜人毁妆自誓，以教养为己任。邓孺人者，东阳公侧室也，谋夺产，所以危害府君百方。顾太宜人推产尽予之。挈府君出依亲党，以针黹[3]自给。府君艰苦力学，往往日不再食，而讲诵研讨，常至夜分不辍。弱冠，遂通诗古文法，为名诸生。会洪杨踞金陵，西北则捻回交讧，中原鼎沸，贵州土匪亦蜂起。其大别曰苗匪、曰教匪、曰号匪[4]，所在劫掠，乡人练团自保，推府君总文案事。设方略，助守御，甚备。先后在事八年。自贵阳以西，大定、黔西、威宁、水城诸府州，蹂躏无完土，独毕节屹然寇盗中，所全活不可胜计。贼平论功，以训导候选，并加五品衔，赏戴

---

❶ 直隶开州：今河南省濮阳县。

❷ 隆万：指明代隆庆、万历年间。

❸ 针黹：也作针指。指各种针线活儿。

❹ 苗匪、教匪、号匪：对清朝咸丰、同治年间贵州各族人民反清大起义中的苗族起义军、灯花教起义军和号军的蔑称。

蓝翎。

时兵燹[1]之后，文献荡尽。府君与顾绩三[2]先生商定体例，网罗放失，成《毕节县志稿》二十五卷，《平彝纪闻》一卷。又葺治黉宫，兴废举坠，乐舞升降之节，笾豆陈设之品，贯穿典礼，折衷至当，邑人至今遵用之。

年五十三，部选松桃厅学训导。松，苗疆也，俗尚武悍。归流百余年，无与科目选。官绅雅重府君，延主书院讲席。府君因材施教，循循善诱。久之，有领解首捷南宫者，弦歌相闻，彬彬多文学之士焉。

府君天性淡泊，又依恋顾太宜人膝下，不忍违离。岑襄勤[3]公既定猪拱箐[4]，尝招致幕府，辞不往。在松桃任，岁时必归省，尤善养志。顾太宜人所爱亦爱之，所敬亦敬之。顾太宜人偶郁怒，则长跪引咎。府君浓髯过膝，跪时纷披拂地，或沾染尘垢，顾太宜人辄为一笑霁颜。年六十四，居顾太宜人丧，寝苫枕块，斩衰食粥，诸子环请节哀。府君欷歔流涕，悲不自胜，曰“吾母非犹夫人之母也”。府君生于道光壬辰（十二）年五月十七日，卒于光绪癸卯（二十九）年六月十七日，享年七十有二岁。葬海子街[5]海口先世宅右。元配章宜人，继配我先妣刘宜人。子男培荫、培棻、培藻、培艺、培滋。女培荇，适杨榕林；培蕙，

---

❶ 兵燹：因战乱而造成的焚烧破坏等灾害。

❷ 顾绩三：贵州省毕节县（今七星关区）人，清末地方名儒。曾参与《修毕节县志》。

❸ 岑襄勤（1829—1889），名毓英，字彦卿。广西西林人。清咸同年间，代云南巡抚，镇压回民起义及贵州苗民起义。后署理云贵总督。任内曾奉命参加中法战争，不战而退。1889年病逝于昆明，清廷追赠他为太子太傅，谥“襄勤”。

❹ 猪拱箐：位于贵州省毕节市七星关区青场镇境内，主峰海拔2200余米，三面绝壁，唯有一路通往大山北门，地形险峻，易守难攻，是清朝末年云、贵、川三省苗族农民起义军总部遗址。1982年4月被贵州省人民政府确定为省级重点文物保护单位。在本文中，指1866年岑毓英率清军入黔攻陷陶新春、陶三春领导的苗民起义军根据地猪拱箐一事。

❺ 海子街：贵州省毕节市七星关区下辖的一个镇。

适邱学慎；培蘩，适王德康。孙男八人，孙女九人。

先妣姓刘氏，同邑试用从九晋堂公长女。在室以孝闻，尝刲股疗亲疾，抚诸弟甚有恩惠。年二十五，归君府。外家以资雄乡里，号刘百万。先妣生而鼎盛，洎归夫家，环堵萧然，折节俭约，服习[1]若素。章宜人有子曰培荫，弱龄病废，步履需人。先妣保抱提携，求寒问暖，体恤备至。生不肖兄弟七人，率躬自乳哺，或襁之，或挽之，以洒扫，以缝纫，以澣（浣）濯[2]炊汲。破晓而力作，深夜而不休。其勤劬若此。少读书，博闻强记，不肖等四五岁时，唐诗已琅琅上口，聪颖者能背诵曲礼内则，皆先妣枕上口授。治事之暇，集子女环顾太宜人坐，陈说古今治乱、英雄豪杰事业，以为笑乐。顾太宜人性严毅，小不快意，动加诮让，先妣曲尽妇职，必得欢心乃已。顾太宜人晚病拘挛，服食起居不自由。先妣细意熨贴，能令无所苦。诸孙偶代之，顾太宜人频蹙呻吟，若不自持。及顾太宜人下世，先妣已积劳致疾，卧不能兴，乃曰："吾事姑三十年，姑一日无我不欢，我失姑，亦皇皇靡所恃，会当依倚地下耳。"顾太宜人卒后三年，光绪戊戌（二十四）年四月七日，先妣弃养[3]。距生于道光辛丑（二十一）年三月二十九日，享年五十有八岁。葬海子街翰道凹。越十年，迁葬海口，与府君墓咫尺相望也。

革命以还，培艺得罪权幸，转徙逃死，而同产诸人，亦零落略尽。松楸黯然，椒馨莫荐，呜呼！府君暨先妣之令德盛美，将因不肖而斩其泽耶？何其酷也。男培艺谨述。

（录于《素园文存》手稿第一册）

---

[1] 服习：谓习熟武艺；熟悉；犹习惯，适应。

[2] 澣（浣）濯：洗涤之意。

[3] 弃养：父母去世的婉词。意为父母死亡，子女不得奉养。亦泛指尊者、长者死亡。

萍乡贺先生事状

己未（1919年）

先生讳国昌，字莘生，萍乡贺氏，祖雨峰，山西曲沃县知县，考荩臣，直隶永清县知县。先生家世鼎盛，而清白相承，廉俸外不以丝粟苟取于民。祖父皆在官，先生独里居，授徒奉母，甘旨之养，借资脩脯，被服儒素，见者不谂为贵游子弟也。皇考卒于永清，先生年始弱冠，徒步走任所扶丧归葬。王考疑先生废学，连书召赴山西，命题课文，阅竟大喜，取曩官翰林时所著貂裘赐之曰：若他日必袭此，努力精进，毋辜余望。服阕，回籍应试，江西巡抚李捷峰深器异之，嘱令从范鹤生受学，由是颇肆力于经史掌故，不仅钻研帖括[1]而已。南昌熊氏富藏书，先生假馆二岁，尽发箧读之，日不足，继之以烛，凡所手抄，盖数十百卷。旋讲学于萍乡之龙泉寺，与喻庶三、萧景霞、李季刚共建丽泽堂，究性理，维风教，以品学相策励。士习为之丕变。光绪癸巳举于乡，会试报罢。湖南巡抚陈宝箴[2]保荐，得旨以知县，发该省委用，历署沅江、祁阳、浏阳，皆有声。其在沅江，值水灾，民漂流失所，先生躬督

---

❶ 帖括：此处泛指科举应试文章。

❷ 陈宝箴（1831—1900），清末维新派人物。江西义宁（今修水）人。历任按察使、布政使。1895年任湖南巡抚，与黄遵宪等倡办新政。设矿务、轮船、制造公司，开办时务学堂，刊行《湘学报》。并奏荐谭嗣同、杨锐等佐新政。为清末地方官员中推行新政最力者。戊戌政变时被革职。

夫役，沿湖施救，请于大府，开倉（仓）平粜，全活近万人。在祁阳，民患盗劫，案无虚日，先生密购眼线，悉捕其魁率，置于理，盗风为衰息。在浏阳，有土豪汤雄等鱼肉良善，号四大金刚。先生甫下车，雄倩人以万金田契为寿，愿执贽比门弟子，先生拒不受，旋按其罪加显戮。其为治，大抵因民所欲，不设成心，故所至民歌乐之，称为贺青天。未几而有湘乡查矿事，湘乡者，湖南之丰沛南阳也，士绅以争矿，各纠众相劫持，巡抚赵尔巽夙恶湖南民气嚣，欲遂摧抑之，习闻先生惩艾豪强事，以为是果武健吏，能了吾意，命率巡防军一营驰往查办，许以便宜行事，先生譬解遣散，咄嗟而定，还报尔巽，尔巽曰："湘绅承中兴之后，世其簪缨，狃于跋扈，今不诛一人，是示弱也。"先生曰："令意但当问是非，不当论强弱，且争矿究异谋叛，何敢妄诛。"尔巽勃然变色，既出，同僚咸为先生危。先生曰："吾极知不利，然杀人媚人，所不为也。"乞假之日本，留学法政，以避其锋。毕业归国，适京师设巡警部，今总统徐世昌为尚书，电调先生到部，授卫生处佥事，改北分厅知事，又改右分厅，官廨草创，经纬万端，新法旧俗，动致龃龉，先生周旋上下，一以致诚格之，民安而政举，三年俸满。截取知府。贵州巡抚庞鸿书专折奏调，委总抚辕文案，试署巡警道，踰（逾）年即真。省会模范巡警既成，乃筹设各属城镇乡巡警，分期勒限，因地制宜，立工厂，收养贫民，疏浚河道，创慈善会，解除奴禁，虐婢之风几绝。先生之职责虽仅一部，而所经画常在全局，吏治之良窳，财务之赢绌，以及立宪政要，凡载于筹备清单者，无不规其方略，晰其条理，破晓而上院，漏尽而不得休，三司拱手受成，府县以下，承风如不及，光宣之交，贵州政绩为各省冠，庞公之知人善任，先生之劳怨不辞，论者两贤之。权绅任可澄等时有私谒，先生一切峻拒，可澄积怨，纳赂御史陈善同揑（捏）词奏参，事下云贵总督李经羲，经羲奏雪之。沈瑜庆继任为巡抚，倚重先生一如庞公时。未几而革命起，国体更，先生委曲调护，尤为人所难能。先是贵州民党累于机关报中披露其主义，而与所谓权绅者不叶，权绅力构陷之，搜斑索垢，兴大狱者数矣，先生以为消弥革命，莫若改善政治，操之过急，无益也。故每有大议，恒排众说而庇民党，民党亦倾心戴之。武昌首义，湘滇响应，贵州形势已在包围中，党人洶洶（汹汹），亟欲宣告独立，瑜庆持不可，先生内外疏解，唇焦舌敝。易姓改物之际，得免杀人流血之惨。世传贵州革命，举动文明，其内幕皆先生一人左右之也。事定，党人欲奉先生为都督，先生曰：所以效奔走者，为国与民耳，倘因以为利，天下其谓我何？决去不顾。民国纪元，江西都督马毓宝、李烈钧从民望，促先生复出，历任政事部长、内务司长。二年六月，遂有民政长之命，先生再电恳辞。并谒副总统黎元洪于武昌，陈避贤诚意，元洪以大义相责，谓时势至此，君忍坐视涂炭，不一援手邪！赣人惶急，五举代表至鄂数迎，先生不得已戒行。蒞（莅）任之日，全省庆祝，金融停滞，一朝而通，耆老额手，谓将大有造于我也。赣宁事定，先生退隐衡岳，长斋奉佛，不问世事。六年被选为临时参议院议员。七年再当选。公退，门无杂宾，一仆执炊爨。案上佛经数卷而已，执政显要，强半昔日僚友，从未尝一干谒，与人言，辄叹世界汙（污）浊。以解脱为大幸。八年三月，偶感微恙，禁断医药，寖（寝）以危笃（笃），然神志清明，始终不乱，易箦前数日，诵佛号尤勤，乡人黄某旦夕在视，就询家国事，皆不答。问所苦，曰：余此时心中尚能镇慑，来去殊了了。遂卒，享年六十有三岁。子某某，某官，孙几人。门下士周培艺谨状。

（录于《素园文存》手稿第一册）

为段建威讨曹锟檄[1]

庚申（1920年）

建威上将军、定国军统帅段檄告近畿将领、省区长吏：

传曰：国家之败，由官邪也。法制纪纲，国所与立。大夫君子，民具尔瞻。直隶督军曹锟，窃位畿辅，谬厕干城[2]，弘济艰难，兹焉攸赖。如何迷惘，甘为叛人，紊乱宪章，胁迫元首。下陵上替，海内寒心。法纪荡然，国将不国。爰声其罪，与众弃之。曹锟始与张勋歃血为盟，共图复辟。讨逆军起，声势甚盛。锟以中慑，愿效前驱，首鼠两端[3]，恬不知耻。逆勋僵仆，辄请增兵三旅。本上将军念其鹰犬之材，爪牙可用，湘祸方亟，始予报行。锟受任两湖宣抚使，兼第一路总司令，迁延观望形势，一再逗留。龙济光师出琼州，桂寇回顾老巢。锟因人成事，幸克岳长[4]，破竹之势，本可迎刃而解。三师师长吴佩孚，指挥前敌，著有微劳。政府拟畀以广西督军，而锟不悦。授以孚威将军，

[1] 段祺瑞曾被袁世凯授封建威上将军，故有“段建威”之称。本文是周素园在段部西北筹边使兼西北边防军总司令徐树铮幕中，应徐树铮命，代段祺瑞向曹锟所作的檄文。从侧面反映了北洋军阀直皖两矛盾的由来及发展。

[2] 干城：保卫国土的将士。出自《诗经·国风·周南·兔罝》：“赳赳武夫，公侯干城。”干：盾牌。城：城墙。两者均起防卫作用。

[3] 首鼠两端：在两者之间犹豫不决或动摇不定，形容迟疑不决，瞻前顾后。

[4] 岳长：湖南岳阳、长沙。

而锟尤快快。谓国家军队宜归其私有，谓政府赏功为离间其部曲。而其告吴佩孚，又谓迭经荐剡，当局抑而不论。煽动蛊惑，日夕浸润。于是吴佩孚始有二心矣。本上将军方恤国难，未遑督责。锟委师北旋，逍遥津保[1]，授意所亲，诚得增兵四旅，改任四省[2]经略使，汤火维命，政府曲徇其请。锟又不进如故。其时国会再集，今总统[3]依法应选，吴佩孚敢冒不韪，悍然狂吠，历次通电，寇以东海先生[4]，称为五朝元老。恣睢跋扈，中外仄目。锟阳若充耳，阴实主谋。吴佩孚驻防衡州，与敌军交通贿赂，订结盟约，割让国土。囊橐[5]既饱，坚请撤防。不待政府报可，遽尔自由行动。敌军踵吴师后，节节进攻。湘民锋镝余生，重罹水火。守土者固不能辞咎，而吴佩孚开门揖盗，设阱陷人，已难掩天下耳目。撤防以还，政府于各师旅驻地，均经指定，悯其疲劳，俾资休息。吴佩孚弁髦院令，集中郑州，横断京汉、陇海两路，擅扣部局列车，劫掠江西军米，检查所在邮电。锟复派队遥与相应，遮遏刘询援湘之师，夺据德州兵工厂，勒限属县，赶修马路，四筑炮台，包围京师。近且倡开保定会议，纠合丑类，封递伪令，指交总统签押。自古奸人干国，遥制朝命，专横暴戾，未有如锟者也。锟包藏祸心，貌为戆愚[6]，始则凭假宠灵，扩张事权，终乃颠覆典常，危害国家。又贪墨黩货，不恤士卒。南征时国库奇绌，锟请领军费数百万元。于天津、河北大营土木，宫馆园亭，穷极工巧，而所部服装馕糈，至今蒂欠。又频电政府，起用张勋，将悔反正之误，仍以从逆为荣。抑竢（俟）羽毛丰满，从此觊

[1] 津保：天津、河北保定。

[2] 四省：指川、粤、湘、赣。

[3] 今总统：指徐世昌。

[4] 东海先生：指徐世昌，号东海，人称东海先生。

[5] 囊橐：袋子。

[6] 戆愚：愚昧；愚直。

觎非常，凶狡反复，于何不至。一切诡谋秘计，皆由其弟曹锳[1]布画。今国命岌岌，元首失柄[2]，当天崩地坼之会，是主辱臣死之时。昔苏竣［峻］作逆，温峤登坛[3]，怀光犯乱，李晟[4]誓师。本上将军手创共和，与国休戚，剑及履及，义无反顾。率我袍泽，刻日动员，罪止曹锟、吴佩孚、曹锳三人，临阵抗颜，格杀勿论。其余官吏将校，自拔来归，听守原职。倒戈杀贼，一例颁赏。大军所至，务严纪律。倘有骚扰居民，悉按军法从事。檄到，如律令。

（录于《素园文存》手稿第一册）

---

❶ 曹锳（1873—1927），字子镇，曹锟第七弟，毕业于天津武备学堂，曾任蓟榆镇守使、第四混成旅旅长、直军第二十六师师长等职。

❷ 元首失柄：指曹锟等胁迫徐世昌退出总统职务。

❸ 东晋初：苏峻被晋元帝任为鹰扬将军，以平王敦功，拥锐卒万人。庾亮执政，想解其兵权，调为大司农。公元328年，苏峻与祖约起兵，攻入建康（今南京），专擅朝政。不久被温峤等击败所杀。

❹ 李晟（727—793），唐将领。德宗时，藩镇田悦、朱滔等叛乱；朱泚叛据长安。李晟誓师，率部平叛，收复长安。

怨生赋[1]

庚申（1920年）

余一不知生之可乐兮，托柔翰以寄哀。自呱呱之堕地兮，载忧患以俱来。凿浑沌以七窍兮，窍既通而不死。奉义方以周旋兮，非时俗之所喜。始余怀之荡荡兮，谓正直之足恃。横流衍其泛滥兮，众颓然而波靡。勉陈力以就列兮，代大匠而斫之。忽不寤其伤手兮，履忠信而见欺。人三折以成医兮，吾一蹶而不振。亮蒙难以艰贞兮，义独取乎柔顺。贾余勇而登进兮，行将前而复却。羌入宫而见妒兮，岂伊女之美恶。愿没世而有名兮，固君子之所期。过大梁而伫想兮，彼夷门又何知？嗟天地之不仁兮，以万物为刍狗。悼吾生之有涯兮，讵谁识其然否。闻失义而后礼兮，更出礼而入刑。魑魅穷于鼎铸兮，饰土木而乞灵，笼古今之变态兮，此荦荦[2]乎大端。民相役于机智兮，完太璞其良难。汝盍收视而返听兮，全纯愚以默处。譬未始有圆方兮，胡凿枘[3]之龃龉。拜嘉言以踌躇兮，吾宁知博而守约。但我相之未忘兮，犹不免夫执着。临清流以偕逝，庶劳者之息肩；通是非而何有，归成毁于自然。

---

❶ 本文是辛亥革命失败后，中国陷入军阀混战之中，作者颠沛流离，苦苦寻觅，作此文自述心境。

❷ 荦荦：清楚、分明的样子。指主要的项目，明显的要点。

❸ 凿枘：也作枘凿（方枘圆凿），圆榫眼，方榫头（枘），两下里合不起来。比喻格格不入。

乱曰：营营扰扰兮，畴则百年。炎炎隆隆兮，亡也忽焉。蒙周齐物兮，尚落言筌。吾慕老氏兮，玄之又玄。

（录于《素园文存》手稿第一册）

李春汉家传

庚申（1920年）

君讳春汉，字祥云，麻城李氏。其先江西人也，八世祖胜，明诸生，明亡，与侍郎杨廷麟起义吉水，图恢复，事败，逃亡至楚，家麻城之宋埠。胜将死，诫子孙曰：建虏[1]，吾仇也，虽不能报，后世倘反颜干进，犹有鬼神，吾不来食矣。清主诸夏二百六十年，胜遗族蕃衍至数百家，诵说诗书，修农工商业，终守其祖训弗敢叛。道咸之际，有德森者，君考也。以医名，遭洪杨乱，避地郧西，客死于郧。君年十二，经营丧葬，奉母还乡里，遂只身走川黔。麻城为县，隶于黄州府，黄人善治生，所至聚廛列市，懋迁有无，号曰黄帮，巴蜀之间，重庆亦一大都会也，水陆四通，商贾辐辏，黄帮盛时，几尽笼百货出入，一肆之经理，必负宿望，若挟重赀（资），乃克膺选，而君独以谨信见推，经理总肆事。上下其手，率因缘为奸利，而君任职二十年，独无纤介苟且。初，君过庭时，备闻医学奥窔。比长，益博综群籍，能绍先业，其治疾，贫者辄为之尽，虽富贵亦不责报。往往相距数十里，大风雨，昏夜徒步自去来，不以烦主家，故无贤不肖，咸爱而敬之，得君至，病良已。所全活不可胜计。性和易，生平未尝与人争。言语交接，恂恂[2]若

---

[1] 建虏：建州女真。

[2] 恂恂：恭谨温顺的样子；小心谨慎的样子；通“循循”，有步骤的样子。文中指小心谨慎的样子。

惟恐伤之，而孤特耿介，不以不义自污。则自壮至老。愈贫而愈峻也。年六十六，没于泸县。元配施孺人，前卒。继室以其娣，生子女六人，长子谦，与余善。

周培艺曰：余转徙蜀中，谦尝从吾游，其质甚美，欣欣然慕道而向学，知其渐渍于义方之训者深矣。吾闻善人必有后，君正直不回，庶几食报于谦也。谦勉乎哉。

（录于《素园文存》手稿第一册）

勋三位陆军中将

黔军总司令王公文华行状[1]

辛酉（1921年）

公讳文华，字电轮，兴义王氏。十岁丧父，与兄伯群以敦品笃行相砥砺，攻错责善，昆弟间自为师友俨如也。当清之末造，士务于帖括，兴义僻在黔边，风气朴陋，绥阳雷廷珍[2]设帐讲学，贵筑姚华[3]等从之游。公年十三即相与考业问道，治汉学家言。久之，喟然曰："此不

---

[1] 本文是王文华在上海遇刺身亡后，作者应王文华诸部将之请而作。行状，旧时死者家属叙述死者世系、籍贯、事迹的文章，多随讣闻分送亲友。

[2] 雷廷珍（？—1900），号玉峰，贵州绥阳人，1888年举人。潜心经史之学，著有《经义疏证略例》等书。1897年，在贵阳协助贵州学政严修创设贵州官书局，还参与严修改革书院，任经史教员。戊戌变法失败后，雷廷珍应聘兴义主持笔山书院。1900年病逝于重庆。

[3] 姚华（1876—1930），号茫父，字重光。贵州贵阳人。清末民初著名学者、诗人和书画家。1897年中举人。1902年应聘兴义笔山书院讲学。1904年中进士。戊戌变法时赴日本，入法政大学。归国后任邮传部主事。民国时期曾任参议院议员，北京女子师范大学校长。后赋闲东郊破寺，以诗、书、画及颖拓著称一时。著有《弗堂类稿》《莲花庵书画集》《贵阳姚华茫父颖拓》《黔语》《小学问答》《金石系》《古盲词》等。

足竟吾志！”贵阳创中学，公负笈[1]至省。因尽交其贤豪魁杰，往复诘难，上下其议论。张铭者故，诸生怀国耻，持论殊激烈。萍醴之役，铭谋响应。事未成，几及难。搢绅畏其牵涉，稠人[2]广坐，相约敛避，公独与为忘年友，促膝拔烛，常至夜分。所谈多革命方略，建国计划。时人以公齿稚[3]，莫之测也。修学之暇，喜闭户独居，纵观《国粹学报》[4]《民报》，尤嗜顾亭林[5]、黄梨洲、王而农[6]诸老遗著，旁及孙吴[7]兵法、湘淮近事[8]，由是蕲向[9]专一，以身许国之弘愿定于斯时矣。入中学二年，转优级师范，选科非其好也，谢病归乡里。辛亥八月，武昌首义，贵州巡抚沈瑜庆以自治学社党人运动，亟而常备军官佐多鄂，籍不可信，乃电调西路巡防二营管带刘显世募土著五百人，兼程来省。公于显世，甥也，而志趣不相中。士卒新集，显世仓卆（卒）无可任，畀公百人，俾充队官。公投袂即起，部分约束如豫具，虽老于行伍者，咸自愧不逮。行次安顺，而革命成功，巡抚以下咸逃。显世徘徊不敢进。公

[1] 负笈：背着书箱。

[2] 稠人：众人。

[3] 齿稚：年幼，未成年。

[4] 《国粹学报》：1905年在上海创办的刊物，由邓实主编。主要撰稿人有章炳麟、刘师培、陈去病等。以“发明国学、保存国粹”为宗旨，刊登经学、史学、诸子学及文字训诂学等学术论文。并附有明末遗民撰著和图片，宣传反清思想。武昌起义后停刊。

[5] 顾亭林（1613—1682），名炎武，字宁人，人称亭林先生，南直隶昆山（今江苏昆山市）人。明末清初杰出的思想家、经学家、史地学家和音韵学家。

[6] 王而农（1619—1692），名夫之，号姜斋，人称船山先生，湖广衡阳县（今湖南省衡阳市）人。明末清初思想家。

[7] 孙吴：指我国古代著名军事家孙武与吴起，“孙吴兵法”指《孙子兵法》与《吴子兵法》。

[8] 湘淮近事：指镇压太平天国运动中崛起的曾国藩之湘军与李鸿章之淮军。

[9] 蕲向：理想；志向。

单骑入省，上书军政府，自陈夙受同盟会密令，阴有部勒，期以此军，共建大义。今政局维新，凡属异己，均宜苞荒，况在同志，尤应沆瀣。党人领袖张百麟亦素谂公志事，披诚款洽，于是连电敦促显世晋省，推任枢密员兼陆军第四标标统。显世得树基本势力实始于此。自治党既柄政，措施不餍人望，军事当局尤选懦，风潮迭起。显世与耆老会郭重光等遣戴戡乞师云南。时公虽擢管带，以资浅不得与密谋。及滇军莅黔，屯聚螺蛳山，告战之前夕，集诸要人会议。公请于显世，愿列席陈述意见。比会，公力言滇军地理生疏，风俗乖隔，即虞作战困难，尤恐人心失望，前敌之事，请以身任之。发言恳挚，四坐感动。滇军司令唐继尧一听，公拨二大队听指挥，公缘城先登，径扑都督府，闻赵德全已遁，立命停止攻击。原有陆、防各军，泰半[1]乌合。公下令解散，有不顺者，然后临之以兵。两日之间，新旧更迭，而地方按堵。诸在军府任职者，一无所向。继尧由是知公，谓可嘱大事也。民国二年，继尧调督云南，显世超拜护军使。贵州始练陆军，立六团，公被任为第一团团长。搜讨申儆[2]，壁垒森严。先是公兄伯群游学日本，静观时变。赣宁战后，民党势力摧毁无余。袁世凯意得甚，阴规（窥）帝制。伯群以贵州代表参加政治会议，调查北洋军队内容，尽得其呲窳腐败状，因密电公："共和幼稚，奸人窥觎，宜积极准备，以防万一。"公乃建议设模范营，悉调各团干部，更番来省，诏之以大义，感之以至诚，保育如慈母，督责如严师。部署粗定，而变更国体之议起。伯群在京津，日与蔡锷、梁启超周旋。锷怀护国之志，密遣信使分谘各省，不得要领，持重不敢发。伯群具言公所为苦心经营者，锷推案起曰："吾乃今知君之昆季非常人也！"贵州既有把握，云南当无大问题，罢会。伯群又电公曰："大计已定，时至即发。"锷如昆明，继尧遂举义。两人联电促显世讨袁。显世内慑世凯势，且耻事前不与谋，滋不悦。公仗义力争，至于再三犹不得。公愤然曰："吾誓与共和同命，事在必行。今日头可

---

❶ 泰半：过半、大半。

❷ 申儆：儆诫，训诫。

断，志不可夺。爵使请以第一团兵变告北廷，杀身灭族，文华自当之，幸而有成，名利仍归爵使。”方是时，全省军心皆向公。显世不得已，姑听公。仍输款世凯，以其兄显潜出任贵州巡按使，开府兴义，坐观成败。方是时，世凯两路出师。曹锟为总司令，征川攻滇；马继增为副司令，闯湘犯黔。滇黔军亦分路拒之，决策作战于境外。统滇军者，锷负海内重望，所部逾万人。罗佩金[1]为左翼，戴戡为右翼，后路则继尧坐镇昆明，饟（饷）械转输源源不绝。公统黔军初出，名不显，所部除第一团外，唯卢焘[2]之第二团、吴传声[3]之第三团从。出师非显世本意，后方接济尤困难。公拔队东下，设司令部于龙溪口，命吴传声将右军，规（窥）黔阳，卢焘将左军，趋麻阳，公自将中军，攻芷晃[4]。右军连克黔阳、洪江，迂回芷江后，中军亦拔晃县、薄芷城。而左军告急，传声乘胜锐进，陷伏阵亡；右军亦警。公曰：“吴团长虽没，所部守尚有余。敌人密集右方，吾不可不攻其坚者。”乃驰赴麻阳。时袁军在麻阳者，为第十八混成旅卢金山全部，兼配第三师汪学谦之一部，人数三倍于我。公昼夜鏖兵，几蹶复振。因械因粮补充无缺，大小战凡数十合，

---

❶ 罗佩金(1878—1922)，字镕轩，云南澄江县人。曾任云南新军74标标统。1911年参加云南起义。护国战争中任护国第一军参谋长。后任驻川滇军总司令，代四川督军。1921年参加顾品珍驱逐唐继尧，1922年兵败被杀。

❷ 卢焘(1882—1949)，原名卢启熹，号寿慈。广西宜北县(今环江县)人。1905年加入中国同盟会。曾参加辛亥云南起义。后随唐继尧入黔。参加护国护法两役，官至旅长。1921年任黔军总司令，旋兼代贵州省省长。1936年在广西南丹就任贵州抗日救国军司令。抗日战争时期从事救亡劳军活动。后因对国民党当局不满避居家中。1949年贵阳解放前夕组织贵阳各界成立临时治安委员会，任主任委员。同年11月被国民党反动派杀害。1986年民政部追认卢焘为革命烈士。

❸ 吴传声(1880—1916)，字哕鸾，贵州麻江县人。曾在云南新军中任连长，参加辛亥起义，后随唐继尧入黔。黔军组建后，任第三团团长。护国战争中随王文华入湘西与北军激战，进攻沅州时牺牲。

❹ 芷晃：今湖南芷江、新晃。

袁军歼焉。洪宪[1]撤销，世凯暴殒，公亦积劳成疾矣。共和复活，贵州陆军第一师成立，公为师长，充军事代表赴北京。值督军团会议联名呈请解散国会，公以根本大法，不可动摇，拒绝签名，独身南行，抵上海，谒孙中山先生。流连累月，而蜀中兵祸又作。先是戴戡为四川省长兼督军，刘存厚[2]拥兵在肘腋，跋扈不受节制。公密电戡，当断不断，反受其乱，戡弗纳。已而存厚果叛，推刃[3]长官，黔士无辜罹害者尤众，北廷不能讨。段祺瑞踣张勋另组所谓临时参议院。中山挟海军走广东，倡议护法。广西、云南出兵应之。公以国难友仇，责无旁贷，电饬部队集中川东，而躬身间道赴军。北廷任吴光新为查办使，挚四混成旅入川，驱役川人与滇军，力争叙、泸。[4]公至军，将筹策进取，而显世纳北廷赂，议撤兵。公持不可。显世乃密电北廷，已命师长王文华赴川收束。盖事成则享其功，事败有所归咎。犹袭用五年故智也。公出敌不意，猛攻重庆。吴军败绩，相持二十日，光新狼狈逃遁。周道刚[5]、刘存厚之师亦各溃退，川东南尽入滇黔军掌握。公言于继尧曰："蜀人积年怀疑，谓滇黔军有野心。方今法纪陵夷，相期努力中原，共济时艰，宜主川人治川，择其宗旨可信者，合力扶助之。川局巩固，然后会师武昌，大局可次第着手也"。继尧韪其言，故驱逐存厚，扫荡成都，共推

---

[1] 洪宪：洪宪为袁世凯所创中华帝国年号。

[2] 刘存厚（1885—1960），字积之，四川简阳人。曾任云南新军管带。参加辛亥云南起义。后任重庆镇守使、四川护国军总司令。1917 年与滇军混战，次年被逐出川。1928 年被国民政府任命为第 23 军军长。1933 年所部被红军歼灭。1949 年去台湾，任总统府国策顾问。

[3] 推刃：泛称用刀剑刺杀或复仇。

[4] 叙、泸：分别指四川叙永、泸州。

[5] 周道刚（1875—1953），字奉池，凤池，四川成都双流人。清末历任四川陆军学堂监督，新军标统。1916 年任四川陆军第一师师长。1917 年任督军，后被川黔联军逐走。

熊克武[1]任督军，杨庶堪[2]任省长，公本谋也。三省协约成，设联军司令部，推继尧为总司令，显世副之，令公增募军队，扩充所部为四混成旅，显世就加公黔军总司令，选将练兵，一意北讨。熊克武既揽大权，日夜受政学会[3]浸润，谋私通北廷，排斥客军，原订条件一不履行。公开诚布公，委曲迁就者百端，终已无效。九年三月，熊部公围驻渝黔军，杨庶堪就公于重庆，设行署治民事。川军将领吕超[4]、卢师谛[5]、石青阳[6]等亦咸请声罪致讨。公与继尧乃共废克武而立超。克武奔川北，合于刘存厚。收余烬突袭川军。超、师谛不支，滇军亦有异志，战弗力，成都以西相率委弃。泸县在我军后方，滇军去已三日，公方与刘

---

❶ 熊克武(1884—1970)，字锦帆，四川省井研县人，同盟会员。辛亥革命后任蜀军政府第五师师长。参加讨袁之役时任川东讨袁军总司令。1918年至1920年间，参加南北军阀在四川的混战。后曾参加反蒋介石的军事活动。解放后曾任西南军政委员会副主席、全国人大常委、民革中央副主席。

❷ 杨庶堪(1881—1942)，字沧白，四川巴县(今重庆巴南区)人。同盟会员。参加辛亥武装起义。蜀军政府成立，任顾问。后曾任四川、广东等省省长及孙中山大元帅府秘书长等职。1925年任段祺瑞执政府司法总长，不久辞职。抗战后回四川，辞不就职。

❸ 政学会：1914年孙中山在日本组织中华革命党，一部分国民党人不愿参加，以研究欧事为名另组"欧事研究会"，后改名政学会。北洋军阀统治时期是一个反动的官僚政客团体，后演变为国民党内的政学系。

❹ 吕超(1890—1952)，字汉群，四川宜宾人。同盟会员。保定军官学校毕业。响应辛亥革命。参加护国护法战役。1920年曾任川军总司令，代理省长。后任国民政府参军长。1949年曾参与策动驻川部队起义。1950年任西南军政委员会委员。

❺ 卢师谛(1886—1930)，四川成都人。同盟会员。北泽军阀统治时期曾任川军师长，参与西南军阀与北洋军阀之战。

❻ 石青阳(1878—1935)，名蕴光。同盟会员。四川巴县(今重庆市巴南区)人。在四川参加护国战争，任川北招讨使。1922年任四川讨贼军第一路军总司令兼川东边防军司令。1924年任蒙藏委员会委员长。

湘[1]苦战于重庆、合川间。闻报，叹曰“数年心力，隳于一旦！”拊膺悲愤，引发旧疾，乃命卢焘代理总司令，振旅还黔，而自养疴上海。先是显世信任谗佞，群小杂进，卖官鬻狱，贿赂公行，财政紊乱，议会失权。公累谏不入，猜防尤甚，以黔军为公手造，欲乘其弊解散之。军民胥怨，黔人自决之精神勃然奋发，遂有十一月九日之改革[2]。各界望公如时雨，合词环恳归任黔军总司令兼省长。公以宿恙未痊，未应也。然公生平雅抱，以为军人当对外发展，为国扬威。内乱积年，深所饮恨，莅沪后，函电交驰，舟车仆仆，期与同志各省，整齐步伐，求真正之和平统一。粤、湘、浙、豫诸当局鉴其诚，与语未尝不深。事方有绪，乃为奸人所乘。十年三月十六日午后六时，于西藏路一品香旅社门外狙击三枪，悉中要害，遂卒。年甫三十有三岁。其莅官行事，所至有声绩，非关系天下国家之大者，咸不著于篇。谨状。

右稿署名者，电轮部将卢焘、朱绍良、李雁宾[3]、谷正伦、何应钦、张春浦[4]、胡瑛、窦居仁等。事迹则依伯群口述。余初以辛、壬两役身在局

---

❶ 刘湘（1889—1938），字甫澄，四川成都大邑人。曾任四川陆军师长、军长、川军总司令兼省长等职。1927 年后，任四川“剿匪”总司令、川康绥靖公署主任。因与蒋介石矛盾尖锐，逐步转向反蒋抗日。抗日战争爆发后，率部出川抗战，任第七战区司令长官，1938 年病逝于汉口。

❷ 十一月九日之改革：1920 年 11 月 9 日夜至 10 日晨，由王文华事先在重庆部署，何应钦、谷正伦指挥，黔军总司令部警卫营营长孙剑锋部具体执行，在贵阳发动武装政变，杀掉刘显世的秘书长熊范舆、贵州耆老会会长郭重光及省署主要幕僚何麟书的子侄 3 人，迫使刘显世交出了贵州军、民两政。这是贵州军阀内部以王文华为首的“新派”和以刘显世为首的“旧派”长期斗争的结果。史称贵州“民九（民国九年）事变”。

❸ 李雁宾（1888—1950），字云鹘，云南永善人。曾任贵州督军公署参谋长，王文华时黔军旅长。

❹ 张春浦：又名张春圃，字赋涛，王文华时黔军旅长。

中，又如戴戢暴尸，为同志廖谦、江德润等复仇之壮举。余于存厚殊无贬词，欲辞谢不任。顾电轮横遭狙击，伯群发言流涕，情弗可却，乃为客观之叙述。后有览者，比附于余自叙黔事诸篇，盖可得一有力之反证云（乙丑九月素园抄讫附记）。

（录于《素园文存》手稿第一册）

与双止澄论时局书[1]

辛酉（1921年）

中国军队虽号国防，实为私有。父子兄弟更迭继承，先例至多，不可枚举，军队自身亦视为当然之事。伯群兼程驰回，接任总司令，激励将士重振旗鼓，竟电轮未竟之志。是为上策。

若伯群自以不娴军旅，专任省长，调和诸将，联络感情，以维持现状为职志。是为中策。

以上两策任采其一。其方式或由军府[2]任命，或由各界公推，皆应日内遣员分道接洽。

与黔毗连之军民首长，其素敦友谊，如李协和[3]、赵炎午[4]、顾小

[1] 本文选录自《素园书牍》卷六。系作者与双清（字止澄）于王文华遇刺身亡，贵州出现权力真空，各旅团陷于群龙无首之时，商讨应对之策的私人信函。时双清任黔军驻沪代表，为王文华、王伯群的主要智囊。其时作者亦在上海，事前已应王文华之请，同意回黔参政，共谋改造贵州。双清，字止澄。原籍江西临州，居贵阳。解放前曾任交通部参事、秘书，浙江及贵州省政府委员。解放后任贵州省人民政府委员、民盟贵州省委员会主任委员。

[2] 军府：指广州护法军政府。

[3] 李协和（1882—1946），指李烈钧，江西武宁人。曾任安徽都督、江西都督，参加过北伐。1917年任护法军政府总参谋长。

[4] 赵炎午（1880—1971），指赵恒惕，号炎午。时任湖南军总司令兼省长。

斋[1]等，固应发电告哀；即向怀敌意如熊锦帆[2]、刘甫澄[3]等，亦不妨虚与委蛇，转移各方视线，使共认伯群为中心人物，办理自然顺手。

现时黔中诸将，所谓地丑德齐莫能相尚者，电轮惨遭狙击，仓猝之际，惶骇无主，加感念旧恩，对于伯群必能一致拥戴。稍一迟回，旅滇之刘[4]，旅京之袁[5]，旅川之薛[6]，旅桂之王[7]，皆伺人间隙，冀幸风尘之有变，而诸将或意气之间不肯相下，大乱立作，黔局将陷于不可收拾之境，电轮之目终不瞑矣。台见以为何如？培艺白。

（录于《周素园文集》）

---

❶ 顾小斋（1883—1922），指顾品珍，云南昆明人。留日学军事，回国后参加护国之役。1921 年发动政变将唐继尧逐走，自任滇军总司令、云南省长。后唐反攻，战败身亡。

❷ 熊锦帆（1885—1970），指熊克武，时任四川靖国军总司令兼川军第一军军长。

❸ 刘甫澄（1888—1938），指刘湘，字甫澄，时任川军第二军军长。

❹ 旅滇之刘：指“民九事变”后被黔军驱逐到昆明的刘显世、刘显潜弟兄。

❺ 旅京之袁：指在北京受北洋政府支持的袁祖铭。袁祖铭（1889—1927），号鼎卿，贵州安龙县人。1913 年任贵州陆军第一团团长，1917 年任黔军总司令部总参议，1921 年北洋政府任命其为贵州省省长，1927 年，在常德遇害。

❻ 旅川之薛：指薛尚铭，原为驻川黔军熊其勋部副官。受刘显世、袁祖铭指使，于 1920 年成立反王文华的“靖难军”，自任总司令，设司令部于四川安岳。

❼ 旅桂之王：指刘显世所委任的游击军总司令王华裔。刘显世倒台后，王华裔拥众在桂，时谋反攻。

致贵州当局函[1]

辛酉（1921年）

敬启者:

培艺近顷南来，电轮嘱将都下见闻撮录奉告，爰举要列左:

一、北廷对黔之政策

自入民国来，北延对于贵州真相向不了解，而现内阁尤为颟顸。此次存厚复取成都，靳云鹏手书嘱令整顿川局，即进图贵州，以断云南右臂。不知竭存厚全力，假以岁月，于整顿川局四字尚做不到，况图黔乎？及闻贵州驱刘，又生种种妄想。见寿慈总军事，则亟觅与卢接近之人；见志清[2]长民政，又亟觅与任接近之人。一面利用新闻政策，言贵州内部如何不靖，黔省当局如何北向，企图实现其梦想之统一。最近又闻川熊、滇顾暗中皆使命往还北廷，拟任熊为三省巡阅，顾为云南督军。川、滇就范，贵州不成问题。究竟接洽至何程度，颇难断定。

北廷饵人，大抵以增发械弹、补助饷项为取消自主之交换条件。其实皖直战后，库存械弹尽为曹[3]、张[4]瓜分。饷项一节，北方军队积欠通

---

[1] 本文选自《素园书牍》卷六（上）。本文为1921年2月作者到沪后遵王文华旨所写。文中的“贵州当局”指当时执掌贵州军政的卢焘和执掌民政的任可澄。

[2] 志清：指任可澄，字志清。

[3] 曹：指曹锟。

[4] 张：指张作霖。

在五六个月以上。彼断不肯饿其亲戚而饱其邻人。岑春煊[1]拍卖政府招牌，只得实银五万元。陆荣廷最号恭顺，且徐[2]、靳[3]欲利用其实力，以搅乱西南大局者也，所得亦不过国库券若干万元。徐、靳未尝不自憙其诈术获售，然弱点乃愈暴露矣。

二、旅京刘党情形

刘显治以国会议员兼充代表，其资格本可活动，但平日妄自尊大，早为各方齿冷。当刘显世退驻兴义时，唐瑞桐力向内阁游说，靳云鹏允相机辅助，及见显世由滇通电就总裁职[4]，怒其反复，绝瑞桐不与通。瑞桐亦痛骂显治，斥为卖友。蹇念益[5]在研究系[6]号称智囊，刘氏往年活动深资其力。及显治寄稿回黔，消灭陆军，念益以为操之过急，阻之不听。事败后，显治累请念益出面接洽及襄助划策，均为念益拒绝。显治对于排刘派，近复表示善意，欲缓和反对形势，卒亦毫无效果。现时显世计划注重制造舆论，每日发稿送各新闻登载，不外攻击贵州当局及捏造地方种种不安定情事，为异日卷土重来之预备。

三、薛尚铭代表之活动

薛尚铭组织靖难军，在京黔人皆认为滑稽行为，殊鲜重视。薛历

---

❶ 岑春煊（1861—1933），字云阶。广西西林人。清举人。曾任四川总督、两广总督、邮传部尚书等职。民国建立，被袁世凯任命为福建省宣慰使。二次革命爆发后，曾主张和平解决南北冲突，被免职。

❷ 徐：指徐世昌。

❸ 靳：指靳云鹏。

❹ 就总裁职：指1920年5月刘显世参与滇桂系军阀排挤孙中山，改组广州护法军政府，被任为七总裁之一。

❺ 蹇念益（1876—1930），号季常，贵州遵义人。留学日本，与梁启超有交。时为众议院议员，刘显世驻北京代表之一。

❻ 研究系：1916年袁世凯死后，黎元洪继任总统，恢复国会，原进步党首领梁启超等组织宪法研究会，以研究宪法为标榜，依附段祺瑞，勾结西南军阀，进行政治投机，称为研究系。

次函电声言，相当时机托漆铸成[1]、黄济舟代表。事前并未征求本人同意，且漆、黄皆素反对团头政治，断不能立于扶刘旗帜之下。阴历正月初，薛氏代表穆邦荣来京欢迎不佞如川参赞尚铭军事。据穆所说，尚铭有精锐可恃之队伍六营，一经到达黔边，熊克武另以一师兵力为之后援云云。穆求通于北政府，不见答，又向刘显治索款，显治亦但以空言应付。据友人见告，熊（克诚）[2]旅在川有公积金三十万元（历年截矿、抚恤总数），存重庆中国银行。薛以熊克武之助力，已领得十万元。该银行声明，如三个月内黔人不提出异议，余款可悉供薛氏提用。又闻旅鄂乡人言：穆邦荣此行，携款三万元，奉熊、薛之命收卖［买］各处黔人。此款已为穆在渝、汉等处浪掷净尽，未收毫厘效果也。

四、袁祖铭代表之陈说

去年冬间，传闻刘显治之寓宅忽来二客，行踪诡秘，足不出户，日久稍泄于外，乃知为袁祖铭、张彭年也。阴历正月，詹灵枢[3]由沪来京，代表袁氏遍谒同乡，略谓贵州历年战事皆倚袁为台柱。现有陆军悉袁旧部，中下级官长信仰至深。闻袁复出，必将倒戈响应。袁所揭橥之旗帜，亦曰扶刘。但詹告人：此不过一种作用，时机成熟，则取而代之。故于向日之排刘派，亦力恳加以赞助云。

五、旅京黔人之态度

旅京黔人向分亲刘、排刘、中立三派，此次改革，虽素号亲刘派，亦谓若辈把持，孽由自作，舆论大略可见。惟乡人私忧过计，以为刘氏

---

❶ 漆铸成：指漆运钧，字铸成。贵州贵筑（今贵阳市花溪区）人。日本军稻田大学毕业，官农商部险事。为早期同盟会员，同情自治学社活动。

❷ 熊克诚：指熊其勋（1882—1917），字克诚。熊旅戴戡入川参加护国之役，后在刘存厚与戴戡之战中被歼。

❸ 詹灵枢：指詹德煊，字灵枢。贵州贞丰人。参加贵州自治学社，参加贵州辛亥起义。1952年任贵州省财政厅厅长。曾在袁祖铭总部服务。

窃政将近十稔[1]，蒂固根深，爪牙四伏，过渡之际，重心骤失，刘氏勾结外援，不惜牺牲桑梓[2]以求一逞。故对于刘党罪恶，朋友聚谈，则腐心切齿，稠人广坐、则噤不发声。殆虑死灰复燃，他日之寻仇报复，为祸更烈也。愚意贵州当局宜派员驻京，将过去之黑幕、改革之真相、建设之大计，随时披露，纠正无稽之谣诼，收拾涣散之人心。虽似闲著，却有妙用。否则放弃首都，为对方阴谋策源地，而乡人视线之所注，亦终在彼，不在此也。周培艺。

（录于《周素园文集》）

---

❶ 稔：指庄稼成熟，在这里指年，古代谷一熟为年。

❷ 桑梓：出自《诗经·小雅·小弁》："维桑与梓，必恭敬止。"是说家乡的桑树和梓树是父母种的，对它要表示敬意。后人用来借指故乡或乡亲父老。

与葛霞仙[1]论县志书

辛酉（1921年）

霞仙先生史席：

奉读大稿，去取谨严，卓然有先正法度，文字优雅，犹其余事，敬服！敬服！弟学识谫陋，近益荒芜，重承见诲谆谆，用作大体之讨论，然以外行而强作解事，明知其无当也。

一、闻之传，曰国之大事，在祀与戎。近人论地方自治要政，亦不外实业、学校诸端。今凡此种种，望已胪举。又列大事一门，得毋骈枝？且大事与杂事尤恐不能作极分明之界划，私心臆揣，不免怀疑。得两卷原稿拜读，当有以益我。

二、旧志不列建置，凡百俱无所附，实一大缺点。葛著增益此门，具见伟识。但鄙意序列宜移第三，似较妥叶。

三、职官一门，当然紧接建置之后。但总目只列职官，而内容增志宦绩，颇嫌突兀。鄙见宜将宦绩小序删去，而于职官小序中，将表彰名宦、循吏[2]意思含入，作志职官宦绩附焉云云，较为适当。

四、旧志选举一门，除孝廉、方正稍带选举臭味外，其余皆凭考试，与选举名实太不相符。尊著仍之，弟殊不敢赞同。能就性质上区

---

❶ 葛霞仙：原名葛侊，贵州毕节（今七星关区）人。前清壬辰进士，度支部主事，镇宁县知事。亦习中医，对古文有研究。

❷ 循吏：守法循理的官吏。

分，消纳于学校、人物两门中，似较得体。弟于各家有名志乘，均未寓目，制科取人应否列作选举，先生当已详考矣。

五、新增学校、实业两门，有世界之眼光，明将来之趋势，后有作者得所依据。识高于顶，至为钦佩。古迹、土目两门，亦万不可少。

六、天文门删去祥异，实获我心。但仍归入大事门，鄙意尚不谓然。龙门世掌天官，而其作书只记星相分野部分。班氏另志五行，始以诬罔[1]谬说芜秽正史。今科学大明，当然无一辩之价值。灾枣祸梨[2]，徒累篇幅，甚无谓也。

七、邮电之设置，道路之平治，交通事业实为地方发达枢纽，宜另辟一门，以待来者。作始虽简，后望无穷。先生倘有意乎？

右之所陈，仅就一得，聊资商榷。孱躯多病，精神短少，又牵于人事，常日倥偬[3]。尊著付印在即，不暇逐卷讽诵[4]，至为欠仄。培艺拜手。

（录于《周素园文集》）

---

❶ 诬罔：诬陷诽谤。

❷ 灾枣祸梨：形容滥刻无用不好的书。古人刻书多用枣木、梨木做材料，因此滥刻没有价值的书籍，徒使枣、梨受到灾祸。出自《阅微草堂笔记》。

❸ 倥偬：匆忙紧张。

❹ 讽诵：指朗读，诵读。

祭王电轮文

辛酉（1921年）

桓桓王君，今也则亡。邦国殄瘁，丧我元良。君在弱冠，励志勤学。抗希古人，先知先觉。出入汉宋，寝馈[1]孙吴。儒文侠武，并包弘图。太岁辛亥，清祀不享。君绾兵符，百夫之长。剑始出匣，锥得处囊。及锋而试，人莫敢当。累建殊勋，历拜显职。自初迄终，独树一帜。袁氏叛国，海内从风。群帅模棱，网或异同。蔡锷之西，实仗君助。滇唐和之，义旗乃举。苦战湘边，以一敌八。衣败于絮，面枯如蜡。元恶冥诛，盛名众嫉。维彼小人，百方裁抑。君避内争，卑以自牧。护法军兴，振旅入蜀。光新持节，虎视渝州。为之伥者，曰周与刘。君奋一击，主客奔北。武汉会师，机难再得。协调三省，舌敝唇焦。经之营之，丛怨与劳。熊既反噬，顾有二心。君迫孤立，乃命退军。养疴申江[2]，不忘国难。岁寒结盟，广求桢干[3]。以南制北，东西合从。法统恢复，烈日再中。纳汝轨物，导汝和平。岂意寇贼，坏汝长城。君尝语人，身非我有。死而死耳，庶几不朽。求仁得仁，君可无尤。举觞告奠，涕泗横流。呜呼哀哉！尚飨。

（录于《素园文存》手稿第二册）

---

❶ 寝馈：指寝食，吃住；又指时刻在其中。

❷ 申江：指黄浦江两岸地区，今上海市。

❸ 桢干：中国古代筑土墙时用的木柱。比喻事物的根基或能担负重任的人。

符诗镕[1]之父母七十双寿序

癸亥（1923年）

中庸以德位有无，相互成文，后之论世观人者，常奉为准绳。故称人之德而其位弗称者，则恒咏叹焉，慨慕焉，以致景行向往之极思。称人之位而其德弗称者，则恒微讽焉，曲粤焉，以示清议诛削之可畏。夫德，备于我者也。位，求诸人者也。明乎古之学者为己。遵率孟子所谓仁义忠信乐善不倦者，身体而力行之。但蕲天爵之无憾，不问人爵之若何。斯道也。自秦汉迄今日，实已流衍于国中，中国社会之所以维持不敝，儒家之可告无罪于社会。胥赖乎此，藉非然者。一部廿二史，相斫相杀，暴君汙（污）吏，弥望接踵，吾民之憔悴呻吟，倒悬不解，其已久矣。德称其位者，既如凤毛麟角之不数数见，惟此有德无位之君子，隐然为社会之中枢。补苴罅漏，捍御灾害。在一乡则淑一乡，在一邑则淑一邑。社会食其赐而不知其功，即彼人亦行所当然，而自视欿

---

[1] 符诗镕（1878—1938），名经甫，贵州大定（今大方县）人。曾参加清末科举考试，取为秀才、廪生。后考取留学日本的公费生。1908年在东京加入同盟会。1912年回国后，历任贵州省教育司司长、云南宜良县县长、云南省政府参议、蔡锷护国军司令部少校秘书、贵州省政府顾问等职。1919年选为国会议员。1927年冬任贵州省政府参议、顾问。次年，任清（镇）毕（节）公路总监。1930年任南京国民政府军政部、交通部咨议。1934年任甘肃省泾川特种消费税局局长。1936年复任贵州省政府参议、盘县县长等职。

然。无赫赫之名，而有博施济众之实。嗟夫！是岂易及也哉。大定符朗轩先生，盖庶几此诣者也。综先生生平，虽尝一仕蜀中，再榷黔税。而为时俱甚暂。自通籍涉乎悬车之年[1]，勤勤恳恳，凡皆为乡人尽力，创办学校，整顿官庄，敬老恤贫，解纷息讼，见义勇为，久而不懈。其尤疲敝精神，殚竭思虑，任劳任怨。活人无算者，为庚子、辛酉两次振灾事。先是光绪二十五年[2]秋，淫雨连五旬，禾稼糜烂，有司匿灾不上闻。逮翌年春，荒象益暴露，郡守某始以西乡办赈属先生，先生曰：事豫（预）则立，今仓猝可奈何？虽然，人命至重也。乃集乡之绅富，量道里，度时日，核户口，判等差，稽仓储，正斗斛，公议设局十二所，局各若干人董其事。计放赈若干日，需米若干石，当场乐输，众情踊跃。局相距或二三十里，先生亲督之，日两局，循环以为常。盛暑，昼不停骖[3]，夜不安枕，先生两目尽赤，几失明。而城中暨东南北乡之民胥怨曰：我胡为不居西乡。或曰：胡不使符绅主我。其叶孚物望如此。越二十年，至民国庚申，岁复大歉，先生鉴于庚子之仓猝取办也，私措四千金，预于是冬，在安顺旧州购致米谷四百余石，县人以先生振（赈）灾有绩效，公推为粜赈会会长，时方请赈于省，先生病其缓，别募债万金，令人如川采办，又致米数百石，已而经画筹备，一以庚子西乡为规模，更廓而大之。全县分六十九区，城为中区，附郭二十五里以内属之。余为六十八区，各就当地绅富，量力出粟，以配于本区，不足，则中区酌其赢缩而调剂焉。中区设二局，曰赈，曰粜。粜则半市价以受粟，次贫者往焉。赈则施粟而不取值，极贫者往焉。或建议设厂施粥，先生以为集一区之民于一地，则害耕，且生疫，决用米赈。近户五日一施，远者十日，而倍其量，量之多寡，以户之丁口为衡，各区咸仿

---

❶ 悬车之年：古人一般至七十岁辞官家居，废车不用，称为“悬车”。悬车之年指七十岁。

❷ 光绪二十五年：公元1899年。

❸ 停骖：将马勒住，停止前进，有停车的意思。

此。凡五阅月而蒇事[1]。计先后用款八万金而弱。立会计，司其出入，涓滴悉归公家，先生丝毫不经手，其廉洁清慎又如此。兼行工赈之法，凡修缮碉堡若干所，开垦荒田若干亩，事无巨细，一以身先之。辛酉六月，赈务方殷，忽蝗蝻蔽野，民大惶恐，先生为坛场斋戒，率众日三祷。未七日，大风雨，蝗蝻死，群鸦食之尽。人以为至诚所感云。夫人黔西史氏，归先生犹逮事翁姑，翁寝疾，刲股和药，里党称其孝，服勤习俭，年六十余，尚亲灌园种蔬，以为常课。好施与，遇人病困，虽珍药贵品，辄脱手饷遗，一不介意，用能翼赞先生，教督诸子，播贤声，享遐龄，福禄孔长而未有艾也。余家毕节，去大定九十里而遥，清时县统于府，三岁之中，率再莅大定，于先生之实心任事，闻之也盖审，庚子之役，城中暨东南北乡饿殍载道，瘟疫流行，死者数千计，独西乡皞皞[2]若平时。至于辛酉，则阖（合）境戴德，颂声无间遐迩矣。今月二十五日，为先生七十令辰。哲嗣[3]经甫矩存以书来征文。余维先生有德无位，故所施局于方隅，而天下不蒙其泽。然今日政乱国危，彼尸其位而不事事者，吾民对之殆已绝望。犹幸社会中枢，尚有先生等辈，践履笃实，陶冶群伦，修其乐善不倦之天爵，而吾民亦得相庇以安。余祝先生寿身以寿世，谰语谀词，义无取焉。经甫昆弟以为何如也。癸亥仲冬，毕节周培艺。

（录于《素园文存》手稿第二册）

---

❶ 蒇事：事情办理完成。

❷ 皞皞：文中指广大貌、盛大貌。

❸ 哲嗣：尊称他人的儿子。

周会办母李太夫人诔[1]

乙丑（1925年）

中华民国十四年七月五日，会办贵州军务善后事宜，周上将西成母夫人李太君卒。越三日，厝于赤水县南岸之安居坝。崇俭约，黜浮夸，遵遗训也。维时免职川督杨森，拥兵不受代，我军奉命致讨，上将指挥南路。墨绖[2]视师，戎衣泣血，剪鉏（锄）巨憝。推本孝思。风树兴悲，旗旐鲜述。爰作诔曰：两仪剖判，母教攸崇。敬以直内，正以养蒙。翳为贤母，是生贤子。深山大泽，龙蛇斯起。母承华胄，系出陇西。嫔于汝南，门望等齐。赠公仁厚，不治生产。汎（泛）爱博施，动遭反眼。家计中落，赖母支持。挑灯课绩，量米为炊。逮事尊嫜[3]，宗族称孝。三党化之，是则是效。糠核自给，甘旨奉亲。丧葬备礼，哀感人神。弱弟论昏（婚），诸姑遣嫁。周章弥缝，不留孔罅。生平雅好，笃慕先贤。断机截发[4]，义问昭宣。有子韶龄[5]，勖以自立。礼乐诗书，敦说诵习。择师取友，贻范树模。建尔隆基，导于坦途。世方右文，母趣尚武。遣子从军，卓识千古。爰始弱冠，北伐出征。洎兹仗钺，南服

---

❶ 诔：哀悼逝者之文。

❷ 墨绖：黑色的丧服。

❸ 尊嫜：同“尊章”。对丈夫父母或对人公婆的敬称。

❹ 断机截发：指“乐羊子妻断机劝夫”“陶侃母截发迎宾”两典故。

❺ 韶龄：青年时期。

显名。湘桂川滇，扬威万里。公瑾筹略，亚夫壁垒。驰驱国事，积十五年。眷恋庭帏，母慰勉焉。运转上元，扶舆就养。母恒愀然，怆怀板荡。临危末命，轸念[1]民生。军人嗜杀，天道亏盈。中夏之望，了了归期。行善获福，语不及私。呜呼哀哉，三军兮缟素，六合兮惊秋。街号兮巷哭，风惨兮云愁。日云暮兮欲昏，水东逝兮不返。恃慈覆兮已倾，迎庆霭兮恨晚。呜呼哀哉！愤狡寇之凭陵[2]兮，吊黔黎[3]之孑遗。又饥馑之洊至[4]兮，皇天独靳此厚施。幸淑德之广被兮，庶加惠于穷檐。閟春晖其暗淡兮，乌止屋而谁瞻。呜呼哀哉，寿宫寂远，寒泉渺茫，维仁维圣，浸炽浸昌[5]。兰何为兮竞秀，桂何为兮腾芳。嗣徽音兮无极，流景祚兮未央。呜呼哀哉！

（录于《素园文存》手稿第二册）

---

[1] 轸念：悲痛地思念；深深的思念。

[2] 凭陵：侵犯。

[3] 黔黎：指平民百姓。黔：黔首，古代对老百姓的称呼。黎：黎民。

[4] 洊至：再至，相继而至。

[5] 浸炽浸昌：逐渐繁荣昌盛的意思。

大定县志序[1]

代毛群麟作[2]

丙寅（1926年）

赵宋之季，方志盛兴。爰洎明清，流衍益繁。然作者如林，而名者寥落如晨星，其故何哉？盖范围狭，则取材不足尽事物之变，纪（记）录璅（琐），则布局无以发文章之奇。晋之乘、楚之梼杌、鲁之春秋，分茅之朔，幅员诚不逮后之大县。然既崇以国号，于是上起王室，旁及列邦，凡事之与其国有系属者，良史皆得而运用之。晋、楚书今虽不传，而春秋大略犹可考见也。夫春秋特方志之一种，世人震于尼父之删削，以为犹天之不可阶而升。斯固谬见。然取近世方志而倩尼父秉笔，将所谓微言大义，亦无从发凡而起例。此由封建郡县，根本攸殊，古今

❶ 1926年,《大定县志》修成,时毛光翔驻军毕节,编者请其作序,毛遂请作者代笔。

❷ 毛群麟(1893—1947),名光翔,贵州桐梓县人。1911年从军,入黔军模范营。1914年升任排长。护国战争期间随熊其勋混成旅入川。后在其表兄周西成营任营附,并娶周之胞妹为妻。是后屡获升迁。1926年,周西成任国民革命军第二十五军军长兼贵州省主席后,毛升任师长,并成为周指定的桐梓系军阀的第一继承人。旋升任副军长。1929年周亡故,毛被国民政府委任为第二十五军军长兼贵州省主席。1932年,国民党中央系势力企图渗入贵州,又委任王家烈为二十五军军长、贵州省主席,毛光翔被迫交权下野。

异体，不可强也。晚清文人如王壬秋[1]、吴挚甫[2]并博极群书，学有师法，然所主修各志，未闻若何超绝。贵州设治，始于有明。僻处荒陬，因仍简陋。惟道光末郑子尹[3]、莫子偲[4]两先生合纂遵义府志，见推雅赡。两先生究天人之际，擅考据之长，兼改土归流以还，承小康之后，民间数十年不见兵革，财力敦庞，人情悦豫。凡此皆足以促两先生之成功，使西南方志中炳焉、焕焉，放一异彩，得不谓贵州之光荣也乎？大定往时列郡，与遵义同，而土地人民皆有亲辖，则异于遵义。乙丑[5]春，余奉命驱蹑滇军，小驻是邦。览其山川之雄奇，人民之朴茂，物产之缤纷，亟索县志，藉资参证。而旧志板毁于火，印本散佚，新志累作累辍，汔未脱稿，如瞽失相，怅然者久之。欲倡议续修，顾以寇难初平，饥馑荐至，死亡相属，赈恤不遑。权衡缓急，尚有其重且大者。怀议未发，去之毕节，忽忽又数月矣。比者，秋成有庆，善后具举。代理知事潘慎勤，团防总理陈锡光，虑志乘之久阙，文献之日就湮泯也。协

[1] 王壬秋（1832—1916），名闿运，又字壬父，号湘绮，世称湘绮先生。晚清经学家、文学家。咸丰二年（1852年）举人。曾为曾国藩幕僚。辛亥革命后任清史馆馆长。诗文模拟汉魏六朝，为晚清拟古派所推崇。著有《湘军志》《湘绮楼日记》等。

[2] 吴挚甫（1840—1903），名汝纶。安徽省桐城县（今枞阳县）人，清散文家。官冀州知府。光绪时，充京师大学堂总教习。曾师事曾国藩，与张裕钊、黎庶昌、薛福成合称曾门四弟子。与李鸿章的关系也密切。论文推崇桐城，但作品气势较纵肆。曾为严复所译《天演论》《原富》作序，著有《桐城吴先生全书》等。

[3] 郑子尹（1806—1864），名珍，字子尹。晚号柴翁。贵州遵义人。清代著名诗人，道光举人。曾任荔波县训导。治经学、小学，为晚清宋诗派作家，风格奇崛，时伤艰涩。少数作品能暴露时政。著有《仪礼诗笺》《说文逸字》《说文新附考》《巢经巢集》等。

[4] 莫子偲（1811—1871），名友芝，号郘亭，晚号眲叟，贵州独山人。清诗人。道光举人。曾客曾国藩幕。李鸿章荐于朝，有诏征用，终不就。喜藏书，博学多通。尤精版本目录之学，亦善书法。诗宗宋人，与郑珍齐名，时称“郑莫”。著有《郘亭诗抄》《黔诗纪略》《遵义府志》等。

[5] 乙丑：民国十四年（1925年）。

谋设备，众志佥同，乃开馆舍，乃礼名宿，分其门，别其类，日有课，月有程，邮书毕节，问序于余。余因之有感焉。感夫方志之作，不可不勉其难者，亦不可废其易者。勉其难者，譬则麒麟之于走兽，凤凰之于飞鸟，泰山之于丘垤，河海之于行潦，出类拔萃，物各有极也。废其易者，是犹家居日用而无布帛菽粟也。诸君子受任煨烬之余，取办仓猝之际，一切条件皆远逊郑、莫两先生时，则其为书，正不必蕲胜于遵义府志。而一念夫贵州以外，赵宋以降，名者几何？作者几何？尤不必兢兢有蕲胜之心。传曰：“礼失而求诸野。”又曰：“与其过而废之也，宁过而存之。”诸君子勖旃[1]！余将刻期观成，先睹为快也已。

中华民国十有五年岁次丙寅陆军中将黔军第六师师长桐梓毛光翔序

（录于《素园文存》手稿第二册）

[1] 勖旃：勖，勉励；旃，文言助词，“之焉”两字的合音。

贵州民党痛史[1]

（1926—1927年）

第一篇　胚胎时期

第一章　时代落伍者之贵州

痛史何为而作也？曰：悲贵州民党之败衄[2]也。中国之民党，几无适而不败衄，奚独悲夫贵州？曰：贵州之为行省也，地形限之，人智塞之，物力困之。自设治以来至于今，其思想，其知识，大抵时代之落伍者也。于此而有崛起之民党，艰难奋斗，与旧势力肉搏，不量轻弱，以改造国家、改造社会为己任；任重道远，卒至败衄，而不屈不挠之精神，可歌可泣之史迹要自有其不可磨灭者。中国之民党，其轮廓庞然以大，其翕受汪然以有容，虽败衄于目前，而最终胜利之我属，断可识也。贵州自民党蹉跌[3]以还，旧势力立见恢复，且益滋蔓盘亘焉。余大惧时代落伍者之徽号，将遂永续持赠吾

---

❶ 此文为作者最重要的著作之一，系1926—1927年广泛搜集材料写成，1935年增修定稿。是研究辛亥革命在贵州的历史及研究资产阶级民主派兴衰历程的宝贵文献。文中人物评价仅为笔者一家之言，如有偏颇，当以史志定论为准。

❷ 败衄：挫败；战败。

❸ 蹉跌：失足跌倒，这里比喻失误。

侪之子若孙，而同志当日之断头流血，迄为无代价之牺牲也。呜呼，岂不悲哉！余既在事之一员，徒以死亡之余，志气恭靡，不复能重整旗鼓，竟同志未竟之绪，俯仰愧怍，无地自容。而方闻旧势力之战胜者，以摧辱吾党为未足，奋其私智，犹欲闭户造谤，厚诬我同志于九原。余不得已，勉竭鄙思，述往事，告天下。若改革事业，本乎人心之同然，应乎时势之需要，则压抑之反动，适足导黑暗于光明。曩得祸益酷者，后之孟晋益未可量。兴言及此，余又甚盼夫已氏之著作，早日流布，以引起社会之正当评判也。

第二章　中日战后之古学复兴

将有科学世界之欧洲，先有文艺复兴之一瞥；将有明治维新之日本，先有尊王攘夷[1]之国论。黑暗时代，世人大抵入于睡眠状态中。及好梦乍回，觉眼前一切，胥无足当意；而精神、欲望，不可不别求所以满足之。于是复古之概念，遂为此时之产物，进化阶段，无东西一也。中国自明世以八股取士，士之沉溺不悟者，锢其思想，蔽其知识，童而习之，白首而不见其际，其于政治学术，犹扪烛扣盘者之暗中摸索也。各省同然，贵州尤甚。世界大通，欧美人挟其船坚炮利，以闯吾门户，而抉吾藩篱。沿海诸行省，渐知讲求西学，而贵州之蒙曶[2]自若。洎乎中日战役，地坼天崩，国际激刺，始予山中人以深刻之印象。先觉者流，相率发愤自强。会天津严修督贵州学政，益以倡导风气为己任。修学无专门，杂话汉宋，然好奖训士类，推挽后进，慕郭林宗[3]、许子将[4]之为人也。士有一行之善，

---

[1] 尊王攘夷：尊崇王室，排斥夷狄的意思；最早见于《春秋公羊传》。后来引申为面对外敌入侵时，结成民族统一战线之意。

[2] 曶：古通“忽”。

[3] 郭林宗（128—169），名泰，东汉贤士，太学生首领，“党锢之祸”后，闭门教授，弟子达千人。

[4] 许子将（150—195），名邵，东汉评论家。好品评人物，每月一评，人称“月旦评”。曾经评价曹操为“治世之能臣，乱世之奸雄。”

一艺之长，修皆表彰而礼貌之。按部至遵义，绥阳举人雷廷珍以所著书来献，修瞿然[1]起敬，曰：不图遐陬[2]，乃见宿儒。返贵阳，亟延致廷珍，而筹备经世学堂。经世学堂者，就学古书院改设，仿四川尊经书院办法，而缩小其规模，学生定额四十名，即以修历试所得高材生调充之。分授经史、时务、算学诸科。聘廷珍为主讲。修间亦执经坐隅，为诸生率，其勤恳加人一等矣。雷门弟子，称其师昌明绝学，通达治体，虽郑[3]、莫[4]有所不逮。非雷门则谓廷珍实肤浅，摭拾唾余，妄自夸大。（廷珍授《小学》，谓動从重从力，力重故動，以形声为会意，其诖误后学多此类。）修长者，为所绐[5]耳。此两派既互讦以求胜，则不得不乞灵于故籍，以自张其旗鼓，用是治学者转益夥。然修解任去，廷珍失庇荫，卒舍贵阳而适兴义。身殁之后，著述亦无传焉。代严、雷而兴者，有长沙吴嘉瑞。嘉瑞邃于佛学，主变法，有康党之目，言论丰采，隐然动人。学者多宗仰之。嘉瑞亦喜结纳。稠人广坐，酒酣耳热，纵谈革命不讳。要而论之，自甲午以还，黔人优秀分子，或赞成，或反对，或直接，或间接，几无不与此三家有关系。然揭穿政治黑幕，言人所不敢言，吴派影响，实较严、雷为巨云。

第三章　科学会

经世学堂之设，严修谆谆注重算学，颇引起黔人科学上之兴趣[6]。顾其时分门别类，尚无具体程式。且得书尤不易。上海制造局之译籍，已难能可

---

[1] 瞿然：畅厉貌，惊视貌；惊骇貌；惊喜貌，惊悟貌。此处意为惊喜貌。

[2] 遐陬：指边远的角落。

[3] 郑：郑珍。

[4] 莫：莫友芝。

[5] 绐：欺骗，哄骗。

[6] 严修任贵州学政时，改革书院课程设置，添设算学、格致、地理、英语诸科，故学界对科学始生兴趣。

贵。求更进于此者，乃无有矣。大抵学者各因其性之所近，以择业而从事。前无师资，为力倍勤。然偶有创获，声闻随之。科学会者，彭述文、漆运钧、平刚、张铭、胡肇安、傅文堃诸人所组织。其目的有二：一修学，一革命也。始述文读王夫之、黄宗羲遗著，种族问题盘亘胸中；兼鉴甲午以还，割地丧权，国将不国，治者阶级即属同种之汉族，已不能容忍，况于盗踞华夏之戎裔。九世复仇，春秋大义，将藉研究科学，广集同志。又以乐嘉藻素号稳健，戴为会长，以避免社会之指目。久之，章炳麟《訄书》传至贵阳，平刚首起剪发，清吏大恶之，欲被以罪。乡绅于德楷为解，乃迫令去之日本，聊示放逐之罚。漆运钧、胡肇安亦先后负笈东渡。张铭则有所营。科学会由此瓦解。述文两任官立学堂教员，未几皆以鼓吹革命斥黜。提学司陈荣昌，笃于君臣之伦者也，闻革命党近在亲辖校中，为之惊怛不食。一日，出不意骤诣学堂，检查学生课本，见无叛逆字句，得不深究。述文性严急，好面折，弗能泛爱容众，遇事喜持正论，不甚讲求策略。提倡革命阅十年，地望益高，而亲附益寡，终乃合并于自治学社，为共同负责之一员。然述文信其所守，穷而益坚。后生小子受其人格感化，始知特立独行之足慕，而随俗波靡之可羞，风气为之一变。述文亦倜乎远矣。

第四章　张铭之失败

知其不可而为之，古之所谓豪杰之士，吾于贵州得一人焉。曰张铭。铭老儒，年近五十，颇治旧学。一日尽弃其素业，而从事革命之宣传，既与彭述文、平刚等结合而组织科学会，兼任乐群学堂及公立师范历史、地理教员。每至华裔界别，种族废兴，辄就眼前指点，慷慨激昂，青年多感化之。铭念教育收效，未可以岁月计，欲实现其主张，非联络多数同志不为功，乃倾身纳交绿林豪客，以其中魁杰时相往还。又遣子从军，察士兵之热忱者，引至其家，铭自与饮食燕语。久之，此两种人皆畏爱铭，若严师慈母，生死惟张先生命。铭又得同志曰胡成九、赵均腾、文崇高、吴冠、倪克荣、朱培等。成九、均腾皆鄂人，从岑春蓂来，能伺察官厅动静。崇高武备生，通军事学。人才粗具，设机关部于华严寺。分会员为普通、特别二类。特别者得参预谋议，普通者奉行教令而已。一切规约，不立文字，专用脑记，以免泄漏。通书日本，请示方略。时孙文创同盟会于东京，平刚为贵州支部长，于德坤为评论长。读铭书，集议其可否。刚主急进。德坤主缓进，以为贵州不当为天下先，地非其地，时非其时，人非其人。其词甚辩，会员咸赞之。刚绌于多数，独以私人名义复铭书，促其相机发难。会萍醴起义，铭谋响应，部署夺门。有日矣，为清吏侦知，指名捕铭。铭亡命至修文，匿王国军所。密令国军约束同志，夜袭军械局。捕者踵至，国军及其弟国清皆入狱，铭幸免。然贵州已弗能立足，流转至大河南北；又如云南，与当地军人刘三元、郭延龄、陈润德、刘晓岚、吴哕鸾、殷承瓛、李根源等有所布划。又加盟于自治学社，函告留黔党员：听张百麟指挥。意在两省提携，一致动作。其后辛亥革命，滇黔独立相距不及一来复，果如铭所预期焉。

第五章　贵族派包办教育

办学，大事也。而清吏之措置，卤莽灭裂。光绪二十七年，各级学制一未设备，巡抚邓华熙已禀报创办贵州大学堂。建楼台于浮沙之上，非不美也，奈根本飘摇何？逾二年，改高等学堂。又逾年，再改高等预备科。举棋不定，耗财废时，至是而官吏办学之勇气，恭然不能自振。民间攘袂者，有于德楷、乐嘉藻之公立师范学堂，组织完善，规制谨严。然私家财力，到底不能持久。中道停顿，嗣响阒如。于是贵族领袖之唐尔镛，因缘时会，崛起而承其乏。在尔镛初意，不过热中利禄，藉作仕宦之捷径，亦会历任院司，皆与其大父唐炯[1]有雅故，故尔镛言无不听，求无不遂。凡索款荐人，朝上议而夕相可。尔镛意得甚。而趋时干进之士，利于傀儡有人，役奸智以投之，呼朋类以附之。假公济私，党同伐异。侧媚便嬖者，疏逖皆见亲

[1] 唐炯（1829—1909），字鄂生，晚号成山老人。贵州遵义人。以镇压农民起义为清廷所赏识，官至云南巡抚。后因督办云南矿务鲜有成效而辞职。著有《援黔录》《成山庐稿》《成山老人自撰年谱》等。

附；正直刚方者，旧交亦终割席。驯至欺天罔人，流毒桑梓。尔镛晚年居京师，见人辄涕泣忏悔，然已无及矣。尔镛初办师范传习所，分配毕业生于各属。续办通省公立中学堂，所有学田、义谷、宾兴款项、科场经费、三书院膏火，会垣数百年之积累，一切拨充该堂基金。预计逐年添班，比及五稔，每年有毕业生一批，散在社会。又办优级师范选科，别入大宗流动金。尔镛左右出力者，为任可澄、何麟书、陈廷棻、华之鸿等。中优授课，计钟点给薪。薪之丰，虽官立学堂弗敢望。任可澄每星期担任教授二十八至三十二小时。尔镛盛称可澄贤劳。或曰："劳诚有之，亦利其酬之厚尔。"尔镛又网罗人才，培植羽翼。熊范舆、陈国祥[1]、蹇念益、姚华，各以官费留学日本。尔镛顾挪移校款，月给津贴。又发起教育总会，尔镛自为会长。其内部私议，则以国祥拟学务公所所长，范舆拟法政学堂堂长，念益拟地方自治会会长，盖骎骎由教育范围侵入政治范围矣。刘显世，土豪而攀援贵族，袭乃父官礼兵权，虎踞兴义（兴义界桂边，广西游勇不时阑入。官礼条陈大府，愿率子弟捍卫乡里。官给一营月饷也，得三营兵额，但乞优假事权，俾资号召。黔抚某利其费省而事办，遂授官礼靖边三营统领。刘氏得树势力，实始于此）。尔镛遥相应和。其党徒某，犹虑此两人交不固，则百方撮合，使尔镛子聘显世女为妇。既成，某自炫于众曰："使慰慈（尔镛字）势力达于省外，如周（显世字）势力进于中央，此吾人党略成功，非普通婚姻关系。"其言之不怍如此。时贵阳私立学堂卓著成绩者以十数，大率枵腹从公，甚或破产助用，然不游于唐氏之门，尔镛皆熟视无睹。而学界负节概者，亦疾其龌龊，以奴颜婢膝为大辱，不期群集于平民派旗帜之下，与贵族派对抗。壁垒形成，战争由此开始矣。

第六章　《黔报》之发行

报章之职务，于社会无所不问。而在革新初期，其需要尤迫切。甲

---

[1] 陈国祥：字敬民，贵州修文县人。翰林院庶吉士。民国时期历任众议院副议长、国务院参议等职。

辰、乙巳间，国内收回权利之运动，风靡一时。贵州亦发起全省铁路矿务总公司，推李端棻[1]为总理，于德楷为协理。立案招股，防止外力之侵入。当是时，端棻之清望，德楷之干略，黔中殆无第三人足以颉颃。而所主持之事业，竭蹶[2]丛脞[3]，良不见有何成绩。周培艺言于德楷曰："凡公共事业，类非一手一足之烈。今吾以热诚倡率，而社会冷酷报之，此非社会有不足于我也，患在愚昧而无知。"谓宜将路矿暂搁，转从开通民智入手。发行日报，举指导社会之实，更积岁月，效果当有矣。德楷然其言，终以才财两乏为疑。培艺制一预算案，计开办必要费不逾三千金，且锐然以主干自任。德楷曰："若尔，事济矣。昨慰慈约办书局，吾方犹豫，兹拟合为一事，使彼承认君之计划，吾亦允诺投资。"于是定议。集股八千金，于德楷、唐尔镛各代表半数，周培艺负责经理。通志书局先成立。经若干之波折，《黔报》亦以丁未六月八日出版。初，报馆组织，为一般人所不了解。以贵州之经济状况，若比较完善之设置，至少非万金不办。培艺先服务路矿公司，已审知贵阳绅商，放近利，贱公益。于德楷虽铁中铮铮，顾力不能独任。故所提预算，仅就机器部分之购买运输，示其概要，达到第一步，再谋第二步。厥后印刷则利用学徒，纸张则挹注书局。京外新闻，则转载各大报之确实妥速者；本省新闻，则委托各商会、劝学所自由通讯。发行则周培棻专任。编辑则周培艺专任。而杨文清、徐家驹、李裕增、乐嘉藻、张百麟、钱良骏、宁士谦、任可澄、陈廷棻、鲁时俊等，亦时有文字上之助力。凡皆纯尽义务，丝粟不以累股东。惟收入方面，大反乎培艺所预期。商业广告，久久绝少登载，报纸销数，最旺时亦不逮千份，故财源

---

[1] 李端棻（1833—1907），字苾园，贵州贵筑（今贵阳市花溪区）人；1863年中进士，官至礼部尚书，加光禄大夫衔。曾荐擢严修、梁启超、唐才常等入仕。创办京师大学堂。支持戊戌变法，变法失败后，被牵连而发配新疆。1901年赦回原籍。翌年，受聘主讲贵州经世学堂，宣传新思想，并参与创办中学堂。

[2] 竭蹶：颠仆倾跌，行步匆遽貌；尽力；枯竭；匮乏。

[3] 丛脞：琐碎；杂乱。

益涸，年终休刊，已负债六百金。方筹备开业时，尔镛曾有补充经济之豪语，至是报告账目，殊默默不置一词。其后尔镛且宣言，报馆继续之问题，书局不欲与闻。但亦不居破坏之名，可划出机器部分，作价二千二百金。报馆主任须按月缴纳赁租三十金。进止听自择。培艺以中道停废，乖违初志；且以数月之经验，愈知报章大有裨于社会。消极方面，贪官污吏，劣团蠹役[1]，率团揭载，迭有惩办；积极方面，学务之竞进，实业之萌芽，吏治之刷新，黔人无智愚，佥曰有报贤于无报。亦会政府提议，按月补助四十金。于是熟权利害，定议续办。而周、唐裂痕，益划若鸿沟。先是尔镛总揽教育基金，长袖善舞，一切新贵州之设施，皆欲以中学堂为出发点。其始之慨允补充报馆经济也，固将曰：余实卵翼之也。及见社会名誉，颇归培艺；言论主张，又往往相左（尔镛尝要求将报馆稿件先日送阅，培艺谬曰："君何时兼任警察厅长？吾尚未伸贺。"尔镛语塞而止）。尔镰遂悍然食言，以促报馆之自毙。培艺另辟蹊径，维持生命。尔镰益妒且恚，常藉收回机器，无理干涉。培艺迁就百方，迄于己酉，终以不堪压迫，委《黔报》于尔镛。民党亦再接再厉，而《西南日报》代兴。

第二篇　成立时期

第一章　自治学社成立之经过

预备立宪，清廷不过利用一纸空文，收回已涣之人心，消弭方兴之革命，其无诚意实行，虽三尺童子知之。然海内志士，却缘此增一活动之新途径，即政党公开组织是也。党之为物，中国历史上皆以为大不祥。汉唐宋明，迭演悲剧，卒亦无补于国家之危亡。满州以异族入主诸

[1] 蠹役：害民的差役。

夏，袭用传统的高压政策，士大夫救过避罪之不遑，孰敢以结党自蹈科禁？[1]中日战后，约束崩解，康有为、梁启超乘之，组织强学会[2]、保皇会[3]，然其目的或以鼓众，或以敛财，至劣恶不足道。粗具政党形式者，惟马良之政闻社[4]、杨度之宪政公会。然发动远在日本，国内寂无嗣响。而贵州乃于其时有自治学社之成立，尤能努力进行，尽量发展，终于推翻专制，建立共和。回视马、杨等之旋起旋灭者，可不谓坚苦卓绝矣乎？初，周培艺筹办《黔报》，曾以主干推张百麟。百麟曰："报章固应于时势之需要，然吾意尚有进。"因具述组党计划。培艺曰："凡吾侪所为，皆不满于现状，而别悬一改造之鹄以赴之。然吾侪人微言轻，纵殚竭血诚，号呼奔走，而社会莫之张目，则事终无济。吾意第一步在取得社会之信用，而办报则信用之所由立也。"百麟曰："人微言轻，诚吾侪之大不幸，然须知与吾侪感同样之痛苦者，正不乏人。今贵族派壁垒甫立，士大夫抱负磊落、臭味差池者，方彷徨歧路，不知所归，吾揭橥主义以为号召，必可得多数之同志。吾假政党为外披，内幕仍进行革命。至于发皇舆论，振刷教育，竞争选举，参预政治，皆政党一部分之所有事耳。"百麟密划进行方策，选定从法政学堂入手，乃著籍为学生，奋其舌辩，嘤鸣求友。教员张鸣藻、同学钟振玉、张泽钧、周培桥、韦可经等皆攘袂前驱，同心缔造。又因法政以沟通巡警、师范、矿业各校，组党洪流，不期灌注于一般青年之脑海。是时国际形势异常险恶，日俄协约、日法协约，先后披露。而我外蒙、福建、云南，

---

[1] 科禁：戒律；禁令。

[2] 强学会：亦称"强学局""强学书局"或"译书局"。清末创立的维新派第一个政治团体。以求"中国自强"为宗旨，1895年由康有为发起，侍读学士文廷式出面组织在北京成立。陈炽为会长，梁启超任书记员。

[3] 保皇会：清末资产阶级改良派的政治团体。康有为在戊戌变法失败后与李福基等在加拿大成立了保皇会（又名中国维新会）。

[4] 政闻社：清末立宪运动中成立的政治团体，由梁启超、蒋智由、陈景仁等发起，1907年正式成立于日本东京，鼓吹君主立宪。马良任总务员。次年2月迁总部于上海。

即该约处分之目的物。丁未九月十六日，《黔报》第九十五号新闻栏内，有瓜分警告一则，揭示其事。百麟认为时机已熟，乃发表意见书，申述合群救亡之旨趣。签名入社者，前后相续不绝。部署初定，即以其年十一月，开成立大会于贵阳镜秋轩。时集会结社，尚无法律上之根据，而党之生存发展，有待于官厅之认可。一日，周培艺检阅北洋法政杂志，见天津筹办地方自治，自所谓自治学社者，推卷起曰："官厅最重援案，吾有案可援矣。"张百麟亦曰："然，然。"遂以自治学社呈请，得特许立案。

第二章　自治社之社纲[1]

团体既立，当有共守之信条。自治学社之题名，其始本以应付官厅，逮经深刻研究，遂获伟大之发现。社章规定，仅仅提示概要，而分析补充，具见二张之成立演说。百麟之言曰："吾侪对于瓜分警告，不在乎痛哭流涕，惟在讲求救亡方法。据不佞愚见，吾侪现今保国，当用国民责任说；将来立国，当用国家主体说。故研究结果，首以国民责任为大前提，藉以唤起一般人之责任心。即以个人自治为起点，以地方自治为延长线，以国家自治为最终点。并详考欧美政治经济之理论与实际，随预备，随发摅，以求适用于吾国。盖国民有一分责任心，智识道德即随之增长；国内有一责任国民，国家

[1] 自治社之社纲：贵州博物馆馆藏有《自治学社杂志》共3期，发行时间分别为：第一期1907年12月，第二期1908年8月，第三期1908年10月。该杂志第一期载有《自治社章摘要》，全文如下："一、本社以预备立宪、促成立宪为宗旨，立论者必负责，入社者必列表，与他党有别。二、本社最初宣言认定个人自治、地方自治、国家自治为希望立宪之方法，凡研究、行动皆以自治为社纲。三、凡是具有品学之人，只须认定本社立宪宗旨及自治主义，愿守社章，自书姓名，得本社社员二人介绍，即认定为本社社员。"与本文所述的社章相比有异，而立宪思想更鲜明。本文上引之二张的演说，则分别载于该杂志第三期《自治学社成立演说》和《自治学社成立一周年演说》，但文辞稍有不同。

即多一分力量。吾侪决心坚确，次第进行，救亡问题当不难解决。”鸿藻之言曰：“救亡问题，非揭櫫一主义，合众人之力以奔赴之，不足以图功。然使所标主义不适于今日之现势，则画虎不成反类狗，结果亦终归无益。自国家客体之说出，以君主为国权之主体，以国家为君主之所有物，而国民则为其奴隶，受其支配。此说披猖于中国，已数千年。今日激于立宪各国之潮流，排斥国家客体说者，乃主张国民为国家之主体，然此主义果适于今日之中国否？不待智者而知其无当也。然则最善之主义为何？据吾人所信，则所谓国家主体说者，比较的优于各说。何则？国家者，共同生活之多数人类继续的有利害关系之团体也。君主亦国民一分子，不过经国民承认其有代表国家之资格。由历史的相传，而推之为无责任者，除君主外，无论何人，皆不可不负责任。是即所谓国民责任说，而为吾人所持以救国唯一无二之大前提。而个人自治、地方自治、国家自治，即本之以发生者也。自治意义，虽专指地方行政而言，然据吾人解释，个人与国家，无不可包涵于其内者。本此为主义，而以个人自治为起点，以地方自治为延长线，以国家自治为最终点。（既以国家主体说为正，而欲国家保其完全独立之主权，不受他国之干涉，而国际公法之原则，而与他国共遵守之，故曰国家自治。对内则促代议制度确立，对外则为国际团体之一员，而与各国立于平等之地位。此为国家自治之界说。）虽达成目的之期，未能预决。吾人拟定步骤，努力进行，有一毫之裨益，即尽一毫之责任。而尤望国民之各尽其责任，庶不负组织学社之初意。”此寥寥数百言之社纲，盖几经最高干部反复检讨，详密推究，认为准于立场，适于环境，激于学理，通于事实，始公表以问世。而党之各个细胞，亦能坚决信仰，其犹及见三民主义演讲者，常私叹当日创获，是非颇不谬于总理焉。

〔附录一〕自治学社社章

第一章　名称及宗旨

一、本社名曰自治学社，凡个人自治、地方自治、国家自治之学理，皆当次第研究之。同人认定个人自治为单位，务期人人有道德智识，养成善良品性，造就完全人格，以赞助地方自治之实行，达国家自治之希望。

第二章 社员

二、凡与本社宗旨相同者，无论何人，有本社社员一人之介绍，经评议部认可，得为本社社员。

三、社员有自认能维持本社经费者，得推为维持员。

四、凡与本社宗旨相同，虽未入社而能实力赞助本社者，得推为赞成员。

五、社员对本社之责任，依社员规则之所定。

第三章 机构

六、本社社员中选举社长一人，代表本社。

七、由社员中互选评议员六人，组织评议部，议决本社一切事务，其部长由评议员中互选。

八、由社员中选举事务员若干人，办理评议部议决各事务。

九、事务员分职如左：一庶务课，设课长一人，课员二人。一书记课，设课长一人，课员二人。一会计课，设课长一人，课员二人。

十、本社有临时发生事件，由评议部推选特派员办理。

十一、本社职员任期，以一年为限，任满改选，但得连任。

十二、本社成立后，社员散居各地，必有一机关交通联络，共期社务之发达。每月定发行杂志一册，代表全社之意见，即以月捐为印刷费。论说之外，当将社务列入报告栏内，以便社员考查。撰述、编辑、经理、发行，均由本社评议员、庶务员中选任。社外之赞成者，及社员独抒己见发表批评者，论文精确，当陆续载入杂志。

第四章 场所

十三、本社每月暂租湖南会馆讲演一次，俟社务扩充，支部成立，再定永久处所。

十四、本社事务所暂时借用镜秋轩照相馆。

第五章 经费

十五、本社经费分为三种。

（一）社员入社费（四钱）及月捐（一钱）。

（二）基本捐，任社员量力资助。当列入报告，以表团体谢意。

（三）临时捐，当视临时事件之需要，由评议部酌定捐款之数目。若社员满百人以上时，每人捐款至多不得过一两。

第六章　规章

十六、本社社员规则及评议部规则，均由评议部议决施行；事务规则，由各课课长拟订，经评议部认可后施行。

十七、本社社章，以一年为实行期。期满修改，须有到会社员三分之一以上之提议，出席社员过半数之表决，方为有效。

十八、本社其他一切必要规章，皆由评议部起草议决施行。

第三章　中心人物张百麟传略

张百麟，字石麒，湖南长沙人。父翰，能诗，工草隶，以知县需次贵州。落拓不偶，终身未尝补官。晚而生百麟，珍爱特甚，纵其意所如。故百麟为童子时，即出入秘密会社，寻究源流，慨然有锄去非种之志。弱冠沉酣坟典，佛老兵刑，靡不窥其奥窍。欧风东渐，于法政译籍，尤笃好而深契之。新闻杂志，塞几盈案。一日，家僮白事，遍觅不获。呼之，乃自故纸堆中跃出。为文章，千言立就，亦不假修饰，如长江大河，挟泥沙俱下。性通脱，喜结纳，无阶级，无门户，财物无所私，教学无所吝，闻风相悦，抵掌论交，长夜剧谈，篝灯[1]达晓。盖所谓团体生活，百麟自少至老，虽造次颠沛中，未尝一日舍去也。其创自治学社，以孤身客寄，掉三寸之舌，辗转游说诸青年，勤勤恳恳，有欧美人宣传欧教之风焉。及《西南日报》发行，公立法政立案，百麟两骖在手，从容揽辔[2]，始入于发展之坦途矣。辛亥革命，不特环境四周

❶ 篝灯：置灯于笼中。《宋史·陈彭年传》："彭年幼好学，母惟一子，爱之，禁其夜读书，彭年篝灯密室，不令母知。"

❷ 揽辔：挽住马缰。

充满反对之空气，即党之中坚分子，亦多以时机未熟为疑。百麟独毅然曰：“时机者，人力所造成也。今百年无动作，亦可曰百年无时机。且党员内迫于生计，外牵于事业，不能不与官厅接近，日往月来，志气昏惰，前途有官僚化之危险。吾拼作牺牲，事若不捷，至少亦播若干种子于社会尔。”即席决策，就其住宅设置机关，任陈康为常驻书记，联络交通。昕霄杂遝[1]，侦逻重重，屹不为动。可谓见义勇为，能断大事者也。然成功之母，忽产失败之儿。迹百麟所由失败，皆其成功曾经试验有效之手段。其一网罗人才，大抵缘于累次之延揽，以为可以吸收同志者，亦可以说服敌党。故听刘显世、郭重光、任可澄之阴谋破坏，而犹认为诚意合作。其一避远权势，任戴何人为首领，事实上均可指挥如意，而不悟杨荩诚、赵德全非钟昌祚之伦比。风起尘合，仓皇奔逃，流转京沪楚粤间，卖文自活。然朋友故旧从之者常十余人，斗室短榻，意气自若。百麟尝作豪语曰：“宁可灶中无烟，不可座上无客。”亦纪实也。癸丑南京之役，任黄兴十日之秘书长。丙辰孙洪伊[2]长内务，任三月之地方警察讲习所所长。最后广东政府简任司法部司长。百麟已疾笃，不克视事。生平不肯自暇逸，前卒之十日，犹努力工作，完成所著《约法战争纪要》。谓曾受某君资助四百元，不出书，人将诋为诈欺。然穷饿困乏，实为贵州民党之一大特色，不特百麟一人然。杨荩诚、周培艺等亦复一贫彻骨，累濒断炊。中华民国之曾执政柄者，方云有愧色矣！百麟亡命以还，除追随孙、黄，尽瘁党务外，其独立经营者尚有西南协会、平报杂志社、惧报馆。初亦未遽忘情于黔事，卒以经济支绌，所图弗能持久。廖谦之殛戴戡[3]，百麟驰书党友，称为去黔后第一快

---

[1] 杂遝：遝通“沓”。众多、杂乱的样子。

[2] 孙洪伊（1870—1936），字伯兰。天津市人。早年为袁世凯幕僚，后为进步党骨干之一。

[3] 廖谦之殛戴戡：贵州军政府被颠覆后，廖谦率部投靠川军。1917年成都刘存厚、戴戡之战中，戴败绩，退至仁寿县境，遭廖谦等部川军伏击，一说自戕，一说被杀。殛，此处为杀死之意。

举。逮王文华逐刘显世，枭郭重光、熊范舆，百麟已前卒，不及见矣。壬戌，袁祖铭任贵州省长，胡刚等联名上书，为百麟讼冤。省政府认为起义首功，给一次恤金三千元。

第四章　公立法政与《西南日报》

自治社之始立也，喉舌之司，仅恃一自治杂志。经费仰给月捐，办理自行竭蹶。顾鉴于《黔报》降志妥叶，徒买言论之不自由，遭遇困难，卒不获资产阶级之支持，故相率艰苦奋斗，自强自助。戊申年会，有兴学办报之决议。委任张百麟、张鸣藻、钟振玉、张泽钧、李泽民、陈守廉、韦可经、黄泽霖、黄少仪、刘镇、陈钟麟等十一人负责筹备。筹备员从党的立场出发，以为须普及法政学理于一般青年，使深入群众，激发人民之国家思想，始能共同救亡。因定设立法政别科，租福建会馆为校址，敦请长沙吴嘉瑞为监督，又得宁士谦、钟昌祚、平刚、彭述文、谭璟、钟振声、杨寿篯等加入创办，分担教授。招生就绪，以己酉五月六日开学。是时国内各省，法政未有公立，而贵州提学司陈骧，尤深恶自治社。不特呈请立案备遭留难，即甄别考试，亦压搁至数月，不予榜示。会政局变动，骧调署布政司。巡警道贺国昌权学篆，始得详院咨部，核准立案。国昌又特拨附加屠捐四百余千，互之补助。嘉瑞出署贵东道，海盐朱兴汾继任监督，官立法政堂长欧阳葆真，教员李培元、钱良骏、朱幼岑等皆愿分钟点，尽义务。于是该校由险恶环境中日就发展。杨寿篯于第一周年纪念，曾著论曰："吾黔近数年来，教育界之表面，固日有可观矣。然中学以上学生，多流入佻薄不良气习，且随年龄俱长。至于对教职员，亦难免生心理。一堂之中，办事人与学生直隔绝不通，仅成为勉强撮合之形势。在教职员，固归咎于学生不良，欲裁抑之。而不知教职员之自身，已早以其不良之气习影响学生而潜化之矣。夫公立法政学堂，其地位犹是中学以上也。创办之始，经济纤毫不获诸地方公积。任教任职诸人，纯由于道德之结合，彼我间无意见也。对于学生，一则率之以质朴，而不流于侈靡，一则率之以真诚，而不入于虚伪。所谓敦品砺行，一切做人功夫，皆从实地上以本身为之表范，而非仅出于言论。故学生亦以质朴真诚，蒸为学风。一堂之中，如父子兄弟然。一年来该校所经之危险，皆深入学生之脑府。而群焉引为谋虑，咸自处于主人之地位。他日演为西南之政团，当有以牖进社会而改良习俗。”其顾盼自喜扬己抑人之批评，乃令贵派之中、优两校，俯首结舌，不敢出一语相诋。盖讥弹诚中其要害，而标榜亦毫无溢美也。日报筹备，以招股购买印字机件为一大难关。股票虽减至五元，应者尚复寥寥。黄少仪慨然自认二百股，省内外同志又称贷以益之。集腋成裘，事滋不易。及议立报名，或拟《新黔报》，或拟《惧报》。百麟独曰：“吾侪政治活动，本以国家为对象，今纵鞭长莫及，至少亦应团结西南数省，形势方有可为。”谓宜定名《西南日报》。或以夸大为疑。百麟曰：“昔萧何营建未央宫，云当今后世无以复加。何以吾侪图事，而不如一老吏乎？”诸人无以难，遂从其议。其后，编排顺序，中央要闻后，贵州、四川、湖南、广西、云南、广东平列为六栏。特约通讯，力谋六省关系之接近（入民国后，军阀横恣，民党活动之根据地，乃专恃西南以对抗，百麟于此，若有先知启示者，亦异矣）。庚戌六月，《西南日报》发行三百四十九号，计时一周年矣。百麟检讨过去成绩，树立未来方针，曾著论曰：“本报自开幕出场，至于现实，已过一哄之时代，而进于求实之时代。自今以往，用意不在深远，而在明切；立言不贵猛烈，而贵静细。苟可以偿国利民福之奢望，虽迂回曲折，有所不恤。就政体一方面说，责任内阁未组织，大臣无统一之计划：民选议院未成立，国民无监督之机关。国家权力之作用，往往甲部举行，乙部反对；丙部建设，丁部破坏。互相推诿，互相争执，欲求一差强人意之官僚政治，且不可得，是则无责任内阁之为害也。若夫国家财力之消耗，直不啻[1]填无底之溪壑。盖以迫于外患之故，遂不得不浮慕维新之虚名，而于新政之先后本末，实懵懵无所知，徒见发令如毛，挥金似水，多方搜刮，晨夕不遑。吾民未见其利，而先蒙其害。且不能上一书，发一言，质问弹劾，检查出入，是则无民选议院之为害也。就民事一方面说、文言繁杂，多数人不能读书识字，已为宪政前途之梗。而最简极易之教育，复不能普及。故游于市场，历于乡村，每千人中，求有国家观念者乃无一焉，遑言

[1] 不啻：不止；不只；不仅仅；不亚于。如同。

爱国？遑言殉国？至优秀人物，除焦头烂额、力竭声嘶之最少数外，其毕业国内外，曾受文化洗礼者，亦蝇营狗苟，沾沾于权利之获得，国事久置脑后。即从学界观察，教师之目的，大半在薪资；学生之目的，大半在奖励。随时按照课本，宣讲数番，试验数番，彼此皆以为其事已了。所谓国民的精神训练，百不一见，是皆失教育之为害也。管子曰：‘仓廪实，知礼节，衣食足，知荣辱。’又曰：‘民不足，令乃辱，民苦殃，令不行。’意盖谓国家必先裕民生，乃能进民智也。十年以来，观诸农，则因人口增加，百物腾贵之故，虽犁云锄雨，终岁勤劳，而不足以供仰事俯畜之需要。观诸工，则洋货成自机器，物美价廉，最易畅销。旧日制造之款式既拙，费工具较洋货尤多，不待比例，已可决其必败。故无论粗细手工，恐不久皆将歇业，而各省市场悉为舶来品所独占。观诸商，则各自贸易，资本不足与洋行争多寡，且短于智识，利润亦不能与洋商较赢绌。虽日往来于内地各省，取微息以为生活。质言之，直刮地皮之小贩耳，商云乎哉！政府虽于中央及各省设有劝业专官，间亦有一二事之施行，然大抵与民争利，非为民生利，是则无经济政策之为害也。今欲协力救亡，政府方面，内阁问题、议院问题，不能不促其早日解决，然非人民努力要求不可。盖国民欲参与国事，必消费热血以为代价也。人民方面，教育问题、经济问题，不能不整顿刷新，然非政府善为领导不可。盖生息于专制政体之下也久，不藉政府威权，厉以鞭策，不易促其演进也。政府与人民既有相互的救亡联系矣，吾人对于政府、人民，亦因之有相互的救亡责望。同人磨墨濡笔，对于监督指导四字，不敢不勉。”骤观前幅，颇疑百麟已放弃急进，同化温和，顾社会之接触弥久，愈知高调激论，无益事实。凡曾服务报界者，皆有同样感想。不若悬鹄赴的，归于实际。至经济现象，尤为一般所忽略。当日京沪大报，满载政治关系，其视经济关系，几若政治之从属。最近民生主义演讲刊行，举国始知其重要。然则《西南日报》之价值，更可重新估定矣。

第五章　自治社加盟于中华革命同盟会

爱新觉罗氏崛起建州，乘中国内乱，入踞燕京。以区区东胡部落，统驭神州，传祚二百余年。雍乾之际，号称极盛。自鸦片战争，江宁结约，西力东渐，国势浸替。太平军兴，苗回继起，虽湘淮用命，危而复安，然民贫财尽耗矣。朝鲜一役[1]，威望扫地，土崩瓦解，直须时耳。夫汉之制于满也，始特屈于武烈[2]，中间剃发之令、文字之狱，汉人蓄憾益深。太平之起已含有民族革命之意味，惟杂用耶教，引起反感。曾国藩窥其弱点，遂以维持礼教号召儒生，用而仆之。然汉族虽勉效忠顺，而政治上地位，终不获与满族比肩。满族专国家之利，卒亦□人民之怨，谚所谓树高招风耶？孙文海滨一介，少有大志，以洪秀全第二自憙（见日本人宫琦龙介所著《中山轶序》）。雅善郑士良、尤烈、陈少白、陆皓东、杨鹤龄等，创兴中会[3]，谋举义广州，不成；发难惠州，又失败。亡命去国，累挫不挠，宣传说服，信徒日众。命廖仲恺、马君武、胡毅生、黎仲实等接洽各方，缔造中华革命同盟。第一次会于布鲁塞尔、加盟者三十余人。第二次会于柏林，加盟者二十余人。第三次会于巴黎，加盟者十余人。而尤以第四次东京大会，朝暾熊熊，气象万千。先是义和团乱后，国论渐趋一致，知非讲求西法，不足救亡。派遣留学生，遂为尔日急务。日本同种同文，加道里近，经费省，故负笈者益麇集。张继、汪兆铭、胡汉民等倡办《民报》，鼓吹革命。文所持三民主义、五权宪法，暨革命方略，所谓军政、训政，宪政三时期，皆于报端披露。亦会中国文豪章炳麟新自上海出狱，继等奉迎东渡，主任编辑，洛阳纸贵，风靡一时。各省青年，以不与谈革命为耻。文察机会成熟，丙午七月莅东京，假《清风报》开同盟会成立大会，加盟者千余人。设本部于东京；各省支部，亦就在日同志，分别委任。于是平刚为同盟会贵州支

---

❶ 朝鲜一役：指1894年中日甲午战争，作者称之为朝鲜一役。

❷ 武烈：出自《国语·周语下》："成王能明文昭，能定武烈者也。"韦昭注："烈，威也。言能明其文，使之昭；定其武，使之威也。"后以武烈谓武功。

❸ 兴中会：清末革命团体。1894年孙中山在檀香山创立。次年总部迁往香港。以"驱除鞑虏，恢复中华，创立合众政府"为政治纲领。

部长，于德坤为评议长，漆运钧、拓滨、杨荩诚、张友栋、胡肇安、李涤凡、马宗豫、朱沛霖、周仲良、李元箸、陈养初、刘潜、安健等各以通信方法，灌输革命思想。刚初主急进，一试于张铭而覆。自治学社取政党步调、形式上虽与同盟会殊趣，精神上实为同物。刚居间介绍，请吸收自治社。自治社亦赍干部决议，加入同盟会。惟内地活动，仍沿用固有旗帜。此生存之必要，海外同志亦极谅解云。

第六章　自治社之反动

《黔报》问世之翌年，江苏巡抚陈夔龙[1]荐擢四川总督，假归贵阳，衣锦昼行，自诩煊赫。周培艺著论，列举贵州兴学、筑路、开矿诸问题，而以盐务筹款为总解决，贵州食盐一项，岁输出银千三百万两，灶户产本所得四百万，公家税收所得七十万，余皆少数奸商垄断自肥。黔欲整顿，则以主权不属，川欲整顿，则以纳贿中止。往者盐法积弊，赖丁宝桢破除情面，创办官运、然后国与民交利。今时逾一世，宝桢之法又积弊。而夔龙适为总督，知必不惮改作，造福桑梓。又谓赋诗饮酒，闲情逸致，此江湖名士不得志于时者之所为。夔龙备位大臣，义存弘济，仰思达旦，彼独何人？不然，贾似道管领湖山，未尝不风流自赏也。夔龙一怒而去。调督两湖，仇视舆论，始以登载整饬关务命令，停止《中西日报》之发行；又以登载美侨请愿国会书，封禁《江汉日报》；又以登载石龙插画，封禁《湖北日报》，且拘系编辑人郑江灏。培艺复有所诤议，夔龙憾益深。己酉九月，云贵总督李经羲道出贵阳，与巡抚庞鸿书宴语。卒然问曰："贵州山国，乃亦为革命党窟宅乎？"鸿书愕然，请其故。经羲曰："曩过北洋，小帅[2]郑重相嘱：有周培艺者，私结会社，勾通海外革命党，应早拿办，以遏乱萌。昨此间绅士唐

[1] 陈夔龙（1857—1948），字筱石，又作小石，贵州贵阳人，进士。历任河南巡抚、江苏巡抚，四川总督、两湖总督、直隶总督等职。

[2] 小帅：指陈夔龙。

尔镛造谒，亦谓周培艺、张百麟，确系渠魁，宗旨极不纯正。公莅黔久，宁间之乎？”鸿书曰。“两人学综新旧，达于治体，所立自治学社，援据北洋成案，经该管官厅之许可。沧海横流，吾辈当为国家爱护人才，不当以‘莫须有’三字，摧残读书稚子。”经羲曰：“吾意正尔。公殊能见其大。”越宿，语稍泄于外，培艺主沉默以观其后。百麟谓沉默示弱，乃草衔上书经羲，纵论庙堂政策、西南形势。经羲颇为动容。濒行，交署按察司王玉麟酌量录用。百麟由是呈身政界焉。庚戌三月，安顺提标兵枪杀平民，《西南日报》主张正义，攻提督徐印川。印川衔之，又入任可澄言，遂兴大狱。初，贵州提督驻安顺，官舍居城之北隅。宣统间，朝命按年递裁绿营、贵州以边省故，得保残喘。标兵向无操课，射圃久荒，夷为衢路。一日，木工某从射圃通过，标兵枪拟之，立毙。究竟仇杀耶？或误杀耶？真相不明。地方绅耆要求惩凶恤孤。印川庇凶，谓射圃禁地，标兵奉命演习，死木工无罪。相持不下。绅耆进而要求划射圃为公有，依限尽撤绿营。安顺故有两党，主自治分社者方策、刘荣勋等，对抗印川者也；主宪政分会者黄元操、洪钢等，素结纳印川。印川资策于任可澄，可澄教印川伪造飘布，诬为自治社所散发，某月某日，标兵在某所缉匪起获。该社遍布省内外，消息异常灵通。星星之火，诚恐燎原。密呈云贵总督李经羲。经羲札行贵州布、按两司查办。印川越巡抚而诉总督，即夙念鸿书公明仁恕，决右自治社。然案关全省治安，两司近在咫尺，当然征巡抚同意。故卒如鸿书旨，以无据复。方事之殷也，道路藉藉[1]，皆知谋出宪政会。蔡岳面诘任可澄。可澄曰：“无之。谁为此者，狗彘不食其余。”岳曰：“君何以自明？”可澄曰：“吾将于《贵州公报》自白衷曲。”“能尔，幸甚！”订期而别。及期，可澄竟食言，反证乃益显然。然自治社经此两次反动后，基础乃益巩固矣。

[1] 道路藉藉：形容社会上人们众说纷纭，纷纷转告。

第三篇　发展时期

第一章　自治社本身之发展

初，自治社着手筹备，关于入党资格，周培艺主精以求才，张百麟主宽以容众。辩论结果，以本党支柱平民，解除一切制限，无男女，无阶级，无种族，无宗教，凡赞成本党主义，适合社章第二条之规定者，即得为本党党员。于是安顺则方策、刘荣勋、陈夔春、柳衋、黄人瑞、叶璧光、邓金昶，普定则陈钟麟、华鄂；安平则朱焯、陈康、伍英、吴廷森、王度、李家璠、刘恩铭；清镇则张绍銮、侯百铭、焦明炯、马焯、王聘麟；永宁则张秀珊：镇宁则李永蓁、张吉武、庞东平、姚石卿、牛献之；兴义则张鸿藻、蒙养正、许可权、曾宪章、黄任侠、蒋开运、严寓宽、蔡正纯、蒋正钧、何应奎、王朝聂、周涛、刘瑞棠；普安则冯乃斌、张文焕、曾光祖、龙为霖；贞丰则孟广仁、钟振玉、钟振声、梁士荃、詹德烜、胡刚、刘辅卿、赵日聂、饶存厚、赵成璋、姜孟熊、谭珍、陈守廉、王履瑞；新城则杨世绾、邹国玺、李宪文、曾应奎；安南则王元藩、彭心德、彭堃、董大经、彭湘、龚象瀛、张维俊、帅文炳、王履初、甘祥云、刘全贞；大定则谭冠英、简书、简忠藩、陈永锡、彭景祥，毕节则宁士谦、宁建侯、朱正学、刘大名；威宁则蔡奎祥、管应笔；水城则李锡三；黔西则毛仙樵、胡茂修、张凤诏、欧阳桐、童福荫、龙文瀚、胡庆云、方人凤、钱为澍、熊朝源、黎秉田、蔡绍襄、毛典钦、禄尚质、陈铮、刘跃龙；遵义则李泽民、谢师菼、冉仲芩、张元熙、陈正谟；正安则韦可经；贵阳则杨昌铭、梁定西、余培年、杨寿籛、肖子有、黄献章、黄泽霖、罗竹云、卢燊、吕树森；贵筑则黄德铣、漆运奎、黄理中、张绍铭、张家彦、刘嘉善、李宜沼、刘文燊；开州则钟昌祚、许嘉绩、蒋忠信、许家谟；贵定则王德培；修文则蒋钠、江德润、谢师光、周凤文；龙里则陈树燊；定番则陆钟俊、胡星五；石阡则谭西庚、夏茂德、夏景芳、王珏、徐瑞荣、方绍周、夏国光、罗耀彬；龙泉[1]则黄赞勋、唐化浦、任景云，平越则刘锡琪、刘聘珊、叶本林、杨希龄、唐光表、舒开第、甘浩义、周德馨、周治国、向日升；瓮安则刘启珍；余庆则范元卿；铜仁则余同善、杨菁华、徐圣基；松桃则蒋宝成、杨恩森、黄廷祚、朱文灿、涂绍尧、李应先；镇远则潘德明、万贤臣、王星阶、杨培风、梁时宪；天柱则龙昭灵、杨应麟；黄平则黄华、蔡檠、许荣宗、杨正元、陈德修、黄图开；施乘则杨守仁、张顺清，清平则徐炳仁；都匀则张文林、叶家龙、龚文柱、张元培、何蔚霖、聂延琦、张吉藩；独山则杨文翰、黄祺元；荔波则李培庚；清江则穆邦荣：思南则张光辉、杨穗芳、罗尚彬，安化[2]则田广心；印江则赵惠连；黎平则周培桥、张德馨、张步先、周仲良、曾宪谟、程志鼎、王显忠、张明德；永从则谢华轩。或就地鼓吹，或通讯促进。先后报告分社成立者，计五十余处。奔走党务，以张泽钧为最力。尝只身匹马，足迹遍于上下游。所至造谒耆老搢绅、贤豪魁杰，语以政乱国危，非结合团体不能救亡。发言流涕，闻者莫不感动。故经过之地，分社随以成立。亦会筹办自治，益予党人以利用之时机。初，清廷预备立宪，期以九年，而宪政编查馆[3]奏定逐年筹备事宜清单内载：第一年颁布城、镇、乡地方自治章程；第二年筹办城、镇、乡地方自治，设自治研究所，颁布厅、州、县地方自治章程；第三年续办城、镇、乡地方自治，续办厅、州、县地方自治；第四年同上；第五年城、镇、乡地方自治粗具规模，续办厅、州、县地方自治；第六年城、镇、乡地方自治一律成立，厅、州、县地方自治粗具规模；第七年厅、州、县地方自治一律成立。院司勒限督催，急于星火。地方有司，大抵不解自治为何物，则相率优礼分社人才，各顾问，受方略。庚辛[4]之交，党员骤增

[1] 龙泉：今贵州省遵义市凤冈县。

[2] 安化：今贵州省铜仁市德江县。

[3] 宪政编查馆：1907 年 8 月，清政府改考查政治馆为宪政编查馆，直属军机处，以研究利用最有利的宪政形式来保持专制统治。

[4] 庚辛：指 1910 年、1911 年。

至十万人。钟昌祚任社长，代表对外。而指挥活动，仍听命于张百麟。又设政交俱乐部，汇集分社调查材料，制成议案，是为最高干部会议，推周培艺任主席。

〔附录二〕自治学社调查表

本社发表自治三大主义，于民情、风俗、政治、经济，皆宜确实调查，始有改良之着手。切望各地社员，于自治范围内事项，详加考究，随时投稿。分为十类，陆续印发。

一、政治类

现行行政、司法未分，统名曰政治。本社主张增加俸禄，澄清吏治，为地方自治之根本，故特设此类。

甲、区域：某府、厅、州、县旧分为几乡几里，某乡、里旧分为几屯几寨，某屯、寨旧分为几甲，今有更易否？四境交通，何处直经？夷险若何？远近若何？（能附略图尤佳）

乙、机关：原设文、武衙署几所？主理何项事务？现行新政如巡警、教育，有增设机关否？佐杂干涉词讼否？教职现办何事？团甲书差弊害若何？

丙、单行规则：丁粮定额若干？人民实纳银若干？收粮银平较市平大若干？较省平大若干？生水须加银若干？按月加征若干？或书差包收，或幕友[1]出收，暗中加收若干？厘税有大票、小票之别，即入公入私之表识。百货出进，大票当完若干？小票当完若干？民间口角，经团甲理讲，有无规费？若已成讼案，上禀须出银若干？票差力钱，是否随意苛索？开审时原告、被告须各出案规若干？其中若干归门印？若干归书差？每案了时，具结须出规费若干？旧有何项陋规？现有无增减？

丁、户口：每甲若干户？每户若干口？壮丁、老弱、妇女，望详细分析。

---

[1] 幕友：明清时地方军政官署中协助办理文案、刑名、钱谷等事务的人员。

二、风俗类

甲、人民习俗：有何特别优点？是否好斗好讼？有职业者，能识字者，约百分之几？农工商业，大较偏重何项？常发生劫案否？婚丧礼文繁简丰啬若何？

乙、绅士风尚：文行交修、品节端方者几人？包揽词讼，其人多少？通达时务、热心公益事业者，愿知其姓名。

丙、教育情形：已设学堂几所？每堂学生几班？私塾能否改良？学龄儿童，各乡多少若何？

丁、慈善事业：如育婴、救荒、恤贫、养老等事，有相资到办者否？从前有无公共积聚之财产？

以上三类，关系尤要，因咨议局成立在即，将来开议事件，必从上列各项提案，务请同志诸君精确调查，迅速投稿。

第二章　各方面之发展

政党活动，以选举为孔轨。自治社成立之翌年，贵州适办咨议局选举。维时一般人民，积疑生惧，相戒裹足。即号称智识阶级，亦放弃权利，观望自沮。本届选举，自治社不劳而获。除遵义一区，牟琳等有所组织外，自余各区，大抵皆占优势。地方自治，宪政编查馆奏定为城、镇、乡；厅、州、县两级。贵州于咨议局筹办处裁撤后，即设地方自治筹办处。处员以清单所谓粗具规模与一律成立，措语模糊，意存谩欺。本省自定期约，城、镇、乡，议、董两会，限庚戌年办竣。厅、州、县，议、参两会，限辛亥年办竣。此次选举，宪政预备会虽努力竞争，然自治社已有相当之历史。各属自治公所、自治研究所等机关，先归掌握，结果仍占多数。资政院选举，关于咨议局部分，钟振玉、牟琳当选。刘荣勋、张绍銮、张光炜候补。关于多额纳税部分，周培艺候补（云贵合一选区，当选者云南王鸿图）。宪政党拼死相搏，势力差平均。各法团方面，教育总会本唐尔镛根据地，各职员强半私人。暨唐我圻枪杀亲子，舆论大哗。唐氏门望，一落千丈。尔镛不安于位，乐嘉藻崛起代之。各职员亦纷纷改选，学阀由此推倒。商务总会，成立于光绪三十二年，总理李忠鉴，事当道甚谨，退然自比于属吏。马汝骏继任总理，敦聘周培艺主持一切，始与司道文稿往还，稍稍崇体制，争权限。时绸缎业由邮局寄货，在交货地方已遵章完纳包裹税，而贵阳府主计员擅扣来货，高压重征。商会据律抗议，司府不能屈。然巡抚沈瑜庆于该业公呈内批示云：所呈援引种种章则，商人岂能解此，显系有人唆使，仰迅速完税，违则没收拿办。商界受此刺激，益感奋自强，发行《商务日报》，筹设商业讲习所。农务总会，由于德楷发起，而文书策划，倚办于周培艺。又张绍铭组贵筑九区联合会，教民树艺牧畜。实际上，教、商，农三总会，自治社皆得提挈而运用之。教育事业方面，彭述文、平刚、付文堃、张铭等办乐群学堂；杨寿篯、黄理中、肖懋林等办正谊学堂，钟昌祚、杨镜儒、黄烈诚等办光懿女学堂，张鸿藻、李泽民等办公立自治研究所；黄泽霖、张百麟办司法讲习所；龚廷栋、宁士谦等办监狱专修科。授课之暇，兼宣传党义。青年热度，日长炎炎，革命种子，遍播于社会中矣。

第三章　党员之行政练习

清官职官登庸，曰科第，曰议叙[1]，曰保举，曰捐纳。科第号正途，在仕宦中最清贵，然溺于帖括，不识时务。议叙、保举、捐纳三者，大抵备朝会、充员品而已。闭关之世，寄权幕胥，上下相蒙，谬诩承平[2]。洎乎季年，外力内侵，内痈外溃。预备立宪，宫廷虽无诚意，然外之博取友邦之好评，内之缓和革命之狂热，在彼实有大利。于是一切新政，樊然并兴，法令如蛛网，文书如牛毛，职官瞠目，幕胥却步，各省新人物，颇获进身之机。自治党顺应潮流，亦得参预贵州政治。最初周培艺以巡抚庞鸿

[1] 议叙：清朝吏部之奖叙制度。凡官员考核成绩优良或有功绩者，奉旨交部叙议，以资奖励。分为记录、加级两种。由保举而授任之官亦称议叙，如议叙知县等。

[2] 承平：太平；持久太平。

书辟，入调查局及咨议局筹办处，旋兼任警务公所、地方自治筹办处科长。张百麟先入审判厅筹办处，旋兼任提法公所科长、禁烟局文案。两人勇于负责，事至立办。上官推心倚任，同列拱手受成。绩效大彰，谤议由是纷起。于后黄德铣入劝业公所，宁士谦、钟昌祚、肖开锦、张泽钧入警务公所，杨昌铭入改拨插花公所，韦可经入高等审判厅，黄泽深入提法公所，孙镜入洋务局，廖谦、周凤文入兵备处。凡新政机关，几无不有自治党员之足迹。而巡警道贺国昌、高等审判厅丞朱兴汾，皆游学日本，雅号开通，又赞划鸿书幕府，知无不言。党员柄用，两人推毂之力为多。宪政会百方□龇，谋兴大狱。自治党恃两人为内主，其计不得逞。国昌议论尤露骨，尝私语周培艺曰："愚委贽为人臣，义无二心，然观皇室大势，譬犹抱火厝薪，安寝其上。非从根本改造，补苴罅漏，曾何救于危亡？但愿各省得君辈多人，参错其间，一旦祸机爆发，祈不至如法兰西，演成恐怖时代，人民减少痛苦，则大幸也。"故始终佐佑民党，虽缘是诖吏议，交察看，卒无几微怨色，民党亦以接近官厅故，在革命运动中，得侦伺敌情，随方应付。革命不流血，世人徒震于成功之易易，不知苦心经营，积累岁月，其所由来者渐矣。

第四章　党员之社会事业

中国孔子之教曰："博施济众，尧舜其犹病诸。"孟子曰："为政者每人而悦之，日亦不足矣。"故后世所谓儒者，虽当官秉权，于同胞之颠连无告，不收恤也。视人类之仆台相臣，若天然等级焉。墨子倡兼爱，摩顶放踵以利天下，而见诋为无父。欧洲社会主义，注重公共生活，精神实与墨教相默契。自治党以平民的基础。显然带左倾之色彩。故党员之社会事业，有足纪述者。初，贵阳为西南一都会，而荒秽不治，乞丐流氓，充斥街衢。贺国昌试署巡警道，思有以刷新之。钟昌祚建议创贫民工厂，国昌曰："极知易办，奈僚友趑趄何？"昌祚曰："滥竽警界，自效寡术。公不以为不肖，愿竭其心力。"国昌一听昌祚，于是定计划，度经费，具器用，立规程，暂设名额三百人，分八组。废疾者为一组，幼弱者为一组，习编物织屦[1]等科。强壮者曰清道组、修河组、种菜组、运送组、洗濯组、陶冶组。组有牧司，有什伍，相互选任。半年为期，连选连任。其公共机关，曰读书堂、训话室、储蓄部、消费社。读书堂教识字写算。训话室教处世作人正轨，间及国内国际大事。昌祚及所部巡长任之。储蓄部、消费社，则全厂公选两人充任。对外接洽，昌祚时亦补助之。厂之饮食起居，洒扫沐浴，每组选出一人，轮班执事。以最新之学理，应用于最浅近之事实。昌祚处汙（污）就下，怡然无忤，警界僚友至割席掩鼻，若将浼焉，或直呼为叫化头。独国昌深叹服，以为不可及。贵州素有虐婢敝俗，贫民生计艰难，鬻卖人口，等于寻常贸易。十龄若十余龄之幼女，大率年若干岁，值银若干两。中产温饱之家，无不蓄婢。得之愈贱，遇之愈酷。旬月之间，警署恒获逃婢三五辈，验其身则皆有伤，伤之重者极于炮烙。若仅仅用以竹木，乃为无上之仁爱。国昌发愤收养，逾两月，私宅至不能容。因周培艺曾著论讥切虐婢事，召与共筹善后。培艺曰："窃尝有志久矣，顾力不逮，公诚能指拨官舍，捐助基金，余事请勿问。"国昌许诺。培艺遂与钟昌祚、孙镜、傅质夫、乐嘉荃等发起慈善会。先成立幼女救护所，移警署逃婢实之。后有来者，归斯受之。延女管理员白铁肩[2]驻所负责。又女司事一人，女教员三人。课程列读书、习字、珠算、缝纫、烹饪五科。每月朔望，会董定期议事，稽幼女之勤惰，察教养之适否。幼女年十六以上，择配字人，亦会董主之。其法，令乞婚者呈愿书于慈善会，并取具殷实商保；一、有正当职业；二、无疾病；三、一夫一妻。会董根据愿书，调查相符，征询幼女同意，即予施行。出入之数，按月册报警署。诸贵族恶其害己，相率腾播谣诼。或曰：徒沽名誉；或曰：别有阴谋。培艺等不为动，益增募巨款，扩张会务。风气一开，向之宛转哀号于箠楏楚刀杖之下者，皆欲冲决樊网，呼吸自由。重关严卫，不能禁之勿

---

[1] 屦：古时用麻葛等做成的鞋。

[2] 白铁肩（1871—1936），贵州女教育家。本姓罗，名光懿，从夫姓白，并取"铁肩担道义，妙手著文章"之意，改名铁肩。倡导女子不缠足的"天足运动"。后创办私立女子小学堂，曾受聘为省立女子师范学校学监。

出。惟改善待遇，犹可旦夕相安。“人道”“人道”之声，洋溢里妪村妇间。国昌喜曰：“花旗八年血战之结果，吾侪安坐数月而得之，解放信有时哉。”然张泳麟移书索逃婢，尝曰：“纵弗念鄙人面目，小婿何麟书，不可侮也。”诸人笑置之。其后宪政党窃位，麟书主杀培艺甚力，祸盖始于逋逃云。

第五章　即开国会之请愿

戊申夏秋间，即开国会之运动，风靡全国。自治社为贵州唯一之政党，当然有所表示。周培艺召集各界，假内忠烈宫开会。讨论结果，佥认请愿为必要。票举领衔人、撰稿人，乐嘉藻、周培艺以大多数当选。培艺创稿竣事，即于《黔报》披露。其词曰：“为滇边不靖[1]，人心惶骇，请速定大计，即开国会，以弥隐患而固邦本，联名呈请代奏事。窃维立宪国家之精神，在以国会为宣导视测之机关。机关既具，下有所泄而不至于横决，上有所镜而得为之调剂，故其国常安谧而不可动摇。机关未具，则虽袭立宪之名，而上下之隔阂，终以不去，土崩瓦解之祸，往往由是作矣。伏读光绪三十二年七月十三日上谕，国势不振，实由于上下相联，内外隔阂，官不知所以保民，民不知所以卫国。而各国之所以富强，实由于实行宪法，取决公论：君民一体，呼吸相通；博采众长，明定权限；以及筹备财用，经划政务，无不公之于黎庶；等因。仰见日月之明，无所不照。然两年以来，治化不进。而萍醴之变、钦廉之变[2]、安庆之变[3]、镇

---

❶ 为滇边不靖：指 1908 年 4 月 30 日至 5 月下旬同盟会会员黄明堂、王和顺领导的云南河口起义。

❷ 钦廉之变：指钦廉防城起义，1907 年 9 月资产阶级革命派同盟会在华南发起的一次武装起义。

❸ 安庆之变：1907 年 7 月徐锡麟发动的安庆起义。

南关之变[1]及最近河口之变[2]暴动暗杀，风云惨淡。当此列强环伺，抵瑕观衅，合全力以对外，犹惧有竭蹶之虞，况于内溃腹心，自削资敌。默计前途，不寒而栗。职等在黔言黔：上游一带，会匪充斥，剽夺出没，百十为群；下游一带，种族复杂，苗夷之民，侧目而视。自滇警传播，人心惶骇，或谓将以捍党掩袭；或云先有明谍阑入。讹言四起，岌岌殆哉。幸而王师克捷，迅奏肤功。弥天之祸，弭于无形。万一日久相持，闻风煽动，大局何堪设想？然革党之根株固未尝净绝也。彼以政治腐败为论据，推演敷陈，以倾动天下之耳目。天下方疾首蹙额[3]，其势遂日见蔓延。遏之于东，则溃而之西，之南，之北，如痈疽然，毒不尽不止。职等深维去毒之至计，莫如改善政治。十年来深宫焦劳，主持变法，自五大臣之归国，益复焕布纶音，明定政体。徒以民选议院未经召集，上下之间，隐若有为之梗阻者，终无以对国民而昭大信。故外资之输入也，税捐之加征也，官吏之失职也，交涉之让步也，任举一端，皆足资革党藉口之实，启众庶狼顾之心。大抵局中之苦衷，原难求谅于局外。然果扩充局中之范围，实行代议制度，使人民得以参与其间，共知其难，则共谋所以匡救之。不济，亦无所用其怨讟[4]，其与少数人独裁专制，动忧丛脞者，得失相去远矣。职等窃闻一国之政务，执行贵于敏活，而讨论不厌反复。世界进化，权利义务之辨，深印于人人之脑府。故曰：不出代议士，不纳租税，责人以义务，而勒之以权利，虽尧舜为君，伊周为相，亦不能伏其民。伏愿俯顺舆情，绝去浮议，宣示召集期限，下所司拟定选举规则，明敕内外臣工，毋得再有阻挠。议院既开，宪法既布，改善政治之结果，不难应时而立见。革党虽家至户说，其谁听之？此所谓战胜于朝廷也。又闻此次滇边之乱，革党不过数十人或百人，而其势几于燎原，则以响应者众。彼昌言将以破坏求安宁，平民犹且附和之，况于游勇会匪？假定为千人，则彼扰可及十

---

1. 镇南关之变：1907 年 12 月黄明堂发动的镇南关起义。
2. 河口之变：1908 年 4—5 月的云南河口起义。
3. 疾首蹙额：厌恶痛恨的样子。常用来形容对坏人坏事的憎恨厌恶。
4. 怨讟：怨恨诽谤。

省，发难可至十次。尚不连定大计，遏绝乱源，窃恐至今以往，庙堂旰食矣。职等蒿目时艰，辄忘忌讳，谨联名呈请代奏。”并声明以一月为签名期。全省父老兄弟赞成请愿者，请具衔列名，邮交培艺汇办。唐尔镛忽倡异议，反对嘉藻之领衔。培艺质问理由。则曰：“嘉藻官只七品，年甫四十。”培艺曰：“方集会时，足下避不出席，今殊无权过问此事。且所持亦不成理由，足下休矣。”尔镛遣其党徒兴讹造讪，以阻请愿之进行。于德楷出任调停，谓：“君等皆民望，不宜互结恶感。请愿，大事也，何人领衔，但此中之小节。老夫当仁不让，君等曷稍假借。”于是嘉藻自请辞退，易以德楷领衔。综计列名愿书者，都千七百五十三人，各府、厅、州、县大抵普及。党议盖视此为宣传最适之机会云。

第六章　咨议局之运用

宣统元年八月，巡抚庞鸿书召集咨议局议员于会垣。贵阳黄德铣、华之鸿、乐嘉藻；安顺朱焯、刘荣勋、罗云峰、张绍銮，兴义钟振玉、张光炜；大定陈时夏、龙文瀚、邱颐龄，遵义牟琳、陈大经、骆文骕、杜希龄、蔡锦、金贡廷；都匀周慕［恭］寿、杨钧、龚文柱；镇远潘德明、龙昭灵、周兴仁、黄华；铜仁余同善；平越刘锡琪、周永年、商肇文；黎平吴培兰、徐凌汉；思南刘长庚、张光辉、丁鹤龄、杨谦光；思州邱铭佩；石阡李荣春、谭西庚、黄赞勋。共三十九名。先期票举议长、副议长，乐嘉藻、谭西庚、牟琳当选。又举常驻议员，朱焯、潘德明、杨钧、周永年、张绍銮、杨谦光、张光炜、刘荣勋当选。组织办事处，周培艺为书记长，黄家锟、宁士谦、孙镜、钟昌祚为书记员。九月一日，开会如仪。代议制度，在中国为创行。议员来自田间，常识缺乏，勿庸讳言。隶自治党籍者有党议指导，步伐比较整齐。遵义六人，以地域关系，自成一小团体。中立无所属者约十人。先是咨议局筹备员于议长席前并列三座，巍然鼎足。周培艺语乐嘉藻曰：“议长维持秩序，副议长何为者？且议员以言为天职，今若此，是剥夺其发言权也。”嘉藻立命撤去。开会后，牟琳劈头提出抗议，嘉藻答辩，琳认为不满意。卒由咨议局呈巡抚，电请宪政编查馆解释。馆复：副议长席次在议员席中，代理议长时，则就议长席。琳始悻悻而罢。组全局委员会，钟振玉当选为委员长。委员分教育、农业、商业、矿业、交通、财政、政治、惩罚、请愿九部。议决议事细则七章一百零七节，旁听规则一章十节；办事处办事细则一章八节。通第一届常会期内，巡抚交议之案八，议员提出之案二十有四。综举其要：曰治匪，曰兴学，曰盐务，曰路政，曰改拨插花，曰提倡矿业，曰催促自治，曰讲求种植。或有理论而无办法，或已表决而复修正。混淆抵牾，樊然相乱。任可澄利用时机，发起宪政预备会，尽收议员之未附自治社者，旗鼓略相当。然仓卒乌合，徒具外形，扰攘四旬，奄忽闭会。张光炜宣言于众曰："本届咨议局之无成绩，皆周素园一人尸其咎。"培艺叹曰："是何言之谬也？咨议局以议员为主体，办事处不过附属机关，张君纵自卑其人格，奈何并本局之尊严而摧毁之乎？吾义不可复据此矣。"二年四月，乐嘉藻假赴南洋劝业会，议长由谭西庚代理，培艺引退，钟昌祚为书记长。七月，嘉藻正式辞职，西庚依法递补。自治党鉴于往岁之覆车，先期开议案预备会，以事研究。议员亦益明习政事，熟练程序。第二届常会，以全力争预算案，于地方经费大有减削。又通过龚文柱改良税收方法案，以法律形式促巡抚公布。舆论翕然称之。议长谭西庚，言语迟钝，呐呐如不出口，然为人方鲠[1]，遇大事慷慨肩任，风骨棱棱，威武不能屈。三年选科校址之争，提学司陈骧依阿调停，阴有左右。西庚电学部，纠骧交通权绅，袒庇私人。巡抚沈瑜庆奏移四国借款建筑贵渝铁路，西庚又电资政院，劾瑜庆迎合朝贵，违反民意。四川总督赵尔丰怙势滥杀，并封锁全川邮电，严禁真相外泄。西庚又电各省咨议局，宣布尔丰罪状。光复运动，西庚大出本局存款，供给党人。九月十三日夜午，瑜庆遣使诘西庚："省会治安，能负责否？"西庚笑曰："数年经营，正为今日。"议者谓辛亥之咨议局，较己酉之咨议局，霄壤悬绝，不可以道里计。张光炜先以知县试用四川，不闻其作何评判矣。

---

[1] 方鲠：方正；耿直。

第七章　国民捐会

甲午、庚子两役，丧师赔款，为中国负担外债之权舆。陵迟衰微，降而益削。一千九百零八年，海牙万国和平会有监督中国财政之动议。报纸流传，全国震骇。天津商会首申筹还国债之请，政府亦欲坐享其成，授意疆吏，非正式的提倡。乃由北洋大臣电嘱各省督抚，妥为劝导。贵州巡抚庞鸿书召集会议厅议员，讨论其事。自治党开干部会议，决定本党应持之态度。佥以为筹还国债，于名学为不词，宜主国民捐。国民募集，国民保管，交付须有代价，不则另指用途。出席党员皆据此立论，鸿书本无成见，遂札行咨议局斟酌办理。时宣统元年十二月一日也。越三日，咨议局召开人民大会，自治党国民捐之意见，为会众所接受。议定设机关，举职员。惟兹事体大，先从筹办着手，即日推出临时职员李忠鉴等。又以筹备要务，莫急于拟订章则，票举周培艺、刘恩格担任起草。草章规定，以国民为本位，而采用复选制。第十七条曰：依前条之决议，本会庶务员先期印发传单，通告各团体，其在团体以外者，则登报布告，俾众周知。第十九条曰：投票用连记法，每票书写十人姓名，检票后以得票较多者若干人，作为当选人。再由当选人中互选各项职员。简言之，与会欲普，与选欲当。九日，第一次选举，得三百票以下二百票以上蔡岳等四人。二百票以下百票以上者华之鸿等六人。百票以下者十票以上者陈永锡等百一十人。十二日，第二次选举，蔡岳当选为会长。周培艺、乐嘉荃当选副会长。评议部长钱登熙，编辑部长张百麟，演说部长钟昌祚，集款部长华之鸿，稽核部长黄泽霖，书记部长杨寿篯，庶务部长贺科文，会计部长孙镜，交际部长张泽钧。自治党私拟进行方法。一曰定单位，单位分两种。甲种以人口为标准，假定贵州人口为千万，与全国四万万同胞分担九万万外债，每口应捐银二两有奇；乙种以本省经济状况为标准，就政府摊派之额，贵州年余二十万，三十一年合计六百二十万，以千万人口分担六百二十万，每口应捐银六钱有奇。甲种为国民单位，乙种为省民单位，听自择，勿相强。惟利用奇零小数，唤起同胞注意，使了然于国际地位之危迫。一曰制徽章，徽章亦分甲、乙两式，已缴捐者，给之丽于户口牌。望衡对宇，触目惊心，庶无意输捐者亦因比较而感动。党员方互相策励，振刷精神，期为贵州创一新纪录。而宪政预备会百计沮（阻）挠，亦出全力以破坏之。初，筹还国债之议起，宪政党以与切身利害不相关涉，故持旁观态度。及复选揭晓，始悚然诧曰："彼党欲握贵州财权乎？"是日，《西南日报》载一文，题曰：《国民捐与国民军》，大旨以贵州匪地匪乱，民不聊生，本届咨议局通过练乡兵议案，正苦无款购械，倘捐数大集，而政府尚无改善政治之决心，应即移此款购械，创练国民军。又悚然诧曰："彼党且欲握贵州兵权乎？"于是昕夕皇皇，四处游说，谓国民捐会已为自治党把持，包藏祸心，阴谋不轨。先禁约其党员华之鸿、钱登熙等否认就职；又命令该党机关报，于国民捐会新闻，拒绝刊布；又指摘陈永锡演说中尽杀贪官污吏，人民乃肯出钱为大逆不道之确证，嗾官厅逮捕（署按察司王玉麟、署劝业道查秉钧，皆主逮捕，鸿书不许。然自治党本谋，在集款购械，实行革命，宪政党所持，亦非无因）。自治党一再让步，迁就之已甚。钟昌祚主另选各部部长；周培艺主尊评议会为本会最高机关，会长、副会长执行该部之决议；蔡岳则为二次辞职之声明，犹不得当，业已负荷，则仍努力支持。计当日成绩优良者，为编辑、演说两部。编辑部评论两次战役之原因、结果，及经济侵略亡人国、灭人种。用白话撰述，印成小册，尽量散布。演说部日载旗帜，夜篝灯火，觊群众集合，即纵声宣讲，风雪兀立，涕泪交迸。于是慷慨解囊，首在女界。许淑芳、张步秋、董德莹、杨竞儒等脱簪珥，出积蓄，交女子爱国会存贮。次商界，五十三行各就营业概况，量力认捐，汇送商务总会。次军界，次学界，自订细则，刻期实施。二年正月元旦，贵阳街市沉寂，百戏不陈。问之，对曰："国势至此，何心行乐？"或曰："吾节游观之费，将有所奉也。"其影响之深且远如此。四日，巡抚准北洋大臣电，据天津商会奏，拟由直隶同乡京官，联络各省京官，在京师组织筹还国债总会，各行省均设支会。总会既开，再由支会各举代表赴京，开全体大会，讨论章程，期于实行。事机乖忤，反对者益有所借口。自治党不得已，暂时静观，然所谓京师总会，后竟无人道及。宪政党益自喜，以为彼所主张适合国民心理云。

第八章　国内交际之活跃

初，钟振玉之当选也，自治社诸领袖相与谋曰：“京师为政治源泉，吾侪虽树势力于贵州，然与京师声气隔绝，极发展之能事，亦只限于地方，无参与大政之机会。子骏此行，负有两种任务：一，联合资政院民选议员，发起中央政党；二，开设报馆，宣传本党之主张。布置就绪，再由素园北上主持。”振玉至汉口，道卒。所遗议员，归刘荣勋递补。楚弓楚得，表面上无何损失。然荣勋活动力，远逊振玉。创造之局，顿成虚望。庚戌八月，国会请愿同志会通告各省法团，选举代表，参加请愿。蔡岳被选为贵州教育总会、商务总会总代表。抵京，与孟昭常、方还等发起政务调查会。先期函告周培艺，筹划一切。岳滞留上海。杨寿篯又以咨议局代表（寿篯贵阳候补议员，乐嘉藻辞职，补其缺），参加各省咨议局联合会。时直隶孙洪伊、湖北汤化龙[1]、四川蒲殿俊、湖南谭延闿，颇自命前进分子，决议作大规模之组织，发起宪友会。洪伊等闻自治社势力雄厚，则争引重寿篯，冀为己助。寿篯诺之。清廷改造内阁，回避君主责任。百辟英彦，暗中活跃。亲贵载泽等发起宪政实进会；湖南罗杰等发起辛亥俱乐部。而钟昌祚、张泽钧以本社代表，彭述文、李泽民以教育会议代表，云集都下，咸被延接。辛亥五六月间，促进党务之书札，积案盈尺。张百麟集干部议曰：“吾侪雅不忘情于中央，亦至不欲牺牲其主义。今者，独树一帜，为力既有不逮，而各政党中坚人物，千诡万殊，投机挟策，企图利用，吾侪未彻底了解以前，断无舍己徇人之理。但目的认清，手段不妨假借。自治学社仍保持固有堡垒，同志中愿尽力支部者，亦予相当之补助。对外则平流共进，

[1] 汤化龙（1874—1918），字济武，湖北蕲水（今浠水县）人。清进士，赴日本留学。历任湖北咨议局议长，政事部部长等职。1913年与梁启超等组织进步党，为袁世凯推行帝制效力。后入徐世昌内阁任教育总长。1915年赴沪参与讨袁活动。

对内则通力合作。”于是杨昌铭、杨寿篯组宪友会支部，陈元栋、涂宝煌组宪政实进会支部。若政务调查会，若辛亥俱乐部，俟原接洽人蔡岳、彭述文返里商办。宪政预备会闭关坐守，受人封锁，瞠目祝诅，自愧弗如。顾川路风云，自治社已别有注意，革命运动，且详后方。

第九章　辛亥革命运动记（上）

国民捐会失败后，自治党之革命运动，暂归沉寂。辛亥秋，川人反对铁路国有，民气激昂。所在创设保路同志会[1]。川督赵尔丰恣其淫威，屠杀无算。黔抚沈瑜庆应尔丰之请，派兵协剿同志会；又奏移四国借款，建筑贵渝铁路。两事皆违反民意，舆论咸不平。自治党因之，倡根本解决论，积极活动。亦会武昌首义，震撼全国，事实促进，贤于口舌万万矣。是时贵州兵力，曰巡防队，计二十营。东南西北四路，沿边布防；惟中路四营驻贵阳附近。曰常备军，计步兵一标、炮队一队；曰巡抚卫队，又征兵一营。以上皆萃于会垣。张百麟初拟计划，就本社置总机关，发号施令。省外依四路区域，每路立一统将，以党员有军事素养者充之。其合众之法，无论土匪、秘密会、团丁，能致三十人者即授排官；致百人者授队官；致五百人者授管带。斩木揭竿，约期蜂起。俟屯兵四出，省城空虚，然后袭据军械局举事。周培艺反对之。再三研讨之结果，发难地点，注重贵阳。原拟方案，亦认为手段之一种。听黄泽霖、陈守廉、李立鉴、谭德骥、倪克荣、吴冠、孔鹏、刘鲁香等密为部署，各以其地位、能力、感情所宜，分头着手。

甲、军界：

一、征兵营，由胡刚、姜孟［梦］熊以本营官长联络之。一、巡抚卫队，由谭璟、周显谟以湖南同乡关系游说之。一、巡防队，中路统领

---

[1] 保路同志会：1911 年 6 月，川汉铁路股东大会在成都组织成立“保路同志会”。以“保路废约”为宗旨，抗议清政府将已归民办的川汉、粤汉铁路收归国有，同时反对清政府把铁路建筑等权利出卖给英、美、德、法四国银行财团。

宋绍武，由关森、杨昌铭接洽之；帮统胡锦棠、管带和继圣，由涂宝煌、肖家煌劝诱之。

乙、学界：

属于教职员者，彭述文、陈永锡担任鼓吹。属于学生者，公立法校诸青年设法结合。

丙、警界：

省区长警二百数十人，巡警教练所学生、新组巡查队各百余人，周培艺负责指挥。

而当时视线，颇集中常备军、陆军学生。一般之观察，以为思想新、动作敏。开其端绪，必易得同情。故党人亦竭全力以赴之。其于常备军也，张泽锦与正目杨树青周旋者为一路；谭璟与司务长艾树池沟通者为一路；彭景祥与队官陈启顺、赵德全交涉者为一路；平刚授教练官杨荩诚督队官文崇高以方略者为一路；张百麟、黄泽霖与标统袁义保直接谈话者为一路。或勖之以义，或啖之以利。其于陆校也，教官廖谦、邝龙俊、周凤文、王炳奎，学长江德润、陈康等朝夕灌溉，以待收获。机会渐熟，踪迹亦浸彰闻。官厅讲求防范策，既悉收陆校子弹，并调常备军出防长寨、仁怀，孤离其势。留省者仅一营两队，瑜庆又间日阅操，令子弹消耗。黄泽霖曰："事急矣，不速发，祸且及。"乃以书遗袁义保曰："与公同为汉族，并见虐待，含冤茹痛，二百余年。今清廷外逼于列强，内则以伪立宪诳吾民，而朘削之法，横暴之政，且日出而未已。幸湖北首义，湖南响应，土崩瓦解，其兆已萌。吾侪素抱，会当发摅，事之成败，专决于公。公诚与若侪联合，率部下健儿以驱清吏，譬犹疾风之扫落叶，何忧不克？抚定全黔，然后建旗入川，出蜀人于水火。因其财富，整我戎行，会师武昌，饮马黄河，捣北虏之穴而犁其庭，建设新共和国家，以安内而攘外，此千载一时之嘉会也。"张泽钧亦自长沙来一电，文曰："四方井钱宅，憾、六同归，湘独立，黔事如何，转景周告石。"憾生，泽钧别号；六者，所与偕行之钱某；景周，谭璟字；石，谓石麒也。电文殊无意义，且有陷同志于危地之嫌。党议颇咎泽钧粗疏。而外间以其一等印电，揣测百方，相率恐动，哗谓党人召湘军三万入境矣。初，湖南之独立也，党人为借声援，备万一起见，公推龙昭灵赴长沙，有所磋议，然尚在途，未达也。顾此种虚声，于尔日局势裨益颇出意外。官中人虑塞其归路，气顿馁。义保本持泽霖书启请巡抚查办，亦犹豫自沮。自余怀观望者，不期下决心，大体至是盖已十得八、九矣。

第十章　辛亥革命运动记（下）

风雨重阳，沈瑜庆故示镇静，召集司道，置酒高会。席间警电飞来，云南又告独立。瑜庆与司道传观，相顾失色，计无所出。但电饬刘显世速率新募，兼程来省。又戒列席人互守秘密，毋任外间闻风煽惑。而电生黄涛，已抄原电送张百麟。百麟亦集同志议，曰："目前之有利形势，革命不流血，必可办到。然有枪无弹，究非制胜长策，令官厅诇吾隐，抗抵立见顽强。据张同志泽锦称，已革哨官徐耀卿，私藏子弹多箱，已由史同志瀛介绍，给价收买，顾款无出，且为奈何？"宁建侯曰："咨议局有存款二千两，但得议长许可，可挪移应急。"谭西庚曰："此何时？何为不可？"立署据与之。黄泽霖曰："吾顷亦贿通南药局守者，有六箱足供用。"子弹有着，又筹运输方法。时常备军代表赵德全、叶占标，陆军学堂代表廖谦、江德润，皆以门禁严，输送极感困难。张泽锦、彭景祥、陈树燊、杨穗芳、赵华轩、杨树青、蓝鑫、陈启顺等踊跃请为之助。遂于夜中挟弹，梯绳升降，往复频数，履城闉[1]如阶闼。常备军输送员得力，举义前一日已分配竣事。陆校迄发动时，每枪犹不过三五枚也。两党妥叶成立。蔡岳主张向官厅为一致的表示，要求和平独立。众然之。十二日，张百麟、杨昌铭、乐嘉藻、任可澄、蔡岳、周培艺、陈永锡、凌云、朱焯冒死入巡抚署，开陈意见。瑜庆曰："吾家世受国恩，义不背叛；诸君必相强，惟朝服待尽而已。"十三日晨，郭重光私谒瑜庆，献自保

[1] 城闉：城内重门。亦泛指城郭。

之策，取半独立的形式，公用人、行政之权于大众。瑜庆立可。冀借此迁延时日，待刘显世兵集，按册诛自治党人。故严隽熙建议先收张百麟、周培艺、乐嘉藻之说，同时亦流闻于外。重光假咨议局大集士绅，宣布自保办法。订期翌日正式开会，非革命派大抵表示满意。而革命派自知所处险危，益迫不及待。张百麟决策，以兵劫沈瑜庆，于开会时移转政权。尚未通知各部分也，而陆军学生已首揭义旗。瑜庆命袁义保派兵弹压，更令胡锦棠率队继之。义保遣赵德全，德全驻兵中途，独身至校，激励学生：“毋仓皇，毋纷扰，静候各方一致。”出遇锦棠，佯言无事，且曰：“适有小儿冲突，已和解之矣。若辈纵有异心，执空枪何能为？”锦棠信之，亦返。德全归营，密令人就百麟取进止。顾义保已疑杨树青，方下令按治树青。树青负枪，径造义保帐外，徘徊须臾，扬声出怨语曰：“今夜风寒，久不换班，欲我守卫到天明耶？”义保怒诘：“谁何？”曰：“我杨树青也，闻见索，来领死耳！”且言且枪拟义保，义保跳而免。营中大哗噪。德全发令整队，杨荩诚继至。众推荩诚为临时都督，以电话通告清吏曰：“明旦都督入城视事。”瑜庆闻变，遣劝业道王玉麟诣咨议局，觇[1]党人所为。玉麟犹大言曰：“官绅协心谋自保，而暴徒敢倡乱，吾顷在兵备处已训令防军，痛予歼剿。”张泽锦瞋目大呼曰：“去专制而求自由，吾侪百死毋惮！若满奴，末日已至，尚作威福耶？何不扑杀此獠”胡刚、陈树桑等和之。呼声震屋瓦，玉麟色如死灰。谭西庚曰：“张书记员热度高，状类狂易，惊大公祖矣。然所言实代表今日一般民意。愿归报沈公，速决大计。”玉麟复命，瑜庆问防军究可恃否？玉麟无言，或曰：“姑舍防军，卫队蒙大帅豢养，缓急当无他。”瑜庆召卫队管带彭尔堃，尔堃系白徽而至，已反正矣。瑜庆窘极，手书承认贵州独立，钤盖关防，仍命玉麟持送咨议局。谭西庚、张百麟接收之。升汉字大旗，蒙咨议局榜以大汉贵州军政府。揭安民露布，鸣金伐鼓，聚众而告之。比及黎明，白徽塞道，开城纳常备军、陆军学

[1] 觇：看，偷偷地察看。

生，分兵保护藩库、劝业道库、官钱局、军械局及外国教堂教士。市廛不惊，序井然。英、法人驰书归语其国者，佥以动作文明，啧啧称赏焉。

第十一章　军政府之组织

革命成功，诸领袖宣言服从民意，尊重民权。咨议局为唯一民选之机关，遂为政本所自出。九月十四日黎明，临时都督杨荩诚率常备军入城，就军政府办公。咨议局召开紧急会议，征询各方意见，即以其日下午，公推杨荩诚为都督，德全副之。又推动枢密员七人，张百麟代表自治学社，任可澄代表宪政预备会，杨昌铭代表宪友会支部，陈元栋代表宪政实进会支部，雷述代表政学崇实会，具联立内阁之雏形。周培艺以创始报界、平刚以先入民党资格参加之。军政府内部组织，由枢密员全权处理。并郑重声明：七百万人之生命财产，悉以相付。百麟等一方接收旧官署，一方着手新建设。十六日，移军政府于前巡抚衙门。各领袖缜密讨论，议决组织大纲。

军政府合都督、行政总理、枢密院三部分组成。

都督专管军事。

行政总理主办民政。

枢密院赞划军事，指导民政。

都督府设参谋、副官两处，军政、执法两部。

行政各部，曰民政，曰财政，曰学务，曰实业，曰交通。

枢密院设秘书厅。

临时期间，以三个月为限。

部长以上政务官，均纯尽义务，不支薪俸。

各机关首领人选如左：

枢密院院长张百麟、副院长任可澄。

行政总理周培艺。

民政部长陈永锡。

财政部长蔡岳。

学务部长谭璟。

实业部长黄德铣。

交通部长孙镜。

参谋处长文崇高。

副官处长、军政部长廖谦。

执法部长蓝鑫。

秘书厅长陈廷棻。

推平刚起草条文，定名曰：《大汉贵州军政府三个月期间之约章》，咨请立法院同意公布。本约章之精神，首在确定临时期限，明示社会无所贪恋。令法诚善，令人诚才，民所归德，继而续之可也。万一法有不善，人有不才，咄嗟改组，亦无大害。复次则军民分治。贵州去敌绝远，无施行军政之必要，且防武人专横之渐，并树文人。尔日立法之用心，盖亦思深哉。刚于开会时，力陈两党执政，结果不良。宜循立宪国常轨，一党负责，又一党监督。任可澄默然。张百麟则主尽量容纳各方人才。厥后乐嘉藻、彭述文、朱焯、李泽民而外，周恭寿、刘显世、戴戡皆被延揽入枢密院。外表非常弘大，而按之实际，良不能行使职权。军政方面之设施，事前既不相关白[1]，事后亦漫无责任，从脞龃龉，不可殚诘。张百麟愤欲避贤，而时势不许，乃变计巡视上游。立法院亦悔择帅轻率，始有尽诚北伐之主张。

第十二章　柄政三月记

会垣光复，枢密员以最短期间，接收院司官署，从纷乱中创立条理，政事始有端绪。清巡抚沈瑜庆、提学司陈骧告行，馈赆各有差。提法司文征、贵阳府文瀛，满人也，忧惧不知所出，为遣妥员将护出境。当是时，万目睽睽，注视各属之向背。周培艺草檄露布，具言建虏秽德

[1] 关白：报告。

彰闻，神人共弃；义军龚行天讨，奉扬大汉威灵，在官人员，勿许擅离职守，饬各电局就近录付。又令十三府同乡联合会，每属举代表一人，军府就加委状，驰回原籍，会商各公团，刻期反正。于是旬月之间，各属先后效顺。惟平越代表甘浩义，为知州林雨所戕，且嗾防军哗变，妄冀摇撼军府。黄泽霖派兵剿办。雨遁归湖南，竟逃显戮。独山代表杨文瀚，见害于南防统领李有能。然有能固未奉檄，事出误会，军府亦不罪也。其非代表而及难者，黎平则周伯良、张德馨，大定则谭冠英、简忠义。见危致命，卒与祸会。他如简书被砍伤头部不即死者尚多。军府宁忍于同志之强死，匿瑕含垢，求绥靖地方而已。贵东道吴嘉瑞，以古州边远，呈请设立军政分府，权领副都督事。军政雅重嘉瑞，一切报可。又议行副署制度，通各属就该城议事会、教育会、劝学所、商会、农会，选举公严士绅一人，副署行政。有司违法病民之命令，该士绅拒绝副署，即不生效力。盖以革命本旨，重在发皇民权，一方虽维持官吏之现状，他方仍鼓舞群众之精神，养成自治习惯，削减官治威棱。对内部署初定，旋及对外。时湖北发起，光复省分各派全权代表三人，集会武昌，议中央政府之组织。军府尊重民意，咨请立法院核选。立法院票举平刚、蔡岳、乐嘉藻。乐嘉藻因事滞留，刘显世运动以刘显治、熊范舆补充。周培艺知显世不可理喻，而二憾在滇，朝夕谋不利于黔，乃绐之曰："论人才殊无逾二君，诚恐辗转后时，可烦蔡都督代派也。"显治、范舆持锷委状诣南京，参议院以云南都督，无权派贵州代表，二憾被屏。独刚周旋坛坫，开国方略，多所赞划。其后南北和议，相持不决。军府有二大建议：一主定都广州，控制海洋，购输军火，源源不绝，彻底改造，以美洲八年战争勖励国民；二主川滇黔特组联军，西出汉中，提挈秦晋，横断北军腰膂，高掌远蹠。皆军国大计，事虽不行，天下韪之。

〔附录三〕贵州军政府檄文

吾族为神明之世胄，中华为吾族之国土，中华主人，当然吾族。有史以来，盖四千余年矣。间或异族占领，大都不久恢复。何物鞑子，竟盘踞至今，二百十六［六十］有八载矣！其敢行暴虐也，如扬州十日之屠全城，南山一狱之戮千人者，何可胜数？其歧视汉人也，如满人生给口粮，而汉人永纳丁税；汉娶满则罪夫，而满娶汉则罪妇等，亦何可胜数？即此贼民，应行革命，况其祸国，尤有罪大恶极之事实：

甲、不重屏藩，割去澳门、香港、台湾、澎湖列岛四领土，一也。丧失越南、缅甸、暹罗、不丹、琉球、朝鲜、西土耳斯坦七属国，又一也。

乙、不固边圉。西南划脱云南地万余方里，一也。西北划脱新疆地十余万方里，乌梁海地百余万方里，又一也。东北划脱黑龙江及吉林两省地三百余万方里，又一也。

丙、不患心腹。租久假不归之租借地旅顺、大连等若干处，一也。开外资侵略之大商场上海、天津等若干埠，又一也。立不让与他国之卖身契山东、福建等若干省，又一也。放弃至重且巨之所有权：路、矿、航、电、海关等若干事，又一也。

丁、不节财流。乞和而甘认赔款十数万万两，一也。挥霍而滥举外债数十万万两，又一也。

总之，对于各国，专订最惠优先极不平等之条约。对于吾族，抱定宁赠朋友不给家奴之异心。祸国至此，敢不速锄？再延日月，亡国灭种。前有郑成功，革命不成而亡；继有洪秀全，革命垂成而败。今我民党，赓续起义，不辞万死，终图一生。于八月十九日光复湖北，九月一日光复湖南。我黔中同志，分头联络，军界学界，一致进行，如火如荼，如熊如罴。满吏震詟[1]，自巡抚沈瑜庆以下，解印归降。本日黎明，在贵阳成立贵州军政府，光复贵州，公订约法：一、男子一律剪发；二、家悬汉字旗；三、公务一律公决；四、公务人员不得擅离职守；五、杀人者死，伤人及盗抵罪；六、伪官属及旗人，一律保护；七、敢抗本军政府命令者斩。谨此七章，以与我全黔各色人等

[1] 震詟：震惊畏惧。

约。行见全国响应，直捣黄龙。组织政体，惟一共和，统治中华，惟一吾族，于千万年，永永无极。露布中外，咸使知闻。大汉黄帝纪元四千六百五十九年九月十四日。贵州军政府印。

第十三章　援川

方革命运动之进行也，虽注重接洽军界，究无十分把握，故仍兼采张百麟所拟方案，备苍头特起之用。负责募集者陈守廉、李立鉴、谭德骥、倪克荣、吴冠、孔鹏等，而黄泽霖总其成。以距省近，土匪、团丁两项格于形势，应募者大率秘密会党徒，或百余人，或二三百人，或五六百人，名曰革命预备队。军政府成立，枢密院以贵州本受协省分，历年尤恃川协以自存。今纷乱中，川协万难刻期，军事当局应顾念财政艰难，不得率意增募军队，作成决议，通知都督。杨荩诚蔑视枢密院之决议，扩充常备军至四标。招兵旗帜，填溢闾巷。而置向所募集者不问。谭德骥等大哗，日谐都督争论。荩诚不能裁，委泽霖按防军编制，号为五路新巡防。德骥、守廉、立鉴等分授统领。就加泽霖新旧巡防总统。于是贵州一举而增兵七千人。时四川泸州、重庆相继独立，而端方率鄂军驻资州，赵尔丰踞成都自若，泸、渝两政府一日五电贵州乞援。枢密院召集紧急会议，周培艺曰："中国行省二十有二，革命军已光复者仅及四、五，前途尚多艰巨，况川黔利害，异常密切，我亟助川独立，有事则川为我障。反之，川为清有，即我沿边数百里处处旰食矣。又兵额骤增，饷源益匮，他日财政必有不支之虞，不若大举援川，公私交济。"张百麟曰："保路同志会，为川省革命前驱，沈瑜庆出兵协剿，实伤两省感情。今兹助川独立，藉补吾过。且董福开、鲁昌禧所部兵械，皆贵州精华，亦宜就援川之便，设法收回。惟兹事体大，孰当其任者？"黄泽霖慷慨请行。旋定议，常备军第一标标统叶占标为先遣司令，率部即发，泽霖督防军继进。占标新超擢，锐于立功自效，承命踊跃，以赴事机。未至重庆百里，蜀军都督张培爵已派人迎劳，推诚款洽，优礼备至。重庆虽商埠要区，然兵备寡弱，培爵起书生，骤当大任，人情不附，中外汹汹。一夕，培爵造占标密诉，有人谋起内乱，颠覆政府。占标即席下令戒严。迟明，黔军步哨布满城中，召乱首入都督府议事，占标叱左右缚斩之，咄咄而定，亦不株累一人。资州匪警，邀管带杨树青驰往讨捕，纪律严明，秋毫无扰。黔军令誉，川东南交颂不去口。或语占标：“当某某谋乱时，君取培爵而代之，如反覆手，宜可以大得志。”占标曰：“恶，是何言？吾军以扶义来，倘因缘为利，何面目见天下豪俊乎？”是役也，占标实始终其事。泽霖竟弗出。盖荩诚北伐，百麟出巡，省防颇感空虚；端、赵先后诛殛，川局情况已变化，故赵德全留泽霖不遣。泽霖被戕，德全亟调援川军回贵阳。后滇寇二日至，即以其夜遭滇寇掩袭，不及抵抗，仓卒缴械。然寇害其能，反以援川为罪，悉数坑杀于螺蛳山。杨树青一营逾日始至，亦骈戮于伪都督府。

第十四章　北伐

清光绪三十二年，岑春蓂以湖北按察使擢署贵州巡抚，始奏练常备军。所需人才，悉自湖北拣调以来。故黔军官长，鄂籍十占七八。赞助革命，尤以鄂籍官长为中坚。杨荩诚者，四川秀山人。留学日本，毕业士官学校骑兵科。来黔甫数月，任第一标教练官。荩诚为人木强[1]，拙于言语，肆应非其所长。其在日本，曾挂名同盟会。革命进行中，平刚授以方略，荩诚受之，迄亦未能有所展布。九月十三日夜，仓卒之际，以阶级较崇，见推都督，赵德全等弗能平也。荩诚亦自觉之，军事措置，独引素所厚善文崇高、郭光泽、郭光焘数辈密谋，而无视德全等多数之意见，德全等益感不快。故编制调遣，升降黜陟[2]，内部恒酿风潮。自治党疲精敝神，调护疏解，仅得相安无事。无何，清廷起袁世凯组责任内阁，世凯命冯国璋率第一军猛攻汉阳，我总司令黄兴败绩，武昌危殆。鄂军都督黎元洪通电独立各省乞援，且曰：“必得良将劲

[1] 木强：本文指质直刚强。

[2] 黜陟：指人才进退，官吏的升降。

卒。”援鄂即预备北伐。军政府以事体重大，筹议未决。而立法院移书，主张都督自出，职务由副都督代理。荩诚欲毋行，而难于辞谢，亦许诺。于是配备兵力一混成协，资粮器械，悉从优给。通电各省曰：“武昌首难，竭一省之力与北虏相支拄。今虏负恃徒众，凭陵江汉，义师寡弱，天下寒心。黔虽不武，万不忍首义区域，横见蹂躏。已简精锐三千，由荩诚躬自统率，兼程急进，肃清鄂渚，泛归燕云。请从诸公之后。”即以十二月二十四日发贵阳。军府饯之郭外。荩诚慷慨举酒与酹地曰：“此行也，不歼国贼，誓不生还！”师次湖南，南北已停战议和。元洪电荩诚，所部就常德暂驻，而迓[1]荩诚单骑赴鄂，商军事。荩诚亦拟入南京，谒临时大总统孙文，遂附轮东下。

第十五章　张百麟出巡上游

张百麟以自治党领袖，同时为革命运动之指导者，都督一席，当然具有充分资格。百麟自以未娴军旅，不欲身当其冲。九月十四日，蓝鑫代表常备军，廖谦代表陆军学堂，诣其私宅劝进。百麟固辞。咨议局开会，遂正式承认。杨荩诚为都督，荩诚既短于才，又不能开诚布公，容纳各方意见，军政上根本动摇，致启奸人之窥觎。同志多责让百麟，以为取巧避难，无牺牲精神，戾初志，隳前功。百麟亦悔恨，始有筹补救之意矣。军政府约章三个月，此短期间，仍一委当局措置，而百麟更树勋伐[2]于外，以收民望。议者为百麟策其如此，百麟亦韪之。会扁担山夷人有蠢动消息，因自请率师出巡，安抚上游。扁担山者，介郎岱、镇宁间，夷人聚族而居，计口十数万。光复后军政府称大汉，夷人已怀疑黠，黠者又鼓煽之，谓似闻派兵剿办矣。夷人震骇，相率善堡呰［砦］[3]，造器械，势汹汹。百麟命党员深入其巢，招夷酋更番来，开谕事理，优其待遇，并给自

---

[1] 迓：迎接。

[2] 勋伐：功绩。

[3] 堡呰［砦］：围以土墙木栅的战斗守据点。

治学社徽章数千枚，慰遣之，曰：“自今以往，犹吾兄弟也。”夷酋欢欣传语，反侧以安。先后历安、兴二府[1]。所至为官绅划分权限，平其争议；演讲银行利益，维持纸币信用。尤注重军事，于安顺提督、兴义总兵，西防管带，颇扶持本系人才，星罗而棋布。凡皆畏刘显世之凶悍跋扈，欲牵制之，使不敢遽逞。顾百麟望益高，显世谋之亦益急，大惧百麟一旦正位都督，整饬纪纲，巩固藩篱，则彼之腐心破坏，将无所施其技。故改组之届期，适促祸机之爆发。古称：“天与不取，反受其咎。”又谚有之曰：“一着错，满盘输。”其百麟之谓也夫？

第十六章　军政府财政纪要

贵州夙号贫国，然协济实惠，亦只承平时有之。晚清季年，各省自顾不暇，应协之饷，百催不一解。惟四川产盐，而贵州为其销场，以特殊关系，尚年协三十万（以两计，下仿此）。又代征包厘、抵税各十万，赔偿加价二十万，缉私经费八万，共七十八万。合以本省自征之丁粮、杂税二十余万，百货厘金二十余万，综计岁入一百二十万。而仰给四川者占三分之二焉。故袁义保之拒自治党，曰：“革命运动可赞同，贵州财政无办法。”沈瑜庆濒行，语人曰：“假我一月，至少为贵州攫取川款五十万。今若此，立见陷于穷境耳。”军政府成立，以蔡岳为财政部长。岳治经济学，商界雅负重望，当时相庆得人。财政部接收藩库、官钱局，检核簿籍，实继承前政府遗产二十万。惟外则川协中断，内则兵额骤增，出入之间，相差悬绝。幸本省秩序晏如、各县局尚源源解款，乃于万难之中，筹自给之策。岳所拟贵州银行计划，额定股银百万，分为二万股，凡民投资五两，皆得购一股，虽巨富，亦毋许购至万股。购股无现银，准以财产契据作抵，但同时须在银行承借与认股同额之纸币，负责流通，务使人人知纸币之畅行，己身亦沾其利润。银行得一般股东拥护，基础自臻于巩固。而纸币之发行，银行得酌剂盈

[1] 安、兴二府：指贵州安顺府、兴义府（今安龙县）。

虚，自由伸缩。岳随时召集各界，列举纲领，亲为剖析，令众人反复诘难，而已答辩之。必利害明确，灼然无可疑者，始定为条文。其立法颇异于普通银行，岳自信必奏奇效。而与议者亦倾心赞助，一致认为可行，故购股极踊跃。岳在职凡四阅月，援川、北伐、安抚上游临时费用，尤多仓卒取办。先后共收入银八十三万有奇，共支出八十一万有奇。从容应付，从未丝毫扰累民间。滇寇帘柄，刘氏继之，聚敛之臣，当路用事。而苛派市民，预借租税，加重盐捐，重驰烟禁，种种掊克搜刮之政，樊然并兴矣。

第十七章　立法院起草省宪

九月十七日咨议局开会，改贵州咨议局为贵州立法院。扩充议员名额，人口比例，苦无精确之调查，暂采代表地方制。就原有行政区域，每属出议员二名，都一百四十六名。召集日期，略与军府改组期间相衔接。表现真正之民意，树立强国之政府。当是时，龙血玄黄[1]，战争方始，革命工作，热烈进行。议员朱焯、杨应麟、柳𫚕、周恭寿、蔡锦等以为中国行省制度，相沿数百年，一切受成京师，举措动干部诘。今者故步骤失，新规未建，战争之结果，或为联邦国家，或仍为单一国家，事难遥度。目前省自为政，即不能不有省之根本法，以范围群伦，增进福利。于是决议，创拟贵州省宪法。以现有议员当起草之任。而讨论表决，则留待未来之大会。议员殚竭思虑，成宪法草案若干条，撮举大纲：

一、贵州省为中国之一部。

一、贵州省以现有领土为区域。

一、继续住居本省二年以上者，皆为贵州人民。

一、省之主权，由下列各机关行使之：甲，立法院；乙，都督；丙，行政总理；丁，法院。

立法院在各机关中有最高权，揭示概要如下：

---

[1] 龙血玄黄：比喻战争激烈，血流成河。出自《周易·坤》："龙战于野，其血玄黄。"

一、制定法律之权；

一、监督行政之权；

一、编制军队之权，

一、审核财政之权；

一、选举军民首长之权；

一、纠弹及审判军民首长之权；

一、大赦之权；

一、指挥选举事务之权。

省民权利义务，亦采列举规定。至本法所不载者，皆让诸中央宪法。或中央宪法与本法有抵触者，本法得保留修正。大抵以美利坚各州宪法为蓝本，而斟酌国情，期于适合。然反对异议，迭有所闻。内乱外患，接踵并起。立法院空前之伟业，倏忽消灭。民八以还，研究系失欢于段派，拾其唾余，倡为联省自治之说，迎合西南割据武人心理。湖南省宪，始翘然自命为创作。十年，牟琳等在贵阳发起省宪期成会，颇索辛亥草案，然知其事者盖无几人矣。

第四篇　死亡时期

第一章　宪政预备会之对峙

唐尔镛所统率之贵族派，在未有自治学社以前，已形成一大团体。然其结合徒以势力权利，蝇营狗苟，互为胶漆，故亦不立政党名目。清宣统元年，尔镛当选为咨议局议员，且抱未来议长之热望。而其家祸骤作。初，尔镛有从弟曰飞，深得其大父炯欢心，兼以才干著闻，历保甘肃试用道。炯卒。其子我圻、我城、坚等，奔丧回籍。身后一切，仍倚办于飞。我圻者，飞亲父也。一日，我圻、坚共执飞而挞之，飞不胜楚毒，宛转呼号。我圻出手枪击之，立毙。命健仆曳尸出，槁葬东郊，所过流血殷然。

路人骇叹诧怪，而唐氏恬然若无事。至其所以演此悲剧，内容隐秘，外人莫能详也。时官厅态度，巡警道贺国昌持法律论，以为缙绅之家，凶残至此，纪纲陵夷，亟应整饬。主由警务公所代行检察厅职权，提起公诉。按察司严隽熙持情面议，以为唐氏自威恪以来，世有名德，婚媾知交，布列津要，罪状既无人举发，官厅宜掩覆不问。舆论方面，《黔报》已由尔镛收回，惟虑《西南日报》持异同。尔镛遣人风示张百麟，愿以教育会名义，为公立法政筹备补助年金。百麟不应，径揭载其事。尔镛大怒，唆华之鸿等具呈巡警道，请停止《西南日报》之发行。国昌批答略称："报章在法律范围内，享有言论之自由，本道无权干涉。"尔镛稍稍渐沮。又嗾《黔报》强为辩护。《西南日报》引绳批根，持论益深刻。于是唐氏门望，一落千丈。尔镛将避地云南，选任可澄为相续人。预定尔镛辞议员，即以可澄递补。而选举争议又起。可澄原籍安顺，登第时先名文镕。按咨议局选举章程，凡合于被选资格，而在寄居地方有一年以上之住所者，愿归某区应选，悉从本人之意思，于选举前一月，呈报地方官声明。可澄于原籍安顺以先名得票，又于寄居贵阳以今名应选，而始终并未遵章呈明，违法舞弊，情实显露。咨议局筹办处纠劾之，撤销其被选权。可澄出不意，遭此打击，与尔镛楚囚对泣，懊丧不可言状。会咨议局开幕，非自治党员颇感多数压迫之苦。张光炜、牟琳等与贵族派协谋合作，正式组党，立名宪政预备会。奉任可澄为党魁。可澄告其徒，以广罗党员为第一文。鹰犬四出，放散种种空气，谓自治党议员提议征收绅富捐，惟入宪政会可免。又谓凡宪政会会员，会长保证代为谋生。于是绅富之无常识者，与游民之志在求食者，踊跃签名，络绎不绝。开会之日，贵阳旅舍为之一空，亦可想见流品之猥杂矣。然可澄卒用是取胜。凡诈谋奇计，端人所不屑为者，若辈皆悍然为之。诡幻涛张，挤自治党于死地。其徒交颂可澄之雄略，尔镛反以拘局无能，相形见绌焉。

第二章　两党斗争琐记（上）

宪政预备会正式成立，在己酉九月；与自治学社调和提携，在辛亥九月，为时不过两稔，而斗争剧烈，亦以此期间为最。其荦荦大端，已别详专章。至于一笔一舌，几无月无之。兹复汇录比较重要者，为斗争琐记上、下篇，亦以见当时状态之奋兴也。

先是尔镛将去贵州，所遗公立中学堂监督，优级师范选科监督两缺，并力保任可澄续任。选科旋届毕业，官厅议因其校址改设两级师范学堂，委候补知府李某为监督，以乐嘉藻为堂长。嘉藻夙表同情于自治党，可澄滋不悦。盘踞校址，命圬者髹其门，大书宪群法政学堂，以谋抵制。时公立法政春季添班，方觅校地不获，闻可澄之以强力求胜也，即以其道还治之。某日晨，堂长钟昌祚，率学生整行列队，入据选科旧址，宪群故未招生，杂役悉鸟兽散。两造各具公呈，申诉理由。官厅维持原案，仍以该地办两级，而饬昌祚，可澄勒限移让。

未几而有韦可经事。可经，自治学社发起人，佐张百麟规划党务，雅号缜密，试法官及第，已补高等审判厅推事。寄寓故绅内阁学士黄卓元家。卓元遗产巨富，子幼，寡妾独支门户。其族多无赖，腾构蜚语，耸骇物听。百麟预戒可经，宜迁居以远嫌。可经以为迁居示弱，坚不承。某夜，黄族持械蜂拥入，执其妾于内室。复就厅事缚可经，以通奸鸣诸官。而《贵州公报》《黔报》排日著论，痛诋自治党人之无行。且可经何人，敢于污损贵族体面？尤罪在不赦。《西南日报》则为可经辩护。于是旧律新律，往复攻驳，累数万言不休。久之，法庭宣告黄妾无罪，释出。可经犹以不谨，免官长系。或曰：“是狱也，黄族觊觎卓元遗产，希冀参加管理，可经不幸当其厄。”或曰：“是宪政会所主谋，欲因可经以撼自治党，观其机关报之卖力可知已。”

未几又有陈廷棻事。廷棻自接办《黔报》，不为庄论正言，专以冷语刺人，于异己无所不讥弹。幼女救护所管理员白铁肩，其夫外出有年，而《黔报》忽载其有身。铁肩函请更正，廷棻置不答。铁肩愤恚欲死，绝粒已三日。或教之愬（诉）于理，铁肩如言。法庭票传对簿，廷棻又抗不到，院落沉沉，晏然家居。时法庭新立，任事者率轻锐少年，自熹司法独立，不畏强御，竟掩入陈宅，捕廷棻去，拘留凡十五小时。宪政党人自华之鸿以次十余辈，具官服，夹手版，鹓班而鹭立，集法庭取进止。廷棻嗜烟成癖，逾时不得呼吸，则涕唾流沫，额汗淋漓。比出看守所，奄奄一息，狼狈盖万状矣。

第三章　两党斗争琐记（下）

贵州巡抚庞鸿书，忠恕和平，谙识治体人也。其在湖南，以不善事朝贵，左转贵州，犹守其素勿改。为政采放任主义，听民间自由发展。巡警道贺国昌兼抚署文案，亦时举世界潮流、立宪轨道，朝夕纳诲，以冀赞之。然对于两党，初未尝为左右袒。宪政会既不得志于自治社，则深怨此二人，以为不己助。于是运用金钱，买收言路，而贵州大参案以起。遵义曹兴蕲，宪政会后进之秀也。任可澄欲拓地盘于官立法政学堂，荐兴蕲为教员，并负侦察任务。捃摭一二细故，则于其机关报披露，题曰《揭开黑幕》。堂长欧阳葆真，勤谨能治事。惟会计张某，于校款收支，不无弊端。然所谓黑幕，良不逮公立中学之百一。葆真爱惜羽毛，既见抨击，奉身引退。而兴蕲遂代为堂长。兴蕲遭父丧未逾月，剃发销假，《西南日报》讥之。《贵州公报》则谓其从乡习实然。警察署长周篆训，葆真之门人也。其兄声汉，前充警务公所科长，为《贵州公报》所攻免职。篆训积不快，一日被酒，径造法校，欲面质兴蕲：法律习惯宜何从？兴蕲匿不出，而张大其词，以篆训挟刃逞凶起诉，篆训亦控兴蕲违制剃发，触犯刑章。巡警道两折之，颇自谓持平办理。然篆训即日撤差，兴蕲任职如故。警界方私议其不平，而不虞宪政会尚有阴谋辣手拟其后也。当道批揭示时，可澄聚其徒密议。兴蕲曰："吾不悔违训剃发，而悔公报之授人以柄，此遭又失败矣。"可澄曰："贵州者，吾辈之贵州。顷年自治党人鼠窃鸱张[1]，搅乱大局。然彼之敢于披猖，亦正自有其所恃。吾意宜从根本解决，但得四先生一言已足。"四先生者，其党奉华之鸿之尊称也。之鸿拥资百万，凡宪政会有所需，恒于之鸿取给。之鸿故吝啬，每索款，必痛哭流涕，强而后可，可澄知之

[1] 鸱张：比喻嚣张，凶暴。

稔。可澄遂言曰："吾居京师，闻言路奇穷，封事皆议价出售，以纳贿之多寡，为著笔之轻重。惟与军机有连者，则亦不肯贸然尝试。今庞、贺騃竖，朝无奥援[1]，吾去之如拉枯朽。倒庞、贺，自治党不成问题矣。"之鸿曰："愿闻其数，虑非绵力所任。"可澄曰："君但畀我五千金，余事吾自与唐氏叔侄筹之。吾辈为此，正代彼家复仇。"之鸿踟蹰呜咽，卒如数予之。无何，京报宣传，御史陈善同奏劾大员庸劣不职，纵属贪暴一折，交云贵总督李经羲查办。经羲派员来黔，搜斑索垢，一无左验，复奏颇雪其枉，又不敢开罪言路，微言鸿书年高重听，国昌英挺喜事。得旨：鸿书开缺，国昌察看。此忠恕和平谙识治体之疆吏，竟作党争之牺牲品。宪政会庆祝成功，任可澄强纳华之鸿上座，诏其徒曰："非四先生，吾辈几无克伸眉，四先生之力伟矣。"其徒转相漏言，秘计始渐泄于外云。

第四章　宪政会之破坏革命及蔡岳等之调和

庞鸿书罢免，沈瑜庆代为巡抚。鉴于前车之覆辙，颇曲意交欢宪政党。任可澄亦表示亲昵，事瑜庆至软媚。辛亥六月，外传陆军学生秘密会议于东山，歃血寻盟，排满兴汉。陆校与中学，地址密迩，学生又朝夕相见也。可澄滋以传染为疑，则于授课时絮絮述忠君大义，且诱学生以利禄，曰："毕业之后。登第补官，富贵唾手，慎勿自误。"学生之有思想者，咸粪土其言，以为侮辱青年人格。未几，自治党进行革命，暗中活跃，其始官厅尚懵然无觉察。可澄大戚，聚其徒谋曰："小人得志，我辈无噍类矣。"乃向提学司陈骧、劝业道王玉麟提出警告，又嗾玉麟建议于瑜庆，谓常备军、征兵营皆不可恃；惟刘显世家位忠良、宗旨正大，宜速电兴义，俾募土著五百人，星夜来省，以资捍卫。又令郭重光承办城防，立保安军一营，归城防局指挥。瑜庆并如议施行。可澄又讽玉麟，荐己为兵备处文案，参与戎机。瑜庆亦肯首。张百麟抗议

[1] 奥援：暗中支持、帮助的力量，有力的靠山。

曰：“贵州党争，事实彰闻，今偏听宪政，是迫自治铤而走险，倘因此发生事故，本人不能负责。”瑜庆中慑，寝可澄委状不下。两党搏战日急，外省风云亦日亟。蔡岳新自上海归，言于诸领袖曰：自武昌起义，全国政党，莫不牺牲成见，一致动作。盖今日局势，譬犹刺虎，一击不中，立反噬人。今清廷无恙，岂惟激烈派有身首异处之忧，即稳健派宁免玉石俱焚之惨。若甘为虎伥，残杀志士，料宪政诸军［君］必不出此。同舟遇风，尤望自治诸君开诚布公，捐嫌释怨。”岳本其热忱，更结合凌云、黄祥［禄］祯［贞］等奔走游说。自治党以大敌当前，雅不欲分有用之精神，作无谓之应付。且宪政会赞助革命，主义上已完全制胜，故张自麟首先署诺。宪政党破坏累月，而趋势日见不利。最近则公立中学全体学生，举何煓为代表，加盟于自治党。任可澄进退狼狈，不得已，亦屈服。九月十一日，两党妥叶成立。张百麟、任可澄、乐嘉藻、周培艺、杨昌铭、陈永锡、蔡岳、凌云、黄祥［禄］祯［贞］等大会于崇学书局。要言从前种种，都如昨日死，从后种种，都如今日生。尔毋我诈，我毋尔虞。

第五章　张百麟之积诚感人说

蔡岳热心调和，自治党员中不少怀疑，张百麟力排众议，独谓可行。军政府约章公布，又引任可澄为枢密院副院长，共执政权，尽驰敌意。刘显世之奉调晋省，已闻清吏奔散，显世彷徬无立，乃因蔡岳，输诚于军政府。岳以百口明显世无他，且盛称其长于军事，足资臂助。百麟欣然许诺。李明德者，显世乡里，岳姻旧也。夜造百麟私室请间，曰：“刘氏自官礼以来，世济其恶，显世凶残，敢行不义。观君辈仁柔，终为之鱼肉矣。显世本以扑灭革命来，不如下令暴扬其罪恶。乞假仆步枪三十支，取显世之头，献于麾下。倘君恶有杀降之名，即仆甘坐擅杀之罪。盖仆于刘氏，怨毒至深也。”百麟已纳岳言，弗听。显世所部皆徒手，编制又未经核准，百麟遽命按册发械，言于杨荩诚，状委显世陆军第四标标统。又推显世兼枢密院军事股主任。显世窥百麟信已笃，则乘间代胡锦棠领械。械之精者悉入显世，锦棠仅得其次者，然已大喜过望。初，郭重光创保安营，本倚锦棠为大将，锦棠已受命于清吏，乃荐其部曲和继圣承之。革命成功，锦棠解兵权，重光复罗而致之。又虑当局否认，则具呈军府，请接收保安营，用为尝试。显世议曰：“保安营者，从民意所组织，饷由自筹，责可分任。军府但宜补助而监督之，接收非便。”军府然其言，委状锦棠为统领。于是旬日之间，宪政党势力弥漫，据有堂奥，而制其腹心。自治党员往往咎让百麟，百麟曰：“诸君过矣！夫吾侪出万死不顾一生之计，固以改造国家为最终之鹄的，方当与海内志士，提携共进，何独于乡党僚友，自设猜防？且人之欲善，谁不如我？我苟以积诚相感者，人亦以积诚相应。今日之事，吾侪忝为主体，宁人负我，毋我负人。诸君休矣，静观其后可也。”

第六章　宪政党阴谋造乱

宪政党之降志调和，迫于革命大势不可抗挠，非心服也。故张百麟方务开诚布公，任可澄益得抵暇伺衅。可澄既贰枢密，政治上已有根据。洎刘显世、胡锦棠位置确定，军事上亦奠基石。又令何麟书、陈廷棻、郭重光等从社会上各方面，展开种种运动。而重光之大成功，尤在提倡公口，嫁祸他人，使自治党事业倾覆，名誉亦从而坠落。至今不明真相者谈其事，犹斥为自治党罪恶。其运谋之巧，居心之毒，宪政党人推重光为智囊，信不虚已。先是九月之末，有所谓尚武社，戴何麟书为首领，声言张百麟、黄泽霖揽权营私，蠹国害政，已由该社宣告死刑。百麟诘可澄，曰：“两党协作，口血未干，此何为者也？”可澄诡对曰：“青年狂热，吾方嘱季刚投身其中，设法消弥，君勿过虑。”季刚，麟书字也。旋又有所谓五大政团弹劾案。五大政团，其名称不挂于人口，大抵皆宪政预备会之苗裔。代表为陈廷棻、雷述等。案中指目陈永锡、孙镜、黄德铣，獗竖小人，夤缘[1]阶进；又称彭述文仅一技之

[1] 夤缘：攀附上升。比喻拉拢关系，向上巴结。

长，周培艺非大用之器。雷述独抗议此节，谓：“吾伴食军府，亲见周某五官并用，裁决如流，昕夕在公，勤劳百倍，以良知论，吾至不欲诬蔑其人。”其党曰：“然则除名耳。”乃就加涂抹。而述文云云，奇句不文，计弗计矣。案上，永锡等拟引咎辞职。周培艺曰：“政党政治之国，阁员进退，亦只能听命于国会，今以不知谁何之人，冒称政团，而滥用弹劾权，吾惧旦暮之间，政府将不胜其更迭，援笔经署勿论。”此两事似宪政党之失败，然同时发起之耆老会，同为无意识之举动，蛙音闰位，竟袭取民意机关之美名，厥后唐继尧僭位之劝进，袁世凯篡窃之劝进，刘显世割据之劝进，乃至弛烟禁，括民财，无不有耆老会参与。而尚武社与五大政团，则不幸短命死矣。耆老会者，本城防局所蜕化，仍以重光司其运。其主要工作，在于煽动内乱，以便勾致外患。而愚騃之黄泽霖，乃以光汉公自陷，授重光莫大之机会。初，公口名词，为士大夫所不道。光复之际，秘密党奔走有劳，军府编制新巡防，其徒党咸隶伍籍，官长亦由其魁率拨充，野性俱被拘束，动作不无违忤。泽霖奉命援川，部将李立鉴说曰：“吾新集之军，驱当大敌，作战上殊无把握。愚有奇计，可不战而收渝、成，使两川父老箪食壶浆，迎拜将军之马前。”泽霖曰：“如何？”立鉴曰：“今川省弥漫同志会之势力，而秘密党又同志会之灵魂也。玉皇帽顶，为党中至尊之称。命令所行，无远弗届。将军宜特开山堂，接受大号，然后驰书两川，告谕师期，党义兵威，相辅并进，丰功盛业，孰与伦比。”泽霖惑其言，一听立鉴部署。张百麟亟遣人止之，而大错已铸成矣。重光既得间，则嗾温瑞廷开全汉公，刘显世开大汉公，陈钟岳、陈廷棻开斌汉公。未及期月，全省风靡，合计贵州合口至九十余。廷棻且舍其政团生活，而从事公口生活，为之改订规章，增益条教。公占前劝业道署为斌汉公事务所。分配职事，揭榜通衢。凡宪政党优秀分子，莫不赫然列名。每一公口成立大会，重光必莅会演说，称烦公口保持秩序，维护安宁，语刺刺不休。重光又率耆老会绅富，自为领衔，具呈军府，请划拨地方税，充公口常年经费。局势造成，然后一转其锋，攻击自治党之作俑流毒，藉口匪患纵横，密电昆明请兵。翻云覆雨，小人之阴谋，可畏哉！可畏哉！

第七章　刘显世甘作吴三桂第二

行政区域，虽出于人为之界划，但疆理一经确定，甲乙皆为独立之个体。土地、人民、主权，即此个体必备之条件。惟中央政府得监督其措施，惟负责当局有权请求邻邦之协助。法理事例，古今一揆。刘显世但恣兽欲，毋恤卖省，开门揖盗，虐杀乡里。斥显世为吴三桂第二者，即出显世部将易荣黔之通电，亦见公道之在人已。初，显世弟显治，及其死党熊范舆，前充云贵总督李经羲之幕僚，革命后，续为都督府参议兼秘书，颇得蔡锷信任，与显世有所密谋，外人未之详也。一日，显世出家书，遍示枢密院同官。书为显治之自白，略谓滇省光复，曾向当道建议，请拨巡防队数营，交唐尔锟统带入黔，会同兄部，共行大事；旋闻黔省光复，前议业已作罢，诚恐道远讹传，用特说明经过。众皆美显世坦率不欺。杨荩诚扩充陆军，士卒多超升偏裨[1]，有起厮养得官者。前所遣防仁怀、长寨老兵归，咸愤懑不平，列队诣军政府质问。荩诚词屈，则谬曰："吾虽备位都督，殊无权，用人行政，悉听命于枢密院。"兵人遂造枢密院，向空鸣枪示威。其明日，周培艺、刘显世会于蔡岳所，筹善后。培艺叹曰："事局至此，殊悔当日择帅之不慎。"显世曰："帅儒而卒骄，吾意只合如显治策，以滇军至，包围缴械。"岳曰："须取石麟同意。"显世哂曰："石麟同意安可得，吾适戏言耳。愿两君毋贮之胸中也。"无何，显世为戴戡延誉[2]于枢密院，盛称戡奇士，且与蔡锷私交至亲，顷以父丧归黔，宜就加礼罗。枢密院纳其言，延戡与显世对掌军事股，亦殊碌碌无所短长。一日，电局检呈密电，系戡致云南都督府者，请其可否。周培艺曰："所言公，应与众议之；所言私，军府固不为人发私电。"戡自承在滇为个旧锡务公司经理，闻蒙自兵变，公司损失甚巨，欲查询究竟。培艺曰："然则乞示原稿及密本。"戡无言径出，旋偕刘显世、任可澄复入，共证戡言之不妄，协力担保，要以即发。枢密院本系合议制，可否由多数决，

---

[1] 偏裨：偏将、裨将。将佐的通称。

[2] 延誉：播扬声誉，传扬好名声。

培艺不能争，听其发电。越三日，戡亦告行。时杨荩诚率师北伐，张百麟巡视上游，内部宁谧，政事渐入轨道。自治党对敌方之动作，久不注意，以为分权共治，料应踌躇满志矣。而晴天霹雳，乃来蔡锷之通电。大意谓四川哥老遍地，已成匪国，人民辛苦垫隘，亟待拯援；又据贵阳绅耆密电请兵，兼派代表赴诉，公口林立，闾阎嗟怨，滇军扫荡廓清，责任异常重大。该电之突兀，在自治党固陡出意外，即宪政党似亦不虞其如此。于是郭重光转向赵德全自首，据称刘显世窃用耆老会名义，诡发密电，并遣戴戡、周沆为代表，命效申包胥作秦庭之哭，耆老会劫于兵威，无可如何。德全固尊礼耆老会，所以抚慰重光者良殷。惟详电蔡锷，述历年党争之经过，希望公听并观[1]，毋主先入之言；国难方急，尤盼戮力同心，一致对外。锷复电谢轻信之过，兼劝两党解仇修好。众以锷表示诚恳，请兵事当已打消。德全本拟声讨显世，亦以省防空虚，顾虑滋多，隐忍不发。

第八章　腊月十五日之叛变及黄泽霖之肢解

宪政党之阴谋，本以构煽内乱与勾致外寇同时并进。私请滇军，表面上虽受一顿挫，然戴戡、周沆等仍暗中活跃；助长公口，其初不过为请兵烘染，逮黄泽霖整饬军纪，部曲稍稍缺望，刘显世乘间挑拨，仍藉作爆发之导线，则宪政党食公口之赐亦多矣。方泽霖之开先汉公也，违众独行，谓可取济一时。及援川中止，而公口又被人利用，己身且蒙首祸之名，泽霖大悔恨，亟图晚盖。乃敦延张泽钧、江德润等参预谋议。申儆所部曰："扰民者刑于市，违抗长官命令者杀无赦。"教练以时，毋擅出，毋持械游行街衢。有深夜入民居者，立擒斩五人。又设方略，悉捕诸不法者，或加显戮，或予禁锢，有犯必惩，威重令行。平越兵变，遣谭德骥驰往抚定之。德骥于道颇纵兵淫掠，其部将唐灿章，强夺良民妇为妻。泽霖将案其罪，德骥、灿章惮泽霖方严，亦震栗不自安。而泽霖又新诛贼渠罗魁。魁逋逃绿林，积为川黔边患。光复后军府遣使

---

[1] 公听并观：多方面听取意见和观察事物。

招致，允以收编。魁应召而来，自称陆军标统，声言有步兵千人，马队百余，驻曾周马场，距会垣百里而遥。魁率百人入城，胁都督索饷械，势汹汹。泽霖与赵德全计曰："魁野性难驯，气陵其上，纳之损威，纵之贻患，不如遂除之。"德全可其意。魁方燕集四川会馆，泽霖出不意，遣壮士就席上刺杀之。解散胁从。远近大悦。顾魁以枭悍，颇影响下层社会，闻其死、多愿为之复仇。刘显世日夕诇察，具得其罅隙，密令王华商、覃梦松教唆德骥叛变，许为后援。德骥犹豫不即决。显世又劫制华之鸿，使出六十金，临时悬赏，曰："能死泽霖者予此。"德骥内畏严法，后涎重利，遂决计。腊月十三日，郭重光谒泽霖，请屏左右，郑重言："闻外间大有人图君，或且与君部下有系属。"泽霖大笑曰："图吾者吾知之，何为涉吾部下？"重光不得尽其词。（重光盖恐显世不能死泽霖，而预自为地，其狡狯多此类。）十五日平旦，总统行馆戒严，卫队悉荷枪实弹。泽霖曰："若曹胡为者？"对曰："谣诼纷纭，参谋处下令警备。"泽霖曰："吾从事革命以来，久置生死于度外，今日日言安宁秩序，而无故自扰。何以谢父老？且吾自信未尝得罪国民，国民为我后盾，我又焉惧？若曹休矣！"众太息释枪，或逡巡引去。泽霖入室假寐。俄报东路哨官唐灿章缚贼至。泽霖甫起立，弹丸已中面部，排枪攒射之，遂仆。叛卒竞入，断泽霖头，或砍其右手，或剖其左肩，争取一肢体持献显世，要索赏金。残骸暴露数日。内地会教士吉静先以为言，始准棺殓。显世又使别队毁泽霖私宅，掠其财物，并株连张泽钧家。泽钧深匿获免。其门人田有光，竟以无辜，邂逅及难。

第九章　张百麟亡命记

张百麟巡视返省，适丁三月约满，军府改组之期，宪政党已不待外兵而急起内乱。百麟以腊月十二日入城，刘显世属谭德骥列队头桥迎迓[1]，相机图之。百麟盛陈兵卫，德骥不敢发。十三日，蔡岳置酒贵州

[1] 迎迓：迎接。

银行，列席者张百麟、周培艺、刘显世、任可澄。岳曰：“两党合作，实贵州前途之福，不幸石麟出巡，发生种种误会。今刘、任两君在此，何妨面罄所怀？”于是显世就易置西防将领事，可澄就给发扁担山夷人徽章事，皆有所质问。百麟从容答辩，言婉而理直。岳曰：“二君满意乎？”显世曰：“请复为兄弟如初。”百麟易之，遂不设备。十五日，叛卒戕黄泽霖，同时围攻百麟。百麟匿复壁中，叛卒搜索不获，杀卫队管带彭尔堃而去。百麟走依南路统领陈守廉，谋集兵讨叛卒。先是泽霖虽号新旧巡防总统，然旧巡防各有汛地，惟新巡防驻省。东路谭德骥，全体附逆，北路李立鉴，态度不明。孔鹏、吴冠、倪克荣等实力微弱，人才亦凡下。守廉新从百麟归，尤莫审诸军向背，自知孤掌难鸣，语百麟：“不如诣督取进止。”而显世已预说赵德全：“军府改组，张、黄谋危都督，都督第中立，吾为都督排除障碍。”德全内忌百麟之逼，不能不信，故于接见百麟时，但作虚言慰藉，曰：“君姑休于省外，待吾疏通就绪，再迎君复职。且君尤不宜久淹吾许[1]，增大攻击目标。”百麟怒曰：“君何见之左，今日无我，明日何有君？冢中枯骨，旦晚为人禽矣。”其夜，宿营瓦栈坡，南路巡防从之。卫队亦间有至者。百麟尚冀诸军觉悟反正，已而寂然，遂奔安顺。安顺提督陈夔春，虽百麟所拔用，然与任可澄中表也，已怀二心。百麟再奔贞丰。贞丰人好义而任侠，且百麟旧游地，多助百麟谋恢复。而刘显潜悉起兴义兵团，大举来攻。守廉御之近郊，三战而三胜。然显潜后续部队至者益伙。显潜尽毁民房，积薪若山丘，渍以石油，声言纵火。百麟叹曰：“丈夫行耳，终不以权利之争，贻祸父老。”径趋桂边。显潜尾击。守廉粮尽弹绝，激励士卒以忠义，拼死卫百麟出险。百麟既莅百色，转轮赴上海。守廉与桂军首脑协议，保管枪械，垫资遣散官兵。事竣，仍诣沪从百麟。百麟语人曰：“始吾并倚谭，陈，如左右手。今二人所为，乃如南北极之相远。知人未易，岂不谅哉！”

---

[1] 吾许：我处。

第十章　周培艺、蔡岳之支持残局

腊月十五之变，贵阳陷于无政府可一旬。民政部长陈永锡、学务部长谭璟、交通部长孙镜，或逃亡，或避匿，枢密院亦瓦解。赵德全一再向立法院、耆老会辞职。立法院、耆老会皆坚留之。旋由德全与耆老会协议，提出改组方案，都督统辖军民，设参议长一员，左右都督，赞划机要，以周培艺任之。原有之参谋、副官两处，军机、执法两部，仍其旧贯。另增政务、财务两部。部长人选，听耆老会推定，而都督加委。以严隽熙为政务部长，全楙绩副之。周培艺为秘书长。隽熙、楙绩，皆前清监司，流寓贵阳。但负名义，无责任，事一决于培艺。以蔡岳为财务部长。敦迫就职。培艺告岳曰："君虽接近自治党，而与刘显世肺腑交，吾料显世等决不以此遭改组而满意，前途尽多荆棘，君留任无害，吾当与诸友同进退。"岳曰："国内政党，素乏训练，自治之失败，即宪政之殷鉴。如取人才主义，吾辈未遑多让。今当局既推心倚信，而社会尤喁喁企望。吾意宜本牺牲精神，再接再厉；万一变生意外，两人义共生死，何如？"培艺许诺。于是着手组织，量能授官，振起废滞，简拔贤良，庶务厘举，舆论翕服。又代赵德全致电南京，请注重各省间之关系，规定暂行办法，毋任恃强凌弱，破坏邻邦之治安。盖对野心侵略者当头棒喝也。蔡岳又建议于立法院，称美张百麟、黄泽霖首义大功，泽霖宜优恤，百麟宜给巨款，资之留学，使成为国家人才。事未施行，而云南北伐军假道通过，深宵掩袭，颠覆我军政府，凡诸计划，悉付之硝烟弹雨中矣。

第十一章　滇军之假途灭虞策

云南之侵略政策，渊源实发自梁启超。蔡锷出身湖南时务学堂，幼年已接受启超教育，师若弟关系异常密切。云南独立，启超授蔡锷以方略，令运用滇军，兼并川黔，雄据长江上游，以观天下之变。附带条件，即尽屏民党于三省之外。而锷本身利害，亦迫锷非走启超路线不可。云南风气劲悍，陆军人才尤辈出。李根源、罗佩金、李鸿祥、谢汝翼、唐继尧咸野心勃勃，不乐居人下。锷以客籍，踞高位，势恒岌岌。计惟导此辈以外竞，分散其注意力。故于四川独立之后，尚遣李鸿祥、谢汝翼两路出师。戴戡、周沆窥锷弱点，则日说以贵州省防之空虚，宪政党布置之完密，事机一失，后悔无及。锷于是秘密决议，师晋人假途灭虞故智，抽编一梯团，任唐继尧为北伐司令，通电各省。略谓武昌前电求援，贵州已先出兵，云南义不后人，特命唐某率领大军，假道贵阳，星驰赴鄂。同时并专电赵德全，要其署诺。幕府皆请勿许。德全曰："国家方危，兄弟急难，彼兵以义动，吾何为挠之？"复电报可。继尧行至平彝[1]，自治党领袖钟昌祚由沪转滇，上书蔡锷，力斥其非。锷稍犹疑，电继尧俟后命。戡、沆大恐，百方劝诱，锷允照原定计划进行。滇军长驱渡茅口河，逾打铁关。继尧顾左右曰："天险如此，而赵德全不知守，其人殆无军事知识者也。"然继尧为此言，似已身忘所负之名义。盖北伐假道，德全方通饬沿途州县，代备粮秣，坦然以东道主人自处，初何有几微敌意？中华民国元年三月一日，唐继尧至贵阳，德全令邝龙俊代表迎迓，假军官学校为继尧行馆，士兵指定南门一带屯驻。继尧声称长途疲劳，请准休息三日。德全又馈羊、豕若干头，酒若干瓮，米若干担以犒之。二日平旦，滇军突徙螺蛳山，与刘显世合屯。尽据城外形胜，架设大炮，以都督府为目标。我军将领请备战，德全曰："人心险诈至此，惟有太息。且否为都督，自知才不胜任，让贤避位，吾素志也，何备之云？"以全权授周培艺，令就耆老会商进止。蔡岳则奔走刘显世、戴戡间，主张援广西待遇沈秉堃先例，给款五万元，俾德全悉率鄂籍官长东归。三日夜午，培艺与郭重光会见，重光曰："滇军此来，图穷匕见；惟先礼后兵，为既定之办法。日内即有条件正式提出，都督不予容纳，或至诉于武力。"培艺曰："都督以全权见畀，无论何种条件，为阖（合）城生命起见，都督皆愿尽量容纳。且滇军来黔，君等实情之，都督求去，又君等坚留之。狐埋狐猾，狡谲万端，能得一和平结果，君等尚足图晚盖。"重光嗫嚅良久，曰："君责我固

[1] 平彝：今云南省曲靖市富源县。

当，我当尽力如君意。”培艺兴辞，重光犹再三声明先礼后兵之说。比及归报，而枪声、炮声杂遝并作。德全贯彻不抵抗主张，微服出走，存款巨万，毫厘无所染指；文件图籍，悉饬主者保管。临难从容，异乎他武人之所为。德全既行，陆、防各军，或降或战，步调极不一致。降固悉数芟夷，战亦各个击破。黔军歼焉，详语于后。

第十二章　滇寇淫威记

滇寇既覆我军政府，群儿相贵，乃于三月四日，由刘显世、郭重光、戴戡、任可澄、周沆、华之鸿、何麟书等六七纤人，立唐继尧为贵州都督。继尧亦尽推军政大权以报之。以戴戡为伪都督府参赞，任可澄为秘书长，郭重光为参议部长，刘显世为军务部长，周沆为政务部长，华之鸿为财政司长，何麟书为学务司长，粉墨登场，僭窃[1]正统。其政令所设施，非斩刈人之生命，则搜刮人之财产也。谓摧毁武力，文士亦膏斧锧；谓铲锄异己，齐民亦就汤镬。当此之时，行道不闻偶语，婴儿弗敢夜啼。晨起揽［镜］，见颈戴其颅，则欣然有喜；鬻妻卖子以供诛求，亦无怨色。呜呼！滇寇宰割贵州一年又八月，全省皆腥秽所充满，而宪政党人代表四出，尚歌颂唐继尧功德。哀莫大于心死，吾于若辈何责焉？初，援川我军，后寇军二日援省。一标二、两营，与炮兵营合屯南厂。寇掩袭都督府，同时包围南厂，且使人周走呼曰：“赵德全已降矣！”军中不知所为，仓卒缴械。寇传令，俘虏悉诣螺蛳山，候给资遣散。至则唐继尧高坐踞前，刘显世稍后，按册唱名，视继尧颐动者立左，否者立右；毕唱，凡右立者皆挥出，以机关枪扫射之。左立得免者，三人而已。巡防队中，孔鹏、吴冠、倪克荣各部，小有撑拒，即冰消瓦解。惟李立鉴坚守黔灵山不下，寇仰攻，死伤二百余人。逮夜，立鉴语所部曰：“一木岂能支大厦，吾欲令寇知我军未尝无人耳。令听诸君携械行，前途好自为。”立鉴潜奔天主堂，求庇于法主教，后竟幽闭死堂中。其明日，寇复发巨炮轰黔灵

---

[1] 僭窃：越分窃取。

山，募敢死队冲锋，沿道搜索而进，除庙僧外无所得。继尧告捷于蔡锷，称“匪军已肃清”。是时贵州陆军，二、三两标全数北伐；四标二营艾树池、三营胡刚，先行剿匪屯湘桂边；一营王文华，刘显世所亲辖，已改寇军服装，从其编制，称大队长。以言肃清，诚哉其肃清也。然尚有一标一营自归送死。方叶占标奉急调时，杨树青在资州防次，故独后。抵贵阳。进退失据，则敬谒寇帅，面取进止。继尧温慰之，即授军警局谋察科长。树青坦然到差；所部官兵，继尧命徒手赴伪都督府训话。然皆见其入而不见其出。寇既全力肃清我军队，又乘余威肃清我团防。遵义鲁瀛，能以兵法部勒乡里子弟，土匪敛迹，寇帅恶之。命伪军警局长梅若愚率队驰往遵义，压迫解散。瀛不能忍，伏甲刺杀若愚。寇帅震怒，大发铁骑，四面蹙之，宣言以遵义人之血，涤滇军之耻。卵石之势，如何能敌？其屠戮惨状，吾书尤不忍详。以上为滇军摧残武力之一幕也。

至于铲锄异己，首撄凶锋者为自治学社社长钟昌祚。昌祚上书蔡锷时，尚不知有腊月十五日之变，故自白于锷，愿星驰还黔，果张、黄负罪稔恶，力能使束身司败，无论下野谢政也。及行次安顺，而政局剧变，奸状悉露。或劝昌祚暂留安顺，观望形势。昌祚笑曰：“半生奔走革命，曾不畏死，今能怯乎？”诘旦，突来士兵十余人，拥昌祚出东门，曰：“吾奉都督令，取尔头。”昌祚骂曰：“都督已被逐，又何来都督者？盗耳！虽然，吾不死于清廷官吏之手，而毕命于蒙共和假面具之盗乎耶。”遂遇害。

次则前贵州都督赵德全。德全既解兵柄，从妇翁袁某，家于某所。寇帅张贴六言布告，数德全愆尤，仅曰“不学无术妄行”。德全亦疑寇所欲得者都督耳，于私人何有。萧然物外，日从父老钓游。一日，突来士兵，拘之至毛栗铺。德全不肯前，士兵就枪毙之。又杀前修文知事许家绩于开州，两等小学堂长李永蓁于镇宁，府议会议长张文基、议员谭钟灵于铜仁，自治分社社长彭心德于安南，前清举人罗方林于思南；心德则祸连家族，方林并波及佣雇。又两次计划兴大狱，虽幸未流血，然间关亡命，转徙流离，以是穷饿他乡，不得归正首丘者，乃不可胜数也。

先是立法院预定二月一日召集，而寇军入城，径占立法院，驱散议员。兼旬后，议员复自由集会，议长谭西庚、朱焯，自知色彩浓厚，声明缺席。议员推周恭寿为临时议长，移书伪都督府问责任。寇帅不意议员有此胆干，殊惊愕。谋于戴戡、任可澄等，以命令答复，削去立法院之号，改称省议会，比于伪都督府下级机关。议员再抗议，谓名称可从众，而体制权限万不能迁就。且隐示伪都督须经省议会之追认。戴戡大怒曰："何物议员？吾直视为比匪败类，发大兵聚歼之耳！"郭重光曰："勿鲁莽，但去害马，尚可留轮廓为吾用。"无何，周恭寿、余若瑔暨议员之列自治党籍者，皆被人指控，伪府悉予除名。寇帅圈定谷寅宾、欧阳朝相为议长，威吓主义大告成功。戴戡又提议捕诛前政府要员周培艺、乐嘉藻、彭述文、李泽民。郭重光曰："前杀一钟昌祥，舆论讙（欢）哗至今，培艺等皆负虚名，无劣迹，杀之太骤，吾辈专蒙不利，不如仍以人控告彼等财政不清，收系模范监狱，死生迟速在吾掌握矣。"众如议行，然鸿鹄高飞，矰缴已无所施。于后，宪政党人颇追咎此二事为重光失策云。又厉行烟禁，武装军人排户搜查烟具，而虏掠财物，奸淫妇女，即为查烟附带之权利。又追溯公口，凡田连阡陌之富室，坐拥货贿之豪商，曾挂名公口，则坐以通匪，没入其产。即本身无可坐，或缘亲戚诖误，或因邻里牵累，罪亦如之。然同时刘显世、陈钟岳、陈廷棻、何麟书前为公口龙头者，莫不煊赫柄用，平步青云，沐猴而冠，率兽食人。虽欧人之处分殖民地，虐遇非洲黑奴，犹为彼善于此焉。

第十三章　北伐凯旋之见拒及旅外黔人之激昂

北虏方急攻汉阳，民军恰会克江宁。孙文以十七省代表之票选，就任大总统，组织临时政府，主持对等和议。清帝退位，排满之夙愿已偿。而贵州都督兼北伐司令杨荩诚适至南京展觐。总统大悦，就加正式任命，命即率队凯旋。荩诚陈诉贵州军实呰窳[1]状，总统令财政部拨款，陆军部发护照，俾荩诚派员赴沪采办。当是时，黔军不远数千里，急国家之难，

[1] 呰窳：苟且懒惰；贫弱。

义声动海内。荩诚又躬行俭素，一洗疆吏侈汰之习，黎元洪尤引为同调。荩诚道经武昌，元洪出示贵州通电，始知根本之地，已生重大变化。元洪叩方略，荩诚曰：“吾奉中央威灵，客军焉敢抗命？如其顽梗，仗大顺以讨逆，何忧不济？”元洪遂不再言。荩诚莅常德，以电抵唐继尧，属刻期撤退。继尧不答。仍由拥立继尧之刘显世、郭重光、戴戡、任可澄、周沆、华之鸿、何麟书六七纤人复电，拒荩试勿前，且称北伐军应在湖南缴械，不许入贵州一步。语绝狂悖。荩诚怒，命部将席正铭进次辰州，将向黔边。会谍报寇帅已遣大将刘法坤扼铜仁，胡锦棠戍镇远，并委陈钟岳为清乡督办，部勒乡团助声势。何麟书为东路巡按使，括民财裨饷，守御之具甚备。荩诚亦以所购械弹不时至，欲策万全，乃缓师。然因荩诚一电，而贵州内地冤死者又不知凡几。先是群寇杀人，已有自治党、公口、烟犯种种广泛之罪名。今乃益以北伐军，凡不慊于人，则谥为北伐军之亲属。凡欲快私仇，报宿怨，则诬为北伐军之知交。一经告发，立予枪决。毁家破产，流亡相属。旅外黔人，目击惨怛之状，耳饱沉痛之言，激昂慷慨，不待期约，南北巨埠，皆有全黔维持会之奋起。于京津，则方敦素、漆运钧、梅镇涵等总其事；于武汉、则赵铨章、王宪章等摅其谋。函电纷纭，为遗民请命。而重庆刊布《贵州各界泣告海内同胞书》，武昌出版《黔人血泪》，北京发行《贵州血腥录》，对滇军残杀、苛捐，逐款揭露，数寇之罪，并及私召寇兵者。除宪政党同利害之少数人外，舆论盖一致矣。寇帅所派参议员陈国祥、熊范舆因事至天津，维持会诸青年聚而殴之。国祥深讳不言，范舆竟勿敢到院。屋漏之愧，若辈亦有时无殊恒人云。

第十四章　鄂湘仗义执言与洪江会议

初，黔军北伐由黎元洪。洎滇寇乘虚并黔。元洪念被发缨冠[1]，有赴救之必要。而杨荩诚不悟其旨，漫为大言，元洪遂静默以观其后。旅鄂全黔维持会会长王宪章，湖北第二镇统制也。时举滇寇暴行，聒于

[1] 被发攖冠：形容匆忙急迫不及整束。

元洪。而贵州难民络绎控诉者，皆谓内地不堪虐政，望北伐归师如望岁。元洪恻然悯之。湖南与贵州邻毗，谭延闿闻见尤亲切。且黔军久顿［屯］，既感供亿[1]之烦，滇寇坐大，更惧侵轶之及。延闿几经考虑，卒用通电表示，责唐继尧退师，免为民国史上开一恶例。时袁世凯已继任大总统，对贵州事素隔膜，而所接近黔人蹇念益、陈国祥等，大抵滇寇之爪牙，掩匿事实，腾播蜚语，世凯惑之，竟召杨荩诚内用，任命唐继尧为贵州都督。令下而延闿电至，世凯知处置谬误，然不肯引咎，冀黎元洪斡旋而弥缝之。元洪建议，两军各派同数代表，假以全权，公开讨论，彻底解决，另由中央派员监视，以昭慎重。各方复电赞同。于是择定湖南洪江为会所。常德方面代表刘世杰、郭光焘，贵州方面代表牟琳、吴作棻，中央委员赵均腾[2]、危道丰。议决要旨，略谓唐继尧既经中央任命，贵州亦愿戴为首领，所部滇军，须刻期回滇；驻湘黔军，则欢迎回黔；为避免冲突误会起见，请中央另简大员为宣慰使，与继尧随时商洽。四全权各署名盖章，交中央委员呈国务院核办。罢会。黔军奉部令，改编国军第四十二旅，以周燊儒为旅长，促荩诚北上。燊儒资望，远出荩诚下，兼为人选懦，乏刚毅勇敢之气。其在京师，为陈国祥、刘显治所嬲，颇表同情于宪政党。南来后博咨舆论，始爽然自失，举措张皇，军心动摇。湘、鄂间忧其败事，乃联电中央，请实施洪江会议之决议。

第十五章　宣慰使之简放及袁政府之模棱

洪江议决案，首倡反对者，当然为窃据贵州之滇寇。然牟、吴两代表，本省议会所票选，而唐继尧所状委，一旦弃信蔑义，虽寇亦颇内

---

[1] 供亿：供给，供应。

[2] 赵均腾（1875—1951），字南山，湖北黄陂人，曾任贵州陆军小学学监。洪江会议时，赵以中央使者身份莅会监督。后委任为贵州宣慰使，由于有人进谗言，袁世凯冷遇赵，赵不敢就任。

怍，则卸言责于丧心病狂之黔人刘春霖等。袁世凯护前失，漫不加驳斥。于是赵均腾上书曰："滇、黔两军相持，数月于兹，欲求归宿，故由副总统发起洪江会议，双方代表换阅全权凭证，手续谨严，悉采国际方式，牟琳等于贵州利害，讨论不遗余力，知黔军回黔，滇军回滇，实为至当不易之办法。几经磋议，条件甫克成立。今国务院方在核议中，而黔绅刘春霖等横生枝节，食言自肥，则破坏和平，妄启战衅，自有任其咎者。查刘春霖耄年退休，笃老[1]杜门[2]，兹乃亲援桴鼓，有事疆场，是否受人胁迫，抑系假名耸听，鬼蜮纷纭，难逃洞鉴。大抵欲平两造之争端，必难得双方之满意。甲以为不利于我而毁约，安知乙不更咆哮以求一逞？民国初建，信义未立，中央威令，不行各省。今若偏听一面，稍涉游移，是会议等于虚设，而中央之使者为可轻也。均腾对于黔事；一秉至公。篠[3]电业将双方意见，竭力疏解，但使共谅调停之苦心，何至甘出决裂之下策？应请大总统睿断施行。"世凯于均腾书虽不重视，而鄂、湘连电，陈义略同。不得已，即任均腾贵州宣慰使，令查照洪江议决案办理。谭延闿又建议：滇、黔两军，相恶已久，蓄怒待泄，诚恐仓卒接触，贻祸地方，愿由湖南出兵两旅，严重监视。世凯亦报可。开拔有日矣，而均腾忽中馁，必欲诣京展觐，面授机宜。世凯诏之曰："吾历次接见贵州参议员及教育、司法会议代表，佥谓地方秩序，赖滇军维持，若宜悉吾意，万勿冒功生事。"均腾出。陈国祥、刘显治复聚党而要之，谓："滇军扼险设防，已反客为主，公非下最后之决心，挟可恃之部队，幸弗轻尝试。且总统意向，已明白宣示，公智者，宁俟烦言。"均腾答然而归，逍遥武汉，既不前进，亦不辞职。内外黔人，号泣呼吁，甚而诮让百端，均腾一不为动。久之，有自贵阳来者，言宣慰使命下后，寇军准备退却，子女玉帛，连骑输送，昼夜不绝。诸寄生于寇者，咸挟其宝器，争入滇籍。逮得京电，态度转强硬。均腾始大悔

[1] 笃老：谓衰老已甚。

[2] 杜门：闭门。

[3] 篠：电报中的韵目代替日期，篠为17日。

恨，而乍睹光明之人民，乃益沉于黑暗之渊矣。

第十六章　于德坤等之及祸

滇寇大诛异己，日夕营营，即欲造成一党专制之贵州。元年三月，章炳麟发起统一党[1]，咨贵州人才于王伯群。伯群举蔡岳、周培艺、周恭寿等以对。炳麟以伯群为介，函请岳等组织支部。该函到达，而戴戡、何麟书等欲死培艺之谋乃益急。岳与恭寿，亦被嫌疑。卒用宪政预备会基干，接受统一党党纲。又有双清、张锐等组织同盟会支部，具呈立案，伪民政司批答：贵州已有统一党，殊无他党发生之必要。其颟顸率类此。然外省闻其事，只疑传者之过。至于苛捐残杀，虽共信其无道，亦谓纣之不善不如是之甚。大抵就常识推测，以为人情不相远也。当是时，注意黔事者，鄂、湘而外，厥维国民党。孙文、黄兴皆助亡人张目。然右唐继尧者则谓：继尧本老民党，何遽倒行逆施，自残同类？于是，党议：特派于德坤、胡德明遄回贵州组织支部，兼负密查黔事之使命。而稽勋局亦派刘潜、徐龙骧为贵州稽勋案调查专员。于德坤等欣然成行。由湘入黔有二道：一经洪江，向镇远，一经辰溪，向铜仁。德坤念军事戒严期间，已与胡锦棠、刘法坤皆无素，独何麟书为中表，出铜仁最便，先期以书达意。抵铜时，麟书郊迎宴享，礼貌殷勤。德坤曰："愚去乡里七八年，闻两省边界，颇多伏莽，今何如矣？"麟书曰："铜、镇一带，数百里击柝相闻，路不拾遗。"德坤曰："前行皆坦途矣。"麟书曰："然，然。"德坤等遂行。抵潘家湾，突来急装缚袴（裤）者十余辈，武器精良，叱令下舆。德坤等请尽献行囊，弗许。请质身待赎，又弗许。皆曰："吾奉长官命，执行任务。若曹自与人为

---

[1] 统一党：民国初的政党。1912 年 1 月成立于上海，由原立宪派操纵的中华民国联合会和预备立宪公会联合组成，以张謇、章太炎、程德全、熊希龄为理事。以"巩固全国之统一，建设中央政府，促进共和政治"为宗旨。实际上反对同盟会，拥护袁世凯统一。1913 年 5 月又与共和党、民主党合并组建进步党。

仇，幸勿怨我。”德坤、德明、潜皆及于难。龙骧稍后，闻警，亟与舆夫易衣，狂窜荆棘中，仅而获免。龙骧奔愬（诉）京师，国民党、稽勋局咸大愤，严电唐继尧诘问。继尧初欲诿过湖南，谓被戕地点在大鱼塘附近。谭延闿则谓：“潘家湾四面皆有居民，如何被戕情形，均畏不敢言。”继尧恐延闿发其覆，始承认勒限缉凶，尺幅空文，涂饰耳目。而于德坤、胡德明、刘潜三人，不过于若干冤死黔人中，增一姓名之纪录。然自有此事，而向之为继尧辩护者，乃不能再作恕词；向之怀疑黔事者，亦云证据确凿，实难以常理推测。寇狠心辣手，冤死黔人无算，曾不料区区杀此三人，竟发生重大之恶影响，在寇亦殊悔其左计也已。

第十七章　北伐归师喋血松铜[1]记

北伐军改编易将，为袁政府袒唐之表示。世凯夙抱野心，欲以北洋派支配全国。其假想之敌人，当然为起义之民军。民军系统复杂，实力脆弱，决战非袁世凯所畏。然苟有其他方策，使民军逐渐分化，逐渐消灭，尤世凯所甚愿。故江鄂裁兵，滇黔构难，事体不同，而重劳枭雄擘画则一也。元年冬，贵州宣慰使赵均腾逗桡武昌，四十二旅旅长周櫱儒视事已三月，自信能掌握部队，谋去原有团、营长，悉以亲信更代之。八十三团团长席正铭，鸷悍[2]剽厉，常思建立奇功，震耀宇内。其训练卒伍，于普通操课外，每日必作精神讲话。举外寇凭陵，及本军责任之重大，反复而详说之。明耻教战，壁垒森然。内地陆、防各军，不堪滇寇压迫者，如艾树池所部，陈开钊所部，皆自拔来归。其余一连一排零星收编者，尤不可胜数。故该团实力，确在一旅以上。櫱儒恶其逼，自始即怀悻悻。顾以正铭本黎元洪旧部，而四十二旅且须受宣慰使节制，则亦隐忍迁就。及见均腾态度消极，遇事乃径电陆部，不复关白黎、赵。免正铭职，以肖健之继。健之未到任以前，着团附田荆荣代理。团部开会讨论，认该令为违法，且

---

[1] 松铜：指今贵州省铜仁市松桃苗族自治县和铜仁市碧江区。

[2] 鸷悍：凶狠；强悍。

事实上燊儒与唐继尧密电往还，最近更有单骑回黔之表示，与其坐待敌人宰割，勿宁冒万死以求生。于是决议，拥正铭为总司令，刻期回黔。八十四团各营、连，亦自由离常德，附于正铭。十月二十五日，我师发辰州。十一月四日，克松桃。陈开钊为前锋，直捣铜仁。寇将刘法坤派队迎战，连败之。铜仁围合，寇凭城拒守。我军架长梯，肉搏攀登，或负戴竹木几案，层累跃上。寇伺隙狙击，师人多死；然前仆后继，来者益猛。寇将矍然曰："彼锋锐甚，不可当也！"遣使媾和，乞开围师一角，俾率队旋贵阳。开钊叱去之，曰："默，语尔酋，尔忘螺蛳山之杀降乎？"法坤谋突围，陈钟岳哭号曰：彼千里游魂，孤军趋利，今顿坚城之下，情现势绌，我以逸待劳，先为不可胜。贵阳、镇远，增援在途，奈何自决［抉］藩篱，延入堂奥？且诸公，水也，而我则石。我为唐帅效力，乃自牺牲其生命财产乎？"法坤仅许五日留。钟岳又命积薪聚油，纵火燔民居，以胁我师。我师攻稍懈。逾三日，寇援大至，内外夹击，我师败绩，开钊死之。正铭收合余烬，议再战。军吏曰：弹竭矣！"不得已，放弃松桃，退驻四川之秀山。而唐继尧振振有词，请令邻省会剿。周燊儒亦进次湘边，派员分道收容，声言前此系部分动作，首恶只席正铭一人。黎元洪虽迭电声援，格于形势，不生效力。我师伤亡饥疲，环境日非，无法维持，全体瓦解。正铭暨各团、营长咸奔避逃匿。惟周燊儒率残余部队，腼颜回黔，忠事刘显世，官至护军使署参谋长。

第十八章　自治党之辩诉及各政党之援助

当滇寇之窃据贵州也，宪政党通电全国，以大开公口罪状张百麟、黄泽霖、赵德全，并谓群小把持政柄，正人裹足不前。幸赖客军，削平匪乱，人民始庆更生。其自欺欺人，稍明黔事内容者皆知之。顾以其窎远，为所蒙蔽者亦十人而七八。自治党亡命中工作，惟汲汲于名誉之恢复。最初赴北京活动者彭景祥、简书，继之者汪洋、许嘉谟、蔡奎祥、方策、彭堃、陈永锡、谭西庚、杨寿篯、黄德铣、张泽锦、周培艺、平刚、朱焯、付文堃、彭述文、张泽钧、谭璟等，叩心泣血，大声疾呼。

其传诵一时者，为谭西庚领衔之两呈。

其一曰：“窃贵州内奸造乱，外寇残民，自元年三、四月以来，老弱转沟壑，丁壮散四方。其中稍有能力，间关走数千里，望总统府之门而控诉者，万人中不得一人，然犹以数十计。总统府关于黔事之案牍，积累盈尺。请易都督而不许，一简宣慰使而旋撤销。忽而认《洪江条约》为急需履行之件；忽而饬周粲儒单骑回黔，另商办法；忽而令湘、鄂接济黔军；忽而令川、桂会剿黔军。举棋不定，自相矛盾。铜仁之激战，遵义之独立，谓非政府有意酝酿，其谁信之？大总统躬揽机务，日昃不遑，其视黔事，鲜不曰此疥癣之疾耳。然全国人民举生命财产以付托大总统，匹夫匹妇，不获其所，仁人皆宜引为己忧。况于一省之大，祸变之亟乎？名为维持现状，顾现状实不能维持，且启全国纷争之渐。何则？天下为公，理足以服人，若曰抑弱扶强，而可以为治也。国家惟持［恃］法足以为治，若曰抑弱扶强，苟幸相安无事而已。窃恐擐甲执兵，伺隙以兼并邻省者，正不只云南军队；阴贱险狠，蓄谋以攘夺权位者，正不只刘显世、戴戡等。西庚前谒崇阶，备陈覼缕，待命旬月，未见有何举措。近顷道路传闻，大总统对于黔事，已察见症结，将特派镇抚使，彻底查办。伏惟毅然决然，断而行之。”

其二曰：“迭准湘人函报，贵州祸变，有加无已。刘显潜讨伐遵义，五道并攻，兵威所极［及］，杀人如草。鲁瀛逃命川边，显潜乘机大掠，仁怀、赤水，十室九空。思南府知事张顺亲，秉承刘显世意旨，诬郡绅罗方林私通北伐军，诱而戮之，及其从者多名。又派兵荡毁罗寨，焚民居数百家，无辜死者近千人。夫遵义之事，唐继尧电呈政府，非谓和平解决者耶？何以又演流血千里之惨剧？思南之事，则无故而自扰，蔓抄以为快。所谓上有好者，下必有甚者也。大总统对黔方针，审慎又审慎，持重又持重，缓之一日，民之无罪而死者已不知其几何，而况迟迟不发表乎？如以西庚等为不足信，请具结取保，按律反坐[1]。查

[1] 反坐：指我国封建社会对诬告罪的刑罚。即把被诬告的罪名所应得的刑罚加在诬告人身上。

彭寿松盘踞福建，恣为不法；岑春萱衔命镇抚，不数月而地方安谧。大总统所费者，一纸任命状耳，而闽人已出水火而登衽席。今唐继尧、刘显世之稔恶，百倍彭寿松，独靳一镇抚使不予，何政府之厚待闽人，而薄视黔人？论者或谓左右已有先入之言，其于唐继尧、刘显世，有恕词焉。西庚等诚不敢以小人之腹，妄度君子。究令如是，正可藉镇抚使一行，提供证据。孰是孰非，公告天下，然后明证虚言之罪，西庚等将何以逃刑也。”

西庚以议长资格，经副总统黎元洪之先容，依法请求，理直气盛，世凯竟无词以难。国务员朱启黔（钤）尝语陈永锡：“政府为维持现状计，不能不抑弱扶强。俟中枢巩固，自有相当办法。”故西庚呈中及之。然政府虽懦，慰情者尚有议院。国民党参议员会，决议援助。李肇甫、彭允彝、欧阳振声、殷汝骊则介绍请愿，孙钟则提案查办。民主党领袖汤化龙发表负责言论，略谓：“贵州党争，各执一词，吾人本难孰［悬］断。但民党秉政时，未闻对方死一人，破一家，而今之当路反是，民党某某被杀，某某被抄，层累不穷，确属可指。此即双方是非真相”云云。刘显治、陈国祥大惧，运动共和党全体不出席，消极抵制，各案虽列议程，终于无形打消。

第十九章　稽勋案之调查及黄、赵之提前优恤

临时稽助局，掌网罗革命故实而评判其价值。自中华民国之孕育诞生，以至于成立，凡预赞助之劳，宜享褒崇之报。其调查之项目五：一、开国前各处倡义死难或逃亡者；二、开国时各处倡义死难者，三、开国前后为国尽瘁死者；四、开国时于军事上建议策划或奔走运动成绩卓著者；五、开国前后捐资助公者。大抵各省分设稽勋调查会，由京局派员，会同办理。

贵州开国勋人，非死即亡。刘潜果至贵阳，为唐继尧、刘显世所劫持，其事将愈滋纠纷。亦会群寇徧衷，忿不思难，仓卒定策，要而杀之，乃予自治党以申雪之机会。陈永锡、平刚等迭向稽勋局有所质询，而黎元

洪亦以副总统名义咨达该局，为赵德全、黄泽霖请恤，张百麟、周培艺请奖。于是局长冯自由表示，请党人领袖胪陈事实，以供参考。众推培艺主稿。培艺乃单衔上书，悲壮淋漓，凡数千言。述庚子迄壬子种种经过。其结论曰："自治、宪政初起，即以所抱主义极端背驰，故积不相能。逮事机紧急时，宪政党联合官绅，抵抗之力亦最巨。徒以吾党幸占先著，勉告成功。光复以还，解仇释怨，方谓平分政权，共谋建设，即小有龃龉，亦不过一笔一舌，如当年竞争之惯技。夫谁料其狼子野心，竟召外寇以解决党争；更不料其负心昧良，诬吾党出万死所创造之军政府为匪国。培艺僻处南陬，曾不知贵州革命、政治现象，比较各省若何？又不知诸同志冒险进取，幸免流血，比较各省若何？又不知执政者纯尽义务，枵腹从公，比较各省若何？一旦祸生肘腋，变起萧墙，死者饮恨于九原，生者负谤于天下，名为共和，而专制毒焰，百倍曩日，顺之者存，逆之者亡，诽谤者诛，偶语者弃市，此真古今之奇冤，神人所共愤也。而终有不可掩者，则以上年九月十四日贵州确有革命之事实。革命之初，举动确极文明；革命之后，秩序确未紊乱。其功绩在一隅，其影响及全国。不然，贵州虽小，沈瑜庆固尝遣董福开、鲁昌禧赴川则矣。湖南镇筸[1]镇道反抗共和，又尝电请瑜庆接济兵饷矣。使倔强者据而有之，北蹴蜀，东窥湘，秣马厉兵，遥为虏廷声援，天下事未可知也。吾党披荆斩棘，而海内观听一新。人皆曰：僻远如贵州，瘠弱如贵州，犹且宣布独立，与虏廷告绝，天时人事，岂不较［皎］然易知者哉！其声势之关系于大局者又若何？此则宪政党虽人百其口，口百其舌，卒莫能掠吾党之美，饰词以欺当世也。"自由读之感动，呈荐培艺为调查员，委托专办贵州事。培艺本所躬历，又竭三月之力通函各方，参证异同，作成贵州稽勋案，交付审议。时黄泽霖妻张烈诚间关北来，遍谒当道，为其夫讼冤。烈诚态度恳挚，出言有条理，闻者不期表同情。国务总理赵秉钧令秘书但焘代见。烈诚要以三事：一、崇祀烈士祠；二、追赠陆军官阶；三、抚恤家属。秉钧答复：一、由稽勋局汇案办理，但不能为黄泽霖特建专祠；二、民国未有先例，若张烈诚查出

[1] 镇筸：位于今湖南省凤凰县南。

成案，即可比照办理；三、前稽勋局呈请时，财政部以预算外之支出，确难照付。现由总理负责，准三日内拨给。大总统袁世凯令秘书曾彝进诣客舍慰问，赠旅费三百元，允俟正式政府成立后查办刘显世。烈诚得直，赵德全妻袁氏援例请求，亦照办。厥后稽勋全案，虽随癸丑战役而撤销，而黄、赵已得恤典，无人更议追夺。惟戴戡电国务院，称周培艺捏造事实，颠倒功罪，请递解回籍，交该民政长惩办。国务院审其诬，置不理。

第二十章　冤愤团与赣宁失败

总选举之结果，国民党大获胜利。参、众两院议席八百余，而隶国民党籍者六百，占四分之三多数。惟贵州则民党绝迹。盖议员人选，须经群寇协商指派，非其亲戚，即其爪牙。同恶相保，理固然也。是时国民对于国会，属望甚殷。各省政治之失其平衡者，皆冀国会起而纠正之。在京黔人乃有冤愤团之组织，公举简书、方策、蔡奎祥、许嘉谟为常务干事，发表宣言书，曰："昔者清廷无道，恣为残虐，国民积愤，诉于武力。鄂州首义，南北景从，风发云涌，气吞幽燕，虏廷震慑，和议速成。溯其由来，夫岂不以一夫独裁，寡人专制，淫威亡等，纵欲亡极，国民之生命财产，惴惴焉不克自保，故相率忍死须臾，奋起改革，牺牲现在，希望将来。呜呼！世界所谓自由，所谓平等，皆以断头流血为代价，此吾人经过之惨史，一回思犹有余悸者也。时至今日，全国皆享共和之福，黔人独受荼毒之祸。民贼刘显世，凶横贪狠，辅以郭重光、任可澄、戴戡、何麟书，欺诈黠猾。私召外寇，潜师夜袭，与寇酋唐继尧，狼狈相依，多行不义。我同胞生命财产，悉供牺牲。年余以来，湘鄂川桂，扶老携幼，流离失所，死者不得收骸骨，生者无以给口食。此种情形，不特身受者切齿腐心，不与共命；即旁观者亦且裂眥（眦）攘袂，代鸣不平。显世等既揽大权，又搜刮民财，辇金四出，广为运动。参议院议员，各项会议代表，皆指派私人，蒙蔽政府，淆乱是非，政府亦甘受愚弄。对于被害人，则曰：若等究系少数，不能以此牵动大局也。或曰：政府维持现状，不能不抑弱扶强也。呜呼！竖尽千古，横尽万国，乃有此不负责任之政府？乃有此顽钝无耻之政府？吾乃今于中华民国见之。我同胞俜辛伫苦，蹉跎蹉跎。裘葛屡易，今幸正式国会已届成立，执政者亦将刷新政治，为吾民谋福利。同人等死亡之余，誓当竭力呼吁，冀伸冤愤，用特发起本团于北京，循法律之途径，求正当之解决。湖南、湖北、广西、四川诸省，皆设通讯处。凡我同患难诸君，务乞迅速北来，共策进行。倘因旅费艰绌，或别有障碍，亦希按后开册式，详细填明，或邮寄本团，或交通信处转达。本团当汇呈大总统、国务院核办。事关切肤，想不吝教益。”[1]该团设于樱桃斜街贵州会馆，呈报警察厅备案，不许。团员质询理由，则谓宣言书中损害政府体面，须将忤碍字句概行删削。团员亦不承。无何，湖口[2]独立，讨袁军兴，北京划为警备区域。会馆门右，特置岗警，加派暗探。团员动作，咸被监视。然犹未非法逮捕也。及赣宁失败，唐继尧新为袁世凯立功，密电请诛冤愤团首要。世凯重违其意，又念伸冤雪愤，不能遽入人罪。乃下令，指冤愤团为谋乱机关，即日解散；简书、方策、蔡奎祥、许家谟，着京外一体缉拿。

第二十一章　民二以后之奋斗

讨袁失败，民党见谥为乱党。向之以匪类不容于贵州者，今更以乱党不容于中国。顾压迫重重，而一息尚存，终不让敌人得为所欲为。其形势愈不利，其志事弥可哀已。二年冬，唐继尧以贵州都督名义，与法国国际财政团接洽实业借款，金额五百万元，年息六厘，抵押品契税、印花税。缔结合同十六条，由继尧代表与法人句堆秘密签字。其分配方法，继尧独列特等，贵州执政诸人列甲等，黔籍国会议员列乙等。平远[3]王肇民担任疏通朱启钤，亦得以开濬（浚）白层河[4]为由，支给十五万元。阮绍蓥主中央新闻笔政，首将合同全文披露。周培艺、陈永锡等以此为根据，同时向国会、政府双方活动。亦会袁世凯方谋集中财

[1] 此宣言与中国第二历史档案馆所藏《黔人冤愤团宣言书》文字有所不同。

[2] 湖口：今江西省九江市湖口县。

[3] 平远：今贵州省毕节市织金县。

[4] 白层河：位于贵州省贞丰县境内。

权，不欲各省擅借外债，乃电继尧罢议。

三年秋，刘显世商准陆军部，领运前贵州都督杨荩诚存沪军械，派亲信刘文炳赴湘接护。先是袁政府左袒唐继尧，密电江海关，扣留荩诚所购军械，坐令北伐归师，补充乏绝。今该项军械，辗转复入于显世，党人撄心之痛，如何能忍？乃议就湖南道上设法拦劫。凌霄慷慨请行。抵常德，联络湖湘豪杰，择定辰州以上，刻期掩袭。机事不密，文炳以告常德驻军，霄及同志四人咸被捕，即夜枪决。五鼓，霄复苏，觉颈部濡如，扪之粘腻，嗅之腥，恍然陡忆宵来事，自疑鬼，而明明人也。伛偻起立，遍触同难者，皆已僵，痛绝复仆。顷之，匍匐行，闻远处有声曰："好汉子，好汉子！"十数武，来一乡人，睹霄惊却。前声者曰："扶之趣行，不者，吾枪汝！"乃知声者，守者也。乡人将霄匿德山硐中，拂拭血污，按日给食饮。时常德多狼，人皆以为霄尸膏狼吻矣。旬余，霄去常如沪，以劫后更生，日偕同志买醉。醉则头岑岑，始诣医，医曰："弹犹在头盖骨缝间，法宜剖，剖宜施麻醉剂。"霄曰："毋尔。"危坐受剖，颜色扬扬如平常。观者、医者佥曰："凌君真非常人！"

四年冬，袁世凯叛国称帝。孙文召集大会于日本，谋分省负责，运动革命。张百麟、杨荩诚、席正铭、凌霄，皆东渡出席，协议共推安健[1]。孙文任健为贵州总司令，给款五千元。健偕方策莅澳门布划，从广东着手。而蔡奎祥自谓云南有把握，张百麟言于陈其美，资其行。奎祥变姓名为刘轶凡，偕简书、杜若泉、杨美亭诣昆明，投止铁局巷友人家，与所识军官会见。倒袁运动，倏从各部队展开，滇军炮兵团等皆接受训令，需款急。奎祥使人如威宁原籍，变产济用，又密约旧同志李锡山，号召水城、威宁民团，刻期响应，事垂克而被捕。临鞫，奎祥侃侃自由。唐继尧欲缓其死，任可澄挟宿

---

[1] 安健（1877—1929），字舜卿，彝族。贵州郎岱县（今六盘水市六枝特区）人。光绪三十一年（1905年）东渡日本留学，同年在东京加入中国同盟会，并与自治学社联系。贵州独立后，随钟昌祚等回黔。钟遇害，安健走上海，发表《安健告同胞书》，揭露滇军袭黔真相。在反袁斗争中，积极支持孙中山，被任为中华革命军贵州司令长官。大革命失败，始终坚持国民党左派立场，反对蒋介石背叛革命。

怨，持之坚，且曰："非枭首不足以警后。"继尧从之，奎祥竟死。

七年夏，蔡岳在上海，没收刘显世赃款十万元，且移书数显世不忠、不孝、不义诸罪状，责其弗能逆取顺守，驯致祸国殃民。初，岳与显世兄弟同受业雷廷珍之门，以功名相期许，谊至笃也。时事迁移，党派各有所接近，而私交仍自若。军政府于显世，根本怀疑，固岳一言，遂以信岳者信显世。洎显世阴谋得售，全局尽隳。民党虽谅岳无他，而岳终愧对民党。其居上海，盖以商业自隐。护国之役，显世咄咄书空，谓叛袁为灭族之兆，私盗库款四十万元，为逃亡预备费，属岳代为保管。共和复活，显世转化为元勋。岳条陈意见，请容纳异己，申雪死者钟昌祚等，皆不答。岳不胜义愤，断然拒绝余款之支付。其听持理由以为：贵州光复，自治党实有大功，不幸身败名裂，公道澌泯以尽，拟将辛亥事实，连同扣款，呈送中央政府，听候处置。显世扬言，将派代表，控岳于会审公廨，畏岳实践其言，不敢发。岳亦投鼠忌器，赍志以殁。

第二十二章　成都复仇之壮烈

护国之役，蔡锷以滇军主力出叙泸，戴戡亦率黔军偏师窥綦江，期会攻重庆。锷与北军张敬尧遇，鏖战累月，杀伤相当。顾弹药垂罄，已频绝境。会世凯暴殒，北军入川者悉罢归。锷声誉翔起，枢府亟举全川畀之。而滇军将领罗佩金等夙与锷异趣，阴掣锷肘。锷知恋栈无益，乃就医日本。而论荐佩金继督军，戡继省长。又悦戡暱（昵）己，特保军务会办，显示戡权力超于佩金也者。戡既得志，则日构煽川、滇两军，侥幸渔利。初，川军师长刘存厚，与滇、黔军合作倒袁。洎论功行赏，存厚独向隅，已怀怏怏。至是佩金纳戡言，议改编刘部。存厚怒，倒戈向佩金。黔军同城，乃守中立。越三日，佩金不支，以督军印交戡，率部奔资州。戡一手三印，意得甚。与客谈话，谓中国只有个半人才。（蔡锷为整个人才，梁启超不通军事，只算半个也。）"夷艰定难，舍我其谁？"其妄诞如此。

六年七月，报载复辟伪谕，授存厚四川巡抚。戡喜有辞，密议芟剃刘部，或恐不利，戡曰："川军如鸭群，我举竹梢，即散走。存厚何能为？”即下令攻存厚。当是时，川军在城者退集北隅，戡以为怯，益蹙之。黔军巷战者，归辄肩重荷。戡以为俘品，恣其虏掠。抵暮，川军大自外入，黔军仓卒保皇城。城仅有谷，并食盐亦不可得，则纵火燔附近民房，冀取给。戡电资州乞援。佩金复电，有“即日动员，兼程前进”语。戡又以为诚。待之十有三日，滇军终不至，而川军殊猛攻，枪炮声昼夜不绝。皇城轰圮数丈。戡力屈，因外人，赍三印送存厚，乞一生路还黔。存厚许之。团长廖谦谏曰：“戡，虎狼也，已入槛阱，纵之出，旋复噬人。且滇军近在资州，使戡以利害动佩金，纠合以来，是一敌未灭，又增一敌也。必不可。”参谋江德润曰：“戡虽无道，固中央命吏也。今逆勋颠仆，段阁复立，戡且电京，诬我抗令犯上之罪，正名致讨，公反为鱼肉矣。”存厚曰：“适虑不及此，且为奈何？”谦曰：“戡人面兽心，岂可与言信义。公第报如约，邀击之任，谦愿得自效。”存厚然其计。谦请德润与俱，并召所属谋曰：“吾侪自贵州出亡，含辛茹苦，坐视敌人之活跃，六年于兹矣。今以死友之灵，贼戡已入吾彀中，诸君勉之，万不令此獠生还矣。”营长田荆荣以下十余人，皆发指眦裂，拔剑砍地。乃于中兴场附近，为三复［伏］以待之。戡绝黠，以制服衣裨将，而徒步杂厮养中。伏兵发，围之三重，裨将下骑受缚，荆荣熟视之，曰：“非也，不类。”德润就丛中取戡，戡股栗无人色，稽颡[1]乞贷一死。德润曰：“嘻，吾自治党员也，尔杀吾同志多矣。吾与廖团长、田营长，皆幸存者也。尔奸宄之尤，不可以污吾刃。”挥弁兵攒射之。洞胸贯脑，以尸归成都，请成厚派员检验。存厚命肆诸锦江洲上。川人恶戡甚，或投以瓦砾，或渍以溲溺。越三日，存厚下令收葬。其夜大雨，河流暴涨，戡残骸漂没，不知所往。

第二十三章　民九之一段落

初，唐继尧虐杀民党，知为清议所不容，则竭其犬马之力，深自结

[1] 稽颡：古代一种跪拜礼，屈膝下拜，以额触地，表示极度的虔诚。

于袁世凯。赣宁之役，遣刘法坤屯兵湘边，压迫湖南，使谭延闿不敢独立。令黄毓成出川，取重庆于熊克武之手。世凯说［悦］，黜蔡锷，以继尧督云南。又听继尧自择替人，而刘显世超拜贵州护军使。于是，戴戡为民政长，何麟书为政务厅长，张协陆为财政厅长，熊范舆为中国银行行长。显世又任范舆为秘书长。析军队为二部：属于旧式者号巡防队，刘显潜统之；属于新式者号陆军，王文华统之。数年来若辈梦想之包办贵州政权，至是完全实现。而任可澄、唐尔镛、周沆，则从继尧如云南。云南之大官显职，十九为若辈攫得。宪政预备会之发展，已达顶点。然小人结合，利尽交疏。民党既翦鉏（锄）靡遗，若辈亦腹心内溃。先是湖北倡军民分治，各省慕效者众。继尧集宪政党公议，论荐候补民政长四人，郭重光居首，戡为殿。临当发电，戡阴以己名与重光易位，又促蔡锷加电密保。命下，与议者哗然，怨戡之不择手段，要继尧发其覆。显世调停其间，以为如此，将令自治党笑人。然尔镛、重光、可澄等业已分授监司，相约不就职，以消极为抵制。会继尧调任，地盘展拓，此问题乃解决焉。戡在职未几，旋与显世失欢。其为政，贿赂多门，得赃肥己。显世亦好货。两人者，道合而权相挠也。事为世凯所闻，乃以龙建章代戡。时世凯威重令行，建章承望风旨，遇事间持短长，显世不自安，频频表示求退。帝制议起，世凯不欲易置疆吏，就加显世将军衔，且锡封子爵，显世感激涕零，甘心附逆。而文华所练陆军、实数近万人，纪律严明，自信可以一战。兼其兄伯群，往来京津，颇预蔡锷密谋。文华益倔强。滋与显世忤。显世议夺文华军，不能得，则用熊范舆策，悉聚中国银行兑换券百数十万元，截角缴库，欲从财政上制文华死命。文华卒不屈。方酝酿间，滇军将领董鸿勋等已拥蔡锷，挟继尧，宣布独立。文华声势愈壮，显世无如之何，密奏曰："文华辜负天恩，自外生成，臣统驭无方，罪合万死。臣兄显潜，忠勇奋发，激厉所部，支拄叛贼，仰恳即授贵州巡按使，开府兴义，兼顾滇黔。"世凯传旨报可。顾大势所趋，国体复活。显世忘其首鼠，自命护国勋人，犹欲抑文华，尊显潜。于是新、旧军益水火，而刘、王裂痕，划若鸿沟矣。

显世本起土豪，因缘时会，于政治一无所知，或语及孙文，则戟指诟詈[1]。而文华六年游京师，独迂道谒文，自承为三民主义之信徒。其后出兵重庆，迹遥隶护法旗帜之下。八年，张百麟死于上海，文华盛称百麟功在国家，宜蒙优恤，且寓书周培艺，保证其必办到。刘党益惭恚，直认文华为敌人，短兵接矣。龙建章之离黔也，显世自兼省长，久假不归。范舆盘踞幕府自若。麟书调黔中道，代者为阴谋大家陈廷策。协陆号能理财，岁时必进奉羡余[2]。重必备员顾问，而营差缺者其门如市。文华痛政治之污秽。数献诤议于显世，显世已诺，左右辄复打消之。文华发怒无所泄，则纵伤兵捣财厅，限期公布历年收支。协陆惶怖自杀。延策宵行，为暴徒狙击，弹入于背，佯死乃免。群小震栗，稍稍引伏敛避。

已而川事急，文华再如重庆。于是显潜部将王华裔，通电讨文华，数其十大罪状，且主解散陆军。文华外竞不利，益感廓清内部之必要。密以方略授部将胡瑛、谷正伦，使率师南旋，而自养疴东下，显世闻文华之行，则大喜，与左右酌酒相劳，晏然以为莫余毒也已。

九年十一月七日，文华警卫营长孙勤梁[3]至自重庆。显世命入驻城中，与华裔部队杂处。九日夜午，勤梁出令，以一部包围督署，监视显世。分遣别队趋福德街、马棚街，解除巡防队伍［武］装。又疏熊、郭、何三巨蠹姓名，发卒掩捕。范舆已就寝，闻变，踉跄出，筐箧十余事，黄白满之。范舆指示捕卒，曰："活我，予汝金。"卒曰："杀汝，金将焉往？"立毙之。重光为复室地窖，夜寝则数易其处，虽家人弗能确知。捕卒扬言，刘督有军秘，待郭公裁决。重光不期奔出，卒拥之行。至北门

---

❶ 诟詈：辱骂；责骂。

❷ 羡余：盈余的赋税，清代州县在正赋外还增征附加额，这部分收入除去实际耗费和归州县官吏支配的以外，其余的解送上司，名为羡余。

❸ 孙勤梁：指孙剑锋。兴义城关镇人。王文华之表弟。原为王文华黔军总部警卫营长，是贵州"民九"事件的主要执行人。事变后升代理团长，不久挤走何应钦，任黔军第五旅旅长。1923年袁祖铭"定黔"成功，原黔军五旅瓦解，孙只身逃到上海。

桥，重光犹絮絮诘问，卒怒曰：“吾奉令取尔头，何诘为？”牵就屠案宰割，若刲豕然。麟书匿邻人厕中，捕卒再三索，不获，相与谋曰：“要犯兔脱，营长得毋疑吾侪卖放。”执麟书幼子及其兄之子，并戮以猗。显世请于勤梁曰：“自知罪恶贯盈，乞怜昏耆，听人穿鼻，贷死为幸。”勤梁曰：“三奸既伏其辜，宥汝已远，勉速行乎！”遂载其孥奔云南。自百麟给械成军，显世背德反噬，盗距贵州凡九年，至是始告一段落。

黔人公推文华总揽军、民。文华徘徊上海，亲吊张百麟之室，赙遗良厚。遍访自治党员，敦劝归里。既资送简书、方策等；又言于周培艺曰：“辛王往事，文华夙夜负疚，若神明之被桎梏。当时劫于淫威，不克自由主张，然阴为道地，自信保全同志不少。今谋黔政之改进，诚求公等之合作。”培艺曰：“吾侪所欲为而不及为之事，君皆已为之，合作实例，君先施之矣。”欣然戒途。文华遇刺，培艺逆知局势且剧变，然竟归。归而补苴弥缝，凡可以为力者罔不尽。践合作宿诺，又不负死友也。

〔附录四〕梁启超《护国之役回顾谈》正谬

梁启超因缘时会，冒窃大名，自与徒党更相称美，曰“第一流政治家”，然国人初不之许。誉之者曰“文豪”，恶之者曰“文妖”。豪与妖，未知孰为定评。然国人对启超，文字外无一节之可取，彰彰明也。即以文字论，启超特秉性慧黠，工于揣摩，西抹东涂，将风作雨，堆砌篇幅，以沽新民。国人急于求知，不暇别择；报既流行，名亦随之，或曰“时代之先驱”也。嗟乎，《昌言》（《时务报》之初名）之前，实有多种（如《湘报》《白报》等），几于湮没。启超果“时代之先驱”欤？至衡量学术知识，中外学者间应居何等地位？启超当自知之。然启超怙恃笔锋，党同伐异，混淆黑白，变乱是非。亲暱（昵）者扬之九天之上，敌对者抑之九渊之下。蔑事实为不足道，视天下后世为可欺。余曩居京师，知国史《蔡锷》《戴戡》两传，皆由启超具稿，交付编纂，且声明不得更易一字。其侵官妄作类如此。近阅坊间刊布启超《护国之役回顾谈》一文，诬罔悖谬，不可纪极。不嫌词费，纠而正之。方今上溯护国之役，相距不过十二年，文武在列，尽多生存，持吾言与启超较，孰真孰伪，孰得孰失，必有能辨之者。若深知其事，而又相率缄默，易世之后，必将据启超讽语夸说以为信史，而真相转而永永汩没，吾为此惧。

国曷为而须护？起于袁世凯之称帝。世凯曷为而称帝？始于民党之放逐，成于武人之欣戴。谓清帝逊位世凯即蓄叛国之谋者，周纳之深文也。（帝制失败，或咎世凯当日何不痛痛快快。大踏步径升宝座，而必迂回曲折，伪造民意，予反对者以从容布置之时日，殊为失策。然变更国体，世凯最顾虑者外交，次则武人。世凯生平，崇尚权谲，而所顾虑之两端，即以其道还治其人之身。天之报施，可谓酷矣。当欧战之沉酣也，对华外交，列强已委重心于日本。日本求逞所大欲，将乘列强之不暇东顾，夷中国为第二高丽，而唯一促进之手段，则在构扇内乱。方世凯帝制之未行，日人则以甘言诱其发动；及世凯帝制之进行，日人又以阴谋沮其成功。狐埋狐猾，浅人或疑其前后矛盾，不知日本所忌者中国强固统一，所利者中国纠纷轧轹，而于中国之南北无择也，党派无择也，共和、君宪亦无择也。彼之苦心经营，欲造成干涉之机会，取得保护之特权而已。故二十一条之提出，倭使日置益破国际惯例，避外交部而亲呈于袁世凯，且郑重致岛国之诚悃，曰："大总统容纳日本意见，日本恭祝大总统高升。"世凯乍闻此言，真如醍醐灌顶，遂于举国痛愤声中承诺其要求。不料新华之春梦未圆，岛人之态度倏变。警告延期者日本也，昌言监视者又日本也，而且容认宗社党[1]在辽东租借地训练勤王军者又日本也，招致巴布扎布授以武器令占洮南为根据者又日本也，供给二百万元于中华革命党且助其袭夺肇和军舰者又日本也。世凯如羝羊触藩，进退维谷，不得已，命周自齐[2]以特使东渡，低首再拜于跛足

---

[1] 宗社党：1912 年清朝皇族良弼、溥伟、铁良等结成集团，反对清帝退位，反对与革命政府议和，被称为宗社党。

[2] 周自齐（1869—1923），字子廙，山东单县人。曾任袁世凯内阁度支部副大臣、代理陆军总长、财政总长等职，支持洪宪帝制，被列为帝制祸首之一。1922 年曾摄行大总统之职，黎元洪复职后退出政界。

伟人之座前，但得日本玉成帝制，无论何项权利，皆可牺牲，然卒遭日本之拒绝。外交方面之经过略如此。

至于武人方面，亦有可述者。初，近畿将领要清帝逊位之电，本段祺瑞领衔拍发。然相传电稿系由北京拟妥，世凯命段芝贵[1]、赍交祺瑞者。世凯视祺瑞辈，皆其机械，不当有意思。而祺瑞质直，既赞成共和，遂认定民主。甲乙[2]之际，参谋次长陈宧[3]心以新附沐殊宠，帝制策划，多宧所建白。其始讨论进行，亦不避祺瑞。然祺瑞于诸人谈次，辄张目视承尘，木木然若罔闻见。世凯微觉之，密戒宧，后值祺瑞在座毋复言帝制。此为世凯第一次碰钉子。又试之于黎元洪。世凯夙易元洪，但令饶汉祥传语："我应天顺人，事在必办。尔自择唯两途：一死一降。"然元洪倔强其间，不降亦不死，大出世凯意外。由是世凯对其他武人，均改取慎重态度。玺书之褒劳，上方之珍赏，凡可以致其牢笼者无不为。至于五等爵位，滥封疆臣，百万金钱，掷同脱手。世凯盖亦知舍此别无维系之方矣。又借所谓请愿联合会、国民代表大会，以觇诸武人是否为己尽力。吾意当斯时也，苟号称首义之唐继尧、陆荣廷等，自白向义之冯国璋、李纯等，侃侃不屈，正言纠弹，世凯善观风色，或且临岸勒马。诸公长君逢君，坐令地方糜烂，生灵涂炭，而方觍然人面，自诡元勋，不亦傎乎？夫狐埋狐猾，岛人自谋其国之便利，吾无责焉，诸公何为而摹拟毕肖乎？吾人无可归狱，则姑以为世凯崇尚权谲之报。平旦来复，不审诸公亦有几微愧怍否？吾于此事，如鲠在喉，久思以一吐为快，而又嫌非本论范围，故附著于此。若放遂民党，则梁启超为袁

---

[1] 段芝贵（1869—1925），字香岩，安徽合肥人。曾任北洋陆军参谋处总办、驻京总司令官等职。镇压二次革命后兼安徽宣抚使。1915年督理东三省军务，兼奉天巡按使。联合14省将军密呈袁世凯"速正大位"，拥袁称帝。

[2] 甲乙：指甲寅年（1914年）、乙卯年（1915年）。

[3] 陈宧（1870—1939），初名仪，字二庵。湖北安陆人。清末官至新军统制。黎元洪时任参谋总长。1915年督四川军务。后电请袁世凯称帝。见势逆转，又与汤芗铭密谋讨袁。段祺瑞执政时任军事参议。

世凯卖力不少，具详后方。）

元年秋，世凯迎孙文入都，表示协作，文亦以交通事业自任，推世凯十年总统，相得欢甚。然孙、袁之交合，中间最蒙不利者，厥维启超之一派。启超在历史上既与民党绝对不相容，因戊戌往事，亦有宿憾于袁世凯。然窥世凯势盛，则忍辱屈节，披沥诚款，力言民党皆暴徒，不可近。本人于文字，尚有一日之长，归命幕府，无尺寸功，愿假言论机关，诛伐暴徒以自效。世凯悦，任启超高等顾问，月支夫马八百元。又以《庸言报》名义，月支津贴四千元。于是所谓保育政策，所谓强有力之政府，附会似是而非之学理，间接助长专制之威棱，皆自启超发之。虚构民党罪恶，摧毁社会信仰，磨牙吮血，一网打尽。启超如何为袁世凯尽力，凡曾阅《共和建设商榷书》及《庸言报》者，皆能记忆。无待不佞之赘陈。二年春，总选举揭晓，两院议员，民党占四分之三多数。世凯颇惊愕。或献策曰："以梁启超之声望，总统月费四千八百元，使其肝脑涂地，甘心于总统之敌人。况民党议员，多依草附木，来自田间。今宜以敏捷手腕，迅速签字于大借款，拼掷数百万元，天下英雄尽入彀中矣。"世凯曰："善。"着手初步，即合并共和、民主、统一三党而组进步党。亦即猪仔之总收容所，元从新附[1]，共饲一圈。启超与其友汤化龙、孙洪伊、陈国祥、王赓、王印川，皆为本所经纪人。世凯外库之交通银行，散发银折五百余个［万］，差次院内成绩，月给津贴二百元至三千元不等。议员纷纷议价，藉藉脱党。盖不待赣宁失败，而民党壁垒，已为世凯之黄金势力所突破。启超云："经他（指世凯，下同）几年间权术操纵，弄得全国人廉耻扫地，国家元气斫丧得干干净净。"又云："他太看人不起了，以为什么人都是拿臭铜钱买得来的。我当时大怒，几乎当面就向来人发作，后来一想，我们还是要做实事，只好忍着气，婉词谢却，把十万块钱璧回。"可谓一壁掩饰，一壁忏悔，天人交战，不堪回首者矣。方启超之助世凯覆民党也，自谓建立殊勋，日夜希冀懋赏。熊希龄内阁出现，启超乃实践其做官要做国务大臣

---

[1] 元从新附：元从，自始即相随从的人。新附，新近归附的人。

之宣言（见《国风报》），一跃而为司法总长。该党机关报摇旗呐喊，亡命鼓吹。然所谓第一流内阁，除大政方针一篇文字外，殊不能再予吾人以良好之印象。且世凯过河拆桥，毫不客气。启超唯一外援之云南都督蔡锷，其免职命令，即由熊内阁副署。此真第一流政治家第一伤心事。启超云："他（指蔡锷，下同）并非有人逼着他辞，云南人苦苦挽留，中央也不放他走，但蔡公意思，因为怕军人揽政权，弄到藩镇割据局面，自己要以身作则来矫正。他前后写了十几封信，和我商量，要我帮他忙，把官辞掉。"

就吾人所知，世凯于南方各督中，注意江西之李烈钧，云南之蔡锷，何以故？以二人名能治军故。壬癸[1]之际，贵州民党攻讦唐继尧，世凯一力袒护，买继尧之欢心，即所以孤蔡锷之党与。赣宁战役，锷企收渔利，谓将亲率两师，东下观战，助其直而壮者，击其曲而老者（原电见上海某报，年久忘其名）。世凯恶其无上，遂乘荡平南方之声威，召锷来京，且命唐继尧调补云南都督，率部返滇。继尧未到任前，命李鸿祥、谢汝翼分掌留后。观世凯种种布置，实迫锷以不得不走。而曰"中央不放他走！"何其舛耶？至谓云南人苦苦挽留，及怕弄到藩镇割据，要以身作则，尤大远于事实。当日云南人才，陆军最盛，李根源、罗佩金、李鸿祥、谢汝翼、唐继尧、殷承瓛、叶荃、黄毓成、庾恩旸、顾品珍、刘法坤等皆野心勃勃，不为人下。锷以客籍，凭借前朝资格，高踞其上，深感统驭之困难，故军府编制，副都督至三四人，协都督至六七人，可谓迁就矣。然犹不能满野心家之欲望。锷思移转争点于省外，密令私人作兼黔并蜀、统一西南条陈，上之甄录处。甄录委员自笑存之，未厝意也。锷独收索落卷，提交军事会议（锷于都督府附设甄录处，前记云云，即原任委员路朝绂见告）。无几何，遂命李鸿祥、谢汝翼出兵侵川，命唐继尧以北伐名义假道图黔。前者虽归失败，后者率告成功。锷既甘犯不韪，扶植唐继尧为贵州都督，更越逾权限，力保戴戡为贵州民政长。于内部，则排李根源为众议院议员，挤罗佩金为云南民

[1] 壬癸：指壬子、癸丑年，即壬子年民国元年（1912年）、癸丑年民国二年（1913年）。

政长，解其兵柄，无使逼处。谢汝翼、李鸿祥等，采分防制度，各授镇守使，勿使掌握较大之军队。观锷种种布置，是否企图割据，云南何人曾予挽留，启超意青年可欺以其方，是校人烹鱼之故智耳。第一流内阁瓦解后，启超拜币制总裁之命（总裁虽非国务大臣，然启超婉转依人，遵勿违夫子之戒。于是又不惜以今日之我与前日之我挑战）。锷如京师，世凯拟任为参谋总长，遭北洋旧人之反对，不果行。启超师弟虽受世凯冷遇，然葵藿向日，积忱不懈。启超云："当时很有点痴心妄想，想带着袁世凯上政治轨道，替国家做些建设事业。"盖元年以来之合作，耳目众著，无可抵赖，故启超亦不否认。久之，世凯创设经界局，特任锷为督办。经界者，丈量土地，核实侵欺，以增加收入、搜刮民财为目的者也。世凯为锷位置，煞费苦心。经界而成，世凯享滥费之实，锷蒙聚敛之名。如其酿生变故，又可以办理不善，诛谬以谢国人。锷短视，目中唯见有高官厚禄，方谓新主厚我，努力报称。时周学熙为财政总长，以刻核自憙。经界局除领获开办费三万元外，此后分文不给，且语人曰："一青布扎头者，动需月耗数万，国家财政，如何能支？"（旧式兵勇，皆用青布扎头，学熙言此，意轻锷也。）锷大辟幕僚，广罗技士，预定从京兆区域试办。办竣，即以熟练人员遣赴各省，勒限程功。月复一月，财部领款，由失望而濒于绝望，始废然叹曰："我师弟两人，殆陷于同一之命运。"盖启超主管之币制局，亦仅领获一个月经费也。四年冬，启超、锷秘密南下，世凯究问，具得学熙掯抑状，怒曰："库帑宁周氏私产，须守财虏爱护耶？小子无知，误乃公大事。"军兴后，世凯益燥怒失常度，见学熙辄戟指骂詈。学熙请假以避之。外间不明真相，疑学熙亦反对帝制，不知袁、周世姻，袁氏家天下，周氏方与国同休，彼赞助不遑，何敢反对？正坐为世凯节财，转致失人尔。难者曰："信如子言。"

蔡锷与云、贵军队，关系亦殊平常，何以锷只身西来，能使两者先后起义？应之曰，启超不云乎："论起当时对于袁世凯做皇帝，真是普天同愤。护国成功，原来是全国民心理所造成，并不是靠一部分几个人之力。"启超一篇文字，大概此数句要算良心话。云、贵军队，事前酝酿已久，云南负责者董鸿勋，贵州负责活动者王文华。两人虽只校官阶级，甚得军队信仰，中下级官佐从之如流水。惟阶级愈崇者，态度愈不明。逆溯至最高之唐继尧、刘显世，则新恩旧宠，隆施稠迭，矢忠矢敬，罔敢异心？（继尧于云南起义后之翌日，密电直隶巡按使朱家宝代奏："受人胁迫，无法镇压，惟耿耿孤忠，始终不渝。将来天兵入滇之日，尚恳保全门户，免予族诛。"世凯于电后亲批"爵位如故"四字，仍由朱家宝转复去讫。刘显世种种丑态，具见本书第四篇第二十三章。）鸿勋、文华名微位卑，对外又素鲜接洽，闻锷之来，争愿戴为首领，以为唐、刘相抗。揆度事理，殆与湖北义师起黎元洪于床下，同一机杼。谓护国起义为锷之功者，亦可以武昌起义归功于元洪矣。启超以锷为其弟子，而戴戡又锷所识拔，故欲攘护国全功，归之蔡、戴。锷受启超人格之陶镕，无确信之主义，无特立之风概，然治军颇重纪律，能与士卒同甘苦。又不嗜货利，身殁之后，家无余财，此其所长也。若戡，则至卑劣不足道。且启超与戡，似各以虚名相推重，于其出身经历，初不了了，而敢为大言以欺国人，不能不服启超之巨胆。启超云："蔡公在北京时候找出来商量大事的人，除了云南军官以外，最重要的是前任贵州省长戴公循若。戴公本来是一位学师范的文人，辛亥革命时，在贵州起义，后来做了省长，是一位极有肝胆极有才略的人。他从十月间就到了北京，受了蔡公命令，回贵州布置。云南起义后二十多天，他就把贵州响应起来。他带着一支军队出到洪江，和蔡公犄角。当时和他相持者就是吴佩孚。像他这样一位文弱书生，用些残兵弱卒，和现在鼎鼎大名第一流军人相持许久，我们可以想见他的人才和人格了。"

戴戡为贵州贵定县人，累困童子试，不售。贵阳徐天叙等创时敏小学堂，戡执贽于天叙，得为助教。久之，赴日本，习速成师范八个月，速成理化六个月。归国后，依陈国祥，为河南法政学堂庶务。李经羲督云贵，幕客熊范舆献策，强占个旧锡厂，改组锡务公司，荐戡为总经理。因范舆介，并得纳交于蔡锷。辛亥秋，戡遭父丧，回贵定。九月十四日，贵州光复、自治党柄政，开放政权，与其敌宪政党解仇结好，宪政党员刘显世数称戡于军政府，谓戡才可倚任，且与滇军都督亲审，外交上亦不无裨益。军政府延戡入枢密院，与显世对掌军事股。时九月二十九日，距光复已半月矣。戡在职未几，以蒙自兵变，焚掠公司，经手事件，亟待清理，请假赴云南。军政府坦然许之。不意戡与显世阴谋造乱，私召外兵。中间经过，具详本书第四篇第六、第七、第十、第十一、第二十三各章。故谓戡凿空生事，甘为祸首则可，谓戡在贵州起义，此真风马牛不相及。且以反覆谲诈之小人，点［玷］污我起义诸友之神圣，吾舌一日尚存，吾腕一日未断，当尽吾力之所及，声讨启超昧良造谎之罪，与天下后世共白之。

戡为贵州巡抚使，以贪黩为袁世凯所罢免，然戡仍希复用，渴望得一参政院参政，世凯不予。戡郁郁丧志，乃参与梁、蔡密谋。（世凯任命戡为参政时，戡已在南下途中。此正韩愈所云：是二人者，何其相面而毁，而相遇之疏也。）锷始派人来贵州接洽。王文华即倩［遣］其兄伯群诣津报聘，声明完全负责，云南独立，文华要求显世继续宣布，显世百计阻挠。顾军心已向文华，则亦无可如何。方相持向，戡奉锷命，自昆明来，意在助文华一臂。显世正苦不能制驭文华，当然益嫉戡。谋以人要戡于路而杀之。是时为显世划策者熊范舆。范舆本与锷、戡胶漆，然新承“统眷”（三四年间，官僚中蒙世凯青目者，以此二字相呼，稠人广坐，扬扬然甚自得也），虽卖友无恤。王文华宣言，有敢侵戡毫发者，吾必加十倍责偿。范舆乃更说显世，从速宣布，俾文华率三团出湘，戡率两团出川，先分其兵力，再相机制止。文华喜于显世之附义，即日振旆东下。戡得典兵符，亦匆匆北出。是役也，微文华，戡首领且不保，而云回贵州布置，把贵州响应，向壁虚造，言之不怍。启超以王文华为国民党人，故削其名不著。（文华始亦颇信向启超，已而悟其非，以电绝之。见其遗著《果严剩墨》中。）又查洪宪征滇军之配备，以曹锟为总司令，率第三师、第七师，向四川正面攻击前进。以马继增为副司令，率第六师、第十八混成旅，向湖南侧面攻击前进。（启超云：“锟手下十几万器械精良、粮食充足的军队。”意在张大其词，衬出蔡锷劳苦功高；但实际太悬绝了。北人素轻云贵，每云一两师兵力足够平定。此次用至三师以上，乃洪宪皇帝为维持宝座计，特取慎重态度，不可不知。）张敬尧以七师师长兼前敌总指挥，感世凯特知（辛亥汉阳之役，敬尧尚充炮兵营管带，以勇敢受知世凯，年余擢至师长），乐为效死。与锷苦战于叙、泸之间，一彼一此，杀伤相当。（当日情况，南军器械呰窳，而凭恃天险；北军补充便利，而厄于地形，故胜负得保持平衡。然若稍持久，或三师肯卖力，则锷亦不支。战役告终，谔亲访敬尧，结为兄弟，盖亦心折其智勇矣。）而曹锟受段祺瑞暗示，顿兵重庆，深居简出，徘徊观望。（锟在近畿军官中，资格最老，后进李纯、王占元辈，皆久膺疆寄，世凯独谓锟一将之才有余，方面之才不足，靳其升途。又三师元年北京之变，本世凯不乐南迁，授意为之。锟代人受过，自谓有德于世凯。迟之文长，仅晋一虎威将军之虚衔，锟中怀怏怏，故祺瑞得操纵之。）吴佩孚为曹锟部将，态度当然随主官为转移。戡出綦江，所部皆黔军精锐，大足为锷后盾。顾锷惮北军声威，怯懦趑趄。团长熊其勋等亦轻戡不知兵，弗为用。出川黔军之无功，当日在行者皆引为耻。（观王文华湖南成绩，则出川黔军之战斗力，可以比较而知。卢焘、何应钦等所述文华行状，叙次綦详，节抄一段于下："伯群在京津，日与蔡锷、梁启超相周旋。锷怀护国之志，密遣信使分咨各省，皆不得要领，持重不敢发。伯群具言公所为苦心经营者，锷推案起曰：'吾乃今知君昆季非常人也。黔省既有把握，吾决冒险如滇。'罢会。各分头进行。锷抵昆明，继尧遂举义。两人联电促显世讨袁。显世慑世凯势，且耻事前不与谋，滋不悦。公仗义力争，至于再三，犹不得。公愤然曰：'吾誓与共和同命，事在必行，爵使请以第一团兵变告北廷，杀身灭族，文华自当之。幸而有成，名利仍归爵使，方是时，全省军心皆向公，显世不得已，姑听公。仍输款世凯，以其兄显潜出任贵州巡按使，开府兴义，骑墙坐观。方是时，世凯两路出师，曹锟为征滇总司令，马继增副之。锟取道四川，继增取道湖南，滇黔军亦分两路拒敌。出四川者锷，久负海内重望，所部逾万人。罗佩金为左翼，戴戡为右翼，后路则继尧坐镇昆明，饷械转输，源源不绝。公出湖南，初起，名不显，所部除第一团外，惟卢寿之第二团、吴传声之第三团从。出师非显世本意，后方接济尤困难。公拔队东下，设司令部于龙溪口，命吴传声将右军，向黔阳；卢寿迎左军，趋麻阳，公自将中军，攻晃芷。右军连克黔阳、洪江，迂回芷江。后，中军拔晃县，薄芷城。而左路告急，传声乘胜锐进，中伏阵亡。右军亦警。公曰：‘吴团长虽殁，所部守尚有余。敌人密集左方，吾不可不当其坚者。’乃驰赴麻阳。时袁军在麻阳者为卢金山全旅，兼配第六师之一部，人数三倍于我。公昼夜督攻，几蹶复振。因械于敌，补充无缺，鏖兵连旬，大小战凡数十合，卢旅歼焉。洪宪撤销，世凯暴殒，公亦积劳成疾矣。”此文宜注意者，即出湘黔军总数不过三团，而攻城掠地，与强敌支拄达五旬之久也。）盖贵州陆军，以元年春间悉数见坑于滇寇。王文华与诸青年倦怀省耻，黾勉图强，经营三载，壁垒一新。尝胆卧薪，坚苦卓绝。当是时，黔军之精神，直可称海内独步。启超既指綦江为洪江，变易川湘之方位，又云用些残兵弱卒和现在鼎鼎大名的第一流军人能相持许久，评判黔军，既武断得可笑，恭维吴佩孚，又未免太起劲。抑军阀何常之有，脓包饭桶，侥幸成功，一战而胜，割据数省，作威作福，专擅恣睢，然转瞬弹指间旋起旋仆者，亦不可胜数已。所贵乎知人论世之君子，谓其是是非非，不逐成败为毁誉。启超徒见十一年之吴佩孚，虎踞洛阳，骄贵无俦，遂不觉五体投地，遥致其胁肩谄笑之微忱。所谓身在江湖，心悬魏阙。使见佩孚之末路，吾知启超口吻又必一变矣。

至启超讲演两广各事，吾人所知不能如北京、贵州之详确，然亦有可得而述者。陆荣廷奋迹于群盗，龙济光发祥于土司，两人用兵，皆墨守绿营习惯，学术两科，一无所知，政治头脑更谈不上。然此蠢蠢鹿豕，恰合世凯求才标准，故因两人已有之势力，俾益封殖于两广。顾表面虽极优渥，究不能与北洋旧人一体待遇。陆、龙亦自知疏逖。三、四年间，各送质子于北京。世凯悦，命侍从文武轮班招待，饮食娱乐之好，惟二子所欲，毋吝糜费。不幸陆子死于猥邪，舆榇而归。荣廷大怨望，始有二心矣。广西巡按使王祖同，世凯中表，奉密谕监察荣廷行动者也。祖同贿通荣廷亲信秘书唐楷，得冯国璋亲笔函，略谓：“世凯迩来举动，颠倒错谬。己为北洋嫡系，谏诤、反抗，两均不敢。荣廷拥兵边省，有何良策？”（相传冯国璋夫人死后，世凯为周女士执柯，强迫赐婚，受有侦察国璋密令，厥后琴瑟和谐，稍吐其实，国璋始不自安。世凯又密谕国璋监视张勋，亦勋监视国璋。两人会哨某所，酒酣深谈，各出密令互证，因相约叛世凯。）楷抄示祖同。祖同必欲得原函，再三磋磨，以五千元成交。国璋奉职南京，一日，阮忠枢至，国璋殷勤接待，问：“有何重要使命？”忠枢曰：“无之。”国璋曰：“公，上心腹，非重要事，军书旁午[1]，那得离枢廷？”忠枢徐出袖中函曰：“适有私事南行，上命作寄书邮，且属公郑重启视，毋令第二人见。”国璋大疑曰：“公日侍上左右，必知其所以然。请毋吝见告。”忠枢曰：“公徐自知。”遂辞出。国璋发视，则其致荣廷原函在焉。此外不著一字。惊怛累日，商请周夫人北上，设法疏解。并派人至南宁，诘让荣廷。荣廷心知楷所为，顾已无可奈何，召而数之曰：“汝相从十年，不足于财，何不告我，而出此下策？我念旧谊，不忍杀汝。谭、陈[2]知之，食汝肉矣。”仍给二千元，勒令即日离南宁。（此事闻之金开基。开基兄开祥，时任荣廷秘书长。）一面使人报国璋，决心起兵，属联络东南，相机响应；一面亲向祖同做功夫，自以受恩深重，无所图报，愿讨伐滇黔自效。惟广西穷瘠，要求补充饷械。祖同堕其术中，力向世凯担保。世凯允给兵饷八十万元，步枪一万支。荣廷且出驻柳州，以坚世凯之信。逮饷械入手，始揭去假面，加入护国。（世凯初亦虑祖同长厚，恐为荣廷所卖，然自揣势盛，荣廷不敢叛；且区区饷械，在西南各省如获瑰宝，中央政府殊不重视。世凯尝叹曰：“王祖同混事多年，反不如龙建章。建章早有前事不能负责之电，而祖同始终愦愦。甚矣，其傻也！”

广西独立前后，就吾人所知，事态之复杂已如此。启超乃云：“我写了一封很沉痛的信给他，陆君本来是久怀义愤，或者我这封信有点子帮助，也未可定。到三月中旬，陆君忽然派一位姓唐的军官，带着他的

[1] 旁午：交错；纷繁；四面八方；到处。此处指纷繁。

[2] 谭、陈：分别指陆荣廷统帅的桂军第一师师长陈炳焜、第二师师长谭浩明。

亲笔信来找我，要我到广西去，他才独立。我早上到，他晚上发表；晚上到，他早上发表。”荣廷僻处岭右，或对现局有所咨询，函召启超赴桂，信笔敷衍，乃书启师爷之滥调（荣廷能否亲笔写信，吾人未敢下断语），启超便说得像煞有介事，可谓不识羞者也。惟启超不将南宁之行，极力铺张，则彼之蹲煤炭房，不见十分精彩。（中国若干轮船，轮船若干煤炭房，煤炭房若干工人，积年累月，食于斯，息于斯，亦终古无人齿及。梁先生偶尔游戏，便成为历史上佳话，嗟呼！人固有能不能，亦各有幸不幸欤！）然读者试设身处地，当行军用兵之际，请一位会做文字的朋友，究竟有若大关系？元曲云：“笔尖儿横扫五千人”，吾人即准此以定大文豪之价值，亦不过为陆荣廷添上一个混成旅，而谓陆荣廷之生死存亡关头，即转移于此假设之混成旅，吾知妇人孺子，亦将曰：“先生骗我！”但究竟是文豪之文，放也放得出去，收也收得回来，故启超又云：“陆君荣廷到底是好汉，我的朋友汤公[1]到了南宁，并报告我已经启程，陆君并不等我到步，三月十五日已经把广西独立了。三月二十六日我才到南宁。”事实是相符了，身分是十足了。你看他多么游行自在呢！

龙济光与袁世凯之结合，略与陆荣廷同时，即如上述。但荣廷本据有地盘，世凯特加以追认。济光之广东地盘，则由世凯授予。又两人同送质子时，世凯于龙子，有选其尚主之说，而陆子则否。又洪宪大封功臣，龙为公，陆仅得侯。而其后，济光又加郡王衔。凡此种种，皆两广不能一致行动之真因。顾龙、陆虽趋向异途，固儿女姻娅也。启超认定，游说不成，亦绝不至发生危险，但是尽管明知无危险，千金之子，坐不垂堂，梁先生自己还是不轻易发驾的。故令汤觉顿代表尝试。觉顿亦恃启超为后援，贸然前往。不悟遂为启超之替死鬼。综观前后，济光部将之动作，当然受济光之指使，而济光态度之犹豫，当然视时局之推移。启超乘轿至观音山之日，与珠海会议之日，政治形势发展至何程

[1] 汤公：指汤觉顿（1878—1916）。奉梁启超之命以两广护国军代表赴广东游说龙济光反袁，被龙济光杀害。

度，则觉顿等之所以死，与启超之所以不死，稍有常识者能辨之矣。启超乃云："我跟着把全盘利害给他们演说了一点多钟，后来有在座的人说，我那时的意气横厉，简直和我平常是两个人；说我说话的声音非常之大，就像打雷；说我一面说，一面不停的拍桌子，把那满座的玻璃杯都打得叮当作响。我当时是忘形了。但我现在想起来，倘若我当时软弱些，倒反或者免不了他们的毒手。我气太盛了，像是把他们压下去。"启超一曲丑表功，到此结穴。但相形之下，未免令替死鬼太难为情。盖启超言外之意，无异谓汤觉顿等太软弱了，压不了他们去，其遭毒手，乃其所自取尔。

以上关系各方面事实，仅就不佞个人闻见，匡正其谬。尚有附言者，启超又云："这回事件，拿国内许多正人君子，去拚一个叛国的奸雄袁世凯，拚总算拚下了，但袁世凯的游魂，现在依然在国内猖獗。"我们试问，袁世凯的游魂是哪些？则国人将同声应曰：第一批是冯国璋、段祺瑞，第二批是曹锟、吴佩孚。（世凯尝语徐树铮曰："我死之后，北洋定裂为四派，不相统属。"树铮请说，世凯曰："冯国璋，一也；段祺瑞，二也；张勋，三也；倪嗣冲，四也。"盖张作霖虽附于北洋，然为奉系，且后起，其势力在民国五、六年间始由长成而发展，故不与于上数。）启超与国璋之关系，本文已颂言不讳，后更代国璋运动副总统，介其友林长民，充国璋秘书长。及国璋代理大总统，注意新国会选举，又系研究系为之包办。其对段祺瑞也，在第一流内阁时，已结金兰之盟。张勋复辟，祺瑞赴马厂誓师，启超又显其投机手段，驾牛车蹑踪而至，谒祺瑞于第八师司令部，袖出所拟讨贼檄文，并私人反对通电。祺瑞称善。启超曰："某为公作小书记，或不见斥。"祺瑞即席聘启超为讨逆军左参赞，以其友汤化龙为右参赞。段阁复活，启超长财政，化龙长内务。两月之间，其党简放各省财政厅、盐运使、关监督、道尹者，先后以数十计。而财部成立借款，启超实拿回扣二百余万元。（第二次善后借款之垫款契约、吉长铁路借款契约，皆启超所签押。尚有其他借款，为吾人所不及知者。）嗣因军械借款，由陆部直接日本商洽，屏财部不得与。启超大愤，始提议总辞职，拆段内阁之台。祺瑞初慕悦启超，以为世凯不能尽其用，迫令反噬，甚推心倚任之。于后考其所为，乃有孳孳为利之叹。曹、吴窃国，锟自有王毓芝、吴毓麟、李彦青、陆锦等，佩孚自有高恩洪、孙丹林等，包围专利，排斥一切政痞，不准亲近禁脔。启超无论如何颂圣，如何推尊，舍闭户著书外，殆无他法。（启超卸财政总长，后挟所得蛰居天津，自度其高等生活。失意党徒，或求通融金钱，或乞介绍位置，概以闭户著书谢绝。党徒皆诅詈不绝口。）启超明知冯、段、曹、吴为世凯游魂，而夤缘攀附，不遗余力若此，行不顾言，言不顾行，真启超之特长哉。启超又云：“我生平不知为甚么缘故，有一种自信，信我断不会横死，信我必定有八十岁寿命。”有生即有死，此人类必由之大路。如何为横死，如何非横死，中国人于此点，认之最清，辨之最晰。孔子曰：“志士仁人，无求生以害仁，有杀身以成仁。”颜渊死，孔子曰：“天丧予！天丧予！”子路死，孔子曰：“天祝予！天祝予！”他如比干剖心，子胥鸱夷，伯夷[1]饿死首阳，屈原自沉汨罗，关云长函首许下，岳鹏举伏尸狱中，一部廿二史中，愈遭横死者，愈使后人流连慨慕，感奋兴起。长乐老[2]历相四朝，令终寿考，欧阳修但以“无廉耻”三字概括之。启超平生蕲向，当然不愧冯道一流。（启超鼓吹言论，道刊印书籍，两人皆有功于文化。道居相位最久，启超拿回扣最多。衡量轻重，亦适相等。）八十岁寿命，不特启超自信，吾人亦莫不共信。呜呼！寥寥数语，不啻启超之自画供招。吾人于此，殊不必再有论列矣。

---

❶ 伯夷：《史记》之《伯夷列传》记载，为商朝末期孤竹国第八任君主之长子。孤竹君以次子叔齐为继承人，孤竹君死后，叔齐让位于伯夷。伯夷以父命为尊，遂逃之，而叔齐亦不肯立，亦逃之。伯夷、叔齐同往西岐，恰遇周武王讨伐纣王，伯夷和叔齐不畏强暴，叩马谏伐。后武王平定商纣暴乱，天下归顺周朝，伯夷、叔齐耻食周粟，饿死于首阳山。

❷ 长乐老：指冯道（882—954），号长乐老，河北沧州人，五代十国时期宰相，历经四朝十代君王，在相位20余年。

更有附及者，启超云：“筹安会[1]发表宣言的第二日，蔡公从北京搭晚车来天津，拉着我和我们另外一位亲爱的朋友。这个人现在还在着，因他不愿意人家知道他，故我不说他的姓名。”启超故意装个闷葫芦，说得他有这么一位高洁的朋友。我想，读者诸君一定心醉神往。但经我揭破出来，又要使诸君失望。其人为谁？遵义蹇念益也。念益留学日本，雅有口辩，然号称文士，乃不能搦管作一说帖。光绪末，应廷试及第，分度支部，为七品小京官。运动得河南财政监理。袁世凯罢居彰德，念益揣其复用，时往来洹上，深自结纳。世凯柄政，遂为袁幕策士之一。然念益热中宦途，而又顾虑清议，故富贵利达，视曹汝霖、陆宗舆辈瞠乎其后。目的与手段违反，吾人不能不为念益惜。元年，滇寇蹂躏贵州，民党依法申诉，念益独私右滇寇，为世凯言：“民党嚣张，藉令得志，则黔湘赣粤，互为首尾，浸不可制。”世凯惑知，任民党呼吁，悉置不理。周培艺综贵州党争始末，上书稽勋局，乐嘉藻节而录之，题曰《黔事纪实》，访启超于天津，丐其登载《庸言报》，且加公正之批评。启超阅既，怃然曰：“何哉，乃与吾友季常（念益字）所言，大相径庭？”嘉藻曰：“季常离黔十余年，一切恐亦得诸传闻，愚请以名誉作证，证所言之不妄。或先生详询季常，能举出反证，加以指摘，亦同人所欢迎。”启超苦为不得已者而后接受，卒亦不许登载。赣宁战后，戴戡以《黔事纪实》为由，电抵国务院，指索周培艺，请递解回籍，交戡惩办。启超、念益避公开之辩论，而阴谋陷人，党同伐异之一贯作风，此又其征验也。三年春，任可澄辇金入都，凡前赞助滇寇者，皆分等馈遗，谓之酬劳，独念益拒却不受。可澄再三相浼，陈国祥等亦耻独为小人，共强之。其究竟如何，吾人未尝亲见，不敢断言。念益久居袁幕，习见新派旧人，联翩发展，而己介在新旧之间，不飞亦不

---

[1] 筹安会：袁世凯为复辟帝制，制造舆论，1915年8月授意其亲信杨度出面，拉拢孙毓筠、严复、刘师培、李燮和、胡瑛等所谓“六君子”在北京石驸马大街发起组成“筹安会”。打着“学术团体”的招牌，宣称其宗旨是“筹一国之治安”，“研究君主、民主国体何者适于中国”。实则是伪造民意，为袁世凯复辟帝制制造舆论。

鸣，又病足，弗良于行，概不快意，往往使酒骂座，时或纵声痛哭，世凯益厌薄之。念益尝倩友为其兄仲常求四川巡按使，设词曰：“季常贫且病，望总统加恩。”世凯曰：“吾知之，明日，条谕庶务司，蹇念益于月薪外，另给津贴三百元。”念益知世凯意不可回，始一转而为倒袁分子。念益不愿人家知道他，以中间有这么多委曲，稍一深求，难免仙狐露尾。吾人将他表彰出来，却是为他与《贵州民党痛史》小有关系的缘故。至诸君对启超这位高洁的朋友，作何感想，作何批评，则非不佞之所知矣。

十二年夏，不佞旅居沪上，友人韦君持启超兹篇见过，且曰：“子将听其惑世诬民，不一纠正乎？”余曰：“吾于贵州往事，将有所著述，真迹大明，伪言不攻自破。”辗转兵间，此事便废。十四年夏，养疴旋里，始拟定目次，选暇编纂。然日月逾迈，材料强半遗忘，加疾病纠缠，精神短少，迄于今岁，全稿勉强杀青，叙事仍多漏略，欲破启超伪言，又轶本书范围，因更为斯文，附于篇末。

（录于《周素园文集》）

毛群麟母周太夫人五十晋八寿序

丙寅（1926年）

自古拨乱反正，每资闾巷之雄。作人育才，定藉庭闱之训。又岳鹏举艰难百战，抚捏（捏）痕而惊怀。陶士行[1]都督八州，念截发而竦息。雅歌所咏，妊姒播其徽音。典册所书，姬姜钟其懿嫩（美），稟（禀）阴贞之全德，协悠久之恒符，老享康宁，懋膺寿耇[2]。

毛母周太夫人者，川南边防总司令群麟君之母，而贵州省长继斌君[3]之姑也。系衍汝南，世居黔北，生而淑昚[4]，长益端凝。爰以绮龄，嫔于右族，赠公二难竞爽，三党归仁。石室讲经[5]，苌乃笺诗之客，平原爱士[6]，遂为脱颖之宾，拟藏器以待时，且居易而俟命，太夫人安常

---

❶ 陶士行：指陶侃，字士行，东晋名将。

❷ 耇：同考，年老、长寿之意。

❸ 继斌君：指周西成（1893—1929），字继斌，号世杰，贵州桐梓县人。少入明德小学堂，辛亥起事，充杨荩诚卫队，随征常德，1913年入贵州讲武学堂，1914年入贵州陆军第六团任连长，护国战争中随戴戡征川，1929年与滇军战时阵亡。

❹ 淑昚：同“淑慎”。贤良谨慎、使和善谨慎。

❺ 石室讲经：指西汉景帝时蜀郡守文翁，选派蜀生到京师长安学习经学或律令，又在成都修建石室讲学之典。

❻ 平原爱士：指平原君爱士胜过爱美人一事之典。平原君即赵胜（？—前251年），战国时赵国邯郸（今河北省邯郸市）人。赵武灵王子，赵惠文王弟。

处顺，伫（伫）苦停辛，黾勉庭除。绸缪牖户，篝灯佐读，用成夫子之名，洗手作羹，善养尊嫜之志，尔乃祥麐（麟）诞子，威凤将雏。当堕地之发声，卜擎天之有柱。寒谷转律，穷渊启衢。易发供馈师之粮，裂帐制同学之被。命班超以投笔，尽博万里侯封。慨温矫（峤）之绝裾，竟点千秋公论。总司令秉夫慈诚，起自行间。转战十年，驰驱数省。斩棘开五溪之路[1]，铜柱巍峩（峨）；揽衣躏八阵之图[2]，锦江浩淼；旌旄络绎，羽檄飞桂象之区[3]；抪（挥）盖联翩，将星炤（照）湘漓之岸[4]。尔乃旋军东道，返旆南辕，张我偏师，殪此大憝。顺民所欲，称天而诛。避兄弟之阋墙，去乡关而就食。于时静观大势，正统方微，寻阏伯之干戈[5]，坠生灵于塗（涂）炭。孟德恣睢于河朔，孟获倔强于昆明。谓智可诈愚，谓众可詟寡。不法极矣，无道行之。我军蹀躞涪江，崎岖泸水，奉乱而讨僭逆。门拒虎狼，互让而谋调和。谊恭桑梓，尔乃鹖披隼翼[6]，鸠居鹊巢。邢迁卫亡，陈夷蔡灭，廉蔺之交复合。良平之策[7]获施，五战逐入郢之军。故疆悉复，一鼓作胜齐之气。侵地来归，继斌总其纲维，群麟奋其智勇，所当辄靡。突将无前，威棱弘宣。凯歌盈路，以及铁额铜胫[8]之辈，莫不革面而洗心。赤眉青犊[9]之伦，咸乐稽颡而归

---

[1] 五溪之路：沅水中上游地区，代指湖南西部、贵州东部。

[2] 八阵之图：今四川、重庆一带。

[3] 桂象之区：指广西全境、湖南南部、贵州南部一带。

[4] 湘漓之岸：指湘江、漓江两岸的地域。

[5] 传说阏伯与其弟实沈互不相容，彼此争斗，被其父高辛氏迁于商丘。后世用作兄弟不和睦的典故。出自《左传·昭公元年》："昔高辛氏有二子，伯曰阏伯，季曰实沈，居于旷林，不相能也。日寻干戈，以相征讨。"

[6] 鹖披隼翼：鹖鸟披上猛隼的翅膀。比喻假借外力，作势吓人。

[7] 良平之策：指汉初谋士张良、陈平之策。

[8] 铁额铜胫：指勇猛强悍之人。

[9] 赤眉青犊：出自《东观汉记·邓禹传》："今山东未安，赤眉、青犊之属，动以万数。"后泛称农民起义军。

命。卅龄仗钺，奇男子岂不伟哉。四海养亲，大丈夫当如是矣。功存社稷，誉满西南。太夫人安不忘危。丰而能约，卮匜觿韘，手自屏当。缄管枲麻，亲为操作，慈云覆户。甘雨随车，卆（卒）贵不祥。陵母懔居高之戒，求生无憾，欧母述仁下之言。平反为加餐，报可为色喜。回霜收电[1]，累活刀头之人。掩骼埋胔[2]，并恩泉台之鬼。总司令固纯孝天至，太夫人尤盛德难名矣。当滇军之窃踞贵州也，赠公缘避寇于蜀中，遽修文于天上。虽荣哀之备物，究游钓之怆怀。太夫人念切同仇。忧深作客，屏铅华而弗御，蠲簪珥以佐军。总司令建大将之鼓旗，出遗黎于水火，政先任恤，戴吕父者千家，治企惠和，颂神君者万姓。凡当局之廓清耆定，皆贤母所指导裁成。兹者阳月良辰，恰逢千秋令节，潘杨世族，钟郝旧娴，月姊称觞，织就扶风之锦，麻姑献瑞，采来新息之珠。培艺不文，属当东笔。多福多寿多男子，含饴行见弄孙，如山如阜如冈陵。戬穀谷罄宜受，辄因驿使，附献颂词。谨序。

（录于《素园文存》手稿第二册）

---

❶ 回霜收电：喻帝王息怒。出自《文选 · 陆机》："重蒙陛下恺悌之宥，回霜收电，使不陨越。"吕向注："雷电喻威，陨越，死也。蒙天子宽，回收其威，使至不死也。"

❷ 掩骼埋胔：指收葬暴露于野的尸骨。为古代的恤民之政。

蒋序堂画像赞 有序

丁卯（1927年）

贞丰蒋序堂先生，生有至性，事亲以孝闻。清同光间[1]，贵州苗回交讧，兴义八属[2]糜烂无完土，先生奉母避难，虽造次颠沛中，必曲致其诚敬。母病足，先生燂[3]汤请洗。拂拭熨贴，能令患者忘其苦。所居近市，州牧屠侯夜巡时，往往屏立窗隙，窃觇所为，经涉旬月，习若常课。又推爱亲之心以爱弟，衣服田园，悉举优美奉弟，而自取其劣且瘠者，屠侯表厥宅里。榜曰孝友之门，盖纪实也。赞曰：穆穆者盛德之容邪，訚訚[4]者和气之充邪。修于身而皆备，式于国而可宗，慨时俗之浇漓[5]，民鲜能乎中庸。接舆佯狂而歌凤[6]。老子惊叹其犹龙。皎兮若鸡

---

❶ 清同光间：指清同治、光绪年间。

❷ 兴义八属：指盘江八属。民国时期的“盘江八属”为兴义、盘县（今盘州）、安龙、兴仁、贞丰、安南（今晴隆）、普定、册亨8个县。

❸ 燂：烧热。

❹ 訚訚：此处指和悦而能尽言之貌。《论语·乡党》：“与上大夫言，訚訚如也。”朱熹集注：“和悦而诤也。”

❺ 浇漓：指社会上人情薄，人与人之间缺乏真诚的感情。

❻ 典出《论语·微子》。“楚狂接舆歌而过孔子曰：‘凤兮凤兮！何德之衰？往者不可谏，来者犹可追。已而，已而！今之从政者殆而！’”后遂以“歌凤”为避世隐居之典。

群之立鹤，劲兮若岁寒之孤松。室不蓄财货，而累叶蒙其泽，名不登仕版[1]，而奕世[2]仰其风。呜呼先生，道由人弘，展缣素以瞻拜，信清明之在躬。

（录于《素园文存》手稿第二册）

---

❶ 仕版：旧指记载官吏名籍的簿册。亦借指仕途，官场。

❷ 奕世：累世；世代。

邓仕兰像赞

丁卯（1927年）

云台纪绩首南阳，东京冠盖遥相望。中更变故逊蛮荒，公其裔孙谱牒详。

将种由来不可当，约束市人如驱羊。农隙教战阵堂堂，能使有勇更知方。

无端小丑肆猖狂，飞燕牛角竞跳梁。奖率义师奠梓桑，追奔逐北仆且僵。

戎事甫平农事伤，赤地千里野无粮。民食草木杂秕糠，仁粟散与万斯箱。

顷年归老倦腾骧[1]，长城依旧重金汤。精神矍铄气轩昂，劫后巍然鲁灵光。

郊祁兄弟嗣显扬，天衢雍容参翱翔。积善自古多余庆，遗爱家家说甘棠。

（录于《素园文存》手稿第二册）

---

[1] 腾骧：文中指地位上升，宦途得意。

祭瞿家硐旅魂文

代明伦姪作

丁卯（1927年）

维中华民国十六年良月宜祭之辰，古宋县征收局长周明伦谨以清酌庶羞之奠致献于瞿家硐旅魂之灵，而为文正告之曰：呜呼哀哉！人之生世，石火电光，瞥然过隙，奄忽无常。扰扰营营，数十寒暑，终焉同归，逝将去女（汝）。富贵福泽，万乃得一。贫贱忧戚，不遑相恤。又其甚者，水火刀兵。饥馑荐至，寇贼纵横。鸿雁于飞，离乡背里。室家扶携，沟壑转死。呜呼哀哉，尔来兹硐，自谓善藏。桃园深处，乐以徜徉。俟河之清，否极或泰。天灾流行，卒与祸会。想尔临命，仓猝致斯。老弱百口，陈尸累累。疠邪瘴邪，不可名状。朝共爨炊，暮已稿葬[1]。狐死丘首，马嘶北风。庶几一旦，归返故宫。呜呼哀哉！尔之郡邑，吾所未知。尔之姓氏，偕尔长辞。兆域谁封，蒸尝谁飨。赍恨三泉，埋冤九壤。鬼能为厉，用物精多。聚族强死，伤如之何。日夕羊

[1] 稿葬：草草埋葬。也作“槁葬”。

下，频闻叫号。申生[1]登仆，伍胥怒涛[2]。樵苏[3]久绝，宿草先零。相惊伯有[4]，白昼见形。呜呼哀哉！我今语尔。地不爱宝，出其菁华。可供制造，硝产之利。裨益军需，烹山煮海。爰集工徒，怜尔暴骨，掩尔残肢，毋膏豺虎，毋饱螘蚳[5]。法相庄严，广延高僧。拔尔泥塗（涂），度尔上升，余业蕃昌。更建祠堂，春秋祭祀，俎豆馨香。呜呼哀哉！尚飨。

（录于《素园文存》手稿第二册）

---

[1] 申生（？—656），姬姓，名申生，晋献公与夫人齐姜所生之子，春秋时期晋国太子。

[2] 伍胥怒涛：伍员，字子胥。因忠谏触怒吴王，吴王听信谗言，反而将伍子胥赐死。传说他死后魂魄不灭，成为江神，随钱塘江怒潮出没往来，以泄其忠愤之气。后用此典表现臣子忧国悲愤之心，或形容江河波涛浪潮汹涌澎湃。典源出自《吴越春秋·夫差内传》："吴王乃取子胥尸盛以鸱夷之器，投之于江中……子胥因随流扬波，依潮来往，荡激崩岸。"

[3] 樵苏：打柴砍草的人。

[4] 伯有：指良霄（？—前543年），姬姓，良氏，名霄，字伯有，是子耳的儿子，郑国的卿，主持国政时，和贵族驷带发生争执，被杀于羊肆。

[5] 螘蚳：螘，同"蚁"。蚳，蝎子一类的毒虫。

海子街周氏支祠公产记

戊辰（1928年）

周氏之先，系出姬宗，而谱牒所详，断自晋安东将军[1]后。盖其慎也。东晋之际，世为江左望族，子孙流廒（寓）洞庭以南。迁黔始祖志贵府君，明正统[2]中，授七星关守御千户[3]，卒于官，即葬其地，故又为贵州人。明末丧乱，岐新府君挈家外徙，卒葬韩家沟。有子之郁，之郁府君生三子：成年、丰年、大年。大年府君始定居海子街，生四子：荣、树、梃、林，于时毕节设县已数十年，山川清淑，人物挺拔，府君又循循善诱。梃、林两府君相继登贤书，仕宦苏浙，为名县令。子孙入翰林者曰照，成进士者曰起滨、曰范，登贤书者曰铭勋、曰铭德、曰奕采、曰起曾、曰夔、曰熙、曰贇、曰绍源。内官至卿寺，外官至监司。其不由科第而自奋于功名之途者，乃亦不可胜数也。夫源远则流长，根深则叶茂，子孙之昌盛，大抵先泽所留诒，故鹤庆府君慨然兴报本之思。清同治、光绪间，三次独力捐输巨款，计千二百四十余金，为大年府君建支祠，置祭产，春秋时飨，雍雍肃肃，六十年来，相承勿替，往者族人尝以纤介，涉讼有司，旋耻其非，复归于好。愚观世之道德伦

---

❶ 安东将军：汉魏晋南北朝军事职官名称。

❷ 正统：正统为明朝第六位皇帝明英宗朱祁镇的年号。

❸ 七星关守御千户：官名，正五品。七星关守御千户所，设于今赫章县、七星关区交界处，守御千户所为明朝卫所制度中的一种特种编制，不隶卫，直属都指挥使司。

理，国异制，种殊俗，欧美习惯，大抵发展个人，同时……则直欲消灭国家，中华以家族为单位，适折中于二者之间，苟善保其特长，而慎防其腐化，安见不能创造弘规，转为世界所取法。礼曰：有其举之，莫敢废也。用著其事，以诏后人。府君讳熙，字子沛。咸丰壬子科举人，云南鹤庆州知州，例得备书。中华民国十有七年五月培艺记。

（录于《素园文存》手稿第二册）

为张伯群讨龙云檄

戊辰（1928年）

告三迤[1]父老并留守各部队，二六改革，本吾滇全民公意，所以顺潮流，谋进步，甚盛举也。龙云包藏祸心，企图反动，胡主席[2]察其不轨，稍加制裁，云则嗾使部属，哗然叛变，窃踞省会，胁逐长官。侯景盗梁[3]，方镇弁讨逆之师；陈恒乱齐[4]，邻封[5]动加半之众。驯至兵连祸结，苦我父老。本军兵不忍糜烂桑梓，请缨北伐，假道贵州。胡主席盛德谦冲，亦率部退驻四川，方冀龙云逆取顺守，和辑军民，使我三迤

---

❶ 三迤：云南省的代称。清朝雍正年间先后在云南设置迤东道、迤西道和迤南道，即三迤。此后，就以三迤代称云南。

❷ 胡主席：指胡若愚。

❸ 侯景盗梁：指侯景之乱，是南北朝时期梁武帝末年东魏降将侯景发动的一场叛梁之战。侯景（503—552），本姓侯骨，字万景，朔州（今山西省朔州市）人。侯景因对梁朝与东魏通好心怀不满，于548年以清君侧为名起兵叛乱，自立为帝，国号汉。梁湘东王萧绎率军收复建康，平定侯景之乱。侯景被部下羊鹍所杀。

❹ 陈恒乱齐：陈恒，又名陈成子、田成子、田常、田恒。春秋时齐国人。齐简公时，与阚止任齐左右相。承其祖先之法，大斗出贷粮食，小斗收进，以收民心。齐简公四年，攻杀阚止及简公，立简公弟骜为平公。自为相，专齐国政，尽杀公族之强者，扩大封邑，从此齐国由田氏专权，史称"陈恒乱齐"。

❺ 邻封：指相邻的封地，泛指邻县，邻地；邻国。

父老幸获一日之安。本军长虽膏涂原野，决愿复践故乡尺土，免与龙云有争夺权位之嫌，而乃违法失政，措置乖方[1]，火热水深，民不堪命。各界代表，联翩莅黔，涕泣陈诉，敦请返旆，拯我遗黎。本军长顾念北伐事重，义不先地方而后国家，迟回未即听许。顷者，统一告成，劲旅投闲，而龙云怙恶不悛，改善绝望，是用回戈内向。扫荡妖氛，爰声其罪。与众弃之，以党治国，天经地义。中央委派指导员，龙云公然拒绝。另委私人陆亚东等组织三民主义学社，声有代省党部行权负责，背叛党国，大罪一也。

……逮广州政治分会电令彻查，仍复悍然不理，袒庇凶孽，大罪二也。

前清改土归流，汉夷久已相安，龙云利用省主席资格，提倡大黑蛮主义，上年在昭通五次集会，定联夷护省踞省保夷之策。近益扩大范围，尽笼川黔土司土目，载牲插（歃）血，蠢蠢思动，摛扇丑类，大罪三也。

印刷纸币，昼夜加工，尽量滥发，强迫行使。三迤七十余县，硬货绝迹，物价奇昂，汇水飞涨，全省岌岌破产。而龙云外国银行之存款，额数激增，扰乱金融，大罪四也。

养兵所以卫民，龙云则拥兵以自卫。年来土匪横行，掳掠村镇，攻战城池之巨案，几于月有所闻，人民不敢声张，官吏亦相率讳匿，造成恐怖，大罪五也。

护国以还，吾滇武装同志，异常努力，甲胄生虮虱，妻子忧冻馁。本年五月，龙云以调学为名，大行淘汰，官佐失职者，同时达一千七百余人，非其亲信，不许生存，排斥异己，大罪六也。

两粤番摊，当局厉行革除，吾滇风气古朴，赌禁尤严。龙云广招粤商，承办赌饷，一千余万，尽饱私囊。迤南住民，十九毁家，败坏善良风俗，大罪七也。

各军正饷，克扣入己，纵使部下向商民需索买路钱，分等征收，虽

---

[1] 措置乖方：处理安排不合理。

中央特派员李仲公亦不得免，摹拟草寇行径，大罪八也。

凡此皆彰明较著者，其他过恶，罄竹难书。本军长为党国除障碍，为桑梓诛蟊贼，兵不留行，义无反顾。罪只龙云一人，卢汉以下，悔悟来归，听守原职，倘能缚献渠魁，更予从优奖叙。自余部分，皆本军长曩年[1]同袍泽共患难之人，慑于淫威，隐忍待时，或闻声响应，或临阵自拔，论功行赏，各有司存。事定之日，本军长首先解甲，滇政还之全滇父老，息壤在彼，予不食言，檄到如律令。

（录于《素园文存》手稿第二册）

[1] 曩年：往年，以前。

杨欣如哀辞

戊辰（1928年）附后记

余家与欣如先世姻好[1]，暨余伯妹复适欣如，欣如天资英敏，读书目数行下。始欣如之尊人筹饷练团，保障危城，积劳成疾以殒，欣如崭然露头角，众谓天将昌其后也。欣如从兄弟数辈，材出欣如下远甚。从父[2]某，嫉欣如之轶其群也，阳择师专课欣如，阴实导之纵博[3]。欣如不胜诱惑，迷而不反，遂荡其家。然欣如固以其间补学官弟子，食廪饩[4]、作律赋，运用经史成语如己出，诗亦流丽自然。尝与朋侪[5]赌赛，穷一日夜，力背诵唐宋律诗八百首。其博闻强记，率此类也。欣如长余十二岁，顾不以晚进少我，往往过从，谭艺[6]甚欢。见余所作古文，为之称赏不容口。余语欣如君，盍弃彼即此。则慨然曰，吾丛俗诟病久矣，方欲改行自新，而骂讥笑侮，已环伺迭起。况时过后学，则勤苦难成已矣。令子知吾心耳。相向累唏而罢。今年四月，余遭先慈大故，欣

---

[1] 姻好：姻亲、婚配。

[2] 从父：父亲的兄弟，即伯父或叔父。

[3] 纵博：尽情赌博。

[4] 廪饩：旧指由公家供给的粮食之类的生活物资，科举时代由公家发给在学生员的膳食津贴。泛指薪给。

[5] 朋侪：朋辈。

[6] 谭艺：谈论文章。

如来吊，伏地痛哭失声，谓老人绝爱怜不肖，自兹以往，茫茫尘世，更无亲我之人矣。呜呼！孰意未及三月，君亦遽与此尘世长辞也。欣如体素清癯[1]，而鲜疾病。前卒之三日，犹流连博场，肩舆[2]归家，疾遂竺（笃），余趋视，已不能言。呜呼！逮吾交君时，君已宛转污泥之中，努力而不能振拔。今兹一瞑不视[3]，在君可谓善自湔祓[4]。世之阴谋贼人者，固不藉刀剑，而君之见贼则以其圭璋特秀，聪明夙成也。悲哉！悲哉！乃为之辞曰：

木秀于林风必摧，祸机已自初生胎。风兮风兮奈若何，狂飙横扇漫山阿。

右（上）为清光绪二十四年余初学古文时作，屈指盖三十年，文不加进，而人则已老。余以饥驱糊口四方，所识瑰玮卓荦之士，较其脑力殆莫逮欣如。欣如负绝世异禀，而为人纳之陷阱，终其身无伸眉之一日。呜呼！社会为万恶渊薮，不其谅与。欣如祖母周，余姑祖母也，尝语先祖母曰：儿媳相继早逝，榕孙孤弱（欣如讳榕林），人皆得而鱼肉之。吾为榕孙相偶，莫贤于荇孙（伯姊讳培荇），榕孙纵蹉跌，荇孙决再造，杨氏嫂必许我，先祖母笑而诺之。欣如没后，伯姊含辛茹苦，卒抚四甥成立。欣如资产荡尽，惟所居宅，与叔父某各剖其半，某百方谋得宅，姊宁以身安穷饿，终守而弗失。某家衔姊切骨，然未尝不私叹为铁石人。嗟乎！姑祖母诚知人，姊诚不负所期哉。欣如长女慎卿，适贵阳金子重，自以幼遭家难，母党凋零，尝乞余书，用作纪念，诺之而未暇。今年来省，主于子重累月，遂写此以诒慎卿，甥一出四男，书而父母咸在，甥亦可以稍慰矣。中华民国十七年十二月，培艺附记。

（录于《素园文存》手稿第二册）

---

[1] 清癯：清瘦。

[2] 肩舆：乘坐轿子。

[3] 一瞑不视：闭上眼睛，不再睁开。指死亡。

[4] 湔祓：涤除污秽、恶习。

陆军上将国民革命军第九路总指挥
贵州省政府主席周公墓表

代易怀之作[1]

己巳（1929年）

中华民国十八年五月，滇人入寇，盘县防军失利，烽火达镇宁。总指挥周公[2]赫然震怒，亲督援师，倍道赴急，阵于八楞［坝陵］桥[3]。我后军未集，集者亦甚惫。寇挟方张之势，悉精锐扑我。公立最前线指挥，十荡十决，士皆殊死斗。寇惊愕，几引退。而寇中黀李燊[4]部曲，

---

❶ 易怀之（1871—1948），名荣黔，又字晓岚。民国黔军将领。贵州普安人。清末为旧防营管带。辛亥革命后追随刘显世充贵州游击军第一路司令。后为何应钦部黔军团长。在黔军内部火并中，左右依附，官至周西成部旅长。

❷ 周公：指周西成。

❸ 八楞［坝陵］桥：今贵州省关岭县境内之坝陵桥。

❹ 李燊（1889—1930），字晓炎，一作小炎。贵州贞丰人。清末毕业于贵州陆军小学，辛亥革命后入黔军袁祖铭部，历任排长直至师长。1927年随袁祖铭参加北伐，所部扩编为国民革命军第四十三军。袁祖铭被唐生智部在常德诱杀后，李燊投靠蒋介石，助蒋讨唐。受委为西路讨唐军事委员会副主席。1928年因蒋欲将其所部“整编”，遂率部回黔，与周西成争夺地盘。1930年初，蒋介石调李到南京军事参政院任职，李未就，留居香港。是年冬病亡。

东征一役[1]，尽识公，藉藉指目曰：“彼主官，彼统帅，殪彼，众溃矣。”万枪攒射，飞弹掠须鬓而过。幕僚劝公暂避。公曰：“寇敢侵略吾省，吾以身为省障。今日之事，有前无却，去此一步，非吾死所也。”揩拄久之，竟以阵殒。

公结发从戎，积资十余年，遂跻封疆，建节钺[2]。方其转战湘川，无攻不克，无坚不摧。吴佩孚为之仄席[3]，唐继尧折节订交，固已蜚声河朔，驰誉西南。逮李燊拥常胜之劲旅，假思归为号召，卷甲疾趋，沉舟破釜，鸷若鹰隼，猛若虎狼。酉秀[4]退舍，松铜登陴。公振旆东征，随方角拒，奇正互用，刚柔杂施。曾不数月，而燊部三万众，忽如瓦解冰消。燊亦仅保残喘，逃死于碧鸡金马[5]之间。此非智勇天赐、才略冠时者乎？

燊败亡之余，不忍匹夫之悻悻，纠合盗贼，蹂躏梓桑，彼滇寇固久欲求逞于我。入民国十八年，寇袭我已三次[6]，而皆以盘江人为之伥。天时人事，遥相呼应。公知大难将作，拼一身以塞劫运，而卒不可得。公一没（殁），而全黔糜烂无完土矣。

顾公之躯体虽没（殁），而公之精神则如伏流四泻，澎腾灌注于全军，我军骤闻公丧，莫不悲愤填膺，拔剑砍地，人自为战，家自为守。滇寇李燊能造成元年十二年之局势，而终不能久踞贵阳，僭窃政柄。贵

---

[1] 1928年10—12月，李燊所部第四十三军由鄂湘回黔，与割据贵州的第二十五军周西成部发生激战，史称“黔东之战”或“周李之战”。李燊败北，逃入云南。

[2] 节钺：符节与斧钺；古代授与官员或将帅，作为加重权力的标志。

[3] 仄席：侧坐以待贤良。

[4] 酉秀：指今重庆市酉阳、秀山两县。

[5] 碧鸡金马：《汉书·郊祀志下》中所记神名。此处指云南昆明。因昆明有金马、碧鸡二山，相传为汉时祭金马、碧鸡神处。

[6] 分别指1912年3月唐继尧所部滇军入黔颠覆贵州军政府，1923年2月唐继虞所部滇军以拥戴刘显世回黔为名入据贵州，1929年4月龙云部滇军与李燊部黔军联合入黔攻打周西成。

州民众忍痛于一时之混乱，然不旋踵而侵地尽复，羁轭悉除。世传，死诸葛走生仲达，今观于公而益信。呜呼！公可谓不死矣。

公讳西成，字继斌，贵州桐梓人。其世次生平，具详于诸家传志，余独论公之存没（殁）与全省安危之所系，亦公之遗志与。

按：周李战争，为军阀火并之常态，亦民国特有之产物，其事本无是非之可言。文人有所论列，须先观其所与。若中立持正之人，固宜以客观态度出之。四十三军之战斗力，较二十五军自为优，然终于挫败者，则主客异形，继斌有后台，而小炎无之也。唯小炎引滇军入侵，实犯众怒，故予文叙述皆着重此点。即面对小炎，亦当以大义严绳之也。易为周部将、本县驻防军旅长。其请势不能却。文成后以示易。易以篇幅过长，碑石不能容，请予删节。余文本一气呵成，无可删节，因另撰予之而并存[1]。

（录于《素园文存》手稿第三册）

[1] 指作者的另一篇文章《陆军上将周公碑》。

陆军上将周公碑

代易怀之作

己巳（1929年）

中华民国十八年五月，滇人入寇，烽火达镇宁，国民革命军第九路总指挥贵州省政府主席周公，亲督戎车，倍道赴急，遇敌八楞［坝陵］桥大战，公薨于阵。春秋之义，将死军，吏死职，大节不夺，皭然[1]凛然，呜呼，烈矣。军长毛公，秉持遗教，激励士卒，驱殄巨憝，恢复故疆，以十九年一月，葬公原籍桐梓县之某乡某原。

少全追维伟业，感念旧恩，伐石稽勋，系之以铭。

铭曰：岳岳[2]周公，结发从戎，艰难百战，积善厽（垒）功。爰始入伍，龙血玄黄，挥戈北伐，为国休光。仕优而学，术略交修，桓文节制，孙吴权谋。偏裨十年，莫展骥足[3]，脱颖湖湘，蜚声巴蜀。曹吴[4]恣睢，图霸西南，有力如虎，其视眈眈。公提弱卒，独抗凶锋，渝州大捷，冕弁群雄。黔军之兴，至袁而大，滇寇内侵，乃竞于外。公恤黔

---

❶ 皭然：洁白、洁净、清白的样子。

❷ 岳岳：挺立貌，耸立貌；形容人刚直不阿；喻人位尊气盛，锋芒毕露。文中喻人锋芒毕露。

❸ 骥足：比喻高才。

❹ 曹吴：指曹锟、吴佩孚。

难，与袁协规，寇亦解体，遁迹灉（邕）漓（漓）[1]。袁从民望，推公留后，既治既安，可战可守。北阎南周[2]，众口一词，佥谓贵山，太行匹齐。风起尘合，事变仓皇，成仁就义，翱翔帝乡。遗爱在民，贞珉[3]不朽，千秋万岁，同此悠久。

按：前稿交去后，怀之以碑石不能容为辞，敦请易草，余揣其未言之隐，欲归功于毛，一也；不欲显树怨于李，又其一也。因为更其面目如此，谨严妥贴，或胜原作，以言气势，不逮远矣。

（录于《素园文存》手稿第三册）

[1] 灉（邕）漓（漓）：指邕江、漓江，代指广西。

[2] 北阎南周：指北方的阎锡山、南方的周西成。

[3] 贞珉：石刻碑铭的美称。

陆军上将周公专祠碑

庚午（1930年）

公讳西成，字继斌，贵州桐梓县人也。其先出吴大都督瑜[1]，自江右徙湖南，再迁兹土，仍世耕读，乡里称曰：积善之门。

公以县学隽异应征从军，辛亥革命与于开国之役，都督杨荩诚北伐，公又荷戈前驱，南北和议成，我军顿常德，而后方空虚，滇寇袭踞贵阳，中央不能讨，且就加任命，师人积愤，以有铜仁之战，君子六千，伤亡枕藉，公解甲归，折节入讲武校，潜研术略，不求闻达，护国护法，援湘援桂，驰驱四省，绩效卓荦。当事以北伐旧嫌抑而不叙，沉滞偏裨，荏苒十年。

定黔之役，主者倚曹吴为后遁，公义不北面，出驻四川，之涪陵，黔士从之者如归市。十二年春，滇人再入寇，公建靖黔军返救桑梓，入自遵义，战于乌江，寇众十倍我，公不利却退，黔北一带复没于贼。然自是以来，人皆知公不附成功，不畏强御，特立独行，威望彰著，较其所得，盖有出于土地甲兵之外者已。

川战结束，黔军主者以协作驱滇请公曰：此夙志也，愿听指挥，滇人内省弗敌，敛兵去之广西，公尽复贵州西北路，整军缉匪，察吏

---

[1] 吴大都督瑜：周瑜。

安民，民出水火而登衽席，歌颂之声翔起。彭汉章[1]名省长，而纲纪隳废[2]，百度不立，坐视悍将骄兵，诛求疲民，民胥怨则相与赴诉于重庆。主者顺民之欲，罢彭而进公，公于是兴学校，劝农商，厘币制，核财政，凿油田，通山道。官无不行之令，人怀乐业之心，治绩之美，民国以来秉黔政者莫之或先焉。

十八年夏，滇人三入寇，且挟李燊为军锋，李燊者，褫职四十三军军长，于十七年违令犯黔，公劳师东征，仅乃平之者也，至是闻燊又作虎伥，则勃然怒，亲督诸军迎击于镇宁之八棱［坝陵］桥，大战，公薨于阵。国家军制耴，则欧陆前行之任委诸下级论者，谓列将以上皆无死，法况于三军之主元帅之尊，故闻声避敌者有之，藉口全师者有之。呜呼！公可以不死而竟死。亦令滇寇知望实如，公且轻于一死，则我军将士之致死于彼者继起，正自多人，彼能扰我而不能有也。且损我未见即益彼也。彼醉心侵略者，亦可以休矣。呜呼！此公一死所以重于泰山与。

越明年，中央特令褒扬，邦人追思公之盛德，大业杀身成仁，相与立祠树石，丕显洪烈。其词曰：

百六之会，群雄喧豗[3]。强食弱肉，命贱尘埃。嗟尔西邻，有毒如虺。帅将丑类，呼啸偕来。吸我膏髓，厕我舆台[4]。民元之愆，蔡唐[5]为

---

❶ 彭汉章（1890—1927），号仲文，四川潼川（今三台县）人。行伍出身。1922年因支持袁祖铭“定黔”擢升混成旅旅长、师长。1925年1月23日取代唐继尧接管贵州政权。1926年任国民革命军第九军军长。1927年5月被唐生智杀于武汉。

❷ 隳废：文中指破坏、废弃。

❸ 喧豗：文中指纷扰。

❹ 舆台：舆和台是古代奴隶社会中两个低的等级的名称，后来泛指奴仆及地位低下的人。

❺ 蔡唐：指蔡锷、唐继尧。

魁。龙酋[1]袭智，蓄雉作媒。敬瑭三桂[2]，祸所由胎。周公奋发，捍患御灾。壹军民志，兼文武材。以死勤事，拼骨成灰。噀血[3]杀贼，没而犹咍[4]。桓桓留后，安危之才。终焉荡寇，阴霾尽开。立庙故里，有柏有槐。春秋时享，以慰永怀。

（录于《素园文存》手稿第三册）

---

[1] 龙酋：指滇军将领龙云。

[2] 敬瑭三桂：石敬瑭、吴三桂。

[3] 噀血：含血而喷。

[4] 犹咍：犹欢笑。

桐梓周公专祠碑

庚午（1930年）

中华民国十九年冬，桐梓周公专祠落成，始命有司春秋致祭礼也。经曰：以死勤事则祀之，以劳定国则祀之，能御大灾则祀之，能捍大患则祀之。维公伟业丰功，古义悉协，黔人追思，敬慕历久弗衰，牲醴具陈，乐歌宜备，于是伐石镵[1]辞，播之永永。其词曰：

岳降兮崧生[2]，有美一人兮命世之英[3]，起素门[4]兮升卒伍，通古今兮兼文武。夫何黔局之纠纷兮，夜漫漫其未旦，哀生民之无知兮，谁令致兹塗（涂）炭，公奋袂于偏裨兮，建大将之鼓旗，犯万难以进取兮，终得位而乘时，念山性[5]使人塞兮，蚕丛[6]闭钻乎鬼区[7]，命五丁[8]而施

---

❶ 镵：此处为凿之意。

❷ 岳降兮崧生：指“崧生岳降”。指出身高贵的大臣，或喻天赋特异者。出自《诗经·大雅·崧高》：“崧高维岳，骏极于天，维岳降神，生甫及申。”

❸ 命世之英：原指顺应天命而降世的人才。后多指名望才能为世人所重的杰出人才。亦作“命世之才”“命世之雄”。

❹ 素门：寒素门第。

❺ 山性：山民质朴的性格。

❻ 蚕丛：古代神话传说中的蚕神，蜀国首位称王的人，养蚕专家。借指蜀地。

❼ 鬼区：边远地区。

❽ 五丁：传说中的五个力士。

工兮，摩讬驰骋乎康衢。凿油田兮杜扇戹，立学府兮启弘规，惠我工商兮，整我军旅，三年有成兮，百废具举，人好护其天性兮，祸爆发于朋僚。帅非类以求逞兮，忘同根之煎熬，公杖顺以讨逆兮，谓守土余有责，将省亡而与亡兮，拼裹尸夫马革。大星殒兮落日寒，部曲致死兮，疆宇重安，昭明德兮禋祀肃，立新宫兮庙貌完，松桷兮柏梁，奠桂酒兮椒浆，肩臑[1]胉[2]骼兮荐芬芳，竽笙箫管兮盈耳洋洋，公来飨兮福我民，民事公兮严若神，千秋兮万岁，非公兮何亲。

（录于《素园文存》手稿第三册）

❶ 臑：牲畜的前肢。

❷ 胉：牲体的两胁。

族母王太夫人八十晋五寿序

辛未（1931年）

吾族自志贵府君迁黔，迄今四百有余载，即大年府君定居海子街，亦二百有余载。朝代之变迁，则由明而清，而中华民国；方舆之沿革，则由卫所而府属县而一等县。周氏之令名，永与毕节二字胶沾而漆附。积善累功，保世滋大。县之故家[1]右族[2]，或炽昌先达，未几而陵替[3]相属矣。或显赫同时，未几而泯没无称矣，或焜耀晚近，未几而零落。晌届矣，余尝深求其故，知周氏之特点，可得而言者约有三端：一曰仕宦无墨吏[4]。吾族由科第起家，或假他途自奋于功名者，先后不下百人，大率束身圭璧[5]，砥砺廉隅[6]，微特以赃私罣（挂）吏议登弹章[7]者，概乎未闻。即退而闲居，亦从无广蓄姬妾，厚自奉养，崇饰宫室，田连阡陌之事。盖世俗所谓豪华汰侈，几与吾族绝缘。二曰子孙守素业。自

❶ 故家：世家大族、世代仕宦之家。

❷ 右族：豪门大族。

❸ 陵替：衰落。

❹ 墨吏：贪污的官吏。

❺ 束身圭璧：束身，指约束自己，不放纵；圭璧，泛指贵重的玉器，以物喻人，即以圭璧之标准来约束自己。

❻ 砥砺廉隅：磨炼节操而使品行端正。同“砥厉廉隅”。

❼ 弹章：弹劾官吏的奏章。

寄籍以还，服田力穑[1]，黾勉作劳，随文化之进展，弦歌在室，冠裳在庙，济济焉，彬彬焉。然仕宦者之子孙，向无以官为家之谬想。俊秀虽升于庠序，朴愿仍归于畎亩。间有二三不肖出入衙叁（斋），通联声气，依恃门荫，割剥善良，则族之人疾首蹙额，引为大戚，指谪之加严于清议。三曰阃内[2]多贤助。族人宦辙遍海内，而娶妇恒择于旧姻，大惧援系华宗，沾染敝俗。往往在官之日，而澣（浣）濯缝纫，不假婢仆，甚者井臼庖湢，百凡躬亲。其夫若子，内顾无忧，秕糠荣乐。廉俸所入，足以给事，蓄之资衣饰所需，终不改贫薄之素。是三特点，本人类之懿行，非吾族所私有。而吾族秉承先训，树立宗风，习与性成，从容中道，则夫播清芬于悠久，延世泽于无疆。其致斯也，不亦宜乎！余更即后者，举例以明之。昔我先祖考绍基府君英才，早世先考和生府君呱呱在抱，赖先祖妣顾太君居穷自力，以养以教，先考拔起孤寒之中，清风亮节，远近宗仰，至今子孙犹食旧德无替。族父竹叁（斋）先生，蓉帆太常犹子也。席丰履厚，望实[3]兼隆。晚年弃诸孤，而家亦中落。赖族母王太夫人克勤克俭，艰难支柱，由是次刚昆季，相继发闻成业。诸孙若可成，稚玖[4]辈，或潜心文学，或致力武功，骎骎日盛大。嗟夫，所谓兴废继绝，倒日回天[5]，若先祖妣与太夫人，非其明效大验与。始余年十七八，每诣海子街，必投止太夫人所，与诸兄流连景光，评论古今，杀鸡为黍，悉太夫人手自料理。待人接物，常含善意。一门之内，皆祥和所笼罩。余有时烦忧拂怒，郁郁不可自聊。一侍太夫人

---

❶ 服田力穑：服，从事；穑，收获谷物。指努力从事农业生产。

❷ 阃内：妻室。

❸ 望实：名声和实际；威望和实力。

❹ 稚玖：指周稚九（1901—1991），贵州省毕节县（今七星关区）人，历任毕节专区支前委员会委员，毕节县各界人民代表会议副主席，毕节县政协常委、副秘书长）副主席等职。

❺ 倒日回天：犹言旋转乾坤。

侧，辄不觉忿戾[1]都蠲[2]。尝语所亲曰：持家制行如太夫人，有不蕃昌寿耇，则天道人事为无凭。余倦游归里，拜太夫人于寓宅，神明强固，无殊当年。福禄骈填，户牖[3]充溢，即私幸曩言之有征。今岁二月，又值太夫人八十晋五寿辰，宗党姻娅制锦祝嘏[4]，佥曰：为文莫如子宜。余惟太夫人坚苦卓绝，再造门户，于法应有述。而谰语谀词，则亦弗藉余之操笔。因推论吾族兴盛之源，而举先祖妣暨太夫人以示例。昔姬宗之隆，归美任姒[5]，葛覃[6]麟趾[7]，多咏叹后夫人之什。周氏之有今日，即谓尽出于贤母，本无不可。特见迩日子姓颇务驰逐纷华，鲜克留意根柢；操守一端，尤有溃防踰（逾）闲之势。用并揭前两点，以戒族之后生小子，毋趋一时之便利，而隳累叶之家声。诸兄试诵余文于太夫人前，必蒙许知言而欣然为进一觞也。

（录于《素园文存》手稿第三册）

---

❶ 忿戾：蛮横无理，动辄发怒。

❷ 蠲：文中指清除，疏通之意。

❸ 户牖：门和窗。比喻学术上的门户、流派。

❹ 祝嘏：祝福、祝贺寿辰。

❺ 任姒：周文王母太任与周武王母太姒的合称。古代认为二人是贤惠后妃的典范。

❻ 葛覃：《诗经 · 国风 · 周南》中的一首诗，古代学者多认为诗中的女子应是一位妇德、妇言、妇容、妇功俱佳之人。

❼ 麟趾：比喻有仁德、有才智的贤人。

国民革命军第二十五军军官政治训练团同学录序

代江佩玙[1]作

辛未（1931年）

新制度之产生，恒依于环境之需要。其尝试而有效者，必其最适于环境者也。有史以来，军事常为政治之工具。政治停滞不进，或故障横生，则倚恃武力为之疏通而扫荡，然后政治复纳于轨道，顾武力亦自有其特质。其为用也，喜专断，恶拘牵；平日积受政治之压迫，一旦抬头，亦往往恣肆泛滥，浸成包揽把持之局势。古今中外，大较然也。自苏俄创立赤卫军，始于军队内部断行政治训练。总理以世界眼光，广集众长，爰命黄埔军校，仿而行之中国。担任政训工作之第一人，则廖仲恺也。其后迭次演进，由军校而推及各军，由各军而推及全国。东征、北伐，誉望隆盛，盖第一步使武力与人民结合，第二步使武力为人民之武力。总理生平之弘愿，即在政治军事共炉合冶，略无畸轻畸重之差，

---

[1] 江佩玙：名国璠，贵州桐梓县人。贵州陆军讲武堂毕业后，一直在黔军周西成部任职。1923年被委任为第一旅旅长，后改任重庆铜元局局长、黔军驻渝代表。1929年毛光翔主黔后，被任命为军官政治训练团团长兼教导师师长。1932年王家烈取代毛光翔后，江图谋发动倒王政变，谋泄未遂。王念及旧情，将其“礼送”出境。江流寓广西，先后在梧州、柳州开办乐群书店。

永绝一治一乱之弊。而苏俄政训制度，恰为实现上述主张之阶梯，故毅然采用而不疑。清党前后，中经事变，枢府应时伸缩，卒保此制勿废。黔军自改隶中央，成立二十五军，虽一切恪守编制，而以边省多故，政训终有未遑逮，今军长毛公[1]召开军事会议，谋所以实施政训之策，佥日本军担负地面延袤千里，毗连四省，星罗棋布，集团为难；且政治理论人自为说……莫若就军部所在地，设置机构，轮班抽调，作有组织有计划之训练，比其意志统一，进而指臂联络，层层灌输，节节领导，因地制宜，庶乎其可？军长曰：善。乃命国璠实董斯役。于是草拟章制，延聘专家。讲义承自中央，而参考书籍，搜罗至数百种。军长限于现役而编余俊彦，甄录亦数百人，教学相长，寒暑累更，研究兴趣，日引月长。诸君服务之成绩，虽尚期待于方来，而只此不乐浅尝，不求速化之苦心，已足以对己对人而无愧。《论语》：“子使漆雕，开仕对曰：吾斯之未能信。子说。”自兹以往，为诸君确能自信之日，亦即督励部署，为民众牺牲奋斗之日。军队无意志，以民众之意志为意志；军队无利益，以民众之利益为利益。发挥疏通扫荡之长，洗涤包揽把持之短。总理之所希望者在是，军长之所训育者在是。国璠厕身其间，与有荣施矣。

（录于《素园文存》手稿第三册）

[1] 毛公：指毛光翔。

李小谷墓表

辛未（1931年）

呜呼！辛亥革命贵州自治党人，功首罪魁，眴（瞬）息易位，死于叛兵之贼害。死于滇寇之虐杀。死于刘显世、戴戡、任可澄之倾挤构陷，死于京津沪汉粤桂川湘之穷饿流离，乃至不可胜数，其备尝险阻艰难，犹及见敌党之崩溃，从容还乡里，与父老道契阔，仅余暨彭君明之、平君少黄、方君竹经、简君孟平、李君小谷等寥落不逮十人。小谷视余等年最少，用心又最缜密，学有专长，周旋于执政贵要间，皆能䜣（欣）合，无忤未来之创造，余等皆属望于小谷，而小谷不幸竟先余等死。哀哉！方自治学社之发起也，内无一星之财源，外有万钧之压力，卒能改变环境，揭櫫主义，使荒秽芜塞之贵州另启一新塗（途）径，始事诸子之热诚毅力，实有未易企及者，于时，总持纲领，则张君石麒奔走游说，则张君秉衡、黄君荐卿佐理内务，赞画机要，则陈君楠荪、韦君少权、李君小谷。小谷家素贫，恃小学教员以自活，而精力之贡献于党者，较学校尤多。辛亥六月，小谷被举为中央教育会会员，如京师出席会议，十一月旋黔，遂以立法院秘书长兼军政府枢密院枢密员。敌党阴谋夺政权，贿嗾东路巡防营作乱，戕黄荐卿，逐张石麒，又遣戴戡、周沆招致滇寇，寇酋唐继尧藉北伐名义假道贵阳，深宵掩袭，颠覆我军政府。钟君山玉、赵君纯臣、许君阁书、彭君心德、李君友桃等先后并以无辜及难，小谷亡命四川，潜心问学于政治经济研讨，尤力见知。杨省长庶堪，袁督办祖铭，彭省长汉章，周省长西成，历任四川省署内务科长，川黔边防督办署财务处长，黔军总司令部军需处长，重庆官钱局总理，贵州财政厅长，贵州官产处长等职，筦（管）钥库局出纳巨亿，身处膏腴之地，力足以润其屋，沾溉其邻里乡党。而一朝物故，囊无余财所蓄，金石书画计值不过数千元，妻子衣食才足而已，先是敌党得志，一意消灭自治党，毁其生命犹未足，又污蔑其名誉，通电全国，谓党人皆土匪，谓贵州秩序已破坏，赖彼辈请滇军以剿平之寄生之。报纸作伪之官文书，丧心昧良之私家著述，言论一致，咸成铁案，洎彼辈藏汙（污）狼藉，稔恶自毙，当日残存之土匪执政，咸备礼延接洽事，事办所至有声，狷介之守，穷而益励，社会惊叹，土匪固有能力，固有节操，且所谓秩序破坏云云，亦弗能举事实以相证明。于是余等已失之名誉，始见回复，而余与竹经、夙婴疾病，明之亦衰老。孟平复出，少黄以佛学自隐。呜呼！余等二十年之努力，仅得洗滌（涤）土匪之雅谥而已，头童齿豁[1]，生趣索然，今又执笔表小谷之墓，感旧伤逝，余如何能已于悲痛也，小谷蒞（莅）官行事，暨其家世具详，独山万君大章所撰行状，余独著小谷与自治党之关系，为黔人正告焉。中华民国二十六年六月毕节周培艺表。

（录于《素园文存》手稿第三册）

[1] 头童齿豁：头顶秃了，牙齿稀了。形容人衰老的状态。出自唐·韩愈《进学解》：“头童齿豁，竟死何裨？”

文华图书馆募捐启

辛未（1931年）

中华民国十九年，贵州省党务指导委员会呈准中央建立文华图书馆，于时距王文华先生之遇害已历十年矣。先生有大功于党国，尤尽瘁于桑梓，综其本末，盖无日不与恶势力作殊死战，土豪劣绅军阀官僚，层层包围，重重压迫，其始也，百计软化先生，软化不得，一变而排斥，排斥不能，最终遂出于暗杀。先生从腐坏环境中，认清立场，不屈不挠，以倾向于革命，以服从总理为职志，是为先生致死之唯一原因，然先生虽死，而先生所服从之主义乃大昌，数年之间，全中国领土悉为总理信徒所统治，而先生所尝提携领导之同志，又皆能为党国效忠，为桑梓服务，以发皇光大先生之志事，彼恶势力者，大部分已奄然物化，千年遗臭，残存者，亦寄生偷活，万人唾弃。文华图书馆之建立，其意义有二：一则纪念先生之人格，一则完成先生之遗志。请分析言之。始先生所入之学校，以养成奴隶为宗风，先生独私怀民报，窃读于自习室，累被记过。嗜之弥竺（笃），张铭、平刚革命之先觉，主校事者尤视如蛇蝎。先生一见倾心，自陈志事不讳，辛亥革命自治学社实主其谋，自治学社者，贵州之地方党而全体加盟同盟会者也。以九月十四日尽逐清吏，组贵州军政府，先是清吏严防革命，急檄西路巡防营管带刘显世募土著五百人兼程来省，于时先生已毕业返兴义，献身军中，充显世部下队官，显世者，先生之舅氏，又以兄子妻先生，惟志事则凿枘不相入。显世始与自治党合作，已而密迎滇军踣自治党，先生名微位卑，切谏，则显世不纳忠告，自治党又以迹亲显世弗见信，坐视反动推刃同志，尝为周培艺执言神明内疚无过。此时显世既盗据贵州，倚巡防营以自固，先生建议复兴陆军，严格训练，躬与最下级同甘苦，又密结同志窦居仁、袁祖铭、卢焘、胡锳、李雁宾、吴传声、胡刚等为之助基干甫具，而袁世凯帝制议起，显世已汙（污），伪命其兄显潜等，尤蓄意附逆。先生势处孤立，然力主出兵讨贼，发言慷慨，气慑群丑，会蔡锷如昆明，挟唐继尧起护国军，先生亦得其兄伯群沪电，各派一致反袁，声援稍壮。世凯大举南犯，命曹锟协四川窥云南，命马继贞闯云南躏贵州，显世谋以先生委敌，听先生率三团东出。当是时，寇众十倍我，黔军新造，未当大敌，显世又纳熊范舆策，以中国银行兑换券截角缴库，军饷骤绌，请领械弹，亦十不获一。先生内外煎熬，支拄于沅晃麻芷[1]间，血战五月，逆军伤亡泰半。共和复活，显世腼颜号元勋，显潜统巡防营自若，而先生基础别筑于一般青年之心灵中，朱绍良、张春浦、何应钦、谷正伦、牟琳、符诗镕、双清、李仲公、符矩存等四方辐辏，言论丰采，隐然受群众之拥护，虽名隶显世，而泾渭清浊划若鸿沟矣。护法之役顿兵川境者三年，先生志在协调，滇蜀会师武汉，以人心之多歧迄不果，不得已退师。初，先生以显世天属玉亲，开喻之道义罔弗尽，既见猜忌，另辟出路，欲先解决国事，又遭挫折，乃授诸将方略，身自养疴东下。显世利先生之去益谋，乘隙隳陆军，军心积愤。九年十一月爆发革命，逐显世，诛左右，尤稔恶者二三人，连电上海促先生归主黔政，未及行，刘氏余孽瞰先生且归，革命势力且益巩固，阴伏刺客，戕害先生于英租界之一品香。呜呼！特立独行，杀身成仁，先生人格之伟大有如此，至其生平雅抱，尤注重文化之发展，每谓聪明才力，黔人不后他省。诚使凭藉有资机会均等，向学之士不致如吾辈当日之窃读民报，人才朋兴，革命自易推进，故如贵州大学，如省立图书馆，皆先生所夙夜企画，寤寐不忘者。近顷伯群允将贵阳住宅捐作馆址，即以完成先生之遗志，同人［仁］负责筹备，力小任重，维藉助于将伯庶共启夫

[1] 沅晃麻芷：沅江、新晃、麻阳、芷江。

弘规，用述概略，敬告海内所冀党国先进，桑梓故人，或慨赠金钱或饷遗图籍，万镒不厌其多，片楮不嫌其少，皆拜仁人之赐，长留甘棠之思。谨启。

（录于《素园文存》手稿第三册）

东阳府君遗爱恭纪

壬申（1932年）

培艺太高祖海峰府君，浙江淳安县知县，高祖云五府君，直隶开州知州，曾祖宴亭府君，浙江东阳县县丞，宴亭府君怀弟凤冈府君，四川绵州[1]、直隶州知州，累叶仕宦。皆时俗所指目膏腴地。而祖考绍基府君，弱冠捐馆舍，祖妣顾守节抚孤，至无椽瓦之庇，斗粟之赡，客寄姻党[2]，仰食针黹，族祖太常侍卿蓉帆先生，高贤祖妣之行谊[3]，馈赠五十金。皇考和生府君，异日剏（创）立家室，颇资此为基本。自培艺有知后，习闻吾家故事，故此心茅塞不悟清门[4]令望[5]，负荷綦重，孝子孝孙，当举显扬先祖之实，有善弗知，耻莫大焉。中华民国十有七年，培艺年且五十，衰老洊至，归田亦数岁矣，兄子明伦检故簏得皇考手书，余庆悉家事笔记于曾祖府君之生平，叙述简要。皇考之言曰：祖父在昆弟行以局干称，开州府君历官所至，事无巨细，倚祖父以办。直隶布政使颜公伯焘[6]，开

❶ 绵州：今四川省绵阳市。

❷ 姻党：姻族。

❸ 行谊：文中指品行道义。

❹ 清门：寒素之家。

❺ 令望：指有美好名声的人。

❻ 颜公伯焘：指颜伯焘（1792—1855），字鲁舆，号载帆，别号小岱，广东连平人。颜检之子。嘉庆十九年（1814年）进士，历任陕西督粮道、甘肃布政使、直隶布政使、陕西巡抚、云南巡抚、云贵总督、闽浙总督等职。是鸦片战争中的主战派之一。

州府君同年生也。雅知祖父，聘综藩幕。开州府君弃养，祖父抚榇南归，颜公超迁浙江巡抚，径代祖父入赀报捐县丞，使使趣驾，祖父重违其意，挈家如浙，佐院幕久之，始出署诸暨，补东阳，在职三年，以疾卒官。祖父长才伟抱。限于贰尹，百不一施，即其所已为，诸父幼冲[1]，亦弗能详识颠末，第（第）闻祖父殁后，东阳人绘像奉祀。又公醵三千金为祖父茔葬，以其余买田宅延祖母率诸父以居。会凤冈府君签发四川，义不听嫂姪（侄）羁旅，使使将迎。东阳人挽留不得，则斥卖向所置田宅，以助膏秣。比祖母回籍，所赢尚二千金，承曾祖母命，悉汇四川备凤冈府君不时之需。东阳人盛情，子孙其永志勿忘云云。培艺读明史，自戚继光训练南士，建树勋伐，由是东阳号天下精兵处。意其俗必悍厉嚣竞，轻蔑长吏，曾祖府君以末秩临侠，民恃何道而感人之深。若此易击中孚，记美至诚，庶几近之矣。抑又闻吏道之衰，巧宦取盈筐篋，而分余沥以沾溉，其地之绅若士，彼绅士则以歌颂功德为酬答之具，故舆论有时不足信，甚者且得其反。府君名位卑，当路趋时之绅士，意固不在丞，丞之力尤不足奔走当路趋时之绅士，此三千金者，以今语释之，其殆东阳真正民意之表现乎！培艺足迹半国中，独未获一莅浙从东阳故老，访求先人轶事，悔憾无穷，然自清季去乡里，更历二十有二载，沧桑陵谷[2]，人事百变，而皇考片纸，蠹不能蚀，鼠不能啮，兵燹不为摧毁，死亡不为散失，俾小子垂白之年，懔然相见，府君之风裁[3]，精爽[4]式凭，理固宜之，凡我子姓，当念贫乏为人生之常态，刻苦尤吾家之素风，慎勿徇时俗语见，藉仕宦以谋享乐。立身制行，苟内省，毋忝为府君之苗裔者，其于涉世亦可以无大过矣夫。

（录于《素园文存》手稿第四册）

[1] 幼冲：年龄幼小。

[2] 沧桑陵谷：比喻世事巨变。

[3] 风裁：文中指指刚正不阿的品格。

[4] 精爽：精神、魂魄。

书于仲芳

癸酉（1933年）

于德楷，字仲芳。贵筑人。少孤，不悦学。日从诸无赖斗鸡驰马、弹筝击剑为乐。母夫人深忧之，累戒不悛，遣之如蜀，依舅氏颜国佐。当是时，洪秀全踞金陵，江湖麋沸。四川亦遭蓝、李之乱[1]，所在豕突。制兵不足用，则令州县招募勇丁自为捍卫。国佐故知县，亦兼营官。而川吏名知兵者，首唐炯。炯字鄂生，遵义人，以守绵州负时誉者也。炯尝因事诣国佐，谓之曰：“贵部整而暇肋，理必有能手？”国佐曰：“是吾甥于仲芳，孺子也。”炯招仲芳与语，大器之，即就国佐乞仲芳。仲芳由此属炯。始，炯统千五百人，后稍增至二万。凡平蜀，援陕，援黔诸役，炯所至，仲芳必偕，以新进摄营务，处诸将无间言，时或领偏师，亦推锋独进，未尝为人后。一日，炯庄语仲芳曰：“若质美而不学，徒冠玉耳，吾改若武职矣。”仲芳已保县丞，意轻武职。因请曰：“宜何学？”炯曰：“读四书，览《资治通鉴》，有弗解，我尚足为若师。”仲芳敬诺。由是丹黄错陈，昼夜攻苦，久之，函札能自达意，其作字摹炯书维肖。夏日有持箑者，炯取视，款识赫然己名也，察

---

[1] 蓝、李之乱：蓝指蓝大顺与其弟蓝二顺。蓝大顺（1826—1864），字朝柱，贵州威宁人。蓝二顺（？—1861），又名蓝朝鼎。李指李短鞑（？—1862），又名李永和。1859年蓝、李在家乡结盟起义，进入四川后，占领自贡盐场及附近州县，声势颇盛，人数曾达30余万人，活动地区达50余个州县。

笔迹亦良是，询知仲芳所为。虽炯亦心折之矣。

军务大定，炯荐擢云南巡抚，以越南事系刑部狱。仲芳留四川禀补石砫同知。廉悍踔厉骎骎向用。一日，径谒总督丁宝桢，具呈请开缺。宝桢愕然，曰：“子将何为？”曰：“不敢欺。欲诣京师省鄂帅。”宝桢曰：“如鄂生何？”曰：“奔走营救，视力所能，万一不济，扶丧归尔。”因慷慨泣下。宝桢抚膺曰：“嗟乎，仲芳义士！吾以宦达，相期固哉。”仲芳遂行。炯狱既解，奉命督办云南矿务。仲芳将护至昆明，为炯履勘矿区，次第施工，规模毕具，始辞炯，返贵筑。强仕之年，卷怀而藏，造师范，立善堂，设医局，建社仓，规路矿，劝蚕桑，努力于社会事业。而世独多其庚子勤王事。先是北方义和团盲目排外，政府梼昧，阴纵其所为。于是八国联军海陆驰骛，摧毁我要塞，占领我首都。清室帝后，仓皇播越。而南省督抚若秦人视越人之肥瘠，方与列强订约保境息民。夫一国之内，同时有二个以上之主权，此敌人之所祷祝而欣幸，烈士之所椎心而泣血者也。仲芳闻变，投箸不能食，绕屋疾走，已而自语曰：“决矣！”初仲芳家居于西乡董其坝，置庄田，颇增益保甲，条教以兵法，部勒近庄子弟，束伍练技，朔望会操，行之期年，路不拾遗，遐迩景附，浸至修文、开州，亦奉承其号令。仲芳因此成资，拟编练勤王军十营，呈报贵州巡抚，愿自备资斧，率之赴陕，邂逅敌人得以颈血溅之。护抚邵积诚大惶駴（骇），密召司道以下共谋所以缓和仲芳者，迁延匝月。会李鸿章北上，和议渐就端绪，勤王军止不行。自是当局惎仲芳能合众，猜防转甚。仲芳雅志亦不欲忤权贵人，遂并所为保甲会操诸制一切解散。

辛亥革命，自治党假临时招募以集事，士不夙练，动作稍稍轶常轨。黠者乘之延请外兵，奉寇酋以篡大政，杀人如刈草，取财尽锱铢。仲芳积不快，发愤纵酒，甫逾中寿，悒悒以卒。

周培艺曰：余与仲芳无素。乙巳莅省，仲芳殷勤款接，谊笃于故旧。汔余亡命去黔，交久而敬不衰。贵州故无报，尽七百万人为一盲哑大集团。云何为盲，世界方急剧变化，而犹抱扣槃扪烛之态度，暗中摸索；云何为哑，社会上任何不平烦冤郁怒，除忍受外，无他法。仲芳止余游学，余因以办报相要（邀），仲芳慨然集资，授我全权。《黔报》创造，余尸其名，然征仲芳，余羁旅窭人，乌能办此。仲芳于家事不甚厝意，至经营公益，备极况瘁。社仓由私人负责，承领官谷二万石，夫人惧诒子孙累，多方谏沮不能得。每曰：“壮年积苦亦甚矣，幸老健。盍不自享清福。”仲芳间为余述，因叹曰：“儿女子何知曩以失学，故至借途于杀人以求登进，抚躬循省，惭德滋多。今林泉优游，衣食无缺，拯一人，消一分罪孽。”其不欺良知率此类。吾观逊清季年，官权替而绅权渐兴，其名则主持清议，其事则提倡教育，发展实业，若浙江汤寿潜，江苏张謇[1]，直隶严修，其最著者也。自余各省，往往具体而微。仲芳崛起贵州，遥与诸公相应和；于时地望差次者，有兴义刘官礼。然官礼介恃靖边营，一切倚兵权为出发点，谄正虐下，靡择手段。假公营私，安以无怍。谈者并称于刘，仲芳私切齿。而官礼子显世，世其凶秽，济以阴谋，因缘时会，遂盗贵州，流风奖扇于今为烈。乌（呜）乎！令逝者有知，其悲愤更何如也！

（录于《素园文存》手稿第四册）

[1] 张謇（1855—1926），字季直，号啬庵。16岁中秀才，1894年中状元。以办实业、鼓吹立宪著称，是中国早期著名的实业家。

大理分院推事余君墓表

甲戌（1934）

故大理分院[1]推事余君达父既告归之八年，复匆匆如贵阳。余从友人处闻讯，省政府方礼罗达父，备顾问。越月得其夫人书，则达父遘疾[2]旅舍，以丧归矣，且曰：知达父莫如君。葬有日，乞文表其墓。达父少好学，于书无所不读，务记览，工词章，谓青紫[3]可拾芥[4]取，而试辄不售。泛海东渡，留学日本，选肄法政，尽通其奥窔。归国应廷试，登第矣。而清室覆灭，民国肇建，留学生益发摅。大抵忧深思远者，丽于革命派；热中速化者，凝为官僚派。革命之名至高，其业至艰巨。守死善道，吾闻其语，见得思义，未见其人。官僚涵义，孟轲所谓为宫室之美，妻妾之奉，所识穷乏者，得我三语尽之。虽留学生亦丑其名，必曰：吾将改良政治焉；或曰：吾特利用政权焉。听其言则伊吕[5]管葛[6]，观其行则伾文[7]

---

[1] 大理分院：指贵州大理分院，是当时全省最高司法机关。

[2] 遘疾：害病、生病。

[3] 青紫：古时公卿绶带之色，借指高官显爵。

[4] 拾芥：捡拾地上的小草。比喻取之极易。

[5] 伊吕：指伊尹和吕尚，后因并称伊吕泛指辅弼重臣。

[6] 管葛：古代名相管仲和诸葛亮的并称。

[7] 伾文：指唐顺宗时领导政治改革的王叔文及其同党王伾。

训注[1]，滔滔横流，几不许正士有容足地。达父雅志用世，而兀岸自喜，不屑软媚合同，折节干进。相识满枢要，讫不获一当。居北京五年，侘傺[2]南返。袁祖铭为贵州省长，余荐达父。起家授大理分院推事，未尽其材也。而滇军来侵，我师败绩，祖铭出驻重庆。逾二年，始命偏师复黔。余怵于国事之分崩离析，私斗之靡有已时，洁身引退，理乱不闻。而达父亦浩然有归志，邮书与余，相约莳花[3]种竹，弹碁（棋）赋诗，攀跻岩壑，流连景光。顾余家城市，达父遗产在大屯，两人踪迹固无由合并。盖以政局波荡，扰攘频年，赋敛繁重，贼盗纵横，林泉乐趣，即之亦杳同天国。达父之复出，盖达父之不获已，而竟以是夭其天年。此余所尤深悲达父者。嗟夫！士负材积学，方自任以天下之重；乃仕既见沮，处又弗宁，荒山野屋之中，求为老农、老圃而不得。纪纲堕废，廉耻汨亡，豺狼当道，魑魅瞰室，此何如景象！尚为国有人乎？然则，余不暇悲达父而自悲，且以达父之长往为大幸。回面后死，宛转汙（污）浊。噫嘻！达父，其亦可以无恨。达父讳若瑔，世家毕节。以民国二十三年六月二十五日卒于贵阳，享年六十有四岁，返葬大屯杉木岗之原。元配安氏，继配陇氏、徐氏。子祥桐，先卒。祥河，生四年矣。长女适安某，次幼。其生平著作，曰《憾雅堂诗集》十四卷，曰《罂石精舍文集》四卷，曰《蠖庵拾尘录》二卷，曰《通雍余氏宗谱》一卷。

呜呼，古之文其墓者，欲有表见于后也。高才硕学如达父，使得志遇时，已焜耀烜赫于天下，固无籍于余文。即今穷愁没世，而精神意趣，一一寄托于诗若文。达父之力犹足以自致乎不朽。姑立石以为之券焉。

二十三年十月同里周培艺表。

（录于《素园文存》手稿第三册）

---

[1] 训注：训释注解。

[2] 侘傺：失意而神情恍惚的样子。

[3] 莳花：种花。

毛军安悼亡集题后

甲戌（1934年）

中国古典文学，今日已濒末路，世人摒弃之不足，或者更益以笑骂。毛子军安独具嗜痂之癖[1]，相识未久，累以商量旧学为言，余敬谢不敏[2]已，又出其悼亡集见示，美人香草，独类芳苑伤逝感时，寄怀绵邈，余尝闻诸前辈论文，莫先于气体，气体峻洁，余事无难勉企，军安之文可谓质有其内矣，至于使用词句，容有瑜不掩瑕者，以军安方借箸[3]戎行，腐心国难，势不得与呫哔[4]。儒生一例衡量，然则军安之有所短，正军安之兼所长欤。余又尝涉猎新文艺，其艳称无过描写，其极致无过动人，此两点，旧文学固优为之，若旧文学所谓神与味，乃能令悲者解忧，饥者忘食，非好学深思，心知其意，固难为浅见寡闻者道也。军安事业求新，而文学力崇其旧。抱残守缺，赖

---

[1] 嗜痂之癖：出自《南史 · 刘穆之传》："穆之孙邕，性嗜食疮痂，以为味似鳆鱼。"后以"嗜痂之癖"形容怪癖嗜好。

[2] 敬谢不敏：恭敬地表示能力不够或不能接受。是表示推辞的客气话。谢：推辞，谢绝。不敏：没有才能。

[3] 借箸：借箸代筹的略语。《汉书 · 张良传》："良谒汉王。汉王方食，曰：'客有为我计挠楚权者。'良曰：'请借前箸以筹之。'"张良的话的意思是借你面前的筷子来指画当时的形势。后用以指代人谋划。箸：筷子。

[4] 呫哔：亦作"呫毕"。泛指诵读。

有斯人意者已濒末路，云云。或犹未可据为定论邪。甲戌仲秋毕节周培艺。

（录于《素园文存》手稿第三册）

刘孝子遗诗跋

甲戌（1934年）

余，刘氏出也。自总角[1]有知识，数闻吾母称道孝子。刘氏承孝子余荫，致富累巨万，外祖所营商业，布在西南各省。而吾母独好书，记忆力又绝强，经史外，自封神、列国、三国、西游记、镜花缘诸小说，皆能闇（暗）诵[2]如流，尽卷不舛一字。余偕同产数人，夜间环绕膝下，肃听演讲，而孝子故事常被编配于群书之次，岁必再及焉。夫以十四岁儿徬徨天下，求不可必得之父，行无伴侣，宿无资斧，罹诸艰蹈百死而不悔，坚持十年，卒奉其父以归。此非超人之量，绝世之力，万万不能至。毕节开建数百年矣，显官宿儒代有其人，而妇孺知名，金石寿考，始终唯一刘孝子。孝子少贫窭[3]，未尝亲学，自其寻亲道中，有所怅触[4]，引吭而歌，发于天籁之自然，洎乎归老故乡，或感念旧游，或遗诫后嗣，辄喜为七言以足之，词不中律，而意则穆然深远，子

---

❶ 总角：古代未成年的人把头发扎成髻。借指童年时期。

❷ 闇（暗）诵：熟读成诵。

❸ 贫窭：贫穷。

❹ 怅触：惆怅感触。

孙敬谨录藏，以为宝训。清龚尚书守正[1]、杨果勇侯芳[2]，作孝子家传，皆纪其事，顷孝子裔孙传棻出以示余，嘱为之序，余惟孝子非以诗重者也，即以行状视诗。而龚杨二传，叙次亦已详备，余无以加焉。因题其后而归之。民国二十三年十月周培艺跋。

（录于《素园文存》手稿第三册）

❶ 龚尚书守正：指龚守正（1776—1851），字象曾，号季思，浙江仁和人，清朝官吏。是乾、嘉时期学术大师段玉裁的女婿，文学家龚自珍的叔父。嘉庆七年（1802年）与陶澍同科进士，历任光禄寺卿、湖北学政，侍郎、礼部尚书。咸丰元年（1851年）病逝，谥“文恭”。

❷ 杨果勇侯芳：指杨芳（1770—1846），字通逵，号诚村（斋），贵州松桃人，晚清名将，贵州封侯第一人。

王部长母刘太夫人诔（并序）

甲戌（1934年）

维中华民国二十三年九月十六日，王母刘太夫人卒于上海旅邸。越十二月二十一日，讣告至毕节，余与太夫人冢子[1]交通部长伯群，次子黔军总司令电轮及其女婿军政部长何敬之[2]并结昆弟之好。参帷幄之谋，十年旋黔。太夫人除舍舍我，顾以电轮凶问，其家方事隐闭，余生平拙于语言，仓猝尤不解造谎，虑遭太夫人之穷诘，则巽词以谢焉。老病归田，荏苒十载，闻太夫人就养沪平，极人世之荣华，方谓耄耋[3]康强，正天之所以福善人，噩耗遥传，有识同悼，考德累功，爰作诔曰：

礼教之国，卑女尊男，男权无限，女责如山。繁琐是职，荼苦诚甘。仁为己任，一往艰难。维此女宗，居贵能淑。令德夙成，温恭肃穆。作配于王，克昌旧族。琬琰[4]相辉，麟凤载毓。王始吴籍，佐景定黔。立屯筑堡，捍卫闾阎。洎兹七叶，万人所瞻。赠公英峙[5]，智勇身兼。伟略合众，精诣洞玄。奄忽物化，捐馆壮年。自时厥后，百忧熬

---

❶ 冢子：长子、嫡系继承人。

❷ 何敬之：指何应钦，字敬之。

❸ 耄耋：老年。

❹ 琬琰：圭名。比喻品德之美。

❺ 英峙：才智特出。出自《北史·魏纪二·穆帝》："帝天姿英峙，勇略过人。"

煎。门户支柱，实赖母贤。孀姑在堂，嫠娣在室。意志先承，灾危同恤。调护孤生，奖掖弱质。发春之华，撷秋之实。伯规远到，揔辔扶桑。众携俦侣，负笈贵阳。全用汝砺，锥得处囊。文通武达，虎视龙骧。晚明失驭，区寓沸腾。建虏猾夏，沐猴自矜。鸦片一战，皙（晰）种[1]代兴。压迫剥削，横肆凭陵。凭陵如何，民贫国病。于赫中山[2]，首倡革命。群彦[3]协谋，沥血[4]同盟。伯兮仲兮，躬际斯盛。开创甫尔，政海翻澜。洪宪作逆，谬曰筹安。伯联唐蔡，力竭心殚。仲起异军，矫矫岁寒。护国战役，决胜川湘。世论美蔡，鲜克知王。以寡敌众，以弱制强。坚苦卓绝，王何可当。乃及七年，广州护法。伯长交通，餫输无乏。仲率貔貅，扬威巴峡。义闻昭宣，和气翔洽。高树招风，长城遽坏，鸩媒匿机，鱼服忘戒。仲罹其殃，黔承其惫。阶厉[5]至今，舟流靡届。党军北伐，定都南京。伯复旧物，局度益宏。亦有奇女，不愧难兄。须眉抗坐，巾帼蜚声。昔太姒之造周，爰诞生乎十乱。翳圣善之贻謩（谟）。育良材于桢干，蔚将相兮连翩。莪（峨）甲第兮巍焕，奉板舆以东来。宜优游而伴奂[6]，嗟贤母之耿耿。蕴沉痗[7]而内侵。谓故乡之糜烂，将独乐以何心。怀悲悯而谁寄，绪惨怛而弗宁。情郁结而莫诉，疾弥留而遂瞑。呜呼哀哉！诵尼父之雅训，曰仁寿其孔长。追慈晖之普荫，轸黎子[8]以如伤。庶救焚而拯溺，纳劳民于安康。委凋瘵而遐举，永摧割乎肝肠。呜呼哀哉！朔风劲兮天容寂，蕙帐空兮懿范违。陈莱

---

❶ 皙（晰）种：白种人。

❷ 中山：孙中山。

❸ 群彦：众英才。

❹ 沥血：本文指滴血以示竭诚，以作祭祀。

❺ 阶厉：祸害的开端，导致祸害。

❻ 伴奂：闲逸自在貌。

❼ 沉痗：深深的忧伤。

❽ 黎子：遗民；残存的百姓。

衣[1]而弗御，俄朝露之已晞。精缠绵以降鉴，灵仿佛而思归。愿达孝之善继，犹存意之是依。呜呼哀哉！

（录于《素园文存》手稿第三册）

[1] 莱衣：相传春秋楚老莱子侍奉双亲至孝，行年七十，犹著五彩衣，为婴儿戏。后因以“莱衣”指小儿穿的五彩衣或小儿的衣服。着莱衣表示对双亲的孝养。

我们当前的出路

《军民半月刊》征文[1]

乙亥（1935年）

中国是世界落伍的国家，贵州尤其是中国落伍的省份。我们不幸生为中国人，更不幸生为中国的贵州人。一出娘胎便顶上双重落伍的征号，这是何等的苦恼！但俗话说得好，天公注定的，你有什么法子呢？不佞亦苦恼的一分子，年二十而入社会，为地方为国家也曾干了不少的无名工作。深知出生某地是由天然，而落伍云云，则系人为，人为造成的还可以人为打破。今虽昏庸老朽，形同赘疣，但衣食住行，何一非社会之赐？大恩未报，一息尚存，谨将经验所得贡献同胞，约举三个阶段如左方：

第一，要自觉。

人生意义，我们向来是太忽略了。但青春发动，会感觉室家的需要；衣食逼迫，会感觉找钱的需要。如果对世界大势，国家原理，三民主义、五权宪法有一个粗浅的认识，我相信大家决不会这样死气沉沉的。人谁不慕自由？为什么我们会层层的剥削？政治是应该与闻的，为什么出钱，还不知道名目？生活是应该向上的，为什么吃饭都得不到一

---

[1] 本文和下一篇《谈谈四个“民权”》都是作者投《军民半月刊》的征文。《军民半月刊》系1935年黔军二十五军三旅旅长犹禹九在毕节创办的小型石印半月刊。只出过几期，由于犹禹九被赶走，随之停刊。

饱？大家肯把“为什么”三个字引进脑子里，譬如布谷播种，我相信必有开花结实的一天。自觉的前一步，当然要依赖人觉。这里便是搢绅耆老、有声望的名流、爱国的志士、热心的青年，凡属知识阶级都应该负起责任来，免不了要摇唇鼓舌做个先知觉后知，先觉觉后觉。是农人，你总有放下锄头的时候；是商人，你总有关上铺板的时候；是工人，你总有回家休息的时候，大家利用这点余暇时间来听听讲座，长长见识，知道现代的潮流，了解自己的地位，必须如何如何才不致虚生人世。说糊涂话呢，也许十代八代都糊涂；说明白呢，或许几个钟头就明白过来了。

第二，要团结。

自觉之后，大家一定感觉到虚空，要用什么方法填实呢？我想团结便是唯一的大补剂了。外国人常讥笑我们中国人是一盘散沙，这话他们是有所见而云然的。清道光年间，林则徐烧了英国人的鸦片，知道英人不肯罢休，对于广东海口他是有相当准备的。英舰来了攻打不进，转向浙江、江苏。苏浙两省以为是广东惹的交涉和他无干，毫无防范。英兵连战连胜，占了许多的要地。光绪年间，义和团要消灭洋人。弄到八国联军占领北京首都。那时南省的各督抚还同外国领事立约，说是“局外中立国家组织”。如此松懈，民众团体那是更谈不到了。可是最近多年却很有些不同，一是民国八年的“五四”运动。中国参加欧战，德国打败了，他非法侵占的山东权益，当然由中国收回。日本持强蛮横，硬说要继承山东权益，英法美也不肯主持公道。《凡尔赛和约》中国代表拒绝签字。日本又愚弄中国，主张直接交涉。那时的外交总长曹汝霖、驻日本公使章宗祥，都是亲日信徒、卖国专家，事事仰承日本的鼻息。眼看着汶济菁华，邹鲁衣冠[1]，快要双手捧献给别人了。全国人心愤激，先由北京学生游行示威，惩责曹、章，各省罢学、罢市，为之声援。政府服从民意，罢免曹、章，打消直接交涉。翌年，美国始出头召开华盛

[1] 汶济、邹鲁：山东境内有汶水、济水；省境古代曾为邹、鲁封国，故后人以汶济、邹鲁为山东之代称。

顿会议，终于办到收回山东权益。一是十六年的陈阿协定。帝国主义者侵略中国，要算英人是第一块老牌子了。北伐军进展至长江，毫不费力的把汉口、九江的英租界收回置于国权管辖之下。自江宁条约成立以来，英人高视阔步，从没有受过这样的打击，气得他胡子直翘，调集海陆大军，看着要实行威胁。但那时我们的民气发扬，正是如火如荼，英终有戒心不敢撄这乳虎，卒底忍气吞声的派参赞阿某来到汉口与我们外交部陈友仁订立陈阿协定。百年来的屈辱外交，算这回打开一个新局面。一般誉陈的人盛称陈为铁腕外交。其实，陈有什么力量？英人怕的还是站在背后的老百姓哪。上面几桩故事，前者便是不团结的大耻辱，后者便是能团结的大光荣，但是。团结从哪里入手呢？孙中山先生指示我们说：“中国人的姓最多不过四百族，各族中总有联带的关系，在每一姓中，用其原来宗族的组织，拿同宗的名义先从一乡一县联络起来，再扩充到一省一国，各姓便可成一很大的团体。比如姓陈的人专向姓陈的去联络，大约过两三年，姓陈的人便有很大的团体，到了各姓有了团体之后，再由有关系的各姓互相联合起来成许多极大的团体，更令各姓的团体都结合起来。便可以成一个极大中华民国的国族团体。”这是很简单明了的。不佞病卧十年，不知道外省办到什么样子，至于贵州可说是还没起头哩。不佞这里要补充几句，孙先生原说：“要结成大团体，便先要有小基础。”我想，我们的职业团体（商人较多，工人次之，农人最可怜，许多负担都是加在他们身上的，但他们没有团体），经济团体（如集金会、股份公司、合作社之类），学术团体，地域团体，自治团体不都是很好的小基础吗？只要扩大组织，加紧工作，设立问题，分析研究，遇大问题发生，则集合于政治领袖的旗下，一方集中意见，供领袖采择，一方统一内部，受领袖的指导。只要做到这点，勿论对内对外，我相信都有办法的。

第三，要奋斗。

团结之后将向什么目标作战呢？我说对外便是帝国主义者，对内便是贪官土劣。这两个敌人都是凶残跋扈，要吸尽我们膏血的；而且根深蒂固，并不是喊喊口号、贴贴标语便可把他克服。我们要下十二分的决心，作十二分的努力奋斗，才可得到最后的成功，帝国主义者侵略中国，政治力量的压迫，穷居山谷的贵州人，或许是看不见；至于经济力量的剥削，这里我简举几项：一、火柴，二、煤油，三、纸烟，四、洋烛，五、电筒，六、胰皂，七、钟表，八、纱布，九、呢绒，十、药品。恐怕就是最偏僻的地方，最贫寒的人户，他们都光顾到了。讲到国际通商有无相易，原是持之有故，言之成理。不过他们藉不平等条约的作护符，可以协定关税，可以内地设厂，可以内河航行，预先占着种种优越的条件。换句话说，就无异挟持暴劣来掠夺我们的金钱。贪官土劣利用国家的不统一，政治的不上轨道，更是无钱不要，无恶不作。（讲到最后一刹那，帝国主义者消灭中华民族的时候，若辈还不是同归于尽，绝不因你有几个造孽钱，便能仰邀你新主的恩，但若辈哪有这点眼光呢？我真为若辈痛哭！）弄得我们四民失业、百产衰耗、市场凋敝，农村崩溃，都是应两个敌人在作祟。（处处闹匪患，人人说匪多，其实土匪最初还不是良民吗？百分之九十九，都是这两个敌人逼迫造成的，我真为土匪痛哭！）我们认清目标，分别坚脆，当然先向国内敌人攻击前进。（若辈一经觉悟，改过自新和我们站在一条战线，我们便提携共进，对于土匪也是同样待遇的。）等到内部肃清，然后用整个的力量和国外敌人作一回总清算。奋斗的方略，根据孙先生的遗著、国民党的政策，我们是措置裕如的。最重要的还是奋斗的神精：不屈服、不妥协、不畏难、不怕死，一事失败，续办他事。今年挫折尚有，明年我们已经把千斤重担放在肩 头上。不成功，我们是不休息的。奋斗、奋斗，成功在前面招手哩！

末了，我还来敬献几句祝词：“春雷一震，百蛰皆兴；危崖下石，不达不已。”只要我们不甘居于落伍，我们便立刻可以跑到最前线。兵法云：“陷之死地而后生，置之亡地而后存。”死亡临头了，要图生存的大家快起来！

（录于《素园文集》）

谈谈四个“民权”

《军民半月刊》征文

乙亥（1935年）

今天在知识阶级（包括军政学绅商各界）中，我们常听到的一句话都说“民穷财尽”。在无产阶级（工、农界）中，也常听到一句同意的话，都说是“这日子怎样过？”说这话不真实吗？我凭良心做证人，这是千真万实、无可否认的。不过，大家应从积极方面想法子来救济，不应只是咨嗟太息[1]，束手待毙。不佞在本刊第五期曾发表一篇小文字，指示我们当前的出路：第一要自觉，第二要团结，第三要奋斗，说的是纵的一面；本篇谈谈四个民权，第一是“选举”，第二是“罢免”，第三是“创制”，第四是“复决”，说的是横的一面。不自觉呢，莫说四个民权，就是四十个、四百个，大家也一毫不感觉需要。团结是推进“四权”的前提。奋斗是实现“四权”的工具。如果前篇的三个阶级走通，本篇的四个民权办到，而社会上仍有“民穷财尽”“这日子怎样过”，等等的呼声是不佞为造谎，为欺人，以后当缄口结舌不敢谈论天下事。倘鄙言有一听之价值，先知先觉者便应该起来发明，后知后觉者便应该起来宣传，不知不觉者便应该起来实行。我们要全体动员才可望大家得救。靠人怜悯、待人施恩惠，勿论其“河清难俟”，并且也太觉可耻呀！

---

[1] 咨嗟太息：此处指叹息叹气。

现在先说民权，中国自有史以来，大权是皇帝独揽的。辛亥革命改造中华民国算是把皇帝的权移转给人民了。孙中山先生讲得好：“要知道什么是民，大凡有团体有组织的众人，就叫做民。什么是权呢？权就是威势，有行使命令的力量、有制服群伦的力量，就叫做权。把民同权合拢起来说民权，就是人民的政治力量。什么是政？政就是众人的事，治就是管理，管理众人的事，便是政治。有管理众人之事的力量，便是政权。今以人民管理政事，便叫做民权。”艰深复杂的学理，大学教授们在讲台上要消磨一两个学期的，先生用几句浅显的话，解释得清清白白，使人人都易知易行。即此一端，我觉得真是绝顶聪明，真不愧改造民国的首领。但是我又常听得一般头脑腐旧的人说：“革哪样命，我们生在有皇帝的朝代，除了完粮上税，从不见派我们什么款，而且那时候的官也不像今天这样凶，要罚就罚，要打就打，甚至还要了你的性命。我们实在不再戴‘民国’这顶烂帽子了，我们盼望的还是我们的真命人主，你不信吗？已经在某处降生了，说不定八九岁或者十几岁哩！”这一类的蠢话，在我们这山国里面差不多是很普遍的。其中一部分的事实，不佞不但是深表同情而且十分惭愧，因为辛亥革命不佞也算一个重要分子（指贵州局部说），万不料革命结果弄到人民负担加巨，压迫加重，甚至生命不值一钱，连牛马都不如。但是大家要知道：第一，民权革命是世界的一个大潮流，中国是世界的一部分。你万不能违反潮流，和这潮流相抵抗。第二，民权革命有了权是要人民自己去把握，人民自己去运用的。讲到专制时代，应该什么权都是皇帝的了。但是只要做皇帝的人稍为忠厚一点，或者是贪图安逸一点，立时立刻旁边便有许多人伸出手来，窃弄皇帝的大权。这等人因他不忠于所事，史书上都叫他做奸臣。这是大家都晓得的了。中华民国是以民为主的国家，人民就是皇帝，四万万人就是四万万个皇帝。（你们每人就是一个真命人主，你们还在天天盼望真命人主，你说蠢不蠢？）一切一切的官吏，文的从国民政府主席起到雇员止，武的从海陆空总司令到准尉止，都是替我们办事的公仆。他们看见这些人民大皇帝太忠厚太贪图安逸了，不替我们好好的办事，反而把我们假给他的权来蹂躏我们。严格说起来，这不过是一党“奸仆”罢了。我们只要大家觉悟，把从前假给他的权收回另给一班能干而廉洁的人替我们去办，对于这党奸仆，喜欢怎样惩治就怎样惩治。为什么奄奄无气，听凭他们践踏！唉，我真有点看不过了。

怎样说民权是世界潮流呢？欧美政治学说大概是祖述希腊、罗马。希、罗两国在二千年前曾经有过民权的萌芽，但是或行于一市府或限于一阶段，影响是不很大的。直到距今一百六十年，才有美国的革命，脱离英国独立。美国建立共和国不到十年便引出法国革命。欧洲各国全体动摇起来，弄到俄、奥、普三国皇帝缔结神圣同盟，联合镇压，一面又在宪法上大大的让步，人民才暂时隐忍。欧战未终，俄国革命，德、奥次之，民权政治重新抬头。英、奥两国国王虽然尚存，权柄却是老早就交给人民了。世界上纯粹的君权政治，怕只有一个日本，但是日本这种万世一系的皇统，还能维持几时，学者都很怀疑的。中国是世界的一部，你能说不顺应世界的潮流吗？不过革命以后，应当自己把握民权，运用民权。至于怎样把握、怎样运用，那都是前人已经开辟的坦途，我们只要按步徐行好了。今按顺序说选举权，选举权可说是民权的头生子。欧美争民权，人民所得的最初就是选举权，当时都以为民权就是选举权算了。由一区城内的人民组织选举团选出一个或数个的议员，到中央政府所在地来组织成国会。国会的职权虽然因国而不同，但议员是人民的代表，掌握立法的枢纽，顾虑人民的利益，制裁行政的专横，总是议员根本的立场。大家叫这个做代表制度。后来又把国会缩影下来分布到国内行政区域，也设立地方议会。大家叫这做地方自治制度。但是各国法律对于选举人资格都加上许多的限制：一、年龄，大致要二十岁以上，二、国籍，限于取得国籍的国民；三、居住，要在该区域内居住若干时间；四、性别，女子不能享有选举权；五、财产，要有若干动产或不动财，六、知识和道德的需要，如不识文字者，褫夺公权者，受破产之宣告者，疯癫或痴疾者，皆不得有选举权。这么一项一项的剔剥，硬把居民和选民分成两类，大家叫这做限制选举。法律是人民公共意志的表现，人民都认限制选举为不公不平，尤以四、五两项最不合理，要求撤废。大家叫这做普遍选举。至于选举范围，以前限于立法部议员的，现任推扩到行政首领和许多官吏，都可由人民选举。不过选举手续，有的由人民自己投票，这叫直接选举，有的由人民举出选举人，委任这些选举人去投票，这叫间接选举。其次，罢免权。人民选出代表或官吏，原叫他替人民谋福利的，但若辈当选之后，挟持一种特定的工具，营私舞弊、作恶多端，人民反不能过问。如中华民国第一届国会的猪仔议员[1]弄到猩秽卑鄙、万人唾弃，而若辈尚晏然自如。近来学者间公认人民于一种制限之下，有提出请求书，要求公众投票决定所选举的代表或官吏应否罢免之权。其次，创制权。立法权力通常人民都是付给各级议员的。但有时一种法律，人民以为很方便，而各级议会却不见提案表决。这时就用得着创制权了。提议之先，必先得居民百分中之若干人数的赞助；决定票数，宜取投票人的多数，且须规定决定票数不能低出定限的最少数之下。这样的创制权就可圆滑进行了。其次，复决权。法律性质本来是普遍的，不过时间、空间也常有种种的特别情形。尽管是现行法律，只要大多数人民以为很不方便，便可使用我们的复决权。学者谓此权为消极的工具，是为保守的，署名于复决请求书所需的条件截然不同。如有谓复决请求书须于短促特定的时间署名呈递，即只限于立法议会休会时期或请求书中所涵法案通过的时期。此当俟“四权”施行法公布方能详悉。归总说几句，大家要明白，中华民国现在施行的是全民政治，要老百姓才是真正民国的主人。攻击国民党的人说，这一班执政的都是挂羊头卖狗肉，这话我以为很冤枉。我不是替执政辩护，我有县组织法为证，国民党的对内政策是确定县为自治单位。该法第三十条、三十一条、四十五条、四十六条、五十三条、五十四条不都明明规定四个民权吗？五户为邻，二十五户为闾，闾邻便可以有居民会议，百户以上之乡村地方为乡；百户以上之市、镇地方为镇。镇乡便可有镇民大会或乡民大会。含二十乡镇组织区，区更有常设的监察委员会。含若干区组成一县，县更有常设的参议会把握民权的机关。运用民权的方法，执

---

[1] 猪仔议员：1923 年 9 月，直系军阀首领曹锟通过贿选当上中华民国大总统。当时人们把这届国会称为“猪仔国会”，把受贿议员讥为“猪仔议员”。

政都替我们想好了。我们大家不伸手去做，只是痛哭流涕的喊不得了，真合着古人说的：“虎兕出于柙，龟玉毁于椟中，是谁之过与？”我说这些人民大皇帝太忠厚了，太贪图安逸了。大家信不信呢，这里我便引曾国藩先生常常称诵的两句话，做我的结论，就是“从前种种都如昨日死，以后种种都如今日生。”

（录于《周素园文集》）

洪宪叛国始末记[1]

于延安　供给红军大学教材

丁丑（1937年）

一、袁世凯在前清之地位

袁世凯是河南项城县的贵族。他祖父袁甲三在太平天国战役中曾当江北统帅（漕运总督钦差大臣）。世凯随着吴长庆的军队开往朝鲜，夤缘充驻扎朝鲜商务委员（实际上是驻朝外交官）。中日竞争朝鲜，他曾作种种努力，但结果是失败了。回国后，放福建道员，他没到任。李鸿章、荣禄保举他是军事人才，清廷命他开缺，以侍郎候补，选定小站督练新兵，这样便造成北洋派的开山祖师。戊戌政变，帝后对立，光绪帝很倚信世凯，想借他铲除反动（当时的守旧党亦即后党）。康有为、谭嗣同（维新党领袖）都一再游说拉拢他，但世凯估计慈禧后的力量大，他终于叛卖光绪而向慈禧出首。于是慈禧三次垂簾（帘），光绪遂幽禁终身。义和团事变中，世凯放了山东巡抚。团民本由山东发生传习，世凯取威压政策，团民都转徙到京畿。他们揭橥"扶清灭洋"的旗帜，很屠杀了不少的"大毛子""二毛子"。后来北方好几省都因义和团失败而赔款，山东一宗教案也没出过，世凯由此益显名。李鸿章因病出缺，

---

[1] 本文录自作者《语体文拾零》（卷上）抄本。

世凯便继任了直隶总督。北洋大臣中，那时南方有名的督抚首推张之洞，舆论赞美张能办新政。世凯有意和张竞赛，也办了许多的新政，如警察、教育、实业，特别是因北洋屏障帝都之故，军事权、外交权、财政权、交通权都集中在世凯手里，天津成为第二政府（那时的王公大臣都怕负责，以推诿避事为做官秘诀，世凯益得乘机揽权）。光绪末年，慈禧把世凯、之洞都调作宰相（军机大臣），要仗他二人挽回颓运。但不久帝、后相继死了，光绪嗣子溥仪虽是个小孩子，但摄政是他胞弟，他女人隆裕后也有权参与国政，要和世凯清算戊戌旧账，代光绪复仇。张之洞因为“狐死兔悲，物伤其类”，连连碰头说：“袁世凯罪状牵连着大行皇太后，况且他管理外务部，和外国公使都很说得来，万一外国人从旁饶舌，事情倒不好办。”隆裕才允贷他一死，即刻由之洞草拟上谕，硬说世凯有脚疾，叫他回家。他便退休到彰德去了。

二、辛亥复出之袁世凯

辛亥八月武昌起义，各省土崩瓦解，纷纷独立。督抚中或逃跑（如两湖总督瑞澂、云贵总督李经羲等），或投降（如江苏巡抚程德全、安徽巡抚朱家宝、广西巡抚沈秉坤等），以身殉职的虽间有其人，但能和民军抵抗支持的，却一个没听说过。那时张之洞已死，当国的是昏庸老朽、赃贿狼藉的庆内阁（庆亲王奕劻，[1]他是著名的老庆记公司，营业部分是卖官鬻爵）。军咨府载洵、海军载涛、陆军荫昌、财政载泽，他们是华贵的皇族，吃喝的脓包。荫昌亲督锐师进攻汉口，但旋又退回信

[1] 奕劻（1836—1918），爱新觉罗氏。乾隆皇帝的曾孙。清光绪十年（1884年）任总理各国事务大臣，进庆郡王。光绪二十年（1894年）封为庆亲王。1911年任内阁总理大臣。武昌起义后，主张起用袁世凯。

阳了。清廷君臣束手无策。投机主义者梁士诒[1]也纠集了二百万两的合股公司，拥戴世凯出山。分股运动中，奕劻，载泽各进奉了三十万两，别的亲贵也有相当点缀。在御前会议中，载泽便提出了起用袁世凯的建议。隆裕摄政别无办法，只好屈从。世凯复出的第一步，便要求组织内阁，自当总理之任，解除亲贵的兵柄。同时编制第一军，任命冯国璋为总司令，率四个混成旅南征，连下汉口、汉阳。但正当猛攻武昌之际，世凯以接统禁卫军为理由，把国璋调回后方，而任命段祺瑞为总司令以代之，并暗示祺瑞毋庸激进；第二步它［他］提出军费困难，迫使清廷与民军开对等和议。不用说，北方全权唐绍仪[2]原是世凯的腹心，就是南方全权伍廷芳也和世凯有默契。他们的条件是："清室逊位，孙文也把总统让给袁世凯"。隆裕摄政尚想作最后挣扎，世凯也就使用他的得意法宝。外间但知段芝贵专车赴了汉口，隔不几日，段祺瑞领衔的近畿将领一致赞成共和，要求清室逊位的通电便喧传各报了。裕隆摄政到此才明白，都是世凯的预定计划。他假平民军以推倒清室，民军和清室做了鹬蚌，世凯却坐收渔人之利。

三、民国元首之袁世凯——临时总统——正式总统——十年总统

孙文的临时总统是十七省的全权代表投票选举的，跟着就把这些代表们改作参议员，组成南京政府的临时参议院。孙、袁间的秘密协

---

[1] 梁士诒(1869—1933)，广东三水(今佛山市三水区)人。光绪进士。1903年，为袁世凯聘为编书局总办。辛亥革命后，历任清邮传部大臣、袁世凯总统府秘书长、交通银行总经理等职。为袁世凯帝制筹备经费不遗余力。

[2] 唐绍仪(1862—1938)，字少川，广东香山人。清末官至邮传部尚书。民国曾任内阁总理。

定[1]，当然有许多人不满意。孙先生出席参议院，费了一番唇舌，才算解释清楚。但参议院终于仓卒间制成《临时约法》，想在相当的条件下来限制袁世凯，同时并主张迁都南京，要求世凯南来就职，又票举宋教仁、蔡元培为奉迎大［专］使。世凯既不乐放弃北京根据地，又不欲显违参议院意旨，密令他的纪律最好、战斗力最强的第三师在北京、保定同日焚烧掳掠。世凯便循商民之请，留镇北方，打消了迁都问题。临时政府期间，他标榜着维持现状，把孙文、黎元洪、黄兴都作了一个很详细的考查。孙先生与世凯一度会晤，回南后公开演讲："袁总统确有治国能力，应让他作十年总统，自己只尽力社会，办理交通事业。"那时中华革命同盟会已由五党合并改组为国民党，名义上还是孙、黄的领袖，但实际上指挥北京党务的却是宋教仁。宋教仁是国民党有名的政治家，曾任唐（绍仪）内阁的农林部［总］长，非常注意财政，这于世凯的浪费是很不便的。世凯燕居时常说："这小子真难缠。"他的走狗赵秉钧为"仰承宪意"起见，秘密收买应夔丞刺杀宋教仁。这样便造成赣宁战役的导火线。但世凯已着着准备了，他借口惩罚兵变，把曹锟的第三师贬驻岳州，又利用黎元洪请兵，把李纯、王占元两师开扎湖北，又调张勋的一百营辫子兵扼守津浦沿线，又迅速地和四国银行团签订二万五千元的善后大借款[2]。他的一动一息都是向着"打倒国民党"这个目标进行的。而国民党呢？可靠的地盘只有广东、江西、安徽、湖南四省，唯一对付袁世凯的武器就是正式国会拥有四分之三的大多数的议员（两党［院］议员共八百余名，占籍国民党的六百零）。国民党是凭藉法律途径来制胜的，袁世凯是凭藉武力途径起制胜的。这是当时每一

---

[1] 孙中山同意让位于袁世凯，并非孙、袁间的秘密协定，而主要是迫于当时革命派的节节退让和不统一。孙中山虽曾表示，只要"清帝退位，共和既定"，他就愿意让袁世凯为临时大总统，但他始终为维护共和政体而与袁世凯及革命派内部拥袁势力进行斗争。

[2] 善后大借款：是袁世凯政府与英、法、德、俄、日五国银行团所签订，金额为2500万英镑，此处作者所记有误。

个有头脑的人都能理解的问题。世凯感觉这种立场还是不圆满，于是采纳梁启超、王揖唐[1]、王印川诸人的建议，合并共和、民主、统一三党为进步党，给了他们大批的金钱去收买议员。这些国民党议员们全忘了三民主义，更无所谓政治节操，只知道见钱眼红，开始出卖本身。不到一个月功夫，纷纷登报脱离国民党，加入进步党。这样便造成了参议院国民党仅能维持多数，众议院已是进步党占了多数的局面。遇着重要议案，两院不能同意时，只有闹成僵局。世凯又特设一个“京畿军政执法处”，任命陆建章为处长，以维持治安为名，开始逮捕议员。当然国民党最有力量的分子都是最不满意世凯的分子，他屋里难免不有些违法的东西。执法处不惟可以随时搜查、拘禁、审讯，有时还秘密执行枪决。激烈分子自知危及生存，相率化装南下，酝酿复酝酿，赣宁战事很快的发动，世凯也就很快的把他平定了。不过临时总统还是临时总统，要一变为正式总统，还得使用将死的国会。于是进步党又再度动员，国民党也幻想存在，两院合组了宪法会议，把宪法上关于大总统的部分先行议决公布，跟着定期选举总统。到得议员入了议场，世凯密令他的军警着了便衣，借公民团的名义，包围国会，不举出总统，不让他们回家。这样，中华民国第一任正式大总统袁世凯产生了。可是枭獍是食母的恶兽，这“宁馨儿”一经登了宝座，国会便“寿终正寝”。国民党是立予解散，进步党也旋被遗忘，只有少数领袖们还占着几个帮闲的位置。民国三年，世凯召集约法会议，修改约法。依约法的规定，总统任期延长十年（宪法规定四年。以各省军民首长指派的委员来修改临时制定的约法，法律上已没根据，但他们不辞辛苦的连宪法也给修改了，可算是格外卖力！）又规定继任的总统，须由现任总统推荐一人至三人，亲笔书写姓名，藏之金匮石室之中，将来国会只能就已书名的投票，至现任总

[1] 王揖唐（1878—1948），字一堂。安徽合肥人，曾中进士，后入日本陆军士官学校。曾任袁世凯总统府秘书、内政总长等职。1918年任安福国会参议长。第二次直奉战争后为段祺瑞执政府重要幕僚。抗战时期做汉奸，1948年被国民党政府处决。

统合法的连任更不成问题了。

四、帝制运动之各阶段

甲、陈宧之首建大策

袁世凯要做皇帝吧？这是人们头脑里的问题，公然宣之书面的要算参谋次长陈宧了。陈宧是湖北军人的先进，他在四川、奉天都曾占过军界重要的位置。黎元洪遥领参谋总长时，推荐他以次长代理部务。陈宧知道世凯对元洪无诚意，自己要博取信任，须得“一鸣惊人”。他上给世凯一个计划书。他大胆的说国民党是暴乱分子，是总统的最大敌人，要如何如何的裁抑他们，激怒他们，扑灭他们，最好是衅由彼开，让他自绝于国人，其余灰色不可靠的，如蔡锷、唐继尧、陆荣廷之流，连黎元洪也在内，都应该乘战胜兵威，一体撤换，那时大功告成，便请总统建号登极，传之万世。他那计划书是极纵横挑拨离间之能事，并且详尽而周密，世凯一见，叹赏不置，从此凡有秘［密］谋，陈宧都得参与。不久放了他的四川成武将军，这是把西南半壁委托给他，要他先安集巴蜀，再次第扫荡滇黔。因为他在四川有许多学生做基础，也不用带大量的军队使“反侧子”惊疑。陈宧奉辞的时候，他跪着不肯起来。他说：“微臣重见天颜，须待三省平定之后，抱歉的是登极大典疆吏不得躬亲”。这是多么的君臣鱼水呀！

乙、杨度等发起筹安会

陈宧已经得着好处去了，但帝制问题还只是高级官员们的心领神提，还没有揭开面罩来和大众相见。这里便用着杨度、孙毓筠的出台。杨度是世凯北洋任内首先收买的留学生，他以宪政公会的领袖一保就是四五品京堂。熊希龄组织内阁的时候，拉他当教育总长。他说：“我是帮忙不帮闲的”，终于辞掉不干。孙毓筠是老同盟会，曾当过安徽都督，而且是寿州相国文正公（家鼐）的孙子，他二位是多么十足的走狗资格呀！他们发起了筹安会（筹安会的发起人一共凑足六君子[1]，我只记得还有严复、刘师复［培］，其余二位日久健忘了）。宣言书大意说：“中国欲求长治久安，非变更国体不可，欲得圣帝明王，即今大总统其人也。大家要吁恳他，敦促他，请他不要固执谦德，要为人民福利着想。他容纳了大家的要求，我们就可过安乐的生活。”筹安会引起的反响，可说是微弱得很。那时有两个不识时务的官僚曾向空气中碰一碰钉子，一个是总检察长罗文干[2]，它［他］提起公诉，说杨度等破坏国体。一个是都肃政史庄蕴宽，也拟好一封弹劾的呈文。但他们都先日避往天津租界，溜之大吉。跟着是各省将军，巡按使纷纷来电劝进。其余凡地位够得上说话的，都想借三寸毛锥，博一个攀龙附凤。不过大家都是就历史上、国际上、社会上的观点来立论，像前代那样征引祥瑞、荒唐无稽的谰言倒是少见。这一点也许是时代的进步吧？

丙、顾鳌之伪造民意

帝制运动公开后，世凯也半推半就的承认。但是他觉得专靠他的文武两班来推戴，是有点寒伧。他说：“还是通过民意好看些。”当事诸公计议一番，便决定召集国民大会，特设国民大会选举事务局，任命法理娴熟的顾鳌之为局长。顾局长发挥他的天才，指示各省巡按使要怎样造册，怎样投票，以每县为一个区，票上只书写“赞成”二字，取消民国，拥戴今上的意思都完全包括了。凡是投票的地方官，都酌量给点夫

---

[1] 六君子：指筹安会发起人杨度、孙毓筠、严复、刘师培、李燮和、胡瑛。

[2] 罗文干（1889—1940），字钧任，广东番禺人。早年留学英国。辛亥革命后任中华民国广东都督府司法局长。后因参劾筹安会受袁世凯冷遇，南下广东运动龙济光倒袁。

马费，尤其有名望而又有年纪如湘潭王闿运之流，不管用怎样手段，都是弄他亲到投票。总算顾局长没白费心力，果然刻版印刷似的全国一致都投赞成票。听说李经羲和世凯谈天，曾这样说：“总统知人善任，经羲是钦佩得很，但顾鳌之却声名很坏呀！”世凯微笑说：“我用顾鳌之的说明，只消五个字——‘不要脸肯干’！”顾局长对于这种辛辣的批评，听说还感激涕零哩！

丁、大典筹备处

大典筹备处是朱启钤、梁士诒的主任。二位是当朝有名的大臣，他们的任务是要融会古今，参酌中外来完成这一盛典的。他们延聘了许多名宿，征调不少人才。他们改中华民国为中华帝国，洪宪是今上的年号，今上是帝国的太祖。中华存在一天，皇统便延续一天，要使历史上享国数百年的短命朝代都自愧不如。一切都是小心的进行着。尤其朱主任对于皇帝贴身的物事更是十二分的注意。听说一只龙座花了二万元，一双龙袜花了一万二千元。他们预择的是民国五年元旦登极，但在四年冬至却已冕旒祀天和上帝相见一次了。

戊、洪宪皇帝大封功臣

历代的论功行赏，多数是在登极后举行，但洪宪皇帝是练达人情的。他说：“应该给的不如早给，好让他们替我尽心办事。”于是分茅列士，纶音稠叠。第一是武义亲王黎元洪，其次是钦加郡王衔一等公龙济光，其次封公爵的是姜桂题、冯国璋、张勋、陆荣廷、倪嗣冲、段芝贵等等，封侯爵的唐继尧、陈宧、阎锡山、汤芗铭、靳云鹏、朱家宝、李纯、陆建章、王占元等等，最寒伧的是贵州护军使刘显世，只挣得一个子爵，云南巡按使任可澄更只得一个男爵（凡各省疆吏，世凯是一个不遗漏的都封完了，在京的却只封黎元洪、其余杨、孙、朱、梁等主要角色都还没发表）。他们都上折谢恩，陈说：“子子孙孙愿为皇家效力，只恨自己拥戴的赤心无法剖献给圣主看。”连那赋闲已久的办奏稿的师爷写折子的巡捕，也都臣门如市，弹冠相庆了。

五、反对帝制之各方面

甲、北洋派本身之裂痕

世凯奉命练兵时，曾向他的朋友征求帮手，那朋友一总荐四个人给他。一个姓韩的，带队伍打野操淹死在河里，剩下的便是鼎鼎大名的北洋三杰段祺瑞、王士珍、冯国璋了。世凯最初计划只练一个混成旅，办一个随营学校，随后才逐步逐步的扩充。担任指挥教育任务的，不用说就是他三个轮流替换着干，队伍成份是农民、小商人、手工业者、知识分子、跑粮子的老江湖，由这些人中间提拔中下级官，又慢慢升到高级官，他三个的地位更其见得尊严崇高了。士珍性质恬淡，没有什么结合。祺瑞、国璋不免各有徒党，日久人众，不知不觉的已形成皖、直两系之对峙。祺瑞是前清秀才，四书五经读的烂熟，君臣大义也了然于胸中的。威逼清室逊位的通电，一则迫于世凯的命令，再则民国元首迟早有转到头上的一天，所以他勉从了。现在呢？前途希望不用说是归于粉碎，而且好像使他愈想愈觉对不住清室，这样便提起他坚决反对的勇气。筹安会一出现，祺瑞便辞去陆军总长现职，移住西山养静。世凯晚年对于羽毛丰满的北洋旧人本来就不很信任，因祺瑞的反对，益使他注意冯国璋、张勋。他给国璋以密令，叫监视张勋，也给张勋以密令，叫监视国璋。冯、张在边区会哨，酒酣耳热各出密令以传观，都拍案说：“这叫咱们怎么办？”国璋女人死后，世凯介绍自己的家庭教师周女士给他续弦，也负着监视国璋的任务。周女士和国璋琴瑟静好，把隐情完全吐露，国璋感到碰壁，才开始和西南勾结。北洋派的将领，不属于皖，即属于直，两系首领的态度既如此，各将领也摇摆起来了，不过为世凯积威所劫，还不敢明显表示。

乙、黎元洪之崛［倔］强

黎元洪是武昌起义的元勋，但事前他做梦也不知道张振武等把瑞澂赶走了。想到大敌当前，群龙无首，元洪是混成旅长，是湖北陆军的第二把交椅（师长张彪和瑞澂同逃了）；兼之为人宽厚，深得士心，大伙儿蜂拥到他宅里，不管他愿意不愿意，硬拉他作湖北都督。还好，元洪也慨允牺牲，担任艰巨，支持到南京政府的成立，他总算煞费心力。但是革命初期，队伍极端民主化，对于上级礼节很和从前两样。他自己的统率无能，也招来不少的非难。袁世凯就任总统，首先对元洪加意笼络，电文中重复着说："南方各事一切仰仗我公"，又说："你有什么为难，我必尽力相助。"元洪炫惑于世凯的欺诈，忘记了本身的立场，脱离自己的队伍，投入世凯怀抱。他请世凯枪决了张振武，他愿意把湖北陆军八个师缩编为两个师，并请调北洋两师来扎湖北。这一切在赣宁战役中替世凯尽了很大的作用。但跟着国民党的扑灭，元洪也就内调了。湖北仅存的两师也完全遣散。元洪自知被卖，但又无力反抗，只好在北京住下，过着笼鸟式的生活。武义亲王发表后，世凯叫元洪亲信的饶汉祥告诉他说："我念你是民国副总统，所以给你这样的崇封，你今天只有两条路，不降就死。"但元洪不死亦不降，他只倔强于沉默之中，静候时机的到来。

丙、进步党之活动

进步党之寿命是和国民党一齐告终，但领袖们仍不断的向上巴结，还保持着几个不甚重要的位置。梁启超是熊内阁的司法总长。熊希龄坍台后，他攫得币制局总裁，但他的忠实信徒、唯一可靠的后台老板蔡锷内调了。南方新起人物中，世凯只注意两个：江西都督李烈钧、云南都督蔡锷。赣宁战事，烈钧败绩逃亡，锷亦有"亲率两师东下观战，助其直者，击其曲者”的通电（这是宋案的影响，锷对教仁是很崇拜的）。世凯追论其事，以为“非所宜言”，故乘战胜余威，把锷内调而以唐继尧继其后。锷初到京，世凯要给他参谋总长，北洋旧人群起反对，不果行。随后特设一个经界局，任命锷为督办。经界局是以“丈量全国土地，核实侵欺，增加收入”为目的。办好呢，剥削民脂民膏，供政府的挥霍；假使要激生什么事变，那就对不起，恐怕要借蔡将军之头以谢国人，这是世凯深心辣手的一套把戏。锷短视热中，欣然就职。师（启超）徒（锷）二人正兴高采烈的规划这样，筹备那样。但不幸得很，财政部除给了开办费二万元外，以后便分文不给。启超、锷托朋友向总长周学熙疏通。学熙对来人说：“币制呢，我部里现有司员负责，至于一个青帕包头的大兵，每月就要供给数万元，那更是骇人听闻。”启超、锷碰了钉子，益感到北洋壁垒森严。正在悲观失望的时候，帝制发生了，他们就由拥袁的忠仆一变为倒袁的健将。他们秘密活动，派人哪，写信哪。世凯也相当注意。军警曾到蔡将军寓内搜查一次，但没有得着什么证据。于是蔡将军便和小凤仙大闹其恋爱，成日成月的沉酣在八大胡同里；又故意和老婆吵架离婚，把老婆赶回家乡，他才一溜烟走了。启超藏匿天津租界，估量锷到达昆明，便在各报登载他的大作《异哉所谓国体问题者》。一时万人传诵，颇有相当力量，给了世凯一个打击。世凯根询梁、蔡之走入反对方向，是由于学熙的捐款不发。他甚怒学熙，每见必厉色申斥。学熙请假避面，由此脱离政海。其后桂粤转变，启超还演着重要的角色，高升到两广都参谋，我们后文还要提及。至于汤化龙、孙洪伊也各有文字上的表现。洪伊并以直隶同乡关系活动于长江流域，冯国璋、李纯的幕府中常有洪伊的信使往还。这是进步党人最活跃的一个时期。

丁、国民党之活动

赣宁失败，国民党纷纷去国。孙文领导的一派，多往日本东京；黄兴领导的一派，则往南洋群岛。他们意见很不一致。关于组织方面，孙先生主张改国民党为中华革命党，党员必须亲笔填写誓约，交审查委员会严格审查，以防投机分子之混入。黄兴反对说：怎样改组都可以，但我们为了革命出生入死不知多少次，到今天还要亲笔填写誓约，还要别人来严格审查，这是一种人格的侮辱，要求先生考虑（誓约内容有绝对服从孙文字样。此点亦经黄兴指责，以为只能服从总理，自然人是随时可以死亡的）。关于行动方面，孙先生主张各省立即动员，进行倒袁工作。黄兴说：现时人民厌弃我们，说国民党只能破坏捣乱，大家迷信袁世凯，应该让世凯干一个时期，播扬自己的罪恶，那时人民厌弃世凯，复思我们，才是我们行动的机会。他们各执己见，不肯相下，这样就形成了国民党东京系与南洋系之裂痕。孙先生是中华革命党的当然总理，他任命陈其美为总务处长[1]，通电内地召集各省代表，开会议于东京。会议结果，每省产生了一个总司令，预定地点工作。其余个人活动的，只须说明活动的策略、路线，得总务处长的许可，便由总务处长发给费用，冒险尝试。说起来这是一笔不小的数目。据说某政党关心中国的革命，钦崇孙先生的伟大，愿意无条件供给二百万元，待孙先生掌握政权时再行筹还。孙先生又感于国外指挥之不便，他和法人交涉，得到法当局的允许，陈其美回驻上海，以法租界为进攻的大本营。其美经营数月，成绩大者如刺杀郑汝成，如劫夺肇和兵舰。由他在上海组织的机关就有七十余处，在他手里领费往各省活动的共一百八十九起，给了革命一个很大的推动力。他因款用罄而着急。袁世凯设立的暗杀机关鸿兴煤矿公司便以出贷巨款为由，要求和他面谈签字。这个英勇的革命家由此牺牲了。海军事件，由南洋系的唐绍仪代表谈判，花了四十万元，买得他们全部讨袁。综合起来，反帝倒袁的运动，国民党是异常普遍，异常努力，而进步党只限于几个特定区域。国民党是自下而上要推翻既成的首长，建立自己的政权。进步党是自上而下，只要首长同意，马上开始行动。结果进步党收获美满，国民党相形见绌。

[1] 应为总务部长。

六、对日外交之苦闷

一九一四年的世界大战，欧美各帝国主义者都忙着征兵转饷，互相厮杀，对于远东无暇顾及。日本帝国主义者认为是实现大陆政策的好机会。第一步，他借口履行英日同盟条约，出兵向青岛的德军进攻。袁世凯的外交政策是以李鸿章的“以夷制夷”为指导原则。他和德人有默契，在日德战争中，他秘密供给德人的需要。本来专恃正面攻击，青岛是不容易占领的。日人破坏中立，从我们龙口一带登陆，来一个侧面的袭击，青岛陷落了。据说世凯和德人往来的文件颇入于日人之手。第二步，那奴化中国的二十一条件便提出了。（本来没有上项事件，二十一条的提出也是不可避免的，那是岛人的预定国策呀！）倭使日置益突破国际惯例，把条件面交元首。在两人的对话中，当然触及青岛事件的秘密。末了日置益郑重表示：“大总统容纳日本条件，日本恭祝大总统高升。”那时帝制已渐萌芽。自清末以来，北京政府有一种欢迎外人干涉的习惯。一切内部事件，不问其实质如何，但问外国人对此事的意见如何。日本是天生的骄子，是东方的霸权。日本的意见，很可代表各国的意见。日本都赞成帝制，帝制还用顾虑吗？还有外交总长曹汝霖，差不多可以说是准日本人。他每天都在说日本愿意怎样帮忙的话。一切很圆滑的进行着。但在建号登极的前夜，日使堂哉皇哉的来了一封公文说：“奉本国政府训令，警告中国政府，帝制最好延期。因为中国各省潜伏着许多反帝势力，一旦爆发起来，就更危及东方和平。”真的，日本人说的是实话。不用说这次国民党的活动是借东京为出发点，就是进步党的后面，也有日本人不辞辛苦的跟随着。还有日本一手制造的复辟党，也在洮南一带扬旗伐鼓，起劲的哄闹。世凯知道日本关心的，无非是中国的权利利益。他特任周自齐为大使，前往东京和日政府交涉：“只要制止反帝活动，拥护洪宪成功，一切条件都可商量。”万恶的大隈内阁，索性连特使也挡驾了。那时，云南已举义旗。“只要我南征顺利，迅速平定内乱，表现我的力量，日本态度或许有转变之可能。”世凯是这么想着。因此他还是埋头苦干，一意孤行。

七、云南护国之崛起

唐继尧是蔡锷的旧部，他以一个不甚知名的列将一跃而为贵州都督，全靠这位老上司的口谋的提拔。辛亥起义，贵州政府的反动派（以刘显世、戴戡、任可澄为首领）勾结云南，劝诱蔡锷，并吞贵州（显世胞弟显治和他的至友熊范舆都是蔡锷亲信的秘书）。这种无名的侵略，当然要受到理性的制裁。但锷同时承奉他老师梁启超的割据西南大计划，叫他“以云南为根本，统一川黔，雄踞上游，以观天下之变”。冯国璋进攻湖北，连占阳夏。黎元洪通电独立，各党乞援，贵州政府力顾大局，由都督杨荩诚率一混成旅出动。蔡锷亦通电全国，任命唐继尧为援鄂司令，假道贵阳，刻日继进。贵州政府认为同赴国难，坦然不疑。继尧于到达贵阳时的翌日，来一个里应外合，把贵州政府推翻。由于共谋犯的拥戴，便攫取了贵州政权。贵州亡命党人百方攻击，袁世凯却一力袒护。继尧也算知恩报恩。赣宁战役中，他东面出兵铜仁，压迫谭延闿不敢发动；北面出兵重庆，赶走已经独立的熊克武。世凯喜其成效彰著，故调锷进京后，即命继尧率领全部回滇坐镇，并且贵州的继任人选也许由继尧保荐。继尧便请任刘显世为护军使，把贵州树为附庸，置于云南势力支配之下。帝制发生，他俩是死心塌地的要做洪宪朝的开国功臣。但队伍中反帝浪潮忽然高涨起来。云南方面国民党的负责同志为董洪勋。陈其美又遣蔡奎祥为之助。洪勋很得下级干部的信仰，但奎祥却以机事不密被捕枪决。正在火山爆发的时候，蒙自道尹周沆来电：“蔡锷秘密入滇，谋为不轨，已预扣留，请示遵办。”于是队伍中公开表示反对扣留。继尧为应付环境起见，只得变扣留为欢迎。跟着蔡锷来的，还有前江西都督李烈钧、前贵州巡按使戴戡，或是同学的好朋友，或是分赃的老伙伴，叫继尧真也无法拒绝。他们都下榻将军行署，日夜包围。这样便决定了护国起义，把云南宣布独立。同时，袁军的武力充实，使他们意识到不可避免的战争很快的就要到来。于是组织护国第一军，以蔡锷为总司令出四川，又任命李烈钧为第二军总司令出广东。“这样的分张两翼，先发制人，要是时机顺利，或许造成更好的局面。”继尧是这么想着，但一念及北洋雷霆万钧之力时，他又害怕得发抖了。他记起同乡朱家宝现任直隶巡按使，也是世凯红人之一。他致电家宝说：“政党活动自己怎样竭力镇压，但是军心已变，内外逼反，使自己辜恩溺职。到今日地步，午夜自思，不复可以为人，但乞圣主恩施格外。将来天兵入滇之日，阖（合）门百口得免骈诛。”家宝将原电陈奏，世凯亲笔于电尾大书“爵位如故”四字，仍由家宝转复去讫。继尧脚踏上了两只船，心下才稍微安定一点。

贵州方面负责者为王文华。原来贵州军队向分两部。刘显世只能调遣旧式巡防队，新式陆军向交文华指挥。文华很迅速地肃清了自己营垒中的反动派，便日夜催促显世表明态度。显世比继尧更害怕。他又没有朱家宝那样的好路子。他一面提了省款四十万作逃亡预备费，交私人蔡岳汇往上海经营商业，一面支使黔西观察使刘显潜（显世胞兄）电呈北京，开府兴义，声言讨逆，居然也就骗得贵州巡按使的头衔。善后先办好，他才不得已的宣布贵州独立。贵州陆军通统六个团，就叫戴戡、王文华各带三团分出川、湘。

洪宪征南军的配备是以曹锟为总司令，率第三师全部；以张敬尧为前敌总指挥，率第七师全部，由四川向云南攻击前进；以马继贞［增］为副司令，率第六师全部，益以卢金山的第十八混成旅，由湖南向贵州攻击前进。曹锟是北洋老牌的师长，他的后辈李纯、王占元都督早做厌了，他还只是一个空头的“虎威将军”。他常常牢骚满腹，又受了段祺瑞的暗示，一到重庆他便深居简出，把第三师的精锐大部留在身边，保卫自己。敬尧与锷遭遇于叙永，泸县之间。他们恶战苦斗，一进一退，倏得倏失。护国军士气旺盛，地理熟悉，但器械窳败[1]（好一点的器械唐继尧也是在身边保卫自己），全靠蔡将军出奇的智略来补充物质的不

[1] 窳败：此处指陈旧破敝。

足。袁军是转输接济源源不绝。敬尧新擢大将，锐于立功，他的鸷悍猛厉，一时无与伦比。因此转战几个月，只博得了杀伤相当。戴戡所率的黔军，算是蔡锷的右翼。他和曹师的一部在綦江附近对峙。他们没有剧烈的冲突。湖南战事，周旋于沅、晃、麻、芷一带。但自马继贞［增］自戕[1]后，第六师几无斗志，卢旅被文华歼灭，而黔军亦疲惫不堪。

八、桂粤向义及军务院之成立

陆荣廷的地位是孤特的。他和国民党不生关系，和北洋派也没有联络，直到龙济光来广东，他才算“西南得明”了。他和济光协议，要取得世凯信用，莫如遣送质子。世凯对于这种忠肝义胆的表现，当然是异常嘉悦，一切覃恩荣典，他俩都和北洋旧人比肩受宠。桂粤和皖直的交通也由此频烦［繁］起来。不幸陆子客死京师，言者传为中毒，荣廷由此怏怏。广西巡按使王祖同是袁世凯的中表，负责监视荣廷的秘密使命。他和荣廷的秘书唐某做了一笔交易，花了五千元买得冯国璋给荣廷的一封亲笔信。信上说：“主座近来多疑多忌，猜防旧人。松坡亲赴昆明，不日将有异动。老兄意见如何？请明告我。”祖同把原信赍呈世凯，世凯也不看一字的仍把原信封交国璋。意思就是告诉他：“你们这些鬼鬼祟祟，如何瞒得过我？”果然把国璋吓得精爽飞越，密派亲信前往南宁，责让荣廷的疏忽，并催促他迅速向义，一致护国。荣廷一转面向祖同做功夫。他们每天都打牌喝酒。荣廷总是痛哭流涕的“詈骂着唐刘的背德，反噬梁蔡的无知妄作，本人很愿出兵讨逆，报答高厚，奈广西饷械两缺，力不从心”。祖同向世凯说话，世凯但传令嘉奖，不提下文。荣廷知道功夫还不够。他一面恳切请缨，一面径行出驻柳州，藉示义不反顾。这样，世凯才给他军费八十万元、步枪一万支。饷械到手，荣廷即日宣布广西独立。但是广东还在拥袁，尽有威胁后方之可能。

---

[1] 马继增与东路护国黔军激战于湘西，兵败自戕。

荣廷虽自柳州反旆，仍不能出一卒一兵。那时梁启超已到南宁，帮着荣廷筹划军事。荣廷派遣代表和龙济光接洽。启超也不揣冒昧，委托汤觉顿代表自己一同前往。这次结果很不好。济光部将于会议席上袖出手枪，击毙了汤觉顿。荣延代表抱头鼠窜而回。又经过一个时期，北京政府的统治力愈见削弱，岑春煊也到了肇庆。他以老上司、老恩师的资格要求济光反袁。荣廷请启超作代表，参加说服。这样，广东也宣布独立了。跟着组织两广都司令部，推岑春煊为都司令，梁启超为都参谋。但有人建议：这只是一种局部的军事组织，应该进一步采取有全国性的较高形式。他们开始征求独立各省同意，每省派出一个全权委员，合组军务院，公推唐继尧为院长，岑春煊为副院长。院长未到任前，副院长代行职责。春煊左龙而右陆，名义上受着两广的拥戴，其余捧场抬轿的进步党固当仁不让。国民党的南洋派（北派后来演化为政学系）也应时活跃。这是对抗北京政府的一种政权形式。

九、洪宪撤消和袁世凯死亡

登极因警告而延期，南征军事也不如预想的那么顺利，而且各省不稳的消息传染病似的蔓延开来，今天说甲省如何如何，明天说乙省如何如何，甚至首建大策的陈宧也有人说他阴怀二心，谋为不轨。世凯怒斥说：“除非整个中国全完了，四川自不必说。如果尚有尽忠于我的人，陈宧必为其中之一。这种离间中伤的话是该说的吗？”一般的宫廷大臣，眼看着龙心焦躁，他们私下计议：“为敷衍日本面子，我们暂不张贴誊黄晓谕军民，但黄道吉日不可错过，还是请主上登殿受贺，大家嵩呼舞蹈，岂不是两全吗？”朱、梁两主任把这意思婉转陈奏世凯报可。于是君臣们关上大门，演了一出喜剧。刚和历史上的大楚皇帝桓玄[1]一样，享国八十有三日。晴天霹雳，来了一封日本某元老的信，

[1] 桓玄（369—404），字敬道，又名灵宝，东晋割据者。

信上说："你们表面承诺延期，实际却施行帝制，日本政府非常恼怒，要速以明令撤消洪宪，省得发生叫你难看的事情。"真的，这位元老和世凯的私交很不坏，世凯满想着他能转移日本政府意向，完成自家的基业。他都这样表示，最后一线的希望也粉碎了。于是，断然处置，如命办理，即日由帝国皇帝退回民国大总统的原位，索性叫那反对帝制，高卧西山的段祺瑞出来组阁，"让他去对付这群胡闹的小子"。但蔡锷等坚决反对，要求世凯引咎辞职，否则不肯罢兵。段内阁正徘徊于和战之间，四川又宣布独立了。陈宧署名的通电除陈述种种理由外，并声明："与袁氏个人即日告绝"。陈电到京的翌日，公府宣召外医，颇传元首病笃。本来自西南军兴，凡战略的指授，地形的争取，后方的转输，敌人的分化，一切都由他睿略独运，亲笔批答，尤其那制人死命的日本外交，国内国外每天都有谍报，也得悉心应付。几个月来，老是彻夜无眠。陈电的不留余地，更令他感到酸甜苦辣，一时说不出是什么味儿。这样一世之雄的袁世凯，便于中华民国五年六月五日龙驭上宾。蛰伏东城的黎元洪便于六日宣告依法继任大总统。跟着是双方停战，各守原防。护国首领是劳苦功高。南征将校是服从用命。政府"大公无私"一例策勋颁赏。不幸的是几位洪宪要人，硬给他改名叫作"帝制祸首"，而且还要缉拿究办。他们约好了，大家安坐寓宅，看政府怎样办。政府也真为难，一面谕知印铸局，把政府印好的政府公报压搁几天，一面分投［头］疏通，劝他们权往天津避一避，并声明预备专车。本来没有甚么，不过又给报纸添上材料哪，请大家原谅原谅。他们通统走了，才把通缉命令公布出来，算是完结公事的手续。一天，总统和总理谈话说："一般旧国会议员老是向我这里噜嚛（苏），说帝制祸首漏网太多，应该认真惩办几个。"总理说："不错！总统知道陈宧就是造意的主谋，导谀的祸首，可真是罪不容诛！"总统把头低下，良久良久的沉默。这个问题以后也不再谈了。

（录于《周素园文集》）

世界人类如何方能完成普遍裁军[1]

纽约新历史社征文　于延安

（1937年）

人类是善于适应生存的动物。如果这句话是正确的，那么，世界上任何种族、任何阶级、任何国家都应该相互依赖，相互扶助，来达成上述的任务。但不幸得很，跟着人类的出现，那毁灭人类的战争不久也就发生了。有史以前，且勿论中国学者常说：“二十四史无非是一部相斫书”。国际社会主义同盟的《共产党宣言》也说：“整个人类的历史都是阶级斗争的历史。”这种局部的相杀已够使人类感到恐怖了。上次世界大战，参加双方集团的共二十余国，动员总数达六千二百万人，死伤总数是二千四百万，财产损失值三千万万元。战后的生活混乱，革命爆发，经济恐慌，市场萧条，一切间接的损害更难以明确的总计数字一一表现。经过这样酷烈的教训，就常理推论，应该是“鉴往知来”，觉悟从前的偏见，转换今后的动向，才合历史进化的正轨。但事实恰恰相反。十年以前高呼第二次世界大战，还认为是预言家耸听的危词、忧时者过分的估计；到了今日，铁一般的证据摆在我们面前，军备竞争有加无已，海陆空各方面都是疯狂的扩张。由于少数国家的野心蓬浡［勃］，使得大多数爱好和平的国家也不得不接踵追随，甚至社会主义国家的经济建设计划也不得不先重工业而后轻工业。养民可缓，国防为

[1] 本文选录自《素园语体文拾零》卷上。

急。以今日科学之进步，技术之惊人，一旦战争开展，死伤和损失较之第一次恐怕不止十倍吧？诚然，我们是现代人，应该明了自己的重大责任，应该在战争未毁灭人类以前，从事于毁灭战争。但我们知道，战争是社会过程之一，他［它］是有着种种社会根原［源］的。离开了马克思主义的体系，我们要认识社会，说明社会，差不多是不可能。依据唯物史观的意解，经济基础是社会过程的原动力。社会的上层建筑虽能给下层基础以极大的反影响，而处于相互作用的关系中，但经济终是决定的要素。我们认识现代是资本主义的世界，认识许多国家是资本主义发达到最高阶段的帝国主义国家。所以伊里奇[1]说："战争是政治的继续。我们要研究战争，实不得不研究战前的政治与正在引起战争的政治。这个政策如果是帝国主义的，即是说，拥护金融资本的利益和拿来掠夺殖民地与外国，而且使他们隶属化的，那么，从这个政策生出来的战争，无论如何都是帝国主义的战争。"又说："德谟克拉西适应于自由竞争，政治的反动适应于独占。金融资本主义只想得着支配，而不想得着自由。帝国主义是德谟克拉西的否定，德漠克拉西已经被寡头政治所代替了，所以帝国主义在政治的关系上是反动意味的。反之，在经济的关系上，他［它］又是有进步的意味的。因此，亦不外是正在濒于死境的资本主义内部的大矛盾之一，独占的资本主义已经把一切的对立激发到最高度去。同时，这种对立的剧烈化，便形成了历史的过渡期最有力的推动力。"由于上面的说明，我们知道循着自然的演化，战争可说是历史的必然性。因为帝国主义是要求独占资源，要求独占市场，而且要求独占输出资本，要求分割全世界殖民地。他们为了达到目的，除外战争，是找不到出路的。我们要防止战争，消弭战争，必须施行根本的治疗。提示纲领如左：

甲、实现人类权利平等——强大国家与弱小国家间，宗主国与殖民地间，优秀民族与塞野民族间，白色人种与有色人种间，布尔乔亚与普洛列塔利亚间权利一律平等。放弃人压迫人的制度。有学问、有能力的

[1] 伊里奇：指弗拉基米尔·伊里奇·列宁。

处于先进领导的地位，落后者则诚意接受其领导。

乙、改善社会经济机构——谋生产力与生产关系之调和，使生产与分配相适应。露骨言之，即取消财产的所有权（但为优待布尔乔亚起见，得暂行规定一种最高额的特权，所有其余部分，由国家接收之；该所有者死亡时，特权即归消灭，不许继承）。放弃人剥削人的制度，打破生产的无政府状态，代之以有组织、有计划的分配。凡适合做指导工作的人，不管金融巨头也好，产业资本家也好，大地主也好，我们都欢迎他们来参加最高的组织。人们占有的欲望大半是被支配欲望驱使着，至于身家享乐，其实消费无几。他们有组织的天才与丰富的经验，在各尽所能，各取所值的原则下，领受相当的报酬。这样一来，他们的支配尽可扩大，享乐亦不致降低，或可减少其顽抗。（俄法革命时，资产阶级所遭受之惨痛，为举世所共知。布尔乔亚不少明哲之士，亦何苦置身积薪之上，作干犯众怒的挣扎。同时，我们还常听到这样的事实：大富豪的家庭往往产生思想“左倾”的子女。他们要是憬然后顾，谅不难彻底觉悟呢！）我们再从文化（包括教育、艺术、报纸等等）、宗教、政治各方面来一个总动员，宣传我们的主张，促布尔乔亚的反省，自动的有所表现。如其始终执迷，则由政治上取断然之处置。

上列纲领是毁灭战争的基本方法。他［它］是根据社会发展现阶段来解决当前的矛盾。他［它］是一个突变，同时也还是一个革命，不过用温和的方法来代替猛烈的方法。他［它］可以而且必能把世界上种族的歧视、阶级的对立、国家的壁垒、一切酝酿战争的因素都一扫而空，使人类在亲密和睦的观点上来建立美满繁荣的社会。但这需要人类的全体奋斗，还需要相当时间。在火山爆发的今日，急救手术又当怎样呢？愚以为仍不外合力组织和平安全的集体制度。只要英、美、法、苏站在一线，我相信其他国家都会争先恐后的加入这个组织。和日内瓦相异的基点在于凡加盟的国家，即从加盟之日起宣布停止扩张军备。各单位既存的力量，本组织有最高配备和指挥的权力。同时，由专家考虑同盟的某部分有被侵略之可能者，即由本组织加强其防御力，并协助该部分开发资源，提高生活水准、文化水准。倘侵略者放弃侵略政策，愿意加盟

余因是追忆所谓匡铁丹者，曾于卢寿慈坐上见之。甫在壮年，而神识懵乱，语言无序。未久，闻以心疾解职去。得非献友自赎，良心谴责，致失常度与，抑尚有他故与？

往余纂《贵州民党痛史》，未及君死事，盖以电轮为民党健者，其行足证其言。而余且与之协什，述君事，疑于同志之相杀。迄今思之，当电轮志事尚未大白之日，君采敌对行动，未可非议。而电轮方将大有所为，人乃欲紾其臂而夺之权，此何可容忍？故彼此各有立场，是非殆无绝对可言。至于俄顷成败，则斗智斗力决之。世间若此类事，不可偻指。余迟回审顾，适彰余之寡识，书此以补吾过焉。

（录于《素园文存》手稿第四册）

国民革命军左翼总指挥袁公碑[1]

戊寅（1938年）

孙总理革命四十年，但以主义号召天下，不主自练新军，示人以不广。晚而综览世变，决定政策，始设校黄埔，孕育国民革命军。今总裁蒋公，继承遗志，东江戡定，第一军即随之诞生。以数量之不周于用，时机之不我待也，乃扩大编制，赓续成立十二军。李宗仁、唐生智挟桂、湘归附，仅得编为第七、第八军。而公部彭汉章第九军，王天培[2]第十军，公以左翼总指挥兼领第十二军。国民革命军之力量，黔军占四分之一焉。北伐初期，主者鉴于军阀滥假名器，授受之际，深致谨严。当时膺总指挥荣衔者，公殆为第一人，盖黔军自护国以还，即以耐苦善战，蜚声海内，而统之者，实王公文华暨公。文华创启黔军之规模，公发扬黔军之声威，政府倚畀，舆论钦崇，骎骎乎凌驾各省而上之。使公

❶ 作者1923年曾在袁祖铭幕中任秘书长。此文系作者应袁之亲属所求而作。虽不尽符史实与作者意志，但对于研究袁祖铭其人及贵州桐梓系军阀取代兴义系军阀的过程，以及袁参加北伐的史事有一定参考价值。

❷ 王天培（1888—1927），字植之，侗族，贵州天柱县人。保定军校毕业。返黔后参加护国战争。1921年率部入桂，响应孙中山讨伐陆荣廷。之后任中央直辖黔军第一旅旅长。1922年助袁祖铭"定黔"成功，任黔军第二师师长。1926年夏参加北伐，任国民革命军第十军军长。1927年7月被蒋介石逮捕秘密处死。

得竟其用，当与冯、阎、李[1]比肩争烈。近年外侮凭陵，巍然作国家柱石矣。徒以部众未集，军实未充，回翔审顾之间，遽为奸人阴谋所贼害。公功不显，公志不白，而黔军丧其中心，亦由是瓜分瓦解，岂不悲哉！

公讳祖铭，字鼎卿，贵州安龙县人也。自高祖明朝以下，世以合众御侮，为乡里魁率。咸同间，苗回交乱，所全济甚伙。父廷泰[2]，母杨氏。公少喜任侠，见不平，不量幼冲，恒挺身与成人角斗。父教督之严，始折节亲士人。入贵州陆军小学，升学湖北，以目力不及格罢归。辛亥八月，武昌起义，兴义刘显世奉巡抚沈瑜庆电令，率兵来省，镇压革命。公隶其部下，为排官。九月十四日，贵州光复。显世向军府输诚，得任为陆军第四标标统，公亦序迁前队队官。显世迎滇军，覆军府，公以资浅，不预谋。民国纪元，积剿匪功，晋营长。洪宪盗国，滇黔拥护共和。袁世凯集北洋精锐压境。曹锟、张敬尧自四川入，马继增、卢金山自湖南入。滇、黔亦大出兵。御川寇者蔡锷，王文华则督黔军，御湘寇。所部四千五百人，器械窳败，饷需又不以时济，相持于沅、晃、麻、芷之间，历时逾五月，大小数十战。公常身先士卒，锐气无前。寇军夺气，公亦由此显名。事平，擢第一团团长，越境驻防四川之酉、秀、黔、彭[3]。军纪严明，萑苻[4]敛迹。七年，护法军兴，总司令文华率师援川，以公为第一纵队司令。大战于黄角桠，败川军师长周道刚。克重庆，走北廷查办使吴光新。乘胜攻成都，长驱直入，川督刘成［存］厚奔陕。论功，超拜第二师师长。俄解兵柄，调充总参议。久

---

[1] 冯、阎、李：分别指冯玉祥、阎锡山、李宗仁。

[2] 廷泰：袁祖铭之父，字干臣，贵州省兴义府（今安龙县）人。因其祖父袁世龙在清咸丰、同治年间办团练，参与镇压黔西南回民起义而发迹。曾任兴义府议会议长、盘江八属联合民团团务处长、安龙西区团练等职。

[3] 酉、秀、黔、彭：指今重庆市酉阳县、秀山县、彭水县、黔江区。

[4] 萑苻：原为沼泽地名，后因这些地方常为盗贼出入或藏匿之所，即以此代借盗窟或盗贼。

之，滇黔军与川军首领有违言，战事复作。黔军失利，文华起公为临时总指挥，收合败卒，一战而下简阳，成都再定，复回总参议原职。公乃乞假漫游，所至考其山川扼塞，察其民情风俗，遍谒南北要人，上下其议论。于上海见孙总理，自陈信仰三民主义。总理悦，自为介绍，俾加入国民党。于北京见靳云鹏、吴佩孚，虽内薄其为人，然以其掌握中枢，颇思结为外援，乘时利用之。先是显世肆其诈力，宰制全黔，为政苟偷，军民弗顺，以有九年十一月之变。显世奔滇，继任人选，众意属王文华。文华猝遭狙击，于是五旅争权，百度隳废。公揭橥定黔军，率材官十余辈，款段而西。五旅各团、营、连长争先响应，遂入贵阳，群情欣戴，推公为贵州省长。公网罗人才，励精图治，首创印花税，重征特货[1]，即以所入订购械弹，充实军备。立交易所以平衡物价，设银行以疏通金融。顾虑民食，则组食盐经销处。便利运输，则置交通筹备处。原有行政机构，一皆整理刷新。吏畏其德，民怀其惠，将慑其威，兵服其信。未及期年，纲举目张。唐继尧虎踞昆明，素以兼辖贵州自熹。公初得政，继尧遣一介来，要（邀）以通电相推重。公正告之曰："唐公能修仁行义，中国将从风而靡。不然，滇之弗靖，何有于黔？"使者怒去，继尧遂兴无名之师，挟刘显世为质，纵兵入寇[2]。显世犹子刘昇昌以盘江八属叛应之。公初颇惑于策士之言，谓唐、刘决不出此。甫竭数月心力，剿平全省土匪，兵队集中，死灰复然［燃］矣。逮寇薄安顺，始仓猝应战。我师败绩，公遂率部退驻四川。吴佩孚方有事于西南，以熊克武为梗，命公助川军协攻之。我军补充倚湖北为策源地，逆吴命，则械弹不可得。公不得已，参加战斗。倪进倪退，喋血经年，卒驱克武出川境。北廷特任公为川黔边防督办，授陆军上将。当是时，川

---

[1] 特货：指鸦片烟。

[2] 袁祖铭"定黔"之初，曾与"民九事变"被罢黜流亡昆明的刘显世、刘显潜相约分由东西两路"定黔"，许以成功后袁主军、刘主政。袁进驻贵阳后，尽食前言，自辖军民两政，刘显世遂又勾结图霸川滇黔的唐继尧，派其弟唐继虞率滇军入黔，配合刘氏倒袁祖铭。

滇边防督办刘湘，公所扶植而卵翼也。四川督军杨森，省长邓锡侯[1]，又公所尝指挥也，以及鄂军师长卢金山，旅长于学忠、张明允，陕军师长张藩，皆名隶公，故滇军总司令金汉鼎[2]，川军总司令吕超，亦以旧交，愿北面列偏裨，统众逾二十万。直属部队亦且增至七八万。四方政客、各省代表，辐辏于领事巷之门，日夜不绝。唐继尧震慑，信使奔驰，请以贵州归还，无烦师旅。佩孚惎公甚，请饷请械皆不与，讽公裁兵，又责公以平滇。公亦知佩孚骄蹇刚愎，颠覆在即。属孙总理与段、张三角联盟，讨伐贿选。山海关之役，冯玉祥倒戈，公遂通电全国，请孙、段两先生出主国是，收拾残局，佩孚由是崩溃也，十四年春，公遣将收复贵州。荐第一师师长王天培督办贵州军务善后事宜，第三师师长周西成为会办，第二师师长彭汉章为贵州省长。公高居渝城，控制而考核之。四月，川督杨森内召、阻兵不受代，公奉临时执政令进讨，大破之。彭汉章施政丛脞，公荐周西成继省长任，以休养生息期西成。

初，杨森在川，号骁悍善战，诸将惮之，假手于公以制森，森败，目标遂移转于公，以排斥客军相构煽。而张作霖、冯玉祥混战于北方，孙传芳称霸于南服，执政号令，不能出都门一步，公叹曰：治军，以保国卫民也，今若此，乃公亦倦而归尔，遂退黔。

时蒋公已誓师北伐矣。遣使来商出兵，公先遣王、彭两部进驻湘、鄂边境，而暂留贵阳，与周西成计划一切。部署粗定，十五年九月，督诸军出发，向铜仁、辰州、常德节节推进。公开府历年，门下藉奔走营衣食者，实繁有徒。战争之际，各自以其利害疑误公，又于主义绝尠（鲜）认识，但虚张形势，冀且观望迁延。公力排群议，严切督责。军长李燊在来凤，师长马明亮、史远勋在洪江，日奉电令数通，以濡滞为

---

[1] 邓锡侯(1889—1964)，字晋康，四川营山人。历任四川靖国军旅长、川军师长、军长、集团军总司令、四川省府主席，1949年率部起义。解放后任西南军政委员会副主席、四川省副省长等职。

[2] 金汉鼎(1891—1967)，滇军高级军官，在顾品珍之后坚持反对唐继尧。北伐时任第三军朱培德部师长，后任滇军总司令。

大戒。湘军谓我威胁其后方，不择手段。十六年一月某日，唐生智部将周澜[1]，以计事为名，假某所设宴，公坦然赴之。参谋长朱嵩［崧］，军长何璧辉[2]从。升其堂，空无居人。伏兵发，遂遭害。年三十八。丧归贵阳，卜葬于南郊马家坡，以朱、何二将祔。

公体貌魁岸，端重如山岳，望之令人肃然生敬畏。努力行间，未暇治学也。中更挫折，乃延耆宿为讲师，躬自执贽比弟子。于经史无所不窥，尤服膺《大学》《中庸》。尝谓："心性之说，至精至微，阐而发之，修齐治平，道在是矣。"驻渝时，轮流为诸军讲演。又以其草，就正于贵阳平刚。两人者互为主客，质疑辨难。刚有时直纠其谬，公不能堪，怫然变色，握拳抵案。翌日，则又霁颜自承曰："吾宵来深思，子言良是，我过矣，我过矣！"讨论累旬，始付剞劂。合肥段公祺瑞为之序，世所传《大学讲义录》是也。然忌者诋公倡亲民主义，野心与总理争席云。

贵州故有两政党。辛亥革命，自治学社实尸其功。宪政预备会以争夺政权，故至不恤征召客军，矫诬事实，民听混淆，是非颠倒。公柄政，始以省长令表章［彰］张百麟为缔造元勋，给一次恤金三千元。每语人曰："吾左挈自治党，右提宪政党，不偏不倚，惟才是视。故人尽其用，英俊归心焉。"

配张氏，妾某某氏。有子男五人：德龄、德华、德馨、德洪、德渝。

培艺故尝佐公治黔，又相从于军旅之中，识公言行，举其大者揭于碑。铭曰：

人亦有言：将贵识度，有度有识，百举无忤。公度汪汪，众流所注。其识至明，察于世务，服从主义，遵循王路。如何一旦，奄忽僵

---

[1] 周澜（1892—1952），唐生智第八军教导师师长。

[2] 何璧辉：指何厚光，时任黔军左翼第二路总指挥兼第四师师长，并非军长。

仆。孙峻[1]匿甲，元逊[2]罹灾。樊哙[3]拥盾，刘季归来。幕府不戒，列将非才，殒我元戎，泰山其颓。公则已矣，四郊多垒，鼓鼙声急，薄海同哀。

（录于《素园文存》手稿第四册）

---

[1] 孙峻(219—256)，吴国宗室。字子远。孙静曾孙，孙恭之子。孙权末年，任侍中。与诸葛恪、滕胤等并受孙权遗诏，辅佐孙亮，领武卫将军，封都乡侯。吴建兴二年(253)年，以宴会为名，杀诸葛恪，任丞相、大将军，督中外诸军事，封富春侯，专国政。骄矜暴虐，多所杀戮。临死，将后事付与从弟孙綝。

[2] 元逊：指诸葛恪(203—253)，字元逊，琅琊阳都(今山东沂南)人。蜀汉丞相诸葛亮之侄，大将军诸葛瑾长子。孙权病危时在孙峻的力荐下将诸葛恪任命为托孤大臣之首。孙亮即位后受封太傅。开始掌握吴国军政大权。

[3] 樊哙(前242—前189)，泗水郡沛县(今江苏省沛县)人。西汉开国元勋，著名军事统帅。

吊袁鼎卿墓文

戊寅（1938年）

倭寇侵华之翌年春，余归自西北，省故旧于贵阳。于时袁氏遗族，方致祭于鼎卿先生之墓，曩日部曲，少长毕会，上溯先生遇害，已十有一年矣。君子听鼓鼙之声，则思将帅之臣，当国家多故，而令韩白之俦[1]，不得其死，是谁之过与？抚时感事，悲来填膺，因为文以吊之，其辞曰：

日月经天，乃或失滞。江河行地，时亦溃防。矧在人事，反复难量。跬步弗戒，名辱身殃。呜呼哀哉！夫子英迈，西南之良。护国护法，武烈洸洸。晚佐北伐，循澥下湘。健儿十万，有勇知方。元戎维蒋[2]，统摄中央。资我左翼，虎视龙骧。直奉苏鲁[3]，恣睢猖狂。并棲（栖）连鸡，外倚列强。游士旁午，鼓舌如簧。

谓宜顾望，姑与回翔。待其两尚，定于一匡。左右楚汉，权制齐王。夫子怒叱，须髯戟张。总理[4]致力，四纪周章。三民主义，今始大

---

❶ 韩白之俦：指韩信、白起之辈。

❷ 蒋：蒋介石。

❸ 直奉苏鲁：指直系、奉系军阀，江苏、山东等地的军阀。

❹ 总理：指孙中山。

昌。吾侪奉令，奸凶是攘，躬擐甲胄[1]，迅扫欃枪[2]。敢沔［阻］绕者，口吾剑铓。其迭荡荡，其阵堂堂。精贯白日，凛若秋霜。刻期合众，飞檄趣装。蚩意鬼蜮，阴谋贼伤。开筵祖饯，祸发萧墙。于铄邦彦，俄化国殇。呜呼哀哉！昔我入幕，偃蹇[3]颓唐，夫子伟度，曲予包荒。言每尽意，谋用孔臧[4]。威行滇蜀，风靡唐杨，群小睨怪，蜚短流长。憎兹多口，休沐[5]还乡。朗州驻节，信使相望。曰余不佞，济川[6]无梁。运筹决胜，君吾子房。三军之事，须君而行。我实愧负，承教惭惶。卜吉岁首，载质出疆。咄嗟之间，天收地藏。观雷观火，声销热亡。临难不赴，宿诺不偿。神明内疚，永怀心丧。佳城郁郁，大树苍苍，夫子安宅，以阅沧桑。罗陈牲醴，荟萃冠裳。举觞告奠，老泪琳琅。呜呼哀哉！

（录于《素园文存》手稿第四册）

---

❶ 躬擐甲胄：指亲自穿上铠甲和头盔。言长官坐镇军中亲自指挥。成语出自《左传·成公十三年》。

❷ 欃枪：彗星的别名，喻邪恶势力。出自《尔雅·释天》："彗星为欃枪。"

❸ 偃蹇：此处为困顿、窘迫之意。

❹ 孔臧：非常良好；非常美好。出自汉·扬雄《元后诔》："皇皇灵祖，惟若孔臧，降兹珪璧，命服有常。"《汉书·礼乐志》："告灵既饗（飨），德音孔臧，惟德之臧，建侯之常。"颜师古注："孔，甚也；臧，善也。"

❺ 休沐：休息洗沐，犹休假。

❻ 济川：犹渡河。多以"济川"比喻辅佐帝王。

清故孝廉方正吴君墓表

戊寅（1938年）

君讳德基，字履之，子立其别号也。系出延陵季子。世家大江之南。明初碧期，从傅友德军南征留戍，是为迁黔始祖。祖君襄，事亲尽礼，乡人私谥为孝子。语具普安所志。考希虞，清季乱，筹画（划）攻守，积功保县丞。君生有异禀，年十六，尽诵十三经，汉唐注疏，靡不通晓，时以己意引申而条达之。同辈叹服敛避。虽长老亦自谓弗如也，顾誉满庠序。而乡试累荐不售，君慨然曰：科名者，报国之阶梯，穷达有命，吾又奚仆仆为，遂绝意进取，于宅后开辟小园，莳花种竹，寄情音乐，兴会所至，亦发为诗歌。春秋佳日，挈壶载酒，与野老纵游山水，流连景光，人事之欣戚得丧，国家之治乱安危，似无一足系怀。然朋友急难，辄量力佽助，闾巷纷纠，怕涉讼矣，得君片言和解，往往涣然冰释，尤深疾墨吏，有贪横不法为民害者，必广设方略，播其恶于众，使不得安其位。嗟乎！观其终始，乃知君之或出或处，或默或语，盖无不叶于圣贤之遗训。彼其心匪直，未尝忘世也。而且切于救世，特以功名不可以强求，事业不可以冒竞，故宁膏肓泉石❶，自甘蠖屈❷焉。

---

❶ 膏肓泉石：指泉石膏肓。泉石：指山水；膏肓：古人把心尖脂肪叫“膏”，心脏和隔膜之间叫“肓”，据说这是药力达不到的地方。比喻嗜好山水成癖。出自《旧唐书·隐逸传·田游岩》：“臣泉石膏肓，烟霞痼疾，既逢圣代，幸得逍遥。”

❷ 蠖屈：本文指人不遇时，屈居下位或退隐。

不然世间蝇营狗苟，吮癰（痈）舐痔之鄙夫，曷尝不以兼善为藉口，而其事效何如哉。宣统纪元，诏举孝廉方正，有司以君名应，君知革命将作，坚卧不起，家居独注意教子，虽为择严师，每夜必篝灯督课，剖析疑难。开视门径，勖以敦品，诲以慎行。二子承钟、承钧，入民国后，皆蜚声政海，非倖（幸）政也。配易氏，普安营游击兆南之女，生长豪门，而能不挟其贵，习勤居俭，内政雍穆，与君鸿案相庄，凡四十年，先君七载卒，君亦以民国二十二年十月十七日归道山，享寿六十有八岁，葬板桥盘阳山之原，呜呼！叔季板荡，颠覆典型，如君之德粹学邃，言表行坊，宜永为社会支柱，而遽止于是，岂徒私家之不幸与。毕节周培艺表。

（录于《素园文存》手稿第四册）

清故同知衔候选知县王铭久先生墓表

戊寅（1938年）

大定王铭久先生，卜葬三十有一年，其子绍平始以表墓之文来请。当逊清之末造，大定人望属二九，每地方有大事，群疑众难，踟蹰审顾，则皆曰：盍弗谘二九，财用不足于二九乎，筹之规模不具于二九乎，启之二九，局度恢张，智略辐辏，加宅心至，公恕持躬，至廉洁，故能上下交孚，弘纤咸理，二九者，谓先生暨陈时夏涵九也。先生讳治昌，弱冠补大定府学廪生，工试帖，善楷书，学官举优，以声名藉甚，洪杨倡农民暴动，长江流域大混乱，边远各省土匪所在蜂起。大定地理，据形胜而人事颇疏阔，城郭先修，甲兵弗缮，十余年间沦陷三次，耆老搢绅往往邂逅及难。先生尊人于用，养晦家居，亦为匪党所残害。先生发愤投笔从戎，募练勇丁，自成一队。咸丰四年，缘匪[1]郑长生犯郡城，先生击走之。八年，贼帅安中和窜踞百步河左家洞，贵西道邓尔巽率兵进剿，命先生犄其后，金鼓一震，贼众崩坏。十一年，石达开部众十余万攻毕节，贵阳援师次第增加，军实所需，一以责之大定知府鲁经芳，檄先生总办粮台，转饷运械，士饱马腾，石部遂解围而东。同治三年，苗匪陷黔西，知府刘正朝往讨，先生以兵从，甫下狗场，闻后方告警，郡城不守，星夜驰归，大小数十战，与贼角逐于近郊，浴血争利，裹创复前，塞其交通，断其接济，

[1] 缘匪：贵州农民起义军，当时对缘军的蔑称。

贼弃城遁。七年，云贵总督刘岳昭[1]统大军捣贼巢，以先生雅娴韬略，奉檄襄办营务处特知也，先生缜密周详，时有献替，军不留行，上游肃清，至是先生积苦兵间亦十余年矣，乃散部曲谋休息，论功递保尽先选用知县并加同知衔。大定僻处，万山中地瘠而民贫，官吏欲有所兴作，辄以款绌罢，军事敉平[2]，先生合同志数辈，清釐（厘）逆产、绝产，设为官庄，以给公用，日月积累，岁入巨万，经常临时诸费不取于民，而事集。光绪三年，贵州提督陶茂林觊觎官庄，创议变卖，先生偕时夏驰诣贵阳，遍谒院司，痛陈其不可，发言恳至，贵州巡抚黎培敬大为动容，准予立案保留。民国十二年，刘显世再度勾引滇军盗省全黔，显世与寇酋唐继虞狼狈相依，多行不义，迫售官庄，朋分[3]入己，历年储藏扫地一空，驯至教育经费攘夺无遗，学龄儿童辍业以嬉，定人深怨唐、刘，尤追念先生，以为先生不死，犹庶几力争，诚咸挽回万一，而今已矣，呜呼！此亦可想见先生生平，关系地方轻重何如也。先生生于清道光某年某月某日，卒于光绪某年某月某日，享年七十有七岁。元配某氏，继配某氏。子男三人，其沅、吉齐、绍平，女一，适毕节周辉毅，葬于某乡某原。先生长身玉立，双目炯炯有神，尝出私粟赈灾，割家产以充券田，族人失学者为之延师，绝嗣者更代立后，他人得其一节，皆可书其在先生抑末已。中华民国二十有七年五月毕节周培艺表。

（录于《素园文存》手稿第四册）

---

[1] 刘岳昭（1824—1883），字荩臣，湖南省涟源市人，清朝大臣，湘军将领。

[2] 敉平：平定。

[3] 朋分：共分。

节母吴太君碑

己卯（1939年）

自古艰难困阨（厄），恒使英杰短气，而动心忍性，奋毅力以战胜环境，往往于巾帼中见之，夫男子主外，女子主内，就大体言妇女似不负何等责任，然吾国生活方式，其优越者坐拥巨资，高台曲榭，肥马轻裘，奢僭亡等豪侈无极。中人以下，大抵竞逐乎锥刀之末[1]，计较乎锱铢之微，一不得当，即陷于失业穷居，为之妻孥者，势不得不献身与饥寒搏斗，又况人命无常，溘先朝露室如悬磬，家有遗孤于斯时也，向之所谓无责任者，乃引千钧之重，加诸其躬，吾见有志行[2]薄弱，饮恨自裁者矣。又见有不堪负荷随波逐流者矣。国家尊奖节妇，建坊祀祠，典礼优隆，而夫殁舟适，法律不著禁止之条所以者，何国家不能尽人保障其生活，而特立独行之操，又非可责望于一般，故不务强人以所难，而惟显示其倾向，约定俗成，世间不少贤媛，自然力争上游，彼其劳心苦形，将以追求夫精神之愉快，区区物质之赢绌，何足以扰其胸怀，若节母吴太君者，其风义盖犹古之人也。太君姓胡氏，世居贵州之水城，父讳兴甲，年甫十余已能佐父理家，善抚诸幼弱，母病亟，群医束手，太君习闻里巷传说割股疗亲事，则私蓄利刃，刲臂肉寸许，血淋漓和药以

❶ 锥刀之末：微小的利益，也比喻极小的事情。出自《左传 · 昭公六年》："锥刀之末，将尽争之。"

❷ 志行：志向和操行。

进，又巧自掩蔽，不令患者知。及长，归赠公吴锡昌先生，赠公以客籍经商水城，其家远在江西抚州，结婚时年四十矣，太君敬承母违，琴瑟静好，赠公婴痼疾，商业亦遭挫败，衣食所需，仰赖太君十指周旋，病榻调护之百方，而赠公终已不起，临绝，目灼灼注稚子，且瞩太君，欲言未言之际，神色凄厉，太君呜咽陈词曰：君意我知之，守耶，无儋石之储[1]，嫁耶，何以为二子地。然我幼秉庭训，粗识大义，况有二子前途希望无穷，自计已谂，决不负君，赠公颔首者再，霁颜而逝。丧葬既毕，太君独支门户，纺绩针黹，日夜操作。二子相次入学，不懈益勤，以时方多难，奉命从戎，长世忠荐擢国民革命军第十一军炮兵中校营长，次世尊亦毕业军官教育团，兄弟授室，孙曾绕膝。太君半生荼苦，晚年始渐回甘，性仁爱，俭于自奉而丰于施舍，无告者尤为之尽。世忠念劬劳之莫报，准法律而应旌，往岁邂逅昆明，即以撰文为请。余曰：成孝子之志，慰慈母之心，一举而两善备焉矣。于是乎书。

（录于《素园文存》手稿第四册）

---

[1] 儋石之储：少量的财富。儋，成担货物的计量单位。出自《汉书·扬雄传》："家产不过十金，乏无儋石之储，晏如也。"

题册封外蒙影片

己卯（1939年）

民国七年春，萧县徐又铮上将自天津以书抵余，延揽入幕府，时又铮方以奉军副司令代行总司令职权，指挥南征军事，翌年南北媾和，又铮转任西北筹边使兼西北边防军总司令，所部五混成旅，其二驻扎洛阳，一驻廊坊，一驻宣化，一驻张家口，外蒙受帝俄唆使，与中国脱离。俄国革命后，虽失所凭依，而独立自若，当轴鼠目寸光，莫肯以边事为念。又铮既拜命，即遣总参谋李如璋、旅长褚其祥[1]先诣库伦，与执政诸王公通殷勤……以严备之矣。又铮复书言：兄弟阋墙，外御其侮，本使捍卫边疆，唯力是视。贵方缓急，幸相闻。又铮以整理交通为名，督部卒开治张库汽车道，密购卡车百余辆，准备蒇事，露檄告外蒙，筹边使将，以仲冬吉日，瞻礼活佛，于是浃旬之间，又铮率褚旅全部径达库伦，密令我军以夜出，日中复入，鸣角列队，绕市场一周。蒙人不虞我军之骤至，且畏其众也。又铮于行馆张设盛筵，遍柬执政诸王公。酒三行，主人致辞曰：外蒙藩属中国，垂三百年，帝俄挑拨，促我分裂，天诱其衷，帝俄自毙，本使奉中央指授，筹计边防，今日之事，唯有取消独立，呈请归附，五族共和，载在盟府，邻邦非法干涉，自有本使负责与之周旋，幸诸君绵密考虑，于二十四小时内见复。主人避

[1] 褚其祥（？—1932），字居庸、瑞符，随徐树铮平定内外蒙古，任库伦防卫总司令，1920年获授中华民国陆军中将。

席，众宾愕眙[1]踧踖，然亦似事在意中，夜午，遂公决具呈，如筹边使旨。又铮锐意经营，预拟练兵，具学筑路垦荒四纲，将次第设施，而司农仰屋，一切无从措手，十一月复如京师，取决当轴。大总统就加又铮册封活佛专使，赍金印金册以往。行前召集同仁摄影于北京筹边使行署（地在西城锦什坊街顺承郡王府）以留纪念。百年以来，中国但闻削地，藩篱毁尽，侵及堂奥。谁秉国钧，致兹丧败。又铮运用智略，造成有利形势，不鸣一枪，不折一卒，挈二万里戎索，远隶职方，伟业不终，由当轴之妨功妒能，又铮不任咎也。余忝参机要，得备悉事之颠末。柳子厚[2]云，太史公言荆轲征夏无且，言大将军征苏建，言留侯征画容貌。今孤穷贱辱，虽不及无且、建等，然比之画工传容貌尚差胜，其诸后之良史，或亦有取于此与……二十八年八月，毕节周培艺识。

（录于《素园文存》手稿第四册）

[1] 愕眙：亦作“愕怡”。惊视。

[2] 柳子厚：指柳宗元，字子厚，唐宋八大家之一。

题善后会议开幕影片

己卯（1939年）

袁世凯练兵小站[1]，奠定北洋派基石，辛亥革命适予以发展之机会，尔后北洋军阀，窃据民国政柄，凡十有五年。段祺瑞者，始本因袁以起，而木强坦率，个性与袁绝异，自反对洪宪，取得政治地位，复辟讨逆，对德参战，勋业颇煊赫一时。顾段有政治家之担当，而缺乏远见；具政治家之节概，而短少容量。时代前进，终焉落伍，悲夫！十三年秋，卢永祥[2]首发难端，讨伐贿选，张作霖响应于关东，冯玉祥倒戈于近畿，曹锟被俘，罪人斯得，各方拥段复出，入都执政。段召集善后会议，将藉以解决国是，余充川黔边防督办兼黔军总司令袁祖铭全权代表，参加开幕仪式，时为十四年一月元旦，地在北京南海瀛台，戊戌政变后，清慈禧太后幽光绪帝于此，四面环水，日遣宫监二人以小艇进食

---

❶ 练兵小站：指小站练兵。是指甲午战争之后袁世凯在天津小站以德国军制为蓝本，制定了一套近代陆军的组织编制、军官任用和培养制度、训练和教育制度、招募制度、粮饷制度等为内容的建军方案。小站练兵基本上摒弃了八旗、绿营和湘淮军的旧制，注重武器装备的近代化和标准化，强调实施新法训练的严格性，成为中国近代陆军的草创先河。因其队伍训练营地在天津东南35公里的一个铁路站，位于天津至大沽站中间，故被称为小站练兵。

❷ 卢永祥（1867—1933），原名卢振河，字子嘉，山东济阳人。北洋武备学堂毕业，原为曹锟旧部，后投靠段祺瑞。1919年曾任浙江督军。

饮，囚禁十稔，卒先慈禧二日死。余喜其有历史意义，故特保存之。自倭寇凭陵，北平沦为犬羊窟宅，故宫禾黍，览之倍觉怆然……二十八年八月，素园老人记。

（录于《素园文存》手稿第四册）

陆军第四军第一百零二师
抗日阵亡将士纪念塔铭

庚辰（1940年）

二十六年七月，倭寇挑衅于宛平，欲造成华北特殊地位。我持正义拒之坚，寇以武力相陵。我军不得已，起而应战。是为局部抗日之滥觞。于时寇调发未集，谬谓不扩大事态，实则增兵运械，昕宵络绎，既陷我平津，八月十三日又进攻上海，我国全面抗战自此形成矣。夫寇自明治以来，腐心以谋我。翦琉球，夷朝鲜，隳我拱卫也；攘台湾，夺澎湖，溃我樊篱也。迨侵占东北四省，则履我门闼，窥我堂奥。中央以准备未充，委曲求全，怒我怠寇，早有胜算。寇乃益以我为易与，猖狂骄恣，宣言用兵中国，为时不过六月，动员只需数师。欧美浅识之士，大抵为所蛊惑。今兹事实所昭示，时间已逾三年，数量浸超百万，而官兵伤亡之比例，且日月递增而未已。何哉？我昔弱而今强，已往之碌碌，而目前之铮铮也。盖中华民族敦崇礼让，宝爱和平，苟可折冲于樽俎，宁愿相安乎耕凿。一旦敲加于己，危及生存，顾念轩黄之裔胄，岂甘奴役于丑夷？各抱焦土之决心，共雪敷天之大耻，浡然而蛟龙兴，蔚然而虎豹变，其力量可以排山撼岳，浩浩乎若江河之莫能御也。以言其大凡既如此，析而论之，各战斗单位亦咸能因时因地发挥其特色，或以冒险著，或以机动称，或以勇敢闻，或以坚韧显。而贵州官兵，则见推朴诚果毅。第一百零二师者，第二十五军之旧部。今总裁蒋公于入黔后所改编者也。曩日将领半归淘汰，拔柏君健儒[1]于闲散之中，立擢以为大将，南北征戍，不恒厥居；训练整顿，壁垒森严。沪战爆发，由豫南调江阴，担任江防，守备要塞，旋即增援淞沪，克敌于虹口，激战于苏州河，全师将士之殉国，自此始也。淞沪转进，守备津浦南段，尔后调陕，担任大荔河防，游击晋东南一带。二十七年夏，寇薄徐州，命扼砀山，掩护大军退却。徐州沦陷，敌倾巢西犯，血战七昼夜，弹尽援绝，白刃突围。团长陈怀珍[2]、团附柏建成（鉴臣）阵殒，官兵伤亡达三千人。是为本师最惨痛之一大纪念。其后调援南浔，万家岭之战，将士攀越危崖，冒百死以争尺地，鏖扑[3]浃旬，歼敌六千，寇精锐淞浦师团为我铲灭几尽。时寇之别股进犯德安，凶焰滋炽，乃回师截击于王丝岭[4]，遏其南窜，大军十余万得从容移转新阵地。是役也，我虽伤亡逾千，而所获战果异常伟大，声誉脍炙人口矣。南昌告急，复自东乡驰援，阻击于西山，折而东循抚河、赣江反攻南昌，有向塘之捷，作战弥月，伤亡复众。八月警备衡阳，长沙会战适起，奉命蹑寇湘北，进逼岳阳，与寇夹新墙[5]而军，今且年余。夫以黔人，生从山国，来自田间，言语蹇陋，行动拘局，世之自命开明者，方窃窃指目，用为非笑。及夫国难日深，强敌相对，黔人肝脑涂平原，膏液润野草。慷慨捐躯，前仆

---

[1] 柏健儒（？—1952），名辉章，贵州遵义人，贵州讲武堂第二期毕业。后跟随周西成累升至旅长，王家烈主政贵州时任25军第2师师长，是逼王家烈下台的高级将领之一。第2师改编为102师后，柏辉章被国民政府委任为第102师师长。1937年抗日战争爆发后，该师调往淞沪，参加了淞沪会战。

[2] 陈怀珍（1900—1938），名蕴瑜，安顺市平坝区人。抗战期间，先后任国民党陆军102师607团团长和304团上校团长，后牺牲在抗日战场。1986年10月，贵州省人民政府批准陈蕴瑜为革命烈士。

[3] 鏖扑：激烈扑击。

[4] 王丝岭：又叫伍家山，位于江西德安境内。

[5] 新墙：指新墙河，古称微水，位于湖南省岳阳市，全长108公里，流经平江、临湘、岳阳三县市，为岳阳市境内第二大河流。

后继，视彼所谓开明者，未尝有逊色焉。大抵黔人执事敬，与人忠，颇吸中国文化之精髓，而生活环境又养成习劳耐苦之天性，故其表现为朴诚、为果毅，有不教而率、不言而喻之风。健儒深明此义，而复善运用之，一切以身为仪则，故能功高而同列不忌，部分损失而士气不衰，所以历皖豫秦晋苏鄂赣湘，大小百数十战，伤亡万余人，而常标劲旅，若刃之新发于硎也。顷者，相持之局已成，反攻之期未届，健儒哀悯逝者，激劝方来，度地于贵阳之南郊，建本师抗日阵亡将士纪念塔，鸠工庀材[1]，刻期观成，以书抵余曰：愿有铭也。余虽耄，其敢辞。铭曰：

黔于行省号穷边，豪杰间生古固然。万人必死摧强权，史册光芒见新篇。日可倒兮海可填，血肉拼与钢周旋。丹心耿耿昭千年，无名何须金石镌。

（录于《素园文存》手稿第四册）

[1] 鸠工庀材：招集工匠，准备材料。

平少璜六十晋四寿序

庚辰（1940年）

昔曾涤生[1]采辑清初诸儒言行本末，谓孙夏峰[2]、顾亭林、黄梨洲、王而农、梅勿庵[3]之徒皆硕德[4]贞隐[5]，年登耄耋而皆秉刚直之性，寸衷之所执，万夫非之而不可，动三光晦五岳，震而不可夺，故常全其至健之质，跻之大寿而神不衰，后世多叹为知言，余以为人生而有欲，耳之于声，目之于色，口之于味，四肢之于安佚。刚直者之耳目口体与人同，其趋向声色味安亦何能独异。惟秉性殊特而又泽之以学问，权衡乎天人之际，持守乎是非之域，其始盖不免常作内心之攻伐，艰苦坚忍而后即安习

❶ 曾涤生（1811—1872）：指曾国藩，字伯涵，号涤生。湖南湘乡人。湘军首领。善书法、散文。著有《曾文正公全集》。

❷ 孙夏峰（1584—1675）：指孙奇逢，字启泰，号钟元，晚年讲学于辉县夏峰村，世称夏峰先生。直隶容城人，明末清初理学大家。著有《理学宗传》《畿辅人物考》《中州人物考》《甲申大难录》等。

❸ 梅勿庵（1633—1721）：指梅文鼎，字定九，号勿庵，宣州（今安徽省宣城市宣州区）人。清初天文学家、数学家，为清代“历算第一名家”和“开山之祖”，被世界科技史界誉为与英国牛顿和日本关孝和齐名的“世界科学巨擘”。

❹ 硕德：大德之人。出自《晋书·隐逸传·索袭》：“索先生硕德名儒，真可以谘大义。”

❺ 贞隐：本文指守持正道，不求闻达。

之既久，视富贵尊荣渺然如轻尘野马之过吾前，不复关其念虑。故曰：人有不为也，而后可以有为。夫如是，故精神专一，心气和平，黄发儿齿[1]，殆必至之。符不必远引史乘，观于平君少璜，而已信吾言之有征。方君之兴倡革命也，贵阳虽间有同志，然劫于积威，态度稍嫌暧昧，而君以断发阙辫发，此满人奴汉之标识也，豚尾摇曳，为辱已甚，君计不旋踵，抉而去之，满吏将捕治，乃走日本，与于创立中华革命同盟会，见推贵州支部长，自治学社与同盟会之联系，以君为其枢纽。辛亥之役，君力疾赞画军政府，定大疑、决大计，一倚重君，已而以全权代表奉使首都，临发，愀然语余曰："吾行矣，子其勉旃[2]。"盖其时，反动势力日见活跃，君察数知善，累诤僚友，其后果勾结滇军，颠覆我军政府，同志惨遭屠戮，余亦亡命省外。护法之役，君从太炎先生诣昆明，因唐继尧之先容，仅得一归省父母，坐席未暖，复去之湘西。逮民国九年，黔军公逐刘显世，土豪政权瓦解，吾侪始从容还乡里，然生存者寥寥无几人矣。十一年，袁祖铭入为省长，以君知镇宁县事。袁号能容纳各方人才，恒曰：吾左提自治党，右挈宪政党，贵州不足定也。然刘显世滋恶袁，密结唐继尧，将重演历史旧剧。余请早为之备，袁不省。一日君遣急卒至，发书则刘昇昌训令西防各县截留正杂税款，且属供亿滇军，余持白袁曰：此公部下叛降碻证，今尚何言？袁亟会集中军队，而时已不及，三战三北，袁率部退川，余亦亡上海，委君危地，仓猝竟无暇顾及，而君正于此时显示其大节。初滇军长驱入，所过搜括民财，守土吏承奉之百端，及莅镇宁，讶县令不出迎，又未设行馆，问粮秣，曰无有，问夫役，曰无有，滇将怒召县令，君曰：客军入境，未奉省长命令，吾方移文诘问，何召为？滇将益咆哮，拥武装数十人，径闯县署。君亦怒曰：立国有疆，行政有统，尔逾境侵掠盗耳，吾恨力不能治盗，盗枪械具足，盍速杀我，我畏死者，不在此矣。滇将以君言直，颇内惭，又夙审平刚老民党，杀之滋不利，转语其众曰：是人有心疾，吾将令晓事者摄县令，镇宁人翼君涉小径出桂边，乃

---

[1] 黄发儿齿：比喻人长寿。

[2] 勉旃：努力。多于劝勉时用之。旃，语助，之焉的合音字。

免。盖君虽半生革命，而面对强暴，生死呼吸未甚兹役之酷也。滇军再据贵州，袁祖铭以吴佩孚命攻熊克武，周西成则助熊御袁，君大慼（戚）[1]曰：国家无政，而二雄率乡里子弟互相残杀，是使滇军坐收渔利，而桑梓永永沦没也。芒屩如川，遍谒诸将，开陈利害，袁、周之交合，滇军则逡巡却退。君自是遂归贵阳，终养二亲，不复出。周西成、毛光翔、王家烈相继秉黔政，咸不能大用君，然亦知尊礼，无敢慢，而中央处置黔事，每谘君意见，人物臧否，系君一言，初建省党部，即巍然为鲁灵光，复以票选冕弁省参议会，老成典型[2]，乡国利赖[3]。农历十月五日为君六十晋四初度，参议员诸君将称觞于君之邸第，邮书毕节嘱序于余。余惟君特立独行，丰裁峻整[4]，如曾氏所称秉性刚直者，当之洵无愧色。而身处事要，枯寂如老僧，笥无兼衣，食不重味，斗室陈书数十筐，长日讽诵，涵咏其中，余一灯、一塌、茗一瓯，客至清谭而已，然则君即未能绝弃嗜欲，亦庶几克服嗜欲者，与夫既质有其内矣，而学养之精纯又如此，盖虽欲不寿而不可得。竹苞松茂[5]，日升月恒[6]，引年[7]之颂，翳谁曰不宜。

（录于《素园文存》手稿第四册）

---

❶ 慼（戚）：忧愁、悲伤。

❷ 老成典型：指年老有德，深孚重望，堪为人师表。出自明·袁宏道《书念公碑文后》："及余归柳浪，而念公适至，老成典型，居然在目。"

❸ 利赖：依傍、依靠。

❹ 丰裁峻整：风纪庄重严肃。丰裁：风纪；峻整：严肃庄重。清·陈康祺《郎潜纪闻》卷三："陶文毅公丰裁峻整，好议论人物，惟恐不尽，虽廷对亦然。"

❺ 竹苞松茂：松竹繁茂。比喻家门兴盛，也用于祝人新屋落成。出自《诗经·小雅·斯干》："如竹苞矣，如松茂矣。"

❻ 日升月恒：如同太阳刚刚升起，月亮初上弦一般；比喻事物正当兴旺的时候。旧时常用作祝颂语。出自《诗经·小雅·天保》："如月之恒，如日之升。"

❼ 引年：谓古礼对年老而贤者加以尊养。后用以称年老辞官。

清故奉政大夫四川候补直隶州知州周君墓志铭

庚辰（1940年）

君讳天霖，字雨生，世居大定之乐公里[1]，贵州诸周皆寄籍，什九迁自湘、赣。父，筱溪，议叙知县，君，其中（仲）子也。总角逸群[2]，记诵该洽[3]，综贯六艺，含英咀华。郡试冠军，补府学生员，旋以优等食廪饩归。方典刑取法乎上，欧褚结构，深造其樊。督学使者叹异，拔充乙酉科选贡，升之成均。京洛衣冠，咸挹其风采，邹鲁仪献，钦承其礼容，襟抱[4]恢拓[5]，学益锐进。朝考报罢，谒选[6]得云南直隶州州判，非其好也，返里下帷[7]，有翱翔馆阁之志。戊子、辛卯两试，连荐不售。卞和泣玉，空怀璧而暗投，伯牙绝弦，痛知音之难遇，可止则

---

❶ 乐公里：今贵州省毕节市大方县牛场乡乐公村。

❷ 逸群：超越常人，出众超群。出自汉蔡邕《太尉桥公碑》："岐嶷而超等，总角而逸群。"

❸ 该洽：本文指博通。

❹ 襟抱：胸襟，抱负。

❺ 恢拓：本文指拓展、开拓扩展。

❻ 谒选：官吏赴吏部应选。

❼ 下帷：本文指闭门苦读。

止。退而讲学执经请业，远近鳞萃及门高第，多附骥以显名。有子象贤，甫胜衣而游泮，济济焉，彬彬焉。乐得英才而教育，王天下不与存也。尤异者，君独步文坛，兼娴武术骑射技击，并皆精妙。宗党后进经其指授，莫不掇拾巍科[1]，腾骧云路[2]。性至孝，养，则先其意，虽烟酒之嗜，必丰必腆，勿敢以非时匮；病，则服其勤，虽溲溺之微，必躬必亲，勿敢以子妇代；葬，则慎其终，虽撮土片石，必周慑而俨恪[3]，勿敢以轻心掉。侍庭闱三十年，中间以二老敦促，再诣吏部，改官四川直隶州知州。投牒辄归，仍依膝下。狄仁杰之望云[4]，吾知免矣，温太真[5]之延誉，何足算乎。革命以还，草泽糜沸。君捐资购械。捍卫梓桑，仲弓训子，梁君改操，高密置乡，黄巾罗拜。君仁而能武，爱克厥威，方之前修，似又突过。庚辛之交岁，大荒歉，饥馑洊至，民卒流亡。君椒（散）财贷粟，全活千计。平仲俭身，亲戚待以举火；孟尝对客，侍史已遣存问。又创设戒烟会、济腊会以及兴学、建庙、舍药、施棺，从善如流，挥金如土。倘所谓己立立人，富而好行，其德者耶。至于忠贞自律，宽厚接物，直谅[6]以规友，生廉介[7]以厉末俗。百行淳备，无美弗臻。已春秋七十有五。中华民国十有四年三月八日，考终里第，即以其年某月某日葬于某乡某原。越十有六年，孤子光焕以书来告曰：先子卜葬匆遽，墓志未具，且遗命尝言：尔曺（曹）他日，必乞素园文吾墓，敢请夫褒大潜光，宏宣隐耀，古之道也。彼达官显宦，国史自有征辑，

---

❶ 巍科：古代称科举考试名次在前者。

❷ 云路：比喻仕途，高位。

❸ 俨恪：庄严恭敬。

❹ 狄仁杰之望云：指“望云思亲”的典故。《新唐书·狄仁杰传》：“亲在河阳，仁杰登太行山，反顾，见白云孤飞，谓左右曰：‘吾亲舍其下’。瞻怅久之，云移乃得去”。比喻思念亲人。

❺ 温太真：指温峤。东晋名将。

❻ 直谅：正直诚信。语出《论语·季氏》：“益者三友……友直，友谅，友多闻，益矣。”

❼ 廉介：清廉耿介。

闾巷耆艾，格于律令纪述之任，责在私家。汉人铭志，蔡中郎[1]为之独伙，然朱公叔[2]、陈太丘[3]、郭有道[4]诸碑，咸明德概，靡侈勋业，千祀流芬，脍炙人口。余才愧中郎，而望实如君安在，古今人不相及也。爰摛藻[5]撷辞，式扬休问。铭曰：

行莫高于寡悔，德莫盛于无称。在儒家曰至善，征佛法亦上乘。万事皆可以幸致，惟中庸为不可能钦，维夫子道由人弘驷马[6]之门。来者方兴，贻谋示范，继继绳绳[7]。

（录于《素园文存》手稿第四册）

[1] 蔡中郎：指蔡邕，东汉时期名臣，文学家、书法家。

[2] 朱公叔：指朱穆，一字文元，东汉丞相朱晖之孙。

[3] 陈太丘：指陈寔。东汉时期官员、名士。

[4] 郭有道：指郭泰，字林宗，人称有道先生，山西介休人，东汉末太学生首领。

[5] 摛藻：铺陈辞藻。意谓施展文才。出自汉·班固《答宾戏》："虽驰辩如涛波，摛藻如春华，犹无益于殿最也。"摛：舒展，散布。

[6] 驷马：本文指显贵者所乘的驾四匹马的高车。表示地位显赫。

[7] 继继绳绳：指前后相承，延续不断。同"继继承承"。出自明·宋濂《吴公墓碣铭》："自时厥后，继继绳绳，予知未有艾也。"

周公雨生碑序[1]

辛巳（1941年）

德配陈宜人，先君卒。子：光烇，大定府学生员，贵州法政刑科毕业生，充贵州督军署秘书；光焕，贵州陆军学校修业，充贵州清乡军营长，调黔军第一师军械处长兼代军法处长，升军务督办署副官长，改贵州清乡总司令部点编，委员长督办署补充司令、第十军独立旅长，调二十五军中将参军，黔（西）、大（定）、毕（节）、威（宁）、水（城）、郎（岱）、织（金）七县剿匪特派员，历署贵定、威宁、岑巩、永从各县县长；光炜，贵州法政经济政治科毕业生，任“定黔军”副指挥部编修；光炳，贵州模范中学校毕业生，任全省清乡司令部连长。生女三人，适邓、穆、李，俱名族。

继配陈宜人，亦先君卒，生子：光煊，由贵州模范中学毕业，肄业北京大学，早卒；光焯，贵州南明中学毕业生，任贵州军务督办署军需，转省长公署秘书；光燠，贵州讲武学校毕业生，充清乡大队长，升陆军第一〇三师特务营长。生女一，适陈氏。

再继配罗夫人，生一女，早逝；夫人则后君卒。

孙：泽远，贵州讲武学校毕业生，任清乡大队部中队长；济远，肄业中学，早卒，均光烇出；瀚远，大夏大学文学士，任本校秘书，兼文学院助教；渤远，贵州高级中学毕业生，贵州省行政人员训练所结业，

[1] 本文收集于贵州省第六批省级文物保护单位“大方县周雨生墓葬石刻”。

委本县第六区区长，均光焕出；湛远，肄业中学；清远，肄业高小，均光炜出；锦远，肄业高小，光炳出；沛远、洵远皆肄业高小，均光焯出。

曾孙大纲、大原尚幼，瀚远出。其余不及备录。

（中华民国三十年辛巳十月初九日，培艺再记）

贵州陆军史述要[1]

（1941年）

第一篇　清末之建立陆军

清朝以东胡盗据中夏，其建军则为二重制。以所谓八旗劲旅巩［拱］卫京畿，并分将军驻防国内要害；镇压各省，则委之绿营。大抵省设提督一员，其下为总兵、副将、参将、游击、都司、守备、千把总等，是为制兵。川湖陕“教匪”之役[2]，制兵弱点暴露，已借募勇集事，然犹未若太平天国战役之普遍也。曾国藩、李鸿章等，讨伐有“功”，湘淮勇丁，多百战之余，不可尽裁撤，于是各省皆酌留练军，则三重制矣。甲午之战败于日本，乃议规摹欧陆，更练新军。北洋创武备学校[3]，江南建陆师学堂，为选将之基础。十余年间，袁世凯、张之洞治军最有名。督抚之以才

---

[1] 本文为作者最重要的著作之一。作者于《素园书牍》十三卷（下）1941年《致张溥泉函》所述：“溥泉先生：前先生征求自清宣统以至民国十六年贵州兵变纪实……故迁延至今始成《贵州陆军史述要》一册，藉塞厚望。”说明了本文的写作时间和写作缘由。

[2] 川湖陕“教匪”之役：指清朝嘉庆年间爆发的川楚白莲教历史上最大规模的一次起义，遍及5个省区，坚持斗争达9年之久，参加者数十万人。

[3] 武备学校：当时称武备学堂，是清末的陆军学校。

自见者，亦多踵武继起。清廷设练兵处，派王大臣董率，欲整齐划一之。已而预备立宪，革新官制，改兵部为陆军部，以练兵处太仆寺并入之。陆部奏定全国兵额为三十六镇（今师），视地理形势，以分配于各省。然咸、同以后，事权旁落，兵、财各政，皆由督抚主持。陆部锐意统制军权，而不能通筹财政，凡开办费、经常费，一切责之督抚。督抚或奉行，或搁置，步调亦极不一致。贵州在财政上，为受协省份；在国防上，非边疆要区，依照原计划，仅练一混成协（今混成旅）。民国纪元前六年岑春蓂以湖北按察使署贵州巡抚。春蓂久事张之洞，曾在两湖督练公所任职，自诩知兵。自鄂来黔，携有大批军事人材。未几，即奏报贵州开办陆军，成立一标（今团），定名曰贵州常备步兵第一标，以镇江袁义保为标统，其余管带、队官、排官，鄂籍占十之八九。贵州武备学校两期毕业生，皆不见录用。兵员著重土著，称为征兵。然无户籍根据，亦未划分管区，但派员至特定州县，劝勉乡中父老，各使子弟隶行伍。练兵处所定选募格式，准援生监例，优待征兵。于差傜则豁免，于诉讼则遣排，社会荣之。尤要者，当时经济生活，一般水准低下，每兵月饷银四两三钱，视自由职业之收入，亦无逊色，众情踊跃，应征溢额。建营房于南岳山麓，号曰南厂新军营，示别于巡防旧军也。义保勤于职事，军中每日内堂功课，外场操课，各三小时，虽盛寒大暑，未尝一日间断。训练成绩，黔人惊为空前。庞鸿书代春蓂为巡抚，通计成协所需，应增银二十万两，而贵州实无此财源。奏定分年递裁绿营，省并练军，统一编制。留巡防队二十营，以东南西北中五路统领分辖。所入犹不足。部文虽严切督催，亦但以文应之。终鸿书之任四年有六月，陆军保持现状而已。纪元前一年四月，鸿书请老，沈瑜庆继。瑜庆始为贵州布政使，知清理财政后收入激增，可弥缝军饷，遂下令征兵，限期成立第二标。檄调候补道赣人江某[1]来黔，拟奏荐混成协统。袁义保缺望于升擢，稍稍怠工。先是，清廷滥借外债，强修四川民营铁路，川人坚决反对。保路同志会之组织，弥漫于全省。总督赵

---

[1] 江某：指姜文丞，字若望，江西人，候补道。到黔后因第二标未成军，改任贵州陆军小学总办。

尔丰持高压政策，商请瑜庆派兵助剿。瑜庆命董福开（瑜庆计划中之第二标标统）、鲁昌禧（一标三营管带）率第三营赴之。而是时贵州政党自治学社，已奉同盟会密令，开始活动。陆军小学校学生，素多激烈分子。及武昌起义，常备军中鄂籍官长亦跃跃欲试，皆与政党合流。瑜庆颇闻之，调常备军二队防长寨，二队驻仁怀，分散其力量。留省者间日阅视射击，令子弹消耗。急电西路二营管带刘显世，率子弟兵五百人，兼程来省。又拔胡锦棠、和继圣为城防营统带，刻日募练成军。已而长沙、昆明警报狎至。革职贵州按察使严隽熙建议，捕诛党人领袖张百麟、周培艺，祸当可弭。瑜庆亦中慑，不敢发。日召袁义保备顾问。义保固谓能掌握所部，瑜庆稍安。九月十三日昏后，陆军学生先发难，瑜庆命常备军包围缴械，袁义保遣赵德全率队往。德全者，军中所公推与政党接洽之代表也，至则勖学生以沉著。学生知其为同志，允稍待。夜午，一等兵杨树清［青］闯入团部，持枪拟义保，义保跳而免。军人大集，当场推教练官杨荩诚为临时都督，赵德全副之。以电话通告瑜庆。瑜庆恃抚署有钢炮两尊，且意卫队湘人，或不受黔人影响，犹欲作最后抵抗。召卫队管带彭尔堃，尔堃臂缠白徽，示已同情革命。召炮队射手，曰："顷卸下机柄，送诣张百麟宅矣！"瑜庆始屈服，手书承认贵州独立，钤盖巡抚关防，命警备道贺国昌、劝业道王玉赍送咨议局议长谭西庚，移转政权。其出川之鲁营，以［已］与贵阳失去联系，官兵各挟械走散。

第二篇　辛亥革命时期

第一章　陆军之成功与失败

辛亥九月十四日，革命军临时都督杨荩诚师入贵阳，止于咨议局（后改立法院）。议员召开紧急会议，追认杨荩诚为都督，赵德全为副都督，又选出张百麟、平刚、周培艺、杨昌铭、任可澄、陈元栋、雷述七人为枢密员，授权组织军政府。枢密员议决大纲，推平刚草拟条文，定名曰《大汉贵州军政府三个月期间之约章》。军政府合三部分构成：都督主军政；行政总理治民事；枢密院赞画军政，指导民事。张百麟为枢密院院长，周培艺为行政总理。都督府设参谋、军政两部，参议、副官、执法、军需四处。杨荩诚者，四川之秀山县人，以占籍松桃，得考列贵州官费生，留学日本士官学校，毕业骑兵科。纪元前一年四月，巡抚委充第一标教练官。适陆军小学校总办因故离职，又奉命兼代。性木强，不谙交际，与贵阳社会颇隔膜。其在东京，曾挂名同盟会，为平刚旧识，亦不甚相亲附。十三日夜，闻众声嚣动，荩诚出询，军人曰："我辈需要革命，标统反抗，已逐去之矣！"荩诚曰："革命吾夙志也，以在职日浅，未获剖心示若曹。"军人不待其辞之毕，即拥为临时都督。荩诚受任仓猝，领袖应具之条件，十不备一。用人漫无标准，随从厮养，悉擢官长；陆军骤扩至四标。自治党先是募集之众，荩诚令规仿旧巡防制，编为五路新巡防。于是贵州一举而增兵七千人。枢密院大骇，召开联席会议，示荩诚以财政竭蹶[1]之实，约今后非得枢密院同意，勿许辄增人民负担。时四川泸州、重庆虽先后反正；但端方挟鄂军驻资州，赵尔丰踞成都，犹自若。泸、渝两政府，一日五电贵州乞援。枢密院以为援川即所以固黔，请荩诚即派新旧巡防统领黄泽霖为援川各军总统；任第一标标统叶占标为先遣司令，率部即发。无何，清廷起袁世凯组阁，命冯国璋率第一军猛攻汉阳。我总司令黄兴败绩，武昌危殆。鄂军都督黎元洪，连电独立各省乞援。且曰："必得良将劲卒！援鄂即预备北伐！"军政府以事体重大，筹议未决。而立法院移书，主都督自出，职务由副都督代理。荩诚通电各省曰："武昌首难，竭一省之力，与北虏相支柱。今虏负恃徒众，凭陵江汉；义师寡弱，天下寒心。黔虽不武，万不忍首义区域，横见蹂躏，用精锐三千，即由荩诚躬自统率，兼程赴急。肃清鄂渚，汛扫燕云，请从诸公之后。"十月二十四日，荩诚振旅东下。

先是贵州革命运动，以自治党为枢纽，各方之接洽，任务之分配，

---

[1] 竭蹶：枯竭；匮乏。

金钱之筹措，子弹之补给，皆奉命于张百麟。百麟实公认之首脑，即陆军官佐，亦泰半倾心拥戴。其后事机中变，荩诚以意外得都督，愚而自用，无往不暴露弱点，军人蔑视其上，小小问题，辄列队质问。民间习于所谓承平之后，骤睹轶轨[1]行动，奔走骇汗[2]，若大乱之将至。而与自治党积年对立之宪政预备会，益以野心家刘显世、戴戡等，遂抵瑕伺隙[3]，阴谋颠覆军政府。立法院毅然请荩诚督师，盖悔择帅不慎，冀补救于事后。赵德全在革命过程中，已加入自治党，接受三民主义。虽肆应才短，意其能容纳人言，广集众思。而鄂籍军官，私结团体。蓝鑫等虱其间，常以小组织利益于德全，德全不能制。军政丛脞，仍无大异于荩诚时。荩诚之赴鄂也，张百麟同时亦巡视上游，安辑夷者，协和军民，甚得名誉。党人以军府迫近改组，促其归。而显世阴谋，益见具体化。对外，令戴戡向云南乞师，与蔡锷协定密约；对内，则胁盐商华之鸿大输金钱，收买军中不稳分子。泽霖奉命援川，未行。赵德全以会垣空虚，留同坐镇。泽霖所部新巡防，多秘密会党，野性鸱张。始以出征在即，不无姑息；留防既定，整齐营规，一以军法部勒之，违令扰民者，诛杀无所贷。又新殛秘密党首罗魁[4]，部众悚且怨。显世煽动益有效。腊月十五日，东路统领谭德骥作乱，使其哨长唐灿章缚贼以献，因刺杀泽霖。另以一部围攻张百麟宅，卫队管带彭尔堃死亡，百麟匿户下得免，奔就南路统领陈守廉。卫队亦稍集。百麟谋讨叛徒，曰：“今当面敌人惟刘显世，谭德骥虽附逆，其众不足虑；且得陆军见助，事犹可为。”因诣都督取进止。而显世预说德全：“军政府改组，张、黄谋危都督，都督第中立，吾为都督排除障害。”德全内忌百麟之逼，摇惑不即决。接见百麟，但慰之曰：“君姑休于省外，

---

❶ 轶轨：超越。

❷ 骇汗：因惊恐、惶惧而流汗。

❸ 抵瑕伺隙：指摘缺点，窥测可乘之机。

❹ 罗魁：贵州遵义巨匪。反动势力想借罗魁之力除去黄泽霖，鼓动军政府将罗魁招至贵阳，罗魁入城后，要挟军政府，若不委其标统，当扰乱城中秩序。黄泽霖设计宴请罗魁，席间将其击毙。

待吾疏通就绪，再迎君复职。且君尤不宜久淹吾许，增大攻击目标。”百麟怒曰：“君何见之左！今日无我，明日何有君！冢中枯骨，旦晚为人擒矣！”

百麟既去，政党势力摧毁无余。陆军孤立，如躯壳之仅存。而德全不悟，汲汲改组都督府，以为前车之失，由枢密院牵制，致都督不能行使职权。郭重光领导耆老会，为宪政预备会派生之一种非法组织。德全尊礼之，几与民意机关之立法院等。蔡锷披露贵阳绅耆密电请兵后，重光自归于德全，谓遭刘显世劫持，无可如何。德全殷勤抚慰，惟恐失其意。由是小人益无所忌惮。中华民国元年二月，滇军北伐司令唐继尧，游奕黔边。幕府建议，请遣炮营扼守盘江天险。德全不可，曰：“国家方危，兄弟急难，彼兵以义动，吾何为挠之！”卒允其假道。三月一日，继尧至贵阳，德全令邝龙俊代表迎迓继尧于军官学校。指定南门一带驻兵。继尧请准休息三日。德全又餽（馈）羊豕若干头、米若干石、酒若干瓮，犒劳其众。二日拂晓，滇军突徙螺蛳山，与刘显世合屯；尽据城外形胜，架设大炮，以都督府为目标。诸将请备战。德全曰：“贵州革命不流血之荣誉，我辈当始终护持；且吾为都督，自知方不胜任，让贤避位，息肩为幸，何备之云！”然是时形势，陆军一标援川，二、三两标北伐，四标标统即刘显世。其甥王文华为一营营长，二营艾树池，三营胡刚，皆赴下游巡缉。旧巡防各守汛地，新巡防虽在附近，其不足用，人尽知之。城内仅都督卫队、炮营，城守待援，事绝艰巨。德全之慨然放弃，盖亦审量彼己，不欲糜烂地方，庶几仁者之用心欤！滇寇方调整主客，扬言当与德全议和平条件。德全已急调叶占标。占标率二、三两营星夜驰归，后寇军二日至，疲劳甚。德全令休于南厂。四日夜午，寇军进攻都督府，保安营胡锦棠开门纳之。德全逾墙遁。寇军同时包围南厂，使人周走呼曰：“赵德全降矣！趣缴械。”又传令俘虏悉诣螺蛳山，候给资遣散。至则唐继尧高坐踞前，刘显世稍后，按册唱名，视继尧颐动者立左，否则立右，唱毕，左立仅三人。右立者皆驱出，以机关枪扫射之。颠顿逃亡，又毙于锋刃，尸积成丘，血流波道，至今民间号螺蛳山麓为万人坑云。

军政府既覆，寇酋唐继尧自称贵州都督，大杀自治党人。新巡防各部，亦扫地同尽。逾月，一标一营杨树青率部至。继尧闻树青戍资州，纪律严明，甚得川人称誉，传见慰劳，即席授军警局谍察科科长。树青坦然诣局，人见其入而不见其出。所部官兵，继尧命徒手诣伪都督府训话，亦全营失踪。四标二、三两营，先后奉急调，闻难，不敢入。艾树池被寇军压迫，奔湖南，至三眼桥平茶地，遭寇伏击而溃，残部合于席正铭。胡刚借思南绅民掩护，以缉匪为解，得一再衍期。适席正铭覆师后，始退隐铜仁矿工中。其年八月，张百麟诣黎元洪于武昌，叶占标、蓝鑫等来见，追论往事，深悔陆军不能支持政党之主张，以致为人所乘。然而晚矣！

第二章　北伐军失败之一页

杨荩诚师次湖南，南北媾和，清室逊位。黎元洪电止黔军，暂驻常德。荩诚因至南京，展觐孙大总统。当是时，黔军不远数千里，急国家之难，荩诚又俭素朴讷，一洗疆吏修汰之习，总统大悦，正式任命为贵州都督，令即率部凯旋。荩诚诉本军军械缺乏，总统令财政部拨款，陆军部发护照，俾荩诚派员采办。还道经武昌，元洪出示贵阳来电，始知根本之地，已生重大变化。元洪叩方略，荩诚曰："吾奉中央威灵，客军焉敢抗命，如其顽梗，仗大顺以讨逆，何忧不济。"初，黔军北伐由元洪，洎滇寇乘虚攘夺，元洪念被发缨冠，有赴救之必要，而荩诚不悟其旨，漫为大言，元洪遂静默以观其所为。荩诚莅常德，以电抵唐继尧，嘱刻期撤退。继尧不答，而由拥立继尧之刘显世、郭重光、任可澄、戴戡等复电，拒荩诚勿前；且言北伐军应在湖南缴械，不许入贵州一步，语绝狂悖。荩诚怒，命部将席正铭进次辰州，将向黔边。谍报寇酋已遣大将刘法坤扼铜仁，胡锦棠戍镇远；并委陈钟岳为清乡督办，部勒乡团。以何麟书为东路巡按使，括民财供饷。守御之具甚备。荩诚亦以所购之械弹不时至，乃缓师。京、津、沪、汉全黔维持会，累引大义责难黎元洪。而贵州难民日月奔赴，诉内地之不堪虐杀。湖南与贵州毗邻，闻见尤亲切。于是都督谭延闿仗义执言，劝唐继尧退师，免为民国史上开邻省兼并恶例。时袁世凯继任总统，对贵州情况不明了，而所接近黔人骞念益、陈国祥等，大抵皆受滇寇收买，甘为其鹰犬，腾构蜚语，谓贵州且拓为民党地盘。世凯惑之，召杨荩诚内用。任命唐继尧为贵州都督。命下而延闿电至。世凯知处置谬误，然护前失，冀元洪斡旋而弥缝之。于是元洪建议：两军各派同数代表，假以全权，公开讨论，彻底解决。由中央派员监督，以昭慎重。各方皆赞同，择定湖南洪江为会所。常德方面代表曰刘世杰、郭光焘；贵阳方面代表曰牟琳、吴作棻；中央委员曰赵均腾、危道丰。决议要旨：滇军回滇，黔军回黔。为尊重中央命令，黔军认戴唐继尧为都督。惟两军素怀敌意，难保无冲突误会，请中央另简大员为贵州宣慰使，居间商洽，监视执行。全权各署名盖印，交中央委员呈报国务院。世凯雅不愿黔军有北伐之名，改归陆军部直辖，编为四十二旅，以周燊儒为旅长；任赵均腾为贵州宣慰使。而刘显世嗾使黔绅刘春霖等危词恫喝，声言不惜以兵戎相见。均腾为元洪所推荐，本投机官僚，见事棘，颇中馁。诣京请训，世凯有勿冒功生事语。继尧所派之参议员陈国祥、刘显治等，复聚党而要之，谓滇军决心备战，且操必胜之券；黔军无力，君谂知[1]之；元洪意向，尤当考虑。均腾嗒然[2]而归，逍遥武汉，不图进取。

周燊儒者，与杨荩诚同学，庸碌萎琐，更远出荩诚下。就职两月余，谋去原有团、营长，悉代以己之亲信。八十三团团长席正铭，鸷悍剽厉，常思建立奇功，震耀宇内。其训练卒伍，于普通课操外，间日必为精神讲话，举外寇凭陵，及本军责任之重大，反复而详说之。明耻教战，军心鼓舞。内地陆防各军陈开钊、艾树池等部，皆自拔来归。其余一连一排零星收编者，尤不可胜数，故拥有实力，确在一旅以上。燊儒恶其逼，自始即怀悻悻。顾以正铭本黎元洪参谋，而四十二旅且须受宣慰使节制，则亦隐忍迁就。及见均腾态度消极，知唐、刘已据胜筹。燊儒通过陈国祥，与刘显世有默契，遇事径达陆部，不复关白黎、赵，遂免正铭职，以萧建之继。团部开会讨论，佥以为燊儒卖军投敌，与唐、刘密电往还，最近且有单骑回黔之表示；此种非法命令，万难接受。于是拥席正铭为荡寇总司

---

[1] 谂知：知悉；知道。

[2] 嗒然：形容沮丧怅惘的神情。

令，誓师回黔。发书告八十四团。各营、连多脱离建制，随附于正铭。元年十月二十五日，我师发辰州。十一月三日，克松桃。陈开钊为前锋，直捣铜仁。寇将刘法坤派队迎战，连败之。铜仁围合，寇婴城[1]拒守，我师架长梯，肉搏攀登，或负戴竹木几案，层累跃上。寇抵隙狙击，师人多死。然前仆后继，来者益猛。寇将瞿然曰："彼所谓归师，锋锐甚，不可当也！"遣使媾和，乞开围师一角，俾率队旋贵阳。开钊叱去之曰："默语尔酋！尔忘螺蛳山之杀降乎！"法坤谋突围。陈钟岳号哭曰："彼千里游魂，孤军趋利。今顿坚城之下，情见势绌。我以逸待劳，先为不可胜。贵阳、镇远增援在途，奈何自抉樊篱延入堂奥。且诸公水也，而我则石（钟岳铜仁人）。我为唐师效死力，乃牺牲其生命财产乎！"法坤犹仅许五日留。钟岳令积薪聚油，声言纵火燔民居，以胁我师。我师攻稍懈。逾数日，寇援大至。内外夹击，我师败绩，开钊死之。正铭收合余烬，谋再战。军吏曰："弹竭矣！"不得已，退驻四川之秀山。唐继尧诬诋为匪，请令邻省会剿。而周燊儒亦进次湘洪江边，派员分道收容。谓前此系部分动作，元恶只席正铭一人。黎元洪迭电声援，格于形势，不生效力。我师伤亡饥疲，环境日非，无法维持，终于瓦解。贵州初期陆军，至是完全破灭。

第三篇　兴义系统治时期

第一章　兴义系势力与起源

兴义为贵州之西边，地接滇、桂，俗尚武悍。太平天国之役，苗、回蜂起，所在土豪，亦因缘时会，据地阻兵。巡抚但假官爵以羁縻之。刘鸿魁者，兴义县下五屯人也。素以犷暴闻于乡里。有弟官德、官礼，

---

[1] 婴城：环城而守。

号刘氏三雄，拥众千余人，得署兴义营游击。巡抚以鸿魁阻挠传教（钦差大臣贵州提督兼署巡抚田兴恕[1]，以擅杀天主堂教士，法兰西人诉于朝，兴恕得罪至遣戍，故当时官僚，言及阻挠传教，莫不惴惴震恐），把持地方，密令捧鲊[2]营守备李凤才图之。官礼即先发，攻凤才，弗克。兴义知县陈聘儒讦官礼不法专擅，巡抚不能诘。鸿魁死，官德自领游击，率兵攻县署，知县钱壎缒城以免。官德杀士绅刘泽普、刘国卿、朱朝亭、李佩松、刘国英、查连升等，并及其家属，罪其为壎（埙）募捐也。乘胜陷捧鲊，又杀谈守清及李凤才阖（合）家三十余人。又围攻普安直隶厅。官德兄弟最盛时，所部至五千余人。云南巡抚刘岳昭奏陈黔事，有云："更有居御贼之名，而行贼之实者。官受其制，吏缘为奸，劫夺货财，任性杀戮，贼来附贼，官来附官，其迹诡秘，其罪实浮于叛逆。"盖指目官礼也（以上均见罗文彬所著《平黔纪略》）。秩序恢复后，官礼已保至二品衔，分省补用道。迫于大势，不能不解散部众，而潜势力固自若。以兴义县为根据地，以盘江各属为外围，士绅之有力者，必挤之死地。文武官欲行使职权，辄排击令代去。大吏患之，讽以入仕。官礼一至云南投牒，郁郁不得意，仍假归。会广西游勇[3]窜扰兴义，一度据城。官礼使人游说当道，愿竭全力捍边。署巡抚邵积诚委官礼靖边营统领，令召集旧部为三营。官礼荐其子显世，及兄子显潜，分任管带。又采远交政策，省会文士，拔其优秀酌予津贴，俾为延誉。院司幕友门丁，月有餽（馈），岁终有献遗；涂饰新政，如学校、地方自治等，皆首先仿办。实则借为树植同党，排斥异己之工具。巡抚庞鸿书统一巡防编制，撤销靖边营，任显世为西路巡防二营管带。显潜夤缘为广西巡抚沈秉坤卫队管带。

---

❶ 田兴恕(1836—1877)，字忠普，湖南镇筸(今凤凰)人。1861年发生贵阳教案时，田兴恕为贵州提督，巡抚为何冠英。田兴恕亦非钦差大臣。

❷ 捧鲊：今贵州省兴义市捧乍镇。

❸ 游勇：指广西会党起义军。1902年10月，该部曾攻下兴义县之箐口，旋攻下府城安龙。

辛亥八月，贵州革命运动声势沸腾。巡抚沈瑜庆急电显世，募子弟兵五百人，亲率来省，镇压叛乱。行次安顺，而军政府成立。显世表示服从，自治党人蔡岳又以百口保证显世忠实无他。军府纳之，即日给械成军，且擢为陆军第四标标统。显世既在贵阳立足，密结宪政党人，阴谋造乱。亦会其弟显治及其友熊范舆、戴戡，皆在滇军都督蔡锷幕府，共说锷曰："梁任公[1]授公西南大计划，令公兼制川黔。今谢汝翼、李鸿祥陈师川境，未能顺利进展。贵州都督杨荩诚，人才凡下；其副赵德全，亦偏裨斗筲。兼弱攻昧，机不可失。且有刘显世、任可澄为主于内，事必万全。"锷然之。犹以师出无名为虑。显世乃命郭重光组耆老会，盗用民众名义，推戴戡为代表，谓贵阳哥匪横行，民不聊生，请锷出兵平乱。锷遂据以通电全国，为侵黔先声。赵德全切电解释，历叙贵州自反正以来，全境安堵，秘密会党，于革命期间奔走有劳，军政府任其存在，事诚有之。然整饬纪纲，宁容其紊乱秩序？并指出贵州宪、自两党，积年斗争，自治倒满成功，援引敌党，共分政权。但宪政党失势之余，尽多觖望，造作蜚语，迹近挑拨。愿勿听一面之辞，破坏革命团体。锷电谢无图黔意，请德全勿误会。未几，锷又电德全，命部将唐继尧为滇军北伐司令，拟假道贵阳出湖北。已饬严申纪律，不得沿途逗留。国难方殷，谅蒙鉴照。德全同时见锷通电，陈义慷慨，万不疑其以革命领袖，包藏祸心，巧售欺骗。继尧至日，德全犹盛设供张，而继尧已与显世结合，潜师夜袭。既覆军政府，显世等拥继尧为贵州都督。继尧则酬显世以军务部部长，全省巡防绿营，悉归节制。刘氏自鸿魁以来，觊觎贵州兵柄，处心积虑，谋之殆四十年，至是始如愿以偿。然显世起家巡防，漏染既深，已不能接受新军事知识。其从兄刘显潜等，顽

[1] 梁任公：指梁启超，其号任公。

固益出显世下。然欲造成一姓世袭，如播州杨氏、水西安氏[1]之所为。凡黔籍军事人才，或遁迹田原，或甫自外归，皆诬以与军政府有联系，捕而杀之。元年十一月，唐继尧呈荐刘显世为贵州国民军司令。陆军部驳诘不予。二年十月，蔡锷内召。袁世凯以赣宁之役，继尧牵制民军，竭诚效顺，调任云南都督，且命其保荐替人，显世遂升为贵州护军使，而戴戡为巡按使。戴戡固尝与显世同恶相济，然利尽交疏，自戡未就职前，已颇与显世龃龉。袁政府之官制，巡按使得指挥巡防队，事权又与显世冲突也。两人互訾迭毁，世凯抵隙而入，任龙建章为巡按使以代戡。王文华乃献议：再建陆军，编练六团。文华者，显世女兄之子，其妻又显世从女也，故显世委信焉。而献议之时机，亦于显世地位绝对有利。于是粗立轮廓，着手改编。人才不足，则请唐继尧拣发云南讲武学校毕业生，以备任使。假署王文华为第一团团长，彭文治为第二团团长，吴传声为第三团团长，和继圣为第四团团长，熊其勋为第五团团长，张云汉为第六团团长。和、张皆巡防旧将，彭、吴、熊则元年随继尧来黔省。然文华军职，陆军部犹持异议。以文华师范生，不合资格。文移往复，任命久不下。无何，帝制运动起。显世纳熊范舆策，凡疆吏之拥戴，国民大会之投票，争妍献媚，所以迎合世凯者百方。世凯悦，锡封显世为子爵。显世方自庆砺山带河，与国同休。

四年十二月，蔡锷秘密诣昆明，迫唐继尧扶义讨袁，起护国军；连电促显世响应。熊范舆盛张袁军形势，谓蔡、唐以卵击石，自取败亡；贵州万不宜从井救人，同趋灭顶。王文华表示态度，请与云南一致行动；并陈护国名义之正大，北系内部之腐败，各方反袁之活跃，披肝沥

---

[1] 播州杨氏：是中国西南历史上的一个土司政权，辖今贵州遵义一带（古称播州）。自唐朝唐僖宗乾符三年（876年）杨端应募征南诏，收复并统治播州，形成世袭土司政权，直到明朝明神宗万历二十八年（1600年），杨氏统治播州724年。水西安氏，指彝族远祖济火（彝名“妥阿哲”）所建立的政权，辖水西（今贵州毕节鸭池河以西，包括纳雍、大方、金沙、织金、七星关、黔西、水城一带）。自安氏二世济火于蜀汉建兴三年（225年）受封罗甸国起，至康熙二十七年（1688年）无嗣停袭，统治水西1474年。

胆，声泪交迸。陆军青年，皆愿为之后盾。显世素以儿子蓄文华，自谓拔擢登庸，私恩稠叠；文华不相依倚，亦无以自存，不虞事变当前，而文华意见乃与之相左。又知军心皆向文华，违之显有不利。于是决策：显世以贵州独立，自称都督，与蔡、唐合流；令黔西道尹刘显潜，通款北廷，请兵讨贼。世凯任显潜为贵州巡按使，开府兴义；命整顿所部，相机应援大军。时世凯征滇军主力，已进据重庆。马继增侧击之师，亦深入湘西。蔡锷率护国第一军，出川迎击，以戴戡为左翼，命显世酌配黔军，归戴指挥。湖南攻守，则委之文华。于是文华率三团东出。熊其勋率两团北进。倒袁成功，显世得授贵州督军兼省长。居常每语人曰："孰云方面不易为，吾视之犹兴义团务之放大耳！"秘书长熊范舆，顾问郭重光，政务厅长何麟书，财政厅长张协陆，四人号台柱。卖官鬻爵，郭、何为政；聚敛财富，操纵金融，熊、张司之。显世高拱而收其羡余。显世忘其首鼠，腆然自命为共和元勋，然内部滋枵虚。熊其勋升任混成旅长，历戍巴蜀，已无返黔意。显世亟与其弟显治暨熊范舆密谋，扩编东路军为师。以显潜为师长，削夺文华兵权。戍湘将校电争，以为文华功高不赏，反以通敌降北之人来相统驭，是辱陆军全体。陆军宁自由行动，不敢闻命。显世不获已，仍任文华为黔军第一师师长。经此蹉跌后，其在陆军威望，益坠落无遗矣。无何，戴勘覆师成都。文华方充显世军事代表，遨游京、沪间。闻变，连电主张雪耻拓地，向外发展。时国会解散，约法失效，大局极端混乱。而川军联合北军，方压迫滇军于川南，滇军连战失利，唐继尧急呼显世应援。显世任文华为黔军总司令，悉师入川。战比有功，滇黔军势复振，七年，继尧开府重庆，称川滇黔靖国联军总司令，推显世为副司令。熊克武以川军首领，觊得为副司令，继尧靳不予。然汔无实权，空名而已。显世喜于陆军之出，以维持治安为名，另编游击军，倚刘显潜、王华裔为大将，冀培养其力量，与陆军成对峙之局。华裔者，北方所称营棍子，曾为显世勾结谭德骥，刺杀黄泽霖，敢为大言，自诩消灭陆军有余力。九年十月，闻戍军退川。华裔乃电数陆军十大罪[1]，请显世下令解散。时文华已自重庆诣沪，命部将卢焘暂护总司令，休兵于遵义。显世觇人还，极言军心涣散，可图也。熊范舆、郭重光、何麟书等，促显世迅速改编。十一月，文华警卫队长孙勤梁率部入贵阳，显世尚犹豫，勤梁先之。掩袭马棚街、福德街游击军，尽俘其众。分捕熊、郭、何。范舆、重光伏诛，麟书逾墙遁。数显世误国殃民之罪，悯其老悖[2]，放归田里。显世既离贵阳，犹借督军名义，沿途煽惑。拟设行营于兴义，讨伐叛逆。显潜部将张三亢、凌国先，以两营从。闻卢焘命将追击，乃走昆明。无几何，滇军内部亦起革命。顾品珍逐唐继尧而自立。显世流浪汉、沪间，密召王华裔、袁祖铭、薛尚铭集议（尚铭为戴戡军需，戡败后，降于熊克武。川人愤黔军历年侵扰，以三营助尚铭，令回黔。尚铭自号靖黔军司令）。三方协力，联合倒王。薛、王被黔军各个击破，独祖铭有成功。祖铭顾先约，阳尊礼显世，诸将皆曰："刘氏淫刑黩货，罪恶贯盈，往年之举，实顺民心。公奈何念私交，拂舆情？"祖铭无以夺，然犹曲慰显世意，编张三亢、凌国先为团长，任显世犹子升昌为旅长，分驻盘江八属，俾显世优游林下，终其天年。然显世逗留昆明，于唐继尧之再入也，日夜哭诉，哀恳扶植。继尧方憾祖铭倔强，而乐显世之昏庸易制也，令其弟继虞，率张汝骥[3]、吴学显两部，辅之以行。十二年二月，袁部退出贵阳，继尧策营显世为贵州省长，任唐继虞[4]为贵州军事善后

[1] 此电是刘显治拟写，派人前往湖南洪江交给驻湘西之首领王华裔发布。内容为声讨王文华之十大罪状。

[2] 老悖：年老昏乱，不通事理。

[3] 张汝骥(1895—1930)，字伯群，云南曲靖人。民国滇军将领。是云南"倒唐""二大"政变四镇守使之一。1923年曾率滇军二次入黔，并任贵州军务会办，后与龙云争夺云南省控制权失败，曾退避贵州毕节。

[4] 唐继虞：民国滇军将领，唐继尧之弟。1923年2月，唐继虞奉其兄唐继尧之命，赴贵州救援原贵州督军刘显世，驱逐黔军袁祖铭。随后，唐继虞任贵州军事善后督办，刘显世任贵州省长。

督办。凡滇军势力立及之地，政务皆自由处置，不相关白。又呼召胡若愚、王洁修诸部纷纭集黔。黔军之残留省内者，易荣黔驻毕节一带，吴传心驻独山一带，惧遭吞噬，皆间关崎岖，辗转以合于祖铭。即张三亢、凌国先，亦不堪压迫，散入山谷，栖身绿林，示不与滇军合作。财政厅长唐忠，显世特见亲信，方谋为显世统一财权。继虞傔从怀短铳，白昼杀之于通衢。显世自知众叛亲离，投身荆棘，神经失常，见人辄嘻笑，语言无次。不命之饮食，亦不解求索。十三年，祖铭平定川局，望实交隆。唐继尧中慑，自请交还贵州。滇军出桂，显世亦悄然引退。十四年九月，贵州省长彭汉章部将马明亮，奉令清乡，至兴义，显世子弟犹拒纳之，命顽强抵抗。明亮围攻下五屯，毁其老巢。闻所获枪支弹药，足敷两团装备。盖刘氏累世所盗官物，大抵籍没矣。

第二章　兴义系势力之确立与发展

王文华，贵州兴义人。少孤，落落有志节。外祖刘官礼以政略作用，延请绥阳雷廷珍讲学于其乡。又招致贵阳熊范舆、蔡岳、姚华等，与其二子显世、显治游。妄自标榜，虚构名誉。文华甫十余龄，外以年辈相推服，内弗善诸人所为也。闻贵阳立中学校，负笈往从之。而校风腐化，以梯荣阶宠相奖扇；文华独私喜交纳于张铭。铭者，贵阳革命之先进，抱热忱，有口辩，恒按种族义，启示青年。文华受其影响最深，密购《国粹学报》《民报》，窃读于自习室。累记大过，嗜之弥甘。逾二年，提升优级师范选科。侘傺不得意，谢病归。因两粤贾客，辗转策名于旧金山同盟会支部。创体育学会，阴结窦居仁、何应瑞等，欲有所策动。会刘显世奉巡抚命募兵，署文华为前队队官，随显世出发。时辛亥九月也。行次安顺，而会垣已告光复，清吏自沈瑜庆以下狼狐奔窜。握政柄者曰自治党，又与显世所附之宪政党素冰炭。显世惶遽无主。文华请单骑晋省，与军政府当局接洽，结果圆满。显世得树基本势力于贵阳。文华亦荐擢营长。自以历年蕲向，竟成现实，对于军政府，不无估计过高。而尔日设施，殊未能副其愿望。又颇闻宪政党人阴谋勾引外兵，文华思进忠规，促执政改善。而党人领袖张百麟、平刚皆以其为显世亲昵，深闭固拒。元年三月四日，滇寇夜袭军政府，文华白于显世，自请为前锋，掩护党人，阴为保全地。二年冬，唐继尧奉调回云南，显世任贵州护军使，以文华为副官长。文华献议显世，重建陆军，时显世虽引周燊儒为参谋长，不见信。燊儒亦拘嫌畏事，故编制大纲，及一切预备工作，皆由文华全权处理。文华自侧身营伍，即深知巡防旧规，不足应世变，又亲见自治党人以不谙军事而败，凡术略各科，下至操典礼节，无不心维口诵，念兹在兹。唐继尧踞黔时，立滇军干部学校，黔人怨望，相戒裹足。文华敦劝亲知，保送参加。成绩优异者，出私资以奖励之。比着手选将，连、排长以下，固已济济多士矣。又得卢焘、胡瑛、李雁宾等辅佐之，故基干甫具，而壁垒一新。文华亲辖之第一团，纪律尤严明，战斗力尤坚韧，摧锋陷敌，折而不挠。其后，袁祖铭、彭汉章、李燊皆因之成名将；黔军老一团之声威，雄视西南殆二十年。迄于四十三军之毁灭，始消磨以尽焉。

袁世凯召集政治会议，文华兄伯群充贵州代表，因留滞京津，密侦北军内容，尽得其分化腐化状。帝制运动起，遂预蔡锷、梁启超密谋。锷虑贵州无把握，且其力亦不足任。伯群曰："当局意向，文华能左右之，所部虽成军日浅，气锐，可一战也。"密报文华，速作准备。文华又请于显世，创模范营。抽调各团官长，更番来省，施以政治训练，告以时局变化，黔军应努力杀贼，显功名于天下。闻者踊跃。护国军兴，显世本谋以贵州贫弱婉谢蔡、唐而保持力量，阴为袁世凯效忠。及文华昌言反对，陆军翕然从风，显世不得不屈己以听。于是与蔡锷协商，分兵御敌。以文华为左翼支队司令，统黔军三团出湖南。时世凯征滇军副司令马继增，率近畿第六师全部，益以卢金山之第十八混成旅，步骑三万，号十万，入辰龙关，循马伏波故道西上。文华建牙[1]东下，谍报第二团团长彭文治贰于我，已纳黔东道尹林某赂，通款世凯矣。文华曰："营连长皆吾人，文治何能为！"遣卢焘匹马往代之。文治果宵

[1] 建牙：古谓出师前树立军旗。

遁。五年一月，文华设司令部于龙溪口，令团长吴传声为右，出黔阳、洪江，迂回芷江后。中军亦拔晃县，薄芷城。而左路告急，传声又以锐进阵亡。文华谓传声虽殁，所部守尚有余。敌人主力倾吾左方，乃亲赴麻阳，督营长窦居仁、敢死队长胡刚，冲锋苦斗。继增为之夺气。先是，北军传统，轻视贵州为幺么。文华书生，继增尤不以厝意。两军始交，前敌屡挫。北军惯麦食，谓稻米不果腹；又沿盛时装备，行间皆履革履，走山路，跬步辄倾跌。文华出奇谋夜扰之。东西警戒，达旦不得休息，于是携械逃亡，咨嗟盈路。文华虽连战克捷，然械弹补充，显世皆靳不予。熊范舆主贵州中国银行，所发行兑换券百数十万元，一律令截角缴库，军饷亦骤绌。文华艰难支柱，相持五月。继增愧愤自杀。共和复活，世凯殒毙。文华被任为黔军第一师师长。段内阁召集军事会议，以代表诣北京。督军团呈请解散国会。文华以破坏约法，拒绝署名，潜走上海，谒孙总理，自陈入党历史及在黔服务经过。总理方计划护法，欲授文华以任务。会戴戡死于成都。文华以利害关系，倍道旋黔。

初，戴戡虽作政治活动，而无政治基础，惟仗文华及熊范舆为亲交。范舆在显世左右，号智囊，政治策略，皆由其决定。护国之役，范舆主张与戴戡背驰。而戡衔蔡、唐命，不日西来。范舆谋于显世，使人中道刺杀之，而以土匪复于蔡、唐。谓蔡、唐无如我何也。文华则宣言："有损戡一发者，吾必十倍责偿。"范舆不敢动。戡抵贵阳，遂拔［拨］熊其勋两团归之，与曹锟第三旅之一部，相持于綦江附近。虽无赫赫之绩，竟因人以成名。戡深识文华之虑，誓内外互助。段内阁授戡为四川军务会办。及蔡锷谢病，又兼四川省长。罗佩金与刘存厚交恶，戡媒蘖其间，构成川滇衅隙。佩金退驻贵州，戡又兼四川督军。一身而拥三节，印若绶累然。陈宧之来川也，袁世凯倚以平定滇、黔，秘密携有两师枪械。宧罢职后，自知不为段祺瑞所悦，欲结好于西南，愿以枪械交后任。宧副官长邓汉祥，又黔籍也，为戡沟通双方意志，宧遂以械归戡。熊其勋希望扩编成师，文华亦同意，且促戡。而戡从梁启超新计划，协调川、滇、黔，命尽先扶植周道刚。比道刚成军，已与刘存厚等有默契，约共驱逐客军，在川黔军颇失志，而戡滋益骄。以存厚近在肘腋，迫令移防。张勋复辟，刘、戴各以附逆互讦，治兵相攻。戡连北，退保成都子城，呼援于滇军。罗佩金挟宿怨，阳诺济师，实不发一卒。戡穷蹙，遣人送三印于存厚，请假道回黔。存厚阳诺，而于中兴场附近，为三复以待之。黔军饥疲之余，无复部伍，人自为战，耗矣！存厚尸戡于市。其勋亦遭枪杀。始文华有厚望于戡，预想前途璀璨，至是一败涂地，且丧原有军实三分之一。而熊范舆追咨始谋之失计，益振振有词。文华内念非别建殊勋，无以间塞馋口。又知图维国事，不假主义为号召，则人顾私利，终无以一众志而成功。其先不无动摇于研究系之蛊惑，经此惨痛教训后，服从总理乃益坚定矣。

六年冬，文华就任黔军总司令，开府辟召。始显世仇视新人才，陆军再建，仅参用云南讲武系学生。及倒袁战争，大批保定军官学生毕业来归。文华量材任使，深资得力，益感术略深造之必要，至是收揽日本士官学生何应钦、朱绍良、谷正伦、张春浦、李毓华、王诚旃等。应钦司教育，绍良掌谋划，正伦等努力成行。部下因暗斗，有军官系、士官系之分野。然惮文华严毅，无敢为私害公。得人之盛，前后皆望尘莫及。时北廷任周道刚为四川督军，刘存厚为川南总司令，讨伐滇军。又命吴光新率四混成旅入渝，为周、刘后继。滇军失黔军声援，节节败退，资、内[1]不守，泸、合[2]继陷。唐继尧连电乞援，文华以助川为名，命纵队司令袁祖铭，率精锐三团徇綦江，出不意，猛冲敌军心脏，径扑黄角娅，吴光新亲督北兵应战。祖铭激厉士气，拼死逐利，会战兼旬，前仆后继，北军死伤山积。周、刘罣于前线，滇军又应时反攻，熊克武复有不稳消息。光新遂决计放弃重庆，全师退却。黔军振旅入渝，与熊部协议合作。

初，熊克武为重庆镇守使，屈意欢迎吴光新，川人颇讶其变节。文华终以克武国民党老党员，当其遣使接洽时，即欣然推诚。克武以收拾川局自任。周、刘虽退出川南，犹负隅成都，克武不能讨，文华复命祖

---

[1] 资、内：分别指四川资阳、内江。

[2] 泸、合：分别指四川泸州、合江。

铭移得胜之师以临之。存厚继道刚为督军，屡衄于祖铭，乃奔陕。祖铭声名藉甚。部下电请扩编黔军第二师，任祖铭为师长。文华以其侵官无上，渐不可长，解祖铭兵柄，调任总司令部总参议。唐继尧见大局好转，孙总理又使章太炎为代表，促其出川，于是熊克武任川军总司令，杨庶堪为四川省长。各将领公推继尧为川滇黔联军总司令。继尧不用护法旗帜，谬称靖国联军。其莅重庆也，黄绫饰舆，佽飞[1]为卫，出入称警跸[2]。国会议员睹其封建意识浓厚，皆知不足与有为。文华以拥立非才，内心尤用愧叹。

先是文华与熊克武所订条件，滇黔以兵力助川，川报滇黔以军饷；指定盐余[3]为适当之分配。俟补充竣事，联合下兵武汉。克武得政，尽食前言，攫盐余以自肥，大收溃军，广占防地，其政治上企图，尤显与总理相违背。杨庶堪不能忍，就文华于重庆，设省长行署治民事。文华饱经事变，知欲创造新环境，决非依赖拼凑可以集事。所部驻川六团，战守虽若有余，然就食坐老，良无意义。第一混成旅长卢焘，于五年倒袁后，久戍湘西，屯置不用，亦恐暮气乘之。乃檄调来川，集团训练。新旧混合编制，□讨申儆，如对严敌。冀时机许可，得为国家效尺寸。九年三月，熊部向驻渝黔军挑衅，战事复作。川将领吕超、卢师谛、石青阳，皆助文华。前锋小失利。文华起袁祖铭为前敌总指挥，熊部望风奔溃。祖铭再定成都，克武退川北。立超为川军总司令。超认识正确，趋向坚定，然权谋术数，不逮克武远甚。自超继任后，川局益纠纷。熊克武与刘存厚联合反攻，超不支。滇之驻川两军，顾品珍愤唐继尧骄淫，阴有异志。赵又新引川人杨森为参谋长，亲待异他员。至是森归于刘湘，率众以攻又新。批郄导窾[4]，悉中其弱点，赵部溃不成军。又新

---

❶ 佽飞：指佽非。春秋楚勇士。

❷ 警跸：古代帝王出入时，于所经路途侍卫警戒，清道止行，谓之“警跸”。

❸ 盐余：旧中国每年盐税收入中扣除付外债本息和支付盐务行政经费后的余款。

❹ 批郄导窾：从骨头接合处劈开，无骨处则就势分解。比喻善于从关键处入手，顺利解决问题。

退出泸县时，已中数创，奄奄一息。森及之，拊其背呼曰：“军长！军长！颇识杨森否？”又新张目视之，长吁而绝。文华注意力先已集中内部，改编就绪，以窦居仁为第一混成旅旅长，谷正伦为第二混成旅旅长，胡瑛为第三混成旅旅长、张春浦为第四混成旅旅长（黔军编制，间附机炮连，其骑、工、辎皆缺，多数混成旅，实辖步兵两团而已）。至是，见友军不利，独立难支。决计赴沪养疴，命卢焘暂代总司令，率师旋黔；视政治形势之发展，而执行其预定步骤。其后诛熊范舆、郭重光，逐刘显世，大抵文华所发踪指示也。黔局革新，军民公推文华正任黔军总司令兼贵州省长。文华再谒总理于广州，总理令为国民党军事委员会常务委员。奉令往浙江，说卢永祥，共起义兵，讨贿选之窃政权者[1]。永祥亦雅重文华，颇倾听焉。

十年三月十六日，文华自上海一品香旅社出，奸人匿客舍内狙击之。文华意弹自外来，奔就窗下掩蔽。刺客复迎面击二枪，立死。文华即殁，卢焘犹谨守萧规。总理讨伐桂系，遣谷正伦、胡瑛两旅出广西，听大元帅指挥。团长王天培倡议，文华手创黔军，宜令其亲戚参掌兵权。遂另编第五混成旅，以文华妹婿总司令部参谋长何应钦兼旅长。然诸将材望等夷[2]，莫肯相下，遂酿成五旅分离之局。袁祖铭乘之，起定黔军，尽斥五旅长，以贵州与吴佩孚合作。语详下篇。

第三章　兴义系势力之扩大及其灭亡

袁祖铭者，贵州安龙县（清为兴义府）人。毕业于陆军小学校，升学湖北，以目力不及格罢归。刘显世之募兵也，祖铭隶王文华前队，为哨官，以元从，荐擢至营长，碌碌未有奇节。护国军事起，文华出湘西，与洪宪军角逐于沅、晃、麻、芷间。北军拥五倍之众，器械又精良，文华惟恃士气旺盛，地形熟悉，以相抗拒，而祖铭乃于其时露头

---

❶ 贿选之窃政权者：指曹锟。

❷ 材望等夷：材望，才德和名望；等夷，同等，同辈或同等的人。

角。每战必身先士卒，以勇敢为倡率，凡冲锋奇袭，他人所顾望趑趄者，祖铭常引为己任，别部危急，恒相救援；饷需弹药亦尝分其所有，兼济友军，由是列将推服，兵人归心焉。黔军编师，升为第一团团长，率部出驻四川之酉、秀、黔、彭，肃清土匪，辑和[1]地方。六年护法之役，以第一纵队司令进攻重庆，大战于黄角垭，败北军枭将李炳之，走查办使吴光新，乘胜攻成都，长驱直入，川督刘存厚奔陕。论功，超拜第二师师长。然是役也，增师之议，发自祖铭部下。文华内不能平，以整理为名，悉调各部队还渝。师部组织甫经月[2]，奉命解散，祖铭转任总司令部总参议，实夺其兵权也。

初，川军总司令熊克武，为滇黔军所援立，报酬条件，登之载书。克武背约，滇黔军不能堪，战事复启。黔军与熊部作战于合川、璧山间，迭见挫败。文华起祖铭为前敌总指挥，连战皆捷。遂下简阳，再克成部。奉文华令，仍回总参议原职。当是时，凡与黔军有联系者，皆知王、袁之间，裂痕显露。文华既不能终用祖铭，祖铭势将别求出路矣。九年，祖铭乞假，游历京、沪。文华将有事于再改编，患祖铭之近在肘腋，许其行。祖铭谒孙总理于上海，复诣北京，历访靳云鹏、吴佩孚，进行倒王运动。文华在沪，骤遭狙击，昵王者颇谓与祖铭有关。然其事秘，外人莫详也。

文华既殁，五旅并峙，三旅胡瑛，四旅张春浦，自知外籍，难造峰极；一旅窦居仁，素无野心，且深感文华知遇，誓服从到底。五旅何应钦，以亲以望，自拟有优先权。而二旅谷正伦，于讨桂之初，既有意摹写刘裕平燕灭秦之故事，又于留省部队及应钦肘腋，皆有若干部署。故倒何之电一布，应钦不得不狼狈出走。然继螂捕蝉，黄雀在后。正伦施于应钦之手段，祖铭正运用之于谷部。应饮行后，正伦方从容揽辔，归任总司令。而霹雳一声，各部队官长皆联名通电，欢迎袁祖铭。定黔军旗帜飞扬，旧日五旅，瓦解冰消矣。

---

[1] 辑和：团结和睦。

[2] 经月：指太阴历月亮经历一次朔望的标准时间；整月。

初祖铭于靳云鹏也，云鹏以其能分化革命势力，扰乱西南后方，大悦之，给款二十万元，为介于两湖巡阅使王占元，俾拨大、小毛部队归其指挥。大、小毛者，前湖南督军张敬尧所招之皖边惯匪，占元积患之，欲移以祸贵州。祖铭莅武昌，组织定黔军总指挥部，又检阅两毛部，知其不可用，乃婉言谢靳、王，而从事地下工作。时何幕策士，方腐心于对谷。谷之左右，亦竭力以倒何。转无顾虑祖铭者。书问交通，信使往来，得以畅行无阻。十一年一月，祖铭行次洪江，王天培命营长傅晋廷率队迎护，与窦居仁部小有接触。而居仁团长毛以宽，已继天培后，通电迎袁。祖铭入贵阳，诸将推为贵州省长，统辖军民。以王天培功最，编为第二师师长；彭汉章为第一旅旅长，吴传心为第二旅旅长，易荣黔为第三旅旅长，刘升昌为四旅旅长，许开风为警卫团团长。预计编制，以十六团为限。祖铭夺取政权，主要原因，固由其在军队内部卓著誉望，亦遥借北廷为声援。直奉战争后，吴佩孚虎踞洛阳，以统一为号召，祖铭倾心推戴。佩孚准其备价于汉阳兵工厂购买两师枪械，暗示以西南重任相委寄。而贵阳自民元以来，刘显世本依附唐继尧以起，其后虽窃位方岳[1]，仍以偏裨自处，对外态度，惟继尧马首是瞻。继尧固认贵州为云南附庸，居之不疑矣。比闻祖铭之别有企图，怒，使其参军马致祥来，词挟恐吓。祖铭以继尧二次回滇，实力迥非昔比，亦易之，对使者语不逊。使者归，亟构于继尧。而刘显世适在昆明，亦效申包胥秦庭之哭[2]，冀得复辟。继尧令其弟继虞，率张汝骥、吴学显，以讨伐叛将张开儒、范石生、杨希闵，秘密准备侵黔。尤复多遣信使，张皇文电，与祖铭阳示亲善。任可澄、陈廷策者，宪政预备会之领导人，趋势冒利，与刘显世为亲友。祖铭亦尊礼之。每边区有警报，必以示二人。二人恒曰："此伪言也！滇黔方睦，唐公推赤心于公，即刘如周，亦宁不解事至此。"祖铭然其言，不设备。及滇军大入，祖铭第四旅旅长刘升昌，以盘江八属报应之，为之前驱。敌军逼安顺，始仓猝调队堵击，

---

[1] 方岳：任专一方之重臣。

[2] 秦庭之哭：原指向别国请求救兵。后也指哀求别人救助。出自《左传·定公四年》。

一再溃败。祖铭不获已，退川。诸将推为黔军总司令。

时吴佩孚方助川将杨森、邓锡侯攻熊克武，连兵不得罢。吴佩孚复驱异己之北京军队卢金山、于学忠、张久明等加入。以祖铭曾任方面，拔为前敌总司令，尽统援川各军。唐继尧欲消灭黔军，亦增遣其大将胡若愚，率吴学显以援熊为名，入川助战。混斗逾年，祖铭卒逐克武出川，树杨森为四川督军，邓锡侯为省长，从吴佩孚意也。然祖铭坚谓杨森褊隘狡黠，不能统理全川，故起川军总司令刘湘于田亩之中，扶持以为首领。由是颇忤佩孚旨。然犹以祖铭功高，授陆军上将，创设川黔边防督办以位置之。祖铭于是开府重庆，编练军伍。所部曰国军第四十三师，祖铭自兼师长。黔军第一师，师长王天培；第二师，师长彭汉章；第三师，师长周西成。曰黔军独立第一旅，旅长穆瀛洲；第二旅，旅长杨其昌，第三旅，旅长毛光翔。曰黔军扩充旅，旅长张膺方。曰警卫第一团，团长杨维和，第二团，团长杨柱。曰川黔边防军第一路，司令吕鹿鸣；第二路，司令张藩。实力达五万人。佩孚虑祖铭势成尾大，请饷请械皆不予，讽以裁兵。又督令平滇。

时三角联盟、倒曹运动，弥满全国。祖铭知时局且有变化，亦显与佩孚相左。唐继尧虽踞有滇黔，而援熊之后，吴学显全部歼灭，胡若愚亦丧其资实之半，自审不敌祖铭，一再遣诣重庆，愿无条件交还贵州。驻黔滇军，自向广西发展。祖铭许之。曹、吴崩溃，段祺瑞执政。祖铭荐王天培督办贵州军事善后事宜，周西成为会办；荐彭汉章为贵州省长，会议复失地。然夺第二师予李燊，汉章所得者，杂牌部队而已。天培虽督办，袁以协力为词，留同驻渝。滇军屈服，议者获虞其挟诈，乃令王、周二师，各出一部，翼彭部共进。十四年二月，贵州全省肃清。汉章正式就任省长。时外寇蹂躏之后，十室九空，黔人渴望苏息。而汉章起走卒，政治经济素非所谙。其始本以能战统军，但知奉行教令，一旦居高临御，遂乃茫无主宰；所部既非建制，指挥亦感丛脞。而周师广占西北完善地区，王师则发展于东南两路，所据之地，自委县局，赋税所入，不解省库。汉章所亲辖者，十才三四。

周西成之归于祖铭也，曲折反复，不如王、彭之亲且久。然西成窥之祖铭猜防天培，近于汉章亦渐疑贰，于是多方运动，以博祖铭之信任。省内周部防地，秩序逐渐恢复，人民稍能乐业；彭部反是。祖铭因耆老之请愿，决退汉章而进西成，且允尽调彭、王部队离黔，俾西成得全权治理。十五年五月，西成遂为贵州省长矣。

初祖铭之定川也，外表虽奉一尊，实际上仍各自为政。川人谓之防区制，由来已久。其时势力均衡者，为杨森、刘湘、邓锡候、赖心辉、刘成勋、田颂尧、刘光辉等六、七辈。此外，挟一军一师，朝秦暮楚，依人图存者，犹以十数。王文华以扶植一人而失败，祖铭则欲利用群雄，持黔军为基本而操纵之。然粗中浅虑，喜谀寡断，川人固已深窥其隐。其始欲利用他人者，结果反为他人所利用。杨森借督军职权，拥有兵工、造币两厂，以统一内部，排斥客军为号召。然初步进行，在兼并弱小，未敢向黔军挑衅也。刘、赖等亟以甘言蛊祖铭，怂恿参战。十四年五月，祖铭兵大出，鏖扑数旬，森力疲下野。而黔军弹药亦为之耗竭焉。方战事酝酿间，川将领公同议定，成都下后，黔军有补充优先权，尽造黔军步枪五千支，子弹五百万发，再分润各部分。签名署押，信誓旦旦。事后则互相诿卸，一不践言。又重庆一区，向由刘、邓两部与黔军合驻，黔军除保有铜元局外，余事不得过问。祖铭先后积不快，遂与刘、邓相恶。

其年十月，孙传芳驱逐杨宇霆[1]，奉系势力退出大江以南。吴佩孚掩至汉口，收合旧部，图燃死灰，以阁员饵任可澄，使出死力奔走，陈拥吴之利，内则陈廷策（总部总参议）、丁照普（总部秘书长）旦夕浸灌，严密包围，祖铭不能无动。翌年春，允吴请，扶植杨森回川，重握兵柄。刘、邓以利害关系，联合各军，一致反袁。刘、邓表示撤让驻渝部队时，袁幕酌酒相劳，庆其成功。已而川军百道侵袭，又煽动团防，阻塞给养。黔军大窘。祖铭引退南岸，川军复步步进逼。六月，祖铭退回黔北。王天培则径率所部分出湘、鄂，遣代表诣广东，接洽收编。自是以后，虽未显与祖铭绝，已隐然自树一帜矣。彭汉章怨祖铭黜其省长，亦阴欲脱离关

[1] 杨宇霆：字邻葛，辽宁省法库县人。奉系军阀的核心人物，曾任东北第四军团总司令等职。

系，入湘以后，陆续收编贺龙、许克祥等，并旧部号为三师又二团。一面接受吴佩孚湘黔边防督办之任命；另方面亦派代表输诚于广东。国民政府任汉章为国民革命军第九军军长，天培第十军军长。天培进军鄂西，压迫宜沙[1]。北军师长王汝勤[2]、卢金山等，久处膏腴，腰橐[3]富硕，且自知非佩孚嫡系，吴胜亦难生存。于是与天培订约，和手转让。所部纷纷瓦解。天培收其资装器械，羽毛骤见丰满，声望由此隆起。

祖铭之归黔也，议者分两派：一主雌伏以观变，一主乘时以图功。且曰："我出，则王、彭宜不复归；不出，则坐失两部。"故后说尤有力。而周西成既总揽贵州，亦不乐戴一太上政府，挠其事权。惟其推动祖铭，不从正面敦促，专采旁敲侧击之手段。先是，西成运动省长时，允祖铭于就任后，每年供亿二百万元。至是，乃迎祖铭之父廷泰莅省，拨给四十万元，大置田园。又搜刮全省特货四百担，为袁总司令预备开拨费。亦会国民革命军总司令蒋中正遣使来，征祖铭出师，许畀以较崇名义。祖铭欣然成行。至铜仁，通电就国民革命军左翼总指挥暨十二军军长兼职。然任可澄、陈廷策犹坚持拥吴，强聒不舍。凡革命军之优点，概从掩蔽，且诬为赤化，而盛张吴佩孚之形势，谓实力倍蓰[4]癸甲时。祖铭虽为大帅，素不喜近新闻杂志，各方情报，专委耳目于亲信。任、陈党援盘亘，祖铭于不知不觉中已自为之囚拘。于是以保持固有系统为名，编所部为六个军。第一军军长王天培，第二军军长彭汉章，第三军军长周西成，第四军军长何壁辉，第五军军长李燊，祖铭自兼第六军军长。然周西成全部留黔。天培、汉章始终在若即若离之间。祖铭直接指挥者，不过半数。其友周培艺诒书规之曰："颇闻迩来外交方针，偏重联吴，子玉骄蹇刚复［愎］，癸甲之际，公尝与之切实合作矣。彼庞然自命为中国之首脑，而以为他人只

[1] 宜沙：指湖北宜昌、沙市。

[2] 王汝勤（1877—1962），字幼甫，直隶密云人（今北京市密云区），北洋将领王汝贤之弟，曾任长江上游警备司令等职。

[3] 腰橐：藏钱的袋子，旧时多系于腰，故名腰橐。

[4] 倍蓰：谓数倍。倍，一倍；蓰，五倍。

应服从拥戴，直不许拥戴者之自有意志，更何容服从者之别信主义？此人虽幸乘时再起，重执国柄，自山人观之，恐成功尚尔辽远，或可径断其终归失败也。公与彼之交期，以前尚未见圆融，今后更何能水乳？彼人我见极重，专欲无厌，其心忌公之多才，妨公之成功。而公天性峭直，亦未能便嬖侧媚，如杨森辈之将顺。故合作前途，在深知内幕者，已不待烦言。此次出湘，宜集众思，广众益，综合讨论，深刻认识，究竟朝气蓬勃之革命军，与彼直奉健儿，孰坚孰脆，观察既明，然后确定行动，万不宜仓卒参战，供政痞牺牲。一与革命军接触，便不啻将十余年护国护法之立足点，根本推翻。愿公慎之又慎，勿轻率从事。”祖铭犹不决。驻常德两月，后方部队，迄未集中。

十六年二月一日，为农历丙寅除夕。唐生智驻常师长周斓，以饯岁为名，柬请宴会。祖铭率参谋长朱崧、军长何壁辉，坦然赴席。入其室，空无居人，伏兵发，三人皆遇害。斓围攻黔军总司令部，旅长杨维和率卫队彻夜抵抗。拂晓，湘军增援者愈众，维和知不敌，引刃自裁，卫队缴械。总部职员秘书长以下，被俘至长沙。已而释之。驻扎德山之旅长杨绍楷，闻城中有变，或劝之赴难。绍楷以未得命令为词，按兵不动。湘军谓杨有善意，许其安全退却。而部下皆訾其怯懦，贻羞团体，沿道各持械散走。比至黔，人数寥寥矣。残余部队，各缘平日意气，奔合于王天培或李燊。惟马明亮、史远勋两师，尚滞留洪江，无法前进，并于周西成。祖铭死后二月，彭汉章诣汉口，总司令部以其违令逗留，治军无纪，交军法会审，判决伏诛。第九军除部分收编外，余皆缴械遣散。

第四篇 桐梓系统治时期

第一章 桐梓系势力之勃兴

周西成者，贵州桐梓县人也。桐梓旧隶遵义。遵义文化水准，高出于列郡，科举词章，颉颃[1]贵州，而通今学古过之。独桐梓人见目塞野。西成以民国纪元前一年入伍为征兵。时高小犹未卒业也。辛亥革命，陆军扩编，西成见拔为中士，充班长，从杨荩诚北伐，顿常德。席正铭、陈开钊之攻铜仁也，驻常八十四团官兵，多自动合于八十三团。西成连长曰黄道彬[2]，与旅长周㮣儒皆遵义人，以乡谊拥护㮣儒之主张，拒绝参加回黔。席军覆没，㮣儒自谓有劳于显世，要求维持原有编制。显世命在湘边缴械，而后予以欢迎。㮣儒知被卖，听残部散归乡里。西成夤缘入讲武学校。卒业后，充排长。刘显世怨往事，尝密令所属，辛亥革命军人，一概不许录用。然王文华赏必当功，拔才如饥渴，亦不尽如显世旨。西成得擢为营长，戍辰、源[3]三四年，密选湖湘子弟，勇果锐厉而头脑简单者，匄［介］于旅长卢焘，送入贵州讲武学校。至其乡里戚旧，牵帅以来，或朝入伍籍，或暮保升学。同官某嘲之曰：“若汲汲准备人才，欲为都督耶？”西成曰：“唯！吾安能无野心！”

十年，黔军有事于广西，令谷、胡两旅全部出征。正伦私乞西成于窦居仁，曰：“周营善战，驰名湘川，幸割爱拨借，以助成功。”时正伦已密谋倒何，居仁长厚，弗之疑。入桂后，正伦诱致西成，曰：“从我，编若为支队长！后望且无穷！”西成阳以委蛇，而密率部自柳州急驰数百里，以归于居仁。无几何，大元帅[4]任谷正伦为中央直辖黔军总司令，督其北伐。而正伦留恋贵州地盘，亟整归装。王伯群久拜贵州省长之命，盘桓上海，惧正伦先入，亦戎途西上；而袁祖铭挟定黔军总指挥名义，与谷、王分道竞赛。盖自王文华死后，酝酿经年之黔局，至此乃急转直下矣。谷部团长王天培、彭汉章，首电迎袁，窦部团长毛以宽继之。全军各单位皆震动。正伦率兵一连，踉跄入贵阳，卢焘雅怀谦

[1] 颉颃：谓傲视。

[2] 黄道彬（1884—1951），贵州桐梓人，周西城主黔政时，历任中将参军、第三师师长、前敌总指挥等职。

[3] 辰、源：分别指湖南辰溪、沅陵。

[4] 大元帅：指孙中山。

让，赍送总司令官防。正伦曰："公奈何恶作剧！"即夜，偕张春浦微服遁。窦居仁从之。先是，居仁赏西成为团长，及居仁下野，并命西成兼代旅长。然所部仅得六连。王华裔来略地，西成伪退以诱之。华裔入居铜仁，西成出其不意突袭，诛华裔。遣人四出，诱煽诸部，绝少反应。而袁祖铭且起胡刚为东路边防督办。胡刚者，第一旅之老团长，周部官兵素严惮之。西成恐摇动军心，乃出屯龚滩，一方仍与祖铭议价。西成要求实授旅长，祖铭仅允团长，西成微不满，又称绝对服从。其辞于王伯群也，以疾风劲草为喻；辞于谷正伦也，祝东山之再起。乃至川将领熊克武、赖心辉、杨森，西成莫不纳款输诚，卑屈其身，礼下之已甚。时滇黔军久离四川，川之一、二两军，自相火并。杨森新得众，知熊克武非易与，悉调精锐赴前方作战，留二千余人守备涪陵。假西成旅长，俾和辑主客，代镇后方。森为克武击败，退驻鄂西，与留守部队隔绝，乃令尽归西成节制，以待再举。西成内计曰："今为人司门户，主翁归，即发遣矣！以小吞大，其道至危！然机不可失，当冒险图之。"于是刻日召集杨部训话。西成登台演说，大旨谓：欲求生存，须有力量，内部松弛，即力量泮散，一临大敌，鸟骇兽散矣。为今之计，当彻底改造，缴械另编，方能适应环境，发挥力量。西成语言素钝拙，是日辞绪泉涌，听者悚息。军中亦有先受其运动者，大呼放仗，众不期随之，廊庑积械若小丘。时届初冬，薄寒中人。罢会，西成汗洽重衣，后常语人曰："此事为一生成败关键，小有枝梧，前途粉碎矣！"西成久在军中，办事敏练，逾日而调整就绪。毛光翔、王家烈、江国璠、犹国才，皆擢团长。元从干部，大抵越级超升。川人之失职者，饵以财政机关，亦无怨言。

十二年二月，刘显世复引滇军侵占贵州，袁祖铭退川。西成因人心之积怨滇寇，自称靖黔军总司令，掩入遵义。巨匪罗成三，于五旅争长时，裹胁坐大。袁祖铭柄政，假北防统领以羁縻之，盘踞一方，骚扰闾井。西成先使人接洽，约为兄弟。成三惮其声威，请划防地而处。西成于筵间执成三，数其罪，立予枪毙。罗部慑伏，尽没入其械弹。唐继虞命张汝骥、王洁修、吴学显，悉起所部，三路来攻。西成度不敌，复退出遵义。当是时，杨森、邓锡侯已向导北军，大举入川。吴佩孚先任王汝勤为援川前敌各军总司令。汝勤迁延不至，乃改命祖铭。祖铭驻节重庆，所部皆在前方。

西成之再出也，自知宗主过多，各方皆不相保信，决改变作风，求和于熊、赖集团。熊克武令袭渝自效。西成侦重庆空虚，亦自谓必得，令江国璠率一旅往。国璠行动迟缓，祖铭先设备以待之，狼藉而归。西成与祖铭之关系，由此中绝。其年八月，与川滇军会克重庆，周部先登。祖铭暂退万县，补充竣事，即迅速反攻。黔军有宿憾于滇军，势若隼击，当之辄靡。而川滇军得重庆后，方争夺权利，暗斗激烈，故不能为一日之守。是役也，滇军胡若愚、吴学显，仅以身免；熊克武亦丧师。克武命移军实于潼川，空成都不守。祖铭与诸将计曰："此诱我深入也！宜及其惊魂未定击之，我下潼川，成都焉往！"杨森请行。祖铭命邓锡侯翼之。克武方放兵休息，不虞敌之骤至，复大败。自是不能在川立足，假道黔、湘，迤逦入粤。赖心辉先已与熊克武失欢，祖铭亦欲解散克武党羽，熊去而赖留，号川南边防军总司令。心辉任西成为川军第十二师师长。又因心辉为介，谒祖铭，布腹心焉。祖铭大悦，恨相得之晚，编西成为黔军第三师师长。西成师部驻贵州之赤水县。赤水时为滇军势力范围，又受唐继尧任命为滇军第八军军长。舆论以西成素行如是，亦弗之怪。袁祖铭威望崇隆，唐继尧请交还贵州。祖铭荐西成为贵州军务会办，进兵收复西北路二十余县。自委官吏，擅定税则，招抚土匪，流通商货。贵州省长彭汉章瞠目不能问，治绩且相形见绌焉。西成益结内外倾汉章，祖铭亦自谓西成能，一力维护西成。十五年五月，西成入贵阳，就任省长职。

王天培者，以军官生入伍，护国战争有劳，久为团长。而王文华一旦擢用留日士官生朱绍良、谷正伦、张春浦、何应钦等，权位皆出其上，天培褊心[1]，有积薪之叹。文华既歿，环顾五旅，益觉升途暗淡，遂激而拥袁。定黔之役，天培最卖力，祖铭授为师长，引为副指挥、副司令。然猜忌之情，屡形词色。滇军退却，天培挟督办贵州军务之荣

[1] 褊心：心胸狭窄。

衔，曾不得一望国门。天培援桂时，尝于大本营两次觐见，亲承总理训迪，向义之殷，虽总理殁后不衰。至是遂决割弃祖铭。

彭汉章之免职，盘桓不即去，西成进军以威之。汉章愬（诉）其陵逼。驻川师长李燊、何璧辉等，皆通电声援，斥西成无礼。盖祖铭以拔用西成而失众心，然西成才力，实优于王、彭，为政虽号严急，然颇廉察，下不敢欺，黔局初得一时安定。然头脑顽旧，专己武断，不容纳他人意见，不接受三民主义，亦终以此败。

初，西成与祖铭约，祖铭越境拓植，西成任生聚教训之责，每岁补充兵员，并供给一部饷糈。祖铭认为满意。退川未久，即整备入湘。无何，常德告变，祖铭暴殁，部下皆自择主。西成仅收得马明亮、史元勋两师。周培艺诒西成书曰："公受命鼎公（祖铭字鼎卿），支柱内外，曩局势，一合作分工之局势也。今公独当其冲，而对外尤急于对内。此次鼎公罹祸，原因虽有多端，主要则在态度不明。夫与人同利害，趑趄于前敌，倔强于后方，安得不触人之忌！而又临之以骄倨，处之以托大，鼎公于是乎死矣！查目前国民政府统治下，为粤、桂、湘、鄂、赣、川、黔七省，而政治犹循旧式者，四川外，惟贵州耳。省党部未立，党代表未派，政治部未设，彼之视我，得毋有灰色之嫌乎？一军之何，十军之王，对于贵州，果遂坦然忘情乎？政府纵不督过，何、王纵安淡泊，而攀龙附凤之徒，假危词以耸之，借现状以挑之，不敢保其不生波澜也。为公计，凡革命诸省已有之机关，无妨设立，已行之事例，无妨仿效，乃至部队之编制，内政之措置，勤求训示，以博政府之信任。对何、王两方，亦躬执谦退，遇事推崇；或介绍人才，则量予录用。使彼外向，苟有发展之机，内顾不作返旆之谋，公之地位安，贵州人民亦相毗以安矣。"西成颇纳其言，渐与中央接近。中央编所部为国民革命军第二十五军，以西成为军长。无几何，又加第九路总指挥，所以奖宠西成者甚至。顾西成习见军阀割据，疑统一未可以岁月致。幕府皆偷合取容，谠言[1]不入。部将虽贵为师旅长，恒以畜产相诟詈，呼叱

[1] 谠言：正直之言，直言。

如奴厮。叫嚣隳突，无敢拂其意者。以四川之多难，既蚕食叙永、古宋、兴文、古蔺、酉阳、秀山、彭水各县；又因胡若愚、龙云之争，加兵云南，以援胡为名，图直捣昆明。会所部阮德炳、杨寰澄相次挫衄，始退回西防。然犹划毕节收容滇军张汝骥，俾与旅川之胡若愚，观衅而动。时两广与中央有违言，西成屈意交欢之。大出特货，与洋商订购军械。于内则创兵工厂、白药等厂，学司制造。然设备苟简，又不知延揽高等技术人才，依赖机匠，指导工作。先在会办任内之赤造枪（赤水兵工厂出品），曾发各部队使用，连续发子弹十余响，即须修理。西成盛称其美，人遂不敢言恶。贵阳出品，迄亦无何进步。又因便利军事运输，征发民夫，兴筑公路，堑山堙谷，驱血肉之躯与自然搏斗。人民裹粮走数百里外，终日力作，夜宿又无栖止，饥寒疾病，死者十之五六。

李燊者，故袁祖铭连部司书，祖铭劝之学，遂以勇略显，积战功，从偏裨至军长。任第四十三军长后，历参各次战役，驻防鄂西。遣人诣西成，愿得循祖铭先例，省有余以补不足。西成弗许，词又不逊。燊部素藐西成，恒曰："二十五军不能战，徒挟媚道，诓惑主帅，以攘政权。闻西成在职苛暴，敛重役烦，民不堪命，吾举吊伐之师以临之，犹燎毛射缟也。"燊持重，犹与西成信使往还不绝。而周部吏，希旨生事，其所不悦，辄指为四十三军间谍。李部要员在籍之戚族，横遭拘系，或被监视。诸将怒，煽于军曰："吾侪汇款皆没收矣！邮件皆劫夺矣！家属皆逮捕矣！"军人戟指聚詈，愿与西成偕亡。形势既成，燊亦弗能制止。十七年十月，四十三军攻下酉、秀、黔、彭，直指铜仁。西成大将王家烈为前敌总指挥，一日奔北百余里。西成悉师往御。李部锋锐甚，而千里驱利，军无后继，不堪消耗。西成避免主力决战，旁出以扰之，多方以误之，鏖仆七旬，双方伤亡皆极惨重。燊暂退川边。西成宣言凯旋。十八年一月三十日回省，彩坊锦联，杂以爆竹，极庆祝之巨观。燊复由沿河入，经德江、思南、石阡，行动飘忽。二月九日，燊先头部队占领贵定。西成命刘民杰扼粽粑街，以优势火力，自正面压迫；而清水江方向之皮得沛师，石阡方向之廖怀忠师，都匀方向之蒋熙仁团，皆星驰赴难。燊惧四面受攻，且胫部负伤，遂折由归化，取小路退滇。四十三军由此残破。二十五军亦日即削弱矣。西成望粤械如望岁。周培艺适在贵阳，常因燕语，晓之曰：“奉中央者其势顺，合邻封者其道危。以公才武，苟以绩效自结于中央，区区两三师人之饷械，以愚观之，当不成问题，为何劳心焦思，自苦若此？且舆论厌分裂久矣！公首赞统一，将享天下之荣名。”西成曰：“子谓统一可能乎？”培艺曰：“疆吏实行中央命令，即统一矣！奚为其不能。”西成曰：“事正难言。曩彭介石为蒋总司令代表，许济的械，皆有成数。吾以诚信奉人，而仅获空头支票。亦知粤桂非推心见与，但利其假道，取得要需耳！”又论及铜仁战役，培艺曰：“公为元帅，职在选将，若战必躬亲，毋乃过劳？”西成曰：“兵权假人，不易收回，子不见本省成事乎？吾将改编吾部为一百个连，吾自运用之，可以横行西南！命成护卫三十八连矣。”培艺知其锢蔽已深，请急归。其年五月，李燊合滇军，自盘县攻入，西成复亲出，遭遇于镇宁之八棱［坝陵］桥。飞弹雨集，西成居前线，中弹阵殒，其众大溃。事定，部下聚衣冠而葬之。今黄果树所谓周墓者也。

第二章　桐梓系势力之衰微

十八年六月，四十三军入贵阳，兼采公民大会投票及省党部推举方式，选出李燊、马明亮、安健、周培艺、尤为霖等，组织贵州省临时政务委员会，推燊为主席，已得中央认可。顾军事旁午，政务实有未遑。燊驻鄂西时，统三师，众近二万人，至是仅得四团，人不过三千。作战倚滇军朱旭、张逢春两师为主力。周西成死后，二十五军之自前线溃退者，及余部之未参加战斗者，络续集结于遵义，拥毛光翔为总司令。旭、逢春主乘胜扫荡，彻底消灭。燊鉴于刘显世两次勾结滇军，流毒桑梓，黔人至今诟厉，不欲蹈其覆辙。且劲敌已去，视毛光翔以下蔑如也。则设词延缓滇军，使接洽收编。而西成已于春间纵张汝骥回滇，合胡若愚、孟友文两部，攻下昭通，直捣昆明。龙云惶恐，急调朱、张两师返兵自救，且亲诣镇宁以促之。滇军仓皇退却。燊势孤，光翔亦骤强硬，悉师反攻。七月五日，毛部廖怀忠师入贵阳，燊团长宋绍錡等沿道叛变，不复成军。其后间关走北平，出席汪兆铭召集之扩大会议，遘疾死于香港。

毛光翔者，周西成之中表。与西成先后入伍，追随十余年，不离左右。西成之自靖黔退出也，幸基础之有立，感创造之不易，常大集所部而告之曰：“天下方乱，武力为右，大丈夫建功名，取封妻荫子，如拾芥耳。惟事资统率，故必有公认之领袖。吾辈自铜仁以来，经过千灾百难，始有今日。我忝为团体领袖，但经营危险生活，随时有死亡可能。惟个人可以消灭，吾辈团体绝不许任何人消灭。兹预为推定：我若骤遇不幸，团体继承人，应按群、绍、佩、用为序，执行领袖任务。”部队轰然声诺。此为西成意识形态之重要表现，亦即桐梓系互相间之信条。群，谓毛光翔群麟；绍，谓王家烈绍武；佩，谓江国璠佩玙；用，谓犹国材用侬。国璠以袭渝失败，革去军职，继承权利，无形中已被褫夺。其后王家烈演逼宫之剧，犹国材兴犯上之师，皆称引西成遗教，以为册名金匮石室，应一尝最高领袖之风味。倒戈相杀，耳［尔］余同尽，盖亦西成始料不及者矣。光翔莅省，亦组临时政务委员会。中央任何辑五、李仲公[1]为特派员，调查周、李曲直，且有办理善后之命。光翔于时颇惴惴，谋奉还民政，保留军权。中央察光翔谨饬，无专横跋扈之虞，乃召何、李还京，授光翔贵州省政府主席兼二十五军军长。光翔就职后，首电香港，停止西成所购军械。介绍人言：买卖双方订有合同，孰违约者，罚金二十万元。此款已存银行，损失宜顾虑。光翔复电，愿任罚款。二十五军将领，私怨光翔之无能。然此械到黔，军人如虎附翼，其作梗于国家，为蠹于地方，恐百倍二十万元犹不能偿。君子谓光翔仅知啬用金钱，而影响所及，人民实阴受其福利。

光翔兢兢守成，军事方面，不敢有所扩张。初年环境亦殊艰窘，自经两次战争，西成任内潜伏之土匪，各假名号，所在蜂起。而川将赖心辉，滇将辛成贵，以本省不能立足，皆来奔。宋绍錡历扰西防，袭毕节，踞威宁，而师长杨寅亮且以安顺叛。光翔拮据应付，讨定匪叛，又

---

[1] 李仲公（1890—1978），贵州贵阳人，曾任北京《晨报》记者，1929年，作为国民党中央政府特派员来贵州调查周西成和李燊之间的争战。

善遣赖部，与龙云言和。滇诛宋绍錡、黔杀辛成贵，复归于好。光翔师西成故智，不信任人，部队皆不归建制，多数师、旅长，只能指挥卫兵一连。然诸将之保有其壁垒者，光翔亦莫如之何也。县局用人，任所亲援引私党，贪赃违法，相互壅蔽不上闻。假有闻者，惩罚亦不之及。财政因西成金库制，收支秘密，财厅仅司印刷表册。厅长马空凡苦于无俚，建议清丈田亩，可增益收入。光翔悦，从其策。已划分区域，大规模训练工作人员，将实施矣。会王家烈代有其位，以取之不顺，欲见好民众，以命令罢清丈。

初周西成创业时，参预之知识分子，主要只熊逸滨一人。逸滨原名兆。其妻，西成之姑也。先为县知事，以贪猥，法院判处死刑。西成出之于囹圄。然西成虽用其才，不甚假以事权。为二十五军党代表、政治部主任，名存而已。遵义之再团结，逸滨颇有劳，冀攫省主席。光翔滋惮之，荐于中央，得授行政院参事。逸滨见谓投闲置散，怏怏返里，挟元老资格，遨游各部队间。

家烈与光翔比肩事西成，身材魁岸，临阵勇敢，在周部号为骁将。然事任阶级，曾不能越光翔之右。西成会办贵州军务，荐光翔于袁祖铭，擢第六师师长，又委会办，署直辖各部队指挥官。强抑家烈出其下，家烈固不甘服。十五年五月，奉命入贵阳，家烈被酒，流涕言于西成曰："蒙恩久备任使，事之带危险性者，家烈必为前驱。但同时辈流，尽多豪杰，家烈攘臂不让，阻诸君立功之机会，何以对袍泽？惟省长图之！"西成大怒，即日悬牌揭示：旅长王家烈，着即撤职！居二年，复起为酉、秀前敌总指挥。而驻防各部，皆遥奉命于贵阳。家烈累败于四十三军，信望大损。十八年之役，西成先命毛光翔统万人，从贞丰、兴义方向，迂回滇军后路，纵敌深入，合围聚歼。光翔颇内惭，其行趑趄。家烈建议，光翔宜掌留后，并首先宣誓服从。是举也，桐梓系皆盛称家烈顾全大局。然尔日内外熬煎，事态险恶，家烈或欲使光翔踞著炉火上，待其身败名裂，然后取而代之也。已而局势好转，光翔竟绾两符。毛幕策士计曰："艰难之际，家烈血忱拥护，钳之，则寒扶义之心；纵之，恐速夺嫡之患。今湘黔边界，群盗如毛，不若令家烈负责剿办。倘得中央同意，越境出击，既就食湖南，又可请求分润洪江特税。主要犹在王家烈远戍，与本省政客绝缘，挑拨离间将无所施其技。”光翔以为然。命家烈以二十五军副军长，率三团出发。家烈埋头苦干，匪患肃清。日月积累，部队亦渐扩大。呈荐其中表何知重[1]为师长，拨李成章、简文波、犹禹九为直属团长。中央赏其劳，授湘黔边区剿匪司令。家烈入觐南京，陈军械呰窳，中央酌给补充，慰劳遣之。自西成崛起，光翔代袭，虽专断一方，能生杀荣辱人，然舆论指目，谓为山泊式之英雄，与刘显世之土豪政权，相去无几。以其未展谒中枢，亲承朝命也。家烈回防，声誉顿增。

彭文治者，陆军再建时团长之一。虽武人，颇具政治头脑，习于纵横之术。经王文华缉捕后，久蛰思伸，家烈延为谋主。于是招纳人才，交通各部队，暗中活跃。光翔亦闻之。二十年八月，中央加授光翔国民革命军第十八路总指挥。九月十八日，日寇猖狂侵略，占我东三省。大局紧张，光翔利用两事为宣传武器，企图制止。表面暂沉寂。已而熊逸滨在贵阳，盗光翔名，发特急密电召家烈。家烈大喜，絜李、简、犹三团，倍道兼进。光翔骤闻兵过贵定，备战调拨皆不及，使人报家烈，愿保留总指挥，交出军民两政[2]。惟痛恨熊逸滨，即以斥熊为交换条件。家烈自亦不乐逸滨中分其柄。遂因毛以绝之。逸滨悄然归田。又连累及彭文治，求一省委，亦不予。

毛、王既一时妥协，二十一年二月，由光翔以内禅为词，荐家烈自代，中央即授王家烈二十五军军长，兼贵州省政府主席。自光翔时，内部已不能统一，迨家烈而分化益显著。侯之担沿袭周西成所受自赖心辉

---

[1] 何知重（1893—1976），出生于贵州省桐梓县，国民革命军中将、黔军高级将领、抗日英雄。抗战期间，在江阴要塞与日军鏖战数月，之后参加了武汉会战。卸甲返乡后投身实业和兴办教育。1949年11月从桐梓到遵义迎接解放，被选为贵阳市参议员、贵州省政协资料室顾问。1976年病逝。

[2] 1932年2月，南京国民政府电令升王家烈为国民革命军第二十五军军长，取代毛光翔。王家烈挟军事优势和蒋介石政治上的支将，以副师长柏辉章率先头部队由贵定直插贵阳，毛光翔计穷，于1932年2月26日被迫让出黔政。

之川南边防军总司令，所部三旅，据有赤水一带；犹国材一师，据有安顺、兴义一带，车鸣翼一师，据有铜仁一带，蒋在珍一师，据有遵义一带，廖怀忠一师，据有思南一带，宋醒一旅，据有毕节一带。家烈号令所及，十才三、四。性轻脱，不亲庶务，荒于酒色。其妻万淑芬干预军民政事，家烈不能制。密赁外宅，与嬖幸作牧猪奴戏[1]。既罢，辄致良家妇女侑酒，丑声四溢。始光翔自知不逮，人与谈政治则谢言头痛。家烈更坦率，一切拒见宾客。即各方重要代表，订期会谈，匆匆三数语即避去。群下因缘为奸，差缺按肥瘠论价。李、简、犹皆扩编成旅。军饷不足，则令各县摊派。县局区保，节级浮收。敲扑追呼，人民不胜其酷。光翔近在同城，数以友谊进规，家烈犹不悛。周、毛亲故失职者，多怂恿光翔诉诸行动。犹国材以当璧[2]次及，尤踊跃请用命。其年十一月，光翔微服走遵义，入于蒋在珍军。在珍以遵义独立，首树倒王之旗。家烈命李成章、简文波分道致讨。闻宋醒不稳，又命犹禹九出师。留守贵阳者，仅军部直属部队，不逾千人。家烈与犹国材通电话，许以事成后递禅国材。国材知其绐己，亦报之以欺骗，恳款之意，穷于口舌。军事则授权参谋长吴剑平，加紧准备。度王部已与蒋、宋合战，星夜进攻。警卫营长赵某[3]开门纳犹部。家烈仓皇离贵阳，于路发急足，追李、简两旅，取湄潭、瓮安道，赴榕江集结。犹旅势成隔绝，勖以保存实力，待机动作。又征驻湘之何知重来会师。部署既定，家烈欲疑误敌人，故绕越独山、荔波，迫近桂边。蒋在珍、吴剑平率部追蹑，骤失家烈踪迹。路人传云：“已投李、白[4]矣！”家烈之起，虽借中央卵翼，而以特贷贸易，与桂为亲交。投桂乞助，宜若可信。毛、犹同入贵阳，国材事光翔，执部属礼甚恭。实际援家烈先例，要荐兼符。而为光翔谋者，则劝光翔保留其一。两人各有企图，事势久不定。二十二年一

---

[1] 牧猪奴戏：对赌博的鄙称。

[2] 当璧：意为国君之兆。出自《左传·昭公十三年》。

[3] 赵某：指赵一新。

[4] 李、白：分别指李宗仁、白崇禧。

月，家烈自榕江反攻，声言已由广西补充新式武器，士气颇旺盛。贵阳城守，光翔、国材分讯地，纡尊[1]自巡视。急调蒋、吴返旆。又以重利啖车鸣翼，使拊王部之背。家烈前临坚城，后有强敌，分兵弃命，形势异常困难。卒能激励将士，击溃车部，攻克贵阳。或曰：“家烈曾允士兵入城后，部分自由，然未至普遍劫掠，亦无人敢显言其事。”二月，家烈恢复职权，毛光翔逊于赤水，称下野。犹国材让出安顺，以何知重部填扎。家烈资实大耗，欲望已盈，与反王各部，相安于文书隶属之状态下，不复议攻战。各部巧立名目，大肆搜刮。一方面缮械治兵；另方面则殖产兴业。当时曾任师、旅长者，今日皆坐拥数十万之富豪，以其擅有土地人民也。即家烈诸将，分防省外，亦纷纷效其所为。逮中央军入黔之前夜，合计全省，号称六十团。尤滑稽者，万淑芬接见外来代表，亦自夸拥有实力八团。又指其幼子示人曰：“绍武每不听人言，待吾儿成年，命之治事，即不需绍武矣。”闻者传为笑柄。

二十三年，红军二军团贺龙，六军团萧克，分道入黔。时各县残破，人民苦军阀虐政，无法生活，从者如归。家烈遣将拒敌，战弗力，自出督剿，亦无功。无何，江西红军北上抗日，毛泽东、朱德自将出征。由湘入黔，声势甚盛，诸将咸避其锋。惟侯之担部一再接触，皆糜碎。红军止遵义休兵焉。家烈知濒危殆，然犹欲保残骸，亟求桂军增援。殊蒋军追击部队，已先扼马场坪，桂军后二日至，气沮，以“助黔讨赤”为解。二十四年一月，吴奇伟、薛岳部入贵阳，继蒋介石亦至。二月，家烈师次大定，所部索欠饷，喧哗噪动。家烈自谂无颜临众，被迫辞军民两职。蒋命王部集结威宁，听候改编。以柏辉章为一百零二师师长，何知重为一百零三师师长，编余官兵，给资归里。侯之担、犹国材、蒋在珍等，亦分部收束，次第就范，割据之局终。

（录于《周素园文集》）

[1] 纡尊：指地位高的人谦卑自抑，屈尊俯就。

关于《毕节县志》征集计划书的签注意见[1]

（1941年）

种族门：云汉人居此始于何时？相传有十大指挥之说，拟觅各大姓族谱考证。鄙意族谱固可备参考，但不能据为典要，以私家著述不负责任；而此一门之作者尤多喜为夸词诞语，虽名手不免。按明洪武十五年[2]始设贵州都指挥使司，统辖十八卫、十二千户所。毕节卫应设卫指挥使一人，指挥同知二人，指挥佥事三人，大率世官，亦或有流官[3]。所谓十大指挥，盖并指挥、同知、佥事等等而言，其卫指挥则林氏耳。《明史·职官志》曰：凡管理卫事，惟属掌印佥书。不论指挥使、

---

[1] 作者1941年7月参加修订《毕节县志》，任总纂。本文是作者就李仲群等人拟订的《毕节县志征集资料计划书》签注的意见。

李仲群（1892—1976），毕节县人，民国时期曾任毕节县立中学校长、毕节弘毅中学校长。解放后弘毅中学改为毕节一中，继任校长。历任毕节县各界人民代表会议副主席、毕节县政协副主席等职。

[2] 洪武十五年：1382年。

[3] 世官是指改土归流前，由朝廷任命当地少数民族首领世袭的地方官员。流官是指明清实行改土归流时废除少数民族地区的土司制度，由朝廷委派到少数民族地区任职的外来官员。

同知、佥事，考选其才者充之（考选由抚按会同主管官署五年一举行，谓之军政）；分理屯田、验军、营操、巡捕、出哨、入卫、戍守、军器诸杂物曰见任管事；不任事入队曰“带奉差操”。《兵志》云：天下既定，度要害地系一郡者设所，连郡者设卫，大率五千六百人为卫，一千一百二十人为千户所，一百一十二人为百户所。所设总旗一，小旗十，大小联比以成军。其兵有从征，有归附，有谪发。从征者诸将所部兵，既定其地，因以留戍；归附则胜国及僭伪诸降卒；谪发以罪迁隶为兵者。其军皆世籍。《贵州土司传》云：贵州虽设布政使司，而宣慰使如故。安氏领水西，宋氏领水东，霭翠[1]位各宣慰之上。霭翠死，其妻奢香[2]代袭。洪武十七年[3]如朝，愿效力开四鄙[4]。帝赐赍有加。香遂开偏桥，水东以达乌蒙、乌撒[5]及容山、草塘诸境，立龙场九驿。《四川土司传》云：洪武十四年[6]命征南将军傅友德帅师南讨，元右丞实卜[7]聚兵赤水河以拒之。大军鼓噪直前，蛮众大溃，遂克七星关以通毕节。帝谕乌蒙、乌撒诸部长曰：今置邮传通云南，宜率土人随其疆界远近，开

---

❶ 霭翠：彝名陇赞阿期，元朝末年水西（今贵州大方一带）人。为水西彝族第六十六代君长。于元朝末年世袭顺元宣抚使，明朝初期任贵州宣慰使、彝族水西部土司君主。

❷ 奢香（1361—1396），霭翠的妻子，彝名舍兹。蔼翠病逝后，因子年幼，奢香代袭贵州宣慰使。奢香袭职摄政后，筑道路，设驿站，沟通了内地与西南边陲的交通，巩固了边疆政权，促进了水西地区社会经济文化的发展。奢香病逝后，朱元璋诰封其为“顺德夫人”。

❸ 洪武十七年：1384 年。

❹ 四鄙：四方边境地区。

❺ 乌撒：东汉初至清初，贵州地区存在着水西和乌撒两个彝族地方政权，乌撒部政权的势力范围在今威宁、赫章一带。

❻ 洪武十四年：1381 年。

❼ 元右丞实卜：元右丞，元代行省的官名。实卜，元末明初贵州乌撒府女土官。元末为乌撒府右丞。

筑道路各广十丈，准古法以六十里为一驿。符[1]至奉行。据此，最初是军事移民。其后岁月积久，商旅辐辏，汉族遂占优势也。

生活门：外人举行之国势调查，常用精确之数字说明某一国之财富，每岁总生产若干，平均每一国民收入为若干元，消费为若干元，负担为若干元。地方机构比于国家亦具体而微。若能仿其意，表列概要，至少有两利：一以使官吏知民力已经竭蹶，二则地方优闲阶级亦可由此触目惊心，努力生产企图，一般贫民受福不浅。

宗教门：佛、道两教无须触及理论。鄙意但注重寺规、庙宇分配城乡情形，及某所僧徒几人，道士几人，斋醮[2]法事在某时期某地区盛行，某时期某地区则否。一方面可表现迷信程度，另方面亦足觇社会经济有无余裕。同善社、儒坛、清水教等虽皆非法团体，而暗中实保有其存在。叙述及之，以促官民两方之注意耳，非以其宗教资格也。

（录于《周素园文集》）

---

❶ 符：古代朝廷传达命令或征调兵将用的凭证。

❷ 斋醮：请僧道设斋坛，祈祷神佛。

《毕节县志》例言[1]

（1941—1942）

一、本志以提供材料，便利施政为主旨。施政大别为自治、官治两种。自治人员尚有不明了地方情形者，官吏多系外籍，每因材料缺乏，实况不明，致未能善其设施。虽续旧撰，拟辟新途，与一般注重陈迹者稍异其趣。

二、方志源流，《四库提要》论之曰：古之地志载方域、山川、风俗、物产而已。《禹贡》、《周礼》、职方氏其大较也；《元和郡县志》[2]颇涉古迹；《太平寰宇记》增以人物，又偶及艺文，是为州县志书之滥觞。元明以后体例相沿，列传侔乎家牒，艺文溢于总集，末大于本，而舆图反若附录，其间假借夸饰以侈风土者，抑又甚焉。其言深切，可为操觚[3]者示范。然宋元作者大抵私家弄笔。逮于明代，始著令典，上之户部，藏之殿阁。于是列城纷然，莫不言志。其哙［脍］炙人口者，于宋则范成大之《吴郡志》；于明则王鳌之《姑苏志》、陈士元之《滦州志》、康海之《武功志》；于清则陆陇其之《灵寿志》。然皆

---

[1] 此文为作者受聘担任毕节县志总纂时（1941年至1942年）所拟。选录自《素园书牍》第13卷。

[2] 《元和郡县志》：原名《元和郡县图志》，唐代中国地理学专著，李吉甫撰。“元和”二字源自成书于元和八年。

[3] 操觚：执简。谓写作。

为章学诚排击无完肤，谓仅视近日猥滥[1]庸妄[2]者为矫出。曹子桓[3]云：文人相轻，自古而然。亦由方志体例太富弹性，故是丹非素，迄无定论耶。

三、土地、人民、主权为构成国家之三要素。地方者，国家之缩影也。本志采孟氏三宝之说，统适为土地、人民、政事三部分，分类似较适当。

四、土地部分十门：曰建置、曰疆域、曰地形、曰气候、曰土壤、曰物产、曰资源、曰城市、曰乡镇、曰古迹。

五、人民部分九门：曰种族、曰户口、曰生活、曰职业、曰宗教、曰风俗、曰名人拔萃录、曰民族斗士录（过去战争具有革命意义者，死事人员得附于本门）、曰妇女。

六、政事部分六门：曰党务、曰议会、曰司法、曰行政、曰考试、曰军事。

七、门下分纲，纲下分目。如地形一门，山脉河流为纲，某某山、某某水为子目。种族一门，土族、苗族为纲。而某姓某寨为子目。行政一门，纲目尤繁。其余亦容有纲无目者，因事成文，不必削足适履。

八、部门为已定之规，纲目有增损时，由编纂会议决定之。

九、官吏贤否，人民有切身之利害。故特立循良、贪吏、酷吏诸目，兼示法戒。盖有褒无贬为近世之陋习，无聊文人且借此以结交显宦。惟《武功志》善恶并著。石邦教称其义昭劝鉴，尤严而公。《四库提要》亦采录石语，谓非溢美。同人抱客观之态度，以舆论为准绳。伯

---

❶ 猥滥：谓卑陋多余，不起作用。

❷ 庸妄：浅陋妄为。

❸ 曹子桓（187—226），曹丕，字子桓，三国时期著名的政治家、文学家，魏国的开国皇帝，谓魏文帝。所著《典论·论文》是中国较早的文学批评著作。有《魏文帝集》传世。

夷、盗跖[1]，但知据事直书。

十、县属人民凡特立独行、足以影响社会者，本志皆为立传（农人改良种植，工人创造器用，即符此例）。对于学问、技术有发明或发现者，尤应大书特书，尽量表彰。平凡从略。

十一、民族斗士一门，专为抗日战役而辟。凡所属部队曾与敌军接触者，其姓名一律列表。有卓著战功及临阵捐躯者，特为立传。

十二、风俗门之禁忌、巫觋、堪舆，宗教门之邪教，军事门之土匪，皆社会之黑暗面，自来作者避不著录。同人以为打破黑暗即所以寻求光明，目前事实具在，正自毋庸讳言。

十三、远略近详，司马迁《史记》已开先例。同人窃取斯义，事关现实，务究本末，期于既瞻且核，印象正确。

十四、旧志刊印于民国纪元前三十三年[2]，迄今六十余稔。土地如何垦辟，人民如何繁殖，生产如何增进，经济如何发达，文化如何振兴，社会如何演变，同人窃愿网罗事实，为全县人民提示一种倾向，至少亦希望引起民众研讨问题之兴趣。素餐[3]之责，庶塞万一。

十五、本志共附图若干、表若干。其有表格而无数字者，以向无此项统计，但能创启规模，及今亦未为晚。急起直追，所望于后来君子。

十六、地、人、事互有关联。分合之际，几经讨论，尚希熟谙史例专家惠予批评，同人诚恳接受。

十七、文学艺术作品，不论已否刊印，但有成书，均仿《四库提要》例，编为提要。吉光片羽[4]，与地方有关系者，亦予甄采，别立艺文门为附录之一。

十八、往事旧闻有记述之必要，而归类又感困难者，立特载门，为附录之二。

---

[1] 盗跖：相传为春秋战国时民众起义的领袖。名跖，“盗”是当时统治者对他的贬称。

[2] 民国纪元前三十三年：1879 年。

[3] 素餐：不劳而食，多指无功受禄。

[4] 吉光片羽：吉光，古代神话中的神兽名；片羽，一片毛。比喻残存的珍贵文物。

目录（略）

按：县志例言由余嘱草，目录则出自李仲群手笔，并录于此[1]，以明事之中辍责任当有所归也。三十五年[2]十二月素园记。

（录于《周素园文集》）

❶ 李仲群所拟目录已略未录。

❷ 三十五年：1946 年。

清故广西岑溪县平河司巡检王君墓表

辛巳（1941年）

君姓王氏，讳德昭，字懋先。先世江苏常熟人，洎君曾祖晋禄始徙家贵州之毕节。再传曰：树槐，以岁贡生选授贵州镇宁州学训导。君考也，昆季四人，君于次为长，少习举子业，攻读甚苦，而见厄有司，历试不售，入资得从九品，发广西试用，毕业法政学堂，署岑溪县平河司巡检。宣统初，更定法令，州县丞倅以下，毋须回避本贯，君呈请改归贵州应补，部咨未达而辛亥革命，遂遁迹不复出。中华民国十八年五月二十六日终于里舍，春秋六十有三，附葬[1]沙锅塘[2]先茔。君真挚坦率，绝去雕饰，事之是非，人之臧否，其内心如何认识者，外表即如何体现。虽盛贵豪富，意所不乐，逡巡避面，即杂贩屠沽，愈卑贱愈折节与钧礼[3]。始训导，君虽文人而深通计，然白圭之术[4]，尝规本县物产之所有余，销场之所宜，道路之所出，与夫日用百货之所需，于外省者设肆而经营焉。时关河修阻，视邻封若胡越[5]，民

---

❶ 附葬：合葬；陪葬。

❷ 沙锅塘：今贵州省毕节市七星关区城北郊。

❸ 钧礼：待以平等之礼。

❹ 白圭之术：白圭，战国时期中原（洛阳）人，名丹，字圭。有“商祖”之誉。在魏惠王属下为大臣，善于修筑堤坝，兴修水利。《汉书》中说他是经营贸易发展生产的理论鼻祖。白圭之术：指经商的方法之意。

❺ 胡越：本文指敌人或对立关系。

至老死不相往来。而训导君能运转自如，实可谓一大成功，又以其矜名义，重然诺，为川、鄂商人所信，向千金出内系训导君一言。晚年折其产为八，俾君昆季与世父之子四人均分共享，同居而异炊，故君甫逾弱冠，已独立支门户。黠者利其所有，导君纵博，朋比[1]售欺，或谬称穷窘，甘言乞贷，君辄脱手不稍悋（吝）。又有告者曰：某甲实诳君，吾方有急难，见君慷慨转怯于启齿。君曰信耶，金适尽幸，有衣物可典质，则悉率以畀之。孺人卯氏，善持家相夫，子累谏不入，继以交谪[2]，君自承当检束。未几，复蹈故辙，盖不逆诈，不亿不信，其天性然也。居数年，产欲尽。为贫而仕君，良不获已。广西俗羼土瑶民，凡犷悍。清季失政，盗尤纵横，以岑春萱之为两广总督而不能不谥， 其桑梓为盗区，且甚倡武健，严酷之治，杀人多者，骤据至显要，州县募练乡勇，得就地筹款，抑配勒捐报销又随意也。岑溪距省窎远[3]，号捕逃薮平河，尤甚檄下，法政同学趋贺，曰名利双收，班生此行，无异登仙矣，君嘿然不应，至则与其民为煦，妪著布短衣曳拖履，长日周旋市里间，疾苦相劳问，有争议即时平决之案，无牍狱无囚终，君之任期年，一方安乐，盗亦不起。清制，佐贰与主官同城者，不得与民事，惟分治具体而微，赋予职权转庞大，故君虽小试，颇得自行其志，然自是宦情益淡漠矣，尝曰：墨吏不肯为酷吏，不敢为能吏，不愿为循吏。不易为吾何道之从，亦会君弟德宣，营商汉沪，迭致奇赢，拥资至数十万，君喟然叹曰：而今而后，庶免为五斗米折腰矣。元配卯孺人，继配萧孺人，子二，曰文翔、曰健，健先卒，文翔从今滇黔绥靖主任兼云南省政府主席龙公，于患难之中，积累勋勤，出为迤西饷械分局局长，方腾骧云路，而君已不及见矣。余与君姻好绸缪，少相狎而老相亲也，而君生平又雅重余文，文翔以书来请，遂具其行实，俾揭于墓之原。中华民国三十有一年一月，同里周培艺表。

（录于《素园文存》手稿第五册）

---

[1] 朋比：本文指私党。

[2] 交谪：互相埋怨。

[3] 窎远：遥远。

余达父《且兰[1]考》序

辛巳（1941年）

余君达父之卒，其夫人徐宜芳，裒次[2]生平著作，曰《憿雅堂诗集》十四卷，曰《罂石精舍文集》四卷，曰《蠖盦拾尘录》二卷，曰《通雍余氏宗谱》一卷，余既据以表于墓道矣。倭夷入寇，陷我京畿，国府适应抗战，迁都重庆，于是川滇黔边省形势一变，而西南少数民族尤引起广泛之注意，海内政治家、学者，輶轩[3]之往来，朋俦之谈论，佥欲征求其文献，理解其生活。余虽杜门谢客，此事常喧阗于吾耳。正于是时，杨君访岩[4]乃以达父遗著《且兰考》见示，且嘱为序。余受而读之曰：且兰旧事考四首为编年体，起周讫清，曰且兰历代建置考，曰历代世系考，曰八夷目支派记各一首，则记事之文，殿以且兰历代建置总表，又附录水田坝轶事，姚柬之[5]大定府碑记，白建鋆土目仪礼论，大抵搜辑材料，採（采）摭群言，是为著作家一般之初步工作。夫人

---

❶ 且兰：战国、秦至汉初存在于今贵州省境之古国名（一说古部族）。据《华阳国志》《后汉书·西南夷列传》载：庄蹻溯沅伐夜郎，椓船于岸，以且兰有椓舡牂牁处，乃名且兰为牂柯。然其地域范围迄今仍无定论。

❷ 裒次：搜集编排。

❸ 輶轩：古代使臣乘坐的一种轻车。古代使臣的代称。

❹ 杨君访岩：指杨访岩，民国时期毕节著名土目。

❺ 姚柬之：字伯山，安徽桐城人。道光二年进士。曾官大定知府。

不列其目，想见达父之矜慎，顷遭匪祸，夫人怛化[1]达父故庐，百物荡尽，访岩不忍死友掇拾于煨烬之中，缮写于散佚之后，校订以公同好，其用心肫挚[2]，吾无间然。忆余尝闻达父言，土族不仅自有语言文字，且冠婚丧祭典礼繁缛，谱牒尤纤悉必书，羊皮厚楮卷帙盈寸，牙签玉轴[3]高可隐人，昔舍耄年祭司外，无能辨识而诵习，余语达父君擅著作之才，然雕虫刻篆，前人比肩，倘以汉文翻译土族旧籍，此旷世绝业也。达父亟韪吾言，但谓不限于翻译，兹之《且兰考》，或即彼事之先河。宿草荒芜，已无能起达父而问之，然余以为，研究少数民族问题，汉族之著作不若其本族之著作，现代之著作不若其已往之著作，如达父言土族积累之丰富，如彼宏大之宝藏，必有瑰异之发现，宅日者，祭司死亡，土族旧籍之文化，恐将随以澌灭[4]，岂非土族之大不幸。达父虽没，访岩固今日土族之长老，不必其身之自为著作也，其力绰绰然，可使为之，访岩其有意乎？吾知海内政治家、学者，将与余同此期待已。

（录于《素园文存》手稿第五册）

[1] 怛化：人之死乃自然变化，不要惊动他。出自《庄子·大宗师》："俄而子来有病，喘喘然将死，其妻子环而泣之。子犁往问之，曰：'叱！避，无怛化！'"

[2] 肫挚：真挚诚恳。

[3] 牙签玉轴：卷型古书的标签和卷轴。借指书籍。牙，象牙；玉，美玉。形容书籍之精美。

[4] 澌灭：消失干净。

高志远母唐太夫人七十晋四寿序

壬午（1942年）

民国九年十一月，贵州土豪政权崩溃，余以诸将领联电敦促，翌年亦归自北京，盖自元年去黔，至是近十载矣。岁月不居，人事迁变，后起英彦，百不一识。于时毕节乡人需次贵阳不下数十辈，闲居者，冀得登进，屈就者，渴想超擢，皆不无奢望于余，而余职参戎幕，政非己出，且生平以奋斗创造环境，以为士不患无位，患无其才，不患人之不己知，当求为可知也。由是，故旧失望顿成怨府，若者咨嗟，若者诽谤。独高君志远，相见于稠人中，退然自处，未尝以片言相干，私心颇敬异其人，已而渐审其家世，始知志远之制行，盖有所秉承。窃思吾国古训，曷尝不注重家庭教育，然如《曲礼》《内则》《少仪》[1]诸篇，其中虽不乏精义，而言语动作皆限以严格之规范，此在成人犹苦束缚，况于儿童必不可堪，故自汉唐以下，号称义门高族已无有能勉强企及之者。惟夫匹夫匹妇实践躬行，遭罹艰难，不屈不挠，坚忍强毅，以蕲自得乎吾心之所安，其卓荦之精神，影响于门内者深。故其子进入社会，恒能善自树立，此在穷乡僻壤多见之。而高母唐太夫人尤其殊绝者也。太夫人，小鸡场[2]唐氏，父曰正九，年十八，归沙地[3]高锡芝先生，又

---

❶ 《曲礼》《内则》《少仪》:《礼记》中的篇名。是前秦时期家庭礼仪教育的名篇。

❷ 小鸡场：地名。今贵州省毕节市七星关区小吉场镇。

❸ 沙地：地名。在今贵州省毕节市七星关区北部。

十五年而寡。一子即志远，当是时，两亲在堂，迫近衰暮，所生孤弱，期待渺茫，而又家非素封[1]，族无奥援，责任重大，道路悠远，亲党皆窃窃忧危。太夫人一不顾先意承志，凡可以致养于其亲者，无不丰也。节衣缩食，凡可以致俭于其身者，无不啬也。其翁定九先生尝曰：新妇能尽孝，使吾无儿亡之苦，他日当福寿康宁，受天百禄，舆论亦以翁言为纪实云。逮翁下世，志远已毕业小学，太夫人则罄其所有，遣之诣贵阳俾受高等教育，住校五年，铢积寸累，供亿无缺，志远甫脱学籍即涉士途，先后服务贵州中国银行，贵州省支金库，贵州公路局，川滇东路局，以技能博取薪给，几不解人世有夤缘奔竞事，而所至延揽络绎，亦不闻其困顿穷乏，谓非太夫人身教之效与，嗟夫！滔滔者，皆欲坐享无劳之奉，自命为君子而待养于野人，游民既多，乱端期起，猶（犹）幸服勤习苦，不务苟得，坚贞之特操保持于闺门，如太夫人之流，不惟淑其身，且裁成其子，观人论世者，于此可发深省矣。农历五月为太夫人七十晋四寿辰，志远介其中表沈春甫[2]来请曰：愿得一言以为老人光宠。感念前事，故备论次，亦藉明人类生存发展，本身固可自为主宰。彼徒依赖者，殆太夫人所不屑教诲者也。

（录于《素园文存》手稿第五册）

---

[1] 素封：无官爵封邑而富比封君的人。出自《史记·货殖列传》：“今有无秩禄之奉，爵邑之入，而乐与之比者，命曰‘素封’。”

[2] 沈春甫：指沈泽新，字春甫。贵州毕节人。附生。从作者游最久。专治古文。

果严剩墨序

壬午（1942年）

果严剩墨者，兴义王电轮先生之遗著，果严，其别号也。先生以辛亥革命之岁献身军中，民国十年三月遇难于上海综计［一品香］。事不及十稔，而考其成就，则创造黔军，所向无前，护国护法，功业彪炳，不幸遭奸人贼害，议者每为先生惜，然视世之尸位素餐，毫无建树者，其修短何如哉！余自元年去黔后，息影北京，故乡事久不过问，会亡友张石麒旅榇[1]无归，遗族不免饥寒，闻贵州省议会拟提案褒恤而阻力滋大，遗书先生，请持正义，先生毅然自任，且要（邀）以异日之合作。刘氏既没，遂信使连翩，促余南下，客中研讨大抵时事之症结，逮先生祸起仓猝，黔局亦生变化矣。二十九年，先生旧部谷君纪常[2]念表章先烈，责在后死，以编纂贵州护国护法两役战史嘱余，顾档案坏散，耆献无征，靡从著手。谋之先生怀兄伯群，得果严残稿若干册，余悉心细绎[3]，凡丁巳、戊午、己未间事，首尾略具，而六年以前，八年以后阙焉。此疑仅全稿三之一耳，乃复于谷、王两君曰：伟人之被崇拜，以其能推动时代也，时代既动矣，而过程中之步骤若何，条理若何，将影响于将来，古人所谓可为法鉴者也。先生文件虽泰半佚失，今之所存，良

---

[1] 旅榇：本文指暂寄灵柩。

[2] 谷君纪常：谷正伦。

[3] 细绎：理其端绪，演绎。

为宝贵之史料，请次其年月，汰其无关宏旨者，汇为賸墨一编，足以见先生之面目，更无烦他人描摹，转失厥真。先生幕府号多才，然重要文件恒躬自染翰，尝窃比诸葛公罚二十以上，皆亲之殆，非虚语。今界为两类，甲类得三则，乙类得二百六十首，他日遗著别有发现，当辑续编以问世，至先生志行勋阀[1]，部将卢焘等曾为行状，余亦撰有《文华图书馆募捐启》，叙次綦详，并附编末，庶览者得备观焉。三十一年十一月毕节周培艺。

（录于《素园文存》手稿第五册）

[1] 勋阀：指“勋伐”，功绩之意。

瓮安冷瑞生墓表

壬午（1942年）

鸣呼！辛亥革命贵州自治学社，出万死不顾一生之计，摧毁二百六十年根深蒂固之清政权，解放千万被压迫奴役之民众，以与武昌、长沙、昆明之义师相应和，而确立中华民国之基础。其后内奸密结外寇，颠覆我军政府，贵州复陷于僭窃割据之局者二十有三年。首义诸人死亡略尽，当日领导下之同志，苟欲幸全其躯命，至不敢自承与自治学社有系属。逮中央军入黔，公论逐渐昌明，人始知唐继尧、刘显世指斥之渠魁皆民国建国之元勋，而政敌之丑诋污蔑，适以暴露其本身之不学无识。呜呼！是非久而后定，岂不然哉！岂不然哉！方革命之进行也，吾党以全省区域辽阔而分社之设未周，乃因贵阳各属留省同乡会，倡组十三府同乡联合会，物色优秀分子补助工作。九月十四日，军政府正式成立，遂令行联合会，每一单位选举代表二人，呈请加委，星夜驰回原籍，宣传光复要旨。时交通阻滞，旧官僚顽梗，代表所负实一艰巨之使命，而诸青年踊跃无难色。黎平周伯良、张德馨，大定简忠义、谭冠英，平越甘浩义，独山杨瀚文，以此杀身成仁，而其余大多数皆完成任务，拥护军政府。今虽时阅一世，回想诸青年慷慨慕义之热情，翳民族生命所寄托行路，犹应感泣，况于躬与其事者乎。余以老病蛰伏丘园[1]，去年冬，瓮安冷开晖乞为其父瑞生表墓，既敬谢不敏。开

[1] 丘园：本文指家园；乡村。

晖则又固请披览事状，瑞生固昔年派遣代表之一，事竣，改先锋第六队队官，隶南防统领陈兰生部下，卫枢密院院长张石麒出险。乃作而曰：呜呼！此患难故人也，余其可以无言。君讳祥霖，字瑞生，瓮之南乡冷家堡人，生于纪元前二十八年三月九日，卒于民国十三年七月七日，春秋四十有一，某年某月某日葬于某乡某原，其世次资历具详。某某所为墓志，余独著君奔走革命之大节，将使来者闻风而兴起也。中华民国三十二年，前贵州军政府行政总理毕节周培艺表。

（录于《素园文存》手稿第五册）

黔北何氏谱序

癸未（1943年）

中华民族奠居黄河流域，发扬文化，因生赐姓，胙土[1]命氏，男子称氏以明贵贱，女子称姓以别婚姻，盖社会组织也，而政治作用寓焉。逮周而宗法，益明备有大宗，有小宗，有百世不迁之宗，有五世则迁之宗，宗子享合族之权利，同时负收族之义务。而纪录其事者则为谱牒。桓谭《新论》[2]云：太史公三代世表，旁行斜上，并效周谱是也。秦坏井田，宗法之附丽于土地者亦荡然无存。汉徙豪右，实关中大抵游侠兼

---

[1] 胙土：指帝王将土地赐封功臣宗室，以酬其勋劳。

[2] 桓谭《新论》：又称《桓子新论》，是由东汉桓谭所著政论著作。桓谭，东汉哲学家、经学家、琴师。字君山，沛国相（今安徽淮北市相山区）人。爱好音律，善鼓琴，博学多通，遍习五经，喜非毁俗儒。桓谭《新论》共29篇，早亡佚。《弘明集》中载有《新论·形神》一文。

并之雄已，非周官九两[1]系民之遗意。魏晋采用九品官人法[2]，复重谱系，然特为中正选士之资，典午渡江[3]，门第寖盛。北虜（虏）僭居中原者，慕化之至改其胡姓，以淆于汉姓，王、谢、崔、卢，衣冠贵宠，当世莫与为比。唐代大族又演为眷房枝祖，其时谱事掌于有司，虽山陬海隅，听其散处而条分缕晰，朗若列眉。五季之乱[4]，日寻干戈，官失其守，册籍灰烬。宋人始创支谱，家自为书。欧阳修谓谱图之法断，自可见之世，即为高祖下至五世玄孙而别自为世。近代家谱中之世系图，多以五为片段，格尽则别起，犹袭用欧阳氏成法，亦有炫博立异。上溯得姓以来之世次，旁罗一切支派中及达官闻人，蔚成巨帙。如浙江钱氏大宗谱，姚振宗[5]《姚氏百世源流考》即其一例，然年代悠远，文献无征，掇拾补苴，为力虽勤，其余传信之义，学者惑焉。曾国藩作《衡阳

[1] 九两：指《周礼》中诸侯联缀万民，不使其离散的九项政治措施。出自《周礼·天官·大宰》："以九两系邦国之民。一曰牧，以地得民；二曰长，以贵得民；三曰师，以贤得民；四曰儒，以道得民；五曰宗，以族得民；六曰主，以利得民；七曰吏，以治得民；八曰友，以任得民；九曰薮，以富得民。"

[2] 九品官人法：又称九品中正制，是魏晋南北朝时期重要的选官制度。九品中正制上承两汉察举制，下启隋唐之科举，在中国古代政治制度史上占有十分重要的地位，乃中国封建社会三大选官制度之一，实际是两汉察举制度的一种延续和发展，或者说是察举制的另一种表现形式。

[3] 典午渡江：典午，"司马"的隐语，指司马之官职。典午渡江即五马渡江，指西晋末司马氏五王南渡长江，于建邺（今南京）建立东晋王朝事。

[4] 五季之乱：或称"五代之乱"。唐宋之间五代时期的政权后梁、后唐、后晋、后汉与后周为"五季"。季，末世也。这一时期军阀割据，民不聊生，政权极不稳定。

[5] 姚振宗（1842—1906），字海槎、金生，山阴（今浙江绍兴）人。清末目录学家。著有《汉书艺文志拾补》《汉书艺文志条理》《隋书经籍志考证》《后汉艺文志》《三国艺文志》等。

彭氏谱序》，独美彭玉麟[1]之善，于阙疑盖体裁范围久经通人论定矣。黔北何氏，自始迁祖天德率其同产天纲、天爵，昆弟三人于唐末奉敕入播[2]讨伐土蛮，子孙蕃衍留居今桐梓县暨绥阳县，裔孙知重崛起偏裨，累官至陆军中将，国民革命军第口军军长，倭敌入寇，转战数省，迭挫凶锋，已而退休归里，与其宗老修订何氏家谱，旌旄继承，簪绂[3]联翩，世俗所谓光大显荣，在中将犹属第二义，必将岁时召集，叮咛训诫，勖以现代国民之所有，事鳏寡孤独废疾，则养而教之，不居宗子之名，而举合族收族之实，至其纪载详碻（确）充足，补户籍之漏略，供兵役之参证，于以见干城勋旧[4]之用心，动与国策相适应，其规模不尤闳且远哉！三十二年四月毕节周培艺。

（录于《素园文存》手稿第五册）

---

[1] 彭玉麟(1816—1890)，字雪琴，号退省庵主人、吟香外史，祖籍衡永郴桂道衡州府衡阳县(今衡阳市衡阳县)，生于安徽省安庆府(今安庆市)。清朝著名政治家、军事家、书画家，人称雪帅。与曾国藩、左宗棠并称大清三杰，与曾国藩、左宗棠、胡林翼并称中兴四大名臣，湘军水师创建者、中国近代海军奠基人。官至两江总督兼南洋通商大臣，兵部尚书，封一等轻车都尉。

[2] 播：指播州。今贵州遵义一带。

[3] 簪绂：冠簪和缨带。古代官员服饰。亦用以喻显贵，仕宦。

[4] 勋旧：有功勋的旧臣。

题刘裕远[1]所藏书画录

癸未（1943年）

欧阳修有言：物常聚于所好，非收藏之难，鉴别实难。晚清达官贵人，以宝爱书画之故而见欺于商贾者，其例至夥，然艺术之嗜，根于天性，当其欲得，或不惜任何牺牲以求之，目接神游，日积月累，经验比较，而后真赝无所遁形。某收藏家尝语余，世人恒云，贵精不贵多，此在专家亦何能一蹴即至，又郑重其词曰，舍甘心受绐外，无他途术也。刘子裕远方致力于政治经济，修学之暇，时俗鹜趋之娱乐，概从摒弃，独喜搜罗书画，且用科学方法分析而研究之。自倭寇凭陵，文化之故乡、巨宝之古物皆被毁灭或囊橐以归于盗窟。异日还我河山，而精神食粮之损失已不可数计矣，裕远孳孳为此，岂徒寄其高尚之娱乐，即谓保存国粹亦何多让焉。三十二年八月周培艺。

（录于《素园文存》手稿第五册）

---

❶ 刘裕远，毕节人。系刘熙乙之胞弟，青年时因母亲康氏之故不忍远行，大学梦破灭，遂潜心与兄共同经商。弟兄之资产从未分离，办工厂发展企业，办学校发展教育，办银行发展金融，买飞机支援抗日，用的都是弟兄共同财产，1995 年病逝于贵阳。

西黔文献委员会缘起

代廖稚岩[1]作

甲申（1944年）

一国之文化，为民族精神之表现，由邃古以逮今日，不知经几何蜕变矣，纵观世界历史、文化之演进，常以地理关系、经济关系为其基础，而政治、宗教、教育、社会诸关系亦互相影响。各民族住居不同之环境，形成不同之文化，固者泥古而鲜通，夸者乃欲以己之所有，强使他人崇奉而遵行。此执一之谬见，事实已证明其不然。大抵横目[2]之伦，咸有生活向上之趋势。近代科学进步，人类驾驭自然、克服自然之功能，逐渐普遍化，易所谓百姓日用而不自知者也。基础关系改善，附从诸关系随之改善，世界文化之终极，必有交织合流之一日，特目前未免言之过早。尔中国自轩黄肇兴，制作蔚起，唐虞三代，各以贡献，古代绚烂之文化，比较任何民族，均无逊色。不幸秦汉以降，政尚专制，暴君代作，治日少而乱日多，摧残文化之事，史不绝书，助长文化者，乃如凤毛麟角，莽莽二千余年间，除吸收印度文化外，殆无创作之可言。国父[3]崛起海滨，集世界之大成，发明三民主义，又撷取古代文

[1] 廖稚岩：指廖兴序，号稚岩，贵州印江人。民国时期曾任贵州省第四区（毕节）行政督察专员兼保安司令。

[2] 横目：指人民，百姓。出自《庄子·天地》："夫子无意于横目之民乎？愿闻圣治。"

[3] 国父：孙中山。

化之菁华，以充实其内容，积四十年之奋斗，争取全民信仰。今兹国民政府之措施，无一不以三民主义为出发点，刷新每一细胞，健全每一个体，而后能发扬光大三民主义之集体文化，此吾侪所宜深切认识者也。贵州冈峦复遝，古为西南夷之一部，汉建元六年，番阳令唐蒙[1]上言，开夜郎所有精兵，可得十余万，浮船牂牁江，出其不意，此制越一奇也。武帝使蒙见夜郎侯多同[2]，喻以威德，还报以为犍为郡。及南越反，汉发南夷兵，且兰君不用命，汉发八校尉诛之，遂平南夷为牂牁郡。是为中央政府通道置吏之始，然以其险远，羁縻勿绝而已。迄唐中叶，柳子厚犹言播州非人所居，明洪武五年，贵州宣慰霭翠等先后来归，皆予以原官世袭，太祖以蒙古支庶，犹据昆明，命傅友德、兰玉、沐英[3]帅师讨定，然平滇诏书言，霭翠辈不尽服之，虽有云南，不能守也。十七年，霭翠妻奢香入朝，诉都指挥马晔[4]压迫状，帝为诛晔，而责香开道。香于是开偏桥水东以达乌蒙、乌撒，及容山、草塘诸境，立龙场九驿，驿路所经，左右各拓地十里，为大兵屯田之所，军事政治力量既已深入。永乐十七年[5]，成祖遂改贵州为四府八州，规制一如内地诸行省。屈指吾先民移殖此邦，可六百年尔，夫六百年者，自个人言则甚修，自历史观之，诚不过一眴，而吾先民辟除草莱，艰难缔造，经始于衣食住行，发展于声明文物，凡人类身心之所需要，莫不尽最善

---

❶ 唐蒙：西汉人，武帝时为番阳令。建元六年，受命出使南粤，获悉蜀产枸酱多出市夜郎，上书议开通夜郎道。以郎中将往，厚礼招致夜郎侯多同归汉，置犍为郡，并发巴蜀卒治道。

❷ 多同：西汉武帝时夜郎首领。武帝建元年间，唐蒙出使南粤，知西南有夜郎，乃上书武帝，请通夜郎。帝许之，任为中郎将率兵千人往使。他见汉使妄自尊大，与汉使言："汉孰与我大。"蒙等赠以金帛，喻以利害，遂听蒙约，归附于汉。汉以其地为犍为郡，置吏管理。并授以夜郎王印，令其子为县令。

❸ 傅友德、兰玉、沐英：均为明初将领。

❹ 马晔：又名马煜，字德辉，淮东六合人，明初将领。明太祖皇后马氏从侄。

❺ 永乐十七年：1419 年。

之努力，其与土著诸种族若何斗争，若何融和，尤为伟大崇高之业绩，必有文字纪载焉，必有贤哲指导焉。志乘谫陋，未足表章什一，而又多旷绝中断，此可为长太息者也。余奉命督察第四区行政，值抗战之第五年，国家经营之公路干线，军需生产，皆置重点于此一区域，而沦陷各地之技术、资本，且大量内徙，扶植文化诸条件，客观上已略具备，文化事业，似宜从多方面推进，俾与有关之诸条件配合，间与属县人士筹商，拟酌仿市县文献委员会组织规程，设西黔文献委员会，征集本区文献材料，审核整理，应时刊布。诸君子意见一致，热烈观成，然吾侪决非憧憬过去，抱残守缺，效呫哔小生之所为，盖将发掘古物，陈列以供众览，上者能使后人感发兴起，次亦足以说明其时代之生存状态。然后本三民主义之最高原则，相与批判而接受之，郑重承袭其遗产，鸿生硕彦，曷兴乎来。

（录于《素园文存》手稿第五册）

廖云鹏遗诗序

甲申（1944年）

诗以道性情，三百篇撰人姓氏，弗可考已，而数千年后犹使读者感动，其表现之热烈可知也。曹魏、萧梁，乔梓、继美，文采风流，焜耀人寰，然吐属格调，子不必袭之于父，弟不必酷肖其兄。盖阳刚阴柔，禀赋攸殊，天资学力，成就各异，如声音笑貌。然千形万态，要其本质，期于感人而止。唐宋作者林立，大体亦不外是，其流传之广且远者，必其感人最深者也。能表现个性者也，近代大师，昭示后学，每云先取专集，心摹力追，逮其成熟，然后泛滥于各名大家。洵如其言，则诗非以发展个性，而适以束缚个性，机械执着，吾未敢苟同也。曩旅居北京时，徐世昌方于《晚晴簃选诗》[1]，延当世耆宿樊樊山、陈石遗、王晋卿[2]、王书衡[3]等七人主其事。书衡尝语余：有清一代之诗，吾侪公评，五七古以郑子尹为第一。后又告余曰：迩日，网络黔人著作颇伙，虽残篇剩简，而精光[4]炯然，知贵州郑子尹不少也。《晚晴簃》诸人之

---

❶ 《晚晴簃选诗》：民国初，徐世昌编《晚晴簃诗汇》二百卷，网罗清代诗人，全帧6100余家，收诗27000余首。

❷ 王晋卿（1036—1093），名诜，山西太原人。北宋著名画家，兼工书法及诗词。

❸ 王书衡（1864—1931），名式通，又名王仪通，浙江人。光绪进士。官全国水利局副总裁，西北筹边使秘书长。

❹ 精光：本文指崇高精神的光辉。

论诗，其意见与余合否，未相印证。而吾乡先辈，率皆散处僻壤，戛戛独造[1]，绝非受大师说教之影响，断断可识，而客观批判，其估定之价值顾如彼。然则黔人不当以气类自孤，正宜发摅其抑塞磊落之奇，以与海内挈短长。凡在后进，尤宜宝爱先辈之遗墨，不任淹没，而况于其亲属也哉！印江廖云鹏先生，清季以拔贡，投笔从戎，川黔两省，历著战绩，累官至云南补用知县，管带新副左营练军，驻防威信。倦游告归，卒于毕节途次。先生少有大志，民胞物与之宏愿，既不获藉手一展其经纶，又生值乱世，政治军事每失平衡，故其为诗，多激昂感慨之词，即酬对朋好，流连景光，亦往往流露其圭角。敏慧天成，挥毫立就，不自珍惜，故稿多散佚，喆（哲）嗣凤岩，频年搜辑，得诗若干首，将付印刷，以饷同好，余不及见先生，然读其诗，觉先生之謦欬[2]，仿佛去人不远，梅伯言[3]所谓跌宕自标异，真朴无文饰者，庶几近之。文孙稚岩督察贵州第四区行政，且四年矣，有文武材，兼工吟咏，能绍其家学。

（录于《素园文存》手稿第五册）

---

❶ 戛戛独造：别出心裁，富有创造性。出自清·洪亮吉《北江诗话》卷一：“门接山光来异县，墙分花气与芳邻，皆戛戛独造。”

❷ 謦欬：谈笑。

❸ 梅伯言：指梅曾亮（1786—1856），清代散文家。字伯言，江苏上元（今南京）人。道光二年（1822年）进士。梅曾亮少喜骈文，与同邑管同交好，转攻古文。姚鼐主讲钟山书院，二人俱出其门。管同早卒，曾亮居京师20余年，承姚鼐余势，文名颇盛，治古文者多从之问义法。

张荣臣寿序

甲申（1944年）

革命为至艰极巨之事业，其发展过程中，不能无牺牲。牺牲者，革命付出之代价也。过程愈悠远，代价愈庞大。志士仁人，各就其本身立场，贡献热诚，补苴罅漏，以减少不必要之牺牲，亦顾亭林氏所谓匹夫有责焉耳矣！吾尝综观中国历史，姑举汉唐宋明清为例，秦二世元年，陈胜、吴广起大泽，至汉高祖十二年，击走卢绾，战祸延长十五年，隋炀帝大业七年，诏总征天下兵讨高丽，所在盗起，至唐高祖武德七年，枭辅公祏于丹阳，战祸延长十四年，唐僖宗乾符二年，濮州贼王仙芝[1]陷曹濮二州，四年，宛句[2]贼黄巢[3]陷郓、沂二州，至宋太宗太平兴国四年，下太原，战祸延长百有余年，元顺帝至正八年，台州黄岩民方国珍[4]兵起，至明太祖洪武十五年，云南平，战祸延长三十五年，明神宗万历四十六年，辽事棘，崇祯元年，延安盗起，李自成、张献忠等从王

---

❶ 王仙芝：唐朝末年起义军领袖。

❷ 宛句：地名，亦作冤句、冤朐、宛朐、宛亭，故城在今山东省菏泽市牡丹区西南。

❸ 黄巢（835—884），曹州冤句县（今山东省菏泽市牡丹区）人。唐朝末年农民起义领袖，大齐开国皇帝。中和四年（884年），被唐朝将领李克用等战败，死于狼虎谷。

❹ 方国珍：唐末起义军领袖。

嘉胤[1]作乱，至清仁帝康熙二十年，平定三藩，战祸延长六十五年，此仅一朝一代之兴亡，实质上不过易姓改物。而过程之迂回已如彼，《资治通鉴》载，董卓之乱云：卓初死，三辅民尚数十万户，卓部曲放兵劫略，李傕[2]劫天子，郭汜[3]质公卿，相攻连月，死者以万数，长安城空四十余日，强者四散，羸者相食，二三年间，关中无复人迹。又载安史之乱云：时洛阳四面数百里，州县皆为丘墟，回纥入东京，肆行杀掠，火累旬不灭。朔方神策军亦以东京、郑、汴、汝州皆为贼境，所过虏掠，三月乃已，比屋荡尽，士民皆衣纸，长安、洛阳，汉唐旧都，故史家纪述，取为代表。其实每一次战役，每一个战区，蹂躏既及，宽酷岂殊，至若运输粮秣，征发车牛，四野不耕，因之以饥馑，尸体暴露，加之以疠疫，间接死于战争者，更不胜数也，牺牲之惨烈又如此。中山先生悲天悯人，深维永绝祸本，共跻大同，于是创造三民主义，组织政党，领导革命，其对象有三，一为满州政权，二为军阀，三为帝国主义之侵略者。自辛亥迄今，是三敌者，已扫荡其二，惟余帝国主义，蠢兹

---

❶ 王嘉胤(1593—1631)，明末农民起义早期首领。府谷县人。崇祯元年(1628年)，因年荒乏食，组织灾民揭竿而起，与官兵相抗，从而揭开了明末农民起义的序幕。王嘉胤起义后，响应者蜂拥而至，高迎祥、王自用等带领人马主动遵从王嘉胤的号召一起共同行动，一时烽火燃遍陕西，并蔓延到晋、宁、甘三省，起义队伍发展到两万多人。后与天启七年起义的白水农民王二所部会合，众至五万余人，活跃在陕西、山西一带。崇祯四年(1631年)遭受曹文诏重兵围攻，转战到山西阳城一带。在阳城战役中，王嘉胤被奸细所杀，余部后受王自用统率。

❷ 李傕(？—198年)，字稚然。北地郡泥阳县(今陕西省耀县)人，汉末群雄之一。东汉末年汉献帝时的军阀、权臣，官至大司马、车骑将军、开府、领司隶校尉、假节。

❸ 郭汜：本名郭多，凉州张掖(今甘肃张掖)人。东汉末年割据军阀。郭汜出身马贼，投靠董卓部下，善于用兵。董卓被杀后，采用谋臣贾诩计策，和李傕联兵攻破长安，击败温侯吕布，杀死司徒王允，占领长安。挟持汉献帝，加号扬烈将军。初平三年(192年)，迁后将军，册封美阳县侯。护送汉献帝东归洛阳，加号车骑将军。建安二年(197年)，郭汜被部将伍习杀死。

日寇，惧我之安定强盛也。则弃信蔑义，悍然发动侵华战争。八年以来，千灾五毒，丛集于中国，人类所不能忍受之创痛，我皆忍受之矣。牺牲苟属必要，将不惜流最后之滴血，然目前安全区域，倘有可以尽心者，保存地方一分元气，即增加抗敌一分力量。期诚志士仁人废寝忘食之秋。而张君荣臣，即努力于补苴罅漏之一人也。君始以云南省议会议员，民国十六年，黔军侵滇，走毕节谒司令李嘉勋，约部队入境，须严申纪律，毋得扰民，十七年暂编十九师张汝骥部欧饱僧回窜，与团防陇部对峙，君说以利害，欧遂率部离境。十九年，四十三军叛将宋绍齐袭陷镇雄，横肆压榨，君诉其不法，滇政府始予解决。先后十年，率皆以身犯难，为民请命，今又当选为镇雄县参议会议长，必且应时代之需要，求所以益国而不病民者。某月某日，为君六十寿辰，其乡人安某邮书毕节，乞言于余，余谂君已往，预期其将来必大有树立，洎于抗敌胜利，革命成功，信乎其可以称觞而祝嘏也已。

（录于《素园文存》手稿第五册）

代唐鄂生遗折

乙酉（1945年）补遗

窃臣猥以一介，历仕三朝，过叨豢养之施，未奉涓埃[1]之效，自先臣树义殉节黄州，臣泣血椎心，誓不与逆贼共戴日月，从戎三省转战八年，凭恃皇灵，芟夷逋寇，越南之役，臣领偏师受任无方，束身师败，天恩高厚，得免刑诛，自维锋镝余生，悉出圣明之赐，人命微浅，时事艰屯，景迫桑榆，不知所报。上年十月，惊传我德宗景皇帝、孝钦显皇后遗诏两宫，先后升遐，臣伏读哀号，五内摧割，引发旧疾，自知不起，臣年已八十，子孙皆窃位在官，死复何恨？顾念强邻外伺，党祸内萌，财用空虚，人才消歇，当万方之多难，贻九重以殷忧，皇上踌阼冲龄，同符仁庙，摄政王弼成康之治，弘周召之功，凡有纶音，动关至计，薄海欣欣，仰望升平，臣尤伏愿宫闱之内疏，远近司保傅之伦妙，选耆宿用人不宜太骤，恐开侥进之门。求治不宜太急，容有不达之虑。顺时以布化，而祖宗爱民之训，必不可违变法以图强。而圣贤经世之要，必不可易悯。臣向阳之枕已逮末日，怜臣忍死之痛，俯纳一言，臣泉下有知，感且不朽，谨口授，臣幼子某恭代缮折，叩谢天恩，伏乞皇上圣鉴。谨奏。

（录于《素园文存》手稿第三册）

---

[1] 涓埃：细流与微尘，比喻微小。

勋二位陆军上将西北筹边使徐先生行状

乙酉（1945年）

先生讳树铮，字又铮，江苏徐州人也。父某，以拔贡生教授乡里。先生幼颖异，博涉多通，弱冠占黉籍，有声庠序间，戚族儗（拟）为翰苑人物，而先生壮志鸿图，已凌层霄而驰骋乎千里之外。时清政不纲，外侮狎至，先生独居深念，治乱世，扶弱国，非整军经武，未由救敝起衰。环顾海内，袁世凯方负重望，以山东巡抚仍兼督练新军，甚欲一觇其所为，以私愿白堂上，不许。蹑屩担簦，飘然径行，父母为论娶，成礼有日矣，太夫人躬自追及之，约昏后任自由，先生听命。未几，遂诣济南，求谒世凯，并上书陈兵事，洋洋数千言，世凯命候补道朱某代见，朱复于世凯曰：今日贺节下得一隽才，聪朗英特，曹孟德、刘德舆[1]之流亚也。世凯批交段祺瑞录用，补营部书记，治事开敏，大为祺瑞所器异。诏之曰：目今军事，已成专门学术，子徒于古籍中求之，吾惧其不能应用也，子如有意，国内军事学校惟所择，先生谢不欲。祺瑞曰：然则放洋耳，先生敬诺，于是挈眷东渡，留学日本士官学校，资费皆祺瑞任之，毕业归国，授清江巡抚署正参谋，调第一军总司令部参谋长。祺瑞赞成共和，领导近畿陆军通电，迫请清室退位。先生实左右之。中华民国成立，改陆军部秘书长，晋次长。祺瑞勇于负责，而性不耐簿书，部务悉委先生处理，遇重要事，则细书签注曰请阅全文，或

[1] 刘德舆：指宋武帝刘裕（字德舆）。

曰请核定办法。非是，祺瑞略不省视，照行而已。帝制议起，祺瑞消极反对，屏居西山，先生亦随之下野。西南护国[1]，世凯用兵久无功，而己所手造之北洋派，多怀二心，外交上又饱受压迫，世凯不得已，撤消洪宪，起祺瑞为国务总理，当收拾时局之任。祺瑞荐先生为国务院秘书长，策画（划）施为，倚信一如在陆部时。对德参战，国会意见与政府不相中，提案遭否决，祺瑞拂衣去天津，而督军团变作，先生奔走群帅间，谋所以息事宁人者，未叶。张勋以调停为名，召开徐州会议，先生审勋有异志，欲先事制止之，至徐州，勋[2]已与群帅代表歃血定盟，闻先生来，倒屣出迎曰：将毋代芝老署名耶，先生正色曰：芝老拥护共和，誓之以死，宁有如君所臆测者。勋知不可夺，则杂进伎乐，兼陈博具，喧嚷终宵，分遣代表各归报其主。六年七月，勋挟宣统复辟，密敕朱家宝收祺瑞，祺瑞已走马厂，誓师讨逆。勋军覆灭，祺瑞再得政，先生复任陆军部次长。而广东兴护法之师，陆荣廷、唐继尧因缘时会，利便割据，其余假名号抎地自雄者，所在而有，纠纷既不可理，先生乃建根本解决策，设参战处，祺瑞自兼督办，募练三师，由日本订购军械，树立一新中心武力，蓄猛虎在山之势，顾此次段阁，容纳研究系投机分子，组织先不健全。财政总长梁启超以购械取借款方式，而借款例有回扣，为财部应享利益，今由陆部直接，侵财部权，遂率其徒党提出辞呈。而直系首领且阴为后援，先是冯国璋与祺瑞比肩事世凯，交互发展，适得均衡。入民国来，祺瑞声光赫奕，中外归仰，国璋虽代总统，相形见绌，居常怏怏，又虑祺瑞久在其位，购入军械悉分配皖系。己系将不保生存。故于祺瑞遣吴光新入川，命傅良佐督湘，出全

---

[1] 西南护国：指护国运动，又称护国战役、护国战争、护国之役、洪宪之役，是辛亥革命后发动的反对袁世凯复辟帝制的运动。护国运动起因是袁世凯在 1915 年 12 月于北京宣布接受帝制，南方将领唐继尧、蔡锷、李烈钧等在云南宣布独立，并且出兵讨袁。袁世凯的军队受挫，南方其他各省之后亦纷纷宣布独立。袁世凯在内外压迫后宣布取消帝制，并于数月后病逝。

[2] 勋：指张勋。

力阻挠之，又授意师长王汝贤、范国璋由前敌通电主和，祺瑞见政策不行，复乞罢。先生连带去职，密遣信使往来关外，另辟新出路。初师长张作霖迫逐东督段芝贵，觊继承其位，中央久无后命，作霖惶恐，归诚于先生，先生为白祺瑞，超授奉天督军，介杨宇霆为其参谋长，作霖表示：汤火维总理命。宇霆亦因之隆重，先生以东北强邻偪（逼）处，教作霖整饬内政，学校、警察皆施军事训练，作霖诚恳接受，至是密报先生，已集中五混成旅，并派少数部队赴秦皇岛，接收部购军械装备而充实之。先生如沈阳，作霖推为奉军总司令，先生辞让再三，仅许以副司令名义代行总司令职权。作霖徇于军曰：凡我官兵，有不服从徐司令者，回奉之日，吾必不令颈戴其颅。即日前锋出动，后续络绎，风驰入关，置总司令部于天津。国璋闻报大惊，其总理王士珍杜门不出，国璋敦请祺瑞组阁，段于是三为总理矣。先是湘军得桂军增援，急攻长沙，王范舆师溃，湖南全境皆没。国璋与南方有默契，颇怨南军无信。第一路总司令曹锟，第二路总司令张怀芝受命规复湖南，徘徊鄂赣，观望形势。先生遣奉军一部，进驻滁州，镇慑李纯。另议遣一部，遥拟湘东，协助曹锟，又济龙济光饷械，使出琼州，直捣桂寇老巢。部署略定，七年四月，总理亲至汉口视师，士气大振，遂克岳州，下长沙，师长吴佩孚进次衡阳。破竹之势本可迎刃而解，顾曹锟专欲无厌，累提要求，张作霖志在拓地盘，保实力，诸将孙烈臣、张景惠等本怯懦无战意，承作霖风旨，益偃蹇不用命。先生与宇霆计，决倚增募集事，王永泉旅先成立，李厚基呼援急，遣赴福建，宋邦翰等方分投招募中。八月作霖突来津，免参谋长杨宇霆职，让先生以事前不豫告，又谓据报财部领款，留用三百万元作选举费。先生曰：王旅系奉陆部令，于事甫萌芽，拟到沈面详。领款用途，财部档案具在。徐树铮一任奉军副司令，并无禁作政治活动之约束，本以建国大业相期许，谓身家不恤灰灭，今见猜若此，朋友之义绝矣，即夜委弃军符，买票旅京。时冯国璋任期届满，徐世昌继为总统，方新国会之召集，议员咸属望祺瑞，先生独主世昌，谓藉世昌虚望，柔合北洋，合肥刚断毅力，宜为责任内阁总理。吴光新等强烈反对，终以祺瑞同意先生，世昌遂得实现。先生尝于徐氏津寓叩世昌政见，世昌曰：我以合肥之意志为意志，无他言说，及既就职。乃以文治相号召，与南方接洽和议，先生始知见卖，祺瑞亦卸总理，专任参战督办。十月，先生拜命为西北边防筹备处长，先是段阁决议案，募练十混成旅，经营西北，责成先生督理，世昌欲迁延其事，则姑以筹备缓之，且暗示财部靳其款，先生拮据称贷。翌年四月，呈报先成立四旅，请任命宋邦翰为第一旅旅长，宋子扬为第二旅旅长，褚其祥为第三旅旅长，张鼎勋为第四旅旅长，一四两旅暂驻洛阳，二旅驻廊坊，三旅驻张家口。先生谒世昌，陈筹备经过，且曰：事有不可，元首当裁之以义，播弄权术无为也。世昌色赧赧然，顾左右而言他。六月，特任先生为西北筹边使，兼西北边防总司令，于是开府辟召，博搜严穴，天下豪俊旅食京师者，以不与幕僚为耻，而国务院门可张罗，沉寂如墟墓焉。先生自登仕版，讫于显贵，未尝离段侧。而靳云鹏事段久，又亲受业祺瑞之门，段亦自赏其稳健，信任埒先生为参战处参谋长。钱能训罢，世昌引云鹏为国务总理，企图分化段系势力，云鹏嫉先生甚，思以浸润中伤先生。祺瑞恶嚣，避居团河。云鹏间日问起居，虽琐细，必请而后行。先生锐身任国事，日不暇给，或累月不一见，筹边使行署与参战处公函往来，云鹏持以白祺瑞，曰：国务院对督办犹用咨呈，徐树铮受何人提挈，而妄自尊大若此。段虽不言，意不能无动，或语先生，宜造团河陈谢。先生曰：官制有体，吾恶能以私害公。浮云蔽日，俄顷消散。纷腾口说，浅之乎视督办矣，卒不往。中国幅员辽阔，西北尤多旷土，亡清臣服蒙古三百年，犹仅持羁縻政策，而帝国主义流行国际间。元年十一月，外蒙受帝俄嗾使，宣布自治，俄国革命后，虽失所凭依，而独立自若。先生遣总参谋李如璋、旅长褚其祥先诣库伦，与执政诸王公通殷勤，……先生复书言，兄弟阋墙，外御其侮，本使捍卫边疆，惟力是视，贵方缓急幸相闻。先生以整理交通为名，督部卒开治张库汽车道，密购卡车百余辆，准备蒇事，露檄告外蒙筹边使，将以仲冬吉日，瞻礼活佛。于是浃旬之间，先生率褚旅全部，迅达库伦，密令我军以夜出，日中复入，鸣角扬旗，绕市场一周。蒙人不虞我军之骤至，且畏其众也，先生于行馆张设盛筵，遍速执政诸王公。酒三行，主人致辞曰：外蒙藩翰中国，历年悠远，帝俄挑拨，促我分裂，天诱其衷，帝俄自毙。本使奉中央指授，筹计边防，今日之事，惟有取消自治，呈请归附，五族共和，载在盟府，邻邦非法干涉，自有本使负责，与之周旋，幸诸君绵密考虑，于二十四小时内见复。主人避席，众宾愕眙踧踖，然亦似事在意中。夜午，遂公决具呈，如筹边使旨。先生豫拟练兵、兴学、筑路、垦荒四纲，将次第设施，赍陈当轴核定。世昌就加先生册封活佛专使，以空言安集之而已，先生立盖世之勋名，而萧然若不与其事。有歌颂者，辄谢曰：秉承段督办方略，幸不辱命，何功之有。祺瑞念先生忠实无他，所以慰劳者良殷，前嫌冰释，惟徐、靳益比而倾先生。云鹏且结曹、张为外援，以尊段倒徐相策动，南北和议久无成。亦指先生为梗，于是远至广东岑春煊所领导之军政府，皆以先生为攻击目标，吴佩孚遂首难。初，七年湘战，张敬尧、吴佩孚功多，敬尧既督湘，政府拟任佩孚为广西督军，曹锟以佩孚赴桂，当挈第三师以行，竭力阻止，佩孚不悉委曲，以为政府忘其劳，咨嗟怨望，累请撤防北还，不报，九年六月。佩孚自行动，集中郑州，告所部旅团营长曰：段祺瑞把持中枢，此行将澄清朝局，或不免诉诸武力。诸将嘿然莫应。佩孚又曰：徐树铮，段之谋主也，去徐则段无能为，何如？诸将勉应曰诺。于是扤扣列车，络绎运输，曹锟亦遥与相应，遮遏刘询援湘之师，夺据德州兵工厂，倡开保定会议，作成罢免徐树铮决议，交徐世昌执行。七月四日，世昌免先生本兼各职，先生以原令未经国务会议，显违约法，拒绝接受，呈请世昌反省。祺瑞亦怒，谓世昌曰：徐树铮挈二万里戎索，还隶职方，何负于国家，而见罢斥，且黜陟官吏，政府自有权责，奈何令藩镇跋扈至此。世昌语塞，则曰：曹、吴兵旦暮犯关，可若何？祺瑞曰：纪纲隳废，国将不国，祺瑞请讨乱者。于是起定国军，祺瑞为统帅，任先生为总参议，以段芝贵为总司令，率曲同丰一师、刘询一师、魏宗瀚师一部，出西路，拟保定，先生兼东路司令，率宋子扬旅规天津，陈文运率一师，向黄司一路警戒。芝贵虽历任军要，而未亲行阵，私揣祺瑞每举必克，故自告奋勇，方于专车中，与清客数辈作牧猪奴戏，军事一委同丰。两军对峙琉璃河，佩孚使于同丰，请以诘朝，单骑晋谒。同丰许之，佩孚痛哭流涕言：身遭谗构，所部饥疲，北来自投，冀蒙垂察，不图督办震怒，相见戎衣。督办国家元老，即徐使亦旧日长官，推荐之恩，何时可忘，愿解甲听勘，伏竢（俟）斧钺。佩孚为学生日，固同丰得意弟子，又皆山东人，以乡谊相亲也，力任为直其枉，命酒相劳苦，如平生欢，濒行。佩孚复请曰：弟子部下，蓝缕如丐，尫羸如病夫，师倘惠临一观，方知佩孚所言不谬，订期而别，部属谏同丰勿行，同丰大笑曰：吾知吴佩孚为人，决无欺诈，且彼尚敌来，吾宁示怯于彼乎。佩孚盛筵款接，陈百戏以娱同丰，夜午，始命扣留。时和平空气，传军中殆遍。曹锟私人某，讬友谊，亦同日柬约刘师两旅长联欢，席次亦遭拘禁，佩孚率部急攻，定国军大败，段芝贵几为所虏。先生赴东路督战，敌将曹锳率四混成团扼守杨村，置前线于张庄附近，宋旅方攻击前进，先生至，官兵益奋厉，锳部溃不成军，逐北至北仓，距天津二十里，受庚子条约之束缚，停军交涉，返京而西路败闻。吴军薄丰台，先生建议，移统帅部于天津，控制京奉、津浦两路线，收军复战。而靳云鹏、傅良佐包围段侧，说以罢兵之利，同时奉军亦有蠢动消息，祺瑞知大事已非，遂解兵柄。倒徐阴谋既售。世昌指先生为罪魁，明令缉捕，先生避难日本兵营，云鹏再为总理，严督军警，加班逻守，一入使馆界，即被嫌疑，便衣暗探则尾随十余日不去，然先生卒出奇计脱险。云鹏自接电话，听筒失手堕地，方食，立命撤席，其为政敌慑服如此。先生侨寓上海，中外人士钦仰丰采，佥欲一闻其绪论，先生手写《建国诠真》数万言，影印以诒同好，见者闭惜诊藏，靳于传观，因听书贾翻售，不责版税。十年，游桂林，与国民党有所商洽，孙大元帅拟任为陆军总长，以未得合肥同意，辞。十一年，游福建，驻闽旧部拥为建国军政制置府总理，卢永祥亦内惮先生，以闽浙接壤，滋不怿，祺瑞方重永祥，命先生还上海。曹锟藉贿选为总统，张作霖又新败于直系，吴佩孚为直、鲁、豫巡阅使，虎视洛阳，分命爪牙，四据要冲，势张甚。先生乃从事地下活动，团结反曹力量，为国家除残去秽，世所传三角联盟，由此始也。十三年，永祥发动讨曹，曹将齐燮元拒之，四十两师久处膏腴，表其劲悍之气，战事无进展，而孙传芳由闽袭浙，永祥弃杭州，奔上海，未几，即偕何丰林遁日本。残部杨化昭等，不甘缴械，愿戴先生为首领，拼死杀敌，先生甫诣前方检阅，而英人助曹、吴，协先生离境。张作霖、吴佩孚大战于山海关，胜负略相当，奉将张宗昌率敢死队入自冷口，拊佩孚之背，冯玉祥倒戈回京，縶锟于团城，曹、吴一败涂地。祺瑞以各方交推，就执政职，特派先生为聘问欧、美各国专使，自香港放洋。是时，冯、张争霸于北方，孙传芳崛起于东南，广东为民党地盘，川、滇、黔则群雄角逐，执政恭己南面，效虞舜之无为。先生复命后，深为祺瑞忧，乞假回籍，专车过廊坊，为驻军稽留，深夜，排长一率武装士兵，声言某营长请商要公，先生辞以就寝，不可，遂行。副官韩宾礼从，至营部，以宾礼付卫兵看管，禁先生于别室，迟明，宾礼得释，知先生已遇害。越数日，有所谓陆承武者，通电自白，实亲加刃先生，为其父陆建章复仇。逍遥法外，亦无敢过而问者。初，陆建章为京畿军政执法处长，屠杀民党，备极酷虐。袁世凯酬以陕督，护国军兴，陕人驱之，祺瑞当国，素薄其为人，不见收录，建章失意南下，活动于长江三督与民党之间。奉军之始至天津也，先生外于各国领事折冲樽俎[1]，内则各省代表交换情报，仆仆常至暮夜。一日晚归，见案上有陆建章名刺，蹇眉曰：捣乱者又来矣。杨宇霆曰：似此等人，安可复置之地上，先生未答。翌晨，宇霆命副官处以电话招建章至，枪毙于总司令部。先生方倚宇霆，姑从成事不说之例，祺瑞颇不谓然，曾责先生，陆建章终属北洋旧人，罪状未着，何遽施辣手，先生亦弗申辩，噫嘻！宇霆负债，先生偿之，冤已。享年四十有八岁，归葬徐州之某乡某原。先生治军，以倡导读书为本，常通令部属，指定《左传》《孟子》《孙子》《资治通鉴》为必修科目，有疑难，许以私函质问，月一命题课试，文字之前，官兵平等，下级可登上第，又以旧籍繁奥，青年每望而却步，于西北边防总司令部特设编辑处，敦聘侯官林纾、新城王树枏、桐城马其昶、姚永概、苏州胡某、山阴虞某等为编辑，将以整理国故，开示门径，嘉惠后学，发扬民族之光荣。外蒙收复后，筹边使署颁布各种暂行

---

[1] 折冲樽俎：指在酒席中运用策略取得战争胜利。也泛指通过外交谈判制敌取胜。

法规，整齐庶政，而各国商货出入其境者，久享受绝对自由，咸感不便，首由美代理公使丁家立来函抗议，且以开罪各国相恫喝。先生复书言：本使尊重约章，无任便征税之事，素悉贵代公使代表美国，深盼专就美国措词，庶便奉答，录稿通知外交部，外部大哗。以为其词亢，必有不良影响随其后，然，丁氏由此转加敬先生。未几，函介其国人林百家晋见，面陈国民党孙总理手札，勉先生接受主义，共靖国难，谆切恳至，得未曾有，其为先达引重又如此。汾阳王世通，海内名宿也，尝曰：徐使著作，词第一，诗次之，书牍又次之，古文又次之，政治军事，规模闳远，艺术、方言，靡不精究，可谓多材多艺，旷代一人，识者以为知言。配某氏，子毅行、道邻。道邻今为行政院政务处长。三十四年十月，故吏周培艺谨状。

（录于《素园文存》手稿第五册）

平少璜七十寿序

丙戌（1946年）

贵州自建立行省，相沿号为边省。夫山海限阻之谓边，犬牙相入亦谓边，大抵国界云尔。贵州疆域，积渐从土司开辟，版籍虽不登于地官，其俯就羁縻之日，固已久矣。故究其实，不当名边省，而亦历古未尝罹边祸。中华民国三十三年，倭寇深入之第七年也。雄关要塞，悉被控制，通都大邑，横遭蹂躏。兵威所极，杀人如草。又运用阴谋，树立汉奸政权。士大夫之苟得亡耻者，夤缘北附，靦颜事仇。民族生命，危于累卵。尚赖领袖贤明，国策素定，千艰万险之中，力持以强毅坚忍，淬砺军民，败而不挠。于是，世界舆论，崛起援我。民主国家，决心助我。敌人知其然也，不惜赌孤注于一掷，发动太平洋战事，消灭英美远东势力；又利用苏日协定，抽调其在华主力之关东军，悉锐南下，突长沙，残衡阳，略桂林，占柳府，烽火达于贵州。中央任命汤恩伯为总司令，进驻贵阳。参谋总长何应钦亦以视察形势莅黔，颇闻战守机宜，待决于军委会某要员。某要员者，曩守长沙，以焦土政策自表异者也。敌人兹役，本以完成大陆交通线为帜志，顾器材缺乏，技术与人力亦相当困难，虽攫取军事一时之胜利，终无法实现其企图。敌人欲巩固已得地区，安定其外围，分遣别动队，百十为群，纠合汉奸，裹胁土匪，向我无防御城市进攻。十一月下旬，警报狎至，黔东南十余县相继沦陷。近者窜扰独山，距会垣三百里。政府下令疏散，局势已面临恐怖阶段。

十二月二日，省参议会开谈话会，议长平刚谓省主席吴鼎昌[1]曰：“敌军情况，当局非不明瞭（了）。既知人数无几，何故自惊自扰？万一大股来犯，将如之何？闻汤[2]意欲凭城作战，此尤荒谬。死守城池，乃偶然不得已之事。今弃山川天然之险，捐地形以予敌，是自毁也。前失大山塘，犹得诿为调发未集。现城内外大兵云屯，何不督率反攻，收复要隘？”吴不能答。已而，紧张益甚，流言孔炽。当局又有新决定。吴鼎昌曰：“是不可不使民众知之。”四日开会于南明堂，平刚复言曰：“今日之事，敌本不暇争及贵州，特见我苍黄［仓皇］失措，恐将弄假成真。为今之计，只有刻期反攻，驱敌出大山塘以南，构筑工事，以待最高统帅之后命。乃总司令安居后方，惟知强迫疏散，同时又要求人民迅急团结，佐助军队。试思妻离子散、扶老携幼之民众，痛苦不堪，能向之谈组织乎？”某要员面斥刚，身为民众代表，义应鼓励民众，今出此沮丧之言，殊属糊涂。某虽振振有词，是夜军事会议，卒推翻新决定，而采用刚策，兼程前进。未几，遂有独山之捷[3]，敌军引退，全省肃清。夫战，气也。气盛则前，气馁则却。一鼓作气，有发于自动者，有激之使然者。乍却乍前，局外以为不可思议。心理变化，俄顷间耳。局势好转，黔人男妇老幼皆曰：“省参议会真能代表民意，平刚真有大造于我！”即平日訾议刚者，亦翕然同声称颂也。盖所谓新决定：北守乌江，西守盘江、鸭池河，贵阳不拟以资敌，则付之一炬。当局自

---

[1] 吴鼎昌（1884—1950），字达铨，别名前溪，原籍浙江吴兴。1903年获四川官费留学日本。回国后曾先后在清廷和袁世凯政府中参与主持财会金融事，官至中国银行总裁、财政部次长。1926年曾任大公报社长。1935年任实业部长，为新政学系首领之一。1937年后历任国民政府第四部部长、贵州省政府主席、蒋介石总统府文官长等职。

[2] 汤：指汤恩伯（1900—1954），字克勤，浙江武义人。中华民国陆军二级上将，黄埔系骨干将领。

[3] 从1944年12月4日晚起，进击贵州的各路日军后撤。8日，中国军队收复独山。至10日，贵州境内已无日军。由是被国民党官方宣传为“独山之捷”或“黔南大捷”。

谓严守秘密，其实街谈巷议，已遍传人人之口耳。曲突徙薪，于君亲见之矣！三十四年，抗战胜利结束，敌军缴械投诚，举国欢庆声中，黔人以未经残破，傲然自喜。今年十月，为君七十寿辰。参议员谋所以侑觞者，征序于余。余曰：“即此足以寿君矣！”三不朽之业，立言居其一。后人误解立言为善书。夫皓首穷经，分文析字，虽汗牛充栋[1]，其于立言也何有？如君之慷慨陈义，一鸣惊人，可谓有立言之实质矣！因备书其事，祝君之不朽。至外传云云，盖好事者增饰溢美之辞，未可以厚诬君子也。

（录于《素园文存》手稿第五册）

---

[1] 汗牛充栋：书运输时牛累得出汗，存放时可堆至屋顶。形容藏书非常多。出自唐朝柳宗元《陆文通先生墓表》：“其为书，处则充栋宇，出则汗牛马。”

黄德明母周太夫人六十晋四寿序

丙戌（1946年）

人类社会之编制每遵自然法则而演进，莫之教而自为，莫之学而自致，男女匹偶，欧美社会学者区划为数时期，邃古荒渺之传说，证以今日之落后部落，确凿如在目前，而孔子周易序卦亦云：有天地然后有万物，有万物然后有男女，有男女然后有夫妇，有夫妇然后有父子，有父子然后有君臣，是中国圣人亦认划期为必要，特中间距离，几何年代，经过若何情状，圣人弗详。司马迁所谓其文不雅驯搢绅，先生难言之是也。有史以还家庭组织之形态，大抵男主外，女主内，不待鞭策而分担任务，顾主外活动之对象，易涉及国家与民族，其范围广，其事业大，而显主内活动之对象，无过亲属子女，其范围狭，其事业琐而隐。故幸运之男子，因缘时会，则取卿相，铭鼎钟，其次工商巨擘，兼并豪家，声名亦煊赫一时。女子疲敝终身之精力，酒食针黹，言之猥细[1]，无足以振动世人之耳目，习见既久，遂有谓天才能力，男女迥殊者，甚有谓中国民众虽号四百兆，无用之女子居其半，女子适为男子之累者。噫嘻！不明分工之原理，不究互助之实际，伤贤母良妻之心诒，通儒硕士之非笑余，愿论者慎之也。黄母周太夫人者，织金化溪人也，父曰周厚清先生。年二十二归黄树生先生，逮事祖姑暨翁姑，祖姑谌，享尽期颐，翁承宣副贡，姑王，亦各登八十，孝养诚谨，历数十年如一日，副

[1] 猥细：本文指鄙陋卑下。

贡卜宅河滨，兼治园亭，一花一石皆有太夫人手迹，已而堂上先后见背，未几，树声先生亦捐馆舍，于是太夫人独立持家，自奉甚约而性好施，与族姻邻里以贫乏告者，周恤之必竭其力，生子德明、德荫、德隆，女德秀、德华、德贞、德容，教之成立，为之昏（婚）嫁，诸孙十余人亦各遣就学，综述太夫人生平，类皆庸常靡，有奇节殊绩，夸示流俗，然正惟其庸也常也，而安之无愠怼[1]，处之无倦怠，温恭朝夕[2]，执事有恪，可谓克尽天职者矣。易地而观，使今之名世伟人，居太夫人之居，行太夫人之行，吾见有溃败决裂已耳，安在其能弥缝妥贴乎。太夫人今年六十有四，康健如四十许人，乡党将跻堂祝嘏，介王贞伯来乞言绎读事状，慨然怅触，余怀夙所不平者，因书以为太夫人寿并质，织金贤士大夫见谓何如也。

（录于《素园文存》手稿第五册）

---

❶ 愠怼：恼怒怨恨。

❷ 温恭朝夕：早晚温文又恭敬，祭神祈福见诚笃之意。

刘太夫人哀词

丙戌（1946年）

吾邑后起之彦，推刘熙乙[1]，熙乙诚孝人也。其事业在进取中，其大本则夙立矣。有母之丧，备极哀荣，湘绮老人[2]所谓来惊七贵[3]，喧动群贤者，熙乙之力既致之矣。不遗昏耄，殷勤乞文，而太夫人生平，亦自有其可述者，累德叹逝。窃比骚音，其词曰：

悲夫门户之限人兮，自堕地而已然。有憎厌乎纨绮兮，或饥寒之熬煎。慨生小之伶仃兮，何独罹此穷困也。比及笄而适人兮，又倡随以劳顿也。朝屏营于陇畔兮，夕踥蹀[4]乎篱旁。荼蓼[5]勤为薅锄[6]兮，柴薪待其料量。澣（浣）濯缝纴睟十指兮，指胼胝[7]而不停。乳哺鞠育赖一身

---

❶ 刘熙乙（1906—1952），名光远，贵州毕节（今七星关区）人。小商贩起家，1936年在毕节开办“新记盐号”，由于经营得法，逐步发展成为民国时期贵州的巨贾。曾筹资创办毕节私立弘毅中学和宋伍小学，捐款建花溪“清华中学”和贵阳大厦中学，出资兴办《力报》。1946年曾任贵州银行总经理，统管全省金融企业。1952年病逝。

❷ 湘绮老人：王闿运，号湘绮。

❸ 七贵：泛指权贵。

❹ 踥蹀：奔走；小步趋进貌。

❺ 荼蓼：本文田野沼泽间的杂草。

❻ 薅锄：本文指除草锄地。

❼ 胼胝：长老茧。

兮，似北辰之吸众星。年复年兮路脩（修）远，闯窄径兮陟峻阪。指闤阓[1]而卜居兮，藉阛阓[2]以嘉遁。寄遥望于后来兮，效孟母之择邻。勖趋庭而学礼兮，每截发以留宾。事业脞而靡宁兮，体尪羸而寖敝。愿直道而径行兮，守常度而勿替。服劳第一。

倏殃祸之骈降兮，心烦冤而摧伤。是国家之无政兮，驱生民于俇攘[3]。农夫轻离乎南畝（亩）兮，耽越货与杀人。阿兄严为魁率兮，武侠昂藏于风尘。伯持躬而謇謇[4]兮，出正言以纠之，谓督过便迁善兮，撄逆鳞而伏尸。昔光武[5]遭伯升[6]之难兮，泪痕渍于枕上，将临机而一决兮，手白刃以相向。当事会之纷拏（拿）兮，闺门丛乎荆棘，娣姒望影而说弹兮，子姓蓄疑而动色。逮大仇之已复兮，仍谣啄之流闻。不在此而在彼兮，舍訾议其奚云。妇人外其母家兮，义不顾乎私亲。矧溅血于长者兮，又何怨乎灾及其身。万众安常处顺兮，孰知世路之险巇[7]。圣贤应变有道兮，是以为民之表仪。处变第二。

于高门以待封兮， 王植槐以示子。曰积善有余庆兮，实宇宙之定理。锥处囊而脱颖兮，玉剖璞而发英。轼辙[8]联翩而竞爽兮，郊祁[9]砥砺以成名。奉万钟而为养兮，虽千驷蔑以加人。拟王侯而称富兮，母犹勤俭以作家，世沉酣于享乐兮。谁识斯人之艰苦，念复（覆）载本无私兮，余忍恝然而不为之助，传验方以和乐兮，辟黉舍[10]而育材。焚累累

---

[1] 闤阓：文中指城市街里。

[2] 阛阓：文中借指民间。

[3] 俇攘：纷乱不安貌。

[4] 謇謇：忠贞；正直。

[5] 光武：光武即指东汉光武帝刘秀。

[6] 伯升：指刘縯，一作刘演，字伯升，东汉光武帝刘秀同母兄。

[7] 险巇：险峻貌。

[8] 轼辙：指苏轼、苏辙。

[9] 郊祁：指宋郊、宋祁，宋朝人。

[10] 黉舍：学校。

之债券兮，字宛宛之婴孩。推与解盖不足言兮，疾与痛常若在己。岂博施之敢病兮，知至善之所止。恃慈荫之广庇兮，急亡身之贱贫。口有碑其载道兮，众和煦而如春。博施第三。

岁忽忽其遒尽兮，日冉冉而云暮。花正好而遽萎兮，月常圆而见妒。人寿不百年兮，亿兆之所同也。身世无遗憾兮，造物予之独丰也。云軿[1]霓轸[2]腾氤氲兮，叩瑶台而上迁。刘传张箴互展拓兮，续彤管之女贤。诔德穷形容之词兮，挽歌汇锦绣之章。临吊则髦士结队兮，启輴则戎装前行。白马素车兮，千里万里。斗酒只鸡兮，长亭短亭。返遗蜕于故土兮，贻奕叶[3]以芳型。佳城郁郁兮聚山水，远树葱葱兮罗松楸。回风凄其带恨兮，洌泉咽而增愁。室寂寞兮音歇绝，灵升遐兮容漫灭。惟孤寒之同情兮，谅盖棺而永热。荣哀第四。

（录于《素园文存》手稿第五册）

---

❶ 軿：古代一种有帷幔的车，多供妇女乘坐。

❷ 轸：此处指借车。

❸ 奕叶：累世、代代。

《素园文存》自序

丁亥（1947年）

儿时经书卒业，先君子授以《昭明文选》《唐宋八家钞》，后又得宜兴储氏所选《国语》《战国策》《史记》《西汉文》读之。丙申[1]游贵阳。时方崇尚姚姬传《古文辞类纂》，因并及王益吾[2]、黎莼斋[3]之续选。戊戌[4]作《杨欣如哀词》，执［挚］友王子隽见之，大诧曰："别来几日，居然桐城派！"余殊不敢自信，亦良不欲以此自画。中年汎滥古今专集，私契方望溪[5]、曾涤生，王壬南三家。晚而得余杭《章氏

---

❶ 丙申：清光绪二十二年（1896 年）。

❷ 王益吾（1842—1917），名先谦，号葵园，清末学者。湖南长沙人。编有《续古文辞类纂》，著有《虚受堂文集》等。

❸ 黎莼斋（1837—1898），名庶昌，贵州遵义人，早期跟从郑珍学习，后入曾国藩幕。先后充任清政府出使英、法、西班牙等参赞，旋又两次出使日本。任内搜集我国散佚之古籍，辑刻成《古逸丛书》共 26 种。著有《西洋杂志》，编有《续古文辞类纂》。

❹ 戊戌：1898 年。

❺ 方望溪（1668—1749），名苞，字凤九，号灵皋，晚年号望溪，安徽桐城人，清代散文家。官至礼部右侍郎。

丛书》，精深博大，叹观止矣！近今文人，识桐城马通伯[1]、姚叔节，新城王晋卿、汾阳王书衡、侯官林琴南[2]。马姚竺（笃）守其乡先正矩矱，晋卿稍宏肆而风骨未遒，书衡独优于骈体，琴南自毙于小说。以视太炎，譬培塿之望嵩华也。窃尝私语朋侪，生与太炎并世，吾辈故当搁笔。然学问事业，了不异人，惟此区区，犹擅一日之长。扬子云[3]所谓壮夫所不为者，吾则舍是无以为也。老来杜门检点旧作，芟刈榛楛[4]，录其可存者数十首，聊志岁月，兼示儿曹。文章，天下之公器，局宗派者、固拘囿地域者尤隘。吾乡妄人谬欲自居于作者，而牵帅老夫目为黔南三杰。清康熙时，湘人标榜十家古文。姜宸英[5]与其友洪虞邻[6]书，谓两浙自洪永[7]以来，三百余年，不过王子充[8]、宋景濂[9]、方希直[10]、

❶ 马通伯（1854—1929），号其昶，安徽桐城人。自幼勤学，博览经史百家之书，深得桐城派义法之要旨，补诸生十余年，屡应乡试不第。光绪三十四年（1908 年）清廷诏举人才，安徽巡抚冯煦举荐，授学部主事。辛亥革命辞职返里。

❷ 林琴南（1852—1924），名纾，又名群玉，字琴南，福建闽县（今福州市）人。近代文学家。

❸ 扬子云（前 53—18），名雄，字子云。西汉文学家、哲学家，蜀郡郫县（今四川省成都市郫都区）人。

❹ 芟刈榛楛：芟刈，本意割；榛楛，泛指丛生的杂木，喻平庸之物。芟刈榛楛在文中指作者对生平所作文章进行筛选甄别，选出好文章。

❺ 姜宸英（1628—1699），字西溟，号湛园，浙江慈溪人。清文学家，工诗古文，精书法。

❻ 洪虞邻：名若皋，临海人。生卒年不详，顺治十二年（1655 年）进士，授户部主事。

❼ 洪永：指明朝洪武与永乐年间。

❽ 王子充（1322—1374），名祎，明代官吏、学者。字子充，号华川，婺州路义乌（今浙江义乌）人。著有《王忠文公文集》《大事记续编》《重修革象新书》等。

❾ 宋景濂（1310—1381），名濂，号潜溪，浦江（今属浙江）人。明初文学家。

❿ 方希直（1357—1402），名孝孺，一字希古，号逊志，人称“缑城先生”“正学先生”，浙江台州府宁海县人。明朝大臣、学者、文学家、散文家、思想家。

王阳明三四人，其余谢方石[1]、茅鹿门[2]、徐文长[3]等，尚具体而未淳。不应浙东西一水之间，一时至十人之多。不欲以身厕九人之列。谨援斯例，郑重声明：后有览者，庶无荧焉。同县刘熙乙、裕远[4]昆弟，力任剞劂，固辞不获，附此致谢。中华民国三十六年十月。毕节周培艺。

（录于《素园文存》手稿第五册）

---

❶ 谢方石(1435—1510)，名铎，字鸣治，号方山，又号方石，浙江温岭桃溪(今浙江省温岭市)人。明朝官员、文学家。

❷ 茅鹿门(1512—1601)，名坤，字顺甫，号鹿门。归安(今浙江吴兴)人，明代文学家、藏书家。有《白华楼藏稿》，刻本罕见。行世者有《茅鹿门集》。

❸ 徐文长(1521—1593)，名渭，字文清，更字文长。明代杰出画家、戏曲家。中国“泼墨大写意画派”创始人、“青藤画派”之鼻祖。

❹ 裕远：指刘熙乙之弟刘裕远。

身世述略[1]

（1947—1948）

我生在一个“破落户”的家庭。幼年教育还是“读书做官、显亲名扬”的那一套。当我成了一名秀才的时候，正是订立《马关条约》的那一年。时局大大的激刺了我，觉得平日所学的不够应付环境了。于是变尽方法，觅取新书、新报，如《校邠庐抗议》《续富国策》《出使英德意比四国日记》《海图图志》《万国史记》《万国公法》《泰西新史揽要》《时务报》《湘学报》等等，颇浏览了不少。我又天生一支笔，叙事持论都明白晓畅，博得观者的同情。中国传统观念，笔下好的便是人才。因此，社会上很刮目相看。我自己还是感觉不够，想到日本去留学，但我家虽薄有田产，每年还靠我教书来补助零用，自费出洋是办不到的；而且父亲老了，不愿意我离开身边。后来父亲见背，我去普安厅作幕友。云南巡抚林绍年调任贵州，经过普安，我代我的朋友闵华甫写了一封条陈，说些贵州应办的事，着重的是派遣学生出洋。绍年采纳了，对我的居停[2]方雪岑表示：“闵某人很留心时事，笔下很不错。”他到贵阳接印后，便认真推行这一政策。通令每一行政区域，就地筹款，至少派遣留学生一名，学习短期师范；停办有名无实的“贵州大学

---

[1] 本文应为《西行追忆录》的第一部分。作者 1948 年 6 月 15 日《复周宁一信》中写道：“我的小作品（指《西行追忆录》）…… 以我生平大概都叙述在里面。”

[2] 居停：本文指寄居之处的主人。

堂”；移动款项，考送留学长期学生二十名，分修各种必要的科目。于是，全省都震动了。我也辞馆[1]诣省，参加考试。

由于华甫的延誉，我很受绅耆的欢迎。那时收回利权的运动，风靡一时，贵州也创立了全省铁路矿务总公司，李苾园[2]先生为总经理，于仲芳先生为副经理。他们延聘我当这公司的总文案。苾园先生在戊戌维新史上曾扮演了重要的角色（李典试广东，拔识梁启越，以其从妹妻之。启超入京会试，馆于李宅，日夜为其师康有为延誉，李亦心折之。遂介有为于翁同和［龢］，翁向光绪帝推荐，有为遂柄用）。仲芳先生更是热心社会事业的人物（他创办的事业不少，资善堂至今犹存）。我当然愿意跟他们学习。而且与考的名单，绍年是委任苾园先生保送，苾园先生要留我，我便不得不牺牲我的愿望了。尤其仲芳先生说得好："诸葛亮在隆中，不过自修，学成也须求用。你看，贵州这一片偌大的荒原，亭台楼阁够你布置得下许许多多，只等工程师来设计画图。就让一百步，斩刈荆棘，平治道路的工作，虽在我们不学无术的人，也还能做的。须知，创造历史还是少不了无名英雄啊！"我被他说服了，不再提游学的事。

路矿公司停顿。我刻意经营了两年，沙漠上开了玫瑰花——贵州第一张日报《黔报》于光绪三十三年六月初八日出版了，形式是四开本，一面印的，一大张。内容是社论、电报、新闻、特载、小说，各部门也都应有尽有。编辑由我负责，发行印刷由我老兄周丰原负责。不惟我们一文不拿，还拉了杨石泉、徐伯龙、钱伯良、任志清、李茀田、陈稚苏他们，也来帮着尽义务。零售每张制钱十二文，全年四千文。我们是牺牲血本，希望多有几个读者，把社会知识水准提高起来。给我迎头痛击的是，贵阳许许多多的绅士，看了一天，第二天他们不要了。我叫送报人和他解释，我们大赠阅一个月，在此期间是不付代价的。但他们仍然拒绝说："你们干的好事情，不要连累我们。"没有法子，只好把这

[1] 辞馆：旧谓塾师辞职。

[2] 李苾园：指李端棻，字苾园，礼部尚书。戊戌变法领袖人物、北京大学首倡者。

班顽固的老先生的大名，从送报薄上摘除了。但另方面却真叫人感动，我收到不计其数的，若远若近的青年来信。他们表示：“你说的都是我们想说的话，贵州本是一个盲哑的社会，你给我们带来光明和喉舌了。你要维护你的报，发展你的报，不要令我们甫尝生趣又陷入黑暗和苦闷的深渊里！”。他们都热情洋溢地担任推销，担任通信。所以，三百数十份的销数，也曾达到一千二、三百份的高点。但报馆是建筑在经济基础上面，我们赤手空拳的玩把戏，只能不拿报馆的钱，再想拿钱帮助报馆，是万万不可能的了。我预算的广告收入，始终没有生意上门。抬高售价，环境也不许可。年终休刊，仅仅五个月零二十天，已负债六百余两（通用银）。在我呢，事前也略有筹划，经过几个月的移步换形[1]，事情已大大变更了。贵阳华延厘[2]在川盐初改官运的时候，他上辈人抓住了机会，独占仁、綦[3]两岸的运销，剥削贵州民众三十年，成了百万的大富豪。但他是依靠唐家发财的。所以，唐慰慈[4]办中学的时候，很花了他一笔钱。慰慈曾告诉我：“报馆经费，我叫延厘补助你”。报纸发行后，我在社会上的声望一天比一天隆重起来，尤其贵州巡抚庞劬庵[5]先生，他确实认我是舆论的代表人，重大事件不惜殷殷下问，我也知无不言。劬庵先生常把我建议的信函，发交司道会议。慰慈感觉到他所凭籍的门荫身份，有被我这穷光蛋压倒的危险。利用股东权力，屡次干涉我的言论，我也婉辞谢绝了。慰慈决心打击我。当报告账目时，补助诺言他绝口不谈，反而提限制条件，好让我自己关门。

翌年，灯节过去了，出报还没有消息。询问的函件又从各方面流水一般的堆在我办公桌上。劬庵先生叫人来说，假使愿意的话，报馆经费，官厅可以补助。我熟权利害，接受补助，继续出版。这里遇到的困

---

[1] 移步换形：移动脚步，情景也随之变换，形容景色变化多端，亦比喻逐步起着变化。

[2] 华延厘：指华之鸿，字延厘。

[3] 仁、綦：指贵州仁怀、重庆綦江，两地为川盐销黔的主要集散地。

[4] 唐慰慈：指唐尔镛，字慰慈。

[5] 庞劬庵：指庞鸿书，字劬庵。

难是：当日热心赞助的朋友，原来都想从报馆得到一点好处，后来看见经济上既没有津贴，名誉上又似乎为我独占，他们灰心的灰心，高就的高就，答应写文章的都不交稿子了。而我自己呢，起先是一肚子的话没地方发泄，出报半年，辞源也渐渐枯涸了。这不用说，是由于学问没有根底的缘故。所以，每天在看报、作文、编辑、校对之外，总要腾出一两个钟头读书，充实我贫弱的头脑。但又不能平心静气，从头至尾的一部一部地研究，只可说碰到哪种问题，找哪一类的书参考。没有法子，有时只好用选论、代论的方法来塞责。而且社会活动展开了，无论原有的团体、新生的团体，都离不了我。开会结果，不管公推也罢，票选也罢，总给我一个起草员的头衔。拟章程，发宣言，具呈文，一古脑儿包办。应付特种事件，更是虚心求教。我固然乐此不疲，实在也有点应接不暇。还有我一家八口，开门七件，虽是有了名誉，却不能把来当饭吃，只得屈身当了一名公务员。开宗明义是在劬庵先生直辖的调查局作事。他们评论我：奏稿公牍都去得，尤其函扎［札］当行出色，要推贵州第一名手。于是，警务公所、咨议局筹办处、学务公所、地方自治筹办处、咨议局，都争相延揽，兼任了一些重要的职务。虽然此等机关，不一定天天有事办，但时间的分配也够你踌躕。精力之不复集中于报馆，不待旁人指责，自己也非常抱愧。慰慈恨我入骨，约会股东查账，并要求接办《黔报》。我内省也该休息休息了，于宣统元年六月底，将报馆全盘交出。（报馆移交后，尚欠江西人喻增佑的纸账四百余两，他很慷慨的说："纸不是周素园自己用，他是印报给众人看的，几百银子算什么，素园尚有急需，我还可以帮助。"此君的高义，令我至今感激。另欠乐良臣的五百两，直至民国十九年，我才陆续偿清。）

但另方面，我又参加了政党的活动。这事对贵州民众的利害上和我个人事业的荣枯上，前后数十年间有巨大的关系。纪录始末，我另有专书（拙著《民党痛史》），这里只描述轮廓罢了。

长沙张石麟［麒］，他父亲是贵州的一个中级官僚。他生长在贵阳，我和他不相知。我在上海购买印字机器的时候，我最相信的朋友王子俊来信介绍说："石麟是位优秀的人物，听我谈起你，他也很倾倒。

你回贵阳后，不可不结交这一朋友。”后来，第一次晤谈，石麟给我的印象还不是很深刻。因为我只注意办报，石麟的抱负则计划办政党。他说：“报馆只能算是政党的一部分，有了政党才能发生大的力量。参与政治也要以政党领袖的资格而出现。”我说：“你的理想虽高，但不切于实际。我只办你说的一小部分，已经受了无限的艰难困苦。你的企图太大，哪有许多的人力财力供给你！”他说：“人呢，我已随时随地考查、联络，有了人，不患没有财。我们尽管分头进行，仍需要互相援助。”石麟真可以，他不断的接洽，不断的说服。《黔报》出版后四个月，他的自治学社开成立会了。又经过一年多的筹备，《西南日报》、公立法政学堂也跟着出现了。分社是逐月的推广，社员是大量的增加，到得辛亥革命的前夜，自治学社的发展，达到了惊人的数字。

石麟有组织的天才，有领袖的容量。他对别人怎样，我不知道，拿我个人来说吧，你批评他不对，他诚恳的接受你的意见。有时我甚至于发脾气，他还是那样委曲迁就。他说：“你的事太繁，一切琐琐屑屑都由我去负责。只有党的路线要你参加决定，党的事业，要你尽力维持，应付官厅，应付社会，你须利用你的地位，为党谋生存发展。”我常常是半推半就地不知不觉地跟着他走。这正合着张仪说的话：“吾在术中而不悟，吾不及苏君明矣！”

入辛亥四月后，我们的党渐渐接近受实验的日子了。远一点的是广州党人进攻督署事件（黄花岗之役）；近一点的是四川反对铁路国有事件；最近的是贵州陆军小学学生秘密签名事件。我们慎密的讨论过两次，就是党该动呢？不该动呢？要怎样动法？石麟这时显示了他的决心和刚断。发号施令，拼身家性命于一掷。主要策略在于组成新的武装力量，并夺取旧的武装力量。其余多方面的运动，由同志们自愿担任，我分着警界。我是警务公所的老科长，而且敌党——宪政预备会挑拨的谣言常常说：“贵州巡抚是巡警道贺国昌做，巡警道是周素园在做。”说要我运动警界，不如说要我领导警界还适当些。农历八月十九日，武昌起义了（今之“双十节”）。跟着是湖南独立，陕西独立，云南独立。我们在兴奋鼓舞中，每一个人都想表现自己的成绩。早起戴着头颅出门去，晚餐却不知道还有没有人回来享受。经过了若干的惊涛骇浪，终于九月十四日推翻满洲政权，建立了大汉贵州军政府。

军政府合三部分组成；都督专管军事，行政总理主办民政，枢密院赞划军事，指导民政。杨荩诚为都督，石麟为枢密院院长，我便当了行政总理。我又是立法院（咨议局改称）议员公推的枢密员七人之一。从这日起，好像似一条铁链锁我在一间房子里。一张办公桌上，把旧日一院（巡抚）、三司（布政使、提学司、提法司）、两道（巡警道、劝业道）和一二百位秘书、科长、科员分担的职务，都积累在我一个人身上。耳是不断地在听，口是不断地在说，手是不断地在写；吃一餐饭也得放下碗筷来酬对两三次；鸡鸣后上床睡觉，还让你披衣起来解决问题。工作的紧张，据我所看到的记载，只有托洛茨基写的《列宁传》，他们在司马尼学院那一段时间，神情活像。可惜我们的成就太渺小，出卖的气力和所得的价值是难以相提并论的。四五个星期过去，诸事渐渐有了头绪，我才注意到各方面。本来，我去当"笨伯"，是让石麟头脑清明，好应付环境，但我们这位百战百胜的将军，却开始踏上失败的途径了。第一，十四日黎明多数的陆军官佐、陆军学生、麇集张宅，拥戴石麟为都督。他们说："杨荩诚只是少数士兵临时推举，不经过立法院的承认，他不能算数"。石麟坚决拒绝，以为凡属同志尽可指挥裕如，何必定要身居其名？复次，和宪政党成立的妥叶，不过因为他妨害我们的进行，暂时采取的策略。革命成功后，石麟却提示平分政权的原则。又标榜积诚感人的口号。任志清为枢密院副院长，陈稚苏为枢密院秘书长，郭重光为枢密院高等顾问，刘显世为枢密院军事股主任兼陆军第四团团长，胡锦棠为保安营统领。机要之地，肘腋之下，布满了敌人的势力。

杨荩诚为人简单木强，愚而自用（例如着手改编，先把他的剃发匠超升了一名准尉），军人恃攻骄姿，动辄鸣角整队，提出质问。我们号召秘密党会，编为新巡防的，也不无轶轨动作。几十年习惯平静生活的小市民，都奔走骇汗，若大乱之将至。敌党抓住机会尽量的攻击，加重的污蔑，过去小小斗争中，石麟打击他们的手段，他们都学会了翻转来打击石麟，而且运之以阴谋，施之以辣手。他们估计自己的力量，生吞不下我们。（我们虽然援川北伐，分散了力量，但两两对比，他们还是处于劣势。）秘密迎请客军，利用戴戡、熊范舆、刘显治和蔡锷接近，在中间怂恿穿插，许给蔡锷种种优越条件。只要打倒自治党，他们甘心出卖贵州。我们虽然也得着一些似是而非的情报，石麟总给他一个不相信。那时当做的事情，派遣代表去云南访问蔡锷。无事呢，联络；怀疑呢，解释解释。即使解释无效。亦可证实他对我们的态度。这一点普通常识，我们那时都想不到，真是活该。（各省间派遣代表，那时虽没有先例，但自我作主是可以的。）

酝酿复酝酿，军政府改组的期间迫近了（临时军政府时间三个月，是公布全省的）。立法院规定的每县选举议员二名，也陆续来省报到。敌人恐怕议员集会，正式选举石麟为都督，等不及外兵压境，他们冒险发难了。刘显世半生的生活是寝馈于巡防队，旧式军人都和他有相当联系，又得他们后台老板大富豪的援助，投下巨额资本，他运用金钱，收买不稳分子。新旧巡防总统黄荐卿，是忠实的自治党员，而且在革命过程中有大功。但他却是刑名幕友出身，不懂军事。东路新巡防队哨官唐灿章，强占良民妇为妻，荐卿声言要尽法惩治。分统谭德骥也惴惴震恐。显世教唆他们叛变。腊月十五日，谭、唐作乱，戕荐卿，分兵围扑张宅，石麟幸免，呼援于代理都督赵德全（杨荩诚先已率兵北伐）。德全也是加入自治党的，但他却希望当正式都督，利于石麟之失败，拒绝了石麟的请求。于是，南路新巡防分统陈守廉拥卫石麟出奔。自治党任职的要员，逃避的逃避，藏匿的藏匿。只有我，害了一场伤寒病，躺在家里床上，静听着满城的枪声，恭候刽子手的光临。奇怪！叛徒不来。第二天，自称贵州人民代表的敌党郭重光，却登门造请了。他说：“张、黄一切措施，种种不满人意。他们冤有头、债有主。先生卓越的才干，丰富的经验，正大的立场，贵州人没有一个不感佩的。今天贵州陷于无政府的状况，无论如何，要请你出来维持。”我毅然拒绝了，但他三番五次的来纠缠，而且态度表现得异常诚恳。我自己考虑，在健康上，不能自由行动；在经济上，更是腰无半文。没奈何，死马当作活马医，又来再作“冯妇”。于是，扶病会晤赵德全。他说：“过去办不好由于组织不善，最大的毛病是互相牵制。现在改组是依据耆老会（郭重光所代表的团体）提出的方案，采用各省现行制，由都督统辖军民。民政我全然外行，请你当都督参议长，负指导民政的责任。”我说：“不管过去也罢，未来也罢，问题重心不在民政，而在军政。”他也谈了些如何整顿、如何布置的意见，又谈到应付敌党。我说：“我最不放心的是云南北伐军。好在中央政府成立了，我们应该电呈孙大总统，揭穿邻省侵略的野心。中央需要云南军队呢，请催促前进；用不着，请制止他，回滇，不许来贵州捣乱。”马上拟稿交给德全。他皱眉说：“近来本省外省的电杆常被匪徒刨掘、砍断。你的意思很好，电文什么时候能使总统看到，都成怀疑。”

我第二度组织机关，选任熟练职员，事情还没有上轨道，客军到达贵阳了。德全派人办招待，送犒劳物品。他们表示：“休息三天、兼程东下。”翌晨拂晓，他们自由迁扎东山、螺蛳山一带，尽据城外形势，架设大炮，以都督府为目标。“哀的美敦书”虽还没有提出，司马昭之心，却是路人皆知了。德全和我商量，援川第一团，几次严电调回，他们迟迟其行，已落敌人后着；因为争权争利，糜烂地方，也不是好事。要我去和郭重光交涉，愿意和平退让。重光说：“滇军预定的步骤是先礼后兵，日内必有条件正式提出，都督果能容纳，绝无问题。”我归报德全，德全坦然不疑。相距六七个钟头，真是口血未干，中华民国元年二月三日的午夜，滇军进攻了，保安营开门纳之，敌军径扑都督府，德全逾垣逃出。自治党夺取的政权，至是全部灰灭。此后便魔鬼登场，进入一个恐怖时期。他们坑陆军，屠新巡防队，省内省外的自治党员，也逐日的逮捕、诛戮。我蜷伏寓庐，每日听到的只是“杀—杀—杀”。我虽仗声望名誉的保证，估量他们还不敢骤下毒手，但精神上的痛苦和日用上的熬煎，真叫人无法忍受。山妻病已垂危，医药也不凑手。感谢仲芳先生，他了解我的环境，曾当着我的面吩咐他公子说：“你给周先生送二石米、二百银子去。”公子虽唯唯承命，背地里却沮格不行。忽然一名工友送来伪都督府一封公文，由寇首唐继尧署名，委任我为石阡府知府。我勃然大怒，命将原封带回。任志清叫他的高足沈泽鸣、高凤翥一再的来恐吓，说滇军很怀疑我，是他替我解释，我再这样倔强，他也无能为力。我告诉他们："转达贵老师，猫儿哭老鼠，用不着假惺惺，刀砍枪毙，反正周素园只有一个头，静候处置罢了。"山妻物故，仲芳先生送我一片地，在次南门外五里关，我去相度了一次，送葬又走了一遭。仲芳先生告诉我："你两次出城办什么事，我是知道的。但他们的侦探报告，却说你约会赵德全密谋，破坏秩序。"我说："他们的情报，都可作如是观[1]。"仲芳先生凄然不语。我也警觉到，近日我寓庐的前前后后，常发现一些鬼头鬼脑伸伸缩缩的人。我那时往来的是一班前朝的官僚，旧日的同事，他们让我学习搓麻将，消遣消遣。我的技术并不高明，却是每战必胜，赢了一笔不小的数目。余下支持家用，发送亡妻外，还余一百五十两来作亡命的川资。

大约是三月十八九吧，我忽动了访友之兴，去找彭明之[2]，乐群学堂里人说，他好几天没来。转到他家里，家人也报言外出。明之看准了是我，才出来招待。形色仓皇地，开口便问："你没会着李小谷呀！"我答："你话里含的什么意义？"明之详细申说："你近日不理会外事。杨荩诚到了南京，孙总统任命他为贵州都督，叫他率部旋黔。杨已电告唐继尧，令滇军退回。另方面，统一党领袖章炳麟、张謇、汤寿潜有信来请你和蔡衡武、乐彩橙、周铭久们组织贵州支部。戴戡、何麟书主张杀你，郭重光说："前杀一钟昌祚惹起舆论激昂的反抗；况周素园他又无瑕可指，不如叫人控告他们财政不清。凡榜上有名的，一起收在模范监狱。待和杨部决战后，再讨论他们的死活。"群小一致决议照这样办。"我问："你的消息确不确？"明之答："乐群学生吴积诚当了刘显世的一名副官，开会时他站在背后，听的一字不差。我一得信，就请小谷转达你，让你好善筹防卫。"我于是决计亡命。不消三四个钟头，一切都准备好了。念及仲芳先生，不可不一为话别。把所得消息都

[1] 作如是观：表示对某一事物所持的观点。

[2] 彭明之：指彭述文，字明之。

告诉了他，并说：“我按站行走，至少需要十日以外才能出贵州界。到处都布满天罗地网，他们只消一个电报，要怎样便怎样。我不怕死，但却不愿意死在贵阳，让人家说周素园为公众谋利益，只落得这样一个结果。人们都将借鉴覆车，以后没有人肯当笨汉。”仲芳先生说：“据我看目前你离开贵阳，他们也许暂时缓和下来。我见着他们，只说你被小女儿累的慌，回毕节续弦去。这是很合理的谎言。”彼此珍重握手，这位英毅诚挚的老前辈，从此我便和他永诀了。

一个月后，我得了重庆镇守府的帮助，发了一封通电，把贵州两党的历史、革命的经过、客军和土豪里应外合的奸谋，详细披露。要求全国正当的评判，想争回我党已失的名誉。嗣后，在武汉、在北京都以此目的而进行。重要文件，十九由我创稿（见拙著《素园书牍》第四卷），曾经有两次把敌人政权动摇了。一是中央简放赵均腾为贵州宣慰使；一是临时参议院提出弹劾刘显世的议案。敌党也勾心斗角的和我们对付。不幸得很，他们是拥着地盘在说话，我们只是抱着义愤在说话。在一班势利奴才的眼光中，显然有轻重之不同了。但袁政府也曾忧恤了黄苐卿，优恤了赵德全。敌人指目的“土匪头脑”，中央煌煌表彰，他们一丝气也不敢出。世凯不允许我们查办唐继尧，查办刘显世，但接着宋案发生，二次革命爆发，形势大大变换了。自称老同盟会的唐继尧，一交倒在世凯的怀抱里，东路出兵压迫谭延闿，北路出兵攻击熊克武，替世凯宣力效忠，世凯也允许为他铲锄我们。（黔人冤愤团的四名干事，都明令通缉。）我们本带着“贵州匪党”的雅号，又加上“全国乱党”的新衔，立刻成为“双重罪人”。戴戡来电报一次，刘显世来公文一次，要求把我递解回籍。还好，国务院总理熊希龄，耳熟于贵州党争的事实，给他一个不理会。

我回到四川，在重庆住了一个时期，又迁徙泸县，又迁徙合川。常常接到警告，叫你不能安居。终于三年九月挈眷到达汉口，伏匿在租界上。同乡王季和在那里经商，他恳切的挽留我说生活不成问题。我便一直待到洪宪改元的时候。我儿子夭殇了。继室又死亡，只剩下四个女儿，愁颜相对。家庭幸福我是无分的；政治活动呢，东京的朋友们来信招邀，我实在无兴趣参加。张石麟在上海，得了陈英士的倚信，分担一部分责任。他叫冷用民、黄幼甫来接我，带来可怜的旅费，我还是懒洋洋的。第二天，冷、黄又来说："明晚有船开上海，已经给你买了房舱票，我们还要到宜昌有任务。去不去请你自决。"我只得答应去。石麟安顿在湖南人罗杰家里，为的是和他寓庐相近，可以随时商量。他说："我知道你的性情不喜欢东奔西跑的。陈英士的职务太繁剧，需要一个很精细的人帮助他。我介绍你，他表示欢迎，只待约定时间晤谈。"就是那天下午吧，英士被刺了。我始终没和这位伟人见面。石麟又提示另一任务，他说："倒袁之后。黎元洪是应该依法继承的人。黎虽消极反对帝制，但积极方面还不够。唐少川、孙伯兰[1]们常想觅一个适应的人深入北京，谒晤元洪。你前在武汉，和黎氏相当接近，幕僚中也有熟人。他们请你走一遭，最好得黎的文件，其次口述也行。一句话，要他表示鲜明的态度。"我接受了，这一次得着颇多的旅费。

五年六月二日我到达北京，西车站的检查是严重的，宪兵警察翻弄我简单的行李，很值不得他们的注意。但他们霍霍的眼光上上下下的打量我，似乎想从我脑子里发现什么秘密似的。经过三日的奔走，元洪约定六日上午九时在东厂胡同私宅接见我。谈话中间，副官报告陆军部次长求见。元洪让我等着，不到半点钟回来，他郁闷的神色上，展开了焕发的光彩。我谈到唐少川买收海军事件。他说："兵舰上的炮弹，老早被部里收回，海军中什么用，糜费了这笔钱。"我说："革命过程中，有时是不能计较的，海军虽没实际，从第三者看来，也可以增加革命的声势。"他还连说："可惜这笔款子，可惜这笔款子！"谈到末了，我申述此来的要求，他说："我还要考虑，我们一半天再见面。"是日傍晚，九门轰传袁世凯暴毙了。北洋派以段祺瑞为首，表示拥护黎元洪，择定翌日就职。我这一趟的辛苦，又完全丧失其重要性了。此后，我移家北来，想在京师觅一生活根据。元洪把我交交通部任用。我谒晤了许世英，并且托朋友从旁吹嘘，但他总延宕着。据说"总统特交的人员，

[1] 孙伯兰：指孙洪伊，字伯兰。

随便位置，对不过上边；重要一点的事，一时又没有缺出。”直至六年四月，他才聘我为顾问。两星期后，世英倒台了，继任的人不承认这笔账。吴景濂[1]当选为众议院议长，请我当文书科科长。一个星期，国会解散了，我真是所为不合，一言难尽。记得那年阴历除夕，家里是什么都没有。佣媪看不过，关照她的丈夫送了四样菜来。我说：没有白吃的道理，况且人家也不宽裕，总得开发开发，搜索半天还是一文没有。大女儿静一说：“上午乐彩澄夫人给了小妹妹一元压岁钱。”没奈何，只得借来搪塞，算渡过这一难关。还好，我在上海和石麟计划的另一出路，不久生效了。当日石麟曾叹息说：“倒袁虽可望成功，国民党的成绩还比不上进步党。中枢则让北洋派永久盘踞，我们的前途还是很黯然的。”湖南人罗杰插口说：“世凯下台，北洋的领袖当然属于段祺瑞，而祺瑞的灵魂则为徐又铮。这人是北洋派的明星，许许多多的政客，都想和他发生关系，他却示人以不测，表现出来的只是尊礼桐城派的那几个老腐败。可惜我又谈不来这一套。”我对石麟说：“你在国民党，算是站住脚了。这一条路，让我去想法子打通。无论何党何派，能解决贵州问题的，我们便和他合作。”祺瑞讨逆后，我开始和又铮通信，最初是论文，渐渐谈到对付西南问题，对付直系问题。我前后去过几封信，他回信也有五六封。七年三月，我正濒于穷饿的时候，又铮挟奉军入关，来一封密电，延请我到军粮城，当了一名秘书。

天底下的伟大人物，最好是看远景。纵的方面你读历史；横的方面你浏览报章、杂志。说的那么尽善尽美，因为他们宣传的都是长处、好处，至于短处、坏处便略过不提。挨在身边又不是那么一回事了。长短好坏混什［杂］的摆在你面前，有时叫人不满意。论又铮的学问才具，北洋派当然无出其右。但他的思想不免陈旧一点，度量不免狭隘一点，有时还带一点骄傲，处处露出看不起人的意思。就说皖系一小部分吧，段侧的“四大金刚”都是势不相下。又铮想越过他们，是会不择手段，

---

[1] 吴景濂（1873—1944），字莲伯，号述唐。奉天宁远州（今辽宁兴城）人。袁世凯柄政时，任总统府顾问。护国运动中参与反袁遭通缉，1917年5月当选众议院院长。

予以无情的打击。所以他的前后左右都自己安下了绊脚石。祺瑞呢，我仰他的气节，崇拜他的廉洁，佩服他的果断。但经同事检出他的一个亲笔电稿给我看，这个偶像在我脑子里渐渐褪色了。那是吴光新由重庆退回鄂西的时候。电里大意说，南方人是缠不得的（包括国民、进步两党）。再不努力支持，北洋派的饭碗会全被抢夺。他没想着独占饭碗也是不合理的，有饭该大家吃呀！又铮企图利用奉军，武力平南。张作霖则是趁火打劫，不肯牺牲实力。两人同床异梦，他们决裂了。

又铮另一计划的新中心武力——参战军，督办自然是段祺瑞兼任，但实权却落在参谋长靳云鹏（四大金刚之一）的手上。又铮另辟出路，建议编练新军，经营大西北。他的自信力常是“天下无难事”。果然，受任几个月，他收复了独立八年的外蒙古，在我这没见过大场面的人来看，这是掀天揭地的奇功，中国近百年史上对外的一大胜利。奇怪，不特政治倾向不同的人给他一个不相干，就当时舆论，也非常冷淡。上海各报提都很少提到。只有他切近的死敌（靳云鹏）感觉到威胁，秘密联合曹锟、张作霖进行倒徐。

九年七月，皖直战争爆发了，我被调在“定国军”统帅部中（段祺瑞为统帅）担任繁剧工作两星期。“定国军”战败，又铮避难东交民巷的日本兵营。曹家兵、张家将都耀武扬威的进了正阳门。外间传说：“大帅（北方人称曹锟为“草大帅”、张作霖为“张大帅”，后来还有第三大帅吴佩孚）曾询问：“《讨曹檄文》[1]是什么混蛋弄的”？旁边有人解释说，这值不得追究。我这“混蛋”才幸逃法网。又铮遣人告诉我，毋须汲汲离京，必要的生活费，他会供给。不久，他从东交民巷逃到上海，约我去商量事情。他注意到过去脱离群众的危险，计划先抓住几部分言论机关，要我去接办天津的《大公报》。我说《大公报》老是那样倒死不活的，假使你露点锋芒，曹家的势力立刻封禁你。不如选定上海，还可得个言论自由。又铮答应考虑我的意见。我又把贵州方面的接洽报告他，他欣然赞助我回黔。

---

[1] 《讨曹檄文》：指周素园代拟的《为段建威讨曹锟檄》。

是十一月吧，贵阳发生革命。僭窃政柄盘踞八年的刘显世，被部下驱逐了。主持其事的是王电轮。电轮那时也在上海，他欢迎我回黔，并说："目前预定是我以黔军总司令兼贵州省长，请你当总司令秘书长兼政务所长，经过一个时期，就请你继任省长。凡参与辛亥革命的人谁不知道你，这是贵州人的公意，你也用不着逊让。至于当年出亡同志，请你开列名单，我都分送旅费，尽先回籍。"唉，人事的变化是难以逆料的。护国一役，刘显世的地位增高了，势力巩固了。他自以为是子孙万世的基业，谁知内部矛盾日甚一日的尖锐化。王电轮所做的事，都是我们想做而没有做到的，亦足见盗贼土豪恶贯满盈，虽其至亲不能容忍。这里还显示了一部分的正义和公道（参阅拙著《贵州陆军史述要》）。只可惜我同辟草莱饱经忧患的老友张石麟，已不及见此日的快举。他不堪环境的压迫，于一年前客死了。电轮为种种关系，在上海还须逗留一个时期，我便移家来沪。十年三月，电轮被刺。他老兄王伯群继承他的志事。广东政府任命伯群为贵州省长，卢寿慈为黔军总司令。寿慈是电轮选定的忠厚长者，给他看守印信之人。今天，他弄假成真了。但电轮部下几位旅长，尤其何敬之、谷纪常[1]，都野心勃勃，想争夺这一宝座。电轮死后不久，何、谷裂痕暴露了。伯群催促我先回贵阳，敬之也有电敦请。我亡命十年，对于贵州军政各界，一切都是陌生的，但势成骑虎，又不能说不去。端午前由上海出发，中秋才在铜仁登岸。一入贵州界，真是荒凉满目，到处土匪横行，蓬蒿长的和人一般高，我想这是土豪政权遗留的成绩。第一混成旅司令部派一连人护送我，沿途都在警戒状态中，我又病下痢，情形非常狼狈。和这位总司令部参谋长兼第五混成旅旅长、兼全省警务处长和省会警察所所长、兼讲武学校校长，黔军首脑的候补人何敬之第一次见面，他很不满意我，由他的亲信透露出消息说："这人徒有虚名，太寒伧了，王氏弟兄这样推重，可真是令人费解。"我识趣，写信告诉他"不日回籍扫墓"。敬之亲来挽留，并带来一封总司令部参议的委任状，说："请你主办对外文件，和总司令同

[1] 谷纪常：指谷正伦，字纪常。

桌办公。”敬之办事很负责，每天要消磨六七个钟头在总部里。一切文件，他都过目、动笔，有些还要自拟办法，汇齐之后，他抱了一大厚册向总司令立正，举手呈上去，矗立在桌边。寿慈满不在乎的两眼注视着窗户，把名章一件一件的往上印，不消三分钟完结。我冷眼看，每天都刻板式的演习这一幕。

过了几天，风潮突起了。粤桂代表先后报告：“蛰伏香港的唐继尧，买进了大批军械，率领拥护他的队伍，假道贵州回滇。”敬之慌了手脚，和我商量。我说：“继尧吃惯了元年的开口奶，此刻却没有内应的‘汉奸’。‘上兵伐谋’，是可以言论解散的。”马上代寿慈拟了一电，又用省议会及各公团的名义分拟一电：军民一致反对。并且暗示滇省内争，黔军守局外中立，但遇必要时也不恤和现任滇军总司令顾品珍联合。继尧回电否认，并且撰词安慰。粤桂代表也报告：他先本决计这样干，见我们态度强硬，恐怕消耗实力，阴谋打消了。敬之欣然对我说：“几千里外的事情，你好似目击眼见，预料的一点不差。我知道，你在徐又铮幕府，还要应付全国，代一省之府，自然是游刃有余了。”经过这一场考试，我取得了兼秘书长的位置。省长是寿慈兼任，民政是一团乌黑，五旅则分据地盘，霸占各县税收。何、谷的斗争，暗地里剧烈的进行着。敬之和我亲善了，才渐渐的说实话：“五旅亲辖的第八团是城防改编，只有两营，枪支还不齐全。第七团是刘显世旧部的老巡防队，整个横梗着，放了一个团附，还费很大的气力去疏通。一旅利害共同，相当可靠。警卫团孙剑峰、乡谊、亲谊，谅亦无问题（那时敬之还不知道剑峰就是护谷倒何的急先锋哩）。纪常完全掌握二旅，近在北路的四旅，也和他一鼻孔出气，三旅算是中立，军事力量说不上优势，政治手腕也无法运用，只有催促伯群迅速回黔。”讨伐桂系，纪常新立功于广西，孙大元帅任命他为中央直辖黔军总司令。威望提高了，他公开的通电攻击敬之。同时四旅也有蠢动消息。敬之拉着我往孙剑峰的团部去，要求他下最后决心，并请朱一民（前任总部参谋长）和张赋涛[1]

---

[1] 张赋涛：指张春浦，字赋涛。

（四旅旅长）通电话，尚希望缓和缓和。但张的答复是“兵已渡过乌江，到省见面再谈。”剑峰则急遽地一次又一次地走向别室走。终于报言：他召集部下的军官会议，营、连长们都不愿意参加内战。满屋沉默下来，彼此面面相觑。还是我忍不住说：“形势即已造成，敬之退让为上，我是你约来的朋友，要走大家一同走。”敬之请我拟辞职通电，和告别部下的宣言。他说：“我决计明早登程，你呢，还须留待伯群。”敬之下台了，纪常也不好意思马上就回来。风平浪静的，我们度过了年关。贵阳朋友告诉我：“听得周素园要回来，我们心弦都振动，以为必有一番大大的作为。不料变了一个人了，社会上不免失望。”我只好一笑置之。

旧历元旦，我还在家高卧，听说孙剑峰统帅全部离省。我去问寿慈，究竟怎样一回事。寿慈说：“连我也不知道，我们去找李云谷[1]商量。”两人到了李宅，云谷正在收拾行囊。他说：“贵阳还有什么留恋！”我和他相约结伴，预定七天赶到昆明，转赴广州。路经狗场，孙剑峰的马弁拦住了，说旅长在这里，请我们吃早餐。和剑峰面谈后，才明白他仓皇离省的缘故。原来，我们在警卫团部的另一决议：“目标尽管消去，实力仍须保存。”由敬之保剑峰继任五旅旅长，把警卫团和五旅混合编制，刷新整顿。剑峰虽然护纪常，同时也维护伯群，主张他们军民分治的。这一点却触忤了纪常，连电反对。意思是让他登台后自有处置。寿慈不答，纪常震怒了，他的翼德将军又出马，这一次却真的兵渡乌江。剑峰自揣不敌，所以走避。我说：“同一离省，你为什么不把队伍带去东路，和一旅密切联络，却老远的跑毕节，岂非削弱自己的力量？”他说：“毕节一带是分给我的防地，财政上有一定的收入，我丢了地盘，去看人家颜色吗？”我无话好讲，他邀请我们同走毕节。说：“大伙儿研究或于无办法之中找出办法来。”云谷也答应了。我就这样出乎意外的回到我的故乡。静中想起，中年过去了，东奔西逃的生活，一有不讳，孩子们将流落到怎样地步！还好，合又铮、电轮、伯群、寿慈、剑峰馈遗的，我储蓄下来共有三千元。买了二千元的田，典了八百

[1] 李云谷：指李雁宾，字云谷。

元的房子，把四女和新订的继室接回毕节。剑峰移防赤水，我也懒怠同去，正偷闲着享几天清福。霹雳一声，袁鼎卿的“定黔军”进省了，五旅的团、营、连长，纷纷自动拥袁。谷纪常、张赋涛也狼狈逃避。这位黑松林里跳出的李逵，不特我看不出他的破绽，连何敬之、孙剑峰、甚至号称精细如朱一民，都没一句话提到，全不知道他在那里进行“地下工作”。记得九年冬间，老同志詹灵枢到北京，自称袁鼎卿的代表，邀请我合作，我问袁的宗旨，灵枢答是“扶刘倒王”。我说，刘显世荼毒桑梓，天怒人怨，还不应该打倒吗？尤其我，是一贯反刘，焉能和扶刘的人共事！灵枢说，这不过是假借的名义。我说：“名义可假借的甚多。不取消扶刘，无商量余地！”电轮被刺，王侧都说是鼎卿的主谋。他得了靳云鹏、王占元的帮助，在武昌组织“定黔军”总指挥部，我代伯群策划，从种种方面打击他，不久便销声匿迹。今天他成功了，我不免有戒心。奇怪！他一次又一次来电，那么致敬尽礼的，虚左以待我；暗地里，却命令本县驻军监视我的行动。我身家念重，委屈了我的意志，埋藏了我的节概，再诣贵阳，他委我当秘书长。每天两人同餐，谈今论古，表面上很相得，神精上总有点格格不入似的。据他的表示：贵州已有两党的存在，西风压倒东风，或东风压倒西风，事情都办不好。他是要左提自治党，右挈宪政党，大公至正，以人才为标准的。他以命令表彰张石麟，认为起义元勋，给一次恤金三千元。旧日党员也权用了几个。又送给我毕节方面的安家费，又派兵护送我的继室来省，让我有家人之乐。一切笼络手段，他都尽量施展。一天，露出马脚了，一位从北京回来的学生，在我房里谒见他，这学生颇会“贡谀”，把他此行所见的唐继尧复辟后的云南，和总指挥新获得的贵州，两省政象比较论列，赞美他治理的长才，尤其土药粘粘印花，真是“不加赋而用饶”。他笑着说：“这一政策是我苦心思索的，但施行起来还不免有遗漏，即如我们秘书长，就告诉家里，收得的土浆熬好来藏起。”我说：“我给孩子们的家信，都劳总指挥分神检查，感谢不尽。”他自知失言，脸红筋涨。又一天，忽然他一本正经的向我发问：“在你的意思，必然以为暗杀王电轮是我的主谋？”我说：“那究竟是何人呢？”他说：“自然是刘希陶[1]（显世胞弟）。他们舅甥间的恶感，真是宿世冤孽。我在黔军的资格，是一刀一枪，从血汗挣得的。电轮因为我得军心，三番五次的挫辱我。我反对电轮，但是要一拳一脚的见个高下，阴谋是不来的。我们相处数月，我是老粗，自谓已了解，你还不认识我吗？”我说：“是非久而自定，也毋须汲汲自白。”他说：“我为的是争取你的信任，彼此要开心见肠一点也不怀疑。旁人呢，我无自白之必要。”

十一年八月，鼎卿就任贵州省长，委我为政务所长，仍兼省府秘书长。我恳辞兼职，他坚执不允。我把我的意见陈述，筹备开办的行政研究所，我这所长是安排深入群众，去和一般学员朝夕厮混，考查他们的品性、操行、才具、识见，把所得的详细报告，让你好量才录用。各县的情形不同，每人到任后，给他四十日限期，提出治理的计划，“教”“养”“卫”三个部门中，胪列细目。半年办到怎么样，一年办到怎么样，两年三年又各办到怎么样。一经核准，需要拿事实来证明。复次我们提高待遇，薪公各费都一倍、二倍的增加，让他们内顾无忧，尽心职守。复次，我们有犯必惩。待遇改善了，还要贪污下流，哪怕省长的亲属，也得依法处治，决不容认丝毫情面。吏治澄清了，老百姓才算是解除痛苦。即你们军事家的“向外发展”，兵员财力、何一不根本于民政！我现在是埋头故纸堆中，每天看公事、拟电报，占去了全部时间，弄得个精疲力尽。他才答应慢慢的物色替人。

几个月过去了。人们说“历史不重演”，指的是政治上了轨道的国家。像我们走循环路线的民族，真真可是难说。元年旧剧本，今天又一幕一幕的来复演一次。鼎卿此次定黔，是倚吴佩孚作背景。唐继尧很不安，派代表来，鼎卿表示对立，毫不客气。继尧决心图贵州，刘显世在昆明，又作秦庭之泣。于是继尧任刘显潜（显世从兄）为滇黔边防督办，命张汝骥、吴学显部队集中边界，剑拔弩张的只待前进。宪政党领袖任志清、陈幼苏们包围鼎卿，总说：“唐蓂庚（继尧字）自顾不暇，刘如周（显世字）也决不至于此，你费了大力才完成的清乡工作，部队

[1] 刘希陶：指刘显治，字希陶。

集中，土匪随之而起。无的放矢，岂不成了笑话？”鼎卿的第四旅旅长刘升昌（显世胞侄）驻扎兴义，公然命令西路县局，截止解省款项，为滇军准备粮秣。镇宁县长平少璜把原令专人送给我，我呈交鼎卿，他才下令调兵。敌军入境，升昌内应，且作了敌人的前驱，很迅速的进入安顺一带的平原。我们陆续增加的军队，上去一营溃一营，上去一团溃一团。政略、战略全部失败。鼎卿退却，我也跟着走。还好，秘书长已于十日前交卸，预定的是在铜仁组织省长行署。到达铜仁，收集溃卒，草草改编，鼎卿见着士无斗志，放弃原定计划，退出四川。我说：“现在我是没有职务的人，打算去上海修［休］养一个时期。”他也首肯了。鼎卿令军需处呈出帐目，要核计他的印花收入，存余尚有多少。揭开一看，第一名陈幼苏，借用六万元。其余某人借若干、某人借若干，三十余万元的巨款，就这样分赃式的开除个干净。他暴跳如雷，声言非杀人不可。气平后对我说：“你的资格是很可以借个三万、两万的，为什么摆着钱不拿？”我笑了一笑，他又叹息着说：“你们清廉的人，自己不想办法，我忝为长官，也不知道替你想办法，真对不起你。”我说：“从去年八月以后，政务所长薪俸一百四十元，公费一百元，兼秘书长又一百四十元，每月三百八十元的收入，在我一生的薪金生活上，已达到饱和点。但是想做的事都没有做到，还是我对不起你。”我们这趟不由衷的结合，就此分手。

上海住了将近一年，鼎卿在川，大大的发展，他接受吴佩孚的援川前敌各军总司令，力战，驱熊克武出川。曹锟任他为川黔边防督办，开府重庆。他常来电慰问，并汇济旅费。多数师旅长也从旁催促。我一心想回毕节，但贵州在敌人的掌握，真是有家难归。十三年五月，我出任督办公署的秘书长，这回的事情一点也不碍手，所有文电，秘书处一古脑儿送给我，当委办的委办，当自拟的自拟，转呈上去，鼎卿只照样画“行”，一个字也从没讨论过。他说：“我想不到的，你都补充了；想到的，你也说得那么透彻；我还说什么呢？”但同事中自参谋长朱崧以下，都背地里抱怨讥弹我专横。我不止一次的向鼎卿说：“公署的各单位，各有各的权限。督办虽是看重我，在他们说来，我实不免侵越之嫌”。鼎卿说：“次要的，还可分给他；重要的，总求你偏劳偏劳。他们连这点轻重都不识，简直是浑蛋，值不得计较。”

鼎卿的声势造大，寇酋也自知弱点。唐继尧屡次派代表来重庆，申明无条件交还贵州，请鼎卿派队接防。刘家是滇军的附属品，当然不成问题。但另方面却惹起吴佩孚的猜忌，请饷请械皆不与。责成他平滇，又讽示他撤兵。这时讨曹战争爆发了，由东南蔓延到东北。冯玉祥学“刘牢之的三反”，又从北京起事，曹、吴倒台了。鼎卿和皖系，向来不通声气，段祺瑞复出，鼎卿感觉地位的危险，非常忧虑。我自告奋勇，愿意当代表，但以“赐放还山”为交换条件。滞留北京三个月，结果还算圆满：川黔边防督办由执政重加任命，并着鼎卿统辖贵州全省军队，兼管驻川黔军，又依鼎卿的密保，特任王天培督办贵州军务，周西成为会办，彭汉章为贵州省长；又拨给子弹二百万，表示中央对他的倚任。我对鼎卿说：“今天，你们四角开府，本军的发展达到了一个新的阶段，我适逢其会，幸不辱命，应该实践我们的诺言。”鼎卿留恋不舍，只准了四个月的短假，特别酬劳我一万元，我从此闭户读书，退出政治漩涡。

（录于《周素园文集》）

李恭勤[1]遗集序

丁亥（1947年）

满洲统治中国，近人以种族见地批评，不稍假借。然康熙、雍正、乾隆，较论历史良不愧为英哲[2]之主，彼父子祖孙，有一深刻之认识。盖谓尺布斗粟皆出闾阎，供亿人民，既竭其力以奉公家，则振恤灾危，备救凶患，使之安生而乐业。实君主之责任，百僚师师承流，宣化其私人生活，亦应代为筹及，惟贪墨取求则断断不容许。故其政治纲要，曰安民曰察吏，吾人试检三朝实录，圣训提撕[3]，警觉反复叮咛，虽其命令之彻底性，世人不免怀疑而念兹在兹，视同天经地义，宁可以其为异族而少之，当时大臣在君主严密监视之下，救过不赡而能克勤职守，懋著勋猷，清风亮节，皭然卓然，此其人自未易企及，又况籍隶边省，系出寒门，拔迹赀郎[4]，矫翼未秩。无凭藉而致青云，如黔西李恭勤。公岂非尤难之难者哉。公讳世杰，字云岩。乾隆中，由县丞历官至总督，终兵部尚书。得谥恭勤。事迹具清史本传，顾人往而风微，距今仅百余年，谈者已渐忘其姓氏，忆桑梓先达，余犹及见李苾园尚书，唐鄂生宫

---

❶ 李恭勤：指李世杰（1716—1794），字汉三，号云岩。贵州黔西县人。官至四川总督、兵部尚书。赐谥“恭勤”。

❷ 英哲：本文指才能和识见卓越的人。

❸ 提撕：本文指警觉，提醒。

❹ 赀郎：出钱捐官的人。

保两先生晚节恩荣，良不逮恭勤。然大抵立名义孚物望，耿介倔强，保有贵州人之特色。今下世不越四十年，知之者亦无几人矣，所贵乎豪杰者为其影响群众也，吾观苏、浙、闽、粤人士，乐其乡之有贤俊，景附如恐不及，生则气类相从，殁则阐扬备至。夷考学问、事功、声闻、过情者，多有之贵州人，雅慕特立，实陷孤立，其生也，各行其是。其殁也，不相为谋。甚或彼此忤视，吹毛求疵，悠悠千岁则亦日销月铄，听就埋没耳，此识者所以忼慨而累唏也。张君伯衡，积十余年之力，穷搜博采，凡李氏生平散稿及有关李氏之著作汇为一编，手写成帙，命曰《李恭勤遗集》，印刷流布，将以扩大恭勤之影响，使后进观感而兴起。颜渊曰：舜何人也，予何人也，有为者不若是。孟子曰：子服尧之服诵，尧之言行，尧之行是，尧而已矣。恭勤虽不可作，恭勤固去人未远，表章逝者，即以策励方来，君子莫大乎与人为善，此则伯蘅之用心也夫。

（录于《素园文存》手稿第五册）

陆军中将黔军总司令王公神道碑

丁亥（1947年）
代何敬之作

公姓王氏，讳文华，字电轮，贵州兴义县人也。始祖自吴迁黔，盖明之世官，至清而失其守，历十叶，积善累仁，洎公昆弟乃大贵显。公十岁丧父，与兄伯群励志向学，每憾所居僻远，无师友启迪之益，会县之有力者延绥阳雷廷珍主讲席，廷珍故治小学，号通经，曾主贵阳经世学堂，有擿其谬误者，廷诊不能堪。去之兴义，经世高材生姚华、熊范舆等负笈从之，公参伍其间。具知汉宋派别及塗（途）术之所宜。居数年，风气益蒸蒸丕变，学者以求学海外为宗尚，公曰：吾家仅中产，不足供两人，长幼有序，吾不可以躐[1]兄，于是伯群赴日本，公则诣贵阳，入通省公立中学堂，转优级师范选科。时，学校草创，设备简陋，教师多速化浅尝，思想尤腐败。公概不惬意，独私喜得内交张铭，接受其革命影响，笃嗜顾宁人[2]、黄宗羲、王夫之遗著，又订阅国粹学报、民报，既了解其理论，进而研讨实行方略，学校当局累加禁约，至于记过，公不为动。比届毕业考试，遂飘然返里，因粤商介，着籍为旧金山同盟支部会员，设体育学会，吸收热情青年。辛亥八月，武昌起义，贵州自治学社党人谋响应，巡抚沈瑜庆电调西路巡防二营管带刘显世，募

[1] 躐：本文指践踏。

[2] 顾宁人：指顾炎武，字宁人。

土著五百人，兼程来省，镇压革命。显世，公诸舅也，而志趣不相中。士卒新集，显世仓卒无可任，畀公前队队官，行次安顺。而革命成功，巡抚以下咸逃，显世徘徊不敢进，公单骑入省，上书军政府，自陈夙受同盟会密令，阴有部勒，期以此军，共建大义。今政局维新，凡属异己，均宜包荒，矧在同志，尤应沆瀣。党人领袖张百麟，亦素谂公志事，披诚款洽，连电促显世晋省，推任枢密员兼陆军第四标标统，显世得树基本势力，实始于此，自治党既柄政，措施不餍人望。显世与任可澄、郭重光谋，密遣戴戡乞师云南，蔡锷许之，命唐继尧率一混成旅，以北伐名义假道贵阳。继尧至，与显世合屯螺蛳山，议攻战，公请曰：滇军远来疲劳，借其声威，足寒敌胆，且闻敌方未作抵抗准备，文华自信足了之。继尧悦，拨二大队听指挥。公缘城先登，猛扑都督府，闻赵德全遁，立停止攻击。地方安堵，继尧为贵州都督，命公安抚西路，诛土豪吴维刚、安三妹等，还授省会警察所所长。民国二年，继尧调任云南，显世为贵州护军使，显世起家巡防，其所区划设计，皆不越巡防范围。公于继尧办干部学校时，诱掖亲知，鼓励入校，割私财资给之，至是已大量结业。又请于继尧派遣优秀军官相助为理，于是建议显世，创立贵州陆军。凡六团，公被任为第一团团长，搜讨申儆，壁垒森严。先是公兄伯群以贵州代表参加政治约法各会议。调查北洋军队内容，尽得其呰窳状，袁世凯阴规（窥）帝制，诸嬖幸梁士诒、杨度等尤力促其实现，因密电公，共和幼稚，奸人窥觎，宜积极准备，以防万一。公念各团分散省外，精神或不统一，乃设模范营，指调基干，更番来省，勉之以大义，感之以至诚，保育如慈母，督责如严师。部署粗定，而帝制运动已普遍进行，伯群往来京、津，与蔡锷、梁启超周旋。锷怀护国之志，密遣信使分谘各省，答语皆模棱，持两端。锷忧懑。伯群具言公所为苦心经营者，锷推案起曰：吾乃今知君昆季非常人也，罢会。伯群又电公，大计已定，时至即发，锷如昆明，继尧以云南举义，两人联电促显世讨袁，显世内慑世凯势，且耻事前不与谋，滋不悦。公仗义力争，至于再三，犹不可，公愤然曰：吾誓与共和同命，事在必行，今日头可断，志不可夺。爵使请以第一团兵变告北廷，杀身灭族，文华自当之，幸而事济，名利仍归爵使。方是时，全省军心皆向公，显世不得已，姑听公，仍输款世凯，以其兄显潜出任贵州巡按使，开府兴义，坐观成败。方是时，世凯两路出师，曹锟为总司令，经川攻滇，马继增为副司令，闯湘犯黔，滇、黔军亦分路拒之，决策作战于境外，统滇军者锷，负海内重望，所部逾万人。罗佩金为左翼，戴戡为右翼，后路则继尧坐镇昆明，饷械转输，源源不绝。公统黔军，初出，名不显，所部除第一团外，惟卢焘之第二团，吴传声之第三团从，出师非显世本意，请领械弹皆不与。又纳熊范舆策，举中国银行流通券百数十万元，悉令截角缴库，火饷骤绌，公一切容忍，拔队东下，设司令部于龙溪口，命吴传声将右军，规黔阳，卢焘将左军，趋麻阳，公自将中军，攻芷晃。右军连克黔阳、洪江，迂回芷江后，中军亦拔晃县，薄芷城，而左军告急，传声乘胜锐进，陷伏阵亡。右军亦警，公曰：吴团长虽殁，所部守尚有余，敌军主力在左方，乃驰赴麻阳，督营长袁祖铭、窦居仁、敢死队长胡刚等冲锋苦斗，继增为之夺气，先是北军传统，轻视贵州为幺麽，文华书生，继增尤不以厝意。两军始交，前锋屡挫，军士惯麦食，谓稻米不果腹，又沿盛时装备，行间皆履革履，走山路，跬步辄倾跌，公出奇谋夜扰之，东西警戒，达旦不得休息，于是携械逃亡，咨嗟盈路，相持五月，大小战凡数十合，北军汔无尺寸进展，继增愧愤自杀。洪宪撤消，世凯暴殒，公亦积劳成疾矣。共和复活，贵州陆军编师，公为师长，充军事代表，赴北京，督军团联名呈请解散国会，公拒绝签署，秘密南下，抵上海，谒孙中山先生，商榷时局，流连累月。而蜀中兵祸又作，先是戴戡为四川省长兼督军，刘存厚拥兵在肘腋，跋扈不受节制，公密电戡，当断不断，反受其乱，戡弗纳，已而存厚果叛，推刃长官，黔士无辜罹害者数千人，北廷不能讨，段祺瑞踣张勋，另组所谓临时参议院，中山先生率海军走广东，倡议护法，公以国难友仇，责无旁贷，电饬部长集中綦江附近，而躬自间道赴军。北廷任吴光新为查办使，挈四混成旅入川，驱役川人，与滇军力争叙、泸。公至军，将筹策进取，而显世纳北廷赂，议撤兵，公持不可，显世乃密电北廷，已命王文华赴川收束，盖事成则享其功，事败有所归咎，犹沿用五年故智也。公出敌不意，攻占黄角垭，威胁重庆，吴军败绩，光新狼狈奔迸，周道刚、刘存厚之师亦各溃退，川东南尽入滇黔军掌握，公言于继尧曰：蜀人积年怀疑，谓滇黔军有领土野心，方今法纪陵夷，相期努力中原，宜主川人治川，择宗旨可信者扶助之，川局巩固，然后会师武汉，大局可次第着手也。继尧韪其言，故驱逐存厚，扫荡成都，共推熊克武任督军，杨庶堪任省长，公本谋也。三省协约成，设联军总司令部于重庆，继尧为总司令，显世副之，公为黔军总司令，所部扩编四混成旅，选将练兵，一意北伐。熊克武既柄政，谋私通北廷，排斥客军，原订条件，一不履行。公开诚布公，委曲迁就之百方，终已无效。九年三月，熊部屡向黔军挑衅，杨庶堪就公于重庆，设行署治民事，川军将领吕超、石青阳、卢师谛等亦咸声罪致讨，公与继尧废克武而立超，克武奔川北，合于刘存厚，收余烬突袭川军，超、师谛不支，滇军亦有异志，战弗力，成都以西，相率委弃。泸县在我军后方，滇军退却已三日，公方与刘湘苦战于重庆、合川间，闻报，叹曰：数年心力，隳于一旦，拊膺悲愤，引发旧疾，乃命卢焘代理总司令，振旅还黔，而自养疴上海。先是显世信任谗佞，群小杂进，卖官鬻狱，贿赂公行，财政紊乱，议会失权，公累谏不入，猜防尤甚。以黔军为公手造，欲乘其敝解散之。军民胥怨，遂有十一月九日之革命。父老敦恳归任黔军总司令兼省长，公以宿恙未痊，未应也。然公生平雅抱，以为军人当对外发展，为国扬威。内乱积年，深所饮恨，莅沪后一再赴杭，与卢永祥有所商洽，又诣广州，征求中山先生同意，将整齐步伐，求真正之和平统一，事方有绪，乃为奸人所乘，十年三月十六日，于上海一品香旅社门外狙击三枪，悉中要害，遂卒，年甫三十有三。公负瑰伟殊特之姿，未尝入军事学校，而战略战术，超轶等伦，运用之妙，专科学者咸自愧不逮。又能把握政治形势，预测其倾向，其所主张，时流或不免非难，甚者出死力以沮（阻）挠之，反抗之，而事实昭示，终证明其路线之正确。呜呼！非命世之豪杰，其孰能与于期。元配某氏，继室某氏，子某，女某。公至杭，乐其风景，尝曰：他日国事息肩，得受一廛[1]而为氓。于愿足矣。故伯群葬公西湖之王庄。应钦与公同里闬[2]，申之以昏（婚）姻，又相从于军旅，知公深者，宜莫应钦若。乃伐石镵辞，以谂当世。铭曰：

芸芸众生，人步亦步，环境囚拘，蹈常袭故，维哲维圣，明烛几先。革命救国，启示群贤。阳春白雪，曲高和寡。能自得师，天下健者。公起遐方，衷心信仰。掬其赤忱，归于民党。教育陈旧，敝屣弃之。亲属顽梗，莫染素丝。排除万难，追求真理。仁远乎哉，至善期止。护国护法，武烈洸洸。风云际会，虎啸龙骧。奸徒鬼蜮，坏汝长城。公身虽毁，公名已成。三民主义，统治寰区。筚路蓝缕，视此先驱。

（录于《素园文存》手稿第五册）

---

[1] 一廛：本文指一块土地，一处居宅。

[2] 里闬：指里门，代指乡里，乡里乡亲。

毛总指挥[1]遗像赞

丁亥（1947年）

岳岳天表，秩秩[2]德音。猗与人豪，朝野同钦。十五志学，勤惜分阴。洎乎投笔，革命献身，袁段曹吴[3]，其旅如林，以弱敌强，干城腹心。术略邃密，智勇深沉。丰功铸鼎，大旱作霖。遂绾两符，总制全黔。三年报最，载骤骎骎。急流则退，覆炼莫任。角巾还第，皓月胸襟。躬行仁孝，窃慕曾参[4]。如何不吊，哀毁难禁，将星遽殒，噩耗相寻。邦国殄瘁，匪今斯今。

（录于《素园文存》手稿第五册）

❶ 毛总指挥：指毛光翔。

❷ 秩秩：文中指积聚众多之貌。

❸ 袁段曹吴：指袁世凯、段祺瑞、曹锟、吴佩孚。

❹ 曾参：指曾子（前505—前435）。姒姓，曾氏，名参，字子舆。春秋末年思想家，孔子晚年弟子之一，儒家学派的重要代表人物，夏禹后代。著有《大学》《孝经》等作。后世尊奉为“宗圣”。

《毕风》序

戊子（1948年）

贵州，古南夷地，乌江流域大抵且兰旧壤也。汉发兵击南越，且兰君不用命，武帝使八校尉诛之，平南夷为牂牁郡。历代以其险远，羁縻勿绝而已。毕节之见正史，始于明傅友德征滇之役。其后奢香开九驿，大兵沿驿路屯田，军事力量既已深入。永乐十七年，遂分贵州为四府八州，规制一如内地诸行省，然毕节犹以卫名。夫县者，行政区划；卫，则军事系统。当日形势，书缺有间。吾人想像推断，逆知军权高于一切。逮改卫为县，迁客云集，工商勃兴，学校蔚起，文化骎骎发展矣。夫以广义言，衣食住行皆文化之一体；以狭义言，学问文章尤文化之结晶。网罗其放失，荟萃其菁华，刊印流布，亦敬恭桑梓之一道也。縻子君牧从事于兹有年，采访无间，寒暑抄胥，不舍昼夜，勤勤恳恳，视为毕生事业之一部。远者无征，自清乾嘉以降，得二百五十二人，人各系以小传，仿郑子尹《播雅》例，专收诗歌，间附韵文、联语，定名曰《毕风》。尝论古今作者之林，太上尊思想，其次贵技巧，其次因时间空间之关系，亦往往各自名家，集体著作不然，或代表派别耶，恒有共同之宗仰；或代表地域耶，率有共同之倾向，于若干不同之个体中，可以抽出其共同点。唐风之啬，秦风之悍，郑风之淫，此宁叶于中道。尼父删诗，存而弗翦，将毋有取于客观之实际，而文字工拙非其所注重。与读《毕风》者，本此意以求之，庶不昧縻子编辑之苦心矣乎。

（录于《素园文存》手稿第五册）

明故明威将军周公神道碑

戊子（1948年）

南宋末造，渥奇温氏崛起于蒙古，成吉思汗之铁骑蹂躏遍亚欧，史称灭国四十而有中原，盖汉族舆图仅得其占领地之什一，顾蒙古不长政治，统理寡术，故其霸权所建立亦如急风骤雨，不旋踵而崩溃。洪武元年，明太祖命将北伐，夷大都，驱元人归诸沙漠，而所封梁王巴匝剌瓦尔密[1]犹踞昆明五年，帝使待制王袆如云南谕降，巴匝剌瓦尔密恃其险远，拒命而杀行人。帝震怒，十四年命傅友德为征南将军，蓝玉、沐英副之，率步骑三十万讨云南，至湖广，分遣都督胡海洋将兵五万由永宁进，大军由辰沅向贵州，平普安，取曲靖，大战白石江，禽元平章[2]达里麻，友德自捣乌撒，循格孤山[3]而南，以通永宁之兵，令两将军乘胜趋昆明，把匝剌瓦尔密走死海洋[4]，师次赤水河，阻于元右丞实卜，不得前。闻大军威胁其侧背，实卜仓皇遁，友德城乌撒，群蛮来争，奋击破之，下七星关，定毕节。东川、乌蒙、芒部诸部皆款附乌撒，蛮复叛，蹙

---

❶ 巴匝剌瓦尔密（? —1382），元朝梁王，元世祖忽必烈第五子、云南王忽哥赤的后裔。封梁王，镇守云南。

❷ 元平章：元代之行中书省置平章政事，为地方高级长官。

❸ 格孤山：在今贵州盘州市东北。山势雄峻，界连滇蜀。

❹ 海洋：指滇池。

之斩首三万余级，获牛马十余万，水西诸部亦降。由是开驲[1]屯田，以武力实行殖民政策，各省迁客佥负开化使命，爰集滋土。盖蒙古藩封，本无社会基础，无难一蹴而去之，汉族真正之敌人，厥惟诸蛮，诸蛮自原始以来，鸟群而兽聚，既醉既饱，相仇相杀，乖天地之和，蔑礼义之教，地踞上游，万一有奸旌者出，假手组织，统一指挥，恢张其犷悍之气，大足为中国患。明祖高掌远跖[2]，因诸蛮震詟[3]兵威，责令驲道左右各拓地十里，为我师屯田，资划军区，订官制，俾戡乱。有功人员，各率胜兵，春耕秋获，以守以战，以长养其子孙。我周家始迁祖即行间桓桓之一士，公讳必贤，字思齐，湖南祁阳人也，终七星关守御所千户，授明威将军，当日隶属何部分，战绩若何，家乘纪录疏略，代远年湮，今已无从考证，惟所居地位，必由血汗博取，此故可推度而得迁移以还，历年六百，传世二十有五，遗胤[4]蕃衍至九百户，五千丁，而支属之居海子街、居张官屯、居花猹猪者尚不在此数。呜呼！食德服畴，吾侪为人子孙，敢忘所自与。铭曰：

汝南一系，典午寖张。群从西徙，涉赣讫湘。笃生我祖，武烈洸洸。风高隼击，云起龙骧，力征经营，奠此严疆。遂著黔籍，为民之望。拱拢岳岳，七星汤汤。山河不朽，族类永昌。

（录于《素园文存》手稿第五册）

---

[1] 驲：指古代驿站专用的车。后亦指驿马；驿站。

[2] 高掌远跖：比喻规模巨大、气魄雄伟的经营。出自汉·张衡《西京赋》："缀以二华，巨灵赑屃，高掌远跖，以流河曲。"

[3] 震詟：震惊畏惧，使震惊恐惧。

[4] 遗胤：后嗣，子孙。

题三教[1]立身行道经后

戊子（1948年）

世界文明国家，信仰自由，大都著在宪法，良以人类精神需要安慰，而一种之教义，不足应多数之要求，由于环境之不同，宗教家言亦呈五光十色之状态，甲固不足以非乙，彼以未见其胜此。余每自憾未能获得信仰，俾精神有所寄托。年逾七十，犹不免忧惧贪嗔，故于他人信仰，绝对尊重。谢君德光，持三教立身行道经，将付手民，嘱为校正，并书数语以归之。

（录于《素园文存》手稿第五册）

[1] 三教：儒、释、道。

刘泽清家传

己丑（1949年）

君姓刘氏，讳泽清，字维周。贵州毕节人，其先陕西乾州人也，入黔始祖曰世文，三传至君高祖梅，为名孝廉，治经学，兼研讨边疆民族语言文字。曾祖绍虞，祖灿奎，父徵祥，仍世耕读，乡里称曰积善之门，徵祥有四子，君其季也。少师老儒康余三，昼夜攻苦，康以女妻之。应童子试，累列前茅。值清末科举废，遂不求进取，专意力田。伯仲皆前殁，君处寡嫂孤侄，咸有恩意。虽析爨异炊，春耕秋获，恒先伯仲之所有，而后及其私。中华民国纪元，贵州遭受侵略，客军占领期间，全省粮税悉括，以自赡又不足，则益之以科派[1]，各县民不聊生，群起为盗。君家南里宋伍[2]，其地为小市集，兼俗尚武悍盗风，日以蔓延，君叔兄泽湘，夙负正直声，戚族有不善，常面折之，期率教乃已，盗之渠魁曰康某，君妻兄也。泽湘劝诫之弗悛，诉于理，置康法。康子纠党窜山林，伺泽湘归，伏路刺杀之。君素谨厚，恂恂长者，对人似不能言，比遘家祸，始变业学负贩，四出侦匪踪，跋履山川[3]，踰（逾）越险阻，得实则具报驻军，躬为乡导，与匪搏斗十余次，坚忍卓绝，展转三年，卒得仇于大定属之扒那河，手刃以告兄灵。于是，众服

---

❶ 科派：摊派力役、赋税或索取（钱财）。

❷ 宋伍：位于今贵州省毕节市七星关区南部。

❸ 跋履山川：形容远道奔波之苦。

其智勇深沉，而叹向之，浅之乎测君也。十五年，岁大歉，君积存仓谷四十余石，或曰须之善价可立得，君笑不应。顷之贫户食糠核，杂以草木，饿殍日以闻，君乃召其子光远[1]而告之曰：生人宜互助，损有余，补不足，天之道也。曩吾积谷，非冀居奇，特备周急之用，然，博施济众，尧舜病诸，吾力几何敢尸义举之名，今廉得某某若干家，皆濒死亡线上，吾将罄吾所有，均给而密致之，汝勿惮劳，其偕余努力，父子负重，日行二三十里，匝月乃竣事，是役也，君虽力避其名，然名实不可掩其后。光远行商，两度遇匪，诘询姓名，皆曰若刘某子耶，若翁善人，吾等义不犯若，归告若翁，道吾等问讯也，其感格凶顽有若此。君以故乡不可居，尽室徙于城，设肆作小贸易。光远既冠授室，则畀以百圆，命自为营运，光远善观万货之情，深通时用之理，废著[2]鬻财，十年之间，隐然掌握贵州经济界霸权，悦亲养亲，力能备物。而君居处，服食无改于其旧，诏光远曰：逊清中叶，吾邑科甲蝉联，文化号为先进，今稍寂寞矣。汝欲投资教育事业其可光远，创崇德小学于故居白泥井[3]，又创弘毅中学[4]于县城，又创维周篮球场于省城。外县外省凡以兴学募捐，莫不立输巨万，承君志也。雅不喜出入公门，晚年曾一任毕节救济院长，以己资收容老弱残废至百数十人。其他临时救济，亦君首先解囊，县人每窃言曰：世之以多财为诟病者，谓其聚而不散也，如刘氏之善用其财，多庸何伤。然光远卒以匹夫怀璧[5]，陷身囹圄，青蝇营

---

[1] 光远，刘熙乙，名光远。

[2] 废著：贱买贵卖。著：买进，囤积。出自《史记·货殖列传》："子废著鬻财于曹鲁之间。"

[3] 白泥井：位于今贵州省毕节市七星关区南部。

[4] 弘毅中学：原贵州省毕节县著名私立学校，旧址在今贵州省毕节市七星关区东关坡，1949年12月与毕节县中合并，更名为贵州省立毕节中学，即今毕节市第一中学。

[5] 匹夫怀璧：有才能，有理想而受害。出自宋·黄庭坚《薄薄酒二章》："匹夫怀璧死，百鬼瞰高明。"

营[1]，将构大狱，法吏虽直其枉，犹坐以微罪。家人共匿其事，不使君知，君颇怪光远数月不归省，则率眷口往视之。三十八年二月十九日，卒于贵阳新宅，春秋六十有七。配康氏，先君三年卒，子光远，贵州省银行总经理，裕远，国民大会代表。女媛远，适孙藩林，淑远，适何德川，懿远，肄业金陵女子大学。孙男八人，孙女二人。

周培艺曰：余于君，五年以长，生同里闬，壮不相知，晚而时时过从，始悉君为人。其所守者，旧礼教，所崇信者，旧道德。践履笃实，确然不移，老成典型，庶几近之，余多不良嗜好，君介然一无所沾染，日偕二三老友循行陇畔，余何值辄相劳问曰：盍稍休乎？君谢曰：少习田事，方以此为乐也。呜呼！此特君小节，然而岂易及也哉！

（录于《素园文存》手稿第五册）

[1] 青蝇营营：营营指苍蝇飞鸣声。青蝇营营暗喻奸佞之人四处散播谗言之举。出自《诗经·小雅·青蝇》。

刘维周墓志铭

己丑（1949年）

君，毕节刘氏，讳泽清，字维周。其世次行谊，余既叙列为家传矣，孤子光远、裕远复以墓铭为请。呜呼！孝子之显扬其亲，至无尽也。虽然亦视其亲之自为舜，不能推美于瞽瞍，周世宗[1]不能归善于柴守礼[2]，其亲无不朽之实，徒乞灵于不朽之文，吾有以知其难实具矣。虽无文，口碑传千百年焉可也。君学不修于专门，名不登于仕版，而尽性尽伦，处常处变，无几微之不叶于义，乃其私蓄之弘愿，则欲大庇天下之孤寒，使无一夫之不获其所居，约则竭其力之所及席，丰则充其量之所周，孳孳为善[3]，笃老不倦。可谓粹然完人也。世俗以自私为出发，以享乐为归趋，苟求利己其极至于相争相夺相贼害。家庭之内，动滋口舌，朋友相与，隐伏戈矛，闻君之风者，其亦稍知愧耻哉！毕节改卫设县，历数百年，达官显宦，代不乏人，而妇孺知名，金石寿考，万人佥称一刘孝子，孟轲谓天下有达尊三，其实齿不足论，即爵亦乌能匹德，君成德之方与孝子之寻亲者异趣，而为社会宗仰，则同殁世[4]

---

❶ 周世宗：指柴荣，五代时期后周皇帝。

❷ 柴守礼：五代时期后周世宗柴荣生父。

❸ 孳孳为善：努力行善。孳孳：同“孜孜”，努力的样子。出自《孟子·尽心上》：“鸡鸣而起，孳孳为善者，舜之徒也。”

❹ 殁世：终生，终其一生，去世。

之名，其殆未遑多让与。君生于清光绪九年三月十七日，卒于中华民国三十八年二月十九日，即以三月七日葬于贵筑县甘庄乡甲坝寨之原。铭曰：遥遥华胄，迁自西秦。入黔七叶，中有闻人。耕读相承，世绍先绪[1]。君困场屋，黾勉科举。遭时革制，绝意雄飞。服勤陇亩，尽瘁庭闱。有兄謇謇，持正一乡。督过于盗，翻为盗戕。伯升云徂[2]，文叔谨厚。义不反兵，敢居人后。艰苦三年，足胝手胼。卒得仇人，而甘心焉。治生之暇，杜门课子。子既鼎盛，弗享厥祉。圆颅方趾[3]，哀我同胞。颠连无告，徬徨乐郊。养之教之，吾与有责。忍己独肥，而众皆瘠。揭橥职志，一往直前。崛起闾巷，抗希圣贤。令德昭明，仁声流播。社会栋梁，又弱一个。形则易敝，名则益崇。我铭纪实，埋此幽宫。

（录于《素园文存》手稿第五册）

---

❶ 先绪：祖先的功业。

❷ 云徂：云飞行向前。

❸ 圆颅方趾：方脚圆头，指人类。出自《淮南子·精神训》："故头之圆也象天，足之方也象地。"

清故四川试用同知赵君墓表

己丑（1949年）

君讳云龙，字雨臣，贵州毕节人，其先徙自四川之内江。家世微甚，至君考湛溪，勤俭善治，生铢积而寸累之[1]，始发皇其业。湛溪生四子，君其季也，幼颖异，塾课冠其曹，兼便习弓马，补县学武生，或劝以遂陟升途。君曰：吾寄焉，聊以为戏耳。大定有老儒教授，君负笈从之游，已而反里下帷，专攻经史古文，旁及释、道、医经、星卜、堪舆，靡所不究，又好临摹法帖，喜作擘窠大字，沿小河、赤水河[2]一带随地可见君手迹。咸丰、同治间，洪秀全据南京，支党四出，烽火遍南北，贵州本受协省份，遭乱，协款不至，所在土匪蜂起，定郡六属。其大别曰苗匪、曰教匪、曰号匪、曰缘匪，自余旋起旋灭，及石达开之大股窜扰者，尚不在此数，皆焚掠劫杀，民不聊生。君所居火马[3]，距县城百里而遥，乃相度山后石壁，因自然奥窔，凿治为室，团结附近百余家避难其中，无何，号匪悉众攻围，积四十余日，会天暑，蓄水

---

❶ 铢积而寸累之：指铢积寸累，形容一点一滴地积累，也形容事物完成得不容易。出自宋 · 赵德麟《侯鲭录》卷四："寒女之丝，铢积寸累。步武所临，云生雷起。"

❷ 小河、赤水河：位于今贵州省毕节市七星关区北部。其中赤水河为四川、贵州的界河，小河为赤水河的支流。

❸ 火马：今贵州省毕节市七星关区普宜镇火马村。

又竭，阖（合）营皇皇[1]，朝不保暮，乃谋醵金赂贼，乞得买路汲水，贼伪诺，撤退。营门大开，男妇老幼相携扶，盎者、瓮者，纷纷趋就汲所，贼突出，冲击尽歼之于水次[2]，同时以另股从间道袭后山。君瞭望山巅，发现贼踪，仓卒不及呼援，亟然火绳转巨礮（炮）向之，亦幸道隘，贼弗能骈肩立，前贼颠仆压后贼而下，群贼大溃，轰然各鸟兽散，围解后，掩埋水次残骸，得九十三具，微君全营且灰烬矣。军事大定，人民休养生息，墨吏虱其间，往往择肥而噬，君同产叠被鱼肉，赖君营救平反，而尤以仲兄前浦事为最艰巨。先是知县陈昌言因案索贿，前浦峻拒，昌言怒，罗织大狱，诬以谋反，放招告，发通缉，申详院司，请动营兵，前浦奔命北京，诣都察院上诉，君曰：诉而得直，家已先毁，兄弟急难，吾敢爱死，急驰五昼夜抵贵阳，具全家反坐甘结，伺巡抚出，伏道左鸣冤，巡抚准予押发待质，止营兵勿动，暂缓查抄，案情大白，昌言被劾去。君与前浦联袂西归，至是，羁系贵阳府已逾一年矣。戊戌政变后，列强谋瓜分中国益急，英帝国主义者，拟扩展滇缅铁道线，纵贯云南、贵州、四川，以达于扬子江。光绪二十五年，派技师测勘，挟通译一，书记一，率印兵数人，污漫迂回，闯入小河，事前谣诼腾播：铲坟墓，食婴孩。谬悠不经，混为一谈，乡民自动保卫，不期而集者数千人，树帜列仗遏之，不听。前君以一乡之望[3]，当然为政府所指目，知县某亲莅小河解散群众，延君入城计事，至则投诸狱，勒令输款数千金，献纳英人谢罪。清末，官吏之办外交，其卑污苟贱有如此者。翌年，岁大饥，君复量力助赈，贵西道严隽熙，奖给行道习福匾额，并跋云：赵绅东里保障。己亥洋案，为乡团任重罚，为官吏任钜款，累犹未清，今又捐义粟十石有余，所谓独行其道者非耶。盖严辞亦若有内愧云。呜呼！炎黄裔胄，见谥为被压迫民族，人固乐于施压迫而已，且乐于受压迫，哀莫大于心死，忧时之士所为痛哭而流涕也。如君

[1] 皇皇：指心不安。出自《礼记 · 檀弓上》：“皇皇如有望而弗至。”

[2] 水次：水边。

[3] 乡之望：指乡望，乡里中有名望的人。

之挺拔峥嵘，目无强权。中华民族之不沦为奴隶，正赖保持此精神。而当日唯阿盈廷，圆滑软媚者流，至诋君为好事或訾以鲁莽。不几于燕雀之笑鸿鹄也哉。是非久而论定，君其可以无憾，君以历年练团助剿筹饷积功，保候选同知，指省四川。生于道光癸巳年正月十九日，卒于光绪甲辰年八月二十四日，春秋七十有二。曾祖达斋，祖仁宣，考湛溪，以君贵，皆貤封中宪大夫。配张氏、燕氏，子薰，贡生，萱，候选县丞，芝，附生。女五，适宁，适唐，适王，适吴，皆士族，孙十七人，曾孙十六人。君殁后，四十六年，芝以行状来曰：愿有述也。余闻芝老而勤学，行状叙次有义法，美不泛称，事必征实，即此足以传君。余独强调其抵抗性，国民所宜致敬，而取法也。中华民国三十八年同里周培艺表。

（录于《素园文存》手稿第五册）

祭奠革命先烈的祭文[1]

（1950年）

呜呼哀哉！

诸君自献身革命以来，已忘生命之为我有，而惟祝解放之成功。洎乎进军西南，据全盘之胜算，扫残敌若飞蓬。渠魁望影以奔窜，丑类闻声而胆惊。实普天之同庆，如烈日之方中。尔乃鬼蜮种种，□毒重重。瞰我秩序之未巩固，乘我主客之未圆融。舆讹造仙，蹑迹潜踪。依土豪为掩护，与恶霸而交通。篝孤火于旷野，奋螳臂而汹汹。

诸君再接再厉，且守且攻。忍饥寒以进取，冒危难而从容。前赴后继，昼突夜冲。流志士成仁之血，树人民服务之风。卒使市皆复业，莽无伏戎，工富出品，田满归农。打好生产之基础，不愧模范之英雄。呜呼哀哉！诸君之肉体消失矣；诸君之声名将永垂于无穷。禀天地之浩气，宜百世而钦崇。合群众以追悼，业舆论之至公。呜呼哀哉！尚飨！

（录于《周素园文集》，原载于1950年9月2日《新黔日报》）

---

[1] 为了悼念解放贵州而英勇牺牲的先烈，中共贵州省委、省人民政府暨省、市各界于1950年9月1日举行追悼大会。作者时任贵州省人民政府副主席，代表党、政、军各界在追悼大会上讲话并宣读了这篇《祭文》。

解放周年看时局

（1950年）

谁也不会忘记：在去年今天，正是中国人民解放军胜利地进入贵阳，把国旗高高插在贵山之上的一天。转瞬之间，我省及贵阳解放已一周年了！

时间的进展虽然飞快，但我们建立革命秩序，恢复生产工作，却是在艰难环境中埋头苦干，一天一天的积累起来，才有今天的成绩。我在这里不打算对这些成绩加以分析，而就十一月四日各民主党派所发表的《抗美援朝保家卫国宣言》，发表一点感想。近视的朋友们，或许说我是好高骛远。但只要冷静的分析一下，便知道这是血肉相关的事情。只有这样，才能彻底打倒帝国主义，才能永远解除被压迫的威胁！

美帝国主义自一八四四年订立了不平等的望厦条约起，一贯是侵略我们的。但他玩的是两面戏：一面是阴谋毒计，吸尽你的膏血；一面又花言巧语，伸出“朋友”的手来。在过去不明外情的环境中，许多人受了麻醉，幻想着美帝是可亲的。但经过两次世界大战后，形势大大地改变了！德、日、意被打倒，英、法被削弱，美帝的海空基地伸展遍于全球，日益暴露了他强盗的本相。如：（一）帮助其他帝国主义侵略。例如帮助英国侵略马来亚，帮助法国侵略越南。（二）援助许多殖民地或半殖民地国家的反动派进行反人民内战。例如过去支持蒋介石进攻中国人民，支持希腊保皇法西斯政府进攻希腊人民，现在支持菲律宾的季里诺傀儡政府进攻菲律宾的人民等。（三）扶持各国反动派镇压各国民主势力。例如扶持日本和德国法西斯势力复活，镇压日本和德国的民主势力，支持西班牙佛朗哥法西斯政府企图让他加入联合国，指使澳大利亚、玻利维亚、委内瑞拉、巴拿马等国政府宣布共产党非法，指使英、法、意、西德、加拿大、日本等国政府压迫共产党等。（四）利用经济援助，控制其他资本主义国家。例如马歇尔援欧计划控制英国、法国、意大利、比利时、挪威、丹麦、荷兰、土耳其、卢森堡、葡萄牙、印尼、瑞典等国的经济和政治，促使这些国家的政府法西斯化，且强迫他们进行战争准备。提到朝鲜，他的态度更其露骨了。一年以来，美帝的军事要人，战略专家，不断地巡回、视察、计划、指导，终于今年六月二十五日发动侵朝战争。杜鲁门还同时命令美国第七舰队，侵入我国台湾领海，武力干涉解放台湾。最近侵占汉城以后，更越过朝鲜三八线，并以大量陆军向鸭绿江、图们江汹涌进逼，直接威胁我东北国境。周恩来总理说："中国人民决不能容忍外国人的侵略，也不能听任帝国主义者对自己的邻人肆行侵略。"这真是披肝沥胆，代表四亿七千五百万人民的正义呼声。美帝恃其强暴，竟敢充耳不闻！语云："是可忍孰不可忍！"又说："士不可以不弘毅，仁以为己任，不亦重乎，死而后已，不亦远乎！"公而忘私，国而忘家，是我们不待再计，振袂而起的时候了！

复次，我们再把美帝的力量作一精确的估计：《世界知识周刊》邓超[1]君所著《美帝战略上的弱点》一文，说得非常透辟。他指出美帝战略上的弱点，是不可克服的，这些弱点表现在战线长、后方远，人力不足，战斗力弱。关于战线长，该文指出美帝的侵略计划是世界性的，他的敌人是全世界的人民，他的侵略领域，包括全世界，他的作战战线，必须要包括欧、亚、非三个洲和太平洋、大西洋、印度洋三个洋，在这些地方，他要处处设防。美帝的基地政策，一方面说明了他世界性的侵略阴谋，同时也说明了这是他的致命弱点之一。基地需要人来据守，美帝的

---

[1] 邓超（1923—2021）：指邓蜀生，曾用笔名邓超，重庆人，著名记者，美国史研究专家。

兵力不可能使他的基地网能够如意地发挥效用。因此，这些基地，如果在战争发生后，就有处处设防、处处挨打的危险，这样漫长而辽阔的战场，必然要分散他的兵力，而在这些战场的土地上，正是居住着满怀愤怒的人民。在殖民地的土地上，人民斗争的火焰，正在燃烧着；英法等国的人民保卫和平的浪潮，冲击着侵略阵线。因此，美帝国主义的战线内埋藏着火药，有些已经在爆炸了。美国的侵略前线，距离他的本土太远，美国从事侵略的兵员和主要作战物资，都要由他本地供应。从美国的西雅图到横滨，有六千二百多海里，从纽约到欧洲大陆，有三千一百多海里，现代战争中的消耗是极为巨大的，没有源源不断的供应，就不可能从事大规模的战斗。美国现在急于恢复日本、西德的战争工业，也是为了补救这一弱点。日本和西德的战争工业基础虽然在美国庇护扶植下没有完全摧毁，但由于在战争期中的破坏，他的生产力是远不如前，要恢复到战前的生产水平，也不是轻而易举的。日本和西德人民力量的强大，也阻滞着美国对这两地的战争工业的扶植。帝国主义彼此之间的矛盾，也对美国努力有一定的程度的削弱。兵力不足和战斗力薄弱更是美帝国主义的主要弱点。美国现有的海、陆、空军武装力量为一百四十五万余人，其中有三分之二是非战斗人员。他的地面部队到现在为止只有十一师正规陆军，二师海军陆战队。用这一百四十五万多人来发动世界大规模的侵略战争是不够的。第二次世界大战德国投入的作战部队达一千五百万人以上，其中有一千万人被苏联红军所消灭。这种巨大规模的地面战争，美国有力量打没有？如果美国对亚洲大陆发动侵略战争，就要打大规模的地面战。数百万的日本军队，比起今日的美国陆军来要多得多，但是他终被中国和苏联打垮了。而现在的中国人民解放军更较以往任何时期为强大。如果美国胆敢发动这样一个侵略战争，那么，亚洲大陆就是强盗们的坟墓。美国战略思想的基础是原子弹，原因之一是美国无法提供打大规模陆地战的兵力。原子弹是美国拿来吓唬人的“法宝”，可是这种“法宝”，从第二次大战中的轰炸效果证明并不是可以决定战争胜负的东西。何况原子弹早已不是美国的专有品了呢？其军队的战斗力更是脆弱，美国陆军比起以前的日本和德国还差得远，而陆军正是决定战斗的兵种。打败日本的主要力量是中国和苏联，打败希特勒德国的主要力量是苏联，这是一个对帝国主义有现实意义的教训！

所以，在这纪念解放一周年的今天，我一方面对美国强盗的侵略暴行充满了无比的愤恨，也同时对人类解放事业的胜利具有了牢固的信念。望我省各民主党派、各民主阶级和各族人民，更加巩固的团结起来，为祖国的和平安全而努力！

（录于《周素园文集》，原载于1950年11月15日《新黔日报》）

贵州省人民政府委员会首届会议闭幕词[1]

（1950年）

我特别提到我们大会中的小组活动，是指明我们新民主的会议活动与旧民主——欧美资产阶级民主的会议活动有着本质与形式的不同，更与蒋、谷匪帮[2]所玩弄的一切议会的形式与内容有着真假民主的不同。这个不同，决定于政权性质的不同，决定于对人民负责与否态度的不同。这就是我们所以能够把这个会开得很好的政治基础。

这个会开得好，还在于会前准备的充分。我们远在人民政协全委会及西南军政委员会开过会之后，就已从事于精神的准备工作。我们不仅同各民主党派人士交换意见，酝酿意见，而且更向各阶层的人士广泛地征询了意见，复于委员会预备会中组织起草委员会，做了初步的起草工作。因此，我们的会期虽然只有五天，而工作的准备时间就曾经历了很多的时日。这样，我们的会就才真正收到集思广益的好处，就才真正实现了新民主的作风，而这个大会也才能够开得这样圆满，这样顺利地完成了重大的任务，才会得到大会热烈欢欣地一致通过了杨主席[3]的工作

---

[1] 本文为作者在1950年9月15日至19日召开的贵州省人民政府委员会首届会议闭幕时的讲话。

[2] 谷匪帮：指蒋介石及解放前夕任贵州省长的谷正伦。

[3] 杨主席：指杨勇，时任贵州省人民政府主席。

任务报告和陈副主席[1]的九个月工作总结报告及减租细则、退押办法、农业税细则等五个大文件。

今天——一九五〇年九月十九日的今天，我掬出万分愉快的心情，敬谨宣布贵州人民政府第一次全体委员会议闭幕。

我们今后的工作，就在于如何实践杨主席所报告的今后工作任务，运用到每一个具体的现实中去，要在今冬做好剿匪、反霸、减租、退押、秋征的工作，打垮农村封建势力的政治统治，以削弱封建剥削，初步改善农民生活。我们更要经得起考验，在反封建的激烈斗争中，坚定人民立场，严正敌我界限，以实际行动来履践革命的理论，成为毛主席所希望的一个完全的革命家，而不要只做一个口头的革命家。什么是口头革命家？无可讳言的，我们队伍中，很有许多是在封建势力的浓厚空气中生养起来的，尽管今天看清了革命趋势，学习了革命理论，但旧的坏观点、坏习气，还随时袭击我们。我们刚刚运用理智从前门把它［他］们赶出去，但他们可能利用我们的情感，又从后门窜进来，使我们决定了的立场又发生动摇。古人说，吾日三省吾身。用今天的话来说，就是思想斗争、自我检讨。我们一分钟也不忘记反省检讨的重要，就可以保证成为完全的革命家，而不是口头革命家。毛主席把土地改革运动比作过关，我们今冬这一系列的工作，我们也只有做一个无保留的完全革命家，才能把这一关过得去、过得好。

我们是以工人阶级为领导的四个阶级[2]的联合政府，我们目前面对着的封建农村，存在着我们最顽强的共同敌人——封建势力。此次人民政协全委会、西南军政委员会，先后在北京、重庆召开的会议，都是围绕着这一中心问题，即如何坚决执行反封建任务的问题。我们必须正

---

[1] 陈副主席：指陈曾固（1907—1988），原名陈文光，字俊明，曾用名陈镜明、曾一峰，曾化名曾固。曾任中共贵州省委副书记，贵州省人民政府副主席、代主席，贵州省第一届各族各界人民代表协商委员会主席，教育部副部长，中共甘肃省委书记处书记，全国人大法制委员会委员等职。

[2] 四个阶级：指工人阶级、农民阶级、小资产阶级、民族资产阶级。

确地掌握中央及西南所昭示的这个精神，而后才能把我们四个朋友团结得更好，团结得更紧，才能把我们最顽强的共同敌人打倒下去；我们更只有坚定地发动组织农民，依靠着广大农民，而后反封建的艰巨任务也才能做得彻底。这些工作，就是目前奠定建设新贵州最基础的工作。只有脚踏实地把这些工作做好，才能使我们下一步的土地改革工作顺利前进。

（录于《周素园文集》，原载于1982年12月《毕节文史资料》第一辑）

为实施土地改革警告地主阶级

（1951年）

一九五一年摆在贵州人民面前的第一桩大事是土地改革。土地所有者是地主阶级，他们生活在旧社会里，百分之百的都抱着自私的观点，因而满怀着不平怨望的情绪。但，要知道任何社会制度，都不是什么天经地义万古永存的。由这一社会制度推移到另一社会制度，好比四时代谢，它自有其物质条件的基础。条件不够成熟，人们馨香祷祝，也难期望其实现；条件已经成熟，人们拼命抵拒，也不能阻止其实现。明白了社会科学的基本原理，看清了潮流所趋，老老实实的服从法令，政府叫怎么做，就跟着怎么行，坦然怡然，另辟出路，做一个识时务的俊杰。我这话，是对保持理智观望形势的人讲。至于那些“冥顽不灵”“自外生成”的地主们，他将会自食其果，还可能影响到他的子若孙，那可恕我“不屑教诲”了！

一、什么叫地主

中央人民政府政务院《关于划分农村阶级成份的决定》：“占有土地，自己不劳动或只有附带的劳动而靠剥削为生的，叫做地主。”通俗点说：凡是靠“收租吃饭”的都是地主。土地所有的方式，或出自“祖遗”，或出自“买得”（赠与、让与的方式只占极小极小的一部分），在旧社会里，他们算是合法的。刘少奇副主席[1]《关于土地改革

---

[1] 刘少奇时任中央人民政府副主席。

的报告》指示出，就旧中国的土地情况来说，占乡村人口不到百分之十的地主和富农，占有约百分之七十至八十的土地，他们借此残酷的剥削农民，而占乡村人口百分之九十的贫农、雇农、中农及其他人民，却总共只占有约百分之二十至三十的土地，他们终年劳动，不得温饱。由于这种情况，就造成了多数人饥饿死亡，少数人逸乐恣睢的畸形社会。这畸形社会，大家看惯了，反认为享受优越，正是天之嘉惠，又制造了命好、相好、风水好，德性好种种诬罔迷信，来掩盖他们掠夺剥削的实迹。没有做过地主的，千方百计想爬到地主；已从地主摔过筋斗的，还是千方百计想恢复地主。巧取豪夺，无所不为，真正从劳动所得，铢积寸累作养老之计的（这是地主们唯一的借口），不过千百中的一二人。但可以解释所有正当的，未必能作收入正当的解释，因为每一粒粟米，都是他人的血汗呀！

二、怎样形成了地主阶级

列宁说："所谓各个阶级，就是在历史上一定社会生产体系中所处的地位不同，对生产资料的关系不同，在社会劳动组织中所起的作用不同，因而领得自己所支配的那份社会财富的方式和多寡各不相同的几个巨大集团。所谓各阶级，就是由于彼此在一定社会经济结构中所处地位不同，而有某一集团能占得另一集团劳动的各个集团。"他们分散在天涯地角，他们使用着齐言楚语，表面上似乎各干各，但因为利害共通，他们自有他们的"统一战线"。在旧社会里，从文化方面到教育方面、政治方面、法律方面，乃至宗教方面，一致都拥护私有制，一切都为地主服务，一般都是地主的代言人。掌握政权的，即使不是纯粹他们一类型的人物，也必搀杂若干他们一类型的人物。打开历史来看，什么主张"王田"，什么主张"均田"，许多高唱复古的先生们，都感觉到豪家兼并，平民流散，想来救济救济，结果，改良主义是一步行不通。就拿最近事实证明吧：孙中山先生的平均地权，耕者有其田，口号喊得震天响，国民党攘窃政柄二十年，实施了的在哪里？运用他们的阶级意识，发挥他们的阶级力量，何事不可阻挠，何策不可取消？为了维持少数人的利益，不惜把多数人作牺牲，事情难道不明显吗？

三、地主是封建残余的代表

分析社会性质，在中国是很复杂，很困难。但把握了它的主要形态，便具有决定的意义。旧中国是半封建半殖民地的说法，在社会科学论坛上久经论定了。封建制度是建立在农业生活［产］方式上面，资本主义是由四面八方来侵袭，但试权衡两者的比重，则封建势力的流毒最深，遗祸尤烈。我们知道，封建势力曾经弥满朝野，统治一切。今天，它由都市退却到农村，由广泛的部门退却到狭窄的部门，在它已不无穷途末路之感！但它仍保有最后的坚强的堡垒，便是封建土地所有制。这一制度束缚了广大农民，萎缩了广大农村的生产力，诚如刘副主席所说："这就是我们民族被侵略、被压迫、穷困、落后的根源，是我们国家民主化、工业化、独立统一及富强的基本障碍。"所以，因为地主是一个阶级，它应该被废除；尤其因为地主阶级就是封建残余的代表，它更应该被废除。地主们如果及早觉悟，知道本身的政治条件、经济条件，已构成危害国家，危害人民的犯罪基础，在土改过程中，不分散、不隐匿，呈献所有，丢下包袱，回头是岸，从劳动中改造自己，重新做人，这是唯一的光明前途；如其憧憬过去，留恋执迷，甚且以能代表封建残余而自豪，那没有第二句话说，准是自掘坟墓啦！

四、地主是人民革命的对象

如前所述，旧中国社会性质，是经社会科学者热烈争议过的。因为认清病源，才能拟定药方。中国共产党在行动上，一开始就想提出反封建、反帝国主义的口号。改组前后的国民党，也接受了这一口号。一九二五—二七年的大革命，取得伟大的胜利。蒋介石叛变革命，中共领导了自己的工农红军，在若干地区实行了没收土地分配农民的政策，但因为政府没有巩固，形成"随得随失"的现象。抗日战线中，中共深入敌后，创造了广大的根据地，这一政策才获得了继续性、稳定性。解放战争，配合着军事的开展，更推进到每个农村的每个角落。我们常听讲老解放区、新解放区，就是说：最初确是不平衡的发展，但最后，还是达到普遍而一致。所以，地主一贯是人民革命的对象。但今后政府对地主的处理和过去比较，是宽大得多了。土改法第二条："没收地主的土地、耕畜、农具、多余的粮食及其在农村中多余的房屋。但地主的其它财产不予没收。”第四条：“地主兼营的工商业及其直接用于经营工商业的土地和财产，不得没收。”第十条：“所有没收和征收得来的土地和其他生产资料……对地主亦分给同样的一份。”刘副主席说：“在过去……人民革命战争要求农民付出极大的代价（出兵、出公粮、出义务劳动）来支援战争，以争取战争的胜利……正是在这时候，我们允许了……对地主的一切财产也加以没收，以便更多一些地满足贫苦农民的要求，发动农民的高度革命热情，来参加和支援人民革命战争……这在当时，是必要的和正确的……现在的形势已经与过去根本不同……现在全中国人民的基本任务：是在全国范围内进行经济建设，恢复与发展社会经济。”过去地主阶级所造成的历史罪恶，已由老解放区的地主们担负了一大部分了。“退一步想自然宽”，贵州地主，亦可以聊自慰藉吧！

五、农民翻身了

农民成份，他们占农村人口的绝大多数。过去，他们是地主的奴隶，今天，他们是地主的敌人了。本来，终岁劳动，拿自己的血汗来养活别人，没有谁是甘心乐意的。但因积习相沿，他们还是容忍地主盘踞在头上，使尽压迫威风，变尽敲诈方法，当牛当马也可以，卖儿卖女也可以，吞声含泪，年复一年。今天情况转变了，他们在中共领导下，参加了二十余年的革命战争，他们知道为什么而革命，知道革命后可以分得些什么果实。中央人民政府为了实践诺言，为了安定人心，及时地颁布了《中华人民共和国土地改革法》，使得全国都在一个领导下，有计划、有秩序、有步骤地来进行土改。又颁布了其他法案，使农民协会成为土地改革队伍的主要组织形式和执行机关。各级农民代表大会，农民协会委员会和各级人民代表会议，成为土地改革中活动的中心（见刘副主席报告）。使得农民中的积极分子都能运用合法武器，集中火力，打击当面的敌人。为了取得联系，各地区的党政干部又做了许多发动群众、教育群众、组织群众的工作。这样，一方面有人民政府的正确领导，另方面有广大农民排山倒海的伟大力量，任何地主的一切反抗企图，一切破坏活动，都只有增加罪恶，决不能阻碍进行。这是“洞若观火”明白不过的事情！

六、自我批评与群众制裁

“黄金时代”只剩下残痕的回忆，这是一般地主的同感。有人说，现在地主觉悟了，百分之八九十都决没有什么反抗企图，决没有什么破坏活动，他们只希望依法定手续办理，他们兢兢业业的是害怕农民过火。我以为这用不着顾虑的。“各人的事各人明白”，他们只消到农村去倾听农民的诉苦，参加两个诉苦大会，把自己过去那些过火，坦坦白白的陈述出来，先承认了自己的错误，然后向群众（这里的群众二字和农民是同义用语，下并同）低头认罪，要求群众原谅，请求群众惩罚。农民是善良的，厚道的，他们办事总是如情如理；不会过分的。邓小平副主席[1]在西南军政委员会第一次全体委员会议的总结上说：“农民没有要求和地主算老账，我们工作人员在运动中还要说服农民不算老账……地主守法，农民就不算老账。”（邓副主席是注重退押问题，但土改过程中一般适用这原则。）假使地主还要顾全“绅士的体面”，还要保存“上流社会”的架子，不愿或不肯来学习自我批评低头认罪，邓副主席又说：“伟大的群众运动不是绣花，不是像我们想像中那样斯斯文文的……农民起来后，像潮涌一样……激起了农民的愤怒，不是由共产党员、政府人员用一个命令就会消除的。”到了那时，没有谁来给你帮助，没有谁来给你表示同情！到了那时，才知道“恶居下流，天下之恶皆归焉！”那就悔之晚矣。

七、怎样来改造新人

学过社会发展史，我们知道劳动创造了人，由人两手的作用，又创造了种种生产工具。劳动是生活的源泉。所以，既叫做人，就不应该有不劳而食的。但随着生产方式的发展，阶级观点也发生了，人剥削人的关系也一天比一天的显著了！地主阶级的存在，无疑地是原始共产主义社会崩溃以后的事情。他们享福的日子实在太长远了，今天土地没收，

---

[1] 邓小平时任西南军政委员会副主席。

还能取得宽大的待遇，经营的工商业，不受没收；没有经营工商业的，也分得同样土地，能依靠自己的劳动维持生活，并在劳动中改造自己。地主们果能刻励奋发，埋头苦干，抛弃了享福的思想，或者改革了享福的思想，要享用自己流汗所得的，才是真正的福气。这样，我敢保证：在肉体上一定活泼而健康，在心灵上一定美满而愉快！政务院的新“决定”上说：“凡地主成分，在土地改革完成后，完全服从政府法令，努力从事劳动生产，或作其他经营，没有任何反动行为，连续五年以上者，经乡人民政府大会通过，县人民政府批准后，得按照其所从事劳动或经营的性质，改变其地主成分为劳动者的成分，或其他成分。”五年期间转瞬即逝，旧日地主算死亡了，新人有新的生命，新的能力，新的权利。在我们走向社会主义的前途中，这一部分新人也可能对国家起相当的作用。我们往后瞧吧！

（录于《周素园文集》，原载于1951年4月2日《新黔日报》）

我所认识的一个环节

——庆祝中国共产党三十周年

（1951年）

我今年七十三岁，一般说来，是享了高年；但拿历史的眼光看，七十三年不过是一转瞬，一弹指，算不得什么。而我的一生，长养在浓厚的封建空气中，参加了资产阶级的辛亥革命，又追随了无产阶级的革命，确确实实地通过了三种不同的社会。比较以往各式各样的人，他们都受着本身的局限性，好像《西游记》的孙悟空，翻了许多筋斗，还是跳不出太上老君的掌心。而我呢，踏上一新阶段，总获得了不少的学习机会，这是我值得引为骄傲的。今天中国共产党三十周年纪念，我回忆十六年前的万里长征，和二、四两方面工农红军都曾有过一个时期的共同生活。陕北会师，又亲见毛主席领导的路线，以至以后的大发展。毛主席是伟大的。他掌握了马列主义，运用马列主义的方法来观察时局，分析时局，估计形势，预示事变的进程，常常是“烛照数计”[1]，不爽尺寸。他又善于了解人，抓着每一个人的心灵，使得人们都毫无保留地贡献出自己的力量。中共在他的领导下，解放了全中国，影响了全亚洲，影响了全世界。毛泽东是中国劳苦民众的救星，后代无产阶级的史家将会大书特书。我只谈我所认识的一个环节好了。

---

[1] 烛照数计：用烛照着，按数计算。比喻料事准确。

一个联系国家命运的政党，他的生存和发展，是依据客观条件来决定，决不是什么英雄豪杰的个人事业；但没有英明的领导，历史前进的车轮也可能走大大的弯路。我们知道，环境锻炼了领导人，反过来领导人也能创造环境。毛主席是天才的政治家，天才的军事家，尤其是天才的组织家，任何团体、任何部队经他一番调整，面目便为之一新。二、四方面军都是在游击方式中壮大起来的。二方面军的干部，接受过中央的严格训练，保持着良好的工作作风，但因长途疲劳，又须随时准备和正面、侧面的敌人作战，政治水平不免降低一些。四方面军在川北的通、南、巴[1]曾建立过苏区，所部扩大到七个军，但当时在张国焘的领导下，部队中产生了军阀主义的作风。我当时就是随四方面军行动的。我们“八一”节从甘孜出发，每人领十五斤干粮，总政治部总务处长宣布七天到阿坝。后来整整走了十八天，中途绝粮，大伙儿吃青草过日子，番民关系也弄不好，僧俗都逃避一空，人上了山，粮食下了窖。到达目的地，只剩下一堆空房子。一切这些，都显示张国焘领导之无能。我正怀疑跟着他走会不会碰壁，突然一个浪潮震动了军中每一个人的脑海，消息传来，毛主席已派第一方面军的兄弟部队沿途迎接我们，慰劳我们。我们从饥寒绝境中走出，一方面军的兄弟们解衣衣我，推食食我，有房子让我们驻扎，有敌人给我们掩护，一种阶级友爱令人感到十分的兴奋。会师以后，不要一个月，编制都就绪了，政治教育加强了，阶级觉悟提高了，南北交流，新旧配合，形成了自有武装斗争以来的一个集中的强大的军事力量。随着部队的整理，党务也进行检讨。张国焘的右倾机会主义被清算了，这是对内的总结。国民党反动派他不认识我们力量的高涨，反估计我们力量的削弱，不顾中共之提出建议，送达书函，要求停止内战，团结抗日，还想再来一次清剿。计划以六十个团的兵力包围陕北。但中共的主张是代表全国民意的，完全符合于当时的具体情况；蒋介石倒行逆施，激起军民无比的愤怒，因而爆发了“西安事变”，给予蒋贼以当头棒喝。外间推测，以为中共必然赞助张、杨处分

[1] 通、南、巴：四川省通江、南江、巴中川陕根据地。

蒋贼；但中共考虑到当时形势，一旦蒋部势力分解，必为日本帝国主义造成更多的更好的侵略机会，乃命周恩来全权“折冲樽俎”，释蒋贼于囚拘，仍纵其南返主政。而蒋贼背惠食言，六个月的合作谈判中，阴谋左计，制造种种苛酷条件欲乘危扼制中共。毛主席忍辱负重，不屈不挠，把定舟舵，以待时机。毛主席曾告诉我：“物质的封锁我们能够克服，精神封锁常常使干部得不到进步，政治影响扩大不出去，国内国际舆论一任国民党拨弄。”卢沟桥炮声响后，北方军阀望故乡崩溃，蒋贼始被迫撤回他一厢情愿的方案，催促我们开上前方。这是对外的总结。八年抗日战争，我们全国范围的广大群众性的党建立了，敌后的根据地创造成功了，武装部队在和日寇的浴血斗争中进一步的坚实与灵活了。蛟龙得水，变化风云，毛主席常常提到的从狭小的圈子走出。的确，这一段艰苦的史迹，我们是不应该忘记的。

《中国共产党党章教材》说得对：“铁的事实证明，当着革命是在毛泽东同志及其思想指导下的时候，革命就胜利、就发展了，而当着革命是脱离了毛泽东同志及其思想指导的时候，革命就失败、就后退了。”三十年的历史，在幼年时期是有过许多迂回曲折的。教条主义、经验主义都曾经侵入党的领导机关，占有党的统治地位，使党遭受了严重的损失。毛主席创造了中国化的马克思主义，强调马列主义的理论与中国革命实践的统一，这样来整顿了党的立场，奠定了党的基础，随时间开展了两条路线的斗争，经过整风运动，组织更加强、素质更提高，从而团结一致，向康庄坦途迈进。“以毛泽东思想作为自己一切工作的指针”——看到总纲这一规定，我们知道党员群众是如何的高度自觉、如何热烈爱戴着毛主席。在毛泽东思想教育下，成百成千的具体而微的毛泽东正在产生着。不是没有缺点，缺点可以被克服。不是没有偏向，偏向可以被纠正。整风又已定为永久制度，正如人身血轮循环，不断的斥去旧血，不断的产生新血，活泼愉快地以无限忠诚为人民服务。新民主主义的建设内容尽管是千头万绪，共产党人的字典是没有“难”字的。他们的勇气，他们的决心，他们的学习精神，使天下没有办不到的事。就设想后一阶段吧，目前条件自然不够，但逐步创造，逐步准备，条件也可以人为的助长，人为的充实。苏联成功的榜样，胜利地摆在我们面前。我们向苏联看齐，还不成吗？理想圆满实现了，人类进到大同社会，那时中共将采取什么方向呢？毛主席在他的《实践论》里答复了这一问题。他说：“马克思主义者承认在绝对的总的宇宙发展过程中，各个具体过程的发展都是相对的，因而在绝对真理的长河中，人们对于在各个一定发展阶段上的具体过程的认识上具有相对的真理性。”又说：“客观现实世界的变化运动永远没有完结，人们在实践中对于真理的认识也就永远没有完结。马克思、列宁主义并没有结束真理，而是在实践中不断开辟认识真理的道路。”《大学》载汤之盘铭[1]曰：“苟日新，日日新，又日新”，藉来形容中共，也就“不中不远”吧。

（录于《周素园文集》，原载于1957年7月1日《新黔日报》）

[1] 汤之盘铭：汤，指成汤，商朝的开国君主。盘铭是刻在器皿上警醒自己的箴言。《礼记·大学》汤之盘铭曰：“苟日新，日日新，又日新。”其意为：成汤刻在澡盆上的箴言说“如果能够做到一天新，就应该保持天天新，新了还要更新。”比喻及时反省和不断革新，加强思想革命化。

坚决镇压危害人民的反革命

（1951年）

自本年二月中央公布惩治反革命条例后，各级人民政府把这一工作提到重要地位，与土地改革和抗美援朝列为三大任务。几个月来，破获罪案，惩治罪犯，有了显著的成绩。可是，由于立场的不同、观点的错误，社会上尚有某些阶层中的某些人们，对政策的认识不够，因而在行动上还未充分表现积极起来配合政府的作用。就是说，他们认为镇压反革命是在职干部的任务，而本身却采取袖手旁观的态度。为了彻底肃清反革命，为了对镇压反革命有一个正确的认识，我们提出这问题来谈谈，不是没有益处的。

什么叫反革命？他是帝国主义、封建主义、官僚资本主义三位一体的产物。对外呢，他俯首贴耳，甘受其外国主子的鞭笞；对内则磨牙吮血，拿出凶残面目，高度压迫和剥削人民。从清帝室到蒋介石匪帮，本质都是一样的。而且操术益工，流毒尤烈，人民辛苦“垫隘无所控告”。随着客观环境的要求，中国共产党诞生了，他领导工人、农民及广大人民群众，高举革命大旗，进行了三十年不屈不挠的斗争，终于打倒反动政权，廓清了中国大陆。但反革命不是甘心死亡的。万恶的首要，一见事机不顺，各人远走高飞，投靠在后台老板美帝国主义的卵翼下，喘息稍定，又来阴谋左计，危害人民。他曾经长期统治过中国，广泛地进行了特务教育，广大地设立了特务机关，机器虽被打碎，特务分子到处留存，这是它［他］忠实走狗的第一批；其次是残余匪类，潜伏在深山穷谷，或者矫饰伪装，混进城市，这是又一批；其次是恶霸地主，平日和官僚机构狼狈为奸，今天农民翻身，它［他］们感到地位的危险，把本阶级的利益和反动派的复辟愿望结合在一起，这是又一批；其次是会道门[1]首领，它［他］利用群众的迷信落后，胡说八道地编造一些神佛菩萨，借消灾脱难来敲诈劳苦群众的血汗钱，它［他］们也感到必须维持黑暗统治，才适合它［他］们的生存发展，这是又一批；其他临时拉拢，被迫参加者有之。由此看来，反革命分子之复杂而伙多，是有其历史根源和社会根源的。它［他］们的罪恶行为，有策动、勾引、收买公职人员、武装部队或民兵进行叛变，如惩治反革命条例第四条所揭示者；有为国内外敌人窃取、刺探国家机密或供给情报或为敌机、敌舰指示轰击目标或为国内外敌人供给武器军火或其他军用物资如前条例第六条所示者；有抢劫、破坏军事设备工厂、矿厂、森林、堤坝、交通、银行、仓库、防险设备，有投放毒物、散播病菌，有扰乱市场、破坏金融，有袭击杀伤公职人员或人民，有假借军政机关民主党派人民团体名义，伪造公文证件，如前条例第九条所揭示者；有煽动群众抗拒、破坏人民政府征粮、征税、公役、兵役或其他政令之实施，有挑拨离间各民族、各民主党派、各人民团体与政府间的团结，如前例第十条所揭示者。五花八门，千方百计，原案俱在，铁证如山。要动摇联合政府的政权，反革命分子也知如蜻蜓撼树[2]，是绝望的徒劳。它［他］们总想不断地制造案件，不断地耸动见闻，好向它［他］们首要报销，骗取津贴。归根到底，受害的却还是人民。

我举一个实例，大家谅必记忆犹新吧。去年四五月间，叛兵土匪猖獗一时，恶霸地主乘机蠢动，特务发踪指示，播散了许许多多中伤政府的谣言，其中特别强调的一个，说是征粮过重，因为征粮的利害关系，可以影响农民。它［他］们钻着空子，欺骗农民，说："政府要抢夺你们的养命粮，还不跟我们去干吗？！"欺骗不售，则以武力迫胁，少

---

[1] 会道门：会门和道门的合称，指旧时的某些封建迷信组织。

[2] 蜻蜓撼树：谚语。比喻自不量力。

数落后群众一时被它［他］们卷入了漩涡。经过政府对土匪特务的大力清剿，对胁从者耐心争取，镇压与宽大兼施，匪乱平定了。痛定思痛，回想某一单位，其赋粮负担，假定为一万斤，由于此次匪乱，糟踏［蹋］的粮食，恐怕不止十万斤，乃至百万斤、千万斤。还有其他直接间接的损失，更无法统计。试问这不是人民的重大损失吗？假使当日我们揭破匪党的欺骗，拒绝匪党的迫胁，进一步向政府检举，请求与协助政府马上捕捉，给反革命分子以及时镇压，那么，土匪特务酿成的灾害至少可以减轻，人民损失就可以大大减少。历史的经验，是给人们以教训，悔恨过去的吃亏上当，就要保证将来不再吃亏上当。反革命是人民的死敌，对反革命分子采取袖手旁观的态度是完全错误的。代反革命分子隐瞒，就无异自外于人民，或者简直是自绝于人民。明白了这点，大家应抱定决心，积极参加镇压反革命分子工作，和反革命势不两立。它［他］除了上天入地，看它［他］往哪里走！群众自动动员起来配合政府的镇压工作，净绝根株，我相信一准是办得到的。

（录于《周素园文集》，原载于1951年8月13日《新黔日报》）

庆祝国庆与巩固国防

（1951年）

去年今日，我们曾以欢欣鼓舞的心情庆祝第一届国庆日。岁月易得，第二届国庆又到了。在这短短一年的期间，在党和政府的领导下，全国人民继续努力，国际国内各方面都有了伟大的成就，中华人民共和国的面貌为之一新。由于中央及西南的英明领导，我们贵州遵循既定方针，结合具体情况，克服了环境的困难，也做出了不少的成绩。在七月九日召开的贵州省第一届各族各界人民代表会议上，陈曾固同志曾作了十九个月工作概况的报告，各部门负责同志也作了专题报告。为了避免重复，在这里不拟一一列举；我只想利用机会，提出重点，让当家作主人的人民群众注意当前最迫切、最严重的大问题。就是说，庆祝国庆要联想到巩固国防。说到以往的国防，真令人不胜其遗憾！当北洋派统治着的时候，袁世凯掌握最精锐的近畿陆军，库伦独立事件，参议院要求对帝俄宣战，伪陆军部长段祺瑞答复说："库储子弹只够打三天三夜"（载《参议院秘密会议速记录》）。到了国民党统治时，蒋介石自命是军事专家，一九三五、三六年间对日政策已表现为投降步骤，伪军政部长何应钦告人说："我们柄权十年，只成立了现代化的五个机械师，再争取十二年的时间，我们凑足二十个机械师，就勉强可以对付了。"他不知道时间是敌我共同的，你会加强你的力量，敌方也会加强他的力量，况他还不让你这样做呢。一九三七年日本帝国主义进攻华北，跟着又进攻沪、宁，何应钦曾在某报（记得是南京伪《中央日报》）公表：

“我们有二千多架飞机与敌周旋。”但在敌机的猛轰中，却不见我们还击。知道内幕的人说：不错，飞机是有那些，可惜都是陈旧敝坏、不堪使用。老实说，就是拿黄金白银换来破铜烂铁，因为这笔买卖是航空司令部秘书宋美龄介绍的，还有谁敢去究问责任呢？这便是反动政权万死莫赎的罪案。这便是整个国家沦为半殖民地、殖民地的实录。没有共产党领导革命，没有解放战争，假使蒋政权延续至今，它和它的主人美帝国主义的双边条约，一张又一张的签订，卖身文契的束缚一回比一回来得严厉而吃紧，权利利益拱手送人，恐怕已扫地无遗了。我们死中逃活。从极弱的地位爬到独立的地位，从被奴役的地位爬到平等的地位，凭良心说，我们现刻所有的生命财产，乃是无数革命先烈以头颅热血换来的。今天，一年一度的国庆日的今天，我们应该提出一个中心的目标，做出一点积极的表现，我想凡是富于正义感的人，凡是受过爱国主义教育的人，都不能不赞同的。

回忆去年的国庆日，我们“旧邦新命”，解放了中国大陆，百凡政事都有条有理地进行，走着“欣欣向荣”的道路。可是，另方面却有点“美中不足”。那时美帝国主义已在我们邻邦朝鲜发动了三个多月的侵略战争，他一面集中兵力在洛东江[1]负隅顽抗，吸引住了朝鲜人民军的主力，一面搜罗了他在远东所能使用的全部兵力，计步兵五万余名，军舰三百余艘，飞机五百余架，纠集了英、法、荷、加、澳、新西兰等七个仆从国家的兵力，还非法地使用了日本法西斯的一部分舰船和士兵，于九月十五日在人民军的后方朝鲜西部仁川港大举登陆，疯狂地向汉城方面进攻。正是在我们国庆的前夜，九月三十日汉城陷落了，同时美帝还杀气腾腾的向我边境进犯，飞机不断的侦察、轰炸。东京麦克阿瑟总部的一个高级官员公然说：“在历史上来说，鸭绿江并不是把两国截然分开的一道障碍。”美第十兵团司令阿尔梦德更狂妄地说：“敌人在那里，我们就要把我们的兵力投在那里。”这样不仅朝鲜战局变得十分严重，而且中国的安全，也受到严重的威胁。我们外交当局发出了严正的

[1] 洛东江：韩国第一长河流，发源于太白山附近的黄池。

抗议、声明，美帝都置于不理。十月下旬，中国人民志愿军才开始和朝鲜人民军并肩作战。十一月四日，以共产党为首的中国各民主党派发表联合宣言，说明我们被迫自卫，不得已采取实际行动。通计一年以来，我们经过了五次战役，取得决定性的胜利。美国国防部承认，自战争爆发到今年八月二十四日为止，美军伤亡失踪人数是八万一千四百二十二人。当然，这是大大缩减了的数字，就连美国资产阶级新闻记者也不肯相信它。合众社记者说："国防部的计算，是把非战斗伤亡除外的，非战斗伤亡至少有十五万人。"因此，美国损失至少是二十三万一千多人（第二次世界大战第一年度中美军的兵力伤亡是五万八千五百四十七人），连同帮凶及傀儡的军队在内，伤亡共达三十八万余人。美国供应朝鲜战场上的军需品，达一千四百万吨。同时他供应北大西洋侵略集团的只一百四十万吨。这说明他在远东的失利，影响到西欧，使得他整个的侵略计划受到打击。统治内部的争吵越来越剧烈，仆从国家的矛盾，也越来越尖锐。撤换麦克阿瑟是他自己承认失败的第一步；接受马立克建议举行朝鲜停战谈判，是他自己承认失败的第二步。尽管在停战谈判中他又横生枝节，拖延时日，借着紧张的局势要求议会通过六百六十五亿元的军事拨款法案、八十五亿元的共同安全计划法案和一百亿元的增税法案，尽管杜鲁门叫嚣着"美国必须继续扩充军事力量，必须继续帮助其他自由国家（即美国的仆从国家）建立防务"，在我们看来，只不过"色厉内荏"，装模作样。若实无计可施，他自会"偃旗息鼓的"。（这不是说美国会根本改变侵略政策，帝国主义是垂死的资本主义，除了战争，他是没有第二条出路的，但在形势不利的条件下，也可能暂时屈服。）

我们无须预测未来的事变，我们只把已经取得的胜利，作一个公平合理的评价：自鸦片战争以来，中国参加国际行列中，含垢忍辱地生活了一百年，世界的人对中国是一个怎样看法？到了今天，世界的人对中国又是一个怎样的看法？我们的份量增加了若干倍的重，尺度增加了若干倍的高，为什么短短期间会有这样大的变化呢？是从哪里来的呢？是以毛主席为首的共产党，严格教育的中国人民志愿军拿鲜血换取来的；

他们以大无畏的精神，联系广大人民群众的作风，来战胜拥有海、陆、空优势的美帝国主义，这就是中国国防力量的表现。依靠他们扭转了局势，改变了观听。饮水思源，我们是不是应该共同努力来巩固国防呢?

庆祝国庆，恰恰是推动巩固国防运动的好机会。从今天起，工人多做一小时的工，是为了巩固国防；农人多刨一次土，多施一次肥，是为了巩固国防，商人交流土产，面向农村，也是为了巩固国防；公安司法工作者坚决镇压反革命、清理积案、实现镇压与宽大相结合的政策，也是为了巩固国防；扩大抗美援朝，举行反对美英单独对日媾和的各种活动，更是直接服务于巩固国防：其他财经工作者、交通工作者、教育工作者、卫生工作者、文艺工作者，一切一切，都联系到巩固国防。每个人都自己检查一下。平常工作没有十分努力的，现在不应该再保留一分半分了，给你写在巩固国防的帐簿上；已经十分努力的，最好还挤出一分半分来，给你写在巩固国防的账簿上。主持国防是最高当局的事情，国防建设，自有精确的计划，尤应保守绝对的秘密。我希望每个人都在自己的头脑中，树立一个巩固国防的观念，每个人的日常行动，都和巩固国防结合在一起，群策群力，像百川归海一样，都是为巩固国防而奋斗。那么，我们今天庆祝国庆的意义，就更深长而远大。当家作主的人民群众们，请考虑这一建议吧!

（录于《周素园文集》，原载于1951年10月1日《新黔日报》）

开发及扩充贵州矿产建议[1]

（1951年）

我国主要有色金属产地，大部集中于西南各省。而贵州在西南各省矿产中，又占据极重要的地位。在未来贵州工业发展前途上，无疑问的当以矿产开发为主要。

贵州的铝矿藏量，超过四亿吨，比较保守而可靠的数字，也超过了两亿吨。这个数字曾经伪资源委员会派专家调查发表过两次。解放后又经西南有色金属局派计划科科长何塘复勘证实。这两亿吨铝矿量在东亚占据了第一位，亟应投资开发。

开发办法，贵州铝矿属硬水铝矿，冶炼方法略为困难，但目前已获得解决。拟请中央于一九五二年拨一千亿元[2]，作进一步勘察及小规模设厂试验冶炼。一九五三年、一九五四年筹备大量开发。劳动力方面，贵州自身可以训练。中央能帮助尤佳。铝矿开发后，可以基本解决五三、五四年中国航空工业所需的原料。

此外，贵州的水银矿，占全国第一位。铁矿占西南第一位，锰矿、铅锌矿产量亦丰。目前贵州所产水银、精锑等供给苏联及东欧各民主国家，锰、铁供给东北及华东各钢铁工业。此等矿产虽已在开发中，但限

---

❶ 此项建议为1951年10月23日至11月1日中国人民政治协商会议第一届全国委员会第三次会议后，作者写给毛泽东的信中所提。

❷ 一千亿元：指旧币，一千亿元相当于现人民币的一千万元。

于资本，规模甚小。拟请中央于一九五二年投资一千亿元，增购设备，扩大生产。技术人员及劳动力，中央如不能补助，贵州本省亦可自给。

总结：希望中央在五二年投两千亿元，开发及扩充铝、锰、汞、铅、锌等矿产，在西南工业中打下基础。

（录于《周素园文集》，源自素园日记《光明日记》卷七）

警告违法的资产阶级
只有彻底坦白才是最后出路

（1952年）

一九五一年十二月，北京中央机关开始了反贪污、反浪费、反官僚主义的运动，毛主席在今年元旦祝词内也郑重提到。薄一波[1]同志在今年一月九日北京干部大会上关于《为深入地普遍地开展反贪污、反浪费、反官僚主义运动而斗争》的讲话，首先指出这是一场关系全国的伟大的政治斗争和经济斗争，然后逐步分析着重指出资产阶级腐化堕落思想对于革命的危险性。他说："因此，反贪污、反浪费、反官僚主义的斗争，本质上就是反对资产阶级腐化堕落思想的斗争，也就是对于资产阶级在三年以来向着工人阶级和中国共产党所举行的猖狂进攻，来一个坚决的反攻，把这种反动的进攻压下去，并把资产阶级的这种反动的丑恶的思想和行为给以政治上的改造和法律上的制裁。只有这样，革命胜利才能有保证。这样一场严重的阶级斗争，我们必须在这场斗争中取得胜利。"各省、市的事实证明，凡是揭露的贪污案，无一不和资产阶级有千丝万缕的联系。

我们贵阳市从二月初就开展了工商界的反行贿、反偷税漏税、反盗骗国家财产、反偷工减料、反盗窃国家经济情报的运动。根据斗争过程

---

❶ 薄一波时任中央人民政府节约检查委员会主任。

中所发现的问题，贵阳市不法工商业者的坏作风，比之京、津、沪、汉各大城市略无逊色。这说明什么呢？说明资产阶级是普遍地、有计划地一致动员向全党、全军、全体政府工作人员和全体人民进攻，而且是猖狂的进攻。开始也许是偷偷摸摸的，跟着就明目张胆了；开始也许是前哨试探的，跟着便肆无忌惮了。资本家的代言人说："说我们进攻，有组织的队伍在哪里？司令员在哪里？枪炮武器在哪里？"不错，你们是没有这些形式的。但请问：你们是不是一个阶级？你们的阶级本质就是唯利是图、损人利己、投机取巧，你们的阶级意识就是资本主义复辟。宣传奢侈享乐，刺激干部物质生活欲望，就是你们的战略；派进来，拉过去，以及请客、送礼，吃回扣、拿佣金、入股、分红、开厂、设店、给干薪、献美人，就是你们的战术；交通是你们传达的工具，业务是你们掩护的法宝。阶级作用一活动起来，不需要发号施令，你们的步调就会齐一，"勇敢"向前，比任何有组织的队伍都能完成任务……资产阶级的一切罪行给国家人民以莫大的损失，造成政治上、经济上不可胜言的危害，这不是进攻是什么呢？可是，你们错认了进攻对象，你们只看到他宽大的一面，却没有估计他坚强的一面。我们党、军和各级人民政府，都是具有朴素廉洁的优良传统，都是过着清苦的生活，忠心耿耿为人民服务的。你们用尽腐蚀的方法，打完仓库里存储的糖衣炮弹，只能使少数意志不坚定、蜕化变质的分子受到影响，绝大多数干部都是"横流泛滥，屹若金汤""尘垢污浊之中，皭龙泥而不滓"[1]。过去短时期的麻痹，让你们抓着进攻的机会，一经伟大领袖的英明号召，每个人的头脑都清醒转来了；检讨自己，批评自己，司令官亲上前线，群众纷纷拿起武器。我们说消灭反动派几百万队伍，是完成军事革命；制定共同纲领，实施新民主主义，是完成政治革命；这一次运动，遵照毛主席的指示，将这些旧社会遗留下来的污毒洗干净，是完成社会革命。我们是战无不胜、攻无不克的队伍，资产阶级的进攻终会失败的。但是，贵阳

---

[1] 尘垢污浊之中，皭龙泥而不滓：原文"自疏濯淖污泥之中""皭然泥而不滓者也"，出自《史记·屈原贾生列传》，比喻人在恶劣环境下能抵制其影响而不改初衷。

市资产阶级的某些人，直到现在还没有改过自新的表示，还没有放弃进攻的表示，他们还想借一些烟幕弹、挡箭牌来混乱社会耳目，摇惑群众视听，使他们好观望、等待，从中间找办法。我们不暇一一例举，概括有如下几种：

有人说："共产党拿对待敌人的办法来对待朋友，镇压反革命才用大张旗鼓，对待资产阶级也用大张旗鼓了。"你们依据共同纲领才取得朋友资格，但你们若干的行为，都是违反共同纲领、违反政府的一切政策法令，篡窃国营经济的领导权，破坏国防建设，破坏经济建设，其罪大恶极者甚至于暗害志愿军，和凶残的敌人美帝国主义者遥相应和。这样，你们还够朋友吗？发动群众是做好一切工作的最有效办法之一，革命队伍内部也是大张旗鼓地反贪污、反浪费、反官僚主义，并不是单独使用来对付资产阶级的。假使你们反省、够朋友，用不着害怕、胆怯。

其次说："行贿是工作人员的敲诈，盗骗资财是受干部（贪污分子）的勾引，物必先腐而后虫生，自己不健全，何必责备别人？"这是颠倒黑白，含血喷人的说法。事实胜于雄辩，申云浦[1]同志最近写的文章已举出许多例证。参阅贵阳市节约检查委员会在运动中的已公布材料，谁敲诈谁，谁勾引谁，不难一览明白。

其次说："土地改革是斗地主，'五反'是斗资本家；既然地主阶级快消灭，资本家也不能存在。"地主、资本家实质上都是依靠剥削、不劳而食，但一贯剥削的地主阶级必须废除，资本家在一定时期内还起着相当的作用，共同纲领容许私人资本存在，资本家已取得合法地位。和这种谬论相反，正因为资本家是新民主主义的一个不可缺少的组成部分，所以必须改造他。"五反"是改造资产阶级，不是消灭资产阶级。

其次说："共产党的统一战线政策要变了，过去是统，今后怕是要

---

[1] 申云浦（1916—1991），山东阳谷人。冀鲁豫抗战著名人物，中华人民共和国成立后，历任中共贵州省委宣传部部长兼省教育厅长，省委副书记兼省农委书记，省人民政府副主席，省第一届政协主席，省机械工业厅厅长，贵州工学院院长兼党委书记，省革委副主任、副省长，省顾委副主任、老年大学校长等职。

战了。”又说：“‘三反’反干部，‘五反’反工商界，将来还有“七反’‘九反’哩。‘七反’反工人，‘九反’反市民，九九归一，到那时才算完结”。这全是恶意诬蔑，挑拨离间。毛主席老早就指出，统一战线政策是有团结有斗争，斗争是团结的手段，团结是斗争的目的。以斗争求团结则团结存，以退让求团结则团结亡（见《毛泽东选集》《目前抗日统一战线中的策略问题》）。当时的对象不止资产阶级，但对资产阶级在今天仍然适用。）谁都知道，资产阶级有其积极进步的一面，还有其黑暗腐朽的一面。说资产阶级的猖狂进攻，并不妨碍“五反”运动中的个别处理。北京市长彭真的报告，北京市工商业守法户五零零零户，即占百分之十左右；基本守法的三零零零零户，即占百分之六十左右；半守法半违法的一二五零零户，即占百分之二十左右，可见政府大公无私，一切依据客观事实为准绳，怎能牵涉到变更政策？至于工人是现政权的领导阶级，市民为国家主人翁，何来“七反”“九反”之说？无稽造谣，未免幼稚可笑。

我警告违法的资产阶级，你们这些破了产、过了时的荒谬言论，本不值一驳，我们不嫌“词费”，还让它占了一些篇幅，正为揭示你们的理论防线不过如此。至于事实防线，如所谓攻守同盟等等，已被群众威力粉碎得“体无完肤”，你们的最后堡垒，只剩下“暂时隐秘”。我们知道，严重违法或完全违法的罪行，决不是一个人能干的，也不是少数人能干的。只要有了第二者或第三者，“草皮子包不住火”，迟早终会发觉的。无论你的爱人也罢，子女也罢，它［他］的政治觉悟不断提高，你的罪恶暴露就日见逼近。其余参与秘密的，或亲戚关系，或朋友关系，或师徒关系，或东［同］伙关系，更不用谈了。中央人民政府政务院指出“对于所有尚未坦白或坦白尚未彻底的贪污、盗窃分子仍应彻底揭发、检举，不得因大多数的问题已转入处理阶段而稍有所放松”。贵州省人民政府也决议整顿队伍，组织力量，不彻底肃清贪污、盗窃分子，决不收兵。我们掌握了无数的材料，分析了无数的情况，交流了无数的经验，今后的打虎技术可能是射十得九，浩浩荡荡弥山倒海的是店员工人广大群众，奇兵骤起措手不及的是专人专案突击队。你们的地位是越来越孤立，精神是越来越痛苦。金银满箧，只可深深埋入地底，既不能作资本运用，也不能供自己挥霍；天地虽宽俯仰无以自容，枕边防轰炸，室内丛荆棘，寝不安，食不饱，忐忐忑忑，丝毫没有人生乐趣。唯一得救之法，只有彻底坦白。坦白已嫌稍迟，终比被人揭发、检举的有前途。政府处理的原则是严肃与宽大相结合、改造与惩治相结合。重复说一句，教育意义高于一切，最后五分钟了，第二条出路是没有的。

（录于《周素园文集》，原载于1952年3月22日《新黔日报》）

怎样制止美国野兽的细菌战[1]

（1952年）

一九五一年七月十日，朝鲜开城举行的停战谈判，到今天，已是十个月过去了。侵略者在军事惨败的情况下，被迫接受谈判。但他却不甘心认输服罪。一开始，他就采取“且谈且战”“亦谈亦战”的无赖方式，尽可能来拖延和阻挠谈判的进展。当他抓住机会的时候，他就来一个袭击，满认为可以“掩其不备”。及至受到反击，他又像虺蛇一样，深深地爬进洞里。板门店会议上，有时大发狂妄的谬论，有时也装出伪善的面目，都是和前线的消息脉脉相通的。他的伎俩用尽了，中朝人民部队还是屹如山立、英勇百倍。

就此结束吧，挑起战争的侵略头目下不了台。尤其华尔街老板们的超额利润，无法交待。怎能免于主人的呵怒和谴责呢？于是，杜鲁门一伙撕下文明外衣，暴露杀人凶相，把他们秘密准备的细菌武器和秘密训练来使用这一武器的兵员，齐向远东输送。拿中朝的广大人民来供他的第一次试验品。

根据郭沫若副总理的报告，从本年一月二十八日起，在朝鲜前线和后方的重要城市及交通要道，从开城以东到北汉江一带，侵略者连续不断地撒布大量的、带有病菌的昆虫和其他有害的物体。到了二月二十九

[1] 本文是作者应《新黔日报》约稿而作。作者时兼任中国人民保卫世界和平反对美国侵略委员会贵州分会主席。

日，扩大到我国东北区域内。受害地区计有：辽东、辽西、松江、吉林、黑龙江、热河六省，和沈阳市及其他四十三个县市。三月六日与七日，又撒布到了山东省的青岛市郊。撒布的物体，主要是苍蝇、跳蚤、蚊虫、虱子、扁虱、白蛉子、蟋蟀、弹尾虫、蝗虫、老鼠、乌龙、腐肉、死鱼、棉花、树叶、鸡毛等，多到三十五种以上。

这种万恶的滔天罪行，在古时的生番野蛮，也许不算一回事。经过若干年的文化陶熔，应该滋长了人类的同情心。郭副总理曾指出：在二次世界大战中，希特勒和墨索里尼不曾使用过细菌武器；日本帝国主义者虽然在中国境内使用过，但没有美国今天这样大规模的使用。我们斥之为野兽，不算侮辱他吧！如这群野兽的理想，通过细菌战，中朝城市会变成废墟，人民会只剩残骸。“先声夺人”，向来得不到手的东西，都可以威吓取得，岂不“踌躇满志”！但事实恰恰相反，这一灭绝人性的罪行，只是激起中朝人民无比的愤怒。科学专家动员了，广大人民群众组织了，防疫常识提高了，卫生工作加紧了。每个人都贡献出他所有的力量，为争取最后胜利而奋斗。

野兽们感到惶惑，甚至怀疑他们科学的准确性，接二连三的空降特务落到中朝后方，调查细菌战效果，限期回报。同时，艾奇逊在西半球、李奇微在东半球，都发表声明，厚颜无耻地硬说他们没有进行细菌战。世间罪恶行为，除却单人独马，没有同谋的第二者，还可以死抵白赖，胡说八道。细菌战是在万目昭彰的集体行动上进行的，怎样可以不认帐［账］呢？难道他们还会顾忌到国际公法，关心于人道主义，想保留一个做人的最低标准吗？不，不会的。他们的人性早绝灭了，他之所以要这样做，据我的看法，主要是欺骗美国人民。

自杜鲁门政府扩军备战，同时带来了贫困饥饿的政策。税捐繁重，通货膨胀，物价上腾，失业日重。加以陆军的征召，空军的招募，逼迫着成千成万的劳动青年去充炮灰。在物质生活方面，他们已够苦闷了。对于国际形势，他们是否了解呢？一位新从美国回来的知识分子这样说：“若干政治书籍或杂志，写作的观点不是歪曲和反动的，就是模糊的；进步的报纸也无从购置。我访问一位左倾的美国朋友，请他指点，在什么地方可以买到一份《纽约工人日报》？他说：从图书馆走出去向左拐弯，有一座红房子，那一片绿草坪上，可以找到一个瘦削的少年，每星期六的傍晚，他总是悄悄地站在那里，好像在等什么人似的，一只手抄在灰色的大衣口袋里。我以后两个星期六的下午，依他的指示，在草坪附近周围，始终找不到他所描写的报童。我又去问他。他忧郁地说：不成了。他给发现了，也许撵走了，也许……”（见朱彤著《华尔街的统治》）在精神生活方面，你可以想像他们得到些什么了。提到朝鲜战争，美国人民压根儿不赞成。何况今天以残酷丑恶的手段，“冒天下之大韪”，来争取不可必得的胜利，美国人民更是百分之百加以否定的。但是他们苦于一无所知。他们是在这一小撮设计、指示的造谣诽谤中兜圈子。他们被瞒天大谎遮蔽得透不出气，给你一个“耳无闻，目无见”。宋庆龄副主席也说：“美国侵略者干下了这种新罪行，但是不敢告诉他们自己的人民。他们知道，这会引起多大的震怒和不安。”这是很正确的。

奥斯陆会议发表的《告全世界男女书》，充满着真挚沉痛的词句，美国以外的读者都可能大大地感动，但可惜达到美国人民面前的机会太少了。我们希望行将召开的、六月二十一日的世界和平理事会会议，把怎样对美国人民进行宣传，列为经常工作之一。这是一个技术性的问题，原则上是无可争论的。各国革命党对其本国人民宣传，曾有丰富的经验，巧妙的方法，可供今天采用。我们只要帮助美国人民揭去这重黑幕，使美国人民运用自己的脑筋，思考当前的事物。我相信，美国人民第一步是觉悟，第二步就会行动起来。那时，不仅细菌战马上制止；朝鲜战争也会马上结束；还有缔结五大国和平公约，肃清西德和日本的军国主义，凡是和平理事会主张的一切一切，都可能次第实现。让美国广大人民死捏在一小撮野兽的魔掌中，指挥着他们向这里进攻，向那里屠杀，消耗了人类最宝贵的生命和财产，是多么不聪明的事情。理事会早就应该注意这方面了。今天也还不迟。我们不是站在被迫害的立场，从自救的观点出发，而是把对美国人民的宣传，认为是保卫世界和平的一个必要的步骤。理事会也许能考虑这一建议吧！

（录于《周素园文集》，源自素园《光明日记》卷九）

对于宪法草案的感想

（1954年）

自六月十五日以来，有一股巨大的热烈的洪流在全国鼓荡着。从近畿的大都市到边省最偏僻的小角落，广大人民群众都怀着无限的兴奋谈论着宪法。毫无疑义，这是政治觉悟提高的表现。在中国共产党和毛主席的英明领导下，所有政策都是从群众中来，到群众中去。它的出发点是为老百姓身上着想，它的回归点自然是落在老百姓身上。国家利益和人民的个人利益已经融合为一，它不再是空喊的口号，而是老老实实看得见，享受得到的。群众由于过去的体验，深切认识到宪法的重要性，大家要求了解它，掌握它，是很自然的事情。这是五年前想像得到的吗？以前，不止一般群众不问政治，甚至文艺工作者也不问政治，教育工作者也不问政治，技术工作者也不问政治，科学工作者也不问政治。有些说政治太复杂，对付不了。有些说政治太污浊，不愿去沾染。他们确实指出了国民党反动统治的本质。今天呢？政治的本质，简单一句话，就是为人民服务。不问政治，就是逃避服务。旧社会里产生人民群众不问政治的态度，是反动统治的结果。社会主义和我们人民民主国家鼓励群众的积极性的。法律是政治工具之一，宪法是国家的根本法，它更突出的显得十分必要。今天群众欢欣鼓舞的来迎接它，才是一个开端。但我们深深相信，已是一个良好的开端。

以往的事可以不论。但我是一个从旧社会里过来的人，漫长的岁月消磨在“饱更世变”里。关于宪法故事，就看过好几张“影片”。最早是清光绪帝丙午立宪诏书，它把立宪的筹备期间扯长到九年，制订宪法摆在最后，意思是有了机会，便不妨自食其言。事实教训了它［他］，辛亥革命爆发了，继湖北之后，不满一个月，各省向清廷宣告独立的达十省以上，清廷惶急，制订了十九信条（即宪法大纲）布诸国人，告于太庙（就是知道人民不相信，请他家的死鬼也来作证——告庙在过去是非常隆重的大典），但这一出滑稽剧，今天知道的人很少了。其次，说临时约法。中华民国是在南京成立的。孙中山自知力量不够，和袁世凯订立协定，以清室逊位为条件，愿把政权让渡给世凯。清一色同盟会的临时参议院议员（那时还没有国民党名目）连夜开会，草拟临时约法。为了束缚袁世凯，制定一些限制的条文。袁世凯却更干脆，他早把全部约法都给扔在垃圾箱里，保留了行动的绝对自由。他是不受约法束约的，和世凯同时代的人，大体上都一样，这倒不好专责世凯一人。天坛宪草，是第一届国会的结晶，的确起草委员是由八百罗汉中精选出来的。他们都是东西洋留学生，抠出心血，完成了这一工作。鉴于袁世凯的作风，他们虽热心于宪草的拟制，已绝望于宪法的实施。但袁幕策士向世凯建议，大总统是国家元首，南京选举显得太草率了，不够郑重。欧美国家，大总统的产生必须根据于宪法。尤其这一层在国际观听上非常重要，世凯采纳了。所以国民党在赣宁失败，孙、黄逃亡后，他的党徒仍然安住北京，埋头制宪，并且宪法全部中只把大总统一章提前公布。其秘密就是这样。历代皇朝每逢草茅登极，权奸篡位，总要搜罗许多祯祥福应，烘染一番，点缀一番，认为那是高升宝座的一级阶梯，一副杠杆，场面上必不可少的。这就是北洋军人对宪法的看法。曹锟宪法，其动机和作用，都祖述袁世凯，抑且超过世凯一步，不惜金钱，收买猪仔，把天坛旧稿修改了一些字句，便将宪法全部而不再是一部拿来公布。蒋介石的“五五”宪法，它的中心要求，也是和袁世凯一脉相承。如果说曹锟是袁世凯的及门弟子，蒋介石便只好屈居袁世凯的私淑了。这些历史上沉淀下来的渣滓，本来除了剥削压迫，它们不知道还有什么。但是近代各资本主义国家衡量国度，一般以是否立宪为标准。说某国有了宪法，好像表示某国的政治要开明一些。曹锟、袁世凯、蒋介石之流所以玩弄宪法把戏，要从这点来说明。而一个国家，社会是这样的构成，阶级力量是怎样的对比，宪法应该建立在怎样的基本原则上——宪法的阶级本质，却始终为反动统治者蒙蔽和曲解。这样，就造成长时期以来人们对宪法的一篇糊涂账了。

今日中国人民之宪法，不能以过去与之相比。它是中国人民流血牺牲、长期奋斗所获得的革命成果；它体现着全国人民的意志和要求；它为全国人民所有，并为全国人民的远大目标服务。中国共产党领导的整个中国革命两个阶段。中国革命第一阶段的任务，是由中国工人阶级领导人民大众，推翻帝国主义、封建主义和官僚资本主义在中国的统治，变半殖民地半封建的社会为新民主主义的社会。在这个革命过程中，中国共产党领导的各民主党派、各人民团体的广泛的人民民主统一战线，在抗日战争阶段、解放战争阶段都发挥了作用；经过“辽沈”“平津”“淮海”几次决定性的战役，稍有常识的人都看到国民党反动政权只是“游魂假息、旦夕灭亡”，而全国人民在漫长的岁月里渴望的那个新政权遂得以建成。除却一小撮蒋介石的死党，与夫尚留在蒋管区被监视被控制的人外，一九四九年秋间，全国各界人士不待期会，都荟萃于北京，由此组织了中国人民政治协商会议，议决了共同纲领，产生了中华人民共和国，成立了中央人民政府。五年以来，在中央人民政府领导下，经过全国人民的一致努力，已使我国进入了伟大的社会主义建设与社会主义改造的社会主义革命阶段，并为实现人民民主制度的完备形式创造了充分的条件。中共有鉴于此，所以及时地建议政府，办理基层选举，跟着就设置宪法机构，拟成草案。预定的程序，是要在提到全国人民代表大会以前，要求全国人民都参加讨论，待集中了全国人民的意见并再作修订后，才交全国人民代表大会去通过。党和政府就是这样把宪法——根本法制定得更加完备，达到尽善尽美的程度。今日世界，存在着社会主义与资本主义两种不同性质的社会制度。我们的宪法是属于社会主义类型的，绝不许持资产阶级国家宪法的观点来评论它。至它的内容，可概括为巩固已经得到的革命胜利的果实，同时保障人民创造社会主义的幸福生活。在这方面，已有许多党政负责同志分析得非常详明。我只想强调它的实践性。旧时代的人民对当时的法律和今天的人民对我们国家的法律，所以有着截然不同的态度，是不难理解的。如“汉律”“唐律”以及“通典”“通志”“通考”，乃至于“大清会典”“大部则例”，等等，真是“汗牛充栋”。可是它们都是一些“白底黑字”，说的不是做的，做的也不是说的。这种传统发展到国民党政权，可谓登峰造极。不特在野时约评的法案，也从没有一桩彻底被执行过。（自然，剥削人民、压迫人民的立法，它是彻底执行了，并且残酷横暴的执行着。）举“二五减租”为例吧。我记得是国民政府从重庆搬回南京后不久，就决议实施的，还让他们的机关报大吹大擂了一番。但在我居住的毕节县，根本就不知这么一回事。直到临解放前半个月，听说省里的委员下来，要农民每家凑现大洋一元，供委员的旅费，因为委员是来报“二五”减租的喜信的（报喜信和实在减租有好久的距离还是无人能答复，就再延展一二年大约也不算迟缓吧）。举此一端，其余可以类推。试检共同纲领，我们能指出它的某一部分或某一章甚至某一句落空吗？没有，它都是十足兑现的，至于正式宪法的效力那就用不着说了。宪法规定了新民主主义制度保证我国能够通过和平的道路消灭剥削和贫困，建成繁荣幸福的社会主义社会，规定了公民的基本权利和义务，所有这些，都需要我们去努力。我们既享受权利，就得尽义务，每一个人都有他的重大责任。我们先要理解自己应该怎么做，然后坚持自己必须怎样做。未来的美好的社会主义社会的远景，会因全体社会成员的共同奋斗而缩短其距离。

（录于《周素园文集》，原载于1954年7月8日《新黔日报》）

在省府委员会兵役法讨论会上的讲话[1]

（1955年）

各位委员：

兵役法是我们国家的基干法律，他的重要性仅仅次于根本的宪法。我国现在还处在被资本主义包围的情况下，迫切需要加强国防，随着国防建设的进展，要求现行兵制的有所改变，这是很自然的。中央制定本法是依据多年的历史经验，又参考苏联的先进经验，集中了许多人的智慧，经过了无数次的研究，才公布出来。我们只有全心全意的拥护。聂荣臻副主席的说明，更给了我们不少的启发。我认为志愿兵制和义务兵制并无优劣比较可言，它是一定时间一定环境的产物。因而它也只完成一定的历史任务。体会了本法的精神，了解了逐条逐句的含义，在执行政策时自然就少发生偏差。我想谈的是，就对外意义上看，自第二次世界大战结束，德、意、日垮台了，英、法削弱了，这就增强了美帝国主义图霸世界的野心。由于蒋政权是他培植的傀儡，中国资源他已认为自己的囊中物。中国人民解放军摧毁了这个反动政权，就使得美帝国主义者骨肉连心，百般仇视，从他忍泪退出黄海后，美国统治阶级的每一次言论，每一个行动，都把矛头指向中国。否则，也是指向苏联和东欧人

[1] 本讲话稿是作者1955年4月7日所写。原稿存贵州省档案馆。

民民主国家的。他不断地扩军备战，军事预算超过战前几倍，兵役年限也延长了，又以美元为钓饵，把所有仆从国家组织在一些条约中。迫使英、法等国也跟着扩大兵额、延长兵役。以苏联为首的和平阵营，一贯是努力追求和平的。鉴于武装西德的不可避免，去年莫斯科召开的八国会议讲求了对策。我们是列席会议的国家，为了声援盟友，为了打击敌人，不能不有所准备。由于我们疆域的辽阔，人口的蕃庶，又由于政治教育不断进步，广大群众都有高度觉悟，这就创造条件，可能对敌人神经施加压力。假设一个起码的数目，譬如说，千分之五吧，一次征集就是三百万人，再打上对折，都有一百五十万人，让那人力不足的美帝国主义者尝试我们的威力吧。古人说："上兵伐谋"，我们是在埋头搞内政，搞建设，而影响所及，足令帝国主义者心惊胆寒，不说从此收敛，也许要改取审慎的步骤。这是我认识到的一点。就对内意义上说，我们国家已进入第一个五年计划的第三年。在总路线的光辉照耀下，要在一个相当长的时期内逐步完成国家的社会主义建设和社会主义改造。但无可讳言，这里普遍存在着一个问题，而落后地区尤为严重、就是干部不足。"干部决定一切"，干部不足，有些工作不敢放手做，有些工作是做了，质量可能要低些。兵役法实施后，预计从第二个五年计划的第二年起，逐年都有大批生产军涌现在各个工作岗位上。部队教育是非常严格，非常紧张的，它［他］们的生气勃勃，它［他］们的勇往直前，这些优点比学校教育还突出得多。而国家需要的也正是这类的干部。革命战争二十多年，中国共产党没有固定根据地，没有可恃财政收入，单凭着建立武装力量扩大武装力量来教育和培养自己广大的干部。大家知道，这一奇迹正是写在历史上最辉煌的一页。建国以来，从首都到边沿省份，从外交场所到少数民族角落，百分之九十以上的干部有不通过军队服务的吗？同志们相互谈话，不是来自一方面军，便是二方面或四方面军，或者是新四军，不都说明这一意义吗？今天，国家重视国防建设，军队中人才更是集中，设备更是良好，生活条件更是提高。各省军区就是一个大学，军分区就是它的分校，每一征集公民现役期满后，保证造成一个才德兼备、精悍有为的青年。这就解决了领导上最关心的干部不足的问题，而且征集的主要标准是年龄，就是说，只要适龄的公民都必须参加。这样一来，各地区发展不平衡的现象也慢慢地消除了。每一个征集区都会有相应数目的干部产生出来，保证平均合理的分配。估计很短时间内落后地区就可向先进地区看齐，这是所认识到的第二点，请各位指教。

（录于《周素园文集》）

劳动原来是人类的本能[1]

（1955年）

一、劳动占统治地位的时期

劳动是人类心理的范畴。这是我个人虚拟的一个假说，假说的提出，是想为目前社会主义改造事业做出一点贡献。

回溯若干万年以前，我们祖先双手已能自由操作，两足已能直立行走，借助于劳动，他们脱离动物而独立。但，大家知道，他们经历的道路并不是平坦的道路。他们没有任何经验的积累，更谈不上任何知识的获得，一切都在摸索中。仅仅为了变换器官，为了发展语言，就不知花去若干岁月。到得钻木取火的发明，石斧石刀的利用，衣食资料的范围扩展了，生活上跨了一大步，营养逐渐合理（果食、肉食、火食、粒食，每一阶段的距离总不只以千年来计算吧，衣着兽皮可能是附带的发现），头脑自然逐渐进化，这就使从“野处”到“室居”，从渔猎到耕稼成为可能，可是这里花去的岁月也相当的悠久。房屋不是空荡荡的，至少像陶器炉灶之类，得先解决吃喝用具的问题。睡眠用具的问题，也是需要解决的。耕稼要能制造木犁，要能驯养家畜，还牵涉到种种副业。每一生活都是创造，每一创造的阶段都不可避免的要忍受失败。在这些过程中，他们原定的计划方案，自然是很粗糙的一些计划和方案。有的要部分的修改，有的会全部的推翻，有的甚至经三番五次的研究。

---

[1] 本文是作者1955年8月所写。原稿存贵州省档案馆。

每一产品的出现，都是劳动的结晶。试问没有交换，没有买卖，没有工资形态，更远远没有按劳分配产品的理想，是何动机能推动我们祖先经常地、持久地、孜孜不倦地进行劳动呢？人与人都平等相处，也不能设想那时会强制劳动吧！有人作答案说，一切为了生存。但是我们知道，懒汉、寄生虫他们的生存欲还百倍强烈于劳动者呢！只有这样来解释：氏族公社以前，劳动占着统治的地位，我们祖先把生活看做劳动，把劳动看做生活，他们日出而作，日入而息。有希望，希望的是劳动；有要求，要求的是劳动，有娱乐，娱乐的是劳动；有歌唱，歌唱的是劳动。他们不仅对同时代的人把劳动相互号召，并且对异时代的人也把劳动郑重遗传。在漫长的史前岁月中，劳动是与生俱来的、一日不可缺少的条件，它是群众的欲望，也是他们的本能。说劳动是心理的范畴，是符合于事实的。

二、奴隶发展了生产力，劳动降低成为贱役

生命是不会静止的，生活的多种多样，促使人们第一次社会大分工，最初是家畜的蕃息，及其所需的饲料；都应由专门劳动加以照料，这就出现了畜牧业和农业的分工。其次是手工业的分工。各集团的产品，甲所剩余的，恰恰正是乙所缺乏的，这样交换就发生了。集团产品的分配，通常是由群众信仰的长老来执行。平时他主持交换，遇到纠纷，也就指挥战争，领袖人物固定下来了。战争不知其何自起，不可抗拒的自然灾害，已够使人类面对死亡，是何发明处，又来导演这一互相残杀的悲剧。战争像交换一样，开始是在集团与集团之间进行的，由于力量对比的不平衡，或由于某些偶然的因素，战争便有胜败，战败的群众，转瞬成为俘虏。俘虏最初还是不免于死亡，尔后才施桎梏，而使成为奴隶，这样就给古代社会带来了一个大大的变动。我们知道，由于分工的活跃，由于工具的逐步有所改善，为社会生产力的发展创造了条件。奴隶制度的形成，一方面使某些分子脱离生产，自封为优闲显贵人物。他们或提倡制订法律，或热心宣传宗教，或以为科学万能，或以为教育第一。音乐使人怡情，美术也还不错，上层建筑的意识形态的萌芽，吸引了千千万万人的注意。另方面私有财产被公认了，阶级制度也相应地确立了，国家成为统治的中心，它不是用生产来鼓励群众，而是用暴力来镇压群众。国家经常夸示武装力量，不断地挑发邻封的战争，借收容俘虏来扩大奴隶的队伍，内部破产失业的人群也自发地投入这一队伍。奴隶数量的大批增加，假使得到合理的使用，生产力灿烂的花朵也可能开遍古代的大地。像埃及金字塔那样伟大的建筑物，不是奴隶血肉积累起来的吗！他们的技术非常低下，他们的生活非常俭薄，简直牲畜都不如。他们对劳动生产开始厌恶了。奴隶占有者则认为：奴隶只是会说话的工具，是他自己财产之一部，奴隶来源是“取之不尽用之不竭”的，奴隶是天生来服贱役，而他自己是天生来享受的。由于贱视劳动者，也就贱视了劳动。奴隶占有者自然是当时的统治阶层，他们的行为给予群众以有力的影响，一般社会也贱视劳动了，说劳动是奴隶的本分，人剥削人成为合法化，不劳而食成为合理化。人们分成了几个集团，其中某一集团能经常攫取其他集团的劳动，某一集团能剥削另一集团。集团中间有教养的学者们，自告奋勇地站出来拥护统治阶级，辩护现实制度，说现实制度是天经地义的，神圣不可侵犯的，服从现实的是好公民，破坏现实的是社会的叛逆。像希腊亚里士多德那样杰出的人物，都没有能超出这一点。这样，我们祖先在漫长的岁月中，流血流汗，辛勤磨炼，他们最珍贵的最欣赏的东西，像保护眼珠一样保护着的东西，被人践踏了！劳动是一钱不值的，这真是古代社会一个大大的变动，比地震山崩还要大的变动。但因为它是慢慢进行的，人们不自觉地随着那不能预见的作用、那不能控制的力量而变动，他们便只好随波逐流，任听命运的摆布。

三、封建制度是历史上长时期停滞性的一种社会形态

从一种社会到另一种社会的移转，是由它的生产方式决定的。什么是生产方式呢？依据《联共党史》的定义，生产方式既包括着社会的生产力，又包括着人们的生产关系。什么是生产力？《党史》教导说，被利用来生产物质资料的生产工具，以及因有相当生产经验和劳动技能而发动着生产工具并实现着物质资料生产的人们，所有这些因素总合起来，就构成社会的生产力。另一方面，则是人们彼此在生产过程中的联系，即人们的生产关系，生产方式是它们两者在物质资料生产过程中的统一之实现。既然奴隶是唯一的生产者，而奴隶本身对劳动不感兴趣，奴隶主对提高奴隶的劳动生产性也不感兴趣，只是打骂、鞭笞、枷锁，他们的管理方法就是老一套。这正说明他们贱视劳动的心理。在奴隶生产的初期，确曾起了瓦解公社的作用。但到末年，它已成了人类更进一步发展路途上的障碍物，封建制度便起而代之。封建制度的基石是土地。奴隶不堪占有者的虐待，奋起反抗。自罗马斯巴达克斯领导起义以来。这类斗争充满着历史。虽然起义被压服了，但也教训了奴隶主们，稍稍放宽了待遇。奴隶开始解脱枷锁的时候，他们并没有存很大的奢望。他们但图保有一小块土地，努力劳动，养活家人。同时，他们又感到自己的孤独，渺小，自愿投靠大土地占有者。许多的王公、僧侣、亲贵，就是采用这种“兼并”形式的。另一种是武力侵入他人领土，像盎格鲁人征服英伦那样。它［他］夺取撒克逊族的土地分封功臣，开初还借口酬庸，后来便滥赐佞幸。这一种“掠夺”形式，在世界上所有的民族或国家里差不多都不同程度的存在过。封建的主要剥削，一为赋役，二为年贡。赋役是直接占有劳动，年贡是间接征发劳动的果实。两者的对象都是农民。农民因为依存于地主，有的国家干脆就叫农奴；有的国家名义上假借一点，农民似乎是自由人，实质上还是一样。斯大林曾说过：“奴隶的革命消灭了奴隶占有者，废止了奴隶占有者以农奴占有制的剥削劳动者的形式来代替他们，一种剥削者以另一种剥削者取而代之。在奴隶制度之下，法律允许奴隶占有者打死奴隶。在农奴制度之下，法律则允许农奴占有者仅只出卖农奴。”试想想，被束缚在土地上的农民，他们有力量来置备耕具，来改良种子，来扩大播种面积吗？不，不能。这方面，生产力是窒息了。同时，封建主都穷奢极欲、恣意浪费。他们醉心舶来的商品，狗马玩好无一不令他们倾倒，尽量榨取加紧剥削犹不足以供挥霍。如此，则不惜忍受苛刻条件，举债度日。最后，甚至不惜发动战争，谋求出路。我们看见商业频繁了，高利贷活跃了，城市兴盛了。手工工场萌芽了。资本主义的胚胎，就是这样在封建制度的母腹内孕育着成长着。从这方面看，它的进步意义是有目共睹的。一般说来，封建制度对人类社会没有做出很大的贡献。在历史上，它只是长时期停滞性的一种社会形态。这不仅在中国有了证明，欧洲千年黑暗的中世纪，不正是同一个类型吗？日本也不例外。印度应归入殖民地范畴，按其实际，也是这一类型。封建制度加深了贱视劳动的看法，加速了农民反抗的过程。在剥削者与被剥削者，压迫者与被压迫者中间曲尽联系作用，帮助缓和斗争情绪的，在中国为孔教，在欧洲为耶教。但他们的花言巧语也只能软化一小部分。在铁的事实面前，所有的欺骗都破产了。阶级斗争继续着，旧的矛盾克服了，新的矛盾又产生。发展原来就是对立物的不断出现啊！

四、资本主义自己制造了掘墓人，新的社会力量形成了

资本主义的诞生，不能早于十六世纪。英国提供了资本主义发生的典型。为了需要羊毛，它用暴力圈围村社的耕地，把耕地变成牧场，把世代定居在那里的农民驱逐出去。失掉生产资料的农业无产者，整批整批的飘荡着。另方面是机器的采用代替了手工工场，适应于轻工业诸部门的机器一种接着一种的发明着、改进着。由于商业的积聚，由于海盗式的掳获，货币可以资本主义化。配合它，市场上又存在着劳动力这样特殊商品。英国人运用这些有利条件，首先完成了产业革命，以三岛称霸全球，夸耀地宣示日所出没处都有英国的国旗。步着英国的后尘，法国、美国走上了资本主义发展的道路。随着，德国、俄国、日本及其他国家，也都走上了同一的道路。商品经济泛滥全世界。这些不同国籍不同种族的企业家，怎样会选择着同一方向呢？剩余劳动的生产和占有是资本家的秘密。资产阶级经济学家们把土地、资本、劳动并列为生产三要素，好像劳动是依赖于资本，把人们蒙混起来。马克思第一次指出了劳动者怎样给予信用于资本家，说明了如何理解必要劳动和剩余劳动。资本家的残酷剥削，是在物的掩蔽下进行着的。若干年来，工人阶级自己还没意识到这一点。马克思很公正地谴责了商品的拜物教。在《资本论》这一巨著中，从商品开始，马克思分析了各种经济的范畴，预示了资本主义没落的必然性。可惜，帝国主义阶段的发展形态，马克思既不能亲见，也就不可能悬为推断。这一点，由列宁补充了。列宁分析了帝国主义的基本形态，论证了它的不可调和的矛盾，断定了帝国主义是资本主义发展最高的阶段，也是最后的阶段，它是腐烂的资本主义，是垂死的资本主义。早在垄断前期，资本家就知道用剩余价值的获得，演为积累资本的方式，来进行扩大的再生产。生产和资本不断地集中与积聚，大企业吞没着小企业。资本有机构成的提高，造成了相对的人口过剩。开初工人是机器的附属品，人供给机器的使用。由于科学被收买，一场发明发现都是为资产阶级的利润服务，机械化过程加速了，工人失业的数量也就迅速地加大，妇女和儿童的劳动代替了成人。庞大的产业预备军经常存在着。工资无限的降低，穷国绝对的深化，等待着工人们的只有早衰、残废、饥饿、死亡。他们唯一可能和必要的出路就是充当资本主义的掘墓人。资产阶级拥有强大的力量，尤其是垄断后期像今天的美帝国主义那样。政府部门是它的账房。它豢养着优良装备的私人武力，随意镇压罢工。这样，它们似乎可以不顾一切，为所欲为了。可是，还是有它的局限性。这里是被经济发展的规律制约着。资本家虽然巧取豪夺，吸尽了工人的最后一滴血，但是，商品堆积着，仓库满溢着，工厂经常地开工不足，消费阶级似乎根本就不存在。把它付之一炬或投入大海，资本家们常常是这样处理它［他］的过剩商品的。生产的社会性和占有的私人性是它［他］们无法解决的矛盾，早年周期爆发的经济危机已够使它［他］们头痛了。第一次世界大战后资本主义的总危机，像斯大林在《联共第十六次代表大会报告》中指出的那样，确是它［他］们的致命伤。另方面是工人阶级的跃进。工人阶级缺乏的是政治上的觉悟，思想转变了，他就有力量掌握自己的命运，尤其有责任开辟大众的前途。自《共产党宣言》以来，马克思主义“如日中天”。它的一字一句都像灯塔一样，照亮着全世界的每个角落。虽然他们固执谦逊的态度，不止一次地指示说我们的主义不是教条，但是，在千百次论敌的诽谤叫嚣中，在亿万个同志的斗争实践中，有谁能指责它的罅隙呢？工人阶级只怕不联合，肯联合，随处可碰见他的同志；只怕不斗争，肯斗争，每次会找到他的出路。马克思、恩格斯的叮咛反复，列宁、斯大林的辉煌成就，总归一句话，需要的是团结、团结，第三还是团结。全世界工人阶级有了一定程度的团结，资产阶级丧钟响了，剥夺者被剥夺。不错，目前资产阶级的力量无疑地是强大的，但同时，我们看见世界上无一处没有职工会，无一国没有共产党。职工会共同关心的是如何联合，如何斗争；共产党共同关心的是如何巩固联合，如何领导斗争。在第二次世界大战以前，谁能想象有这些发展呢？劳动受人轻蔑，被人认为耻辱，甚至廉价求售也不能邀富豪们青睐的一顾。而他们创造出来的财富，则源源不绝的流入少数人的荷包。怨毒积累了相当的时日，一定会酝酿出一些不平凡的事情。革命不是由人们的意识来决定的，它是由社会关系来决定。一切都以条件、地方、时间为转移。资本家和劳动者都一样。他们被推动着，前进着、学会辩证的看问题，不仅是了解过去，还可以预见未来。不是吗？

五、社会主义社会改变了对人对劳动的态度。

十月革命一声炮响，地球上六分之一的地区出现了新的社会面貌。这真是有史以来震古烁今的大事。我们可以设想，当资本主义体系在世界上确立它的统治地位时，当世界经济已结成整个链条而各单个国家各单个民族已变为这个链条的各个环节时，他们高高在上，强调资本主义制度是永恒不变的真理，真是幸运的宠儿。斯大林指出，俄国当时是帝国主义一切矛盾的集合点，而且孕妊着革命的程度比任何其他国家都大。帝国主义战争把俄国政治生活中所有一切矛盾汇合成为深刻的革命的危机，并使革命具有莫大的冲击力量。它是帝国主义的链条薄弱的一环。而果然，这个链条就在最弱的地方被冲破了。全世界无产阶级都满怀兴奋的期待着。他们说：看，翻身运动开始了，被压迫阶级抬头的机会到来了，奴隶生活雇佣劳动生活都快结束了吧！但是，统治阶级更聪明，他们知道，打击革命要及时，摧毁新生力量要毒辣。他们对付苏维埃政权的方法，从武装干涉到经济封锁，到外交孤立，再加上千方百计的造谣中伤。可是，费尽心机，都没有得到预期结果。相反地，苏维埃政权倒是巩固起来，强大起来，五年计划一个接着一个的完成了，工业化成功了，农业集体化也成功了。他们没有失业、没有经济危机，人民生活改善着、提高着。劳动被珍视着，不劳动者不得食是举国一致的信条。苏联在国际环境中的艰苦奋斗，那样的勇气、那样的信心，那样的毅力，给予人类绝好的榜样，真真值得我们学习。帝国主义者把苏联看着眼中钉、肉中刺。无论如何，他总不乐意世界上存在着共产党政权。由于这种不可告人的秘密，他们一只手刚刚把德国势力打垮下去，赶紧就用另一只手把德国势力扶植起来。为的是要让德国充当反共的主力。当希特勒横行一时的时候，似乎已不受他的指导意志的约束。但他终于使全欧洲之力，弃信背义的向苏联进攻了。这是法西斯政权的本质决定的。苏联忍受一定程度的牺牲，但他发挥了全民抗敌的伟力，为人类划除蟊贼。在消灭法西斯匪帮过程中附带解放了东欧许多国家。对德战事甫定，他尊重雅尔塔诺言，又发动远东军团，讨伐日本强盗。近数十年来，日本虎视东方，国际评论都高估了他的力量，他也居然自信无敌。苏军在不到一旬的时间内消灭了关东军，使日本强盗从此倒下去，压在亚洲人民头上的大石头被掀翻了。在古老文明的基础上建立了中华人民共和国。此外，一系列的附属国、殖民地、半殖民地都有不同程度的活跃，连非洲人民也推动起来。这不是苏联忘我的无私的为人类服务的伟大范例吗？遗憾的是，当欧洲第二战场开辟不久，德国法西斯军队在亚尔丁地区内转入进攻，突破了英美联军防线，打击异常严重。观于邱吉尔向斯大林求救的文件，从老奸巨猾的口中也被迫吐露了那么声泪俱下、那么五体投地的言语，其恐慌程度可谓达于顶点。假使苏联当局玩弄策略，按兵不前，借法西斯匪帮的手打垮联军，再来收拾残局，反正，希特勒精锐是耗竭了。对苏联，他是无能为力的。这样让美帝国主义者看一看颜色，至少，艾森豪威尔之流不会像今天那样狂妄无知，盲目自大，不感谢苏联的真诚援助，反而一贯向苏联找岔。而且对外的失利，可能导致内部民主力量的抬头，什么图霸世界的实力政策，也就无从说起。斯大林大元帅为了顾全大局，为了以君子之心待人，不正是恰好堕入阴谋家的度内吗？然而这在联共领导作风，是可以理解的。他们经常教导说，我们决不打算用武力强迫任何人接受我们的思想或我们的经济制度，输出革命是胡说。各国人民要的是什么，是各国人民自己的事情。美国无产阶级的力量是可以信赖的，假使他们行动起来的话。华尔街的八大豪门，包括中西部及西部的金融集团，对于二亿五千万人来说，真不过像虮虱那样的一小撮，举手可以使他们粉碎，唾沫可以叫他们漂没，不需要旁人代谋。联共主要是自己鞭策，自己督促。建设社会主义，并不就是造成社会主义社会；要实现共产主义，就要为共产主义创造条件。联共必须说到做到，让全世界人知道，黄金世界的美好生活并不只是梦想，而是凭着我们双手可以塑造起来的。所以联共在战后，也和在战前一样，总是埋头建设。建设头绪纷繁，我们看一看它的基本环节，他们不仅要把生产资料的大规模的私有制、而且也要把小规模的私有制转变为社会主义的财产。在劳动的高度生产性下创造社会主义的劳动组织，根据各尽所能按劳取酬的原则，要求最严格的监督劳动和消费的标准。斯达哈诺夫运动成为普遍的运动，它挖掘了生产的潜力，展开了火热的竞赛。它的重要意义是：先进者给予落后者以友爱的帮助，其目的在于达到共同的提高。它的体现是，有些人工作得不好，另外一些人工作得好，还有一些人工作更好。赶上那个最好的，并且达到普遍的高涨，千百万人都得到了普遍的高涨。高涨的顶峰，便是共产主义。人们认识到，劳动是为了自己，为了自己和家人现在隶属的国家。支付了一定的操作，必然获得一定的享受。阶级制度消灭了，剥削关系不再存在。劳动成为光荣的称号，它是英勇豪迈的事业，将来还会成为人们生活的第一需要。应该承认，苏联人民自革命以来，他的意识及其思想有了不断的提高。首先表现在自觉从事劳动的态度，也就是共产主义的劳动态度。另外是一般道德品质的提高，新的环境改造了新的精神，在劳动者的主观上和社会对待劳动的客观上，他们看法的一致，反映了他们利益的一致。中国和人民民主国家正百倍努力地吸取苏联的先进经验。可是，不少同情我们的国家，还死抱着轻视劳动的成见。要知道，改良主义是垃圾，只会妨碍人们的进路，不管你愿意不愿意，历史车轮总是向前的。

六、把劳动变成人们的欲望是社会主义改造的据点

根据上述，我是想说明：自有人类社会以来，劳动曾在不同的时期占过不同的地位。到了晚近，它更人为的被抑制了。由于马克思主义的倡导，才改变了这一形势。苏维埃联邦积极带头，社会主义阵营的地盘日见延展。可是，每一国家都有自己的特点，他们接受了指导原理，在精神上一般是共同的，而在做法方面却不定是一模一样。毛泽东思想就是马克思列宁主义与中国革命实践相结合的具体范例。它胜利地领导革命，争取了我国的独立、自由和民主，使我国从半殖民地的泥潭中站起来，并使自己成为国际有力的一员。现在，我们已进入第一个五年计划的第二年。我们每一岗位工作者在毛泽东思想的启发和鼓舞下，应该开动脑筋，寻找窍门，争取提前完成社会主义改造，争取早日迈步踏上共产主义。把劳动变成人们的欲望，让劳动在头脑里扎下根，我认为是改造中的一个坚强据点。我就是这样大胆地来提议的。

从我个人的体验出发，儿童时期是非常热爱劳动的。我家住城市，七岁多了，母亲携带着，第一次往城西郊。大雨滂沱，我见到农人披着蓑衣，驾着耕牛，曼声吆喝，鞭打着牲口在耙田。我想，我能照他这样做，该是多么好，经过了许多日子，都私自摹演这一动作。由于家庭的督促，由于教师的鼓励，这一欲望活生生的被抑制了，走上了“读书人”的道路。在虚度的几十年中，紧张工作之后，诚然渴望休息，但短期休息，又渴望工作。我曾熬过不少失业的岁月，那真是严刑酷罚，真有无法形容的难过。最初，我认为，这只是个性的表现，后来，冷静观察了大量的人群，也得出同样的结论。我可以说，人类是劳动的动物。没有劳动，社会就不存在。尽管某些制度把劳动意义歪曲了，压低了，但它是反动的，不合理的，终于要被铁帚扫荡。我们祖先尊重劳动、宝贵劳动的习惯，绵延相传，永远活在人们的生命里。我所体会所观察得出的，就是劳动本能的冲动。今天，国家在宪法上，在大部分政策中，都为了提高劳动而努力。但我们刚刚通过旧社会，它在一切关系中，在经济的伦理的和精神的关系中，依然保留有旧社会的遗迹，它是由这种旧社会的内部孵化出来的。我们的改造工作一定要打入社会深处，从每个家庭建立起据点。这在目前，虽然给基层干部增加一些负担，但却是“一劳永逸”的好办法。

大家知道，本能是动物的行为方式，是不经学习就会的，也就是种属遗传的行为方式。人的活动过程中，一种刺激或多种刺激依同一顺序多次反复，他的大脑皮质区域的兴奋和抑制中心的分布情况就会以一定方式相当地固定下来。对于这种或这些刺激的反应，也就容易以一定的方式发出。所以，本能是在环境影响下所获得的那些特性，经过无数先代的积累而形成的。人是在与环境交互作用中获得并发展他的特性和本能。遇到新的生活、条件，就获得新的特性，也就是形成条件反射。形成的条件反射是与许多世代中发展起来的无条件反射（本能）密切关系着的。那些与生活环境相适应的条件反射就能够巩固起来，变成遗传的东西，传递给后代，经过若干世代，形成新的本能（略见心理学各教本）。苏联生物学家米丘林已确实证明，生物的一切特性，包括本能在内，都因生活条件的改变而变化。生理学家巴甫洛夫也说，某些重新形成的条件反射由于遗传性，是可以逐渐地变为无条件反射的。这样，我们有理由说，把劳动变成欲望是有其生理基础的。（历史上曾经这样做过的，据我所知有希腊的斯巴达，这是一个以尚武精神自豪的小小国家，他要求体魄健实的国民，一般要有刚强猛厉的气概，自婴儿呱呱坠地就进行一系列的工作，贯彻它的特殊教育，每逢出兵打仗总是战胜攻取。我不懂任何外国文，这个故事似在五十年前梁启超办的《新民丛报》上看到的，其详细我已记不清楚了。）尤其应当重视的是它的政治基础。人民政权的敌人是已经打倒的地主，抗拒改造的资本家，被帝国主义和蒋介石匪帮收买雇佣的各式各样的反革命分子。资本主义包围形势一天存在，这些人类渣滓就一天不甘心死亡。假使建议被采纳的话，有关部门成立临时机构，深入讨论。前提决定了，然后收辑教材，编成提纲，用说故事的形式，影印一些精美小册子（各省市根据需要也选择当时当地老百姓喜闻乐见富有说服力的故事编辑补充），责成家庭、学校、社会三方面来改造我们的下一代。社会教育，大致已接近成年，让青年们自己阅读，自己体会。这方面可以略而不谈。学校教育，只须恪遵政务院关于整顿和改造小学教育的指示，主要是依靠教师善于诱导，把当前事例指给儿童看。谁担任矿山煤井的繁重劳动，谁就会取得社会的尊敬。谁拒绝体力劳动，社会上最宝贵的称号模范英雄等等就落不到他的头上。国家是以工人阶级为领导以工农联盟为基础的政权，它的政策的出发点是关心群众生活，改善劳动条件，工时力求其缩短，工资逐步在提高。并且，在工业化实现后，若干生产部门还要采取机械化电气化的措施，以节省人力。国家是爱护劳动的，青年必须认识这一点，才能站稳自己的立场，适合国家的需要。家庭教育是建议的主要环节。儿童的神经系统最富于可塑性。可塑性表现在每个脑神经的过程都在它自己经过之后留下一点痕迹。客观现实最初反映给儿童的事物，总会或浓或淡的长时期的保留下来。儿童两岁左右，普通就会发问了，这是什么，那是什么，这就给父母以施教的机会。通过儿童的父母，谆谆注意学前期的教育（文盲的父母每次新的教材下达时可由居民小组先来一次共同学习），居民小组政治干部又不断加以检查和指导，表扬那教得好的，批评那教得不好的或偷懒不教的。（当然，托儿所、幼稚园也担负同样的任务，但总的来说还是家庭教育绝对重要。）我相信，第三个五年计划完成时，改造下一代的基础就打好了，将会有新型人的姿态出现。就是儿童父母，在长期改造儿童的工作中也教育了自己。旧人可能成为新人，他们对剥削阶级极度的鄙视，他们会对帝国主义强烈的憎恨，他会铲除资产阶级思想的残余、私有的心理和道德的残余，他会对盗窃国家财产者作坚决不调和的斗争，他会对贪污腐化、麻痹疏忽一切不良现象作勇敢大胆的无情批评，他会无条件拥护党和政府的政策，和在执行政策中所有一切的措施。劳动战线的强大，保证了剥削现象的永远消失。谈到它的经济基础，那就是在最伙多的人口和最辽阔的疆土上建立了劳动王国，它受过劳动第一的洗礼，它将终身为社会生产服务，它会发挥劳动的积极性和创造性，它会不断提高劳动生产率。这该有如何巨大的意义。

（录于《周素园文集》）

读了《农业发展纲要（草案）》以后

（1956年）

《一九五六年到一九六七年全国农业发展纲要（草案）》，是中共中央政治局提出，经过毛主席召开的最高国务院会议讨论通过，才发给各省讨论的。如《草案》所说，全国农业合作化的高潮正在引起全国农业生产的高潮，并转而促进整个国民经济和科学文化教育卫生事业的新高潮。在这样的形势之下，只依靠已经公布的《农业生产合作社示范章程》来指导农业已嫌不够了，必须向农民指出实现农业社会主义改造的具体计划，和关于发展农业的长期奋斗的目标。这种繁荣幸福的美好将来，正是广大农民热烈追求的。究竟是怎样的物质和文化的享受呢？我们要期待好多日子才可以达到目的呢？农民只模糊意识到，还没有看见一个清楚的轮廓，这样就留下空隙，使农民还未感到满足，党和毛主席抓紧这个基本环节，又和各省市自治区的负责同志反复研究，要在切实可靠的基础上给农民以答复，并使有关部门都纳入一个系统中，配合农业的发展而发展。也就是说《农业发展纲要（草案）》是集体智慧的成果，是结合全国实践而得出的结论。为了发扬民主，中央征求各省的意见。拿贵州来说，各族各界是一致拥护的，认为《农业发展纲要（草案）》是一幅未来远景的图画，它是一个完整的图画。这个《草案》第六条所示：“从一九五六年开始，在十二年内，粮食每亩平均年产量，在……淮、秦岭、白龙江以南地区，由一九五五年的四百斤增加到八百斤。”贵州在这个地区范围内，草案所规定的指标是否可能达到呢？目前发生的无数奇迹回答了问题。我昨晚接到家信，毕节城郊我原来住宅的傍近，农民弟兄两天开垦了两斗多种的荒地，两天筑成了一条由桂花桥到唐家水沟的小马路（都是最近一周的事情）。类似的事例若不多，每一县每一乡都有。每一个人都在传说农民弟兄“夜以继日”的都在下田，上山，出工，动员，并没有谁督促他们，为了社会主义，他们是自己主动的，主动便可以持久。这就说明，生产高潮确实已经达到每一个角落，只要按照他们所需要的物质支援和技术指导，由各方面给予不断的帮助，指标的完成还用置疑吗？中共贵州省委要求本年增产百分之十五，我认为这是合理的适时的，也只有这样逐步渐进，一方面既免于落后，一方面也不致于冒进。前一阶段合作化发展的规模和速度就保证了后一阶段的农业增产，这本是一件事情的两面。我们参加省人民委员会扩大会议，许多人都对农业发展纲要（草案）提不出意见，真所谓“悬诸国门不能易一字”了。

和发展农业同时，中央注重的是知识分子改造问题。读了周总理一月十四日在中共中央会议上所作的《关于知识分子问题的报告》和一月三十日在政治协商会议所做的《政治报告》以及郭沫若先生题为《在社会主义高潮中知识分子的使命》的报告，这都是非常重要的文件，它使我们能够了解目前知识分子的类别和分野，了解几年来知识分子改造的进度和他们将来改造必须采取的途径，最后来接近世界科学文化的先进水平。谈到知识分子问题，可能写成一本厚厚的大书，我只就发展农业的角度来谈谈，而且以贵州为范围。大家知道，社会主义建设事业以工农业生产为其主内容，要在总路线总任务中，无论资本主义工商业改造也好，手工业改造也好，知识分子改造也好，都要在建设事业中服从于发展工农业生产。但我读斯大林著作，曾记得好些地方他都把工人、农民和知识分子平列为苏维埃社会建设的三种力量，要知道这既不是我们旧中国士农工商的封建社会的看法，更不是现代资本主义国家豢养知识分子为工具的看法，而是马克思列宁主义的评价，是值得我们崇奉的。知识分子在建设事业中的关键性，于此益可证明。工农是生产的主体，但在生产需要科学技术指导时，就依靠知识分子贡献他们的力量。撇开知识分子，就可能浪费国家资金，就可能推迟建设进度，尽人皆知其不可。在省人民委员会扩大会议上，我听到罗登义[1]先生提出的贵州十二年培养农业干部的规划，分批分期循序渐进，也就是郭沫若先生所指的扩大队伍。我深深感到这是今天的重要环节，没有这个规划，就不能适应农业的发展，我们必须加倍努力，促进这一规划的实现。谈到知识分子改造，我也预期它有一个跃进的形态。人们都说思想改变是长期的过程，怎样能期待他们跃进呢？这很容易解释，我们是向前的，一人向前和他比肩的人决不甘落后，其中每一个比肩的人又去影响和他们比肩的，如此互为影响，互相竞赛，就可大步推进。加以党和政府又将全面规划，加强领导，对知识分子的改造定可加速。客观条件成熟了，知识分子又是很敏感和富于自尊心，敏感则早有比较，自尊则不待督促，豁然贯通，怎见其不可能呢？梁漱溟最近在政协的发言承认了他的错误，并且表述了认识错误的过程，主要是此次甘肃视察让他接触了实际；其次是大家进行思想批判，对他进行帮助的效果。再次是我们国内建设和外交工作方面已有辉煌成就来启发他。贵州有待改造的知识分子，一般陷溺不如梁深，转变也比较梁容易。我相信中间分子，落后分子等等不光荣的称号，近期内一定会消灭，大家都要站在进步分子的行列。

末了，还就我个人感想谈几句。我是一个笃老癃废[2]的人，在许多实际工作面前都显得无能为力，但我有一颗信心，党和政府一切的政策法令，我从来没有怀疑过。举抗美援朝为例，当时曾有不少的人访问我，他们说美国是那么强大，我们国基甫定，越国出兵，事态未免危险。我答复说：中国共产党有一个原则，叫做掌握战斗，也就是说他们不打无把握的仗，一定要在有利条件下才打。国内战争时期是这样，抗日战争时期也是这样，解放战争时期一贯也是这样。假使不能掌握战斗的话，恐怕早已一败涂地了。我曾住延安一年，亲见共产党的作风，他们提一口号定出一个方案，都是先经调查事实，然后分析材料，比较材

---

❶ 罗登义（1906—2000），贵州省贵阳市人。全国著名农业生物化学家，教育家。1928年毕业于北平师范大学农业化学系，先后在成都大学和北京大学任教。

❷ 癃废：衰老病弱，肢体残废。

料，从问题的正面推论，又从反面推论，进一步得到什么结果，退一步又应该怎么样，层层推敲，节节安排，然后作出决定。那样的深思熟虑，在我们党外人简直是想象不到。国际战争的严重性，毛主席比我们看得更明白，他的考虑也必然更深刻，美国的优点和弱点，毛主席知道得最清楚。诚如各位所说，我们是国基甫定，但是美帝国主义也恰恰看中了这一点，它正选好这个时机来打击你，吞噬了北朝鲜，一定要“舐糠及米”[1]，渡鸭绿而侵我。不给美帝国主义以反击，挫折他的凶焰，我们的国基永远不会大定，而且还会还原为殖民地。为了要在世界上站起来，我们也必须出于一战。各位试从《毛泽东选集》阅读关于军事的论文，如《中国革命战争的战略问题》诸篇，才知道“良工心苦”，毛主席是怎样运用这个掌握战斗的原则的，必然会增强信念，得出乐观的结论。事实是出师未久，捷报频传，终于使美帝国主义在人力物力财力上受到了极大的损失，以缔结停战协定而告结束。仰借共产党的威望，增加了我说话的分量，此后遇到各个重大社会运动，他们都是“有听受而无问难”，这样我以我的信心，便巩固了某些摇摆的人，启发了某些蒙昧的人，信心就化为力量。在浩浩荡荡的建设洪流中，我所贡献出的力量，真是一点一滴，微不足道，可也不能说一点一滴不是力量。那些聪明才智精力体魄超越于我的人，他们能胜任比我所做十倍百倍的事情，那也是很自然的。在党和政府的英明领导下，各尽所能，十二年不是一个很长的时间，我侥幸犹及见农业发展纲要的提前实现和超额完成，愿与天下人共浮一大白。

（录于《周素园文集》，原载于1956年2月29日《新黔日报》）

[1] 舐糠及米：意思是舔米外的糠，一直舔到里面的米。比喻占据的地方再夺取政权，也比喻由表及里，逐步进逼。出自《史记·吴王濞列传》：“里语有之，舐糠及米。”

孙中山先生90周年诞辰纪念献词[1]

（1956年）

世界是人类活动的一幅图画。活动是多种多样的。各地区、各民族、有色人种、无色人种，它［他］们创造自己的生活，维护它，扩展它，谁也不模仿谁，谁也不知道自己怎样会一步一步地踏上了改变的道路。看来好像自发的、自流的，可是有铁的规律制约着，一经学者的研究，便显示出它的普遍性、真实性。比如说，最初总是原始公社，由公社才演为奴隶占有制，再进则封建主义，再进则资本主义；每种社会形态，都和它的生产方式相适应，而且是不得不适应。茫无津涯的海洋，千诡万殊的风俗习惯，归纳在几条规律下，它便成为科学的类型。马克思列宁主义之放诸四海而皆准，理论之有说服力，原因即在于此。既然生产方式在每一个社会都起决定的作用，它就是本质、就是主流。当生产力和生产关系发生冲突的时候，它的内部再不能和谐相处了。历久奉行的制度，一贯服习的学说，到了那时都发生怀疑，不太愿意接受，这就是说，人民群众要求革命了。本来，历史是人民群众创造的，人民群众厌弃现状，当然可以改变现状。但事实却不这样简单，它［他］们对于现状只是苦闷、苦闷，工人苦闷、农民苦闷、知识分子苦闷，“疾首蹙额”“咨嗟太息”，大家都摸索出路，大家都寻找光明。他们不满现状，却不知道怎样来改变现状，一句话，他们在等待领导者。领导最初

[1] 作者写此文时兼任贵州省孙中山先生纪念会筹备会主任委员。

也是群众中的成员，他熟悉群众的意愿，理解群众的企求，因而能代表他们，领先他们。无知的历史家，往往抹煞群众，歪曲事实，把社会发展史归结为帝王和将相的行动。要知道，脱离了群众，帝王将相是一钱不值的。但，群众没有领导，可能把社会发展推迟若干年。领导没有抓着时代的方向，还可能把社会发展倒退若干年。明白了这一点，中央给予孙中山先生的评价，和全国一致这样隆重的纪念孙中山先生，才是可以理解的。

孙中山先生生于香山，读书香港，自有知识以来，他饱看到殖民地人民的痛苦。一八九五年兴中会成立，他以一个青年革命者的姿态站在战斗的前列。当时康有为正在上海发起强学会，戊戌政变后，蜕化为保皇会。这就是说，两位海滨先进都意识到中国社会已不像旧日那样死气沉沉了，因而他们具有争取群众的雄心。但康有为毕竟是小手小脚的，孙中山为了统一革命力量，愿意和康谈判合作。虽有日本友人的介绍、解释，康还是坚决拒绝了。一九〇五年同盟会成立，我正旅居上海，常和留东朋友通信，我问他们，留东学生是从不同地区来的，怎样会全体一致的拥戴孙中山先生？他们告诉我：一、因他对革命忠诚，敢于奋身犯难。二、因他深得华侨信仰，革命经费是靠华侨支持的，没有钱一步也不能走。这两句简单话，尤其后者，至今还保持着深长的意义。台湾打着孙中山先生遗留下来的国民党旗帜，欺骗华侨，捏造了许多不利于祖国的胡说八道，华侨因此很容易受蒙蔽。可是，事实胜于雄辩，我们拼得化［花］费时间，拿事实给华侨看，真的自真，假的自假，他们会恍然觉悟的。对于孙中山先生的历史地位，不能用普通尺度来衡量。论学问，他没有特殊的发现和发明；论事业，虽然四十年革命，但尚未成功。可是谈到中国革命，任何人不能撇开孙中山先生。中国是一个半殖民地半封建社会，也正当资产阶级民主革命时期，孙中山先生抓紧时代的认识，高举革命的大旗，真有“前不见古人、后不见来者”的气概。有人说，共产党尊礼孙中山先生只是一种政治工作，他是做给华侨看，做给台湾看。知道共产党内部有个重要环节，事无大小，他们都要求做出总结，总结孙中山先生的一生，总结未被篡窃前的国民党是中国历史的一件大事。那些卑鄙谰言不过是“以管窥天，以蠡测海”。毛主席指出：“孙中山先生之所以伟大，不但因为他领导了伟大的辛亥革命（虽然是旧时期的民主革命），而且因为他能够‘适乎世界之潮流，合乎人群之需要’，提出了联俄、联共、扶助农工三大革命政策，对三民主义作了新的解释，树立了三大政策的新三民主义。”周总理说：“中国人民崇敬孙中山先生，因为他是中国民主革命的先行者，是一个伟大的爱国者，是为我们祖国的独立和自由而奋斗终身的战士。”这就是总结，就是孙中山先生的盖棺定论。历史阶段是可以缩短不可以跳越的，缩短意味着辩证法的突变，跳越则可能发生盲动冒险的恶果。孙中山先生付出精力，完成时代对自己的要求，又测定方向把时代向前大大推动了一步，孙中山先生的功绩还小吗？他代表了旧民主主义范畴，历史的整整一个阶段，做人如此，也可以无憾了。

我在贵州搞自治学社时，集体加入了同盟会。一九一三年我又在北京国民党本部领取过党证（这党证藏在四川合川县政府上房后院花坛石缝内，当时得到情报，重庆镇守使周骏将发兵逮捕，故仓皇出走）。赣宁战役中我亲见内部动作混乱，不仅如李济深同志所说：“没有一个彻底的反帝反封建的纲领，没有发动和组织可以依靠的人民大众的力量”，在我看来简直是组织松懈，纪律树立不起来。失败后，孙中山先生赫然震怒，决心改组中华革命党。但，黄兴派崛强于南洋，始终持分裂主义。从那时起我就对国民党失望，再没有要求换党证。一九二四年改组，我已治装归田，愤疾于南京政权的卖国降日。一九三六年参加了第二方面工农红军，在保安的一次欢宴中，毛主席指示［出］我同席九人，除青年团书记外，都是国民党，这是《“八一”宣言》发表后几个月的事。不久“西安事变”爆发，促进了二次的国共合作。毛主席让我写信去南京，凡有关系的人都叫我写。这时，我又以国民党员的资格工作着。由于第二次的国共合作，开展了全国一致抗日，扩大了共产党的政治影响，提高了八路军、新四军的威望，建立了整片的敌后根据地，因而迅速完成了解放的大业。孙中山先生遗嘱中的愿望都百分之百的实现了。今天，国家崇尚宽大，宣布了和平解放台湾的政策，凡是陷身台湾的人，不管是乐意的、被迫的，只要自拔归来，政府都不咎既往。由于某些关系，贵州人在台湾的可能不少，有无前途，他们内计已熟。我正告他们，共产党是有言必践的，从无提出不兑现的口号，要是多所顾虑，必定坐失时机。我敢保证安全决无问题，而且每人可以参加工作。社会主义建设需要各式各样的人手，这一点难道还有疑问吗？

（录于《周素园文集》，原载于1956年11月10日《新黔日报》第一版）

共产党员的艰苦朴素作风

——我所见到的一些片断

（1957年）

党的八届二中全会以来，党中央发出了厉行节约的号召，同时国务院也下达了指示，要求党内的和党外的、有岗位和无岗位的一切社会成员，都反对铺张浪费，发扬我们艰苦朴素的优良传统。为了社会主义建设，为了积累工业的资金，为了使子子孙孙将来过好日子，这是一条无可反驳的真理。我省在中央的推动下，中共贵州省委首先召开了会议。布置了工作，省人民委员会从省一级机关着手，在摸索研究可靠的办法，建立持久经常的制度。这是党政方面的概况。军方呢？他们更热心，更积极。听说过春节也不吃猪肉了，它［他］们的各级干部，还挤出时间向群众讲演革命的经历。这是非常动人的。我觉得这比什么图画书籍还强，因为是活生生的事例呀！我在二十年以前，曾参加革命行动，前后不过二年多，但在这其间我亲自看到不少可歌可泣的事情。参加讲演吧，由于我口才素短，健康的状况也不许可，只有采取写故事的方法，记得某一片断就写出那一片断。

（一）

一九三六年二月十日，中国工农红军的第六军团到达毕节。十二日中午，军团负责人约我谈话。他们住扎在内地会福音堂[1]，当时由供给部的一位队长领我去。军团部没有岗警，也没有门卫，更不需要传达，我就径直进了军团负责人的办公室。房内两个人，都穿着灰色旧军装，其中的一位棉裤上还拉了个大口子，棉絮争着要出风头。他首先向我打招呼，并自我介绍说他是六军团政治部主任夏曦[2]，在他旁边的一个是政治委员王震[3]同志。我立刻感到什么“久仰大名”的那一套用不着了，因而我就“剪除枝叶”“披沥肝胆”的谈起话来。约莫个把钟头，还是王震政治委员记起，问我：“你饿了吧？”我承认没有吃午饭。王政治委员叫来了他的特务员（那时编制上没有警卫名目，一般都叫特务员），让他给我煮面，并补充一句：“用我的汤。”特务员回答汤吃完了。夏主任说：“用我的。”一会儿，端来一大碗汤面，上面摆一只鸡腿。我私下琢磨，在我生活的那个世界里，款待一个初次见面的朋友，这样稍嫌简慢点。后来相处久了才知道，即使是这一点享用，还不是轻易得来的，平时红军的伙食是非常俭薄的。

第一次会面，王、夏给我的任务是组织毕节抗日救国会。我正筹备，他们又来我家，谈到要建立贵州人民抗日军，让我当司令员。我说：“我曾在军队上干过事，但只是办笔墨，军事上完全外行，这怎么成呢！”王政治委员说：“我们考虑到周先生在贵州有很大的威望，你肯带头来干的事情，人民一定怀着热烈的心情来响应。”我接受了新任

---

[1] 内地会福音堂：位于今贵州省毕节市七星关区百花山的中华苏维埃人民共和国川滇黔省革命委员会旧址。

[2] 夏曦（1901—1936），字蔓伯，号劳侠，湖南省桃江人。1921年加入中国共产党。大革命失败后参加南昌起义，后去莫斯科中山大学学习。1935年后任第六军团政治部主任，是中共第五、六届中央委员。在长征途中，于贵州毕节七星关涉水过河时不幸溺水牺牲。

[3] 王震（1908—1993），湖南浏阳人。1927年加入中国共产党，1929年参加中国工农红军；历任解放军副总参谋长、国务院农垦部部长、国务院副总理、中共中央党校校长、中华人民共和国副主席等职。

务，司令部[1]就设在我家里。王政治委员闲日来一趟，夏主任则每天两三趟不等。我们研究所有地方武装的情况，要怎样才使他们慷慨响义。根据军团部的情报，参照我平素的见闻，选定可以接近某一集团的信使，我就亲笔给他们写信，取得联系。有一次，当我坐下执笔时，夏主任便躺在我床上鼾声大作。询起来，他总是彻夜无眠，日里又经常开会。我想：人的精力这样过分的使用，是不能持久的。我提过意见，他感谢我的关怀，但每到我参加开会的场所，又听见他那洪亮而沙哑的声音了。

三月一日，军团部离毕节。从属于抗日军的有三部，另外席大名［明］[2]一部在前途待命。当天宿营五股田坝，二日宿营阴底，三日晨向杨家湾方向进发。约行三十里左右，路旁有一草房，夏主任向我招手说："我们吃了饭同走。"我们刚坐定，抗日军参谋长邓止戈[3]跑来报告夏主任说："席大名［明］在附近等你。"夏主任就这样匆匆走了。时间一分一分的过去，我等了好久不见人归，我无心吃饭，随即前进。

四日到达七星关[4]，军团部有令休息。我们正煮饭，通信员带我到碗厂去（距七星关约十余里），萧克军长和王政治委员都在那里，他们

---

❶ 司令部：指贵州抗日救国军司令部，位于今贵州省毕节市七星关区广惠路。

❷ 席大名［明］：指席大明（1903—1936），又名杨殿辉，贵州省毕节市赫章县哲庄坝人。早年组织地方武装，1936年2月遵照中共地下党指示，率部赴毕节接应红军。会师后，其部改编为贵州抗日救国军第一支队，任司令员。红军走后在国民党"清剿"时被捕，1936年11月在毕节大校场英勇就义。1981年被贵州省人民政府追认为革命烈士。

❸ 邓止戈（1906—1991），又名国忠，四川省筠连县人。1927年加入中国共产党。1935年进入毕节发展党的组织，建立中共毕节地下支部，任书记。贵州抗日救国军成立后，任参谋长。红二、六军团撤离黔大毕红色苏区时，邓止戈和周素园一起率领抗日救国军第二支队参加长征，被编入红六军团。新中国成立后历任中共遂宁县委书记、中国科学院四川分院副院长、四川省政协常委等职。

❹ 七星关：今贵州省毕节市七星关区与赫章县交界处。

和我亲切握手，但异常悲痛。萧克军长说：“夏曦同志的牺牲，是我们不可弥补的损失。”王政治委员说：“夏曦同志对自己的责任，真是废寝忘食，干得十分起劲。不料他半途舍我们而去了。”

事情是这样的，离我们准备吃饭的那个地方不远，就是七星关河的下游，夏主任和邓止戈一行乘一小渡船过河，过河后夏发现树林里有人窥探，情况不正常，因问邓席大名［明］距此远近，邓答不超出五里。夏语邓：“你约席大明来，我等待他谈话，革命出于自愿，我们决不以自己的意思强迫任何人接受。”邓跑步而去。夏决策退回河对岸，回头看渡船已渺无踪影，心知事出蹊跷。夏询两位特务员：“你们会水吗？”其一言：“不会。”一言：“虽会不精。”后者背夏涉水，行至中流，水流过急，特务员立脚不牢，连同背负的夏主任一道，颠扑入水。特务员的泅水经验救了他，夏主任却逐浪浮沉，与世长辞了。夏主任的无限忠诚的对人态度，他的不知疲倦的工作作风，值得千千万万的后来者学习。我和他相处只很短的期间，但事隔二十年还给我留下深刻的印象。

（录于《周素园文集》，原载于1957年3月12日《贵州日报》第三版）

（未完待续）[1]

---

[1] 作者原文因故未及续完。

我对整风的看法和感想

（1957年）

此次整风主题是学习毛主席正确地处理人民内部矛盾的指示。这一指示包罗万象，有关文件我虽然不止一次地读过，但限于水平，了解的不深不透，只略谈个人的看法和感想。

我国正处在一个社会大变动的时期，这种提法我想任何人都不会有异议，但由于地位不同、思想不同，变动只有一个，对变动的看法可能就不一样。大家知道变动是向着好的方面变，政权建立在统一巩固的基础上，人民的生活逐步有了改善，工农业生产欣欣向荣地普遍地发展，行政效率非常提高，廉洁作风树立起来了，原来是一盘散沙的现在每个角落的每个个体都纳入组织，更不用提国际威望如日中天，正吸引全世界的注目。成绩摆在眼面前。好是目的，变是过程，过程中的某些缺点和错误，一般是不可避免的，问题是及时发现和纠正它。但也许有人说："这是在向坏的方面变。"因为它［他］们留恋过去，认为过去一切都好。大家也知道变动是客观存在的规律，不管人们愿意不愿意，它还是天天变，人们只有善于适应才不致落后于客观。但也许有人说：规律是编造出来的，以往若干世代的人不知有规律，他们也一样生活。当然后一类人在我们国家里是绝对的少数，是微不足道的少数。毛主席和党中央都是第一流人物，他们远瞩高瞻，要带动六亿人民创造美好的未来，"一夫不获时予之辜"，他们绝不因为少数人思想有距离，便把他抛弃，而是殷切期待，总有一天他们会被说服过来，"聚首一堂同心共济”；同时也希望所有党员都能自责自励，刻苦地学习、和善地对人，以第一流人物为模范，以此来当好人民的勤务员，来为人民服务。毛主席就是根据这些情况发出号召的。从最近统战部门召开的会议看，各界人士雄辩高谈，大放大鸣，好像党组织历年许多的措施都包含着缺点和错误，有待于诤友的揭露。目前尚在发展中，但轮廓是可以描画的。绝大多数的言论对走社会主义的路是同意的，对国家的基本政策基本方针是拥护的，诚恳态度，善意批评，中肯之言，对党的帮助甚大。合作共事关系中的缺点，工作作风上的毛病，都是可以改变的，而且它很快地就要改变。我可以指出一些来龙去脉，阶级斗争是马克思主义的一个组成部分，它是发动群众的武器，没有它，革命是不可能的。中国共产党接受马克思主义，一贯很好的运用这一武器；所有党员干部都是受过马列主义教育的，他们首先知道爱和恨：爱就是阶级友爱，恨就是阶级仇恨。他们参加革命后，历尽千辛万苦，经过千百次性命相搏的斗争，消灭了三大敌人，最后才达到社会主义革命胜利的目的。过去大规模阶级斗争时期的工作方法，在新的形势下，有的还未改变过来，而且大规模的阶级斗争刚刚过去，要所有干部马上对于新的工作方法熟悉起来，就是那些“读书十年养气十年”的士大夫，“设身处地”，恐怕也难得办到吧。党号召整风的目的，就是要克服干部的三大主义，改造思想，转变作风。这是说某些干部的一方面。同时对某些被歧视被轻视的一方面，我敢说，有另一种阶级观点盘踞在他们的心灵深处。我是亲身体验过思想改造的人，尽管是初步改造的话。只要自己平心静气，把事物作一番比较，思想打通了，身上的污染可以慢慢地洗刷。只有阶级观点这一关，毕竟不容易突破。回忆自少至老，家庭生活，学校生活，社会生活，处处都想表现自己，不知不觉地养成自高自大、目空一切，尤其那些从古以来都认为“低级的”“无知的”“时移势易”的也纷纷发挥才干，使我们相形见绌，看起来真有些不服气。广大的知识分子，不正和我有同感吗？另外，他们中间的热心家，当共产党政权确立时，不无希望“破格超擢”一展惊人的抱负，而碰到有的干部态度生硬粗暴、盛气凌人，可以想像，双方的隔阂反感便自然发生了。在各次伟大的群众运动中，由于历史复杂、社交复杂，发生一些缺点和错误就都成为应有的文章。现在双方的隔阂是应该消除的时候了。双方的隔阂要由双方来消除，现在党进行的运动，就是从党员干部方面进行消除隔阂的工作，我们非党人士方面也要继续思想改造来消除这种隔阂，如此难道还有任何隔阂不能消除吗？能够的，一定能够的。

党的八大决议宣布“我国的无产阶级同资产阶级之间的矛盾已经基本上解决”。政治形势变化了，工作方法相应地随着变化。马克思主义是放之四海而皆准的真理，就因为他不让自己封闭在固定的刻板式的框子里，他一再指示，我们的主义不是教条而是行动的指南，他教人们辩证地看问题，好成份中杂有坏，坏成份中可以发现好，它们是互相渗透互为影响的，一切都以条件、地方以及时间为转移。马列主义修养深水平高的干部，他们体会了党的精神，在他们领导的地区、部门或单位，一切安排得很好，政策贯彻了，非党人士也都感到满意。但，“党员中有十分之六是在全国革命胜利以后入党的，他们都没有经过如一九四二年整风运动那样的思想改造，一般地对于什么是主观主义都还不能深刻了解。大批老的党员，在党处于执政地位的情况，很容易沾上官僚主义的灰尘，有一部分或者因为有了功劳而骄傲起来了，或者把党的历史经验忘记了。”（节引陆定一《纪念整风运动十五周年》一文）几年以来，脱离群众和脱离实际的官僚主义宗派主义和主观主义在党内有了新的滋长，有些干部，他们不了解新情况和党的新任务，工作方法老一套，自视高人一等，最初还寻找借口，久而久之，便视为应有的特权，这就必然脱离群众，损害党与群众的密切联系。党的领袖经常说，知识分子是国家的财富，他们是人民之中的很重要的一部分，他们有专门的知识，有积累丰富的经验，因才器使，国家的工作需要他们，他们一般富于自尊心，我常常想，在执行政策中，态度是十分谦逊十分诚恳，而可以想像，知识分子就能更好的团结在共产党的周围，建设取得的成就，可能比今天的成就还大些（指技术方面）。因为：（一）团结就是力量；（二）把适当的人安置在适当的岗位上，他就会发挥加倍的力量；（三）由于感奋，由于昂扬，他在工作中付出的精力不可以寻常尺度来估计。这都是可以肯定的。我们知道这次整风运动，自上而下地大张旗鼓地对干部来一次普遍而深入的思想改造，并采取“公听并观”的办法，使人人都得畅所欲言，对症下药。党员干部积极进行学习，欢迎批评，进行思想改造，改进工作作风，毫无疑问，只在不太长的时间内，许多方面都要焕然一新了。各方的批评建议很多是好的，善意的批评把平素的意见提出来，积极性自然增长，建议如果是公平合理的，是经过调查研究的，他们这样做，使党能够更深刻地认识自己工作中的缺点和及时地觉察各方的动向，对党是有很大的帮助的。党方广开言路，一定要采用，不仅采用而已，党会“举一反三”，连类而及，好的要尽量扩展，坏的要坚决改掉。然而我们知识分子就不需要改造了吗？不，要改造！过去伟大的思想改造运动错误了吗？没有。应该把思想改造运动中，某些粗暴作法的缺点和思想改造运动的伟大成就区别开来，肯定成就，指出缺点，才是对的看法，我们必须进行自我改进，找工农做知己，向工农学习，为工农服务，把自己一技之长贡献给伟大的社会主义事业。

这里我还要指出一个重要问题，最近在一些报章上看到帮助党整风的批评言论中，很多批评是中肯的，但是也有的言论，他们主张取消学校中的党委制，主张公私合营企业中撤出公方代表，他们骂进步人士叫“奴才”，他们骂积极分子叫“爪牙”，向积极分子大泼冷水，他们是帮助共产党整风，加强共产党的领导，建设社会主义呢？还是在想削弱或取消共产党的领导，后退到资本主义去呢？人们应该警惕，我是对这种右派言论采取坚决的反对态度的。共产党的领导是不能动摇的。一九四二年的整风，它的成就已写入党史，一九五七年的整风，是在全国统一的条件下在从六亿人民利益出发的基础上进行的，是在为把我国建设成为一个伟大的社会主义国家这个总的目标下进行的，将来的影响怎样，效果怎样，大家且向前看吧。毛主席教导我们要学会见世面。纵的方面，我们可以从历史上取一个朝代来对比对比；横的方面，我们可以从世界史上取一个国家来对比对比。我们看了许多外国通信社的电报，这些资产阶级国家的新闻从业员，他都受过特殊的训练，观察异常敏锐，采访不择手段，他们千方百计地诽谤我们，歪曲我们，但他们也常常不自觉地给我们作了宣传，这就是说“有麝自然香”[1]，谎言掩盖不了真理，透过异化来了解自己，它会使我们头脑格外清醒些。

（录于《周素园文集》，原载于1957年6月11日《贵州日报》）

[1] 有麝自然香：谚语。比喻人有真才实学或者有好物，不必张扬就会名气远扬。

贵州省第一届第一次人民代表大会开幕词[1]

周素园

各位代表：

我省第一届第一次人民代表大会今天开幕了。这是我省各族人民政治生活中极其重大的事情，是我省历史上从来没有过的一件大喜事！各位代表受全省人民的信任与委托，来这里商讨和决定我省当前的重要任务，全省人民都以无限兴奋的心情，殷切的关怀着这次会议。请允许我代表贵州省人民政府预祝大会胜利成功，并通过各位代表向全省人民致以热烈的祝贺！

这次大会的召开，是各族各界人民代表会议进一步的发展。人民代表大会制度，是我们国家的基本制度，是人民管理国家政权最好的组织形式，它保证了国家一切权力属于人民。中国人民百余年来进行了前仆后继的英勇斗争，终于在中国共产党、毛主席的英明领导下取得了反对帝国主义、封建主义和官僚资本主义的人民革命的伟大胜利，建立了人民民主专政的新中国，实行了人民民主制度，这是无数先烈的热血培育出来的革命成果。这一政治制度，是以工人阶级为领导，以工农联盟为

[1] 本文原稿存贵州省档案馆。标题为档案馆核实后提供。时间为 1954 年 7 月 22 日。

基础的人民民主制度，它具有最广泛的群众基础，最便于广大人民群众参加国家的管理和建设事业，最便于发挥人民群众的智慧和创造能力，能够进一步加强政府和人民的密切联系和接受人民群众的监督，能够进一步把各民族人民更加紧密地团结起来，这就保证我们国家能够通过和平的道路消灭剥削和贫困，建设成为一个繁荣幸福的社会主义社会。

各位代表，我省解放四年来，在中国共产党、中央人民政府和毛主席的正确领导下，遵照中央规定的政策法令，依靠全省各族人民的团结和努力，进行了各项社会民主改革运动，恢复了经济，发展了生产，进一步巩固了人民民主政权，社会主义经济在整个国民经济中有了显著增长，为我省在国家统一计划下，进行有计划的社会主义建设和对非社会主义成分实行有系统的改造打下了良好基础。至一九五三年国家公布过渡时期总任务后，各族人民欢欣鼓舞热烈拥护，大大地提高了社会主义觉悟，发挥了高度的生产积极性和创造性，胜利地完成了第一个五年计划的第一年度的任务。随着工、农业生产的发展，人民的物质生活和文化生活已有改善。历史上反动统治长时期所造成的民族间的隔阂已基本消除，各族人民达到了空前的团结。这是我省各族人民的伟大胜利！但是我们的敌人，是不会让我们顺利进行建设的，他们必然会进行各种破坏和反抗，我们必须进一步巩固以工人阶级为领导、以工农联盟为基础的人民民主制度，充分发挥民主，密切政府与人民群众的联系，加强各族人民的团结，以保障国家社会主义建设和社会主义改造事业的胜利进行。

这次大会，将要选举我省全国人民代表大会的代表，出席全国人民代表大会，代表人民意志行使国家的统治权力；大会还要讨论中华人民共和国宪法草案，我们必须充分反映人民群众的意见，并以极认真负责的态度，提出对宪法草案的意见，使最后正式颁布的宪法更加完善；大会还要听取和讨论政府工作报告，并决定我省今后的工作任务。使我省经济文化建设和各项工作，在总路线灯塔的照耀下，在中国共产党、中央人民政府和毛主席的正确领导下，在国家统一计划下，沿着国家社会主义建设和社会主义改造的道路前进，为完成和超额完成一九五四年国家建设计划而奋斗！

各位代表，我们的责任是重大的，我们的任务是光荣的。在全体代表一致努力下，我深信一定能够完成全省人民委托的光荣任务的。

祝大会胜利成功！各位代表身体健康！

贵州省第一届第一次人民代表大会闭幕词[1]

周素园

各位代表，各位同志：

贵州省第一届第一次人民代表大会历时九天，今天胜利地闭幕了。我代表大会主席团致闭幕词。

这次大会，我们已顺利地完成了各项议程。我们听了周林副主席代表省人民政府委员会所作的《贵州省四年来工作概况和今后任务》的报告；听了申云浦副主席所作的《关于中华人民共和国宪法草案》的报告，经过分组与大会的热烈讨论，一致通过了对政府工作报告的决议，和拥护中华人民共和国宪法草案的决议。并对全国人民代表大会代表候选人，进行了充分协商和讨论，最后选出了我省出席全国人民代表大会代表。大会中，代表们还提出了一些建议，这些建议都很好，经主席团研究，分别交给政府有关部门去研究办理。在整个会议进程中，代表们自始至终，以极其愉快和兴奋的心情，紧张地进行了工作，胜利地完成了这次会议的任务。

这次会议之所以能够胜利完成，是由于大家一致努力的结果，是由

---

[1] 本文原稿存贵州省档案馆。标题为档案馆核实后提供。时间为 1954 年 7 月 30 日。

于会议充分发扬了民主协商的精神，无论大会小会，代表们均积极的热烈的发表意见，表现了对全省人民严肃负责的态度，使会议做出了正确的决议。但这还只是事情的开端，因为这些决议是有关全省人民利益的大事，我们必须很好地把这次大会的决议带到群众中去，广泛的进行传达，使大会决议变为全省各族人民的实际行动。为完成大会决议的各项工作任务而努力。

各位代表，我们受了全省人民的信任和委托，代表人民行使光荣的民主权利，这是十分光荣的，这只有在中国共产党和毛主席的英明领导下，经过长期艰苦奋斗，打败了国内外敌人，建立了中华人民共和国，实行了人民民主制度，我们才有这个光荣。因此，我们的光荣，应当首先归于中国共产党和毛主席，归于全省各族人民。我们绝不能因为受了人民的委托和信任而骄傲自满，必须看到我们的责任很重大，应当谦虚谨慎，戒骄戒躁，经常和人民在一起，与人民群众密切联系，忠心耿耿，效忠于人民民主制度，全心全意为人民服务，这样，才不辜负人民的信任与委托，才能完成人民所赋予我们的光荣任务。

各位代表，全国解放几年来，我们国家在中国共产党、中央人民政府和毛主席的英明领导下，在政治经济等各方面都取得伟大的胜利。我们在国际外交事务中，不断地获得成就，最近日内瓦会议实现了印度支那停战，以苏联为首的和平民主阵营又获得了一次伟大胜利，我们的国际地位与威望，在不断的提高。各方面的巨大成就，都不断鼓舞着我们为国家过渡时期总任务而奋斗的信心与决心。但我们必须认识到，国内外的敌人是不会让我们顺利进行建设的，他们必然要千方百计的进行各种破坏，因此，我们必须提高警惕，随时粉碎敌人的一切阴谋破坏活动，保卫我们的社会主义建设。我们必须进一步巩固以工人阶级为领导、以工农联盟为基础的人民民主专政，继续巩固以中国共产党为领导的人民民主统一战线，加强各民族的亲密团结，密切各级人民政府与广大人民群众间的联系，以保障国家的社会主义建设和社会主义改造事业的胜利进行。

各位代表，我们这次会议是成功的、胜利的会议，是全省各族人民空前大团结的会议。我们必须发扬这次会议团结的精神，并把它带到各个地区、各个方面、各个工作岗位去，团结全省各族人民在中国共产党，中央人民政府和毛主席的英明领导下，在总路线灯塔照耀下，为胜利地完成和超额完成一九五四年国家建设计划和各项工作任务而奋斗！为把我国建设成一个伟大的社会主义国家而奋斗！

最后，让我们高呼：中华人民共和国万岁！伟大的、光荣的、正确的中国共产党万岁！中国人民伟大的领袖毛主席万岁！

贵州省第一届第一次人民代表大会筹备工作的报告[1]

周素园

各位代表：

在本省第一届第一次人民代表大会开会之前，我代表贵州省人民政府向各位代表报告一下此次大会的筹备工作。我省八十一县、市和部队共选出省人民代表大会代表二百九十五人，除因事未到会的十一人，到会代表共二百八十四人。遵照中央选举委员会、中央人民政府政务院本年四月十五日《对于召开省、市、县人民代表大会的几个问题的决定》，省府委员会举行了第二十三次会议，具体决定了我省第一届第一次人民代表大会的召开日期，向各地代表发出开会通知，并指示各专、县人民政府帮助解决代表们来省的交通、安全、食宿等问题，同时，省府指定省府办公厅、民政厅及有关单位抽调工作人员一百五十余人为大会进行筹备工作。自七月一日起至七月二十一日止，二十一天中，紧张地进行了各项筹备工作。草拟了有关会议的部分文件，完成了大会会场布置，准备了对代表们生活招待等事项。本着开好会议与节约精神，编制了大会经费开支预算。这次大会具体筹备工作，在省府直接领导下，全体工作人员在筹备工作中，积极努力，为大会的召开作好了必要的准

[1] 本文原稿存贵州省档案馆。时间为 1954 年 7 月。

备。工作中由于我们经验缺乏，存在的缺点还很多，特别是在生活上对代表们的招待还很不周到，请各位代表批评指正。

贵州省第一届各族各界人民代表会议开幕词[1]

周素园

各位代表、各位同志：

贵州省第一届各族各界人民代表会议，今天正式开幕了。这是贵州人民走向民主团结的空前一件大事、是贵州人民真正起来当家议政的大事、是贵州各族各界亲如兄弟般的团结起来共同商议省政的大事。我们各族各界——全省的人民，应该为这件大事而欢欣！而庆幸！

贵州解放后十九个月来，我们在共产党、毛主席、中央人民政府、西南军政委员会的正确领导下，执行中央和西南的各项正确政策，在我光荣的英勇的人民解放军消灭了贵州国民党匪军，推翻了代表帝国主义、封建主义、官僚资本主义长期压迫剥削贵州人民的国民党反动统治后，我们顺利完成了接管工作、胜利的进行了剿匪、反封建斗争、抗美援朝与镇压反革命运动及财政、经济、文化等各方面的重大工作。全省土匪基本上肃清了！社会秩序已经安定；广大农村中，几千年压在农民头上的封建政治统治，被打垮了！残酷的封建剥削减轻了！广大农民昂起头、挺起腰，开始翻身做主了！严重的财政、经济困难已渡过了难关，开始好转；工商业也日渐恢复与开始发展；其他各项建设工作，已

---

[1] 本文原稿存贵州省档案馆。时间为 1951 年 7 月 9 日。

在重点逐步开展，新的贵州已经呈现了新的气象，这是我们贵州各族各界人民伟大胜利。本省第一届各族各界人民代表会议的召开，是贵州人民在短短的19个月中取得了伟大胜利的基础上召开的，这次会议要把我们的成绩巩固起来，把我们工作中的缺点去掉，各族各界人民进一步团结起来，继续胜利前进！

这次会议要听取和审议十九个月来贵州省人民政府的工作报告，要讨论并决定今后本省施政方针和政策。这次会议要讨论的中心问题，是土地改革。是一个有历史意义的重大问题、是要将几千年的封建剥削制度彻底消灭的大问题，并要结合着讨论抗美援朝与镇压反革命问题。把这三大中心任务深入讨论、作出决议，动员全省各族各界人民彻底加以实现。我们这次会议的任务是很大的，我希望全体代表、全体同志，同心协力、团结一致，本知无不言、言无不尽的精神，开好会议，完成全省各族各界人民的重托，而且我相信是一定能够圆满完成的。

我们的贵州，只要胜利完成了三大中心任务，粉碎了封建枷锁，彻底消灭了封建剥削制度，增强了抗美援朝的力量，肃清了反革命活动，那么，我们就会摆脱在数千年的封建剥削和残酷统治下所造成的贫穷、落后、愚昧、荒漠，逐渐走向富裕、康乐、繁荣与幸福了！我们贵州各族各界人民是勤劳、勇敢和智慧的，是赋予创造能力的，过去的十九个月中，在共产党和人民政府的领导下，已经创造出伟大成就；同样的，今后一定能够把贵州建设起来，而且建设得很好。现在是人民的时代了，人民的新贵州是有无限光明前途的！是充满着灿烂远景的！我希望全省各族各界人民进一步亲密地、巩固地团结起来，为建设一个幸福美满的新贵州而共同奋斗！我们是一定能够胜利的！我在此，满怀信心，预祝贵州各族各界人民进一步取得更伟大的胜利！

祝大会顺利成功！各位代表身体健康！

（原载于1951年7月10日《新黔日报》）

贵州省人民政府委员会第二次全体会议开幕词[1]

周素园

各位委员、各位同志：

贵州省人民政府委员会第二次全体会议，现在开幕了。自第一次全体委员会议到现在，七个多月来，我们团结了全省各族各界人民，在毛主席、中央人民政府、西南军政委员会的正确领导下，进行了剿匪、反封建的社会改革及各项工作，完成了上届会议所给予我们的任务，取得了很大胜利。现在，全省股匪已基本消灭，反革命分子已受到一定镇压，广大农村打垮了封建政治统治，削弱了封建势力。革命秩序日趋建立，财政经济日渐好转，各项工作都有很大进步，这是各革命阶层人民的伟大胜利。当我们回忆到上届会议时的贵州情况，我们就会感觉到这一胜利的更加亲切和伟大！但我们绝不能满足这些成就，这只是初步的工作，我们今后的任务还很繁重，还必须兢兢业业继续努力。

目前，我省封建势力还是强大的，数千年来的封建制度还未消灭；反革命分子进而采取了隐蔽方式继续进行各种阴谋活动；美帝国主义还在屠杀朝鲜人民，进行与日单独讲和，企图侵略中国和全世界。因此我们必须进一步发动广大人民的伟大力量，加强抗美援朝、镇压反革命、

[1] 本文原稿存贵州省档案馆，标题为档案馆核实后提供。时间为1951年5月10日。

继续贯彻反封建斗争，消灭封建制度，发展生产。使我们的工作继续前进，使贵州人民彻底翻身。

本届会议要讨论的中心问题，就是土地改革问题。就是总结七个多月来的工作的经验，研讨出今后工作方针和任务。如何在条件成熟的地区实行土地改革，如何适应贵州农村的具体情况以贯彻中央土地改革大法的精神，使工作顺利推进，便是本届会议的中心议题。这是一个有伟大历史意义的重大问题，我希望各位委员、各位同志，本知无不言，言无不尽的精神，共同认真的研究出好办法来，完成这一历史任务，同时完成其他各项工作任务。我相信一定是可以做到的。我们今后的任务更大了，我们应更进一步亲密地团结起来，团结各民族、各民主阶层和广大人民，在毛主席、中央人民政府、西南军政委员会的正确领导下，遵循共同纲领的原则，分清敌我，向我们共同的敌人做更顽强的斗争，加速实行土地改革，彻底铲除封建制度，为解放农村生产力、铺平贵州工业化的道路而努力。新贵州的前途是无限光明的，胜利了的人民一定继续胜利前进。

我预祝大会完满成功！

贵州省人民政府委员会第三次全体委员会议开幕词[1]

周素园

各位委员、各位同志：

贵州省人民政府委员会第三次全体会议开会了。第二次闭会后八个月以来的工作总结和今后的工作方针，将由陈副主席报告。我参加中央召开的人民政治协商会议第一届全国委员会第三次会议，带回来毛主席指示的中国人民今天的中心任务，即是“需要继续加强抗美援朝的工作，需要增加生产，厉行节约，以支持中国人民志愿军”的任务，应该在开会劈头做一次交代。毫无疑义，本届会议讨论的中心问题，也就是如何完成这一任务和在七百万人口地区完成土地改革的问题。我们接受了西南军政委员会的领导，研究了贵州中共党代表会议的决议，大家都知道：横在生产节约面前的还有很大的障碍，要扫清道路，必须展开反贪污、反浪费、反官僚主义的斗争。省政府除依法建立爱国增产节约运动委员会外，省属机关和各级政府还必需建立一个强有力的节约检查委员会，让它领导和配合各节约检查小组由上而下、由下而上及单位与单位间进行互相检查；首长负责，亲自动手，干部带头，以身作则，任何一个人都不许置身运动之外；借着运动的锻炼，我们可能看清自己的缺

[1] 本文原稿存贵州省档案馆。时间为 1952 年 1 月 7 日。

点，洗清自己的灰尘，学会使用批评和自我批评的武器，做一个很好的人民勤务员。说来惭愧，我们过去所处的历史，曾经是充满贪污浪费的历史，而尤以国民党统治期间发展到了最高峰，真是“政以贿成”“无钱不要”“取之尽锱铢，用之如泥沙”。解放胜利，人民政府成立了，几千年的坏习惯、坏作风，一时打下去，不敢抬头。但它不是残渣剩滓，一场大雨就给冲刷干净，它是病毒细菌，潜伏在人身血管里，抓着弱点，立刻又滋长起来。分别来看，贪污行为十九发生于新人员和留用人员；浪费行为则党员亦不能辞其责。造成这种严重现象的主观原因是由于官僚主义的存在。官僚主义并不是像国民党时代那样闹排场、摆架子，而只是“纸片上过得去不必太认真”，或者是“艰苦日子够了，应得松一口气”。这样各种不同程度的官僚主义，就滋长起来，便为贪污浪费开了一道方便之门。我读毛主席著的《反对自由主义》，感觉到它所列举的十一种人中处处都碰到。我尽管隆冬腊月，不觉汗浃于背。自由主义的演进，便形成了官僚主义。官僚主义，不是普遍的存在，却难免于个别的存在。为了纠正这些缺点，我们最好先做思想斗争，用严肃的态度来处理自己的思想情况，然后才能进到自我教育和自我改造，才能站稳立场，经得起考验，而不至滑入泥潭。我希望各位委员、各位同志，知无不言，言无不尽，制定办法，贯彻执行，使这一运动活活泼泼地充分进展，完成中央赋予我们的伟大的增产节约任务。同时，结合加速完成土地改革这一艰巨的反封建斗争，又能带动各项工作，为国家建设和工业化做准备，在已有成绩的基础上向光明的前途迈进。敬祝会议的完满成功！

贵州省人民政府委员会第十四次扩大会议开幕词[1]

周素园

各位委员、各位同志:

贵州省人民政府第十四次全体委员会开会，今年是国家进入经济大建设的第一年，同时是在继续支持抗美援朝加强国防的条件下进行建设，这一伟大的划时代的历史任务，我们躬逢其盛来布置一省的工作，使命是无比的光荣，责任却是非常的重大，这是每一个人都深深感到的。过去三年，我们在毛主席、中央、西南的领导下，得全省人民的协助，对各项政治社会改革，都取得很大的成绩，今后完成建设计划，无疑地，一定相当的满意，我们有理由说，国家计划委员会决不会以过高估计，要求各省，他分配给我们的，必是考虑到各省的人力物力能够胜任愉快的。干部鼓励自己的勇气，克服自己的缺点，加紧自己的学习，提高自己的水平，“干部决定一切”把握即在于此，共产党员是特别质料造成的，在党员干部面前没有做不到的事，非党员干部要向党员干部学习，学习他们大无畏的精神，学习他们干到底的决心，而又了解环境，了解政策，了解对象，主观上保证工作能力的充分，予以满足客观

[1] 本文原稿存贵州省档案馆，标题为档案馆核实后提供。时间为1953年1月21日。

要求无难矣。一年来，工作概况与今后任务，陈副主席有报告，我敬祝大会的圆满成功。

致中国新民主主义青年团贵州省第二届代表大会的贺信[1]

亲爱的新民主主义青年团团员代表同志们！

省第二届团代表大会开会了，由于健康上的关系，我不能来参加会议，亲自向你们祝贺，但，精神上我是和你们在一起的。

六年多以来，在中国共产党的英明领导下，贵州的社会面貌有了根本的改变，中国共产党是这一切改变的动力，而你们则是党的忠实而重要的助手。去年下半年以来，农业合作化的高潮和农业生产的高潮，没有你们在党的领导下从中起积极作用是不可能实现毛主席的伟大号召的。今春改变生产关系三大社会主义改造运动的巨大成就，也是和青年团员的努力分不开的。

同志们！你们的成就是辉煌的，但，社会主义建设前途还是很艰巨的。我衷心希望在党的领导下，你们不仅要发扬本身的优点，还需要把这些优点去影响中间分子，带动落后分子，使得一切积极因素都活跃起来，使你们的力量更加壮大起来，这样，我们的最后目标，就会很快的达到。

同志们！你们的精力是充沛的，学习是锐进的，光荣幸福的未来是属于你们的！

敬祝

大会成功！

同志们身体健康！

周素园

1956年8月5日

[1] 本文原稿存贵州省档案馆，标题为档案馆核实后提供。

后　记

2020年7月，贵州省档案馆（贵州省地方志编纂委员会办公室）“红军长征转战贵州”档案史料征集工作组到毕节市调研，得知原毕节市档案局（馆）副局（馆）长、现中共毕节市委党校三级调研员、周素园之外孙女周晓茹保存有周素园遗著《素园文存》手稿（5册），同行的省、市档案馆同志一致认为，《素园文存》具有很重要的保存价值和编辑出版价值。于是，经协商，周晓茹同意毕节市档案馆对《素园文存》手稿进行扫描、点校和编辑出版。

周素园（1879—1958），贵州省毕节市七星关区人。周素园一生历经清朝、民国、中华人民共和国三个时期。亲自创办了贵州第一份日报《黔报》；参与发起建立贵州自治学社，从事革命活动；参与领导贵州辛亥革命；参与组织贵州抗日救国军并担任司令员；57岁随红二、红六军团从毕节出发走完长征，广泛开展统战工作。中华人民共和国成立后，历任西南军政委员会委员、贵州省人民政府副主席、第一届人民政协全国委员会委员、第一届全国人民代表大会代表、西南行政委员会委员、贵州省人民政府副省长等职。毛主席给周素园的亲笔信中赞扬道：“我们觉得你是我们的一个十分亲切而又可敬的朋友与革命的同志。”周素园一生阅历丰富，且勤于写作，长于辞章，《周素园文存》中的许多文章深刻反映出中国特别是贵州在推翻帝国主义、封建主义、官僚资本主义三座大山，争取民族独立和人民解放的历史洪流中的各种激流震荡、风云变幻。汇编出版《周素园文存》，对于后人认识、了解贵州历史，铭记新中国的来之不易，不忘初心、牢记使命，汇聚起实现民族复兴的磅礴力量具有重要意义。

从2021年2月起，毕节市档案馆正式组建《周素园文存》编辑部，开展点校、编辑工作。编辑部同志们加班加点全面投入《周素园文存》手稿识别、转录、校对、注释、审核、编辑等工作，经反复审校，终于交付出版社付梓。

《周素园文存》共收录周素园文章115篇。其中，68篇录于《素园文存》手稿，38篇摘自《周素园文集》（贵州人民出版社1994年版），8篇查自贵州省档案馆，1篇来源于民间征集。部分注释参考于《周素园文集》，部分正文参考《素园文存》（汉文正楷印书局民国23年版）、毕节市档案馆馆藏相关报刊、七里关区境内有关碑刻进行了核对订正。

在此，特向捐赠《素园文存》手稿数字化副本并作为顾问参加审校工作的孔庆凯（周素园之外孙）、周晓茹，顾问周遵鹏（毕节市七星关区史志办主任）、高君儒（毕节市七星关区退休教师、毕节市七星关区作家协会副主席），特邀副主编吴南剑（毕节市史志办副主任）等同志，以及贵州省档案馆、中共毕节市委党校对本书编辑工作的大力支持致以诚挚谢意。在即将付梓之际，曾任贵州省人大常委会副主任、民盟贵州省委主委、贵州省文联主席、贵州省文史研究馆馆长、贵州省毕节地区行署副专员等职的顾久欣然为本书作序，从“一个与我的生命有过多次交集但又感到遥远高绝的人”的角度，让我们进一步了解了周素园老先生。在此一并致谢。

由于时代久远、史料匮乏、编辑力量有限，不妥之处在所难免，恳请广大读者给予批评指正。

编者

2021年12月